Mandy Krafczyk

Quality Added Value

GABLER EDITION WISSENSCHAFT

Schriften zum europäischen Management

Herausgegeben von
Roland Berger Strategy Consultants – Academic Network

Die Reihe wendet sich an Studenten sowie Praktiker und leistet wissenschaftliche Beiträge zur ökonomischen Forschung im europäischen Kontext.

Mandy Krafczyk

Quality Added Value

Wertorientiertes Qualitätscontrolling im Firmenkundengeschäft der Banken

Mit einem Geleitwort von Prof. Dr. Leo Schuster

Springer Fachmedien Wiesbaden GmbH

Bibliografische Information Der Deutschen Bibliothek
Die Deutsche Bibliothek verzeichnet diese Publikation in der Deutschen Nationalbibliografie; detaillierte bibliografische Daten sind im Internet über <http://dnb.ddb.de> abrufbar.

Dissertation Katholische Universität Eichstätt-Ingolstadt, 2002

1. Auflage November 2002

Ursprünglich erschienen bei Deutscher Universitäts-Verlag GmbH, Wiesbaden, 2002

Lektorat: Brigitte Siegel / Sabine Schöller
www.duv.de

Umschlaggestaltung: Regine Zimmer, Dipl.-Designerin, Frankfurt/Main

ISBN 978-3-8244-7712-8 ISBN 978-3-663-11225-9 (eBook)
DOI 10.1007/978-3-663-11225-9

Geleitwort

Dienstleistungsqualität in Banken wird bereits seit längerer Zeit thematisiert, steht aber nach wie vor im Interesse der öffentlichen Diskussion. Hintergrund hierfür ist das mit der Qualitätsorientierung vorrangig verbundene Ziel, Kunden an die Bank zu binden und damit den Geschäftserfolg der Bank langfristig zu sichern. Insbesondere mit der zunehmenden Ausrichtung der Banksteuerung am Shareholder Value gewinnt der Beitrag, den die Dienstleistungsqualität zum Geschäftserfolg einer Bank liefern kann, an Bedeutung. Dies setzt aber einen umfassenden Ausweis des mit Hilfe der Dienstleistungsqualität erbrachten Wertbeitrags voraus. Das Zusammenspiel von Qualitätsorientierung einerseits und der Schaffung von Shareholder Value andererseits wurde in der wissenschaftlichen Diskussion bislang jedoch vernachlässigt. Die Verfasserin liefert mit der vorliegenden Arbeit einen Beitrag zur Beseitigung wesentlicher Erkenntnislücken in Bezug auf die Zusammenführung von Qualitätsorientierung und Shareholder Value-orientierter Banksteuerung und deren konkreter Ausgestaltung am Beispiel des Firmenkundengeschäfts.

Über die Konzeptualisierung eines wertorientierten Qualitätscontrolling als theoretischer Bezugsrahmen für die Arbeit und die Spezifizierung der für Firmenkunden relevanten Qualität können Anforderungen an ein Grundmodell zur Bestimmung der Wertschaffung durch Qualität abgeleitet werden. Auf dieser Basis überprüft die Verfasserin mit großer Sorgfalt und kritischer Reflexion die insbesondere aus dem Controlling, dem Qualitätsmanagement und der Shareholder Value-Steuerung bekannten Ansätze auf deren Eignung, den durch die Dienstleistungsqualität erbrachten Wertbeitrag abzubilden. Ergebnis dieses Bewertungsprozesses ist die auf Grundlage einer Verfahrenssynthese vorgenommene Entwicklung des Quality Added Value. Dieser wird exemplarisch für das Firmenkundengeschäft der Banken nicht nur mit Hilfe von theoretischen Ausführungen sondern auch anhand detaillierter Fall- und Rechenbeispiele konkretisiert. Dabei gelingt der Verfasserin eine umfassende Ausgestaltung des Quality Added Value und seiner Grenzen.

Aufgrund der gegenwärtigen Aktualität der Themen Qualität und Shareholder Value für Banken erfährt die vorliegende Arbeit besondere Relevanz und kann innovative

Impulse sowohl für die Wissenschaft als auch die bankbetriebliche Praxis liefern, weshalb ich ihr eine positive Aufnahme wünsche.

Professor Dr. Leo Schuster

Vorwort

Die vorliegende Arbeit wurde im Wintersemester 2001/2002 von der Wirtschaftswissenschaftlichen Fakultät der Katholischen Universität Eichstätt-Ingolstadt als Dissertation angenommen. Die erfolgreiche Fertigstellung dieser Arbeit haben eine Reihe von Personen direkt und indirekt unterstützt. Deshalb möchte ich an dieser Stelle allen danken, die die Erstellung meiner Dissertation begleitet und so zum Gelingen der Arbeit beigetragen haben.

Mein besonderer Dank gilt an erster Stelle meinem Doktorvater, Herrn Professor Dr. Leo Schuster, für die Betreuung meiner Dissertation. Er hat mir während meiner Assistentenzeit nicht nur zahlreiche Impulse und konstruktive Anregungen für die Erstellung meiner Arbeit gegeben, sondern darüber hinaus durch zahlreiche offene Gespräche und Diskussionen, die Ermöglichung der Teilnahme an Forschungsprojekten und Forschungsreisen mich in meinem Denken und Handeln in fachlicher wie persönlicher Hinsicht geprägt.

Danken möchte ich auch Herrn Professor Dr. Bernd Stauss für die Übernahme des Korreferats und die weiterführenden Hinweise zu einzelnen Aspekten der Arbeit.

Zu großem Dank verpflichtet bin ich überdies Frau Verena Peters und Herrn Dr. Tom Hinzdorf für die konstruktive Kommentierung und Korrektur eines ersten Entwurfs meiner Arbeit.

Für ihre Unterstützung und Motivation danke ich darüber hinaus meinen Kollegen vom Lehrstuhl für Finanzierung und Bankbetriebslehre. Namentlich sind dies Frau Christina Heiß, Herr Dr. Holger Becker, Herr Dr. Willi Fischges und Herr Dr. Andreas Wagner. Für ihre weitreichende Hilfe danke ich auch den studentischen Hilfskräften des Lehrstuhls: Frau Claudia Kreye, Herr Matthias Bachhuber, Herr Daniel Berger, Herr David Mbonimana und Herr Jan Wiemann.

Wertvolle Anregungen habe ich zudem aus zahlreichen Gesprächen mit Vertretern der Bankpraxis erhalten. Mein Dank gilt hier insbesondere Herrn Thomas Birkner,

Herrn Bernd Deselaers, Herrn Rolf Heiss, Herrn Dr. Andreas Kapphan, Herrn Reinhard Krauel, Herrn Dr. Sven Kreitmair, Herrn Marcus Lingel, Herrn Walter Mezger, Herrn Dr. Ulrich Schürenkrämer und Herrn Rudolf Vollnhals.

Herzlicher Dank gebührt schließlich meinem lieben Ehemann, Dr. Stephan Dauben, für die unzähligen Stunden der Diskussion und die umfangreichen Korrekturarbeiten, die er trotz der hohen zeitlichen Inanspruchnahme durch seinen Beruf, erbrachte. Meinen Eltern danke ich dafür, dass sie mir die akademische Ausbildung ermöglicht haben.

Mandy Krafczyk

Inhaltsübersicht

Inhaltsverzeichnis

Abkürzungsverzeichnis

AG	Aktiengesellschaft
ACSI	American Customer Satisfaction Index
Aufl.	Auflage
Bd.	Bank
bzw.	beziehungsweise
ca.	cirka
CAPM	Capital Asset Pricing Model
CFROI	Cashflow Return on Investment
DCF	Discounted Cashflow
d.h.	das heißt
DIN	Deutsche Industrienorm
DM	Deutsche Mark
et al.	et alii, et alia
etc.	et cetera
evtl.	eventuell
EVA	Economic Value Added
f.	folgende (Seite)
ff.	fortfolgende (Seiten)
gem.	gemäß
Gr.	Grundsatz
H.	Heft
Hrsg.	Herausgeber
hrsg. v.	herausgegeben von
i.e.S.	im engeren Sinne
KonTraG	Gesetz zur Kontrolle und Transparenz im Unternehmensbereich
KWG	Kreditwesengesetz
MVA	Market Value Added
Nr.	Nummer
o. Jg.	ohne Jahrgangsangabe
o. S.	ohne Seitenangabe
o.V.	ohne Verfasserangabe

PIMS	Profit Impact of Market Strategy
QAV	Quality Added Value
QAV_P	Quality Added Value bezogen auf eine Periode
QAV_I	Quality Added Value bezogen auf eine Investition
QAV_G	Quality Added Value bezogen auf das gesamte Qualitätsengagement
RAROC	Risk Adjusted Return on Capital
ROE	Return on Equity
ROI	Return on Investment
ROQ	Return on Quality
RORAC	Return on Risk Adjusted Capital
S.	Seite
S&P	Standard & Poors
Sp.	Spalte
SWOT	Strength Weakness Opportunity Threat
TQM	Total Quality Management
u.a.	und andere
u.U.	unter Umständen
VaR	Value at Risk
vgl.	vergleiche
z.B.	zum Beispiel

Abbildungsverzeichnis

1 Einführung: Problemstellung, Ziele und Aufbau der Untersuchung

1.1 Zur Notwendigkeit eines wertorientierten Qualitätscontrolling in Banken

Bereits seit Ende der 80er Jahre, als das umfassende Konzept des Total Quality Management aus dem industriellen Bereich auf Dienstleistungen übertragen wurde, kann auch für Banken eine zunehmende Qualitätsorientierung beobachtet werden,[1] die sich darüber hinaus in einer Vielzahl wissenschaftlicher Publikationen zum bankbetrieblichen Qualitätsmanagement manifestiert.[2] Obwohl die Qualität in Banken damit schon seit längerer Zeit thematisiert wird, hat diese Diskussion an Aktualität nicht verloren, was beispielsweise auch in verschiedenen Veröffentlichungen der Banken zum Ausdruck kommt.[3]

Gründe für die andauernde Relevanz der Qualitätsorientierung in der Bankenbranche sind im steigenden Wettbewerb auf Grund neuer Anbieter aus dem Non- und Near-Bank-Bereich, in den identischen Produktpaletten der Anbieter und den damit verbundenen geringen Gestaltungsspielräumen in der bankbetrieblichen Preispolitik zu sehen. Begleitet werden diese Entwicklungen von einer allgemein abnehmenden Kundenloyalität und den daraus resultierenden Mehrfachbankverbindungen bzw. Wechsel der Bankverbindungen.[4]

Deshalb werden im Zuge der Qualitätsorientierung der Kunde, seine Erwartungen und Bedürfnisse in den Mittelpunkt gestellt[5] sowie Nutzen für die Mitglieder der

---

1 Vgl. Drewes, W., 1992, S. 938; auch Krafczyk, M., 1998, S. 1.

2 Vgl. beispielsweise Schuster, L., 1999; Schuster, L., 1996a; Krafczyk, M., 1999; Kövesi-Gräfinger, E./Schmoll, A., 1998; Bühler, W., 1997; Bergmann, M., 1996; Schmid, D. C., 1994.

3 Vgl. z.B. Deutsche Bank AG (Hrsg.), 2001; auch Dresdner Bank AG (Hrsg.), 2001.

4 Vgl. Bruhn, M., 1997b, S. 412 f.; Ehresmann, H.-J., 1996, S. 29; Heitmüller, H.-M., 1998, S. 37; Krafczyk, M., 1998, S. 1; Popp, S./Wilmes, J., 1998, S. 18; Schuster, L., 1999, S. 90; Schuster, L., 1996a, S. 92; Schuster, L., 1994a, S. 32; Staub, S., 1994, S. 12; Wiederin, E., 1994, S. 60 f.

5 Vgl. Stauss, B., 1993, S. 5.

betreffenden Organisation und der Gesellschaft geschaffen.[1] Ziel der Qualitätsorientierung ist es dabei, bestehende Kunden an die Bank zu binden und Neukunden über positive Mund-zu-Mund-Kommunikation zu gewinnen, um damit den langfristigen Geschäftserfolg und den Fortbestand des Unternehmens zu sichern.[2]

Jedoch fällt es Banken häufig schwer, eine höhere Qualitäts- und Serviceorientierung umzusetzen.[3] Oft werden Kundenorientierung, Kundenzufriedenheit und Servicequalität im Bankgewerbe hervorgehoben, aber selten konkrete Ergebnisse den Kunden betreffend, wie z.B. Kundenzufriedenheits- und Kundenbindungsindices, präsentiert.[4] So lässt sich der derzeitige Stand der bankbetrieblichen Qualitätsorientierung[5] treffend mit folgendem Zitat beschreiben: „Alle reden von Qualität, jeder versteht etwas anderes darunter, kaum einer setzt konsequent etwas um."[6] Die mit der Qualitätsorientierung verbundenen Ertragspotentiale bleiben damit in Banken ungenutzt.[7]

Die Ursache für die geringfügige Umsetzung der Qualitätsorientierung[8], die auch zu der oft noch festgestellten Mangelhaftigkeit der angebotenen Bankleistungen führt[1], kann in der letztendlich doch nur mäßigen Priorisierung der Qualität für die Bankführung gesehen werden. Dieses lässt sich damit begründen, dass das mit einer Qualitätsorientierung verfolgte Ziel der Sicherung des Geschäftserfolgs bislang nicht in Form von Ertragszahlen, die die ökonomischen Implikationen der Qualitätsorientierung anzeigen, zum Ausdruck kommt. Häufig fehlt es überhaupt an praktikablen Steuerungsinstrumenten, die das bankbetriebliche Qualitätsmanagement unterstützen. Eine empirische Untersuchung belegt beispielsweise, dass lediglich 8 % der

1 Vgl. Kamiske, G. F., 1994, S. 1.

2 Vgl. Kamiske, G. F., 1994, S. 14; Schumacher, U., 1995, S. 410.

3 Vgl. Brinkmann, T., 1999, S. B9.

4 Vgl. beispielsweise Bayerische Hypotheken- und Wechsel-Bank AG (Hrsg.), 1998, S. 18 f.; Commerzbank AG (Hrsg.), 1999, S. 19; Deutsche Bank AG (Hrsg.), 2001, S. 15; Deutsche Bank AG (Hrsg.), 1999, S. 40.

5 Vgl. ausführlich Krafczyk, M., 1998.

6 Vgl. Fischer, K., 1996, S. 24.

7 Vgl. auch Adams, R./Guthmann, H. A., 1999, S. B13.

8 Im Rahmen einer empirischen Untersuchung konnte das nur sporadisch vorhandene Qualitätsmanagement in deutschen Banken und Sparkassen aufgezeigt werden. Vgl. Krafczyk, M., 1998.

deutschen Banken Qualitätskosten erheben und Kosten-/Nutzenanalysen für Qualitätsverbesserungsmaßnahmen kaum durchgeführt werden[2]. Die Kosten- und Ertragsseite darf jedoch auf keinen Fall vernachlässigt werden, denn auch Qualität muss sich rechnen[3].

Die Notwendigkeit einer umfassenden Ausweisung von Kosten und Erträgen in Bezug auf die Qualität wird zusätzlich noch verstärkt durch den sich seit Beginn der 90er Jahre in der Bankenbranche[4] abzeichnenden Wandel[5] von einer stakeholder- zu einer shareholder value-orientierten[6] Unternehmensführung, wobei letztere heute als eine weithin akzeptierte Norm gilt. [7] Maßgebliche Gründe für den Bedeutungszuwachs der bankbetrieblichen Wertorientierung liegen dabei in der mangelnden Aussagekraft traditioneller Größen der Rechnungslegung[8], der Globalisierung und Harmonisierung der Finanzmärkte und dem damit verbundenen stärkeren Wettbewerb um Investoren, die zunehmend an Professionalität gewinnen und als institutionelle Anleger selbst einem permanenten Performancedruck unterliegen.

Entsprechend wird mit der wertorientierten Banksteuerung eine Ausrichtung der Unternehmensführung an den finanziellen Interessen der Eigentümer und damit die Maximierung des Marktwerts des Eigenkapitals verfolgt, so dass ein Einsatz von Ressourcen in Banken nur dann erfolgt, wenn darüber die Renditeerwartungen der Eigentümer erfüllt werden können.

---

1 Vgl. beispielsweise o.V., 2000, S. 29; o.V., 1998, S. 17; o.V., 1997, S. 14.

2 Vgl. Krafczyk, M., 1998, S. 23 ff.

3 Vgl. Meyer, A./Dornach, F.,1998, S. 35; Kommer, G.,1993, S. 141.

4 Vgl. hierzu Schuster, L., 2000a, S. 3 ff. und 8 ff.; auch Hörter, S., 2000, S. 13 ff. Laut den Ergebnissen der Experteninterviews. Vgl. außerdem Deutsche Bank AG (Hrsg.), 1999, S. 38. Insgesamt sind es auf dem europäischen Bankenmarkt insbesondere Banken aus den Ländern Schweiz, Spanien, Niederlande und Großbritannien, die für eine überdurchschnittliche Wertsteigerung für ihre Eigentümer sorgen. Banken in Italien, Österreich und Frankreich dagegen schneiden diesbezüglich unterdurchschnittlich ab. Deutsche Banken liefern bisher eine eher durchschnittliche Performance (vgl. Kennedy, C., 1999, S. 225).

5 Vgl. Busse von Colbe, W., 1997, S. 272.

6 Für den Begriff Shareholder Value-Management werden in der Literatur auch die Synonyme wertorientierte Steuerung, Value-based Management, wertorientierte Unternehmensführung oder Wertmanagement verwendet.

7 Vgl. Spremann, K., 1998, S. 345.

8 Vgl. Amely, T., 1997, S. 277; Habermayer, W., 1997, S. 497; Ossadnik, W., 1997, S. 1822.

Diese derzeit dominierende wertorientierte Ressourcensteuerung in Banken verlangt so neben der Abbildung der mit Qualität verbundenen ökonomischen Konsequenzen auch noch die Erfüllung eines bestimmten Renditeanspruchs. Dabei steht die vorrangig am Kunden und auch an Mitarbeitern und Gesellschaft ausgerichtete Qualitätsorientierung[1] nicht im Widerspruch zur Wertorientierung, die den Eigentümer in den Mittelpunkt rückt, denn die mit der Qualitätsorientierung erzielbaren Erträge sind als Voraussetzung bzw. Nebenbedingung für die Schaffung einer angemessenen Rendite für die Eigentümer zu betrachten.[2]

So wird der Wert einer Bank wird durch die vorhandenen Kundenbeziehungen und die sich daraus ergebenen zukünftigen Cash Flows bestimmt,[3] was eine umfassende Kundenorientierung zwingend erforderlich macht. Die Implementierung einer umfassenden Kundenorientierung wiederum verlangt nach serviceorientierten, motivierten Mitarbeitern. Letztendlich muss für eine wertorientierte Banksteuerung auch die gesellschaftliche Akzeptanz, im Sinne von angemessenen Rahmenbedingungen für vernünftiges wirtschaftliches Handeln, vorhanden sein.[4] Mit der Wahrnehmung und Umsetzung der gesellschaftlichen Verantwortung durch die Kreditinstitute kann gesellschaftliche Akzeptanz geschaffen werden.[5] Mit der Konzentration auf Kunden, Mitarbeiter und Gesellschaft verkörpert die Qualitätsorientierung damit ein erhebliches Wertschaffungspotential.

Um dieses Wertschaffungspotential in Banken nutzen zu können, ist eine Bewertung der im Rahmen einer Qualitätsorientierung vorgenommen Maßnahmen im Sinne der Eigentümer unerlässlich. Für eine derartige Bewertung besteht nach Erkenntnis der Verfasserin bisher in der wissenschaftlichen Literatur kein geeignetes Konzept. Aus diesem Grund soll die vorliegende Arbeit einen Beitrag zur Lösung dieses Defizit liefern und damit den Erkenntnisstand in Bezug auf die Qualitätssteuerung in Banken und die wertorientierte Banksteuerung erweitern.

---

1 Vgl. Kamiske, G., 1994, S. 9 f.

2 Vgl. Berry, L. L., 1988, S. 24; Popp, S./Wilmes, J., 1998, S. 16.

3 Vgl. Wiederin, E., 1994, S. 62.

4 Vgl. Deutsche Bank AG (Hrsg.), 1999, S. 39.

5 Vgl. vertiefend zur gesellschaftlichen Verantwortung von Banken Schuster, L., 1997.

Für die Entwicklung eines solchen Konzeptes, das die Integration von Wert- und Qualitätsorientierung in Banken beinhaltet, ist es erforderlich, einen einheitlichen Bezugsrahmen festzulegen. Hierfür bietet es sich an, das bisher zur Koordination der Qualitätsaktivitäten herangezogene Qualitätscontrolling, um die wertorientierte Perspektive zu erweitern und zum wertorientierten Qualitätscontrolling auszubauen, welches dann eine gleichzeitige Steuerung der Qualitätsaktivitäten im Sinne der Qualitäts- und Wertorientierung gewährleistet.

Um eine konkrete Ausgestaltung dieses wertorientierten Qualitätscontrolling so vornehmen zu können, dass eine Bewertung des Qualitätsengagements einer Bank möglich wird, ist die mit der Qualitätsorientierung einhergehende Kundenorientierung angemessen zu berücksichtigen. Die heterogene Kundenstruktur von Banken erschwert jedoch ein solches Vorgehen. Für die vorliegende Arbeit soll deshalb das Beispiel des Firmenkundengeschäfts zugrunde gelegt werden. Dies ist damit zu begründen, dass sich zum einen die bankbetriebliche Qualitätsdiskussion zumeist auf das Privatkundengeschäft konzentriert[1] und das Firmenkundengeschäft diesbezüglich häufig vernachlässigt wird und zum anderen das Firmenkundengeschäft gegenwärtig als für die Banken unrentabler, wertvernichtender Geschäftsbereich einzustufen ist.[2] Mit dieser Einschränkung der Problemstellung auf das Firmenkundengeschäft ist eine spezifische problemorientierte Ausgestaltung möglich, ohne dabei zu Erkenntnisverlusten für die Allgemeingültigkeit zu führen.

Auf Grund dieser Problemstellung müssen in der vorliegenden Arbeit Antworten auf folgende Fragen gefunden werden:

- Wie kann ein wertorientiertes Qualitätscontrolling grundsätzlich abgegrenzt werden, welche Funktionen muss es wahrnehmen und welche Instrumente sind zu deren Erfüllung neu zu gestalten?
- Welche ökonomische Konsequenzen sind mit der Erbringung von Qualität im Firmenkundengeschäft verbunden und wie können diese im Rahmen der instrumentellen Gestaltung des wertorientierten Qualitätscontrolling quantifiziert werden?

---

1 Vgl. Schuster, L., 1999, S. 85.

2 Vgl. Rometsch, S., 1999, S. 811; auch Stehmann, A., 1999, S. 23; HypoVereinsbank AG (Hrsg.), 2000, S. 37; Dresdner Bank AG (Hrsg.), 2000, S. 31.

- Wie lassen sich die Ansprüche der Eigentümer in der Bewertung der ökonomischen Konsequenzen der Qualität im Firmenkundengeschäft angemessen berücksichtigen?

1.2 Erfahrungsobjekt, Zielsetzung und methodische Einordnung der Arbeit

Nachdem die Problemstellung für diese Arbeit erörtert und eingegrenzt wurde, sind im Folgenden noch das Erfahrungsobjekt, die Ziele und die wissenschaftsmethodische Einordnung der Arbeit darzulegen.[1]

Entsprechend der Problemstellung bezieht sich das **Erfahrungsobjekt**[2] der vorliegenden Arbeit auf das Firmenkundengeschäft einer Bank. Unter einer Bank[3] wird dabei ein Kreditinstitut subsumiert, dass die in § 1 Kreditwesengesetz (KWG) aufgeführten Bankgeschäfte betreibt.[4] In diesem Zusammenhang stellt sich die Frage, ob auf Grund des Einbezugs der Wertorientierung in die Untersuchung eine weitere Beschränkung auf eine Bankengruppe[5] erforderlich ist, da es nicht das explizite und priorisierte Ziel der gesamten Bankenbranche[6] ist, den Wert der Bank im Sinne der Eigentümer zu steigern.

Hierunter fallen zum einen die öffentlich-rechtlichen Institute[7], denen durch das Sparkassengesetz der Länder Auftrags- und Sicherungsziele (z.B. Versorgung der Bevölkerung mit Krediten und Förderung der Vermögensbildung) sowie der Grund-

---

1 Vgl. hierzu auch grundlegend Chmielewicz, K., 1994.

2 Vgl. zum Erfahrungsobjekt allgemein Schanz, G., 1977, S. 70; Raffée, H., 1993, S. 5; Zelewski, S., 1994, S. 22.

3 Zu einer Abgrenzung verschiedener Bankformen vgl. Schuster, L., 1994b, S. 355 ff.

4 Auch wenn in § 1 KWG neben dem Kreditinstitut das Finanzdienstleistungsinstitut und das Finanzinstitut rechtlich definiert werden, sollen sich folgende Ausführungen auf das Kreditinstitut als Universalbank konzentrieren, das traditionell als Bank bezeichnet wird.

5 Der deutsche Bankenmarkt lässt sich in die Gruppen der Kreditbanken, der öffentlich-rechtlichen Kreditinstitute sowie der Genossenschaftsbanken einteilen (vgl. ausführlich zu den deutschen Bankengruppen Schierenbeck, H./Hölscher, R., 1998, S. 63-91).

6 Vgl. zu einer ausführlichen Analyse Hörter, S., 1998, S. 13-38.

7 Öffentlich-rechtliche Institute sind Sparkassen, Landesbanken oder Girozentralen und andere Spezialinstitute.

satz der Gemeinnützigkeit auferlegt sind.[1] Zum anderen gehören hierzu auch die Genossenschaftsbanken[2], die gemäß § 1 Genossenschaftsgesetz der Förderung des Erwerbs oder der Wirtschaft ihrer Mitglieder durch einen gemeinschaftlichen Geschäftsbetrieb dienen sollen.[3]

Trotz der unterschiedlichen Zielstellungen einzelner Bankengruppen in Bezug auf die Wertsteigerung kann das hier zu entwickelnde Konzept auch auf Banken bezogen werden, die den Shareholder Value nicht als (einziges) Zielkriterium definieren. Für diese Banken ist lediglich an Stelle der geforderten Aktionärsrendite der ihren Zielen entsprechende Leistungsmaßstab in Form einer geplanten Rentabilität festzulegen, denn weder der öffentliche Auftrag der Sparkassen und Landesbanken noch der Förderauftrag der Genossenschaftsbanken liefern die Grundlage für Unwirtschaftlichkeiten. Eine dauerhafte Erfüllung des öffentlichen Auftrags bzw. des Förderauftrags ist letztendlich nur möglich, wenn das Kreditinstitut langfristig eine angemessne Rendite erzielt.

Da es nicht zur Problemstellung dieser Arbeit gehört, die Renditeforderung der Bankeigentümer zur wertorientierten Steuerung allgemein abzuleiten[4], sondern die vom Bankmanagement auf Grund der verfolgten Wertorientierung vorgegebene Zielrendite mit der Qualitätsorientierung der Bank zu vereinen, spielen die von den einzelnen Bankengruppen verfolgten unterschiedlichen Zielvorgaben in Form von Rentabilitätsangaben als solche keine Rolle. Sie sind substituierbar. Eine Begrenzung der Problemstellung auf eine spezifische Bankengruppe ist damit nicht erforderlich, jedoch soll aus Komplexitätsgründen der Sprachgebrauch der Wertorientierung beibehalten werden, ohne in jedem Fall auf anderweitig abgeleitete Rentabilitätsziele explizit hinzuweisen.

---

1 Vgl. Amely, T., 1997 S. 280; Hörter, S., 1998, S. 15; Zimmermann, G./Jöhnke, T., 1998, S. 278.

2 Zu den Genossenschaftsbanken zählen Raiffeisen- und Volksbanken sowie genossenschaftliche Zentralbanken.

3 Vgl. beispielsweise Hörter, S., 1998, S. 17.

4 Siehe hierzu beispielsweise Hörter, S., 1998.

Die mit diesem Erfahrungsobjekt verbundenen Erkenntnisziele können dann wie folgt formuliert werden.[1] Das **Deskriptionsziel** als systematische Erfassung und Darstellung des Erfahrungsobjekts bezieht sich in der folgenden Arbeit im Wesentlichen auf die grundlegende Darstellung und Systematisierung der Charakteristika des Firmenkundengeschäfts in Banken und deren Implikationen für die Qualitätsorientierung. Darüber hinaus liegt das **Erklärungsziel** der Arbeit, dessen Inhalt sich allgemein als wissenschaftliche Erklärung und Begründung erfahr- und erfassbarer bankbetrieblicher Phänomene beschreiben lässt, in der Entwicklung eines theoretischen Bezugsrahmens zum wertorientierten Qualitätscontrolling, welches eine Erweiterung des Qualitätscontrolling um die wertorientierte Perspektive umfasst.

Schließlich werden zur Erfüllung des **Gestaltungsziels** der Arbeit, das generell die Transformation der gewonnenen Erkenntnisse in praktisch anwendbare Handlungs- und Verhaltensanweisungen beinhaltet, praktisch-normative Handlungsempfehlungen zur konkreten instrumentellen Ausgestaltung des wertorientierten Qualitätscontrolling gegeben. In diesem Zusammenhang ist ein Instrumentarium zur Qualitätssteuerung im Sinne der Wertorientierung zu entwickeln und am Beispiel des Firmenkundengeschäfts zu konkretisieren.

Über die Erkenntnisziele hinaus bleibt noch zu beantworten, welche **Heuristik** als methodische Anleitung gewählt werden soll, um die gestellten Ziele zu erreichen. Da Forschung zumeist im Rahmen größerer Problemkomplexe stattfindet, stehen nicht nur mehr Hypothesen oder isolierte Theorien im Zentrum methodologischer Überlegungen, sondern komplette Wissenschaftsprogramme.[2] Als Wissenschaftsprogramm kann auch ein Paradigma bezeichnet werden[3], das beschrieben wird als beispiellose wissenschaftliche Leistung, die eine beständige Gruppe von Anhängern anzieht, und dabei offen genug ist, um alle möglichen Probleme zu lösen.[4]

---

1 Vgl. grundlegend auch im Folgenden Stein, J. H. v./Gärtner, U., 1992, S. 336.

2 Vgl. Schanz, G., 1988, S. 85.

3 Vgl. Schanz, G., 1988, S. 86.

4 Vgl. Schanz, G., 1992, S. 64.

Innerhalb der Betriebswirtschaftslehre lassen sich verschiedene Paradigmen unterscheiden, auch wenn diese auf Grund des geringen Alters des Fachs noch nicht so weit fortgeschritten sind wie beispielsweise die der Naturwissenschaften.[1] Gegenwärtig existieren in der Betriebswirtschaftslehre eine Vielzahl von Forschungsparadigmen nebeneinander[2], zu denen z.B. die entscheidungs- und die systemorientierte Betriebswirtschaftslehre gehören.[3] Diese allgemeinen betriebswirtschaftlichen Paradigmen werden auch für die Bankbetriebslehre, die in Bezug auf die Entwicklung eigener Paradigmen wenig geleistet hat, herangezogen.[4]

Die theoretische Basis für den in dieser Arbeit zu entwickelnden Bezugsrahmen liefert das Controlling, dessen Ursprünge in der betrieblichen Praxis liegen und das dann überwiegend im deutschen Sprachraum insbesondere durch *Horváth*[5], *Küpper*[6] und *Weber*[7] theoretisch fundiert und im Wesentlichen durch *Schierenbeck*[8] auf Banken übertragen wurde. Darüber hinaus werden zur inhaltlichen Ausgestaltung des Bezugsrahmens auf Elemente aus dem Shareholder Value-Management und dem Qualitätsmanagement zurückgegriffen.

Das Shareholder Value-Management wiederum geht einmal zurück auf die moderne neoklassische Finanzierungstheorie, die der Mikroökonomie entspringt, deren wichtige Vertreter beispielsweise *Markowitz*, *Sharpe* sowie *Modigliani* und *Miller* sind.[9] Gegenstand der neoklassischen Finanzierungstheorie ist die Analyse der Zielsetzungen der Kapitalgeber und -nehmer, die sich auf Rendite-Risiko-Überlegungen beschränkt[10] und damit zur Maximierung des Shareholder Value führt.

---

1 Vgl. Schanz, G., 1988, S. 89; auch Ulrich, P./Hill, W., 1976, S. 307 ff.

2 Vgl. Schanz, G., 1992, S. 57.

3 Vgl. Schanz, G., 1992, S. 70 f.

4 Vgl. Schuster, L., 1996b, S. 4.

5 Vgl. Horváth, P., 1994.

6 Vgl. Küpper, U., 1997.

7 Vgl. Weber, J., 1999a.

8 Vgl. Schierenbeck, H., 1999a.

9 Vgl. Perridon, L./Steiner, M., 1997, S. 21; auch Steiner, M./Kölsch, K., 1989, S. 409; Schmidt, R., 1977, S. 250.

10 Vgl. Bieg, H., 1997, S. 29; detailliert auch Schmidt, R., 1977, S. 252 ff.

Auf der anderen Seite kann das Management des Shareholder Value der allgemeinen präskriptiven Managementlehre[1] zugeordnet werden, deren Gegenstand eine optimale Wettbewerbspositionierung darstellt. Als wichtiger Vertreter wäre hier *Porter* zu nennen.[2] Insgesamt wird das Shareholder Value-Management unter anderen stark vertreten durch *Rappaport* und *Fruhan*.[3]

Auch das Qualitätsmanagement, das der Erzielung von Wettbewerbsvorteilen dient, kann dieser allgemeinen Managementlehre zugeordnet werden.[4] Wichtige Vertreter des Qualitätsmanagements sind beispielsweise *Juran*, *Deming* und *Ishikawa*.[5] Shareholder Value-Management wie auch Qualitätsmanagement wurden unter Berücksichtigung der gegebenen Besonderheiten bereits isoliert auf Banken übertragen.[6] In Abbildung 1.1 sind die dieser Arbeit zugrundeliegenden Forschungsparadigmen nochmals zusammengefasst.

---

1 Vgl. ausführlich Mintzberg, H., 1990.

2 Vgl. Hörter, S., 1998, S. 8 f.

3 Vgl. Lammerskitten, M. et al., 1997, S. 222 f.

4 Vgl. Herrmann, J./Kostka, C., 1998, S. 524; Herrmann, J., 1997, S. 1214.

5 Vgl. Herrmann, J./Kostka, C., 1998, S. 525.

6 Vgl. beispielsweise Bruhn, M., 1997b; Hörter, S., 1998; Krafczyk, M., 1998; Schuster, L., 1999; Schuster, L. (Hrsg.), 2000.

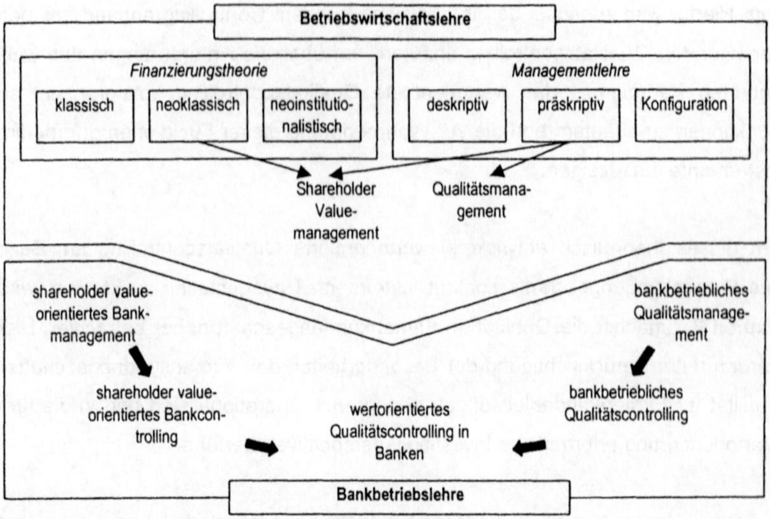

Quelle: Eigene Darstellung.

Abbildung 1.1: *Wertorientiertes Qualitätscontrolling in Banken und die zugrundeliegenden Forschungsparadigmen*

Die Entwicklung und Ausgestaltung des wertorientierten Qualitätscontrolling für das Firmenkundengeschäft basiert dabei im Wesentlichen auf der Analyse und Auswertung von Literatur, um ausgehend vom gegenwärtigen theoretisch-wissenschaftlichen Stand eine Weiterentwicklung vornehmen zu können. Ergänzt werden diese theoretischen Überlegungen durch teilstrukturierte Experteninterviews mit Fachvertretern der Bankpraxis, die schwerpunktmäßig die Themen Firmenkunden und Qualitätssteuerung umfassten und deshalb vorrangig in den Kapiteln 3 und 5 Berücksichtigung fanden. Schließlich wird anhand von verschiedenen Beispielrechnungen die praktische Anwendbarkeit des im Rahmen des wertorientierten Qualitätscontrolling entwickelten Instruments dargelegt.

1.3 Gang der Untersuchung

Die vorliegende Arbeit gliedert sich in insgesamt sechs Kapitel. Nach diesem einführenden **1. Kapitel** folgt in **Kapitel 2** die grundlegende Entwicklung des dieser Arbeit zugrundeliegenden Bezugsrahmens in Form des wertorientierten Qualitätscontrolling. Hierfür wird zunächst das theoretische Konzept Controlling anhand des bereits vorliegenden Qualitätscontrolling erläutert, um über die Anforderungen des wertorientierten Paradigmas das wertorientierte Qualitätscontrolling abzugrenzen, seine Funktionen zu erläutern und die zur Wahrnehmung dieser Funktionen erforderlichen Instrumente aufzuzeigen.

Um dieses theoretisch entwickelte wertorientierte Qualitätscontrolling am Beispiel des Firmenkundengeschäfts konkret instrumentell ausgestalten zu können, wird in **Kapitel 3** zunächst die Qualität im Firmenkundengeschäft näher betrachtet. Hierfür werden unter Berücksichtigung der Besonderheiten des Firmenkundengeschäfts die Qualität für Firmenkundenleistungen abgegrenzt, operationalisiert und in die für die Wertorientierung erforderliche Investitionsperspektive überführt.

Auf Basis des in Kapitel 2 aufgezeigten Instrumentenbedarfs des wertorientierten Qualitätscontrolling und den Spezifika der Qualität im Firmenkundengeschäft ist in **Kapitel 4** ein Grundmodell zur Messung der Wertschaffung durch Qualität im Firmenkundengeschäft zu entwickeln. Dazu wird über die Bewertung potentieller Verfahren zur Wertschaffungsmessung und eine anschließende Verfahrenssynthese ein Wertschaffungsmaß für Qualitätsinvestitionen in Form des Quality Added Value (QAV) abgeleitet und in seinen Grundbestandteilen dargelegt.

Den Kern der Arbeit stellt **Kapitel 5** dar. Hier werden die einzelnen Grundbestandteile des Quality Added Value konkret am Beispiel des Firmenkundengeschäfts ausgestaltet. Die Basis hierfür liefert ein herzuleitendes Erklärungsmodell, das den Zusammenhang zwischen Qualität und ökonomischem Erfolg abbildet.

In **Kapitel 6** werden schließlich die Ergebnisse der Untersuchung zusammengefasst. Abbildung 1.2 fasst den Aufbau der Arbeit abschließend zusammen.

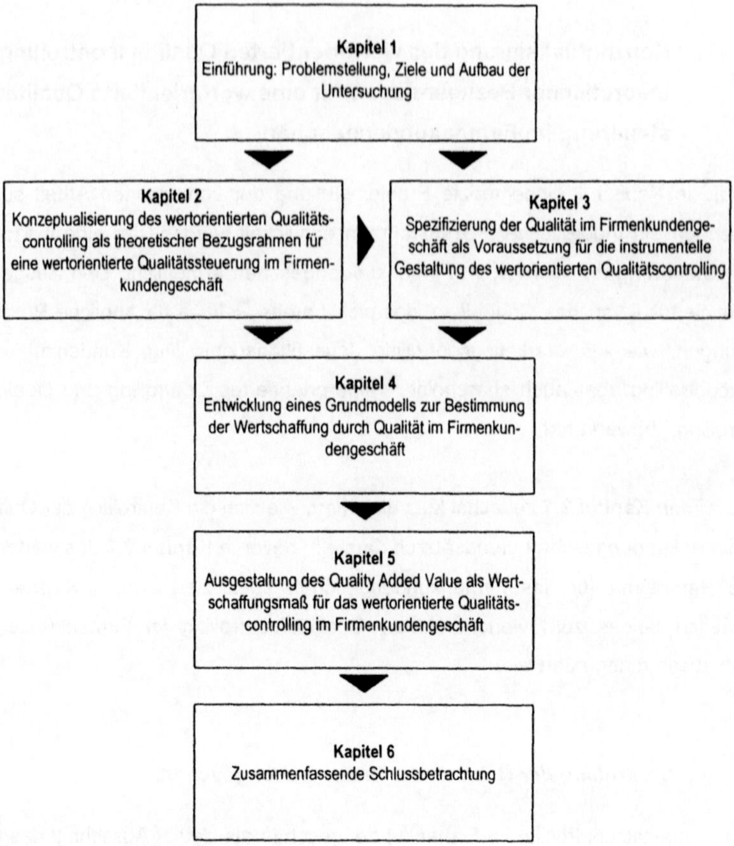

Quelle: Eigene Darstellung.

***Abbildung 1.2**: Gang der Untersuchung*

2 Konzeptualisierung des wertorientierten Qualitätscontrolling als theoretischer Bezugsrahmen für eine wertorientierte Qualitätssteuerung im Firmenkundengeschäft

Für die in Kapitel 1 eingegrenzte Problemstellung der vorliegenden Arbeit soll im Folgenden ein theoretischer Bezugsrahmen entwickelt werden, der eine wertorientierte Steuerung der Qualität im Firmenkundengeschäft ermöglicht. Den Ausgangspunkt hierfür liefert das Controlling, das sich bereits vielfach für ähnliche Problemstellungen, wie z.B. Marketingcontrolling, Investitionscontrolling, Kundenzufriedenheitscontrolling aber auch shareholder value-orientiertes Controlling und Qualitätscontrolling,[1] bewährt hat.

Dazu wird in **Kapitel 2.1** zunächst kurz diskutiert, wie sich ein Controlling der Qualität im Firmenkundengeschäft grundsätzlich darstellt, bevor in **Kapitel 2.2** das wertorientierte Paradigma für das Firmenkundengeschäft spezifiziert und in **Kapitel 2.3** schließlich beides zum wertorientierten Qualitätscontrolling im Firmenkundengeschäft zusammengeführt wird.

2.1 Controlling der Qualität im Firmenkundengeschäft

Da das Qualitätscontrolling im Firmenkundengeschäft als kleiner Ausschnitt des Gesamtcontrolling[2] und - wie noch zu zeigen sein wird - nicht von anderen Controllingbereichen getrennt betrachtet werden kann, soll zunächst allgemein dargelegt werden, was Controlling beinhaltet (**Kapitel 2.1.1**). Auf dieser Basis kann im nächsten Schritt aus dem allgemeinen Controlling das Qualitätscontrolling im Firmenkundengeschäft abgeleitet werden (**Kapitel 2.1.2**).

---

1 Vgl. beispielsweise Dauben, S., 2001; Bruhn, M., 1998; Hörter, S., 1998; Weber, J., 1998.

2 Vgl. zu einer ähnlichen Argumentation Schierenbeck, H., 1993, S. 112 f.

2.1.1 Koordinationsorientiertes Controllingverständnis als Grundlage für das Qualitätscontrolling im Firmenkundengeschäft

Die wissenschaftliche Diskussion über das Controlling als eigenständiger betriebswirtschaftlicher Bereich[1] führte im Wesentlichen zu der koordinationsorientierten Controllingkonzeption.[2] Diesbezüglich auch scheinbar verschieden gestaltete Ansätze einzelner Autoren lassen sich durch die Überwindung der für den gleichen Sachverhalt unterschiedlich verwendeten Sprache vereinheitlichen.[3]

Ausgehend von der koordinationsorientierten Controllingkonzeption, die als derzeit vorherrschende Controllingsicht[4] auch in dieser Arbeit herangezogen werden soll, wird Controlling als „... *Koordination des Führungsgesamtsystems zur Sicherstellung einer zielgerichteten Lenkung*"[5] betrachtet. Dies impliziert, dass Controlling auch Bestandteil der Führung einer Bank ist, denn es unterstützt die Bankführung in ihrer Lenkungsaufgabe, d.h. es nimmt nicht selbst Steuerungs- und Lenkungsaufgaben wahr, sondern ist Führungshilfe,[6] damit die Bankziele durch die Führung realisiert werden können.[7] Durch die Bankführung wiederum wird das Leistungs- bzw. Ausführungssystem koordiniert.[8]

---

1 Vgl. hierzu beispielsweise Küpper, H.-U., 1997, S. 3 ff.; auch Weber, J., 1999a, S. 2 und S. 19.

2 Vgl. zu der ursprünglich auf *Horváth* zurückgehenden Konzeption Horváth, P., 1994, S. 112; auch Küpper, H.-U., 1997, S. 13 ff.; Weber, J., 1999a, S. 25 ff. Für einen Überblick über weitere, neben der koordinationsorientierten Konzeption diskutierte Controllingkonzeptionen siehe Weber, J., 1998, S. 264 ff.; Küpper, H.-U., 1997, S. 5 ff.; Krauss, M., 1996, S. 24 ff.; Weber, J., 1999a, S. 20 ff.; Lehmann, F.-O., 1992, S. 46 ff.; Schweitzer, M./Friedl, B., 1992, S. 144 ff. Auch *Schierenbeck*, der als wesentlicher wissenschaftlicher Vertreter des Bankcontrolling gilt, bezieht sich auf die Koordinationsfunktion des Controlling (vgl. Schierenbeck, H., 1999a, S. 2).

3 Vgl. hierzu Weber, J./Schäffer, U., 1999, S. 20. *Weber* und *Schäffer* zeigen jedoch jüngst, dass auch die koordinationsorientierte Controllingkonzeption nicht als eigenständige betriebswirtschaftliche Disziplin zu betrachten ist und deshalb weitergehende Controllingforschung betrieben werden muss. Hierfür stellen sie die Rationalitätskonzeption des Controlling zur Diskussion. Die wissenschaftliche Auseinandersetzung mit der Rationalitätskonzeption steht jedoch noch am Anfang, weshalb sie sich gegenwärtig (noch) nicht durchsetzen konnte (vgl. Weber, J., 1999a, S. 37 ff.; Weber, J., 1999b, S. 466 f.; Weber, J./Schäffer, U., 1999, S. 20; Weber, J./Schäffer, U., 1998 und Weber, J. et al., 1999). Weitere Kritik in Bezug auf die Koordinationskonzeption findet sich bei Dauben, S., 2001, S. 122 f.

4 Vgl. Schäffer, U., 1996, S. 341; auch Weber, J./Schäffer, U., 1998, S. 4.

5 Küpper, H.-U. et al., 1990, S. 283.

6 Vgl. Küpper, H.-U. et al., 1990, S. 282; auch Küpper, H.-U., 1997, S. 12 und S. 18 f.; Hahn, D., 1991, S. 126 und S. 139; Schierenbeck, H., 1993, S. 113.

7 Vgl. Horváth, P., 1994, S. 142; auch Friedl, B., 1998, S. 467; Küpper, H.-U., 1998, S. 377. Diese Unterstützungsfunktion entspricht beispielsweise auch der Controllingauffassung der Deutschen Bank AG (vgl. Groß, H./Knippschild, M., 1995, S. 76).

8 Vgl. Küpper, H.-U., 1997, S. 15; Weber, J., 1997a, S. 1.

Eine weitergehende Konkretisierung des Controlling als Koordination macht eine funktionale, instrumentale und institutionale Betrachtungsweise erforderlich.[1] In funktionaler Hinsicht stellt sich die Frage, welche Aufgaben für das Controlling aus der Koordination resultieren, die *Horváth* nach Objekt, Verrichtung und Ziel differenziert.[2] Objekt der Koordination ist das Führungssystem.

Zur Strukturierung des Führungssystems wurde allgemein auf den Systemansatz zurückgegriffen,[3] mit dessen Hilfe auch Führungsteilsysteme abgegrenzt werden.[4] Überwiegend wird dabei zwischen Planung, Kontrolle und Information sowie Personalführung und Organisation differenziert.[5] Die Controllingaufgabe bezieht sich dann auf die Koordination der einzelnen Führungsteilsysteme sowie die Koordination zwischen den Führungsteilsystemen,[6] wobei die Informationen ausschließlich führungsrelevante Merkmale des Leistungssystems abbilden und deshalb die informatorische Basis für die anderen Führungsteilsysteme darstellen.[7]

In Bezug auf die funktionale Verrichtung ergeben sich systembildende und systemkoppelnde Controllingaufgaben.[8] Die Systembildung umfasst dabei nach *Horváth* *„... die Schaffung einer Gebilde- und Prozeßstruktur, die zur Abstimmung von Aufgaben*

---

1 Vgl. Küpper, H.-U. et al., 1990, S. 283; auch Schweitzer, M./Friedl, B., 1992, S. 142; Horváth, P., 1994, S. 143.

2 Vgl. Horváth, P., 1994, S. 144.

3 Vgl. Weber, J./Schäffer, U., 1999, S. 2; auch Schäffer, U., 1996, S. 341. In diesem Zusammenhang kommt dem Systemansatz jedoch *„... (nur) die Funktion eines integrativen Ordnungs- und Bezugsrahmens zu, ihm fehlt die inhaltliche 'Systemidee'."* Weber, J./Schäffer, U., 1999, S. 8.

4 Vgl. für einen Überblick über mögliche Abgrenzungsvorgehensweisen Weber, J./Schäffer, U., 1999, S. 8; auch Weber, J., 1997a, S. 8 ff.

5 Vgl. Küpper, H.-U., 1997, S. 15; auch Weber, J./Schäffer, U., 1999, S. 15. Auch wenn in der einschlägigen Controllingliteratur verschiedene Auffassungen zur Beschränkung der Koordinationsfunktion existieren, so scheinen diese dennoch nicht inkompatibel zu sein (vgl. Weber, J./Schäffer, U., 1999, S. 20). Beispielsweise spricht *Horváth* explizit nur von Planungs- und Kontroll- sowie Informationssystem, betont aber deren Einfluss auf Personal und Organisation (vgl. Horváth, P., 1994, S. 135 und S. 143; auch Weber, J./Schäffer, U., 1999, S. 16). Darüber hinaus unterscheidet *Weber* in früheren Veröffentlichungen zusätzlich noch ein Wertesystem, schränkt aber sogleich ein, dass dieses als Grundlage der Unternehmensführung Einfluss auf die Führungsteilsysteme und direkt auch auf das Leistungssystem ausübt (vgl. Weber, J., 1994, S. 59). Da das Wertesystem weder in der allgemeinen Controllingdiskussion wesentliche Bedeutung erlangt hat, noch in seinem Einfluss mit anderen Führungsteilsystemen vergleichbar ist, scll es hier nicht als Koordinationsobjekt im Rahmen des Controlling in die Betrachtung einbezogen werden.

6 Vgl. Küpper, H.-U., 1997, S. 20; auch Küpper, H.-U., 1998, S. 377.

7 Vgl. Weber, J., 1994, S. 59.

8 Vgl. Horváth, P., 1994, S. 144.

beiträgt"[1], wohingegen *Weber* darunter ausschließlich „... *die Schaffung der Koordinationsvoraussetzungen im Führungssystem* ..."[2] fasst und nicht bereits hier Abstimmungsprozesse unterstellt. Die Systemkopplung beinhaltet dann nach *Horváth* „... *Koordinationsaktivitäten ..., die im Rahmen der gegebenen Systemstruktur zur Problemlösung sowie als Reaktion auf 'Störungen' stattfinden* ..."[3], während *Weber* jetzt auf die gesamte „... *Befriedigung konkreter Koordinationsbedarfe innerhalb des Führungssystems* ..."[4] und nicht nur auf den Bedarf, der aus Problemen und Störungen resultiert, abstellt. Insbesondere die Aussagen von *Weber* verdeutlichen, dass die Systembildung der Systemkopplung vorgelagert ist.[5]

Das Unternehmensziel trennt die Controllingaufgaben schließlich in strategische und operative Aufgaben. Erstere betreffen die langfristige „... *Schaffung, Erhaltung und Realisierung von Erfolgspotentialen* ..."[6], während letztere aus den strategischen Vorgaben operative Ziele und Maßnahmenpläne unter Beachtung gegebener Strukturen ableiten und damit eine kurz- bis mittelfristige Lenkung unterstützen.[7]

Neben der funktionalen Betrachtungsweise des koordinationsorientierten Controlling kommt auch der instrumentellen Sicht Bedeutung zu. Zur Wahrnehmung seiner Aufgaben bedarf das Controlling eines umfangreichen Instrumentariums, das sich entsprechend der Koordinationsobjekte vorrangig aus Informations-, Planungs-, Kontroll-, Organisations- und Personalführungsinstrumenten zusammensetzt.[8] *Küpper*[9] differenziert dabei isolierte und übergreifende Koordinationsinstrumente.

---

1 Horváth, P., 1994, S. 122.

2 Weber, J./Schäffer, U., 1999, S. 10; Weber, J., 1994, S. 39.

3 Horváth, P., 1994, S. 123 f.

4 Weber, J./Schäffer, U., 1999, S. 10; Weber, J., 1994, S. 39.

5 Vgl. Weber, J./Schäffer, U., 1999, S. 10; auch Schäffer, U., 1996, S. 342.

6 Huch, B./Schimmelpfeng, K., 1994, S. 10.

7 Vgl. beispielsweise Huch, B./Schimmelpfeng, K., 1994, S. 10; auch Horváth, P., 1994, S. 239; Hahn, D., 1991, S. 129; Küpper, H.-U. et al., 1990, S. 284; Männel, W./Schmidt, R., 1988, S. 41.

8 Vgl. Küpper, H.-U. et al., 1990, S. 288.

9 Vgl. Küpper, H.-U., 1997, S 24 ff.

In diesem Zusammenhang ist zu erwähnen, dass häufig keine spezifischen Controllinginstrumente existieren, sondern lediglich Instrumente, die auch im Rahmen des Controlling eingesetzt werden können.[1] Überdies weisen die Controllinginstrumente nur in einigen Fällen bankspezifische Charakteristika auf, da sie zumeist aus der Allgemeinen Betriebswirtschaftslehre stammen und unproblematisch auch in Banken angewendet können.[1]

Das koordinationsorientierte Controllingverständnis zeigt darüber hinaus Koordinationsbedarfe auf, für die bislang noch keine Instrumente bestehen.[2] Beispielsweise ist diesbezüglich der noch am Anfang der Entwicklung stehende Koordinationsbedarf zwischen Personalführung und Organisation zu nennen. In Abbildung 2.1. werden überblicksartig einige (Bank-) Controllinginstrumente aufgeführt.

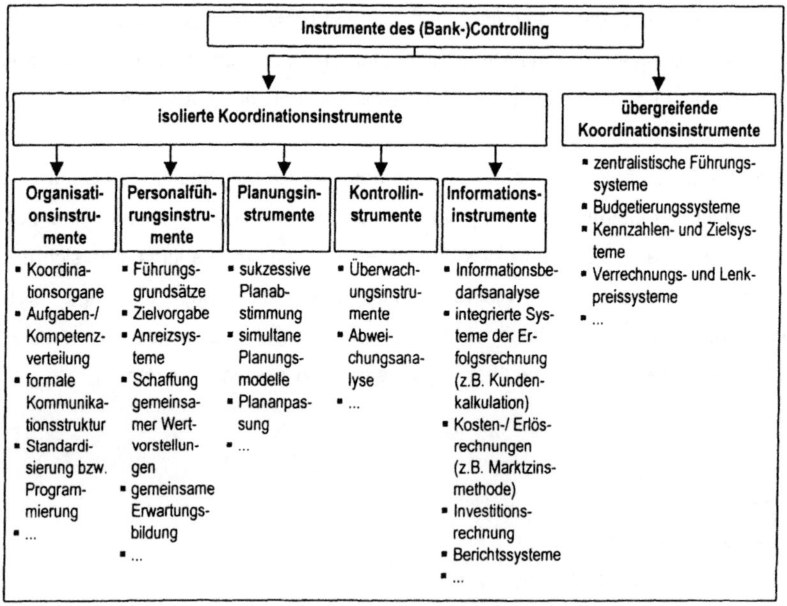

Quelle: Eigene Darstellung in Anlehnung an **Küpper, H.-U.**, 1997, S. 25 und die Ausführungen von **Schierenbeck, H.**, 1999a, S. 24 ff.

Abbildung 2.1: *Isolierte und übergreifende Koordinationsinstrumente*

1 Vgl. Küpper, H.-U., 1997, S. 25 f.

Auch die institutionale Gestaltung hat für die Konkretisierung des Controlling Relevanz. Jedoch sind einzelne Controlling-Institutionen beispielsweise in einer Bank abhängig von deren Größe und Aufbauorganisation etc.,[3] so dass hier spezifische Lösungen in Bezug auf die Schaffung von Controllingstellen /-abteilungen, deren Charakter (z.B. Linien-, Stabs- oder Dienstleistungsstellen), Verantwortungen und Kompetenzen, Unterstellungen, hierarchische Einordnung und Weisungsbeziehungen gefunden werden müssen.[4]

Dieses grundlegende koordinationsorientierte Controllingverständnis – in funktionaler, instrumentaler wie auch institutionaler Hinsicht konkretisiert – ist anwendbar auf eine gesamte Bank. Da es sämtliche Funktionen, Instrumente und Institutionen eines Bankbetriebs in Bezug auf das Controlling zusammenfasst, beinhaltet es auch die Führungsbestandteile, die die Qualität im Firmenkundengeschäft betreffen und im Sinne der koordinationsorientierten Controllingkonzeption Führungsunterstützung benötigen. Aus diesem Grund soll im nächsten Abschnitt aufgezeigt werden, wie sich Controlling auf die Führung der Qualität im Firmenkundengeschäft übertragen lässt.

2.1.2 Übertragung der Koordinationsaufgabe auf das Qualitätscontrolling im Firmenkundengeschäft

Die Aufgabenübertragung des Controlling auf einzelne Bereiche erfordert zunächst eine Abgrenzung und Einordnung des Qualitätscontrolling im Firmenkundengeschäft in das Bankcontrolling (**Kapitel 2.1.2.1**) und daran anschließend dessen Spezifizierung in Bezug auf Gegenstand, Aufgaben, Instrumente und Organisation (**Kapitel 2.1.2.2**). Da das Qualitätscontrolling im Firmenkundengeschäft als integrativer Bestandteil des gesamten Bankcontrolling[5] zu bezeichnen ist, ändert sich auch die grundlegende Konzeption für das Qualitätscontrolling im Firmenkundengeschäft

---

1 Vgl. Schierenbeck, H., 1999a, S. 24.

2 Vgl. Küpper, H.-U., 1997, S. 20.

3 Vgl. hierzu allgemein Küpper, H.-U. et al., 1990, S. 285; auch Witt, F.-J., 1999, S. 476 ff. und speziell für Banken Schierenbeck, H., 1999a, S. 30.

4 Schierenbeck, H., 1999a, S. 27.

5 Vgl. zu einer ähnlichen Argumentation auch Hannen, C., 1996, S. 24; Fischer, T. M./Schmitz, J., 1996, S. 810; Dauben, S., 2001, S. 105.

nicht, so dass sich einerseits die Erkenntnisse über das Qualitätscontrolling im Firmenkundengeschäft problemlos auf andere Bereiche, wie das Privatkundengeschäft, übertragen lassen. Andererseits kommen spezifische Gegebenheiten der Qualität im Firmenkundengeschäft erst dann zum Tragen, wenn ganz konkrete Controllingaufgaben definiert sind.

2.1.2.1 Einordnung des firmenkundenbezogenen Qualitätscontrolling in das Controlling einer Bank

Das Controlling alleinig bezogen auf die gesamte Bank kann insbesondere der in Großbanken vorherrschenden Spezialisierung[1] kaum gerecht werden. Vor allem die unterschiedlichen Aufgabeninhalte der einzelnen Führungsbereiche einer Bank stellen sehr heterogene Anforderungen an ein gesamtbankbezogenes Controlling. Aber auch unterschiedliche Informationsbedürfnisse und verschiedene Formalisierungs- und Standardisierungsgrade in den einzelnen Bankbereichen führen dazu, dass eine Differenzierung des Controlling unumgänglich ist.[2]

Beispielsweise gestalten sich die Aufgaben im Firmenkundengeschäft und im Privatkundengeschäft inhaltlich anders (Börsengang vs. Standardkonsumentenkredit). Darüber hinaus stellen beide Bereiche einen unterschiedlichen Informationsbedarf an das Controlling (Kreditrisikobeitrag bzw. Ratings vs. Anzahl abgeschlossener Geschäfte). Aus diesen Gründen ist es üblich, den Controllinggedanken auf verschiedene Führungsbereiche zu übertragen.[3]

Die Übertragung des Controlling auf einzelne Bankbereiche orientiert sich dabei an der Aufbau- und Führungsorganisation einer Bank.[4] Allerdings muss die Übertragung der Controllingaufgaben nicht mit der Anpassung der bestehenden Controllingorganisation einhergehen,[5] es sollte aber gewährleistet sein, dass die Controllingaufga-

1 Vgl. hierzu auch Flesch, J. R./Gerdsmeier, S., 1998, S. 294.

2 Vgl. zur Notwendigkeit der Differenzierung des Controlling auch Horváth, P./Stark, H., 1982, S. 184.

3 Vgl. Küpper, H.-U., 1997, S. 367.

4 Vgl. Horváth, P./Stark, H., 1982, S. 184; auch Huch, B./Schimmelpfeng, K., 1994, S. 9; Ringel, J., 1995, S. 39; Schierenbeck, H., 1999a, S. 8.

5 Vgl. Küpper, H.-U., 1995, S. 368.

ben innerhalb der vorhandenen Controllingorganisation wahrgenommen werden können.[1] Dementsprechend lassen sich die Aufgaben des Controlling folgendermaßen differenzieren:[2]

- Controlling für Objekte (Spartencontrolling),
- Controlling für Funktionen (Funktionscontrolling),
- Controlling nach geografischen Gesichtspunkten (Ländercontrolling) und
- Controlling für einzelne Projekte (Projektcontrolling).

Die Differenzierungssystematik für Controllingaufgaben aufgreifend kann gezeigt werden, wie sich das Qualitätscontrolling im Firmenkundengeschäft in das bankweite Controlling einordnen lässt. Im Vordergrund stehen dabei die Controllingaufgaben unabhängig von der Controllingorganisation, d.h. es werden einzelnen Teilbereichen Controllingaufgaben zugeordnet, die zwar in jeder Bank wahrgenommen werden sollten, aber eine Übereinstimmung mit der konkreten Controllingorganisation einzelner Banken nicht unbedingt erforderlich macht.[3]

Für die vorliegende Problemstellung spielen das länderspezifische und das projektbezogene Controlling keine Rolle, weil einerseits keine unterschiedlichen Ländermärkte betrachtet werden sollen und andererseits weder das Firmenkundengeschäft noch die in diesem Rahmen zu erbringende Qualität Projektcharakter aufweisen. Demgegenüber stellen sich das objektbezogene und auch das funktionsbezogene Controlling für eine grundlegende Controllingdifferenzierung in Banken als geeignet dar.

Für die überwiegend divisional strukturierten Banken[4] können die verschiedenen Controllingaufgaben im Sinne eines Spartencontrolling zunächst auf die einzelnen Unternehmensbereiche[5], wie z.B. das Firmenkundengeschäft, übertragen werden.

---

1 Vgl. Ringel, J., 1997, S. 39.

2 Vgl. Horváth, P./Stark, H., 1982, S. 184.

3 Beispielsweise ist es nicht unbedingt erforderlich, dass Controllingaufgaben ausschließlich durch extra dafür eingerichtete Controllingeinheiten wahrgenommen werden.

4 Vgl. Krumnow, J., 1993, S. 133 ff.; auch Ringel, J., 1995, S. 40 f.; Dresdner Bank AG (Hrsg.), 2000, S. 25.

5 Beispielsweise unterscheidet die HypoVereinsbank fünf Unternehmensbereiche: Privat- und Geschäftskunden, Firmenkunden, Immobilienfinanzierungsgeschäft und Immobilienkunden, International Markets und Asset Management (vgl. HypoVereinsbank AG (Hrsg.), 2000, S. 22) und HSBC Trinkhaus & Burkhardt differenziert in Privatkundenge-

Neben einer Ausrichtung dieses Spartencontrolling nach Kundengruppen, kann auch eine Aufteilung nach Geschäftsarten, Geschäftsstellen oder einer Kombination dieser erfolgen.[1] Das firmenkundenbezogene Controlling als ein Unternehmensbereichscontrolling übernimmt dann die Aufgabenverantwortung des Unternehmensbereichs, während das zentrale Gesamtbankcontrolling ausschließlich unternehmensbereichsübergreifende Controllingaufgaben wahrnimmt. Beispielsweise grenzt auch die Deutsche Bank AG verschiedene Bereichscontrolling mit jeweiliger Controllingverantwortung ab.[2]

Da sich innerhalb des firmenkundenbezogenen Controlling analog zum gesamtbankbezogenen Controlling wiederum heterogene Controllingaufgaben stellen, die einer weitergehenden Differenzierung bedürfen, bietet sich jetzt das Funktionscontrolling zur Aufgabenabgrenzung an. *Schierenbeck*[3] unterteilt das funktionsbezogene Controlling einer Bank beispielsweise in Planungs- und Kontrollsysteme sowie Management-Informationssysteme und unterscheidet weiterhin Portfolio-Management, Bilanzstruktur-Management und Budget-Management. Dies ist insofern als problematisch einzustufen, als er sich damit bereits des Vokabulars bedient, das eigentlich die Inhalte der Führungsteilbereiche charakterisiert und nicht die Führungsteilbereiche selbst benennt, auf die die Controllingaufgaben übertragen werden sollen.

Dies berücksichtigend kann eine Controllingdifferenzierung auch nach den primären Funktionen oder den Phasen des Leistungsprozesses,[4] wie z.B. Potentialbereitstellung, Marktbearbeitung, Absatz und Verarbeitung,[5] begleitet von unterstützenden Funktionen,[6] wie z.B. Personal, Technologie, Risiko und auch Qualität,[1] stattfinden,

---

schäft, Firmenkundengeschäft, Geschäft mit institutionellen Anlegern sowie den Handel (vgl. Rometsch, S., 1999, S. 811).

1 Vgl. Schierenbeck, H., 1999a, S. 29 ff.

2 Vgl. Groß, H./Knippschild, M., 1995, S. 76.

3 Vgl. Schierenbeck, H., 1999a, S. 29 ff.

4 Vgl. Dellmann, K., 1992, S. 129; auch Fischer, T. M./Schmitz, J., 1996, S. 810; Küpper, H.-U., 1997, S. 368 f.; Küpper, H.-U., 1998, S. 378; Dauben, S., 2001, S. 90. Zur konkreten Ausgestaltung verschiedener Controllingbereiche siehe beispielsweise Reichmann, T., 1985.

5 Vgl. Schuster, L., 2000b, o. S.

6 *Krumnow* spricht in diesem Zusammenhang auch von Servicebereichen (vgl. Krumnow, J., 1993, S. 134).

in der sich dann beispielsweise auch Planung, Kontrolle oder Budgetierung bezogen auf einzelne Funktionen wiederfinden. Wie in Abbildung 2.2 aufgezeigt, ist dann eine Übertragung von Controllingaufgaben auf einzelne Bankbereiche unter Berücksichtigung des Qualitätscontrolling im Firmenkundengeschäft möglich.

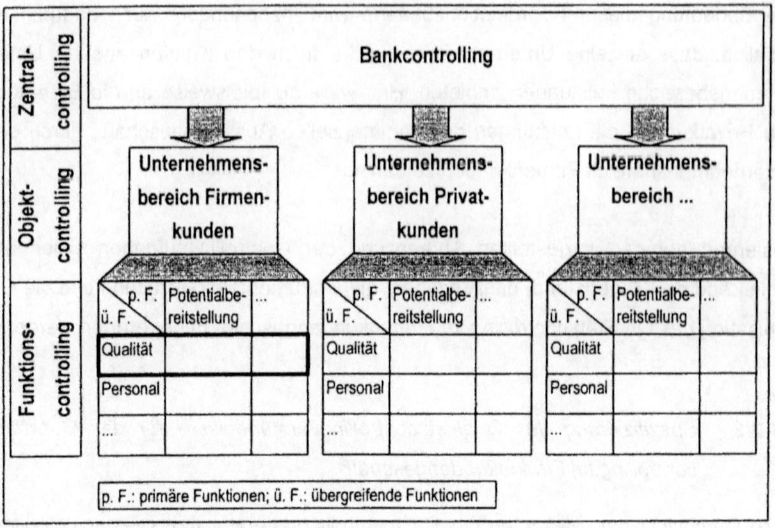

Quelle: Eigene Darstellung.

***Abbildung 2.2**: Abgrenzung des Qualitätscontrolling im Firmenkundengeschäft*

Im Rahmen der Differenzierung der Controllingaufgaben entstehen jedoch Schnittstellen, die wieder durch das Controlling überwunden werden müssen.[2] Aus diesem Grund ist ausgehend vom koordinationsorientierten Controllingverständnis nicht nur eine Koordination innerhalb des abgegrenzten Teilbereichs (z.B. innerhalb des Qualitätscontrolling im Firmenkundengeschäft) ausreichend, sondern außerdem eine Koordination des Teilbereichs mit dem gesamtbankbezogenen Controlling (z.B. zwischen Qualitätscontrolling im Firmenkundengeschäft und dem Bankcontrolling) sowie eine Koordination des Teilbereichs mit anderen Teilbereichen (z.B. zwischen

1 Vgl. u.a. Bruhn, M., 1998, S. 65; auch Fischer, T. M./Schmitz, J., 1996, S. 810. Im Rahmen einer Befragung österreichischer Kreditinstitute konnte sogar festgestellt werden, dass mehr als 50 % mit dem Qualitätscontrolling arbeiten (vgl. Breyer, M./Zinnagl, E., 1995, S. 407 f.), wohingegen eine Untersuchung des Qualitätsmanagements deutscher Kreditinstitute hervorbrachte, dass typische Qualitätscontrollinginstrumente kaum zum Einsatz kommen (vgl. Krafczyk, M., 1998, S. 23 f.).

2 Vgl. Huch, B./Schimmelpfeng, K., 1994, S. 9.

dem Qualitätscontrolling im Firmenkundengeschäft und dem Personalcontrolling im Firmenkundengeschäft bzw. zwischen dem firmenkunden- und dem privatkundenbezogenen Controlling) erforderlich.[1]

Die Bedeutung dieser Koordinationsbedarfe wird insbesondere auch dadurch ersichtlich, dass einzelne Unternehmensbereiche auch den Kunden anderer Unternehmensbereiche Leistungen anbieten. Hier wäre beispielsweise an die Betreuung von Privatkunden mit Leistungen des kommerziellen Auslandsgeschäfts durch den Unternehmensbereich Firmenkunden zu denken.[2]

Basierend auf der vorgestellten Abgrenzung der Controllingaufgaben sollen anschließend der Gegenstand, die Aufgaben, die instrumentale Gestaltung und die Organisation des Qualitätscontrolling im Firmenkundengeschäft näher erörtert werden.

2.1.2.2 Spezifizierung des Qualitätscontrollingverständnisses für das Qualitätscontrolling im Firmenkundengeschäft

Nach Durchsicht der relevanten Qualitätscontrolling-Literatur muss festgestellt werden, dass kein einheitliches Begriffsverständnis für das Qualitätscontrolling existiert. Dies verwundert um so mehr, als das koordinationsorientierte Controlling etabliert und das Qualitätscontrolling als Teil dessen zu betrachten ist. Dabei reicht das Spektrum von Qualitätscontrolling als *„... eine in das System eingebaute, kontinuierliche oder intermittierend erfolgende Überwachung ...“*[3] über *„Qualitätscontrolling ist nicht nur die Planung, Steuerung und Kontrolle der klassischen Aktivitäten der Qualitätssicherungsabteilung, sondern umfaßt alle Maßnahmen zur Realisierung des Potentials, das aus dem Wettbewerbsfaktor Qualität resultiert.“*[4] bis zur *„... Unterstützung und Koordination qualitätsbezogener Aktivitäten im Hinblick auf eine wirtschaft-*

---

1 Vgl. zu den verschiedenen Koordinationsrichtungen beispielsweise Küpper, H.-U., 1997, S. 369; auch Küpper, H.-U., 1991, S. 170.

2 Vgl. auch zu anderen Beispielen Krumnow, J., 1993, S. 135.

3 Pepels, W., 1996, S. 35.

4 Wildemann, H./Keller, S., 1996, S. 4; vgl. zur Abgrenzung des Qualitätscontrolling nach *Wildemann* auch Wildemann, H., 1995a, S. 41 f. und S. 45.

liche Ausrichtung des Qualitätsmanagement"[1] und Qualitätscontrolling als Teilsystem des Controlling, das „... *qualitätsrelevante Vorgänge mit dem Ziel koordiniert, eine anforderungsgerechte Qualität wirtschaftlich sicherzustellen.*"[2]

Dieser kleine Ausschnitt deutet bereits die Heterogenität des Begriffs Qualitätscontrolling an. Dabei muss die zuerst erwähnte Begriffsfassung nach *Pepels* als wenig zeitgemäß etikettiert werden, da sie sich ausschließlich an dem völlig unzureichenden kontrollbezogenen Controlling orientiert.[3] Das zweite Verständnis von Qualitätscontrolling nach *Wildemann* vermischt klassische Managementaufgaben (z.B. Planung, Kontrolle) und Controlling im Sinne der Koordination und ist deshalb für eine Charakterisierung des Qualitätscontrolling wenig geeignet.

Dagegen stellen die zuletzt dargelegten Definitionen nach *Bruhn*[4] und *Horváth/Urban* die Koordination ins Zentrum des Qualitätscontrolling und gehen so konform mit dem Gesamtcontrolling.[5] Darüber hinaus ist zusätzlich im Vergleich zum Controlling allgemein explizit eine Forderung nach Wirtschaftlichkeit erkennbar.[6]

Darauf aufbauend kann der Gegenstand des Qualitätscontrolling im Firmenkundengeschäft als Koordination der Qualitätsführung unter der Prämisse der Wirtschaftlichkeit umschrieben werden. Die Qualitätsführung stimmt dabei mit dem Qualitätsmanagement überein.[7] Dementsprechend bietet das Qualitätscontrolling dem Qualitätsmanagement im Firmenkundengeschäft Führungsunterstützung[8] mit dem Ziel,

---

1 Bruhn, M., 1998, S. 63.

2 Horváth, P./Urban, G., 1990, S. 12.

3 Vgl. dazu Küpper, H.-U., 1997, S. 11 f.

4 *Bruhn* stellt in seinen Ausführungen die Koordination als Hauptfunktion heraus und erwähnt darüber hinaus die Informationsversorgungsfunktion, die Planung und die Kontrolle (vgl. Bruhn, M., 1998, S. 72), zumindest die beiden zuletzt genannten Funktionen stellen aber klassische Managementfunktionen dar.

5 Vgl. zu einer ausführlichen Herleitung des Qualitätscontrolling aus dem Controlling allgemein Dauben, S., 2001, S. 104-112.

6 Dies schreiben auch *Wildemann/Keller* dem Qualitätscontrolling mit der Erzielung eines „... *Optimum[s] aus Wirtschaftlichkeit, Zeiteffizienz und Erfüllung der Qualitätsanforderungen* ..." zu (Wildemann, H./Keller, S., 1996, S. 5).

7 Vgl. zu dieser Vorgehensweise auch Küpper, H.-U., 1997, S. 14.

8 Vgl. auch Hannen, C., 1996, S. 22; Hannen, C./Schupp, F., 1996, S. 347; Zangemeister, A. W., 1996, S. 78.

die Effizienz und Effektivität des Qualitätsmanagement zu steigern.[1] Zur Konkretisierung eines solchen Qualitätscontrolling im Firmenkundengeschäft ist es wiederum erforderlich, auf die funktionale, instrumentale und institutionale Perspektive des Qualitätscontrolling im Firmenkundengeschäft näher einzugehen.

Eine Detaillierung der **Funktionen des Qualitätscontrolling** verlangt zunächst nach einer differenzierten Betrachtung des Koordinationsobjektes, d.h. des Qualitätsmanagement.[2] Eine Unterteilung des Qualitätsmanagement in Managementteilsysteme kann dabei aus verschiedenen Perspektiven vorgenommen werden:

- Analog zum Controlling allgemein können Planung, Kontrolle, Information, Personalführung und Organisation jeweils firmenkunden- und qualitätsbezogen unterschieden werden.[3]
- Einige Autoren beschränken die Koordinationsobjekte auf ein qualitätsbezogenes Planungs- und Kontrollsystem sowie ein qualitätsbezogenes Informationssystem.[4]

Dem Qualitätsmanagement selbst werden dabei verschiedene Aufgaben zugesprochen. Entsprechend der klassischen Managementfunktionen benennt *Bruhn*[5] diese als Qualitätsplanung, Qualitätslenkung, Qualitätsprüfung und Qualitätsmanagementdarlegung. Eine Gegenüberstellung der Qualitätsmanagementfunktionen und der Qualitätsmanagementteilsysteme zeigt, dass die Beschränkung der Koordinationsaufgabe des Qualitätscontrolling auf qualitätsbezogene Planung, Kontrolle und Information eine Unterstützung des Qualitätsmanagement nicht in jeder Hinsicht gewährleisten kann und deshalb als unvollständig betrachtet werden muss. Exemplarisch sei hier auf die Qualitätslenkungsaufgabe verwiesen, im Rahmen derer sowohl

---

1 Vgl. Horváth, P./Urban, G., 1990, S. 15; auch Gupta, J. C. et al., 1995, S. 78; Hannen, C., 1996, S. 27; Bruhn, M., 1998, S. 63; Dauben, S., 2001, S. 107. Dies impliziert, dass die Etablierung eines Qualitätsmanagement im Firmenkundengeschäft nicht zu den Aufgaben des Qualitätscontrolling zählt, da es dieses bereits voraussetzt. Diese Aufgabe ist dem Bankmanagement allgemein bzw. dem Firmenkunden-Bereichsmanagement mit der Unterstützung durch das entsprechende Controlling zuzurechnen.

2 Vgl. zur ausführlichen Abgrenzung des Qualitätsmanagement Bruhn, M., 1997a.

3 Eine ähnliche Vorgehensweise wählen auch Fischer, T. M./Schmitz, J., 1996, S. 811; Dauben, S., 2001, S. 109 ff.

4 Vgl. z.B. Bruhn, M., 1998, S. 83 f.; auch Folmeg, U., 1996, S. 669.

5 Vgl. Bruhn, M., 1996, S. 108.

Personalführungs- als auch Organisationsmethoden herangezogen werden,[1] die ebenfalls einer Abstimmung bedürfen.

Überdies wird immer wieder die herausragende Bedeutung der Mitarbeiter und der Personalführung für das Qualitätsmanagement betont[2] und auf deren hohe Relevanz in Dienstleistungsunternehmen im Vergleich zu Industrieunternehmen verwiesen.[3] *Dauben*[4] zeigt darüber hinaus, dass die mit dem Qualitätsmanagement verbundenen Funktionen über die aus dem Controlling allgemein stammenden Managementteilsysteme vollständig abbildbar sind und deshalb auch in dieser Form als Koordinationsobjekte dienen sollen, um eine möglichst umfassende Unterstützung des Qualitätsmanagement zu gewährleisten.

Neben den Koordinationsobjekten muss zur Spezifizierung der Funktion des Qualitätscontrolling im Firmenkundengeschäft auch der Koordinationsbedarf bestimmt werden. Ein Koordinationsbedarf entsteht zunächst im Qualitätsmanagement innerhalb der abgegrenzten Qualitätsmanagementteilsysteme. Eine Abstimmung ist hier dann relevant, wenn in dem entsprechenden Teilsystem mehrere eng verknüpfte Bereiche/Instrumente existieren, was wiederum vom Entwicklungsstand des jeweiligen Teilsystems abhängig ist. Beispielsweise muss eine Abstimmung zwischen der geplanten Qualitätsstrategie und den operativen Qualitätsmaßnahmen im Firmenkundengeschäft stattfinden. Traditionell weisen dabei Planung, Kontrolle und Information im Vergleich zur Personalführung und Organisation eine fortgeschrittene Entwicklung auf,[5] da letztgenannte erst auf Grund jüngster Forschungen in das Controlling integriert wurden. Aus diesem Grund ist der Koordinationsbedarf nicht in allen Teilsystemen identisch und im Zeitverlauf konstant.

Darüber hinaus besteht ein Koordinationsbedarf zwischen den einzelnen Führungsteilsystemen des Qualitätsmanagement, die auf den qualitätsbezogenen Informatio-

---

1 Vgl. Bruhn, M., 1996, S. 124; zur Relevanz der Koordination mit der Organisation auch Klingebiel, N., 1997, S. 1619.

2 Vgl. beispielsweise Drewes, W., 1993, S. 9 f.; auch Bruhn, M., 1996, S. 124 f.; Bühner, R. et al., 1996, S. 139; Fischer, T. M./Schmitz, J., 1996, S. 811; Brehm, B./Hurcks, K., 1998, S. 400; Bruhn, M., 1998, S. 74.

3 Vgl. Küpper, H.-U., 1998, S. 380.

4 Vgl. Dauben, S., 2001, S. 109 ff.

5 Vgl. Küpper, H.-U., 1997, S. 22.

nen basieren, d.h. im Rahmen des Qualitätsinformationssystems wird der Informationsbedarf der anderen Teilsysteme ermittelt, die entsprechenden Informationen aufbereitet und weitergegeben.[1] Beispielsweise sei hier an die Aufspaltung der Qualitätskosten nach verschiedenen Firmenkundengruppen gedacht, die dann für Planungs- und Kontrollzwecke eingesetzt werden kann.

Außer der Koordination des Qualitätsmanagement ist auch eine Abstimmung des Qualitätscontrolling mit anderen Controllingbereichen erforderlich. Auf derselben „Controllingebene" ist beispielsweise eine Abstimmung der Qualitätspläne mit den Marketingplänen erforderlich, um eine gleichgerichtete Politik in Bezug auf den Firmenkundenabsatzmarkt zu erzielen. Darüber hinaus müssen sich die Aufgaben und Ergebnisse des Qualitätscontrolling auch in den übergeordneten Firmenkundenbereich sowie die Gesamtbank einfügen. Hier wäre beispielsweise die Planabstimmung zwischen Qualitäts-, Firmenkunden- und Gesamtbankcontrolling zu erwähnen.

Da diese Koordinationsbedarfe auf Grund der funktionalen Trennung der Controllingaufgaben entstehen und nicht alleinig das Qualitätscontrolling, sondern auch andere Controllingbereiche betreffen, kann die Befriedigung dieser außerhalb des Qualitätsmanagement angesiedelten Koordinationsbedarfe nicht dem Aufgabengebiet des Qualitätscontrolling zugeordnet werden, auch wenn es zum Teil von dieser Art der Koordination betroffen ist. Diese Koordinationsaufgaben müssen dann von den jeweils übergeordneten Controllingstellen wahrgenommen werden, die in der Lage sind, die einzelnen Informationen der Teilbereiche zu integrieren. Beispielsweise hat eine notwendige Abstimmung zwischen Marketing- und Qualitätsplänen im Firmenkundengeschäft durch das firmenkundenbezogene Bereichscontrolling zu erfolgen, während eine Koordination zwischen privatkundenbezogenem und firmenkundenbezogenem Controlling vom Zentralcontrolling der Gesamtbank zu übernehmen ist.

Schließlich wird die Koordination einer qualitativen Leistungserstellung[2] im Firmenkundengeschäft durch das Qualitätsmanagement selbst vorgenommen. Dementsprechend bezieht sich die Koordinationsaufgabe des Qualitätscontrolling im Fir-

1 Vgl. Küpper, H.-U., 1997, S. 23; auch Weber, J., 1994, S. 59; Hannen, C., 1996, S. 23; Zangemeister, A. W., 1996, S. 79; Bruhn, M., 1998, S. 83.

2 Vgl. Bruhn, M., 1998, S. 82.

menkundengeschäft ausschließlich auf das dortige Qualitätsmanagement. Die Koordinationsobjekte und Koordinationsbereiche sind zusammenfassend nochmals in Abbildung 2.3 dargestellt.

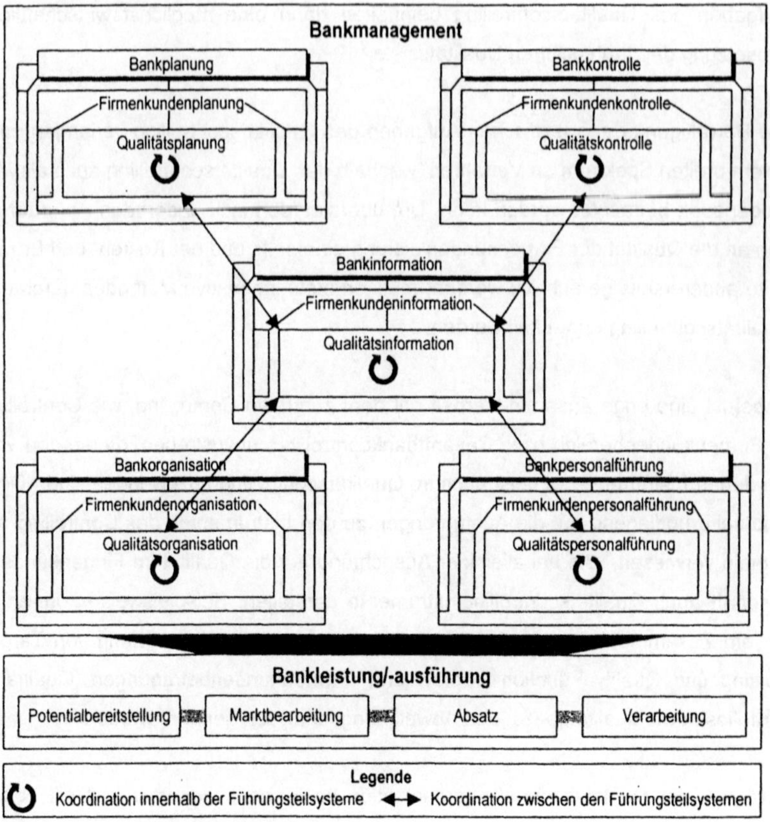

Quelle: Eigene Darstellung.

***Abbildung 2.3**: Koordinationsobjekte und -bedarfe des Qualitätscontrolling im Firmenkundengeschäft*

Auch die Aufgaben des Qualitätscontrolling können wie das Controlling allgemein von der Art der Verrichtung und den Zielen des Qualitätsmanagement bestimmt werden.[1] Im Rahmen der Systembildung gestaltet das Qualitätscontrolling die qualitätsbezogenen Strukturen, während die qualitätsbezogene Koordination der System-

---

1 Siehe hierzu auch Kapitel 2.1.1.

kopplung zufällt.[1] In Bezug auf die strategischen Qualitätsziele ist es Aufgabe des Qualitätscontrolling, die langfristige Qualitätsfähigkeit sicherzustellen und damit die Erfolgspotenziale der Qualität im Firmenkundengeschäft zu nutzen. Die operativen Aufgaben des Qualitätscontrolling beinhalten dann eine möglichst wirtschaftliche Umsetzung der strategischen Qualitätsziele.[2]

Die Bewältigung der spezifischen Aufgaben des Qualitätscontrolling verlangen nach einem breiten Spektrum an Verfahren, weshalb das Qualitätscontrolling auch als Methodenbank betrachtet werden kann. Um überdies den sich ändernden Anforderungen an die Qualität der Firmenkundenleistung einerseits und der Kosten- und Ertragseite andererseits gerecht zu werden, müssen stets innovative Methoden durch das Qualitätscontrolling entwickelt werden.

Dabei ist eine enge Zusammenarbeit mit dem zentralen Controlling, wie Controlling im Firmenkundenbereich bzw. Gesamtbankcontrolling, anzustreben, da die dort vorhandenen Instrumente zumeist auch im Qualitätscontrolling anzuwenden sind.[3] Deshalb sei grundlegend auf die Ausführungen zu den Instrumenten des Controlling allgemein verwiesen,[4] die bei alleiniger Ausrichtung auf die Qualität im Firmenkundengeschäft auch Qualitätscontrollinginstrumente darstellen. Beispielsweise können in diesem Zusammenhang die Qualitätskostenrechnung, die Verknüpfung von Target Costing und Quality Function Deployment,[5] Firmenkundenbefragungen, Qualitätsportfolios sowie qualitätsbezogene Abweichungsanalysen genannt werden.

Bezüglich der Qualitätscontrollingorganisation im Firmenkundengeschäft gilt ebenfalls das allgemein zum Controlling Ausgeführte.[6] Da es sich jedoch hier um einen kleinen Ausschnitt aus dem gesamten Bankcontrolling handelt, kann davon ausgegangen werden, dass eine völlig eigenständige Qualitätscontrollingorganisation im

---

1 Vgl. zu den systembildenden und systemkoppelnden Aufgaben des Qualitätscontrolling auch Bruhn, M., 1998, S. 71 und 82 f.

2 Vgl. Horváth, P./Urban, G., 1990, S. 14 f.; auch Bruhn, M., 1998, S. 86 f.

3 Vgl. Horváth, P./Urban, G., 1990, S. 16.

4 Siehe Kapitel 2.1.1.

5 Vgl. hierzu z.B. Fischer, T. M./Schmitz, J., 1994, S. 65 ff.; auch Dauben, S., 2001, S. 119.

6 Siehe Kapitel 2.1.1.

Firmenkundengeschäft eher nicht existiert, sondern die wahrzunehmenden Qualitätscontrollingaufgaben entweder integrativer Bestandteil des Controlling im Firmenkundenbereich sind oder von den für das Qualitätsmanagement Verantwortlichen[1] übernommen werden.

Die Herausarbeitung der Qualitätscontrollingkonzeption im Firmenkundengeschäft soll als Grundlage dafür dienen, eine wertorientierte Qualitätscontrollingkonzeption abzuleiten und zu gestalten. Hierfür sollen im nächsten Abschnitt die Anforderungen, die das wertorientierte Paradigma an ein Qualitätscontrolling im Firmenkundengeschäft stellt, ermittelt werden.

---

1 Vgl. hierzu auch Folmeg, U., 1996, S. 669.

2.2 Das wertorientierte Paradigma und dessen Anforderungen an das Qualitätscontrolling im Firmenkundengeschäft

Ausgehend vom Qualitätscontrollingkonzept setzt die Konzeptualisierung eines wertorientierten Qualitätscontrolling im Firmenkundengeschäft auch eine kurze Auseinandersetzung mit der Wertorientierung voraus. Deshalb sollen zunächst die Grundzüge des wertorientierten Paradigmas diskutiert (**Kapitel 2.2.1**) und anschließend daraus die Anforderungen an das Qualitätscontrolling im Firmenkundengeschäft abgeleitet (**Kapitel 2.2.2**) werden.

2.2.1 Grundzüge der Wertorientierung

Der Shareholder Value-Ansatz bedingt eine konsequente Ausrichtung der Banksteuerung an den Interessen der Eigentümer (Aktionäre). Im Sinne der Kapitalmarkttheorie interessiert die in das Bankeigenkapital investierenden Anleger eine dem mit der Aktie eingegangenen Risiko angemessene Rendite, die sich aus Dividendenzahlungen und Kurswertsteigerungen der Beteiligungspapiere zusammensetzt.[1]

Um der Aufgabe des wertorientierten Bankmanagement, die Erwartungen der Eigentümer und damit des Kapitalmarktes zu erfüllen und so den Marktwert des Eigenkapitals unter den bereits besprochenen Nebenbedingungen[2] zu maximieren,[3] gerecht zu werden, stehen verschiedene Möglichkeiten zur Verfügung. Dabei steht hier die bankinterne Controllingperspektive im Gegensatz zu auf veröffentlichten Daten (z.B. Jahresabschluss) basierenden Wertermittlungen im Vordergrund, d.h. es ist ein Zusammenhang zwischen den externen Kapitalmarktdaten und der internen Wertsteuerung[4] herzustellen.

1 Vgl. hierzu exemplarisch Schuster, L., 2000a, S. 3 f.; Faust, M./Richard, J., 1998, S. 324; auch Schierenbeck, H., 1998, S. 13; Werder, A. v., 1998, S. 69; Zimmermann, G./Jöhnke, T., 1998, S. 277; Amely, T., 1997, S. 277; Süchting, J., 1996, S. 412 f.

2 Siehe hierzu Kapitel 1.1.

3 Als der mit der Marktwertmaximierung des Eigenkapitals verbundene Vorteil wird eine erleichterte Eigenkapitalbeschaffung genannt, da die relativen Eigenkapitalkosten gesenkt und bei Kapitalerhöhungen ein höheres Agio erzielt werden kann (vgl. hierzu Hörter, S., 1996, S. 146).

4 Vgl. zu verschiedenen internen und externen Steuerungsansätzen Hörter, S., 1998, S. 93-130.

In diesem Zusammenhang obliegt es zum einen dem Bankmanagement, eine wertorientierte Geschäftssteuerung umzusetzen und zum anderen durch eine entsprechende Finanzierungssteuerung Einfluss auf den Marktwert des Bankeigenkapitals zu nehmen. Der Ausgangspunkt des Shareholder Value-Management liegt dabei in der Ermittlung der Renditeerwartungen der Aktionäre.[1] Die Höhe der erwarteten Rendite einer Anlage hängt positiv von dem Risiko dieser Anlage ab.

Im Rahmen der Kapitalmarkttheorie werden zwei wesentliche Konzepte zur Ermittlung des Renditeanspruchs der Aktionäre unterschieden. Während die modelltheoretischen Ansätze die risikoadäquate Rendite mit Hilfe eines Modells bestimmen (z.B. Capital Asset Pricing Model), legen die empirischen Ansätze vergangene Entwicklungen zugrunde und stellen die Renditeforderungen über Benchmarks fest.[2] Die so bestimmten Renditeforderungen stellen im Shareholder Value-Ansatz gleichzeitig auch die Eigenkapitalkosten der Bank dar, die mindestens erwirtschaftet werden müssen, um im Sinne der Aktionäre keine Werte zu vernichten.

Innerhalb einer wertorientierten Geschäftssteuerung wird einerseits identifiziert, welche bestehenden Geschäftsbereiche und zukünftigen Geschäftsbereichsstrategien der Bank Werte schaffen (Geschäftsportfoliosteuerung), und andererseits festgelegt, welchen Ergebnisbeitrag jeder Geschäftsbereich und sogar das einzelne Bankgeschäft für eine Wertsteigerung erzielen muss (Eigenkapitalallokation).[3]

Für die Geschäftsportfoliosteuerung werden zu diesem Zweck für jeden Geschäftsbereich spezifische Renditeerwartungen hergeleitet.[4] Diese werden zugrunde gelegt, um eine Wertanalyse der in einer Bank vorhandenen Geschäftseinheiten, wie z.B. Firmenkundengeschäft oder Assetmanagement, vorzunehmen. Ein Mehrwert wird

---

1 Vgl. Haas, R./Keller, G., 1999, S. 484 f.; auch Hörter, S., 1996, S. 147; Schmittmann, S. et al., 1996, S. 648; Süchting, J., 1996, S. 413; Siegert, T., 1995, S. 581.

2 Vgl. Schmittmann, S. et al., 1996, S. 648 f.; auch Herbeck, T. et al., 2001, S. 130 f.

3 Vgl. Hörter, S., 2000; auch Hörter, S., 1998, S. 4; Herbeck, T. et al., 2001, S. 128.

4 Zu der Vorgehensweise vgl. Hörter, S., 1998, S. 148 ff.

dann erzielt, wenn das geschäftsbereichsspezifische Eigenkapital höher als mit den ermittelten Eigenkapitalkosten verzinst wurde.[1]

Dabei bleiben zukünftige Wertsteigerungsmöglichkeiten zunächst ohne Ansatz[2]. Die Ist-Wertanalyse des Geschäftsportfolios liefert die Basis für die Formulierung von Geschäftsbereichsstrategien. Hierunter sind einmal Desinvestitionen[3] beispielsweise eines Geschäftsbereichs aber auch Investitionen in Restrukturierungen[4] zu verstehen, die hinsichtlich ihres Wertsteigerungspotentials untersucht und bei mehreren Alternativen entsprechend ihrer Wertschaffung selektiert werden.

Aber nicht nur auf strategischer Ebene ist der wertorientierte Ansatz von Bedeutung. Um eine konsequente Wertorientierung zu erreichen, ist es auch auf operativer Ebene erforderlich, im Sinne des Shareholder Value zu agieren. Hierfür ist sicherzustellen, dass alle angebotenen Bankleistungen innerhalb des Geschäftsbereichs, wie z.B. Firmenkundenkredite im Geschäftsbereich Firmenkunden, einem ihrem Risiko angepassten Renditebeitrag erwirtschaften bzw. eine gesamte Kundenbeziehung ein werterhöhendes Ergebnis erzielt.[5]

Zu diesem Zweck wird zunächst eine Ziel-Eigenkapitalrentabilität festgelegt,[6] die konsequent über die Geschäftsbereiche bis auf das einzelne Bankgeschäft umgelegt und dem Ist-Ergebnis gegenübergestellt wird, um so den Wertbeitrag zu bestimmen. Auf Basis dieser risiko- und renditeorientierten Banksteuerung ist es möglich, die insbesondere in Kreditinstituten knappe Ressource Eigenkapital so zu lenken, dass

---

1 Vgl. Rometsch, S., 1999, S. 811; auch Werder, A. v., 1998, S. 71; Amely, T., 1997, S. 278; Hörter, S., 1996, S. 147.

2 Vgl. Hörter, S., 1998, S. 133.

3 Ein Beispiel für einen Rückzug liefern britische Geschäftsbanken, die ihre Investment Banking-Einheiten abgestoßen haben.

4 Restrukturierungen lassen sich beispielsweise im Deutsche Bank Konzern mit der Ausgliederung des Privatkundengeschäfts in eine eigene Tochtergesellschaft, der Deutschen Bank 24, beobachten.

5 Vgl. Dambmann, W., 1999, S. 303; auch Haas, R./Keller, G., 1999, S. 485; Rolfes, B., 1999, S. 673; Becker, G. M., 1997, S. 107; Hörter, S., 1996, S. 147; Schmittmann, S. et al., 1996, S. 648 und S. 653; Süchting, J., 1996, S. 414; Kirsten, D. W., 1995, S. 676.

6 Hierfür können verschiedene Methoden Verwendung finden, die ausführlich bei Hörter, S., 1998, S. 181 ff. diskutiert sind.

sie dort zum Einsatz kommt, wo sie den größten Shareholder Value schafft.[1] Damit ist mit einer wertorientierten Banksteuerung auch eine effiziente Ressourcen- bzw. Eigenkapitalallokation verbunden.

Die Möglichkeit, über eine Finanzierungssteuerung den Shareholder Value einer Bank nachhaltig zu erhöhen, besteht einmal darin, die Kapitalstruktur und damit das Eigenkapitalniveau einer Bank so zu gestalten, dass mit dem optimalen Verschuldungsgrad auch die (Eigen-) Kapitalkosten minimiert werden. Die Festlegung des optimalen Eigenkapitalniveaus kann dazu führen, dass in der Bank überschüssiges Eigenkapital abgebaut (z.B. mittels Aktienrückkauf, Dividendenerhöhung, Geschäftswachstum) oder zusätzliches Eigenkapital beschafft (z.B. über Kapitalerhöhungen, Sekuritisierung) werden muss.

Darüber hinaus sollten die Entscheidungen, die mit der Kapitalbeschaffung bzw. Ausschüttung verbunden sind, im Sinne des Shareholder Value optimiert werden, da die Vermögenspositionen der Altaktionäre bzw. Altgläubiger davon betroffen sind. Hier wäre beispielsweise an die konkrete Ausgestaltung von Kapitalerhöhungen oder die qualitative Zusammensetzung des Eigenkapitals zu denken[2].

Damit letztendlich der auf Grund einer shareholder value-orientierten Banksteuerung realisierte Mehrwert einer Bank auch am Kapitalmarkt Berücksichtigung findet, müssen im Rahmen von Investor Relations die relevanten Daten (Ergebnisse, Entscheidungen etc.) kommuniziert werden, [3] was zu einer Berichtigung des Kurswertes der Bankaktie führt. Wie in einer empirischen Studie untersucht wurde, können auch Qualitätsinformationen, die an den Kapitalmarkt kommuniziert werden, Einfluss auf den Aktienwert nehmen[4]. In Abbildung 2.4 ist die generelle Vorgehensweise im

---

1 Vgl. beispielsweise Rolfes, B., 1999, S. 674; auch Rometsch, S., 1999, S. 810; Faust, M./Richard, J., 1998, S. 325; Habermayer, W., 1997, S. 497; Hörter, S., 1996, S. 147; Günther, T., 1994, S. 17.

2 Vgl. dazu ausführlich Hörter, S., 1998, S. 244 ff.

3 Vgl. auch Englert, J./Scholich, M., 1998, S. 685.

4 Vgl. Aaker, D. A./Jacobson, R., 1994, S. 191. Im Rahmen dieser Studie konnte sogar festgestellt werden, dass Qualitätsinformationen als Indikatoren für langfristige Geschäftsaussichten gewertet werden und deshalb kurzfristige Größen des Rechnungswesens in den Hintergrund rücken.

Rahmen der shareholder value-orientierten Banksteuerung noch einmal vereinfachend dargestellt.

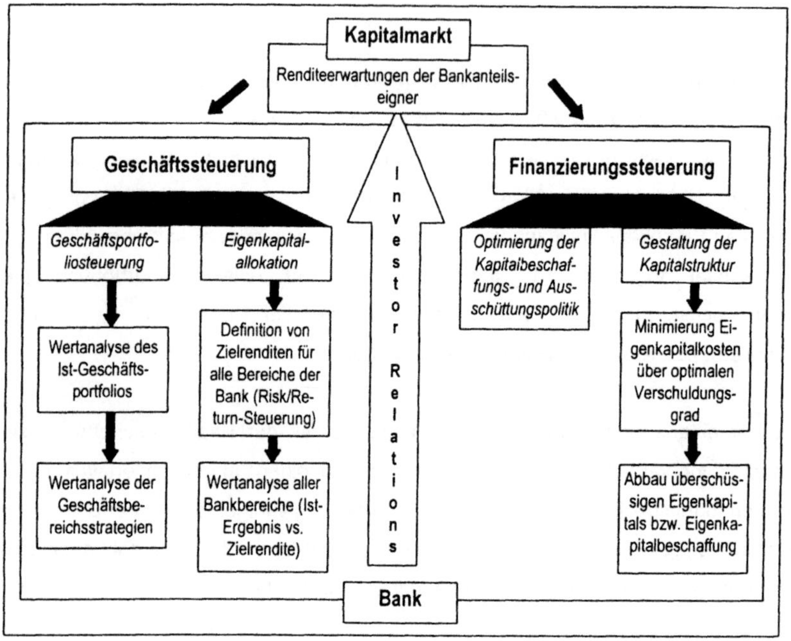

Quelle: **Krafczyk, M.**, 2000, S. 59.

***Abbildung 2.4**: Grundschema einer wertorientierten Banksteuerung*

2.2.2 Anforderungen aus der Wertorientierung für das Qualitätscontrolling im Firmenkundengeschäft

Die sich aus dem Shareholder Value-Ansatz ergebende Renditeforderung an die Gesamtbank, ihre Geschäftspolitik in strategischer wie operativer Hinsicht sowie ihre Finanzierungssteuerung bleiben nicht ohne Konsequenzen für das Qualitätsmanagement im Firmenkundengeschäft und damit für die durch das Qualitätscontrolling gebotene Managementunterstützung.

Auch im Zusammenhang mit der im Firmenkundengeschäft zu erbringende Qualität werden Eigen-/ Risikokapitalressourcen gebunden, die aus Sicht der Aktionäre eine gewisse Mindestverzinsung erzielen müssen. Entsprechend ist das Qualitätsengagement im Firmenkundengeschäft auch als Investition zu betrachten, die eine Rendite im Sinne der Wertorientierung zu erwirtschaften hat. Daraus wird bereits ersichtlich, dass eine wertorientierte Qualitätssteuerung im Rahmen der Geschäftssteuerung zu erfolgen hat. Die Finanzierungssteuerung spielt in Bezug auf das Qualitätsengagement keine Rolle, da Optimierungen hier für die gesamte Bank und nicht für einzelne Geschäfte vorgenommen werden.

Innerhalb der Geschäftssteuerung fragt sich, inwieweit Qualitätsstrategien im Firmenkundengeschäft Bestandteil der Geschäftsportfoliosteuerung sind. Dies ist insofern zu bejahen, als Qualitätsstrategien Teil einer Restrukturierung im Firmenkundengeschäft und damit auch als Investition in dasselbe verstanden werden können. Das Firmenkundengeschäft wiederum ist als eigenständiger Unternehmensbereich Bestandteil des Geschäftsportfolios. Entsprechend ist das strategische Qualitätsengagement im Rahmen einer Wertanalyse über mehrere Perioden zu bewerten. Die daraus folgende operative Qualitätssteuerung wäre dann im Sinne der effizienten Eigenkapitalallokation vorzunehmen.

Um dem nachzukommen, müssen die in Form der Eigenkapitalrentabilität vorliegenden Aktionärsinteressen auf das Qualitätsengagement im Firmenkundengeschäft projiziert werden. Hierfür ist auf Basis der Qualitätsplanung zu ermitteln, ob und in welchem Ausmaß Eigenkapital gebunden und Risiko eingegangen wird, um eine für das Qualitätsengagement spezifische Renditevorgabe aus der geforderten Gesamtbankrendite abzuleiten.

Über die Planung der mit dem strategischen/operativen Qualitätsengagement verbundenen Ergebnisse für die jeweils relevante(n) Periode(n) und die Gegenüberstellung des Ergebnisanspruchs können Aussagen über die Wertschaffung/Wertvernichtung der Qualitätsplanungen getroffen werden. Daneben hat eine regelmäßige Überprüfung der tatsächlichen Wertschaffung/Wertvernichtung während der Umsetzung der Qualitätsplanung und eine eventuelle Korrektur zu erfolgen.

Eine Wahrnehmung dieser Aufgaben im Rahmen des firmenkundenbezogenen Qualitätscontrolling verlangt zum einen nach einer umfassenden Quantifizierung der mit dem Qualitätsengagement verbundenen wertrelevanten Größen, wie z.B. Ergebnisbeitrag, Risiko und Eigenkapitalbindung, auch für mehrere Perioden. Qualitätsbezogene Sachverhalte, die nicht in Form einer monetären Größe vorliegen bzw. in diese überführt werden können, bleiben im Sinne des Shareholder Value ohne Ansatz.

Zum anderen müssen für die wertorientierte Steuerung der Qualität im Firmenkundengeschäft spezifische Methoden zur Verfügung gestellt werden, mit deren Hilfe die Wertschaffung bzw. Wertvernichtung durch Qualität realistisch abgebildet werden kann. Voraussetzung für den Einsatz derartiger Bewertungsmethoden ist auf Grund der Mehrperiodenbetrachtung die Einnahme der Investitionsperspektive[1], aus der auch die Qualität im Firmenkundengeschäft zu betrachten ist. Diese Anforderungen dienen als Ausgangspunkt, wenn folgend ein spezifisch wertorientiertes Qualitätscontrolling für das Firmenkundengeschäft entwickelt wird.

1 Vgl. zur Investitionsperspektive wertorientierter Verfahren Siegert, T., 1995, S. 580 f.

2.3 Ableitung des wertorientierten Qualitätscontrolling für das Firmenkundengeschäfts

Auf Basis der voranstehenden Ausführungen zur Qualitätscontrollingkonzeption und der Wertorientierung soll folgend die wertorientierte Qualitätscontrollingkonzeption abgeleitet werden. Dabei wird eine ähnliche Vorgehensweise wie zur Diskussion der Qualitätscontrollingkonzeption gewählt.

Zunächst werden die Funktionen des wertorientierten Qualitätscontrolling innerhalb des Firmenkundengeschäfts analysiert (**Kapitel 2.3.1**), bevor instrumentale Fragestellungen im Zusammenhang mit der Messung der Wertschaffung/Wertvernichtung durch Qualität im Firmenkundengeschäft erörtert werden (**Kapitel 2.3.2**). Organisationale Aspekte des wertorientierten Qualitätscontrolling sollen hier nicht weiter betrachtet werden, da sich im Vergleich zum Qualitätscontrolling keine zusätzlichen Besonderheiten ergeben. Das wertorientierte Qualitätscontrolling ist - wie später explizit zum Ausdruck kommt - als integrativer Bestandteil des Qualitätscontrolling im Firmenkundengeschäft aufzufassen, der keine eigenständige organisatorische Lösung beansprucht, sondern in die Organisation des Qualitätscontrolling eingebunden ist.

2.3.1 Funktionen des wertorientierten Qualitätscontrolling im Firmenkundengeschäft

Entsprechend den Ausführungen zum Controlling allgemein sind zur Diskussion der Funktionen des wertorientierten Qualitätscontrolling im Firmenkundengeschäft zunächst die Koordinationsobjekte abzugrenzen (**Kapitel 2.3.1.1**), um anschließend die daraus resultierenden spezifischen Koordinationsaufgaben aufzuzeigen (**Kapitel 2.3.1.2**).

2.3.1.1 Generelle Abgrenzung des wertorientierten Qualitätscontrolling und seiner Koordinationsobjekte

In Analogie zum Qualitätscontrolling ist es Aufgabe des wertorientierten Qualitätscontrolling, das Qualitätsmanagement so zu unterstützen, dass das Qualitätsengagement im Firmenkundengeschäft im Sinne der Eigentümer ausgestaltet wird. Hierfür übernimmt das wertorientierte Qualitätscontrolling im Firmenkundengeschäft die wertbezogene Koordination des Qualitätsmanagement. Auf dieser Grundlage lässt sich für das wertorientierte Qualitätscontrolling im Firmenkundengeschäft folgende Definition aufstellen:

Das wertorientierte Qualitätscontrolling ist als integrativer Bestandteil des firmenkundenbezogenen Qualitätscontrolling zu verstehen und hat eine das firmenkundenbezogene Qualitätsmanagement unterstützende Funktion inne, in deren Rahmen es die verschiedenen Qualitätsengagements in Bezug auf Firmenkunden so koordiniert, dass eine konsequente Wertorientierung sichergestellt ist.

Mit dieser Abgrenzung wird deutlich, dass das wertorientierte Qualitätscontrolling keine separate, vom Qualitätscontrolling losgelöste Controllingaufgabe wahrnimmt, sondern in das Qualitätscontrolling eingebettet ist. Das Qualitätscontrolling im Firmenkundengeschäft wiederum hat neben der Wertorientierung des Qualitätsmanagement noch weitere Aufgaben[1], wie z.B. den Abbau von Informationsasymmetrien und Verständnisproblemen in qualitätsrelevanten Fragestellungen oder die Ermittlung der Anforderungen der Firmenkunden,[2] zu erfüllen, obwohl die wirtschaftliche Gestaltung des Qualitätsmanagement als sehr bedeutende Aufgabe zu betrachten ist.[3] Jedoch blieb bislang ein Maßstab der Wirtschaftlichkeit, wie z.B. die von den Eigentümern geforderte Rendite, unberücksichtigt.

Aus dieser Perspektive stellt der Wertbezug des Qualitätsmanagement bzw. dessen einzelner Teilsysteme wiederum das Objekt des wertorientierten Qualitätscontrolling im Firmenkundengeschäft dar. Auch hier lassen sich die zu koordinierenden Teilsysteme als wertorientierte Qualitätsplanung, wertorientierte Qualitätsinformation, wert-

1 Es ist durchaus üblich, verschiedene Controllingansätze zu integrieren. Aktuell sind insbesondere die Integration des wertorientierten und des erfolgsorientierten Controllingansatzes von Bedeutung (vgl. hierzu Witt, F.-J., 1999, S. 473 f.).

2 Vgl. beispielsweise Wildemann, H., 1995a, S. 45.

3 Siehe auch Kapitel 2.1.2.2.

orientierte Qualitätskontrolle, wertorientierte Qualitätsorganisation und wert- und qualitätsorientierte Personalführung umschreiben.[1]

Dabei manifestiert sich die Wertorientierung insbesondere in der Qualitätsplanung. Der Grund hierfür ist darin zu sehen, dass die Ursprünge des Wertmanagements in der (strategischen) Planung zu finden sind.[2] Im Rahmen der wertorientierten Qualitätsplanung, die auf Grundlage der Qualitätsplanung allgemein, wie z.B. durch firmenkundenbezogene Qualitätsportfolios, zustande kommt, findet eine Feststellung des Wertbeitrags der einzelnen Qualitätsplanungen, wie z.B. die Erhöhung der Beratungsqualität von Firmenkundenbetreuern, statt. In diesem Zusammenhang sind einerseits die mit den Qualitätsplanungen verbundenen ökonomischen Konsequenzen, wie z.B. Mehrertrag auf Grund von Cross Selling-Effekte, zu quantifizieren.

Andererseits kann ein Wertbeitrag der Qualitätsplanungen erst dann gemessen werden, wenn hierfür ein Maßstab existiert, der Wertschaffung und Wertvernichtung voneinander abgrenzt. Deshalb ist es auch Aufgabe der wertorientierten Qualitätsplanung, einen Ergebnisanspruch an die einzelnen Qualitätsplanungen zu ermitteln, der eine dem Risiko der Qualitätsplanungen angemessene Mindestrentabilität ausdrückt.

Demgegenüber übernimmt die wertorientierte Qualitätskontrolle keine Aufgaben, die sich grundsätzlich von denen der regulären Qualitätskontrolle unterscheiden. Relevanz besitzen hier insbesondere die Kontrolle der Prämissen, die den wertorientierten Qualitätsplanungen zugrunde liegen, wie z.B. die Zusammensetzung der Ergebnisse, sowie die Überprüfung der Umsetzung.[3]

Des Weiteren hat die wertorientierte Qualitätsinformation die qualitäts- und wertrelevanten Informationen zu erfassen, aufzuarbeiten und den anderen Teilsystemen bedarfsgerecht zur Verfügung zu stellen. Dabei geht der Qualitätsinformationsbedarf, der durch die Wertorientierung entsteht, über den regulären Qualitätsinformations-

---

1 Vgl. zur Relevanz dieser Teilsysteme allgemein für die Wertorientierung auch folgend Knorren, N./Weber, J., 1997, S. 28 ff.

2 Vgl. beispielsweise Weber, J./Knorren, N., 1998, S. 2; auch Knorren, N./Weber, J., 1997, S. 29.

3 Ähnlich auch Knorren, N./Weber, J., 1997, S. 37.

bedarf insofern hinaus, als jetzt die Abbildung von quantitativen Daten, die nicht ohne weiteres aus der traditionellen Erfassung von Kosten und Leistungen, wie z.B. der Qualitätskostenrechnung, ablesbar sind, erforderlich werden. In diesem Zusammenhang wäre z.B. an die Quantifizierung der Wirkungen der Qualität bei Firmenkunden zu denken.

Neben den genannten Teilsystemen des wertorientierten Qualitätsmanagement hat die Wertorientierung auch Konsequenzen für die qualitätsbezogene Personalführung und die qualitätsbezogene Organisation. Im Rahmen der Personalführung müssen insbesondere die einzelnen Instrumente für Mitarbeiter und Führungskräfte im Firmenkundengeschäft, wie z.B. Bonuszahlungen an die Firmenkundenbetreuer, so gestaltet sein, dass eine Wertschaffung durch Qualität im Firmenkundengeschäft belohnt wird.

Aufgabe der wertorientierten Qualitätsorganisation ist es, Aufbau- und Ablauforganisation so aufeinander abzustimmen, dass eine Wertorientierung ermöglicht wird. Beispielsweise sollten die verschiedenen Hierarchien und Organisationseinheiten im Firmenkundengeschäft so gestaltet sein, dass die Ermittlung und Zuordnung der Wertschaffung/-vernichtung durch Qualität unproblematisch möglich ist.

Allerdings kann sogleich angemerkt werden, dass der Einfluss, der von der Wertorientierung im Rahmen des Qualitätsmanagement auf die Organisation ausgeht, als gering einzustufen ist, weil neben der Wertorientierung im Zusammenhang mit der Qualität im Firmenkundengeschäft eine Reihe weiterer Faktoren, wie z.B. Produkte oder Vertrieb, auf die Organisation einwirken, die wiederum für die Gesamtbank abgestimmt werden muss. Hinzu kommt, dass eine permanente Änderung der Organisation nicht möglich ist, sondern in größeren zeitlichen Abständen erfolgen sollte und deshalb die bestehende Organisation häufig als gegeben betrachtet werden muss.

2.3.1.2 *Spezifische Koordinationsaufgaben des wertorientierten Qualitätscontrolling*

Die aus den soeben dargestellten Aufgaben der einzelnen Teilsysteme des wertorientierten Qualitätsmanagement resultierenden Koordinationsbedarfe differenzieren sich auch hier wieder in Koordinationsbedarfe innerhalb und zwischen den Teilsystemen.[1] Gemäß der Bedeutung der wertorientierten Qualitätsplanung besteht hier ein Koordinationsbedarf innerhalb des Teilsystems zunächst einmal in der Abstimmung des Ergebnisanspruchs an die Qualitätsplanungen mit dem hierdurch zu erzielenden Ergebnis, was dann zu einer Ermittlung der geplanten Wertschaffung/-vernichtung führt. Da das Controlling sowohl strategische als auch operative Aufgaben wahrzunehmen hat[2], ist es darüber hinaus erforderlich, dass die Wertorientierung von strategischen und operativen Qualitätsplanungen konform laufen, d.h. eine Verbindung zwischen der Wertschaffung eines mehrperiodigen Qualitätsengagements und den damit verbundenen operativen Größen hergestellt wird.

Während die Abstimmung der verschiedenen Kontrollrechnungen der Wertorientierung, wie z.B. die Umsetzungskontrollen einzelner geplanter Qualitätsmaßnahmen in Bezug auf die Wertschaffung/-vernichtung einerseits und die Kontrollen in Bezug auf die Erreichung der Mitarbeitervorgaben andererseits, die Koordinationsbedarfe innerhalb der Qualitätskontrolle darstellen, müssen innerhalb des wertorientierten Qualitätsinformationssystems die jetzt zusätzlich erforderlichen und vorrangig quantitativen Daten aufeinander abgestimmt werden. Dabei spielt gerade für die Wertorientierung durch Qualität die Verknüpfung qualitativer und quantitativer Daten, wie z.B. der Zusammenhang zwischen einer qualitativen Leistung und dem Ergebnis für die Bank, eine wichtige Rolle.

Innerhalb der wert- und qualitätsorientierten Personalführung bedarf es einer Koordination einzelner Anreize, wie z.B. variables Gehalt und Beförderung, zur Unterstützung der Wertorientierung. Im Rahmen der wertorientierten Qualitätsorganisation ist es schließlich erforderlich, die wert- und qualitätsrelevanten Prozesse mit der entsprechenden Aufbauorganisation (Hierarchien/Kompetenzen) abzustimmen, um beispielsweise zu gewährleisten, dass wertrelevante Qualitätsprozesse, wie die Beschwerdebearbeitung im Firmenkundengeschäft, mit entsprechenden Kompetenzen im Sinne der Aufbauorganisation versehen werden.

---

1 Vgl. hierzu grundlegend und allgemein für das Controlling Küpper, H.-U., 1997, S. 20 ff.

2 Siehe hierzu Kapitel 2.1.1.

Die Koordinationsbedarfe, die zwischen den einzelnen Teilsystemen des wertorientierten Qualitätsmanagement entstehen, werden auch hier über das wertorientierte Qualitätsinformationssystem koordiniert. Dabei liefert das wertorientierte Qualitätsinformationssystem den übrigen Teilsystemen bedarfsgerechte Informationen (z.B. aus den in der Bank vorhandenen Rechnungssystemen wie die Qualitätskostenrechnung).

Gleichzeitig muss aber auch eine Rückkopplung zwischen den einzelnen Teilsystemen und dem wertorientierten Qualitätsinformationssystem erfolgen, um diese „aktuellen" Informationen wiederum an die jeweils anderen Teilsysteme weitergeben zu können. Beispielsweise ist es erforderlich, die Ergebnisse der Qualitätskostenkontrolle über das wertorientierte Qualitätsinformationssystem an die wertorientierte Planung durchzuleiten, um im Sinne der Wertorientierung entsprechend reagieren zu können.

Das wertorientierte Qualitätsplanungssystem benötigt zunächst entsprechende Informationen, wie z.B. Risikodaten oder Qualitätskosten des Firmenkundengeschäfts, um eine Qualitätsplanung im Sinne der Eigentümer zu erstellen. Die so erstellten Qualitätsplanungen stellen über das wertorientierte Qualitätsinformationssystem wiederum die Basis für die durchzuführenden wertorientierten Qualitätskontrollen von Annahmen und Umsetzung der Planungen dar (z.B. die Überprüfung der Art und Weise der Risiko- und Ergebnisbestimmung für die geplante Qualität im Firmenkundengeschäft).

Die Kontrollergebnisse liefern dann wieder Informationen, die mit der wertorientierten Qualitätsplanung abzustimmen sind. Zu denken wäre in diesem Zusammenhang an Planabweichungen (z.B. können auf Grund der Qualitätsstrategie weniger Firmenkunden als geplant akquiriert werden), die auch Modifikationen in der wertorientierten Qualitätsplanung erfordern.

Darüber hinaus werden aus den Ergebnissen der wertorientierten Qualitätsplanung die für das wert- und qualitätsorientierte Personalführungssystem im Firmenkundengeschäft erforderliche Vorgaben abgeleitet (z.B. Zuordnung von Fehlerquoten für Mitarbeiter in der Zahlungsabwicklung). Außerdem bedarf die wertorientierte Qualitätsplanung über das wertorientierte Qualitätsinformationssystem einer Abstimmung mit der wertorientierten Qualitätsorganisation, damit der durch die Qualitätsorganisation vorgegebene Rahmen (Aufbau und Ablauf) sich in der wertorientierten Qualitätsplanung wiederfindet, d.h. der für die wertorientierte Qualitätsplanung Verantwortliche identifiziert und der gesamte Planungsprozess reibungslos durchgeführt werden kann (z.B. Einbezug des für das Beschwerdemanagement im Firmenkundengeschäft Zuständige in die Planung von Qualitätsverbesserung), insofern mehrere Personen an der wertorientierten Qualitätsplanung beteiligt sind.

Koordinationsbedarfe entstehen über das wertorientierte Qualitätsinformationssystem auch zwischen der wertorientierten Qualitätskontrolle und dem wert- und qualitätsorientierten Personalführungssystem, denn die personalführungsbezogenen Vorgaben aus dem wertorientierten Qualitätsplanungssystem müssen auch hier kontrolliert werden (z.B. Zielerreichung der Wertorientierung durch Qualität pro Mitarbeiter). Diese Ergebnisse fließen als etwaige Planabweichungen auch an das wertorientierte Qualitätsplanungssystem zurück.

Des Weiteren ist es erforderlich, die einzelnen Kontrollrechnungen mit den für die Wertorientierung und die Qualität relevanten Abläufen und der Aufbauorganisation im Firmenkundengeschäft abzustimmen (z.B. Qualitätskostenkontrolle in der Organisationseinheit Firmenkundenbetreuung), wobei auch hier das wertorientierte Qualitätsinformationssystem die Mediatorrolle einnimmt.

Schließlich spielt auch die Koordination zwischen wert- und qualitätsorientierter Personalführung und der wertorientierten Qualitätsorganisation - wiederum über das wertorientierte Qualitätsinformationssystem - eine Rolle, weil die zu gewährenden Anreize im Rahmen der Personalführung zur Sicherstellung der wertorientierten Qualitätserbringung natürlich in das Kompetenzgefüge des Firmenkundengeschäfts passen müssen (z.B. Beförderung eines Mitarbeiters auf Grund der erbrachten Wertschaffung durch Qualität innerhalb der Aufbauorganisation im Firmenkundengeschäft).

In Abbildung 2.5 werden die Koordinationsobjekte und -bedarfe des wertorientierten Qualitätscontrolling im Firmenkundengeschäft nochmals zusammenfassend dargestellt.

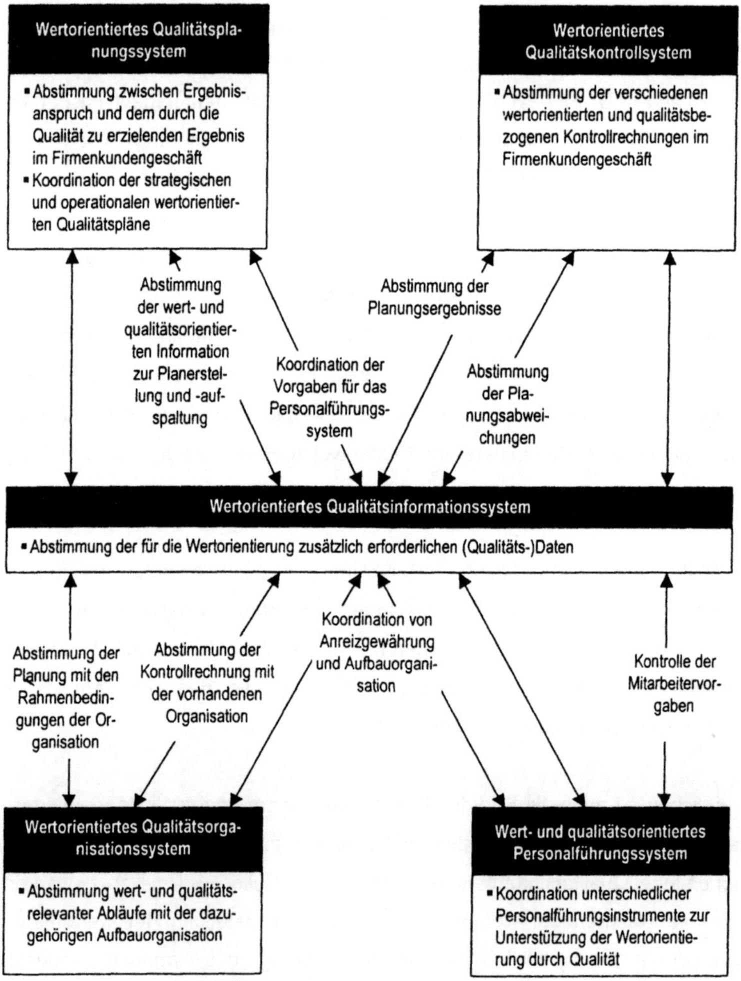

Quelle: Eigene Darstellung.

Abbildung 2.5: *Koordinationsobjekte und Koordinationsbedarfe des wertorientierten Qualitätscontrolling im Firmenkundengeschäft*

Während die aufgeführten Koordinationsbedarfe im Rahmen des wertorientierten Qualitätscontrolling im Firmenkundengeschäft der Systemkopplung zuzuordnen sind, ist es innerhalb der systembildenden Aufgabe des wertorientierten Qualitätscontrolling zuvor erforderlich, die Koordinationsvoraussetzungen innerhalb des wertorientierten Qualitätsmanagement, wie z.B. die Erweiterung der Berichtssysteme um die für die Wertorientierung relevanten Daten, zu schaffen.

Da das wertorientierte Qualitätscontrolling im Firmenkundengeschäft jedoch als integrativer Bestandteil des firmenkundenbezogenen Qualitätscontrolling zu betrachten ist, kommt der Systembildung hier eine eher untergeordnete Bedeutung zu, weil das wertorientierte Qualitätscontrolling auf die bereits vorhandenen Strukturen des Qualitätscontrolling zurückgreifen kann.

Abschließend sei noch erwähnt, dass die dargestellten Aufgaben des wertorientierten Qualitätscontrolling im Firmenkundengeschäft isoliert betrachtet wurden ohne eventuelle Schnittstellen zum Qualitätscontrolling oder firmenkundenbezogenen Controlling einzubeziehen. Die Koordinationsbedarfe, die aus diesen Schnittstellen zu anderen Controllingbereichen entstehen, sind auf Grund der alleinigen Integrationsfähigkeit in das Aufgabenspektrum des jeweils übergeordneten Controllingbereichs anzusiedeln.[1]

2.3.2 Instrumente des wertorientierten Qualitätscontrolling im Firmenkundengeschäft

Die zuvor erörterten Aufgaben des wertorientierten Qualitätscontrolling im Firmenkundengeschäft können unter Zuhilfenahme verschiedenster Instrumente wahrgenommen werden. Die herangezogenen Instrumente müssen dabei nicht ausschließlich der Erfüllung eines spezifischen Koordinationsbedarfs dienen, sondern können auch für andere Zwecke genutzt werden und stellen deshalb auch nicht unbedingt typische Instrumente des wertorientierten Qualitätscontrolling im Firmenkundengeschäft dar.[2]

Dementsprechend lassen sich die bereits in Kapitel 2.1.1 kurz aufgezeigten allgemeinen Instrumente zur Wahrnehmung der Koordinationsaufgaben auch für das

---

1 Siehe hierzu auch Kapitel 2.1.2.2.

2 Siehe hierzu allgemein Kapitel 2.1.1.

wertorientierte Qualitätscontrolling im Firmenkundengeschäft heranziehen. Der wesentliche Grund hierfür ist darin zu sehen, dass die Wertorientierung zumeist keine grundlegend neuen Koordinationsmechanismen erfordert, sondern bereits bestehende Koordinationsbedarfe des Qualitätscontrolling erweitert. Dies impliziert, dass die bisher für die Koordination herangezogenen Instrumente lediglich auch für die Koordination der Wertorientierung angewendet werden müssen.

So können die Verfahren zur Informationsbedarfsanalyse sowie integrierte Systeme der Unternehmensrechnung und Berichtssysteme[1], wie z.B. die Qualitätskostenrechnung, Qualitätsberichte, Qualitätsmessungen oder Anforderungserhebungen[2], zum einen zur Abstimmung der für die Wertorientierung zusätzlich erforderlichen Qualitätsdaten innerhalb des wertorientierten Qualitätsinformationssystems herangezogen werden. Zum anderen ist es auch möglich, diese Verfahren zur Abstimmung der Planungsergebnisse mit dem wertorientierten Qualitätskontrollsystem wie auch zur Koordination der Wert- und Qualitätsinformationen, die zur Erstellung und Anpassung der wertorientierten Qualitätspläne notwendig sind, einzusetzen.

Darüber hinaus ist es möglich, Verfahren der Plananpassung und insbesondere Abweichungsanalysen[3] zur Koordination der verschiedenen wert- und qualitätsbezogenen Kontrollrechnungen, zur Abstimmung der Planabweichungen sowie zur Kontrolle der Vorgaben für das wert- und qualitätsorientierte Personalführungssystem heranzuziehen.

Mit Hilfe eines Anreizsystems, das grundsätzlich an der Wertschaffung/-vernichtung ausgerichtet ist, und geeigneter Personalentwicklungsmaßnahmen[4] können die Vorgaben für das wert- und qualitätsorientierte Personalführungssystem, die unterschiedlichen Personalführungsinstrumente selbst und die Abstimmung zwischen der wert- und qualitätsorientierten Personalführung und der Aufbauorganisation koordiniert werden. Daneben ermöglichen Aufgaben- und Kompetenzverteilungen, eine

---

1 Vgl. hierzu Küpper, H.-U., 1997, S. 26 ff.

2 Zu verschiedenen Anforderungserhebungen und Qualitätsmessungen vgl. beispielsweise Bruhn, M., 1998, S. 47 und S. 53.

3 Vgl. Küpper, H.-U., 1997, S. 26 ff.

4 Vgl. Bruhn, M., 1998, S. 50.

formale Kommunikationsstruktur sowie Koordinationsorgane[1] die Abstimmung zwischen den wert- und qualitätsbezogenen Abläufen mit der Aufbauorganisation sowie zwischen der wertorientierten Qualitätsorganisation und den Planungs- und Kontrollrechnungen.

Die verbleibenden Koordinationsbedarfe im wertorientierten Qualitätscontrolling des Firmenkundengeschäfts (Abstimmung zwischen Ergebnisanspruch an die Qualität und dem durch die Qualität zu erzielenden Ergebnis, Koordination der strategischen und operativen wertorientierten Qualitätspläne des Firmenkundengeschäfts) erfordern auf Grund der Wertorientierung eine instrumentelle Neugestaltung, da typische (Qualitäts-)Planungsinstrumente, wie z.B. simultane Planungsmodelle, sukzessive Planabstimmungen[2], Qualitätsportfolios oder qualitätsbezogene SWOT-Analysen[3], den Anforderungen der Wertorientierung[4] und den daraus resultierenden Koordinationsbedarfen allein nicht gerecht werden können bzw. eine Anwendung der allgemeinen Verfahren der Wertorientierung, wie z.B. die Discounted Cashflow-Methode, nicht ohne spezielle Adaptionen in Bezug auf die Qualität möglich ist.

Ein neues Instrument muss deshalb einerseits in der Lage sein, eine Koordination zwischen dem Ergebnisanspruch an die Qualität und dem durch die Qualität zu erzielenden Ergebnis zu gewährleisten. Dies kann dann sichergestellt werden, wenn ein risiko-/renditeorientierter Ergebnisanspruch im Sinne der Eigentümer für das Qualitätsengagement im Firmenkundengeschäft ermittelt und einem quantifizierbaren Qualitätsergebnis gegenübergestellt werden kann, was gleichzeitig auch hohe Anforderungen an das wertorientierte Informationssystem stellt. Hierüber kann dann auch die Wertschaffung/-vernichtung quantifiziert werden. Dabei ist zu berücksichtigen, dass das Instrument eine Koordination über einen mehrperiodigen Planungshorizont gewährleisten muss, um dem aus der Wertorientierung resultierenden Investitionscharakter der Qualität zu entsprechen.

---

1 Vgl. Küpper, H.-U., 1997, S. 262 ff.

2 Vgl. Küpper, H.-U., 1997, S. 25.

3 Vgl. Bruhn, M., 1998, S. 43.

4 Siehe hierzu Kapitel 2.2.2.

Andererseits kann die Koordination zwischen den strategischen und operativen wertorientierten Qualitätsplänen mit Hilfe von Werttreibern[1] erfolgen, d.h., dass ein hier zum Einsatz kommendes Instrument in der Lage sein muss, die über mehrere Perioden ausgewiesene Wertschaffung/-vernichtung in ihre einzelnen Wertbestandteile/Werttreiber, die die operativen Größen des Qualitätsmanagement im Firmenkundengeschäft darstellen, zu zerlegen. Diese Anforderungen stellen gleichzeitig auch die Basis für ein im Rahmen der Ausgestaltung des wertorientierten Qualitätscontrolling zu entwickelndes Instrument dar.

2.4 Zwischenergebnisse Kapitel 2

Ziel des Kapitel 2 war es, einen theoretischen Bezugsrahmen für die vorliegende Arbeit in Form des wertorientierten Qualitätscontrolling zu schaffen, der als Rahmen für die noch zu erfolgende konkrete Ausgestaltung der Messung der Wertschaffung durch Qualität dient. Hierfür wurde zunächst das Controlling allgemein mit der gegenwärtig vorherrschenden Koordinationskonzeption theoretisch fundiert und in Bezug auf Funktionen, Instrumente und Organisation konkretisiert. Dies diente sogleich als Basis für die Spezifizierung eines koordinationsorientierten Qualitätscontrolling im Firmenkundengeschäft.

Über die sich anschließende Diskussion des wertorientierten Paradigmas konnten Anforderungen an ein wertorientiertes Qualitätscontrolling im Firmenkundengeschäft abgeleitet werden, die sich in einer umfassenden Quantifizierung der wertrelevanten Größen des Qualitätsengagements und einer spezifischen Bewertungsmethode zur Abbildung der Wertschaffung/-vernichtung durch Qualität manifestierten.

Unter Berücksichtigung dieser Anforderungen im koordinationsorientierten Qualitätscontrolling konnte das wertorientierte Qualitätscontrolling als integrativer Bestandteil des Qualitätscontrolling abgegrenzt werden. Die Analyse der Funktionen und Instrumente dieses wertorientierten Qualitätscontrolling im Firmenkundengeschäft brachte hervor, dass im Wesentlichen eine Anwendung der bestehenden (Qualitäts-)Controlling-Instrumente für die wertorientierten Koordination ausreicht, um die Aufgaben

---

[1] Vgl. hierzu auch Knorren, N./Weber, J., 1997, S. 31; Wiedmann, D. et al., 2000, S. 62.

des wertorientierten Qualitätscontrolling zu erfüllen und damit diesbezüglich kein weitergehender Forschungsbedarf besteht.

Jedoch resultieren aus der Wertorientierung zwei bedeutende Koordinationsbedarfe, die mit dem bisherigen Methodenrepertoire des (Qualitäts-)Controlling so nicht abgedeckt werden können. Dies ist einmal die Koordination zwischen den wertrelevanten Größen Ergebnis und Ergebnisanspruch des Qualitätsmanagement. Zum anderen handelt es sich um die Abstimmung zwischen strategischen und operativen wertorientierten Qualitätsplänen.

Hieraus entsteht die Notwendigkeit der Weiterentwicklung und spezifischen Ausgestaltung eines zur Lösung dieser Koordinationsbedarfe geeigneten Instruments für das wertorientierte Qualitätscontrolling im Firmenkundengeschäft. Um ein derartiges Instrument entwickeln zu können, ist es zuvor erforderlich, die Qualität im Firmenkundengeschäft zu spezifizieren, was Ziel des nächsten Kapitels ist.

3 Spezifizierung der Qualität im Firmenkundengeschäft als Voraussetzung für die instrumentelle Gestaltung des wertorientierten Qualitätscontrolling

Für eine konkrete instrumentelle Gestaltung des wertorientierten Qualitätscontrolling am Beispiel des Firmenkundengeschäfts ist eine Spezifizierung der Qualität im Firmenkundengeschäft unerlässlich. Aus diesem Grund soll in **Kapitel 3.1** erörtert werden, was das Firmenkundengeschäft einer Bank auszeichnet. Darauf aufbauend kann in **Kapitel 3.2** ein für Firmenkundenleistungen spezifisches Qualitätsverständnis abgeleitet und operationalisiert werden, bevor schließlich in **Kapitel 3.3** diese Qualität aus Investitionsperspektive betrachtet wird, um damit die Voraussetzung für die instrumentelle Gestaltung zu schaffen.

3.1 Besonderheiten des Firmenkundengeschäfts

Die Erörterung der Besonderheiten des Firmenkundengeschäfts beginnt mit einer Abgrenzung und Charakterisierung der Firmenkunden (**Kapitel 3.1.1**), um im Anschluss daran die Besonderheiten des firmenkundenbezogenen Leistungsangebots aufzuzeigen (**Kapitel 3.1.2**).

3.1.1 Abgrenzung und Charakterisierung des Firmenkunden

Allgemein werden mit dem Begriff des Firmenkunden Unternehmen verbunden, jedoch existiert bislang keine einheitliche und allgemeingültige Definition.[1] Außerdem wurde sich in der wissenschaftlichen Literatur bisher kaum mit einer Begriffsbildung auseinandergesetzt. Zur Beschreibung des Firmenkunden wird dann auch zumeist auf eine Aufzählung einzelner Unternehmensformen, wie z.B. Einzelhändler, Gewerbebetrieb etc., zurückgegriffen, die aber kaum zur Abgrenzung des Firmenkunden zu anderen Kundengruppen beiträgt und damit nur eine begrenzte Aussagekraft besitzt.

1 Vgl. Dolff, P./Tober, D., 1993, S. 654; Ludwig, W. F., 1993, S. 19; Reimund, G., 1998, S. 14; Schierenbeck, H. 1993, S. 116.

Demgegenüber liefert *Schierenbeck*[1] eine allgemeinere Definition, indem er unter Firmenkunden Selbständige und juristische Personen zusammenfasst. Darüber hinaus stellt er als wesentliches Merkmal von Firmenkunden die Gewinnerzielungsabsicht heraus und schließt damit Institutionen, denen diese Absicht fehlt (z.B. Kommunen, Verbände etc.), als Firmenkunden aus. Was die Ausgrenzung dieser Einrichtungen von den Firmenkunden betrifft, besteht jedoch sowohl in der bankbetrieblichen Literatur[2] als auch in der Praxis[3] keine Einigkeit.

Aus diesem Grund und um die Heterogenität des Spektrums möglicher Firmenkunden zu reduzieren, soll folgend von **Firmenkunden im weiten Sinne**, worunter Selbständige und juristische Personen verstanden werden, und **Firmenkunden im engeren Sinne**, die sich aus Selbständigen und juristischen Personen mit Gewinnerzielungsabsicht zusammensetzen, gesprochen werden. Die Menge der Firmenkunden im engeren Sinne reicht demnach vom Einzelhändler über Mittelstandsunternehmen bis zu weltweit agierenden multinationalen Konzernen und ist damit nach wie vor von großer Heterogenität gekennzeichnet. Um diese Heterogenität einzuschränken, existieren typische Kriterien quantitativer (z.B. Umsatz,[4] Bilanzsumme, Mitarbeiter, Kreditvolumen) und qualitativer (z.B. Branche, Produkte, Internationalisierungsgrad, Emissionsfähigkeit, Eigentum) Art.[5]

Trotz der Heterogenität und der vielfältigen Abgrenzungsmöglichkeiten für Firmenkunden im engeren Sinne[6] wird in der bankbetrieblichen Praxis der Firmenkundenmarkt häufig nur in Kleingewerbe, Mittelstand und Großbetriebe/Konzerne unterteilt[7],

---

1 Vgl. Schierenbeck, H., 1993, S. 115.

2 Beispielsweise erwähnen Büschgen, H. E., 1998, S. 663; Dambmann, W., 1998, S. 42; Ludwig, W. F., 1993, S. 19; Weinkauf, W., 1993, S. 395 ff. und Dolff, P./Tober, D., 1993, S. 654 in ihren Aufzählungen nicht explizit Kommunen und Verbände, wohingegen sie bei Feldhaus, R./Renziehausen, D., 1998, S. 277 und Grebe, M., 1998, S. 18 f. Bestandteil der Aufzählung sind.

3 Während die Deutsche Bank AG (Hrsg.), 1999, S. 22 von Kommunen als Firmenkunden spricht, werden sie im Geschäftsbericht der HypoVereinsbank AG (Hrsg.), 1999, S. 49 nicht als solche aufgeführt.

4 Vgl. exemplarisch Keltner, B. et al., 1999, S. 765.

5 Vgl. Christians, U., 1998, S. 27; Grebe, M., 1998, S. 43; Reimund, G., 1998, S. 14; Schierenbeck, H., 1993, S. 116; Wertschulte, J. F., 1993, S. 492.

6 Vgl. beispielsweise Dambmann, W., 2000, o. S.

7 Vgl. Dolff, P./Tober, D., 1993, S. 654. Beispielsweise spricht die Dresdner Bank AG von Firmenkunden, Unternehmenskunden und Multinationals (vgl. Dambmann, W., 2000, o. S.; auch Dambmann, W., 1999, S. 301).

wobei die Bestimmung der Grenzen zwischen Klein-, Mittel- und Großunternehmen den Rahmenbedingungen der jeweiligen Bank angepasst sein muss[1] und damit entsprechend von Bank zu Bank variiert[2]. In Abbildung 3.1 sind einige Beispiele verschiedener Großbanken, der EU und des deutschen Rechts zur Größenabgrenzung von Unternehmen dargestellt, die diesen Sachverhalt verdeutlichen.

	Kleinunternehmen		**Mittelunternehmen**		**Großunternehmen**	
	Umsatz/ Bilanzsumme	**Beschäftigte**	**Umsatz/ Bilanzsumme**	**Beschäftigte**	**Umsatz/ Bilanzsumme**	**Beschäftigte**
EU[a]	bis zu 40 Mio. Euro/17 Mio. Euro	bis zu 250	bis zu 40 Mio. Euro/17 Mio. Euro	bis zu 250	mehr als 40 Mio. Euro/27 Mio. Euro	mehr als 250
Commerzbank AG	5 bis 50 Mio. DM/ ---	---	50 bis 500 Mio. DM/ ---	---	ab 500 Mio. DM/ ---	---
DG Bank AG	bis 10 Mio. DM/ ---	---	10 Mio. bis 1 Mrd. DM/ ---	---	ab 1 Mrd. DM/ ---	---
Dresdner Bank AG	bis zu 5 Mio. DM[b]/ ---	---	5 bis 100 Mio. DM[c]/ ---	---	mehr als 100 Mio. DM[d]/ ---	---
HypoVereinsbank AG	weniger als 15 Mio. Euro/ ---	---	---	---	ab 2,5 Mrd. Euro/ ---	---

a In der EU werden kleine und mittlere Unternehmen (KMU) zusammengefasst.
b gewerbliche Unternehmer und Kleinunternehmen
c mittelständische Unternehmen und gehobener Mittelstand
d Großunternehmen und Multinationals
e kleine und mittlere Firmenkunden als Geschäftskunden
f ausschließlich Multinationals

Quelle: Eigene Darstellung in Anlehnung an die Ausführungen von **Dambmann, W.**, 2000; **Stark, M.**, 2000, **Kayser, G.**, 1999 und die Ergebnisse der Experteninterviews.

***Abbildung 3.1**: Beispiele für die Unterteilung der Firmenkunden nach Größenklassen*

Diese Einteilung der Firmenkunden im engeren Sinne soll zunächst auch in der vorliegenden Arbeit aufgegriffen werden, um eine möglichst große Übereinstimmung mit der Bankpraxis zu gewährleisten. In diesem Zusammenhang können jedoch keine quantitativen Kriterien zur Kategorisierung der Firmenkundengruppen herangezogen werden, da diese bankspezifisch bestimmt werden. Dagegen soll das mit der Firmenkundengruppenbildung verfolgte Ziel - nämlich die Zusammenfassung gleicher und ähnlicher Kundenbedürfnisse[3] - als Basis für die qualitative Abgrenzung unter

1 Vgl. Schmoll, A., 1996, S. 3.

2 Vgl. o.V., 1999, S. 10.

3 Ein Beispiel für das Firmenkundengeschäft findet sich bei Dambmann, W., 1999, S. 301.

Zuhilfenahme verschiedener Merkmale dienen. Eine quantitative Abgrenzung kann somit lediglich als Hilfsgröße betrachtet werden.[1]

In Anlehnung dessen werden unter **Kleinunternehmen** Einzelunternehmer subsumiert[2], denen mehr praktische als theoretische Tätigkeiten abverlangt werden, da sie sich aktiv an den operativen Aufgaben ihres Unternehmens beteiligen.[3] Diese Einzelunternehmer haben mehr "handwerkliche" Fähigkeiten als kaufmännische Kenntnisse und verfügen nicht über ein ausgebautes Rechnungswesen.[4] Sie bearbeiten überwiegend den lokalen Markt. Typische Unternehmen, die dieser Gruppe zuzuordnen wären, sind u.a. eine Gastwirtschaft, ein Handwerksbetrieb und eine Arztpraxis.

Entsprechend dieser Charakterisierung sind es in der Regel auch die Einzelunternehmer selbst, die den Kontakt zur Bank suchen, um Bankleistungen nachzufragen, die sie benötigen, um ihre operativen Tätigkeiten durchführen zu können. Dabei konzentriert sich ihre Nachfrage im Wesentlichen auf das standardisierte Kredit- und Anlagengeschäfts sowie den Zahlungsverkehr. Eine Beratung wird damit nur bei Anfrage erforderlich.[5]

Mittelunternehmen können unabhängig von ihrer Rechtsform als „Familienbetriebe" umschrieben werden, die u.a. von dem Unternehmer, der gleichzeitig Eigentümer ist, geführt werden.[6] Kapitalbereitstellung und Unternehmensleitung gehen von derselben Person/Familie aus, die "schicksalhaft" und dauerhaft mit dem Unternehmen verbunden[7] und damit bereit ist, "persönlich und privat Risiken einzugehen und zu tragen."[8] Jedoch kann diese Einheit von Eigentum und Unternehmensführung gerade im Zuge des derzeitigen Generationenwechsels verbunden mit der entsprechenden Unternehmernachfolge für Mittelunternehmen nicht in jedem Fall aufrechterhal-

---

1 Zur Vorteilhaftigkeit einer qualitativen Abgrenzung vgl. auch Kayser, G., 1999, S. 39.

2 Vgl. Schmoll, A., 1996, S. 7.

3 Vgl. Hamer, E., 1990, S. 44.

4 Vgl. Schmoll, A., 1996, S. 7.

5 Vgl. Schmoll, A., 1996, S. 7.

6 Vgl. Ludwig, W. F., 1993, S. 19.

7 Vgl. Grebe, M., 1998, S. 42 f.; auch Ludwig, W. F., 1993, S. 19; Hamer, E., 1990, S. 28.

8 Kayser, G., 1999, S. 39.

ten werden, so dass auch der Einsatz von Geschäftsführern ohne Unternehmenseigentum hier denkbar ist.

Im Gegensatz zum Kleinunternehmen arbeitet der Unternehmer jetzt nicht mehr operativ mit, sondern trifft im Zuge einer Aufgabenteilung ausschließlich unternehmerische Entscheidungen, in die er seine kaufmännischen Fähigkeiten und finanzwirtschaftlichen Kenntnisse einbringen kann. Zumeist handelt es sich dabei um ein bilanzierendes Unternehmen[1], das überregionale und unter Umständen auch internationale Märkte bearbeitet.[2] Als typische Vertreter dieser Firmenkundengruppe können Automobilzulieferer oder Maschinenbauer aber auch High-Tech-Unternehmen angesehen werden.[3]

Die Bedeutung der Mittelunternehmen führt dazu, dass sie nicht mehr selbst den Kontakt zur Bank suchen, sondern dass die Bank den Firmenkunden auf eigene Initiative hin anspricht.[4] Entsprechend unterhalten die Mittelunternehmen in der Regel Geschäftsbeziehungen zu mehr als einer Bank.[5] Die Leistungen, die eine Bank Mittelunternehmen anbietet, liegen schwerpunktmäßig im beratungsintensiven Kredit- und Anlagengeschäft sowie im Zahlungsverkehr. Die Internationalisierung, die verbesserten Zugangsbedingungen zum Kapitalmarkt und der anstehende Generationenwechsel in einer Vielzahl von Mittelunternehmen lassen die Leistungen aus dem Investmentbanking auch für diese Unternehmen bedeutender werden. Insbesondere Aktien und Unternehmensanleihen dürften zukünftig zur Finanzierung von Mittelun-

1 Vgl. Schmoll, A., 1996, S. 7.

2 Vgl. Kayser, G., 1999, S. 39; auch Boehm-Bezing, C. L. v., 1999, S. 28.

3 Hierunter sind eigenständige Unternehmen zu fassen, die in Bezug auf Finanzentscheidungen autonom agieren können.

4 Vgl. Pfingsten, A., 2000, o. S.; auch Schmoll, A., 1999, S. 378.

5 Vgl. Zunk, D., 2000, o. S. Das traditionell in Deutschland existierende Hausbankprinzip im Firmenkundengeschäft, d.h. die Aufrechterhaltung einer dauerhaften Geschäftsbeziehung zu einer Bank, mit der ein höheres Geschäftsvolumen abgewickelt wird als mit anderen Banken (vgl. Süchting, J./Paul, S., 1998, S. 22), verliert auf Grund verschiedener Entwicklungen, die auch im Zusammenhang mit der zunehmenden Shareholder Value-Orientierung stehen, an Bedeutung (vgl. hierzu auch Bongartz, U., 2000, S. 27; Rometsch, S., 1999, S. 810). Einzelne Unternehmen arbeiten dabei mit bis zu 100 Banken zusammen, wobei der Durchschnitt bei 19 Banken liegt (vgl. Süchting, J./Paul, S., 1998, S. 651 f.).

ternehmen eine größere Rolle spielen.[1] Der Kunde erwartet in diesem Zusammenhang produktübergreifende und spezifisch auf ihn abgestimmte Lösungen.[2]

Demgegenüber sind **Großunternehmen** durch eine komplizierte Firmenstruktur, oft als juristische Person, gekennzeichnet. Die Unternehmensleitung wird durch Manager ("Gehaltsunternehmer") gewährleistet, deren Verhältnis zum Großunternehmen vertraglich geregelt ist und lediglich auf Zeit besteht.[3] Kaufmännische Fähigkeiten und finanzwirtschaftliche Kenntnisse kommen in eigens dafür eingerichteten Spezialabteilungen (z.B. Rechnungswesen, Finanzabteilung) zum Ausdruck.[4] Darüber hinaus findet eine zunehmende Professionalisierung der Firmenkunden statt.[5] Bei Großunternehmen handelt es sich immer auch um bilanzierende Unternehmen, die überregional bis global agieren. Zu den Großunternehmen zählen beispielsweise Automobil- und Pharmakonzerne.

Auch die Großunternehmen werden auf Initiative der Bank angesprochen[6] und besitzen mehrere Bankverbindungen.[7] Sie weisen aber auf Grund ihrer Größe und des vorhandenen betriebs- und finanzwirtschaftlichen Know-hows[8] einen gehobenen und komplexen Produktbedarf auf, dessen Schwerpunkt auf beratungsintensiven, produktübergreifenden und nicht standardisierten sonstigen Dienstleistungen, bankneutralen Leistungen und dem Zahlungsverkehr liegt.[9]

---

1 Beispielsweise wird sich die in Kontinentaleuropa bestehende Relation von 80 Bankkrediten zu 20 Unternehmensanleihen deutlich zu Gunsten der Unternehmensanleihen verschieben (vgl. Boehm-Bezing, C. L. v., 1999, S. 28 f.; auch Stark, M., 2000, o. S.)

2 Vgl. Schmoll, A., 1996, S. 7 f.; auch Georgieff, A., 2000, o. S.; Pfingsten, A., 2000, o. S.; Stark, M., 2000, o. S.; Weinkauf, W., 1993, S. 396 f. Zur Betreuung dieser Kunden hat die Dresdner Bank AG beispielsweise ein festinstalliertes Betreuungsteam eingerichtet (vgl. Dambmann, W., 2000, o. S.).

3 Vgl. Grebe, M., 1998, S. 42; auch Hamer, E., 1990, S. 29.

4 Vgl. Schuster, L., 1999, S. 88; auch Schmoll, A., 1996, S. 7.

5 Vgl. Georgieff, A., 2000, o. S.; auch Schuster, L., 1999, S. 88.

6 Vgl. Schmoll, A., 1999, S. 378.

7 Vgl. Schuster, L., 1999, S. 88; auch Müller, W., 1997, S. 259.

8 Größe und Know-how dieser Unternehmen ermöglichen es ihnen, eine Reihe von Firmenkundenleistungen ohne die Zusammenarbeit mit einer Bank selbst zu erstellen. Beispielsweise sei die Gesellschaft Siemens Financial Services genannt, die ihre Leistungen sogar externen Kunden anbietet (vgl. Lohneiß, H., 2000, S. 230).

9 Vgl. Schmoll, A., 1996, S. 7; auch Bongartz, U., 2000, S. 28; Georgieff, A., 2000, o. S.; Pfingsten, A., 2000, o. S.; Weinkauf, W., 1993, S. 395. Um den Kundenbedürfnissen der Großunternehmen nachzukommen, arbeitet die Dresdner Bank AG z.B. mit kundenspezifischen Betreuungsteams (vgl. Dambmann, W., 2000, o. S.).

Mit dieser Charakterisierung verschiedener Firmenkundengruppen konnte ein idealtypischer Rahmen zur Abgrenzung verschiedener Firmenkunden geschaffen werden, der in Abbildung 3.2 nochmals zusammenfassend dargestellt ist. Dabei ist zu berücksichtigen, dass nicht jedes Unternehmen jedes Charakteristikum erfüllen muss, um einer Gruppe zugeordnet werden zu können.

	Kleinunternehmen	Mittelunternehmen	Großunternehmen
Unternehmensform	▪ Einzelunternehmer	▪ keine spezifische Rechtsform ▪ zumeist „Familienbetrieb"	▪ überwiegend juristische Person mit komplizierter Firmenstruktur
Unternehmer- bzw. Managementverhalten	▪ Unternehmer arbeitet meist operativ mit	▪ Unternehmer (= i.d.R. Eigentümer) trifft unternehmerische Entscheidungen (Aufgabenteilung)	▪ Unternehmensleitung durch Manager; eigene Abteilungen für wichtige Unternehmensbereiche
Finanzwirtschaftliche Kenntnisse	▪ kaum kaufmännische Fähigkeiten/finanzwirtschaftliche Kenntnisse des Unternehmers ▪ kein ausgebautes Rechnungswesen	▪ Unternehmer hat kaufmännische Fähigkeiten/finanzwirtschaftliche Kenntnisse ▪ bilanzierendes Unternehmen	▪ kaufmännische Fähigkeiten und finanzwirtschaftliche Kenntnisse in Spezialabteilungen vorhanden ▪ bilanzierendes Unternehmen
Marktausrichtung	▪ überwiegend lokal	▪ überregional bis international	▪ überregional, international, global
Beispiele	▪ Gastwirtschaft ▪ Arztpraxis ▪ Handwerksbetrieb	▪ Automobilzulieferer ▪ Maschinenbauer ▪ High-Tech-Unternehmen	▪ Automobilkonzern ▪ Pharmakonzern
	▼	▼	▼
Kundenbedürfnisse	▪ Kunde kommt auf Bank zu ▪ eingeschränkter Produktbedarf: schwerpunktmäßig standardisiertes Kredit- und Anlagengeschäft, Zahlungsverkehr, Beratung auf Anfrage	▪ aktive Kundenansprache durch Bank ▪ intensiver Produktbedarf: schwerpunktmäßig beratungsintensives und nicht standardisiertes Kredit- und Anlagengeschäft, Zahlungsverkehr	▪ aktive Kundenansprache durch Bank ▪ gehobener, komplexer Produktbedarf: schwerpunktmäßig beratungsintensive und nicht standardisierte sonstige Dienstleistungen, bankneutrale Leistungen und Zahlungsverkehr

Quelle: Eigene Darstellung in Anlehnung an **Schmoll, A.**, 1996, S. 7 f.

***Abbildung 3.2**: Qualitative Unterteilung der Firmenkunden im engeren Sinne*

Die Gegenüberstellung der Klein-, Mittel- und Großunternehmen zeigt, dass Kleinunternehmen, obwohl der Kundenart nach eigentlich dem Firmenkundengeschäft zugehörig, einige erhebliche Unterschiede im Vergleich zu den Mittel- und Großunternehmen aufweisen:

- So fällt zunächst auf, dass der Kleinunternehmer im Regelfall operativ mitarbeitet, wohingegen der Eigentümer/Geschäftsführer eines Mittelunternehmens und der "Gehaltsunternehmer" im Großunternehmen ausschließlich mit der Unternehmensleitung betraut sind.
- Mittel- wie auch Großunternehmen können kaufmännisches/finanzwirtschaftliches Know-how aufweisen, dagegen ist dies für Kleinunternehmen nicht von zentraler Bedeutung.

- Des Weiteren ist ersichtlich, dass die Marktausrichtung der Mittel- und Großunternehmen zumindest überregional ist, während sich Kleinunternehmen auf den lokalen Markt beschränken.
- Darüber hinaus kann aus der Gegenüberstellung geschlussfolgert werden, dass Mittel- und Großunternehmen erheblich höhere kundenbezogene Geschäftsvolumina[1] vorweisen können als Kleinunternehmen, da Kleinunternehmen lediglich die für ihre operativen Tätigkeiten, deren Umfang per definitionem "klein" ist, erforderlichen Standardleistungen in Anspruch nehmen und für darüber hinausgehende Leistungen kein Bedarf besteht.
- Aus den großen kundenbezogenen Geschäftsvolumina der Mittel- und Großunternehmen resultiert im Regelfall eine große Verhandlungsmacht der Kunden[2], denn bei Nichtabschluss eines Geschäfts und /oder Abwanderung kann es zu einem erheblichen Erlöseinbruch bei der Bank kommen.[3] Da das kundenbezogene Geschäftsvolumen eines Kleinunternehmens im Verhältnis eher gering ausfällt, besitzt es gegenüber der Bank auch nur eine sehr begrenzte Verhandlungsmacht.
- Außerdem stellt sich heraus, dass der Kleinunternehmer selbst den Kontakt zur Bank, z.B. über den Besuch in der Filiale, herstellen muss, wohingegen Mittel- und Großunternehmen eine durch die Bank initiierte Kundenansprache erfahren und damit der Besuch des Bankmitarbeiters beim Kunden einhergeht, was zumeist dazu führt, dass Mittel- und Grossunternehmen mehrere Geschäftsverbindungen zu verschiedenen Banken unterhalten.
- Schließlich fragen Kleinunternehmen vorwiegend standardisierte Produkte nach und erhalten eine Beratung nur auf Anfrage. Unabhängig von der Art der nachgefragten Produkte bedürfen Mittel- und Großunternehmen dagegen überwiegend individuell auf sie abgestimmte, produktübergreifende und beratungsintensive Leistungen.

Die erheblichen Unterschiede, die zwischen Kleinunternehmen auf der einen Seite und Mittel- und Großunternehmen auf der anderen Seite zu erkennen sind, machen eine weitere Einschränkung der Firmenkunden im engeren Sinne erforderlich. Die verschiedenen Merkmalsausprägungen der Kleinunternehmen in Bezug auf Kunde-

---

1 Beispielsweise hat die Dresdner Bank AG für Großunternehmen, die sie als Multinationals bezeichnet, kundenspezifische Betreuungsteams eingerichtet (vgl. Dambmann, W., 2000, o. S.), was wiederum auf hohe kundenbezogene Geschäftsvolumina schließen lässt.

2 *Schuster* und auch *Georgieff* stellen insbesondere bei Großunternehmen eine zunehmende Nachfragermacht fest (vgl. Schuster, L., 1999, S. 88; Georgieff, A., 2000, o. S.).

3 Die Stärke der Verhandlungsmacht unterliegt jedoch Schwankungen. In Ausnahmefällen, wie z.B. Sanierungen, kann sie sich vorübergehend stark reduzieren.

Bank-Kontakt, Standardisierbarkeit der Leistungen, kundenbezogenes Geschäftsvolumen und Verhandlungsmacht des Kunden weisen Parallelen zum Privatkundengeschäft einer Bank auf, das sich ebenfalls durch eine Kontaktaufnahme durch den Kunden selbst, standardisierte Leistungen, geringe kundenbezogene Geschäftsvolumina und damit einhergehend eine geringe Verhandlungsmacht des Kunden auszeichnet.[1]

Aus diesem Grund sollen die Kleinunternehmen dem Privatkundengeschäft zugeordnet werden, was auch in der Bankpraxis durchaus eine übliche Vorgehensweise ist. Beispielsweise spricht die Deutsche Bank AG in diesem Zusammenhang von Privat- und Geschäftskunden bzw. die HypoVereinsbank AG von Geschäfts- und anspruchsvollen Privatkunden, die insgesamt zum Privatkundengeschäft zählen.[2]

Die verbleibenden Mittel- und Großunternehmen können dann zu den **Firmenkunden im engsten Sinne** zusammengefasst werden. Sie stellen für die weitere Vorgehensweise in dieser Arbeit das spezifizierte Erfahrungsobjekt dar. Dies ist damit zu begründen, dass die bestehende Heterogenität der Firmenkunden im weiten Sinne und der Firmenkunden im engeren Sinne eine separate Betrachtung verschiedener Kundengruppen mit unterschiedlichen Merkmalen erforderlich macht, was zu einem erheblichen Aufbau an Komplexität führen würde. Demgegenüber ermöglicht die Konzentration auf eine Kundengruppe mit überwiegend gleichen/ähnlichen Kennzeichen eine für diese Kundengruppe spezifische Konzeptualisierung und Ausgestaltung eines wertorientierten Qualitätscontrolling ohne Verlust an Allgemeingültigkeit, da eine Übertragung auf die spezifischen Gegebenheiten anderer Kundengruppen ohne weiteres möglich ist.

---

1 Eine Ausnahme stellt dabei sicher die Individualkundenbetreuung im Geschäft mit vermögenden Privatkunden dar, das sich stark vom typischen "Mengengeschäft" einer Bank unterscheidet. Dies ist nicht zuletzt ein Grund für den gegenwärtig in der Bankenbranche erkennbaren Trend, das Geschäft mit den vermögenden Privatkunden (Private Banking) vom typischen Privatkundengeschäft zu separieren. Beispielhaft wäre hier die Deutsche Bank AG zu nennen, die das Privatkundengeschäft in der Tochtergesellschaft, der Deutsche Bank 24, ausgegliedert hat, das Private Banking jedoch vom Mutterunternehmen selbst ausgeführt wird. Vgl. hierzu u.a. Heydebreck, T. v., 1999, S. 444 ff.

2 Vgl. Deutsche Bank AG (Hrsg.), 1999, S. 1; Stark, M., 2000, o. S.; HypoVereinsbank AG (Hrsg.), 2000, S. 41.

In Abbildung 3.3 wird die Abgrenzung der Firmenkunden im engsten Sinne nochmals abschließend aufgezeigt, bevor im anschließenden Abschnitt die Besonderheiten des Leistungsangebots für Firmenkunden[1] herausgearbeitet werden.

Firmenkunden im weiten Sinne
Selbständige und juristische Personen

Firmenkunden im engeren Sinne
Selbständige und juristische Personen mit Gewinnerzielungsabsicht

Firmenkunden im engsten Sinne
Selbständige und juristische Personen mit Gewinnerzielungsabsicht, die:

- über kaufmännisches/finanzwirtschaftliches Know-how verfügen,
- mindestens überregional tätig sind,
- ein hohes kundenbezogenes Geschäftsvolumen aufweisen,
- eine entsprechende Verhandlungsmacht gegenüber der Bank besitzen,
- auf Initiative einer Bank angesprochen werden,
- mehrere Geschäftsbeziehungen zu verschiedenen Banken unterhalten und
- überwiegend individuelle, produktübergreifende und beratungsintensive Leistungen bedürfen.

Quelle: Eigene Darstellung.

***Abbildung 3.3**: Abgrenzung der Firmenkunden für die vorliegende Arbeit*

3.1.2 Das firmenkundenbezogene Leistungsangebot und seine Besonderheiten

Zur Erörterung des firmenkundenbezogenen Leistungsangebots und seiner Besonderheiten soll zunächst eine Abgrenzung des für Firmenkunden erbrachten Leistungsangebots vorgenommen werden (**Kapitel 3.1.2.1**), um es anschließend zu charakterisieren (**Kapitel 3.1.2.2**).

3.1.2.1 Abgrenzung des firmenkundenbezogenen Leistungsangebots

Banken bieten eine Vielzahl von Leistungen an, die im Wettbewerb um den Kunden auch eine ständige Erweiterung erfahren. Zur Systematisierung der Bankleistungen werden in der bankbetrieblichen Literatur verschiedene Kriterien herangezogen[2]. Zunächst liefert § 1 Kreditwesengesetz (KWG) eine abschließende Aufzählung der

---

1 Im Folgenden werden Firmenkunden und Firmenkunden im engsten Sinne synonym verwandt.

2 Vgl. z.B. für eine Übersicht über verschiedene Kriterien Bieg, H., 1992, S. 1-5; auch Schierenbeck, H./Hölscher, R., 1998, S. 320 ff.

aufsichtspflichtigen Bankgeschäfte (Einlagengeschäft, Kreditgeschäft, Diskontgeschäft, Finanzkommissionsgeschäft, Depotgeschäft, Investmentgeschäft, Darlehenserwerbsgeschäft, Garantiegeschäft, Girogeschäft, Emissionsgeschäft, Geldkartengeschäft, Netzgeldgeschäft) und legt damit gleichzeitig fest, dass ein Kreditinstitut ein Unternehmen ist, das eines der aufgelisteten Bankgeschäfte gewerbsmäßig oder in einem Umfang betreibt, "der einen in kaufmännischer Weise eingerichteten Geschäftsbetrieb erfordert."[1]

Neben dieser am KWG orientierten Typologisierung werden Bankleistungen traditionell auch nach ihrer Bilanzwirkung in Aktivgeschäft, Passivgeschäft und sonstige Dienstleistungen klassifiziert.[2] Jedoch scheint diese Einteilung der Bankleistungen den aktuellen Entwicklungen, denen sich Kreditinstitute konfrontiert sehen, nicht mehr ausreichend Rechnung zu tragen. Das nicht bilanzwirksame Geschäft der Banken hat in den letzten Jahren einen solchen Bedeutungszuwachs erfahren, so dass es gegenwärtig zumeist ein Vielfaches des bilanzwirksamen Geschäfts ausmacht. Die alleinige Zuweisung des nicht bilanzwirksamen Geschäfts zu den sonstigen Dienstleistungen ist dementsprechend zu ungenau.

In Anlehnung an *Bieg*[3] kann deshalb eine Erweiterung der traditionellen Klassifizierung vorgenommen werden, indem Kreditleistungen, Anlageleistungen, Zahlungsverkehrsleistungen und sonstige Dienstleistungen unterschieden werden. Auch diese Typologisierung ermöglicht noch keine umfassende Zuordnung der gegenwärtig von Banken angebotenen Leistungen, denn auf Grund des zunehmenden Wettbewerbs werden auch Leistungen offeriert, die nicht den ursprünglich von Banken wahrgenommenen Funktionen[4], sondern der Sicherung der Marktstellung dienen.

Entsprechend lassen sich nach *von Stein*[5] Bankleistungen in banktypische Kernleistungen (Finanzierungs-, Anlage- und Zahlungsverkehrsleistungen), bankmäßige Nebenleistungen (z.B. Depotgeschäft und Vermögensverwaltung) sowie bankneutrale

---

1 Vgl. Consbruch, J./Bähre, I. L., 2000, S. 1.

2 Vgl. beispielsweise Lauer, P. ,1965, S. 41.

3 Bieg, H. ,1992, S. 4.

4 Vgl. hierzu beispielsweise Süchting, J./ Paul, S., 1998, S. 3 ff.

5 Stein, J. H. v., 1993, S. 357.

Leistungen (z.B. Vermittlung von Versicherungen, Bausparverträge, Immobilien) unterscheiden.

Dieses komplette Leistungsspektrum einer Bank von banktypischen Kernleistungen über bankmäßige Nebenleistungen bis zu den bankneutralen Leistungen wird auch den Firmenkunden angeboten. Dabei kann für die einzelnen Leistungsarten, die individuell den Bedürfnissen der Firmenkunden angepasst werden, eine Konkretisierung bzw. Schwerpunktsetzung für das Firmenkundengeschäft erfolgen.

Die banktypischen Kernleistungen beinhalten in diesem Zusammenhang auf den Firmenkunden spezifisch abgestimmte Kreditleistungen (z.B. Konsortialkredite), Anlageleistungen (z.B. Termineinlagen) und Zahlungsverkehrsleistungen (z.B. Cash Management)[1]. Während die bankmäßigen Nebenleistungen für Firmenkunden im Wesentlichen Kapitalmarkttransaktionen auf dem Primärmarkt (z.B. Ausgabe von Anteilsrechten), Handel mit Wertpapieren auf dem Sekundärmarkt (z.B. Termingeschäfte), Durchführung von Geldmarktgeschäften[2] (z.B. Commercial Paper-Programme) und die bankneutralen Leistungen überwiegend Versicherungsleistungen (z.B. Sachversicherungen), Corporate Finance-/Mergers & Acquisitions-Beratungen (z.B. Optimierung der Kapitalstruktur) und sonstige Leistungen (z.B. Einrichtung von Finanzplanungssystemen, Marktanalysen) umfassen.[3]

Dabei werden Kredit-, Anlage- und Zahlungsverkehrsleistungen häufig zum Commercial Banking sowie Transaktionen am Primär- und Sekundärmarkt sowie die Corporate Finance-/Mergers & Acquisitions-Beratung zum Investment Banking zusammengefasst. Die Geldmarktgeschäfte nehmen eine Zwischenposition ein. Sie werden entweder dem Commercial oder dem Investment Banking zugeordnet.[4] In Abbildung 3.4 wird dieses Leistungsangebot für Firmenkunden abschließend zusammengefasst.

---

1 Vgl. Schierenbeck, H., 1993, S. 117; auch Zinn, E., 1997, S. 410.

2 Vgl. Schuster, L., 1994b, S. 356.

3 Vgl. Schierenbeck, H., 1993, S. 116 f.

4 Vgl. Stein, S., 1998, S. 42; auch Zinn, E., 1997, S. 410; Schuster, L., 1994b, S. 356; Schierenbeck, H., 1993, S. 117.

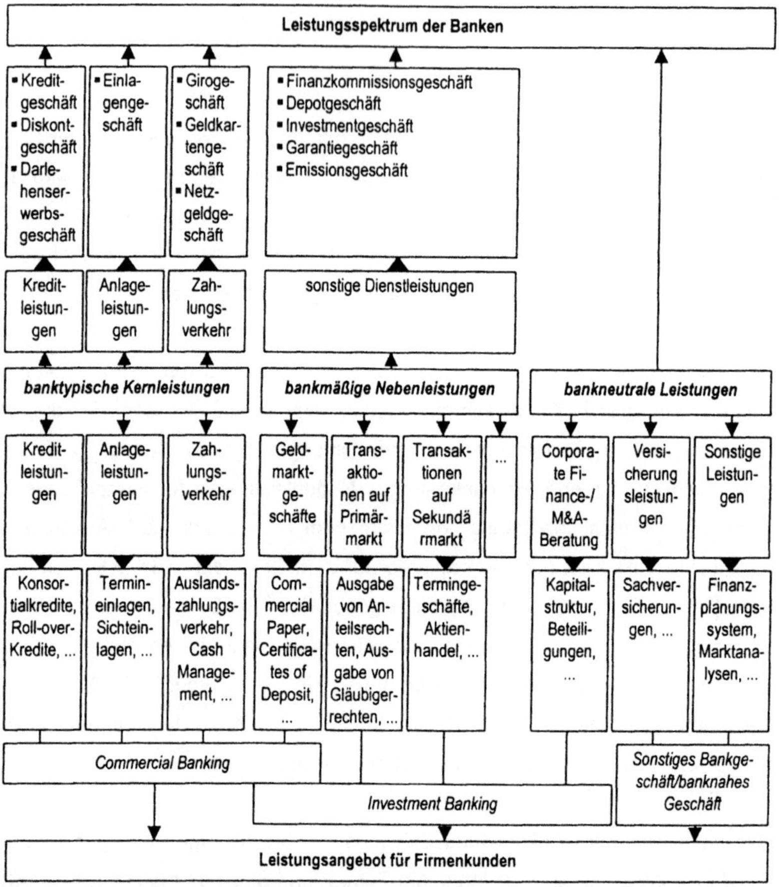

Quelle: Eigene Darstellung.

Abbildung 3.4: *Abgrenzung des firmenkundenbezogenen Leistungsangebots*

3.1.2.2 Charakterisierung des firmenkundenbezogenen Leistungsangebots

Die Besonderheiten des oben hergeleiteten Leistungsangebots können auf verschiedenen Ebenen diskutiert werden. Zum einen gehen mit Firmenkundenleistungen allgemeine Besonderheiten einher, die aus deren Dienstleistungscharakter resultieren (**Kapitel 3.1.2.2.1**), und zum anderen sind mit Firmenkundenleistungen spezielle bank- und firmenkundenspezifische Besonderheiten verbunden (**Kapitel 3.1.2.2.2**).

3.1.2.2.1 Allgemeine dienstleistungsspezifische Besonderheiten

Charakteristisch für das firmenkundenbezogene Leistungsangebot ist zunächst allgemein, dass es sich hierbei um **immaterielle** oder auch **intangible Leistungen** handelt[1], d.h. sie sind "... ein zum Zeitpunkt von Angebot und Nachfrage vom Anbietersystem nicht loslösbares, nicht gegenständliches, nicht greifbares Leistungsversprechen ..."[2]. Wobei die Intangibilität neben der physischen Komponente, die die Immaterialität zum Ausdruck bringt, auch eine intellektuelle Komponente, nämlich Sachverhalte, die nicht einfach definierbar, beschreibbar oder geistig erfassbar sind, beinhaltet.[3]

Da dies zumeist für das Firmenkundengeschäft zutrifft, können Firmenkundenleistungen nicht nur als immateriell, sondern auch als intangibel[4] eingestuft werden. Erst das einzelne Leistungsergebnis kann materielle Elemente aufweisen.[5] Da eine Materialisierung des Ergebnisses der Firmenkundenleistung möglich ist, kann auch das Ausmaß der Immaterialität einzelner Firmenkundenleistungen differieren. Beispielsweise kann sich ein Ergebnis in Form eines Finanzplanungssystems für den Firmenkunden materialisieren oder als Ergebnis eines Beratungsgesprächs überwiegend immateriell bleiben.

Die Immaterialität bzw. Intangibilität führt dazu, dass Firmenkundenleistungen bis auf die materielle Ergebniskomponente nicht speicher- und damit auch nicht lagerfähig sind[6], was zu Problemen in der Kapazitätsauslastung und -an-passung führen kann.[7] Die Intangibilität zieht häufig auch eine Erklärungsbedürftigkeit nach sich, da der Leistungserstellungsprozess und das Leistungsergebnis dem Firmenkunden in den meisten Fällen nicht einfach vorgezeigt werden können.[8] Beispielsweise bedarf die

---

1 Für den Begriff der Immaterialität wird auch der Begriff der Intangibilität herangezogen (vgl. Corsten, H., 1998, S. 78).

2 Meyer, A./Mattmüller, R., 1987, S. 188.

3 Vgl. Hentschel, B., 1992, S. 25.

4 Hierzu auch Schuster, L., 1999, S. 86.

5 Vgl. Kleinaltenkamp, M., 1998, S. 35; auch Hentschel, B., 1992, S. 24 f.; Corsten, H., 1986, S. 17.

6 Vgl. Corsten, H., 1986, S. 19 f.

7 Vgl. Maleri, R., 1997, S. 35 f.; auch Seitz, G., 1997, S. 3.

8 Vgl. Maleri, R., 1997, S. 35 f.

Emission von Unternehmensanleihen einer Erläuterung des Produkts und wie es für das betreffende Unternehmen erstellt werden kann sowie welche Konsequenzen es mit sich bringt.

Ein weiteres allgemeines Merkmal, das kennzeichnend für das Leistungsangebot im Firmenkundengeschäft ist, stellt die **Kontaktnotwendigkeit** oder der Kontaktzwang während des Leistungserstellungsprozesses dar, was auch als **Integration des externen Faktors** bezeichnet wird.[1] Damit soll ausgedrückt werden, dass eine Leistungserstellung nur am Firmenkunden selbst bzw. seinen Objekten, wie z.B. Informationen über die Bonität des Firmenkunden als externem Faktor, erfolgen kann und hierzu ein Kontakt zwischen Bank und Firmenkunde unerlässlich ist.

Allerdings kann die Intensität der Firmenkundenintegration variieren. Dies ist bedingt durch die räumliche, zeitliche, funktionale und soziale Ebene des Kontakts.[2] Da Cash Management-Transaktionen einen mittelbaren Kontakt zwischen Firmenkunde und Bank von geringem zeitlichen Ausmaß sowie eine aktive Mitwirkung des Firmenkunden bei begrenzter Kommunikation mit der Bank erfordern, weisen sie eine geringere Integration als beispielsweise Aktienemissionen auf, die einen unmittelbaren Kontakt mit hohem zeitlichen Aufwand, eine aktive Mitwirkung des Firmenkunden und eine intensive Kommunikation mit der Bank voraussetzen.

Wie aus diesem Beispiel erkennbar ist, spielt der Automatisierungs-/Standardisierungsgrad einer Leistung für das Ausmaß der Integration eine wichtige Rolle, denn mit zunehmender Automatisierung/Standardisierung reduziert sich die Kundenintegration auf ein Minimum. Wie im vorhergehenden Abschnitt erörtert wurde, fragen Firmenkunden zumeist weniger standardisierte Leistungen nach, was entsprechende Konsequenzen für das Ausmaß der Kundenintegration mit sich bringt.

Die Einbindung des Firmenkunden in den Leistungserstellungsprozess hat zur Folge, dass Leistungserstellung und Leistungsabgabe häufig identisch sind, d.h. dem "uno-

---

1 Vgl. Corsten, H., 1998, S. 78.

2 Vgl. hierzu Hentschel, B., 1992, S. 29 ff.

actu-Prinzip" folgen.[1] Die direkte Betroffenheit des Firmenkunden resultiert schließlich in eine rasch wirksame, subjektive Bewertung der Leistung.[2] Außerdem kann ein gleichbleibendes Leistungsniveau kaum gewährleistet werden, da der Kunde Leistungserstellungsprozess und -ergebnis beeinflusst.[3] Z.B. kann die Zurverfügungstellung unterschiedlicher Informationen über die finanzielle Lage des Firmenkunden zu verschiedenen Konditionen im Kreditgeschäft führen.

Mit den Merkmalen der Intangibilität und der Integration des externen Faktors erfüllt das firmenkundenbezogene Leistungsangebot die in der Literatur als wesensbestimmende Merkmale von Dienstleistungen diskutierten Kriterien.[4] Trotzdem besteht in der wissenschaftlichen Diskussion keine Einigkeit darüber, ob es sich bei dem Leistungsangebot für Firmenkunden um Dienstleistungen handelt oder nicht. Während eine Reihe von Autoren[5] dieses Leistungsangebot auf Grund der konstitutiven Eigenschaften als Dienstleistungen charakterisiert, argumentieren Meyer et al.[6], dass Kreditleistungen niemals Dienstleistungen sein können, da nicht die Veränderung der als externe Faktoren eingebrachten Informationen, sondern die Zurverfügungstellung von Geldmitteln das relevante Leistungsergebnis darstellen, auch wenn diese Informationen das Leistungsergebnis überhaupt erst ermöglichen.

Zu dieser Diskussion soll im Rahmen dieser Arbeit kein Beitrag geleistet werden, da sie für den Fortgang irrelevant ist. Die Abgrenzung der Dienstleistung von der Sachleistung wurde in der wissenschaftlichen Literatur bisher nicht abschließend gelöst. Bei Zugrundelegung dieser dichotomen Betrachtungsweise von Dienstleistungen und Sachleistungen können Firmenkundenleistungen jedoch auch nicht den Sachleistungen zugeordnet werden.

---

1 Vgl. Corsten, H., 1998, S. 78; auch Kleinaltenkamp, M., 1998, S. 35; Corsten, H., 1986, S. 20 f.

2 Vgl. hierzu Maleri, R., 1997, S. 35 f.

3 Vgl. Hüttinger, S., 1995, S. 29.

4 Vgl. beispielsweise Corsten, H., 1998, S. 78; auch Kleinaltenkamp, M., 1998, S. 34 ff.; Engelhardt, W. H. et al., 1993, S. 400 f.; Hentschel, B., 1992, S. 26; Stauss, B./Hentschel, B., 1991, S. 238; Corsten, H., 1986, S. 17 ff. und S. 31. Obwohl die Immaterialität der Dienstleistung als umstritten gilt und die wissenschaftliche Diskussion noch kein abschließendes Ergebnis diesbezüglich hervorgebracht hat, wird sie von den meisten Autoren für die Begriffsabgrenzung verwendet (vgl. Corsten, H., 1998, S. 78).

5 Vgl. u.a. Schuster, L., 1996a, S. 93; auch Süchting, J./Paul, S., 1998, S. 620 ff.; Büschgen, H. E., 1998, S. 310 ff.; Eilenberger, G., 1996, S. 188 f.

6 Vgl. Meyer, A. et al., 2000, S. 54.

Wird eine Einordnung der Firmenkundenleistungen in die beiden Kontinua[1] Tangibilität/Intangibilität sowie Autonomie/Integration vorgenommen, dann können sie als vorwiegend intangible und der Integration des externen Faktors bedürfender Leistungen beschrieben werden. In Abbildung 3.5 sind diese allgemeinen Besonderheiten des firmenkundenbezogenen Leistungsangebots und die daraus resultierenden Implikationen nochmals zusammenfassend dargestellt.

Besonderheit	Implikationen für das firmenkundenbezogene Leistungsangebot
Intangibilität	▪ Problembereich Kapazitätsauslastung/-anpassung für die Leistungserbringung ▪ Erklärungsbedürftigkeit der Leistung
Integration des externen Faktors Firmenkunde	▪ Mitwirkung des Kunden an der Leistungserstellung ▪ rasch wirksame, subjektive Bewertung der Leistung ▪ kaum konstantes Leistungsniveau möglich

Quelle: Eigene Darstellung.

Abbildung 3.5: *Allgemeine dienstleistungsspezifische Besonderheiten des firmenkundenbezogenen Leistungsangebots*

3.1.2.2.2 Spezielle bank- und firmenkundenspezifische Besonderheiten

Neben den allgemeinen dienstleistungsspezifischen Merkmalen weist das firmenkundenbezogene Leistungsangebot weitere Besonderheiten auf, die darauf zurückzuführen sind, dass es sich hierbei um Bankleistungen handelt.[2] Zunächst wäre in diesem Zusammenhang zu erwähnen, dass **Gegenstand** der Firmenkundenleistungen nicht ein greifbares Produkt, sondern **Geld, Kredit und Kapital** in unterschiedlichen Formen, wie z.B. Bar-/Buchgeld, Geld in verbriefter Form, sind. Wenn Geld, Kredit und Kapital nicht direkt Gegenstand der Firmenkundenleistungen, wie z.B. bei einer Aktienemission, sind, dann ist zumindest indirekt die finanzielle Situation des Unternehmens betroffen, wie z.B. bei der Einrichtung eines Finanzplanungssystems.

Dies macht Firmenkundenleistungen zu besonders vertrauensempfindlichen Leistungen und führt dazu, dass sie teilweise stark gesetzlich reglementiert sind, wie dies z.B. in den Vorschriften für das Kredit- und Handelsgeschäft zum Ausdruck kommt.[3]

1 Vgl. zu den Kontinua beispielsweise Engelhardt, W. H. et al., 1993, S. 417; auch Corsten, H., 1998, S. 78 f.

2 Zu den bankleistungsspezifischen Besonderheiten vgl. insbesondere Süchting, J./Paul, S., 1998, S. 620 ff.; auch Polan, R., 1995, S. 30.

3 Vgl. Schierenbeck, H./Hölscher, R., 1998, S. 175 ff.

Darüber hinaus besitzen Geld, Kredit und Kapital selbst **keinen Differenzierungscharakter** und den in diesem Zusammenhang angebotenen Leistungen fehlt die Patentierfähigkeit. Aus diesem Grund können Firmenkundenleistungen von Wettbewerbern ohne weiteres nachgeahmt werden.[1]

Die erwähnte Vertrauensempfindlichkeit in Bezug auf die angebotenen Leistungen wird zusätzlich dadurch verstärkt, dass eine Reihe von Firmenkundenleistungen, hier ist insbesondere an Kredit- und Anlageleistungen zu denken, keine einmalige Absatztransaktion umfassen, sondern bei Abschluss des Geschäfts tritt eine **längere Absatzbeziehung** ein[2], die mit einer intensiven Kunde-Bank-Beziehung einhergeht.[3] Beispielsweise können langfristige Kredite oder Anlagen über mehrere Jahre bis zum Vertragsende eine Beziehung zwischen Firmenkunde und Bank herstellen. Andere Leistungen, wie z.B. Kontoverbindungen oder Kreditlinien, ermöglichen sogar bis zu ihrer Kündigung eine unbefristete Verbindung.

Die frühzeitige Beendigung zeitlich befristeter Leistungen ist in der Regel mit Transaktionskosten verbunden. Die zunehmende Flexibilisierung der Anlageleistungen durch eine verstärkte Kapitalmarktorientierung[4] auf der einen Seite und ein mögliches Ablösen von Kreditverträgen bonitätsmäßig guter Kunden durch ein Konkurrenzinstitut[5] auf der anderen Seite lassen die Bedeutung der Transaktionskosten jedoch in den Hintergrund treten.

Neben der längeren Absatzbeziehung ist bedeutend, dass Firmenkunden in der Regel nicht nur eine Leistung, wie z.B. die Kontoführung, nachfragen, sondern auch damit **verbundene Leistungen**, wie z.B. den Kontokorrentkredit oder Beratungsleis-

---

1 Vgl. Maier, R., 1998, S. 1677.

2 Vgl. Schuster, L., 1996a, S. 93.

3 Diese intensive Kunde-Bank-Beziehung wird gerade im Firmenkundengeschäft noch durch das dort praktizierte Relationship Management, d.h. ein Relationship Manager (in der Regel Senior Banker) übernimmt die Gesamtverantwortung für die Betreuung eines oder mehrerer Firmenkunden und greift bei Bedarf auf Produktspezialisten und Risikomanager zurück, verstärkt (vgl. Kern, H., 1998, S. 666 ff.; auch Oehler, A., 1995, S. 137 ff.)

4 Hier wäre beispielsweise an die zunehmende Relevanz von Wertpapieranlagen zu denken.

5 Vgl. Oevermann, D., 1996, S. 31 f.

tungen. Aus dieser Verbundenheit der Leistungsabnahme folgt wiederum ein erhöhter Erklärungsbedarf.[1]

Darüber hinaus handelt es sich bei Firmenkundenleistungen um sogenannte **Kontraktgüter**, denn neben den Allgemeinen Geschäftsbedingungen einer Bank werden Firmenkundenleistungen im Regelfall über detaillierte vertragliche Regelungen bestimmt.[2] Auch dies zieht eine Erklärungsbedürftigkeit der Firmenkundenleistungen nach sich, wobei deren Ausmaß im Firmenkundengeschäft auf der einen Seite abhängig vom Kunden (Mittelunternehmen haben häufig einen höheren Erklärungsbedarf als die Spezialisten der Großunternehmen) und auf der anderen Seite mit dem Ausmaß der Individualität der Leistung verbunden ist.

Außerdem besitzen Firmenkundenleistungen Charakteristika von **Erfahrungs- bzw. Vertrauensgütern**. Erfahrungsgüter stellen im Firmenkundengeschäft eher standardisierte Leistungen dar, da der Firmenkunde das Verhalten der Bank während der Leistungserstellung und der Vertragslaufzeit kennen lernen kann (z.B. Wertstellungspraxis im Zahlungsverkehr).[3] Nicht standardisierte Leistungen dagegen haben eher den Charakter von Vertrauensgütern,[4] weil der Firmenkunde selbst nach Leistungsinanspruchnahme das Bankverhalten nicht beurteilen kann (z.B. Begleitung des Börsengangs).[5]

Über diese bankbezogenen Besonderheiten hinaus besitzen Firmenkundenleistungen auch spezifische Merkmale, die aus den Charakteristika der Firmenkunden resultieren.[6] Auf Grund des komplexen, individuellen und mindestens überregional entstehenden Leistungsbedarfs des Firmenkunden kommt den nicht standardisierten und in der Regel beratungsintensiven Leistungen im Firmenkundengeschäft eine

---

1 Vgl. Süchting, J., 1972, S. 275.

2 Vgl. Oevermann, D., 1996, S. 30.

3 Vgl. hierzu auch Schuster, L., 1999, S. 86.

4 Vgl. zum Faktor Vertrauen auch Gierl, H., 1999a, S. 388.

5 Vgl. Oevermann, D., 1996, S. 30 f.

6 Zu den Charakteristika der Firmenkunden siehe Kapitel 3.1.1.

besondere Bedeutung zu.[1] Dies um so mehr, als Leistungen aus dem Bereich Investmentbanking für Mittelunternehmen an Relevanz gewinnen.[2]

Auch die immer bedeutender werdende Rolle des Internet und anderer elektronischer Medien führen dabei zu keinem höheren Standardisierungsgrad des individuell geprägten Firmenkundengeschäfts.[3] Mit Hilfe des Internet kann lediglich eine Erweiterung des Leistungsangebots (wie z.B. die Buchung von Geschäftsreisen über die Bankhomepage), die das Kerngeschäft nicht substituiert,[4] bzw. eine Verbesserung der bereits im Firmenkundengeschäft angebotenen Standardleistungen, wie z.B. die Abwicklung von Standardtransaktionen, erreicht werden. Letzteres wird beispielsweise von der Deutschen Bank AG und der Dresdner Bank AG praktiziert, die jeweils ein Finanzportal eingerichtet haben.[5] Darüber hinaus zeigt eine aktuelle Studie, dass Banken das Internet im Firmenkundengeschäft fast ausschließlich zur Verbreitung von Produktinformationen (88 %) und den Zahlungsverkehr (73 %) nutzen.[6] Dies berücksichtigend werden neben **kundenindividuellen Lösungen**, z.B. in Bezug auf eine M&A-Transaktion auch **produktübergreifende Leistungen**, wie z.B. Asset Management-Lösungen, und **Auslandsleistungen** angeboten.

Eine weitere Besonderheit der Firmenkunden ist das **hohe kundenbezogene Geschäftsvolumen**, was sich insofern auf die Firmenkundenleistungen niederschlägt, als auch einzelne Firmenkundenleistungen ein beachtliches Volumen aufweisen können, wie z.B. Kredite über mehrere Millionen DM. Damit verbunden ist, dass eine einzelne Bank nicht in der Lage und/oder nicht bereit ist, dieses Engagement allein zu tragen, so dass mehrere Banken als Leistungsanbieter auftreten (z.B. syndizierte Kredite).

---

1 Vgl. Georgieff, A., 2000, o. S.; auch Stark, M., 2000, o. S.; Rometsch, S., 1999, S. 813; Wild, A./Middeler, K., 1999, S. 11.

2 Vgl. Boehm-Bezing, C. L. v., 1999, S. 28 ff.; auch Staroßom, H., 1999, S. 30 ff.; Hummel, D./Brüning, M., 2001, S. 336 f.; Wieandt, A./Miller, S., 2001, S. 8. Zur Entwicklung des Firmenkundengeschäfts insgesamt vgl. auch Priewasser, E., 2000.

3 Laut den Ergebnissen der Experteninterviews. Vgl. hierzu auch Ronzal, W., 1997, S. 215.

4 Laut den Ergebnissen der Experteninterviews. Vgl. außerdem Hühn, M., 2000, S. 533; auch Höper, J., 2000, S. 400; Lamberti, H.-J./Volland, T., 2000, S. 447.

5 Vgl. Dambmann, W., 2000, o. S., Lamberti, H.-J./Volland, T., 2000, S. 447.

6 Vgl. o.V., 2001a, S. 28; o.V., 2001b, S. 30.

Schließlich wurden Firmenkunden im Zusammenhang mit den hohen Geschäftsvolumina durch eine **starke Verhandlungsmacht** charakterisiert. Die Verhandlungsmacht äußert sich insbesondere in Bezug auf die Preisgestaltung der Firmenkundenleistungen. So sind individuelle Preisverhandlungen für die einzelnen Firmenkundenleistungen üblich,[1] was für die anbietende Bank wiederum zur Konsequenz hat, auf der einen Seite möglichst kostengünstig zu operieren und auf der anderen Seite Preiskalkulationen durchzuführen, die einen Erfolgsbeitrag der entsprechenden Leistung gewährleisten.

Abschließend werden in Abbildung 3.6 die Besonderheiten des firmenkundenbezogenen Leistungsangebots nochmals zusammenfassend dargestellt. Sie dienen neben der vorangegangenen Erörterung der Charakteristika der Firmenkunden als Basis für die Herleitung eines firmenkundenbezogenen Qualitätsverständnisses im folgenden Kapitel.

Besonderheit	Implikationen für das firmenkundenbezogene Leistungsangebot
Leistungsgegenstand Geld, Kredit und Kapital	▪ Vertrauensempfindlichkeit der Leistung ▪ starke gesetzliche Reglementierung des Leistungsangebots
mangelnde Differenzierungsfähigkeit	▪ Nachahmbarkeit der Leistung
überwiegend längere und intensive Absatzbeziehungen	▪ Vertrauensempfindlichkeit der Leistung
Verbundenheit der Bankleistung	▪ Erklärungsbedürftigkeit der Leistung
Kontraktgutcharakter	▪ Erklärungsbedürftigkeit der Leistung
Erfahrungs- und Vertrauensgutcharakter	▪ schwierige Leistungsbeurteilung
komplexer, individueller und mindestens überregional entstehender Leistungsbedarf	▪ kundenindividuelle Leistungen ▪ produktübergreifende Leistungen ▪ Auslandsleistungen
hohes kundenbezogenes Geschäftsvolumen	▪ hohes Volumen einzelner Leistungen ▪ Leistungserstellung durch mehrere Anbieter
hohe Verhandlungsmacht	▪ kundenindividuelle Leistungspreise

Quelle: Eigene Darstellung.

***Abbildung 3.6**: Spezielle bank- und firmenkundenspezifische Besonderheiten des firmenkundenbezogenen Leistungsangebots*

1 Vgl. Zunk, D., 2000, o. S.; auch Rometsch, S., 1997, S. 644.

3.2 Abgrenzung und Operationalisierung der für Firmenkunden gelieferten Qualität

Nachdem die Besonderheiten des Firmenkundengeschäfts diskutiert wurden, kann darauf aufbauend nun die Abgrenzung und Operationalisierung eines Qualitätsverständnisses für Firmenkundenleistungen vorgenommen werden. Aus diesem Grund wird in **Kapitel 3.2.1** eine Begriffsbestimmung für die Qualität von Firmenkundenleistungen herausgearbeitet und in **Kapitel 3.2.2** dann Ansätze zu deren Operationalisierung erörtert.

3.2.1 Begriffsbestimmung der Qualität für Firmenkundenleistungen

Der lateinische Ursprung des Wortes Qualität "qualis" beinhaltet allgemein die Beschaffenheit, die Güte oder den Wert eines Objektes[1] und liefert damit ein erstes, noch sehr grobes Verständnis von Qualität.[2] Weitergehende Versuche, Qualität zu definieren, gestalten sich sehr heterogen und kontrovers.[3] Dabei kann die Definition des Deutschen Instituts für Normung e.V. (DIN) als ein möglicher Ausgangspunkt für die Begriffsbestimmung von Qualität betrachtet werden: "Qualität ist die Beschaffenheit einer Einheit[4] bezüglich ihrer Eignung, festgelegte oder vorausgesetzte Erfordernisse zu erfüllen."[5] Entsprechend dieser Definition wird Qualität gesehen als die Erfüllung geforderter Leistungsmerkmale.

Neben dieser grundlegenden Begriffsbestimmung existieren in der Betriebswirtschaft noch weitere Qualitätsverständnisse, die *Garvin* zu fünf wesentlichen Definitionen zusammenfasste:[6]

---

1 Vgl. Bruhn, M., 1997a, S. 23.

2 Vgl. zu weiteren Ursprüngen von Qualität Ansell, T., 1993, S. 37 ff.; Geiger, W., 1996, S. 1142 ff.; Herrmann, J./Kostha, C., 1998, S. 524 ff.

3 Vgl. beispielsweise Bruhn, M., 2000, S. 25; auch Bruhn, M., 1997a, S. 23 f.; Drewes, W., 1992, S. 940.

4 Unter einer Einheit werden dabei Produkte oder Tätigkeiten verstanden (vgl. Deutsche Gesellschaft für Qualität e.V. (Hrsg.), 1993, S. 26).

5 DIN 55350, Teil 11, S. 3, Nr. 5; ähnlich auch Deutsche Gesellschaft für Qualität e. V. (Hrsg.), 1993, S. 26.

6 Vgl. Garvin, D. A., 1983, S. 65 ff.; Garvin, D. A., 1984, S. 25; aber auch Bruhn, M., 2000, S. 25 f.; Bruhn, M., 1997a, S. 24 f., Bruhn, M., 1997b, S. 415 f.; Fischer, K., 1996, S. 24; Schuster, L., 1996a, S. 93 f.; Haller, S., 1998, S. 7-12; Hüt-

- *Absoluter Qualitätsbegriff oder Qualität als absoluter Maßstab*: Qualität beinhaltet in diesem Zusammenhang die Güte einer Leistung, die sich häufig in Superlativen ausdrückt und beispielsweise in das Beste, das Schlechteste etc. kategorisiert werden kann.
- *Produktorientierter Qualitätsbegriff*: Hier wird Qualität definiert als die Gesamtheit der leistungsinhärenten Eigenschaften. Damit wird die Qualität einer Leistung durch deren Merkmale beschreibbar und durch nahezu objektive Kriterien bestimmt.
- *Kundenorientierter Qualitätsbegriff*: Dieses Qualitätsverständnis fasst Qualität als die Wahrnehmung der Leistungsqualität durch den Kunden auf und stellt somit auf die Erfüllung von Kundenpräferenzen ab. Qualität wird so durch subjektive Kriterien bestimmt.
- *Herstellungsorientierter Qualitätsbegriff oder Qualität als Vorgabe des Anbieters*: Qualität wird in diesem Fall als die Erfüllung von Qualitätsstandards begriffen, die vom Leistungsanbieter selbst festgelegt werden.
- *Wertorientierter Qualitätsbegriff oder Qualität als Wertmaßstab für Kunden*: Hiernach wird Qualität aus Kundensicht entsprechend dem Preis-Leistungs-Verhältnis der Leistung beurteilt.

Wird der Versuch unternommen, die Inhalte der verschiedenen vom DIN vorgegebenen bzw. aus der Qualitätsliteratur stammenden Definitionen für Qualität zusammenzufassen, dann kann Qualität verstanden werden als *Beschaffenheit einer Leistung in Bezug auf die Erfüllung von Merkmalen, die der Leistung inhärent sind und vom Kunden (präferiert) wahrgenommen werden.*

Im Wesentlichen ist damit die DIN-Definition um den produkt- und den kundenorientierten Qualitätsbegriff erweitert worden und beinhaltet gleichzeitig auch den herstellungsorientierten Qualitätsbegriff, da dieser Qualitätsstandards voraussetzt, die aus den Leistungsmerkmalen selbst und/oder auf Basis der Kundenwahrnehmungen abgeleitet werden.[1] Bei der vorgeschlagenen Qualitätsdefinition bleiben der absolute und der wertorientierte Qualitätsbegriff unberücksichtigt, weil es dem absoluten Qualitätsbegriff an einem verbindlichen Qualitätsmaßstab fehlt und der wertorientierte Qualitätsbegriff mit dem Preis-Leistungs-Verhältnis als alleinigem Maßstab keine

---

tinger, S., 1995, S. 43 f.; Oehler, A., 1995, S. 139; Scharitzer, D., 1994, S. 84 f.; Schildknecht, R., 1992, S. 27 f.; Stauss, B./Hentschel, B., 1991, S. 238 f.

1 Damit stellt der herstellungsorientierte Qualitätsbegriff keinen eigenständigen Qualitätsbegriff dar. Vgl. hierzu Stauss, B./Hentschel, B., 1991, S. 239; auch Scharitzer, D., 1994, S. 85.

Rückschlüsse auf Leistungsmerkmale zulässt[1] und deshalb als problematisch einzustufen sind.

Unter Berücksichtigung, dass es sich bei den abgebotenen Leistungen um Firmenkundenleistungen[2] handelt, kann die vorgeschlagene Qualitätsdefinition noch folgendermaßen spezifiziert werden:

> *Qualität von Firmenkundenleistungen ist die Beschaffenheit der im Rahmen einer Geschäftsbeziehung zu einem Mittel-/Großunternehmen von einer Bank offerierten Leistung(en) in Bezug auf die Erfüllung von Merkmalen, die der Leistung inhärent sind und vom nachfragenden Unternehmen bzw. dessen Vertreter[3] (präferiert) wahrgenommen werden.*

Dabei spielt auf Grund der mangelnden Differenzierungsfähigkeit von Firmenkundenleistungen die Sicht des Kunden eine bedeutende Rolle, um durch die Erfüllung der Kundenpräferenzen im Wettbewerb bestehen zu können.[4] In diesem Zusammenhang darf aber auch die produktorientierte Qualität von Firmenkundenleistungen nicht vernachlässigt werden, denn häufig sind es gesetzliche Regelungen, wie z.B. die Vorschriften über Organkredite[5], die die leistungsspezifische Qualität festlegen. Diese können als Nebenbedingungen verstanden werden, die erfüllt sein müssen, um eine optimale Qualität für den Firmenkunden zu erbringen. Dabei kann davon ausgegangen werden, dass Widersprüchlichkeiten zwischen produkt- und kundenorientierter Qualität insofern nicht auftreten, als produktbestimmende gesetzliche Vorschriften von allen Marktteilnehmern zu berücksichtigen sind.[6]

---

1 Vgl. Scharitzer, D., 1994, S. 85.

2 Siehe zu den Besonderheiten des Firmenkundengeschäfts Kapitel 3.1.

3 Siehe zur Identifizierung des relevanten Unternehmensvertreters zur Qualitätsbeurteilung Kapitel 5.2.2.1.2.

4 Vgl. Ronzal, W., 1997, S. 218 f.; auch Fischer, K., 1996, S. 25; Hüttinger, S., 1995, S. 44 und S. 77; Sobotka-Hirnthaler, G., 1994, S. 97 f.; Jeker, R. A., 1993, S. 407 f.; Nader, G., 1993, S. 454; Adam, D./Meixner, L., 1990, S. 215; Kailich, N., 1990, S. 26.

5 Vgl. beispielsweise Schierenbeck, H./Hölscher, R., 1998, S. 188 f.

6 Laut den Ergebnissen der Experteninterviews.

Der soeben hergeleitete Qualitätsbegriff für Firmenkundenleistungen ist in dieser Form zur konkreten Bestimmung der Qualität im Firmenkundengeschäft nicht ausreichend. Aus diesem Grund bedarf es einer weitergehenden Operationalisierung des vorgestellten Qualitätsbegriffs, die im folgenden Kapitel vorgenommen wird.

3.2.2 Operationalisierung der Qualität für Firmenkundenleistungen

Eine nähere Spezifizierung der Qualität von Firmenkundenleistungen erfordert die Festlegung von konkreten Qualitätsmerkmalen. Die allgemeine Definition der Qualität für Firmenkundenleistungen und das umfangreiche Leistungsspektrum im Firmenkundengeschäft[1] lassen dabei eine Vielzahl von Merkmalen zu, mit deren Hilfe eine genauere Bestimmung der Qualität möglich ist. Wesentlich für den Fortgang der Arbeit sind dabei die Merkmale, die aus Sicht des Firmenkunden relevant sind, denn es sind dieselben Merkmale, die letztendlich dazu führen, dass der Firmenkunde die Geschäftsbeziehung fortsetzt oder nicht, was wiederum wichtige Implikationen für den mit der Qualität verbundenen Erfolg einer Bank hat.[2] Während die reine produktorientierte Qualitätssicht[3] zwar auf Grund der verschiedenen rechtlichen Regelungen eine gewisse Bedeutung im Firmenkundengeschäft hat, bringt sie aber nur dann Konsequenzen für das Firmenkundenverhalten mit sich, wenn auch der Firmenkunde dem Bedeutung beimisst.

Eine Strukturierung der verschiedenen Qualitätsmerkmale aus Kundensicht kann mit Hilfe von Qualitätsdimensionen[4], die Qualitätsmerkmale anhand verschiedener Kriterien zu einem Oberbegriff zusammenfassen[5], erfolgen. Deshalb sollen zunächst in **Kapitel 3.2.2.1** verschiedene Qualitätsdimensionen diskutiert und dann in **Kapitel 3.2.2.2** konkrete Qualitätsmerkmale für das Leistungsspektrum im Firmenkundengeschäft abgeleitet werden.

---

1 Siehe hierzu Kapitel 3.1.2.

2 Siehe zu dem Zusammenhang zwischen Qualität und ökonomischem Erfolg Kapitel 5.1.

3 Die Bedeutung der produktorientierten Qualität soll dabei nicht reduziert werden. Im Zusammenhang mit dem Ziel der vorliegenden Arbeit rückt sie jedoch in den Hintergrund.

4 Vgl. Stauss, B./Hentschel, B., 1991, S. 240.

5 Vgl. Hentschel, B., 1992, S. 88; auch Hüttinger, S., 1995, S. 47.

3.2.2.1 Identifizierung eines geeigneten Qualitätsdimensionenkatalogs

Qualitätsdimensionen als Rahmenkonzept zur Ableitung von Qualitätsmerkmalen können auf verschiedene Art und Weise erstellt werden. Eine mögliche Vorgehensweise kann *"in der metaanalytischen Zusammenfassung (...) empirischer Einzeluntersuchungen zur Wichtigkeit von Qualitätsmerkmalen"*[1] gesehen werden. Darüber hinaus können Qualitätsdimensionen mit Hilfe einer eigenen empirischen Untersuchung ermittelt werden. Außerdem ist es möglich, die in der wissenschaftlichen Literatur diskutierten Qualitätsdimensionen heranzuziehen.

Letztere Vorgehensweise soll auch im Rahmen dieser Arbeit zugrunde gelegt werden, da die Qualitätsliteratur eine Reihe von Ansätzen für Qualitätsdimensionen bietet, die teilweise auch umfassend empirisch belegt wurden. Die Zusammenfassung empirischer Einzeluntersuchungen oder eine eigene empirische Untersuchung versprechen hier deshalb wenig Potential für neue Erkenntnisse. Ferner würde ihnen im Verhältnis zum Ziel der Arbeit eine unangemessene Bedeutung zugesprochen. Einen Überblick über die in der Literatur[2] erörterten Qualitätsdimensionen liefert deshalb Abbildung 3.7. Diese Dimensionenkataloge wurden zunächst allgemein für Leistungen mit Dienstleistungscharakter hergeleitet.

---

1 Hentschel, B., 1992, S. 88.

2 Für einen Überblick vgl. beispielsweise Bruhn, M., 2000, S. 26 ff.; Bruhn, M., 1997a, S. 29 ff.; Westerbarkey, P., 1996, S. 32 ff.; Haller, S., 1998, S. 67-90; Scharitzer, D., 1994, S. 87 ff.; Hentschel, B., 1992, S. 89 ff.; Stauss, B./Hentschel, B., 1991, S. 239 f.

Autor (Jahr)	Dimensionen	Kurzbeschreibung
Donabedian (1980)	▪ Struktur-/Potentialqualität ▪ Prozessqualität ▪ Ergebnisqualität	▪ Beurteilung der Leistungs- und Abgabebereitschaft des Anbieters ▪ Beurteilung der Leistungsinanspruchnahme ▪ Beurteilung des Leistungsergebnisses
Fisk (1981)	▪ Evaluation I ▪ Evaluation II ▪ Evaluation III	▪ Beurteilung der Kaufentscheidung/Problemlösungsalternative ▪ Beurteilung des Erwartungs-Erfahrungsvergleichs während der Leistungsinanspruchnahme ▪ Beurteilung der Gesamtleistung
Zeithaml (1981)	▪ Search qualities ▪ Experience qualities ▪ Credence qualities	▪ Beurteilung von Leistungsinanspruchnahme ▪ Beurteilung durch die während der Inanspruchnahme gemachten Erfahrungen ▪ Beurteilung einer Leistung nicht sicher möglich, deshalb Glaube an Qualität
Grönroos (1982)	▪ technische Qualität ▪ funktionale Qualität	▪ Beurteilung dessen, was der Kunde erhält ▪ Beurteilung dessen, wie der Kunde die Leistung erhält
Parasuraman/ Zeithaml/ Berry (1985)	▪ tangibles Umfeld ▪ Verlässlichkeit ▪ Reagibilität ▪ Leistungskompetenz ▪ Einfühlungsvermögen	▪ Beurteilung Gesamtheit physisches Leistungsumfeld ▪ Beurteilung der Fähigkeit einer zuverlässigen/akkuraten Leistungsausführung ▪ Beurteilung der Gewilltheit/Schnelligkeit der Problemlösung ▪ Beurteilung Wissen/Höflichkeit/Vertrauenswürdigkeit des Personals ▪ Beurteilung Bereitschaft, individuelle Kundenwünsche zu erfüllen
Berry (1986)	▪ Routinekomponente ▪ Ausnahmekomponente	▪ Beurteilung des Qualitätsniveaus regulärer Leistungen ▪ Beurteilung Leistungsqualität in Ausnahmesituationen
Brandt (1987)	▪ Minimum Requirements ▪ Value-Enhancing Elements ▪ "Hybrid" Service Features	▪ Beurteilung der Minimalanforderungen an eine Leistung, die bei Nichterfüllung zu Unzufriedenheit führt ▪ Beurteilung der Zusatzleistungen, die ausschließlich zu Zufriedenheit führt ▪ Beurteilung von Merkmalen, die zu Unzufriedenheit und Zufriedenheit führen
Meyer/ Mattmüller (1987)	▪ Potentialqualität ▪ Prozessqualität ▪ Ergebnisqualität ▪ Folgequalität	▪ Beurteilung des Leistungspotentials unter Berücksichtigung des Nachfragers ▪ Beurteilung des Aufeinandertreffens von Angebots- und Nachfragepotential ▪ Beurteilung des Leistungsergebnisses direkt am Ende der Verrichtung ▪ Beurteilung der Folgen der Verrichtung
Zeithaml/ Livingston (1987)	▪ perceived Quality ▪ intrinsic Attributs ▪ extrinsic Attributs ▪ monetary Price ▪ nonmonetray Price	▪ Beurteilung der Qualitätswahrnehmung einer Leistung entsprechend Parasuraman et al. ▪ Beurteilung der Merkmale, die den Kern einer Leistung ausmachen ▪ Beurteilung der Merkmale, die mit der Leistung in Verbindung stehen ▪ Beurteilung des Leistungspreises ▪ Beurteilung des Einsatzes nicht-monetärer Größen zum Leistungserwerb
Corsten (1990)	▪ Verrichtungsqualität ▪ Ergebnisqualität	▪ Beurteilung der Potentiale von Anbieter und Nachfrager sowie der Integration ▪ Beurteilung der Funktionalität, Stil, Dauer, Integration

Quelle: Eigene Darstellung.

Abbildung 3.7: *Überblick zu bestehenden Qualitätsdimensionen*[1]

1 Der Überblick erhebt keinen Anspruch auf Vollständigkeit, sondern soll lediglich häufig verwendete Qualitätsdimensionen darlegen.

Ohne auf jedes Dimensionenmodell detailliert einzugehen[1], kann festgestellt werden, dass mit Hilfe der Dimensionen versucht wurde, dem breiten Spektrum möglicher Qualitätsmerkmale von Dienstleistungen eine Struktur vorzugeben und dabei teilweise völlig unterschiedliche Wege beschritten wurden. Dies wiederum bestätigt die bislang nicht einheitlich geführte Diskussion in Bezug auf die Qualität.[2] Allerdings ist insbesondere in den Modellen von *Donobedian* sowie *Meyer/Mattmüller* und auch *Corsten* ein einheitlicher Bezug zu den Phasen des Dienstleistungsablaufs zu erkennen, was die Bedeutung der unterschiedlichen Beurteilung der einzelnen Dienstleistungsphasen herausstellt.[3]

Darüber hinaus hat der Ansatz von *Parasuraman et al.*[4] weitreichende Bedeutung erlangt und nimmt eine gewisse Sonderstellung ein.[5] Er wurde mehrfach empirisch überprüft, wird häufig für weitergehende Untersuchungen zum Themenbereich Dienstleistungsqualität auch im Bankbereich herangezogen[6] und kann mit den Ansätzen, die sich an den Dienstleistungsphasen orientieren, verknüpft werden.[7] Dieser Ansatz ist aber auch nicht ohne Kritik geblieben.[8]

Obwohl die vorgestellten Qualitätsdimensionen allgemein für Dienstleistungen entwickelt wurden und damit auch für Firmenkundenleistungen anzuwenden wären, berücksichtigen sie doch keine für die Bankenbranche und die Firmenkundenleistungen typischen Gegebenheiten. Die bankleistungsspezifischen Besonderheiten einbeziehend wurde von *Schuster*[9] ein Ansatz vorgestellt, der die Beschaffenheit von Bankleistungen grundsätzlich in vier Komponenten untergliedert. Dabei handelt es sich

---

1 Vgl. z.B. zur Bewertung einzelner Dimensionenkataloge Hentschel, B., 1992, S. 94 ff.

2 Siehe hierzu Kapitel 3.2.1.

3 Vgl. hierzu auch Haller, S., 1998, S. 75 und 89.

4 Vgl. beispielsweise Parasuraman, A. et al., 1985.

5 Vgl. Hentschel, B., 1992, S. 103.

6 Vgl. beispielsweise Mittal, B./Lassar, W.M., 1998, S. 183 und speziell für Bankleistungen Bruhn, M./Hennig, K., 1993a, S. 227 ff.; Ehresmann, H.-J., 1996, S. 30.

7 Vgl. Hentschel, B., 1992, S. 104 f.

8 Zur Kritik vgl. Bolton, R. N./Drew, J. H., 1994, S. 179; auch DeSarbo, W. et al., 1994, S. 201; Oliver, R., 1993, S. 70; Teas, R., 1993, S. 18 ff.; Cronin, J. Jr./Taylor, S. A., 1992, S. 55 f.

9 Vgl. Schuster, L., 1996a, S. 94.

um die Abwicklung, den Service[1], die Beratung und das Produkt. Entsprechend dieser Unterteilung lassen sich folgende vier Qualitätsdimensionen für Bankleistungen aufstellen:[2]

- *Qualität der Abwicklungsleistung*: Null-Fehler Strategie, Termintreue, kurze Durchlaufzeiten, Beseitigung von "Zeitkillern", Schnittstellenoptimierung;
- *Qualität der Serviceleistung*: Öffnungszeiten, Freundlichkeit der Mitarbeiter, kurze Wartezeiten, schnelle Fehlerbereinigung, zügige Antwort auf Kundenreklamationen;
- *Qualität der Beratungsleistung*: Beratung im Interesse des Kunden, Objektivität der Beratung, Beratung außerhalb der Geschäftszeiten, Beratungsintensität;
- *Qualität der Produktleistung*: kundengerechtes Sortiment, Konditionen, kundenorientierte Dokumente und Formulare, Zusatznutzen.

Neben den vier von *Schuster* vorgestellten Qualitätsdimensionen haben *Bruhn/Hennig*[3] die von *Parasuraman et al.*[4] im Zusammenhang mit dem Gap-Modell ermittelten Qualitätsdimensionen aufgegriffen und anhand der Qualität im Privatkundengeschäft von Banken zum FINSERV-Gap-Modell weiterentwickelt. Ebenfalls auf den Qualitätsdimensionen von *Parasuraman et al.* aufbauend wurden in der Bayerischen Vereinsbank Qualitätsdimensionen gebildet, die spezifisch das Firmenkundengeschäft abbilden. Basis hierfür stellte eine umfassende empirische Untersuchung dar, die zu folgenden Ergebnissen führte:[1]

- *Leistungsbereitschaft*: Kontakt/Erreichbarkeit des Betreuers, Zuverlässigkeit von Informationen und Vereinbarungen;
- *Beratung/Information*: fachlich kompetente Beratung und aktive Information des Kunden;
- *Problemlösung*: maßgeschneiderte, individuelle Lösung von Kundenproblemen;
- *Abwicklung*: schnelle, zuverlässige Abwicklung von Geschäftsvorfällen und Zahlungsverkehr;
- *Preis-Leistungs-Verhältnis*: angemessenes Preis-Leistungs-Verhältnis.

---

1 Service ist hierbei nicht zu verwechseln mit dem englischen Wort für Dienstleistung, sondern umfasst alle die Aspekte einer Bankleistung, die nicht die Abwicklung, die Beratung und das Produkt betreffen (vgl. Schuster, L., 1996a, S. 94).

2 Vgl. Schuster, L., 1996a, S. 94.

3 Vgl. Bruhn, M./Hennig, K., 1993a, S. 227 ff.; Bruhn, M./Hennig, K., 1993b, S. 317 ff.; Bruhn, M., 1997b, S. 427 ff.; Bruhn, M., 1997c, S. 605 ff.

4 Vgl. Parasuraman, A. et al., 1985, S. 43 ff.

Auch die im Rahmen einer Untersuchung in einer norddeutschen Großbank identifizierten Qualitätsdimensionen[2] widersprechen den soeben dargestellten Dimensionen nicht. In Bezug auf die Problemlösung, Leistungskosten und die Zahlungsverkehrsabwicklung sind sie fast identisch. Lediglich die Leistungsbereitschaft und die Beratung/Information wird zur Kundenkontaktqualität zusammengefasst.

Mit Berücksichtigung des Preis-Leistungs-Verhältnisses als Qualitätsdimension zur Operationalisierung der Qualität für Firmenkundenleistungen fließen Elemente des ursprünglich unberücksichtigten wertorientierten Qualitätsbegriffs[3] in die Betrachtung ein. Da das Preis-Leistungs-Verhältnis aus Sicht des Firmenkunden einen wesentlichen Qualitätsbestandteil darstellt,[4] können die rein wertorientierten Qualitätskomponenten unter dem kundenorientierten Qualitätsbegriff subsumiert werden. Außerdem wird die mit dem wertorientierten Qualitätsbegriff maßgeblich verbundene Kritik, nämlich dass das Preis-Leistungs-Verhältnis als alleiniger Maßstab keine Rückschlüsse auf Leistungsmerkmale zulässt, durch die vier weiteren Qualitätsdimensionen ausgeräumt.

Hieraus wird ersichtlich, dass die Dimensionen von *Parasuraman et al.* sehr ähnlich den Qualitätsdimensionen für Firmenkundenleistungen, aber dennoch nicht identisch sind. Während die Leistungsbereitschaft mit der Reagibilität, die Beratung/Information mit der Leistungskompetenz, die Problemlösung mit Einfühlungsvermögen und die Abwicklung mit der Verlässlichkeit positiv korrelieren, bestehen zwischen Preis-Leistungs-Verhältnis und tangiblem Umfeld wenig Berührungspunkte.[5]

Damit werden auch hier wieder die Besonderheiten des firmenkundenbezogenen Leistungsangebots deutlich. Die hohe Relevanz des Preis-Leistungs-Verhältnisses ist auf die hohe Verhandlungsmacht, die wiederum aus den hohen kundenbezoge-

---

1 Vgl. Ehresmann, H.-J., 1996, S. 30; auch Ehresmann, H.-J., 1997, S. 119; Hensche, C., 1996, S. 369 f.

2 Vgl. Müller, W., 1998a, S. 28 f.

3 Siehe Kapitel 3.2.1.

4 Vgl. beispielsweise Ronzal, W., 1997, S. 212, der einen wesentlichen Grund für die Unzufriedenheit von Firmenkunden in der mangelnden Konditionentransparenz bzw. der Handhabung von Konditionenänderungen sieht.

5 Vgl. Ehresmann, H.-J., 1996, S. 30.

nen Geschäftsvolumina resultiert, zurückzuführen. Das tangible Umfeld dagegen spielt im Firmenkundengeschäft schon deshalb eine geringe Rolle, weil im Rahmen einer aktiven Kundenansprache Bankmitarbeiter häufig dem Firmenkunden einen Besuch abstatten. Außerdem trägt die zunehmende Bedeutung elektronischer Medien dazu bei, dass die Geschäftsstelle als tangibles Umfeld immer mehr an Bedeutung verliert.

Aber auch in den übrigen, mit den Qualitätsdimensionen von *Parasuraman et al.* übereinstimmenden Dimensionen spiegeln sich die Spezifika des Firmenkundengeschäfts wider. Der geringe Standardisierungsgrad der Firmenkundenleistungen und der hohe Beratungsbedarf beispielsweise kommen in den Dimensionen Problemlösung und Beratung/Information zum Ausdruck. Aber auch die Abwicklungsdimension ist in diesem Zusammenhang anzuführen, die insbesondere für die standardisierten Leistungsbestandteile im Firmenkundengeschäft von Bedeutung ist.

Die firmenkundenbezogenen Qualitätsdimensionen gehen auch mit denen von *Schuster* konform. So umfasst die Qualität der Abwicklungsleistung auf Firmenkunden bezogen natürlich auch die Abwicklung, während sich die Qualität der Serviceleistung in der Leistungsbereitschaft und der Beratungs-/Informationsqualität ausdrückt. Die Qualität der Beratungsleistung dagegen beinhaltet selbstverständlich die Dimension Beratung/Information, aber auch Elemente der Dimension Problemlösung, da diese zumeist in Verbindung mit Beratungsleistungen stehen, und Preis-Leistungs-Verhältnis, nämlich dann, wenn Beratungsleistungen als separate Leistungen im Vordergrund stehen, wie z.B. bei einer Corporate Finance-Beratung. Schließlich drücken sich in der Qualität der Produktleistung auf der einen Seite Problemlösungskomponenten, da die Bankprodukte in der Regel Bestandteil der Problemlösung sind, und auf der anderen Seite Komponenten der Dimension Preis-Leistungs-Verhältnis, das der Forderung der Angemessenheit auch für Produkte unterliegt, aus.

Da sich die diskutierten Qualitätsdimensionen für Bankleistungen allgemein und Firmenkundenleistungen im Besonderen nicht konträr gegenüberstehen und auch auf das gegenwärtig bedeutende Modell von *Parasuraman et al.* für Dienstleistungen, das wichtige Anhaltspunkte für die zu bewertenden Leistungsmerkmale liefert[1], zurückzuführen sind, sollen sie auch in der vorliegenden Arbeit als Referenzmodell für die Operationalisierung der Qualität von Firmenkundenleistungen herangezogen werden. Dabei können die Qualitätsdimensionen für Bankleistungen als übergeordnete Ebene für die Qualitätsdimensionen für Firmenkundenleistungen dienen (Abbildung 3.8).

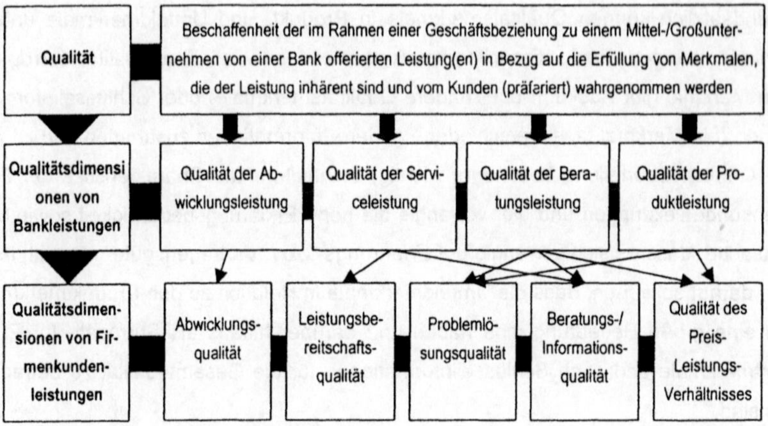

Quelle: Eigene Darstellung.

***Abbildung 3.8**: Qualitätsdimensionen für Firmenkundenleistungen*

3.2.2.2 *Ableitung von Qualitätsmerkmalen für einzelne Firmenkundenleistungen*

Die Qualitätsdimensionen für Firmenkundenleistungen haben einen relativ abstrakten und strukturierenden Charakter und bedürfen einer weitergehenden Konkretisierung durch Qualitätsmerkmale. Diesbezüglich gilt es, aus der Vielzahl möglicher Leistungseigenschaften die aus Sicht des Firmenkunden relevanten Qualitätsmerkmale zu bestimmen, die dann auch für eine Qualitätsmessung herangezogen werden können.[1]

Zur Identifizierung der relevanten Qualitätsmerkmale können verschiedene Vorgehensweisen gewählt werden, wobei nicht eindeutig geklärt ist, welche der Vorge-

1 Vgl. Haller, S., 1998, S. 90.

hensweisen am geeignetesten ist. Zur Generierung von Qualitätsmerkmalen können Assoziationstechniken, Gitterverfahren, Fokusgruppendiskussionen oder auch die theoretische Ableitung aus den Qualitätsdimensionen Anwendung finden.[2] Folgend sollen die Qualitätsmerkmale analytisch aus den Qualitätsdimensionen hergeleitet werden, da die sonst zur Verfügung stehenden Möglichkeiten vorzugsweise eine empirische Basis benötigen.

Grundsätzlich können Qualitätsmerkmale in Produkt- und Umfeldmerkmale unterschieden werden. Beide dieser Merkmalsarten können wiederum Qualitätssurrogate (ein Merkmal gibt Auskunft über andere Qualitätsmerkmale) oder Schlüsselinformationen (ein Merkmal fasst verschiedene andere Informationen zusammen und ist für die Qualitätsbeurteilung besonders wichtig) beinhalten. Die Charakteristika der Firmenkundenleistungen und hier vorrangig die hohe Erklärungsbedürftigkeit sowie die Tatsache, dass es sich vorrangig um Erfahrungs- bzw. Vertrauensgüter handelt, lassen darauf schließen, dass die Umfeldmerkmale in Relation zu den Produktmerkmalen eine große Bedeutung inne haben und darüber hinaus als Surrogate für Produktmerkmale und auch Schlüsselinformationen für die Gesamtqualität zu betrachten sind.[3]

Die Relevanz der Umfeldmerkmale lässt auf die Existenz von Qualitätsmerkmalen für Firmenkundenleistungen schließen, die für alle Leistungsarten Gültigkeit besitzen. Um Merkmalsüberschneidungen für die einzelnen Leistungsarten zu vermeiden, sollen deshalb zunächst leistungsartenübergreifende Qualitätsmerkmale abgeleitet werden (**Kapitel 3.2.2.2.1**). Anschließend werden dann die Qualitätsmerkmale erörtert, die spezifisch mit einer Leistungsart verbunden sind (**Kapitel 3.2.2.2.2**).[4]

---

1 Vgl. Stauss, B./Hentschel, B., 1991, S. 240.

2 Vgl. Hentschel, B., 1992, S. 145. Um die Qualitätsmerkmale zur konkreten Messung der Qualität von Firmenkundenleistungen einzusetzen, bedarf es zumeist noch einer Verdichtung, die in Anlehnung an den Vorschlag von Churchill (vgl. Churchill, G. A. JR., 1979, S. 66) zur Entwicklung von Messinstrumenten für Marketingkonstrukte über einen iterativen Bereinigungsprozess erfolgen kann. In Anlehnung an diese Vorgehensweise zeigen *Bruhn/Hennig* (vgl. Bruhn, M./Hennig, K., 1993a, S. 217 ff.) die kreditinstitutsspezifische Ermittlung von Qualitätsmerkmalen. Eine andere Möglichkeit zur Merkmalsreduzierung liefert aber auch das Likert-Verfahren (vgl. Hentschel, B., 1992, S. 145).

3 Vgl. hierzu auch Hentschel, B., 1992, S. 66 f.

4 Dabei wird weder bei den leistungsartenübergreifenden noch bei den leistungsspezifischen Qualitätsmerkmalen ein Anspruch auf Vollständigkeit erhoben, da lediglich grundlegende Abläufe herangezogen werden konnten, die in einer spezifischen Bank zusätzliche Leistungsbestandteile aufweisen können, die im Rahmen der theoretischen Ableitung nicht berücksichtigt werden konnten.

Die Kundensicht, die die Qualitätsmerkmale repräsentieren sollen, umfasst dabei Mittel- und Großunternehmen. Der grundlegende Leistungsablauf dürfte für jeden Kunden zutreffen, aber einzelne Leistungsbestandteile werden von bestimmten Kundengruppen weniger in Anspruch genommen. Die Qualität dieser Leistungsbestandteile besitzt dann für diese Kundengruppe eine geringere Bedeutung. Beispielsweise hat die Zusendung/Abholung der Kontoauszüge für Mittelunternehmen eine andere Bedeutung als für Großunternehmen, die ihre Informationen automatisch über das Cash Management-System erhalten.

3.2.2.2.1 Leistungsartenübergreifende Qualitätsmerkmale

Ausgangspunkt einer systematischen Ableitung und Konkretisierung der leistungsartenübergreifenden Qualitätsmerkmale[1] aus den Qualitätsdimensionen soll ein stark vereinfachter Leistungsablauf/Leistungserstellungsprozess gewählt werden. Dieser Prozess beginnt mit der Bedarfsidentifizierung beim Firmenkunden, die durch die Bank im Rahmen einer aktiven Kundenansprache oder den Firmenkunden selbst initiiert sein kann. Auf Grund des nicht-standardisierten, komplexen Leistungsbedarfs, der einhergeht mit einem hohen Erklärungs- und Beratungsbedarf im Firmenkundengeschäft, folgt die Erstellung eines bedarfsgerechten Konzeptes und anschließend - entsprechend dem Kontraktgutcharakter - der Vertragsabschluss. Über die Erfüllung der Rechte und Pflichten aus dem Vertrag, die zumeist durch Zahlungs- und Informationsströme abbildbar sind, kommt es zur Beendigung des Vertragsverhältnisses, die beispielsweise über den Ablauf des Vertrages oder einer Vertragskündigung erreicht werden kann.[2]

Die **Identifizierung des Leistungsbedarfs beim Firmenkunden** kann in Bezug auf die Leistungsbereitschaft insbesondere durch die Anzahl der Firmenbesuche/-kontakte, die mit der aktiven Kundenansprache im Firmenkundengeschäft verbunden sind, und auch über das Erscheinungsbild der Mitarbeiter, das die Leistungsbereitschaft über alle Phasen des Leistungsablaufs kennzeichnet, beschrieben werden.

---

1 Vgl. für einige auch hier herangezogene Beispiele von bank- und firmenkundenleistungsbezogenen Qualitätsmerkmalen Schuster, L., 1996a, S. 97 f.; Ehresmann, H.-J., 1996, S. 29 ff.

2 Es wird davon ausgegangen, dass die Leistungen vollständig in Anspruch genommen und nicht abgebrochen werden, um die Qualitätsmerkmale so umfassend wie möglich abzubilden.

Generell und für alle Leistungsphasen maßgeblich sind die Leistungsbereitschaft betreffend natürlich auch die angebotenen Zugangsmöglichkeiten zur Bank und zum Firmenkundenbetreuer (wie z.B. persönliche Kontakte, Kontakte über elektronische Medien etc.), die Häufigkeit des Betreuerwechsels und dessen Terminverfügbarkeit.

Damit einher geht auch die Beratungs- und Informationskomponente, wobei hier vorrangig die aktive Kundenansprache hinsichtlich eines spezifischen Problems des Firmenkunden, das der Betreuer auf Grund seiner Kenntnisse feststellen konnte, betroffen ist, aber auch die Information des Firmenkunden über neue Leistungsangebote fällt hierunter. In diesem Zusammenhang sind auch Kundenveranstaltungen z.B. zu aktuellen Produkt- und Marktentwicklungen zu erwähnen. Eine Problemlösung kann in dieser Phase durch die Vorstellung von Problemlösungsmöglichkeiten für das Unternehmen erreicht werden. In Bezug auf die Abwicklung und das Preis-Leistungs-Verhältnis spielen insbesondere die Einhaltung vereinbarter Termine bzw. die Konditionentransparenz und -gestaltung, aber auch das Verhältnis von Soll- und Habenpositionen eine Rolle.

Die **Erstellung eines bedarfsgerechten Konzeptes** setzt bezüglich der Leistungsbereitschaft die Fähigkeit, stets innovative Leistungen anzubieten, voraus. Darüber hinaus sind die Erreichbarkeit (Uhrzeit und Kanäle) sowie die erforderliche Kontaktanzahl von Bedeutung. Die Beratungs-/Informationsdimension ist in dieser Phase überwiegend gekennzeichnet durch Art- und Detaillierungsgrad der Beratung, Diskretion sowie die Beratungskompetenz. Demgegenüber sollte die Problemlösungskomponente allgemein verbunden sein mit der Problemlösungs- und Entscheidungskompetenz, dem Erstellen einer spezifischen Lösungskonzeption, dem Aufzeigen alternativer Lösungen und die Darlegung der Konsequenzen. Die Abwicklungsbestandteile zielen hier im Wesentlichen auf Fehlberechnungen/Fehlkonzeptionen ab, aber auch die Termintreue ist in dieser Phase von Bedeutung. Das Preis-Leistungs-Verhältnis umfasst hier generell das Aufzeigen von Kosten- und Nutzenbestandteilen.

Der eigentliche **Vertragsabschluss** sollte im Sinne der Leistungsbereitschaft die erbrachten Informationen und getroffenen Vereinbarungen im Vertrag festschreiben. Die Beratungs-/Informationsqualität schlägt sich in der Vertragsgestaltung sowie den

Hinweisen auf besondere Bestimmungen nieder, während die Problemlösungsqualität sich in kurzfristigen Änderungsmöglichkeiten sowie der hierfür benötigten Kompetenz ausdrückt. Die Abwicklungsqualität während des Vertragsabschlusses äußert sich in der Dauer von Konzepterstellung bis Vertragsabschluss, der Termintreue und Vertragsfehlern. Das Preis-Leistungs-Verhältnis tritt hier in Form einer möglichen Bearbeitungsgebühr in Erscheinung.

Während der **Vertragserfüllung** spielen für die Leistungsbereitschaft wieder die Erreichbarkeit, aber auch die Anzahl der für die Vertragserfüllung erforderlichen Kontakte zwischen Firmenkundenbetreuer/Bank und Firmenkunde sowie die Existenz einer jederzeitigen Zugriffsmöglichkeit, z.B. über entsprechende elektronische Kanäle, auf die Vertragsdaten eine Rolle. Darüber hinaus ist von Bedeutung, inwieweit sich der Firmenkunde auf Vereinbarungen außerhalb des Vertrages auch jetzt verlassen kann. Die Beratungs-/Informationsqualität zeigt sich hier, wenn auch jetzt aktiv über neue, innovative Leistungen informiert wird.

Die Problemlösungsqualität zeigt sich insbesondere hier in der flexiblen Handhabung von Situationsänderungen beim Firmenkunden, die mit entsprechender Problemlösungs- und Entscheidungskompetenz eine Konzeptanpassung erfordern. Da die Vertragserfüllung zumeist über Zahlungs- und Informationsflüsse erfolgt, zeigt sich die Abwicklungsqualität hauptsächlich in aufgetretenen Fehlbuchungen bzw. Informationsfehlleitungen und deren Korrekturen. Die Qualität des Preis-Leistungs-Verhältnisses wird in dieser Phase insbesondere durch die Geschwindigkeit und das Ausmaß der Konditionenanpassung bei Änderung der Marktgegebenheiten deutlich.

Die **Beendigung des Vertragsverhältnisses** schließlich zielt in Bezug auf die Leistungsbereitschaftsqualität wiederum auf die Erreichbarkeit des Firmenkundenbetreuers ab. Die Beratungs- und Informationsqualität wird in Informationen über das Vertragsende sowie eine weitergehende Zusammenarbeit ersichtlich. Die Abwicklungsqualität zeigt sich auch hier in der Einhaltung vereinbarter Termine.

In Abbildung 3.9 werden die verschiedenen leistungsübergreifenden Qualitätsmerkmale anhand der Qualitätsdimensionen und der einzelnen Phasen des Leistungsprozesses nochmals zusammenfassend dargestellt.

	Leistungsbereitschaftsqualität	Beratungs-/Informationsqualität	Problemlösungsqualität	Abwicklungsqualität	Qualität Preis-Leistungs-Verhältnis
Identifizierung des Leistungsbedarfs ▼	▪ Firmenbesuche/-kontakte ▪ Erscheinungsbild Firmenkundenbetreuer ▪ ...	▪ aktive/ bedarfsgerechte Kundenansprache ▪ Information neuster Leistungsangebote ▪ Kundenveranstaltungen ▪ ...	▪ Vorstellung von kundenspezifischen Leistungsmöglichkeiten ▪ ...	▪ Termintreue ▪ ...	▪ Konditionentransparenz ▪ Verhältnis von Soll-/Habenpositionen ▪ Konditionengestaltung ▪ ...
Erstellung eines Leistungskonzepts ▼	▪ Angebot innovativer Leistungen ▪ Anzahl erforderlicher Kontakte ▪ Erreichbarkeit/ Erscheinungsbild ▪ ...	▪ Art/Detaillierungsgrad Beratung ▪ Diskretion ▪ Beratungskompetenz ▪ ...	▪ Problemlösungs-/ Entscheidungskompetenz ▪ Aufzeigen von Alternativen/ Konsequenzen ▪ spezifische Lösung ▪ ...	▪ Termintreue ▪ Fehlberechnung/ Fehlkonzeption ▪ ...	▪ Transparenz der Kostenbestandteile ▪ ...
Vertragsabschluss ▼	▪ Festschreibung Informationen/ Vereinbarungen im Vertrag ▪ Erreichbarkeit/ Erscheinungsbild ▪ ...	▪ Vertragsgestaltung ▪ Hinweis auf besondere Bestimmungen ▪ ...	▪ Möglichkeit von Änderungen ▪ Entscheidungskompetenz für Änderungen ▪ ...	▪ Dauer bis Vertragsabschluss ▪ Termintreue ▪ Vertragsfehler ▪ ...	▪ Bearbeitungsgebühr ▪ ...
Vertragserfüllung ▼	▪ erforderliche Kontaktzahl ▪ jederzeitiger Datenzugriff ▪ Zuverlässigkeit Vereinbarungen außerhalb Vertrag ▪ Erreichbarkeit/ Erscheinungsbild ▪ ...	▪ aktive Information über neue, innovative Leitungsangebote ▪ ...	▪ Problemlösungs-/ Entscheidungskompetenz in Bezug auf Anpassungen ▪ ...	▪ Fehlbuchungen/ Fehlleitungen von Informationen und deren Korrektur ▪ ...	▪ Geschwindigkeit/Ausmaß der Konditionenanpassung bei Marktänderungen ▪ ...
Beendigung des Vertragsverhältnisses	▪ Erreichbarkeit/ Erscheinungsbild ▪ ...	▪ Informationen Vertragsende ▪ weitere Zusammenarbeit ▪ ...	▪ ...	▪ Termintreue ▪ ...	▪ ...

Quelle: Eigene Darstellung.

Abbildung 3.9: *Leistungsartenübergreifende Qualitätsmerkmale im Firmenkundengeschäft*

3.2.2.2.2 Leistungsartenspezifische Qualitätsmerkmale

Die leistungsartenübergreifenden Qualitätsmerkmale allein vermögen jedoch nicht, die spezifische Qualität bestimmter Leistungsarten und einzelner Leistungen im Firmenkundengeschäft auszudrücken. Aus diesem Grund ist es erforderlich, neben den leistungsübergreifenden auch leistungsspezifische Qualitätsmerkmale festzulegen. Da das Leistungsspektrum im Firmenkundengeschäft sehr heterogen und weit gefasst ist, sollen im Rahmen dieser Arbeit exemplarisch anhand der banktypischen Kernleistungen (Kreditgeschäft, Anlagegeschäft und Zahlungsverkehr) leistungsspezifische Qualitätsmerkmale hergeleitet werden. Dabei wird ein grundlegender Ablauf dieser Leistungen unterstellt und hierfür die entsprechenden Merkmale bestimmt.

Eine weitergehende Detaillierung der Firmenkundenleistungen und damit auch der Qualitätsmerkmale würde zu einer nicht zu bewältigenden Anzahl von Qualitätsmerkmalen führen, die auf Grund einer kundenindividuellen Leistungsgestaltung im Firmenkundengeschäft sowie der bankspezifischen Ausgestaltung von Leistungseinzelheiten nicht abschließend bestimmt werden können.

Bezugnehmend auf das **Firmenkunden-Kreditgeschäft**[1] kann die Leistungsbereitschaftsqualität im Wesentlichen mit den leistungsübergreifenden Qualitätsmerkmalen abgebildet werden. Die Beratungs- und Informationsqualität ist im Kreditgeschäft durch aktive, regelmäßige, aktuelle und verständliche Informationen bzw. eine jederzeitige Zugriffsmöglichkeit auf diese über den Zahlungsstand und die Restschuld gekennzeichnet. Darüber hinaus gestaltet auch eine aktive Informationsweitergabe über Marktzinsänderungen und deren Konsequenzen für die Kreditkonditionen diese Qualitätsdimension.

Die Problemlösungsqualität zeigt sich hier vor allem in einer bedarfsgerechten Komposition des Finanzierungskonzeptes. Insbesondere die flexible Gestaltung u.a. von Kreditbetrag, Laufzeit, Sicherheiten, Zins- und Tilgungsmodalitäten und Finanzierungsmix spielen dabei eine Rolle. Aber auch die Unterstützung in Situationsänderungen/Änderung der Kreditwürdigkeit (insbesondere Verschlechterungen) und die damit verbundene Flexibilität in der Anpassung des Finanzierungskonzeptes beispielsweise über vorzeitige Rückzahlungen, Stundungen oder Änderung der Tilgungsmodalitäten fließen in die Problemlösungsqualität ein. Bei Vertragsbeendigung kann auch ein Anschlussfinanzierungskonzept der Problemlösungsqualität zugeordnet werden.

---

1 Zu den Qualitätsmerkmalen eines Ratenkredits vgl. beispielsweise Schuster, L., 1996a, S. 97 f.

Die Abwicklungsqualität kommt im Firmenkreditgeschäft in den Informationen für die Kreditwürdigkeitsprüfung, die zu Beginn und während der Kreditlaufzeit eingereicht werden müssen, der Dauer der Kreditwürdigkeitsprüfung, der Dauer bis zur Kreditzusage und der eigentlichen Auszahlung/Gutschrift des Kreditbetrags zum Ausdruck. Auch die Art und Weise, wie Kreditsicherheiten herausgegeben werden, ist unter Abwicklungsqualität zu subsumieren.

Die Qualität des Preis-Leistungs-Verhältnisses beinhaltet einen markt- und risikogerechten Zinssatz, angemessene Gebühren/Damnum/Disagio, Dauer der Zinsfestschreibung und die Angabe der Effektivverzinsung. Außerdem gehören hierzu die taggleiche Zins- und Tilgungsverrechnung sowie die angemessenen Kosten bei Anpassung des Kreditfinanzierungskonzeptes.

Im **Firmen-Anlagegeschäft** kann die Leistungsbereitschaftsqualität wiederum mit den leistungsübergreifenden Qualitätsmerkmalen ausreichend umschrieben werden. Die Beratungs- und Informationsqualität setzt sich hier speziell aus aktuellen, regelmäßigen und verständlichen Informationen über den Anlageertrag (Wertentwicklung/Ausschüttungen/Zinsen) bzw. eine Zugriffsmöglichkeit auf diese zusammen. Darüber hinaus haben entsprechend aufbereitete und aktuelle Informationen über Marktänderungen und deren Konsequenzen für die getätigte Anlage Einfluss auf diese Qualitätsdimension.

Die Problemlösungsqualität äußert sich vorrangig in der Erstellung einer individuellen Anlagelösung, z.B. in Bezug auf Anlagezeitraum, Risiko und Ertrag, Anlageart, Anlagehöhe, Steuern, Anlagemix etc., aber auch in flexiblen Anpassungsmöglichkeiten an Veränderungen der Markt- und Unternehmenssituation. Hier sei beispielsweise auf eine vorzeitige Vertragskündigung und die in diesem Zusammenhang handzuhabende Kündigungsfrist verwiesen. Bei Ablauf der Anlagedauer kann die Problemlösungskomponente auch mit einem Konzept für eine Anschlussanlage erfüllt werden.

Abwicklungsqualität umfasst im Firmenanlagegeschäft im Wesentlichen die Dauer bis zum ersten Anlagetag, die Reaktionsgeschwindigkeit auf Marktveränderungen sowie die damit verbundene Dauer für Umschichtungen. Bei Ablauf der Anlage kann u.U. auch die Dauer der Kündigungsfrist eine Rolle spielen. Die Qualität des Preis-

Leistungs-Verhältnisses drückt sich in angemessenen Gebühren/Provisionen, der Wertstellungspraxis bei Zins-/Ausschüttungsfälligkeit sowie den Zusatzkosten für die Anpassung des Anlagekonzepts aus. Darüber hinaus können auch bei Anlageabschluss Verkaufs- bzw. Kündigungsgebühren entstehen.

Qualitätsmerkmale für den **Firmenkunden-Zahlungsverkehr** sollen anhand von Kontoverbindungen[1] erläutert werden. Auch hier lässt sich die Leistungsbereitschaftsqualität im Wesentlichen mit Hilfe der leistungsübergreifenden Qualitätsmerkmale ausdrücken. Die Beratungs-/Informationsqualität ergibt sich aus aktuellen, regelmäßigen und verständlichen Informationen über Konto- und Zahlungsstände bzw. jederzeitige Zugriffsmöglichkeiten hierauf. Eine aktive Informations- und Beratungspolitik in Bezug auf Preisänderungen sind in diesem Zusammenhang ebenfalls wichtig.

Die Problemlösungsdimension beinhaltet insbesondere die spezifische Gestaltung eines Zahlungskonzepts bezüglich Anzahl Konten/Kontensystem, Zugriffsberechtigung, Zahlungskanäle, Währungen, Zahlungsarten, Verzinsungen etc. Eine flexible Handhabung von Zahlungsstornierungen und Kontounterdeckungen wird ebenfalls erwartet. Die auf Grund des Standardisierungsgrads insbesondere für den Zahlungsverkehr bedeutende Abwicklungsqualität zeigt sich zunächst in der Dauer bis zur Kontofreischaltung, der Geschwindigkeit für einzelne Zahlungstransaktionen ins In- und Ausland sowie in der Belegverwaltung. Darüber hinaus spielt die Art und Zuverlässigkeit der Systemunterstützung, die Betriebsbereitschaft und Benutzerfreundlichkeit der Systeme sowie die Sicherheit der Datenübertragung eine wichtige Rolle. Bei Vertragsbeendigung kommen außerdem die Geschwindigkeit der Kontoauflösung sowie eventuelle Kündigungsfristen zum Tragen.

Die Qualität des Preis-Leistungs-Verhältnisses schließlich ergibt sich aus der Angemessenheit der Kosten für Kontoeinrichtung, Systemunterstützung (Hardware, Software) und deren Wartung, angemessenen Kontoführungs- und Kartengebühren sowie variablen Transaktionskosten. Gerade im Zahlungsverkehr äußert sich die Preis-

---

1 Von einer Erweiterung auf Cash Management-Systeme wird hier abgesehen, da nicht alle Firmenkunden mit diesen Systemen arbeiten und auch der Bedarf dafür nicht bei allen Firmenkunden existiert (vgl. Perridon, L./Steiner, M., 1999, S. 150).

Leistungs-Qualität auch in der Wertstellungspraxis und bei Vertragsende in einer etwaigen Kündigungsgebühr.

Zusammenfassend werden in Abbildung 3.10 die leistungsspezifischen Qualitätsmerkmale für das Firmenkunden-Kreditgeschäft, das Firmenkunden-Anlagegeschäft und den Firmenkunden-Zahlungsverkehr nochmals dargestellt.

	Firmenkunden-Kreditgeschäft	**Firmenkunden-Anlagegeschäft**	**Firmenkunden-Zahlungsverkehr**
Beratungs-/ Informationsqualität	▪ aktive/regelmäßige/verständliche Informationen über Zahlungsstand/Restschuld bzw. Möglichkeit Informationszugriff ▪ aktive Information über Markt-/ Konditionenänderungen ▪ ...	▪ aktive/regelmäßige/verständliche Informationen über Anlageertrag bzw. Möglichkeit Informationszugriff ▪ aktive Informationen über Marktänderungen und deren Anlagekonsequenzen ▪ ...	▪ aktive/regelmäßige/verständliche Informationen über Kontostand bzw. Möglichkeit Informationszugriff ▪ aktive Information bei Preisänderung ▪ ...
Problemlösungsqualität	▪ individuelle Problemlösung in Bezug auf Betrag, Laufzeit, Sicherheiten, Zins-/Tilgungsmodalitäten, Finanzierungsmix etc. ▪ Unterstützung auch in "schlechten Zeiten"/bei Änderung Kreditwürdigkeit ▪ Flexibilität bzgl. vorzeitige Rückzahlung, Stundung, Änderung Tilgungsmodalitäten ▪ Anschlussfinanzierungskonzept ▪ ...	▪ individuelle Anlagelösung bzgl. Betrag, Zeitraum, Risiko-/Ertragstruktur, Anlageart, Anlagemischung, Steuern etc. ▪ flexible Anpassung an Markt-/ Unternehmenssituationsänderung bzgl. vorzeitige Vertragskündigung, Kündigungsfristen etc. ▪ Anschlussanlagen ▪ ...	▪ individuelle Zahlungsverkehrslösung bzgl. Kontensystem, Zugriffsberechtigung, Zahlungskanäle, Währungen, Zahlungsarten, Verzinsung etc. ▪ Flexibilität in Bezug auf Zahlungsstornierungen, Unterdeckungen ▪ ...
Abwicklungsqualität	▪ Informationen für/Geschwindigkeit der Kreditwürdigkeitsprüfung ▪ Dauer bis zur Kreditzusage/ Kreditauszahlung ▪ Umfang/Regelmäßigkeit laufend einzureichender Kreditwürdigkeitsunterlagen ▪ Herausgabe Sicherheiten ▪ ...	▪ Dauer von Konzepterstellung bis zum ersten Anlagetag ▪ Reaktionsgeschwindigkeit auf Marktänderungen ▪ Dauer für Umschichtungen ▪ Handhabung Kündigungsfristen ▪ ...	▪ Dauer bis Kontenfreischaltung ▪ Dauer Transaktion ins In- und Ausland ▪ Belegverwaltung ▪ Zuverlässigkeit/Betriebsbereitschaft/Benutzerfreundlichkeit Systemunterstützung ▪ Sicherheit Datenübertragung ▪ Kündigungsfrist/Dauer Kontoauflösung ▪ ...
Qualität Preis-Leistungs-Verhältnis	▪ risiko-/marktgerechter (Effektiv-)Zins, angemessene Gebühren/Disagio/Damnum ▪ Zinsfestschreibung ▪ taggleiche Zins- und Tilgungsverrechnung ▪ Zusatzkosten bei Anpassung Kreditfinanzierungskonzept ▪ ...	▪ angemessene Gebühren/Provisionen für Verwaltung, Vertrieb, Kauf/Verkauf, Kündigung etc. ▪ Wertstellungspraxis bei Zins-/ Ausschüttungsfälligkeit ▪ Zusatzkosten für Anpassung Anlagekonzept ▪ ...	▪ Angemessenheit Kosten für Systemunterstützung (Hardware, Software, Wartung), Kontoführung, Zahlkarten, Transaktionen, Kündigung, Stornierungen, Unterdeckungen etc. ▪ Wertstellungspraxis ▪ ...

Quelle: Eigene Darstellung.

Abbildung 3.10: *Leistungsartenspezifische Qualitätsmerkmale im Firmenkundengeschäft*

3.3 Qualität für Firmenkunden aus Investitionsperspektive als Konsequenz der Wertorientierung

Nachdem die Qualität am Beispiel des Firmenkundengeschäfts abgegrenzt und operationalisiert wurde, ist diese nun aus der Perspektive einer Investition zu betrachten, um eine Bewertung im Sinne der Wertorientierung zu ermöglichen. Hierfür ist zunächst eine kurze Auseinandersetzung mit den allgemeinen Merkmalen von Investitionen (**Kapitel 3.3.1**) erforderlich, bevor im Anschluss daran die Qualität aus investitionstheoretischer Sicht erörtert werden kann (**Kapitel 3.3.2**).

3.3.1 Allgemeine Merkmale von Investitionen

In der betriebswirtschaftlichen Literatur existieren verschiedene Begriffsauffassungen von Investitionen.[1] In Abhängigkeit von der finanz- oder leistungswirtschaftlichen Ausrichtung können kombinationsbestimmte (leistungswirtschaftlich), vermögensbestimmte (leistungs- und finanzwirtschaftlich) sowie zahlungsbestimmte (finanzwirtschaftlich) Investitionen unterschieden werden.[2] Ohne auf die einzelnen Investitionsbegriffe näher einzugehen[3] soll hier gleich eine Einschränkung auf den zahlungsbestimmten und damit rein finanzwirtschaftlich orientierten Investitionsbegriff vorgenommen werden, da diese Begriffsauffassung auch den wertorientierten Verfahren zugrunde liegt.

Nach dem zahlungsbestimmten Investitionsbegriff können Investitionen beschrieben werden als *„betriebliche Tätigkeit, die zu unterschiedlichen Zeitpunkten t Ausgaben und Einnahmen (z_t<0, z_t>0) verursacht, wobei dieser Vorgang immer mit einer Ausgabe beginnt."*[4] Wesentliches Investitionscharakteristikum stellt demnach die Zahlungsreihe dar, die sich in eine gewisse zeitliche Struktur einfügt und deren Einzelzahlungen in unterschiedlicher Höhe auftreten können.

---

1 Vgl. Altrogge, G., 1991, S. 4; auch Kruschwitz, L., 1995, S. 3; Eilenberger, G., 1997, S. 127; Schäfer, H., 1999a, S. 2.

2 Vgl. Perridon, L./Steiner, M., 1999, S. 27 f.

3 Siehe hierzu Perridon, L./Steiner, M., 1999, S. 27 f.; auch Schäfer, H., 1999a, S. 2-17; Däumler, K.-D., 1998, S. 16 f.

4 Kruschwitz. L., 1995, S. 4. Ähnlich auch Schäfer, H., 1999a, S. 6.

Grundsätzlich besteht eine Investitionszahlungsreihe aus Auszahlungen (Ausgaben) und Einzahlungen (Einnahmen).[1] Dabei übersteigen die Einzahlungen in ihrer Gesamtsumme die Auszahlungen der Investition.[2] Entsprechend stellen die Einzahlungen, die die Auszahlungen übersteigen, auch den Nutzen der Investition dar.[3]

Die zeitliche Struktur einer Investition kann zum einen als Gesamtdauer der Investition und zum anderen als Zeitpunkte der Aus- und Einzahlungen betrachtet werden. Erstere wird zumeist als langfristig beschrieben,[4] d.h. auch, dass die Wirkungen der Investition als etwaige weitere Auszahlungen und vorrangig Einzahlungen langfristig entstehen.[5] Der zeitliche Anfall der Auszahlungen erfolgt schließlich definitionsgemäß vor den Einzahlungen.[6]

Werden die Kriterien zeitliche Struktur und Höhe der Einzelzahlungen des Zahlungsstroms kombiniert, dann kann für die zahlungsbestimmte Investition festgestellt werden, dass sich der Auszahlungsstrom im Zeitverlauf verringert und der Einzahlungsstrom steigt.[7] Hierin ist auch die Ursache für die kaum ohne Verluste mögliche Revidierbarkeit von Investitionen zu sehen.[8]

Diese allgemeinen Investitionsmerkmale zugrunde legend sollen folgend Qualitätsinvestitionen im Firmenkundengeschäft spezifiziert und systematisiert werden.

3.3.2 Qualität aus investitionstheoretischer Sicht

Anhand der zuvor erörterten allgemeinen Investitionsmerkmale sollen nun Qualitätsinvestitionen im Firmenkundengeschäft näher erläutert werden. Hierfür wird zunächst

---

1 Die eigentlich für den zahlungsbestimmten Investitionsbegriff heranzuziehenden Ein- und Auszahlungen können auch durch Ausgaben und Einnahmen ersetzt werden (vgl. Blohm, H./Lüder, K., 1995, S. 55 f.). Hier soll weiterhin aber von Ein- und Auszahlungen gesprochen werden.

2 Vgl. Altrogge, G., 1991, S. 5.

3 Vgl. Blohm, H./Lüder, K., 1995, S. 2.

4 Vgl. beispielsweise Perridon, L./Steiner, M., 1999, S. 27; auch Blohm, H./Lüder, K., 1995, S. 2; Altrogge, G., 1991, S. 4.

5 Vgl. Blohm, H./Lüder, K., 1995, S. 2.

6 Vgl. Blohm, H./Lüder, K., 1995, S. 2; auch Kruschwitz, L., 1995, S. 4. Altrogge, G., 1991, S. 5.

7 Vgl. Bruhn, M., 1998, S. 112 f.

8 Vgl. Bruhn, M., 1998, S. 113; auch Altrogge, G., 1991, S. 4.

betrachtet, welche Qualitätsaktivitäten grundsätzlich im Firmenkundengeschäft anfallen können (**Kapitel 3.3.2.1**), um anschließend Qualitätsinvestitionen im Firmenkundengeschäft abzugrenzen und deren Besonderheiten herauszuarbeiten (**Kapitel 3.3.2.2**).

3.3.2.1 Systematisierung der Qualitätsaktivitäten im Firmenkundengeschäft

In Anlehnung an die in Kapitel 2.1 erfolgte Definition des Qualitätscontrolling für das Firmenkundengeschäft werden Qualitätsaktivitäten im Rahmen der Qualitätsplanung, z.B. über verschiedene Qualitätsmessungen[1], identifiziert. Wird darüber hinaus die in Kapitel 3.2 vorgenommene Abgrenzung und Operationalisierung der Qualität im Firmenkundengeschäft betrachtet, wird deutlich, dass eine Vielzahl von Aktivitäten völlig heterogener Art im Zusammenhang mit der Qualität im Firmenkundengeschäft geplant werden können. Um diese Heterogenität zu reduzieren, wird der Versuch einer Systematisierung dieser Qualitätsaktivitäten im Firmenkundengeschäft unternommen.

Ausgehend von der zentralen Zwecksetzung der Qualitätssteuerung, nämlich der Sicherstellung und der Verbesserung der aus Firmenkundensicht wahrgenommenen Leistungsqualität bei gleichzeitiger Berücksichtigung des zur Verwirklichung erforderlichen Mitteleinsatzes[2], können zum einen Qualitätsaktivitäten abgegrenzt werden, die der Sicherstellung des derzeitigen Qualitätsniveaus im Firmenkundengeschäft dienen, und zum anderen solche, die eine Verbesserung des Qualitätsniveaus aus Firmenkundensicht herbeiführen.[3]

Qualitätsaktivitäten, die das vorhandene Qualitätsniveau sicherstellen, können einerseits als Maßnahmen beschrieben werden, die einen durch Ressourcenverzehr oder -abgang bedingten Ersatz schaffen müssen. Unter Ressourcenverzehr ist im Qualitätsmanagement des Firmenkundengeschäfts der Verbrauch/Verschleiß technischer Ressourcen zu verstehen, die im Zusammenhang mit der qualitativen Leistungser-

---

1 Vgl. grundsätzlich zur Qualitätsmessung Hentschel, B., 1992; auch Haller, S., 1998.

2 Vgl. ähnlich Bruhn, M., 1997a, S. 125 f. und S. 131.

3 Vgl. ähnlich Dauben, S., 2001, S. 267.

stellung zum Einsatz kommen. Beispielsweise würde hierunter der Ersatz einer Kundenkommunikationssoftware fallen. Diese Art der „Ersatzbeschaffung" ist vorrangig in Bereichen wie der Abwicklung insbesondere des Zahlungsverkehrs oder auch in der elektronischen Kommunikation zwischen Bank und Unternehmen anzutreffen, in denen eine technische Unterstützung erforderlich ist.

Von besonderer Relevanz innerhalb der Ersatzaktivitäten im Qualitätsmanagement stellt sich der Ressourcenabgang dar. Hierunter ist der Abgang personeller Ressourcen, die gerade in Bezug auf die Erstellung qualitativer Firmenkundenleistungen eine wichtige Position einnehmen, zu subsumieren. Z.B. ist dabei an die Versetzung/den Weggang von etablierten Firmenkundenbetreuern zu denken. Um das Qualitätsniveau aufrechtzuerhalten, müssen vornehmlich Aus- und Weiterbildungsaktivitäten angestrebt werden. Bedeutend sind diese Aktivitäten vor allem im Bereich der Beratung und Betreuung der Firmenkunden.[1]

Andererseits können Qualitätsaktivitäten zur Sicherstellung des Qualitätsniveaus im Firmenkundengeschäft auch die Behebung potentieller und bereits aufgetretener Mängel oder Probleme beinhalten. Hier könnte z.B. die Reduzierung der Wertstellungsdauer in Vorwegnahme/Voraussicht einer gesetzlichen Vorschrift erfolgen oder die Wiedergutmachung eines schwerwiegenden Beratungsfehlers in der Finanzanlage erzielt werden.

Neben der Sicherstellung der Qualität werden Qualitätsaktivitäten auch zur Erhöhung des Qualitätsniveaus verfolgt. Darunter können zum einen Qualitätseinführungsaktivitäten und zum anderen Qualitätserweiterungsaktivitäten gefasst werden. Unter einführenden Qualitätsaktivitäten sind Maßnahmen zu verstehen, die bisher in dieser Form nicht existieren bzw. durchgeführt werden. Dabei wäre beispielsweise an die Einführung eines umfassenden Kundeninformationssystems oder die Einführung eines Abwicklungssystems für den Zahlungsverkehr zwischen Bank und Unternehmen zu denken.[2]

---

1 Laut den Ergebnissen der Experteninterviews.

2 Laut den Ergebnissen der Experteninterviews.

Mit Qualitätserweiterungen sind Maßnahmen verbunden, die bereits bestehende Qualitätsaktivitäten ergänzen und so ein höheres Qualitätsniveau erzeugen. Hierunter wären z.B. Maßnahmen, wie spezielle Weiterbildung der Firmenkundenbetreuer oder die Ausweitung der Erreichbarkeit der Firmenkundenbetreuer via Handy, zu verstehen.

Neben den genannten Qualitätsaktivitäten können auch Maßnahmen durchgeführt werden, die einer Rationalisierung der bisherigen Erstellung von Firmenkundenleistungen dienen. Hierzu können z.B. Optimierungen qualitätsrelevanter Prozesse oder die Schaffung der technischen Voraussetzungen für einen besseren Aufbau der Firmenkundenwebseite gezählt werden.[1]

Die Herbeiführung von Rationalisierungen durch entsprechende Qualitätsmaßnahmen nimmt dabei eine Zwischenstellung zwischen Aktivitäten zur Sicherstellung und Aktivitäten zur Verbesserung der Qualitätsniveaus ein. So kann eine Prozessoptimierung neben der Rationalisierung potentielle Abwicklungsfehler gar nicht erst entstehen lassen und so das derzeitige Qualitätsniveau sicherstellen. Ergebnis kann dabei aber auch eine erhebliche Zeiteinsparung sein, so dass sich die Abwicklungsqualität erhöht.

Darüber hinaus können im Einzelfall auch mit Qualitätsersatz- und Qualitätserweiterungsaktivitäten Rationalisierungen verbunden sein. Dies ist vorrangig dann der Fall, wenn mit der Qualitätsaktivität eine technisch Neuerung einhergeht. So kann beispielsweise eine neue Kundenkommunikationssoftware eine effizientere Kommunikation ermöglichen oder die Ausdehnung der Erreichbarkeit der Bank über das Handy/Internet mit einer schnelleren Problemlösung verbunden sein.

Diese Ausführungen belegen, dass eine Vielzahl unterschiedlichster Aktivitäten in Bezug auf die Qualität im Firmenkundengeschäft denkbar ist. Sie repräsentieren einen Querschnitt an Maßnahmen, die verschiedene Bereiche des Firmenkundengeschäfts betreffen, wie z.B. die technische Ausstattung, das Personal, das Marketing

---

1 Laut den Ergebnissen der Experteninterviews.

etc. Abbildung 3.11 zeigt zusammenfassend nochmals die Systematisierung dieser verschiedenen Qualitätsaktivitäten.

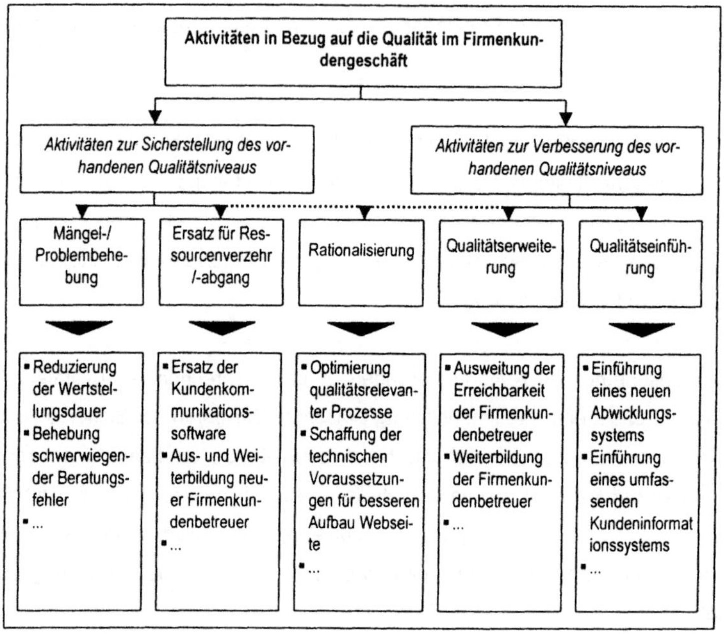

Quelle: Eigene Darstellung.

***Abbildung 3.11**: Systematisierung verschiedener Qualitätsaktivitäten im Firmenkundengeschäft*

Wird neben dieser Systematisierung der Qualitätsaktivitäten nach inhaltlichen Gesichtspunkten auch deren Adressatenkreis auf Kundenseite betrachtet, dann kann für das Firmenkundengeschäft festgestellt werden, dass sich diese verschiedenen Qualitätsaktivitäten auf alle Firmenkunden, aber auch auf einzelne Firmenkundengruppen sowie auf Grund der Größe sogar auf einzelne Firmenkunden beziehen können.

3.3.2.2 Abgrenzung und Charakterisierung von Qualitätsinvestitionen im Firmenkundengeschäft

Werden die zuvor erörterten kundenorientierten Qualitätsaktivitäten im Firmenkundengeschäft als Investition aufgefasst, dann müssen in Anlehnung an den zahlungsbestimmten Investitionsbegriff alle im Rahmen dieser Qualitätsaktivitäten getätigten Auszahlungen mit dem dazugehörigen Einzahlungsstrom verknüpft werden. Diese Ein- und Auszahlungen müssen sich dabei in eine gewisse zeitliche und betragsmäßige Struktur einfügen, so dass Qualitätsinvestitionen im Firmenkundengeschäft ganz allgemein wie folgt beschrieben werden können:

> *Qualitätsinvestitionen im Firmenkundengeschäft umfassen Auszahlungen, die im Zusammenhang mit einer Veränderung der Beschaffenheit von für Firmenkunden erbrachten Leistungen entstehen, und Einzahlungen, die durch diese Veränderung und deren Wahrnehmung durch den Firmenkunden induziert werden, wobei die Auszahlungen den Einzahlungen zeitlich vorgelagert sind und die Einzahlungen insgesamt die Auszahlungen übersteigen.*

Dabei können Qualitätsinvestitionen als Einzelinvestition, wie z.B. in Form einer der dargelegten Qualitätsaktivitäten, auftreten oder als Investitionsprogramm[1], d.h. als Mehrheit zusammenhängender Investitionen[2], gestaltet werden.[3]

Die konkreten Merkmalsausprägungen von Qualitätsinvestitionen im Firmenkundengeschäft die Auszahlungen/Ausgaben[4] für Qualität betreffend sind gerade in Bezug auf die Anfangsauszahlung aber auch für die laufenden Auszahlungen häufig dadurch gekennzeichnet, dass sie nicht einfach als Zahlung, wie z.B. in Form einer

---

1 Zur Vorgehensweise der Bestimmung optimaler Investitionsprogramme vgl. Blohm, H./Lüder, K., 1995, S. 287-337. Da die Optimierung von Investitionsprogrammen eine eigenständige Problemstellung darstellt, die zumeist auf die Bewertung von Einzelinvestitionen zurückgreift, sollen im Folgenden ausschließlich einzelne Qualitätsinvestitionsprojekte betrachtet werden.

2 Vgl. Eilenberger, G., 1997, S. 127.

3 Diesbezügliche Entscheidungen werden im Rahmen der wertorientierten Qualitätsplanung getroffen, die ausgehend von den gesetzten Qualitätszielen einen entsprechenden Investitionsbedarf festlegt (vgl. ähnlich Bruhn, M., 1997a, S. 148).

4 *Bruhn* spricht in diesem Zusammenhang auch von den Kosten der Qualitätsinvestition (vgl. Bruhn, M., 1998, S. 115).

Rechnung für eine Maschine unter Berücksichtigung eventuell anfallender Zusatzauszahlungen für die Ingangsetzung, vorliegen, sondern separat kalkuliert werden müssen. Die Grundlage hierfür liefert die mit der Qualitätsinvestition eingegangene Ressourcenbindung.[1]

Beispielsweise bedarf es für eine bessere Erreichbarkeit der Firmenkundenbetreuer via E-mail/Internet u.a. einer Berechnung der (anteiligen) Auszahlungen für eine erforderliche technische Ausstattung/Medieninanspruchnahme, aber auch die Auszahlungen für die Einführung/Schulung der Firmenkundenbetreuer müssen berücksichtigt werden. Eine eindeutige Zurechnung und Abgrenzung der einzelnen Auszahlungen zur entsprechenden Qualitätsinvestition gestalten sich zumeist schwierig,[2] wie z.B. die Inanspruchnahme der eingerichteten Medien E-mail/Internet auch für andere Zwecke verdeutlicht.

Diese Komplexität in der Ermittlung des Auszahlungsstroms für Qualitätsinvestitionen kann im Firmenkundengeschäft sich zudem noch verstärken, weil zum einen produktübergreifende (z.B. Finanzierungskonzept mit verschiedenen Finanzierungsalternativen) und zum anderen verbundene Leistungen angeboten werden (z.B. ein Kontokorrentkredit in Verbindung mit einem Konto). Eine Auszahlungskalkulation für eine Qualitätsinvestition wird in diesem Zusammenhang deshalb erschwert, weil Auszahlungen in verschiedenen Bereichen/Produkten entstehen und entsprechend zusammengeführt werden müssen. Beispielsweise kann für eine Verbesserung der Kreditabwicklung auch das Konto/der Zahlungsverkehr betroffen sein.

Die Einzahlungen einer Qualitätsinvestition werden auch als Nutzen bezeichnet.[3] Dieser Nutzen ergibt sich aus den mit der Qualitätsinvestition zusätzlich erzielbaren Erlösen, die durch das zukünftige Kundenverhalten entstehen, und den Erlösen, die ohne Durchführung der Qualitätsinvestition auf Grund von Abwanderungen nicht mehr erzielt werden können. Jedoch ist der Zusammenhang zwischen den Auszah-

---

1 Vgl. Bruhn, M., 1998, S. 115.

2 Vgl. hierzu auch Bruhn, M., 1998, S. 115; auch Bruhn, M./Georgi, D., 1999a, S. 38 f.

3 Vgl. Bruhn, M., 1998, S. 115.

lungen der Qualitätsinvestition und den Erlösen nicht immer eindeutig nachweisbar[1] und deshalb in der Messung auch nicht unproblematisch. Hinzu kommt, dass die zusätzlichen Erlöse nicht ausschließlich mit den Auszahlungen der Qualitätsinvestition erzielt werden, sondern beispielsweise auch Auszahlungen für die Leistungserstellung anfallen, so dass nur der Teil der zusätzlichen Erlöse als Einzahlungen der Qualitätsinvestition berücksichtigt werden kann, der nach Abzug der für die Erlösgenerierung sonstig anfallenden Auszahlungen verbleibt.[2]

Eine eindeutige Zurechnung der Erlössteigerungen zur den einzelnen Qualitätsinvestitionen kann unter Umständen ebenfalls problematisch werden. Damit verbunden ist auch, dass es sich als schwierig erweist, überhaupt alle Erlöswirkungen zu ermitteln und diese dann noch monetär auszudrücken.[3] Beispielsweise wäre hier an eine Steigerung des Qualitätsimages für Firmenkundenleistungen, das auf Grund verschiedener Qualitätsinvestitionen entsteht, zu denken. Im Firmenkundengeschäft können solche Schwierigkeiten insbesondere auch deshalb auftreten, weil hier einerseits eine Leistungserstellung durch mehrere Anbieter (z.B. Emissionskonsortium) möglich ist und andererseits verbundene Leistungen angeboten werden.

Demgegenüber ist es gerade im Firmenkundengeschäft möglich, dass sich Qualitätsinvestitionen auf Grund des hohen Geschäftsvolumens nur auf einen Kunden beziehen, wie z.B. individuelle Vereinbarungen in Bezug auf die Erreichbarkeit mit einem multinationalen Großunternehmen. Die Erlössteigerungen durch die Qualitätsinvestition lassen sich dann vorrangig dieser Geschäftsbeziehung zuordnen. Darüber hinaus liefert das Firmenkundengeschäft generell eine gute Basis an Kundendaten, die eine Ermittlung der Einzahlungen aus Qualitätsinvestitionen unterstützen können.

Neben den „reinen" Einzahlungen und Auszahlungen im Zusammenhang mit Qualitätsinvestitionen können auch Einsparung von Auszahlungen durch die Qualitätsinvestition[4], wie es z.B. durch Prozessoptimierungen in der Firmenkreditbearbeitung

---

1 Vgl. auch Wildemann, H., 1995b, S. 270.

2 Vgl. auch Bruhn, M., 1998, S. 116 f.

3 Vgl. Dauben, S., 2001, S. 278.

4 Vgl. auch Wildemann, H., 1995b, S. 270.

der Fall sein kann, erzielt werden.[1] Diese Position nimmt eine Zwischenstellung zwischen Auszahlungen und Einzahlungen der Qualitätsinvestition ein, da sie einerseits die Höhe der Auszahlungen beeinflusst und andererseits aber als positive Nutzenwirkung aus der getätigten Qualitätsinvestition zu werten ist. Auf Grund der „kalkulatorischen Nähe" zu den Auszahlungen sollen sie folgend hierzu gezählt werden.

In Bezug auf die zeitliche Struktur des Zahlungsstroms einer Qualitätsinvestition können die Auszahlungen zu Beginn des Zahlungsstroms und auch während dessen entstehen. Jedoch liefern Qualitätsinvestitionen häufig nicht sofort einen Nutzen. Dieser stellt sich erst mit einer gewissen zeitlichen Verzögerung ein.[2] Die Dauer von der Durchführung der Qualitätsinvestition (Investitionszeitpunkt) bis zur Einstellung des ersten Nutzens wird in der Literatur auch als Time lag-Dauer bezeichnet.

Während die Time lag-Dauer im Firmenkundengeschäft mit entsprechendem Ausmaß insbesondere für Qualitätsinvestitionen, die auf Einzahlungen durch Kundenverhalten, wie z.B. wiederholte Nachfrage, basieren, festzustellen ist, kann für eine Qualitätsinvestition, die auch auf interne Rationalisierungseffekte abzielt, eine kürzere Time lag-Dauer vermutet werden. Diesbezüglich stellt sich generell die Frage, wie eine fundierte Ermittlung der zeitlichen Struktur von Qualitätsinvestitionen im Firmenkundengeschäft erfolgen kann.[3]

Der sich an die Time lag-Dauer anschließende Zeitraum von Nutzenrealisation bis zum Zeitpunkt, an dem kein Nutzen mehr generiert werden kann, wird Wirkungsdauer genannt.[4] Diese Wirkungsdauer und damit auch die gesamte Qualitätsinvestition werden in der Literatur als langfristig eingestuft.[5] Da es sich hier um Firmenkundenleistungen handelt, muss aber die Sicherheit dieser langfristigen Wirkstruktur in Frage gestellt werden. Die im Sinne einer Nichtpatentierfähigkeit ungeschützte Firmenkundenleistung kann gegebenenfalls von Wettbewerbern imitiert werden, so dass

1 Vgl. ähnlich Dauben, S., 2001, S. 299.

2 Vgl. Wildemann, H., 1995b, S. 270; auch Bruhn, M., 1998, S. 118.

3 Siehe hierzu Kapitel 5.2.2.

4 Vgl. Bruhn, M., 1998, S. 118 f.

5 Vgl. Wildemann, H., 1995b, S. 270 f.

der Wettbewerbsvorteil Qualität, der zu Mehrerlösen führte, leicht wegfällt. Dieser Prozess kann insbesondere dem Firmenkundengeschäft zugeschrieben werden, da auf Grund der Mehrfachbankverbindungen für den Kunden und über dessen Kommunikation auch für die Wettbewerber eine gewisse Transparenz vorliegt.

Die betragsmäßige Struktur der Aus- und Einzahlungen einer Qualitätsinvestition lässt sich wie für Investitionen allgemein derart beschreiben, dass die Gesamteinzahlungen die Gesamtauszahlungen übersteigen. In Kombination mit der zeitlichen Struktur kann für die Aus- und Einzahlungsbeträge der Qualitätsinvestition festgehalten werden, dass im Zeitverlauf die Auszahlungen im Vergleich zu den Einzahlungen in ihrer Höhe abnehmen.[1]

In Abbildung 3.12 werden die Besonderheiten der Qualitätsinvestitionen abschließend zusammengefasst. Da im Firmenkundengeschäft eine Vielzahl verschiedener Qualitätsinvestitionen denkbar sind und gleichzeitig die Bestimmung von Ein- und Auszahlungen sowie der Prognose der zeitlichen, betragsmäßigen und zeitlich-betragsmäßigen Struktur sich sehr komplex darstellt und mit Schwierigkeiten verbunden sein kann, erscheint bereits jetzt eine allumfassende Bewertung der Qualitätsinvestitionen im Firmenkundengeschäft nicht in jedem Fall realisierbar. Eventuell können nur Teilbetrachtungen vorgenommen werden können.

1 Vgl. Wildemann, H., 1995b, S. 270; auch Bruhn, M., 1998, S. 118 f.

	Auszahlungen der Qualitätsinvestition im Firmenkundengeschäft	Einzahlungen der Qualitätsinvestitionen im Firmenkundengeschäft
Ermittlung	▪ häufig komplexe Kalkulation erforderlich ▪ Abgrenzung/Zurechnung einzelner Auszahlungen schwierig ▪ Berücksichtigung von Einsparungen als Wegfall eines Teils des Auszahlungsstroms	▪ Messung des Zusammenhangs zwischen Auszahlungen und Einzahlungen der Qualitätsinvestition komplex ▪ eindeutige Zurechenbarkeit der Einzahlungen zu einzelnen Qualitätsinvestitionen schwierig ▪ Identifizierung/Monetarisierung sämtlicher Einzahlungen schwierig
zeitliche Struktur	▪ Auftritt zu Beginn und während der „Laufzeit" der Investition ▪ Beginn des Auftritts vor dem Einsatz der Einzahlungen	▪ Einzahlungen mit zeitlicher Verzögerung (Time lag-Dauer) ▪ langfristige Generierung von Einzahlungen (Wirkungsdauer) ▪ kaum konkrete Operationalisierung der zeitlichen Struktur
betragsmäßige Struktur	▪ Gesamteinzahlungen übersteigen Gesamtauszahlungen	
betragsmäßig-zeitliche Struktur	▪ Höhe des Auszahlungsstroms nimmt im Zeitverlauf der Qualitätsinvestition in Relation zum Einzahlungsstrom ab	

Quelle: Eigene Darstellung.

***Abbildung 3.12**: Besonderheiten von Qualitätsinvestitionen im Firmenkundengeschäft*

3.4 Zwischenergebnisse Kapitel 3

Ziel dieses dritten Kapitels war es, die Qualität im Firmenkundengeschäft zu spezifizieren, um damit die Voraussetzungen für eine konkrete instrumentelle Ausgestaltung des wertorientierten Qualitätscontrolling am Beispiel des Firmenkundengeschäfts zu schaffen. Hierfür wurde die Qualität im Firmenkundengeschäft zunächst abgegrenzt und operationalisiert, was zuvor wiederum eine Auseinandersetzung mit den Besonderheiten des Firmenkundengeschäfts bedingte, die in Bezug auf die Firmenkunden eine Einschränkung auf Mittel- und Großunternehmen hervorbrachte und in Bezug auf das Leistungsspektrum allgemein dienstleistungsspezifische sowie speziell bank- und firmenkundenspezifische Ausprägungen zeigte.

Für die Definition der Qualität im Firmenkundengeschäft stellte sich dann der kundenorientierte Qualitätsbegriff als besonders geeignet für die vorliegende Problemstellung heraus, wobei auf Grund der gesetzlichen Anforderungen, die an Banken und ihre Leistungen gestellt werden, auch der produktorientierte Qualitätsbegriff im Sinne einer Nebenbedingung für das Firmenkundengeschäft von Relevanz ist. Dieses Begriffsverständnis und die Besonderheiten des Firmenkundengeschäfts heranziehend, konnte ein für das Firmenkundengeschäft angemessener Qualitätsdimensionenkatalog identifiziert werden, der als Rahmen für die anschließend hergeleiteten Qualitätsmerkmale – leistungsartenübergreifend und leistungsartenspezifisch – diente.

Darauf aufbauend konnte die Qualität im Firmenkundengeschäft aus investitionstheoretischer Sicht beleuchtet werden. Dies brachte hervor, dass die mit der Qualitätsinvestition verbundenen Ein- und Auszahlungen zumeist komplexe Messungen und Berechnungen für deren Quantifizierung erfordern und dabei gleichzeitig ungeklärt ist, wie eine konkrete Operationalisierung der zeitlichen Struktur der Ein- und Auszahlungen erfolgen kann. Diese Charakteristika von Qualitätsinvestitionen führten bereits hier zu der Vermutung, dass allumfassende Bewertungen von Qualitätsinvestitionen kaum realisierbar erscheinen und deshalb Teilbetrachtungen herangezogen werden müssen.

4 Entwicklung eines Grundmodells zur Bestimmung der Wertschaffung durch Qualität im Firmenkundengeschäft

Die in Kapitel 2 vorgenommene Konzeptualisierung des wertorientierten Qualitätscontrolling hat aufgezeigt, dass ein Instrument benötigt wird, das die Wertorientierung durch Qualität im Firmenkundengeschäft abbilden kann. Gleichzeitig war es Resultat des Kapitel 3, dass die Besonderheiten im Zusammenhang mit der für Firmenkunden gelieferten Qualität auch Konsequenzen für die Qualitätsbewertung in Form von Qualitätsinvestitionen besitzen.

Aus diesem Grund soll nun ein Modell entwickelt werden, das einerseits den Anforderungen aus dem wertorientierten Qualitätscontrolling gerecht wird und andererseits auch die Spezifika von Qualitätsinvestitionen im Firmenkundengeschäft berücksichtigt. Zu diesem Zweck werden zunächst verschiedene Möglichkeiten zur Wertschaffungsmessung dargelegt und überprüft, inwieweit die jeweiligen Anforderungen durch die Instrumente erfüllt werden können (**Kapitel 4.1**). Diese Bewertung wiederum soll schließlich als Ausgangspunkt dienen, um ein neues, spezifisches Maß zur Ermittlung der Wertschaffung durch Qualität im Firmenkundengeschäft zu gestalten (**Kapitel 4.2**).

4.1 Bewertung potentieller Verfahren zur Wertschaffungsmessung für einen Einsatz im wertorientierten Qualitätscontrolling des Firmenkundengeschäfts

Die angestrebte Bewertung verschiedener Instrumente als Voraussetzung für die Entwicklung eines spezifischen Qualitätswertschaffungsmodells erfordert zunächst eine Identifizierung potentieller Verfahren sowie die Festlegung eines relevanten Anforderungsprofils (**Kapitel 4.1.1**). Die Bewertung (**Kapitel 4.1.2**) dient dann als Basis für eine Synthese verschiedener Modellansätze (**Kapitel 4.1.3**), die als Rahmen für das eigentlich zu entwickelnde Modell zu betrachten ist.

4.1.1 Identifizierung möglicher Verfahren und Festlegung eines Anforderungsprofils

In Anlehnung an die Entwicklung von Controlling-Instrumenten im Zeitverlauf,[1] die über die Rentabilitäts- und Liquiditätssteuerung zur Wertsteuerung verlief, sollen zunächst rentabilitätsorientierte Steuerungsmodelle auf ihre Eignung hin überprüft werden. Dies ist zum einen damit zu begründen, dass die Steuerung auf Basis des ROE-Schemas in Kreditinstituten eine erhebliche Bedeutung besitzt[2] und zum anderen Ansätze existieren, die eine Integration einer wertorientierten Steuerung in die bestehende reine ROE-Steuerung zu ermöglichen versuchen.[3]

Darüber hinaus sollen im Rahmen der Verfahrensbewertung auch Verfahren einbezogen werden, die als Wirtschaftlichkeitsrechnungen in Bezug auf die von einem Unternehmen gelieferte Qualität bezeichnet werden können. Hiervon werden insbesondere Erkenntnisse über die Vorgehensweise zur speziellen Bewertung von Qualität erwartet. Schließlich sollen die aktuell im Rahmen der Wert- und Kapitalmarktorientierung diskutierten Verfahren Eingang in die vorzunehmende Bewertung finden, um so allgemeine Erkenntnisse zur Wertschaffungsmessung nutzen zu können. Diese zumeist im Zusammenhang mit der Bewertung gesamter Unternehmen entstandenen Verfahren können auch auf einzelne Unternehmensteile übertragen werden.[4]

Da das Ergebnis der Verfahrensbewertung Aussagen über die Einsatzfähigkeit der Instrumente im wertorientierten Qualitätscontrolling des Firmenkundengeschäfts zulassen soll, müssen als Bewertungskriterien einerseits die Anforderungen des wertorientierten Qualitätscontrolling an das Instrument in Form von zu erfüllenden Koordinationsbedarfen und andererseits die Spezifika der Qualitätsinvestitionen im Firmenkundengeschäft herangezogen werden.

---

1 Vgl. zu grundlegenden Entwicklungen im Controlling Bausch, A./Kaufmann, L., 2000, S. 121 ff.

2 Vgl. Schierenbeck, H., 1999a; auch Schierenbeck, H., 1998, S. 13; Kirsten, D. W., 1995, S. 672 f.

3 Vgl. hierzu Schierenbeck, H., 1998; auch Schierenbeck, H./Lister, M., 1997, S. 497.

4 Hierfür wird das Wertadditivitätstheorem (WAT) unterstellt, das besagt, dass der Wert eines Gesamtunternehmens der Summe der Werte der Unternehmensteilbereiche entspricht (vgl. Perridon, L./Steiner M., 1999, S. 499 ff.; auch Schäfer, H., 1999a, S. 330 f.). Damit wird aber unterstellt, dass Risikoverbundeffekte, Erfolgsverbundeffekte sowie Restrikti-

Die Koordination, die speziell mit Hilfe der qualitätsbezogenen Wertschaffungsmessung wahrgenommen werden soll, kann in Anlehnung an die Ausführungen in Kapitel 2 formuliert werden als:

- Koordination zwischen Ergebnis der Qualitätsinvestition und dem Ergebnisanspruch an die Qualitätsinvestition sowie die damit verbundene Berechnung der Wertschaffung durch die Qualitätsinvestition,
- Koordination zwischen operativer und strategischer wertorientierter Qualitätsplanung mit Hilfe von qualitätsbezogenen Werttreibern.

Voraussetzung für den erstgenannten Koordinationsbedarf ist auf der einen Seite eine umfassende Ermittlung des Ergebnisses, das aus der Qualitätsinvestition resultiert. Basis hierfür ist die möglichst realitätsnahe Abbildung der Netto-Einnahmen der Aktionäre, in denen Dividenden und Kapitalgewinne ersichtlich werden, durch entsprechende Ergebnisgrößen.[1] Auf der anderen Seite ist die Festlegung eines spezifischen risiko-/renditeorientierten Ergebnisanspruchs, der die Interessen der Eigentümer widerspiegelt, erforderlich.

Außerdem ergeben sich aus den Charakteristika der Qualitätsinvestition folgende, für die Verfahrensbewertung relevante Anforderungen:

- spezifische qualitätsbezogene Ermittlung der Einzahlungs- und Auszahlungsströme der Qualitätsinvestition,
- Berücksichtigung der zeitlichen, betragsmäßigen und zeitlich-betragsmäßigen Struktur der Zahlungsströme.

Unter Berücksichtigung, dass die für die Koordination erforderliche Ergebnisermittlung und die Zahlungsstrombestimmung der Qualitätsinvestition zusammengefasst werden können,[2] lässt sich insgesamt folgendes für die Verfahrensbewertung relevantes Anforderungsprofil festlegen:

- Bestimmung des Ergebnisses der Qualitätsinvestition in Form eines Zahlungsstroms,

---

onsverbundeffekte zwischen dem betrachteten und den übrigen Unternehmensteilen nicht existieren (vgl. Obrist, P., 2000, S. 171).

1 Vgl. zu verschiedenen Ergebnisgrößen im Zusammenhang mit Bewertungen Fickert, R., 1991, S. 56 f.

2 Die Ermittlung eines Zahlungsüberschusses kann bereits ein Ergebnis der Qualitätsinvestition darstellen. Es ist natürlich auch möglich, Ergebnisse in anderer Form, wie z.B. auf Basis von Kosten und Leistungen, zu ermitteln. Zur Irrelevanz der Ergebnisermittlung auf Grundlage von Zahlungsströmen oder Kosten für die Betrachtung einer gesamten Qualitätsinvestition siehe Kapitel 4.1.3.

- Abbildbarkeit der zeitlichen, betragsmäßigen und zeitlich-betragsmäßigen Struktur des Zahlungsstroms,
- Zuweisung eines spezifischen risiko-/renditeorientierten Ergebnisanspruchs an die Qualitätsinvestition,
- Gegenüberstellung von Ergebnis und Ergebnisanspruch sowie Quantifizierung der Wertschaffung/-vernichtung,
- Ableitung von operativen qualitätsbezogenen Werttreibern zur wertorientierten Umsetzung der strategischen Qualitätspläne.

In Abbildung 4.1 ist das der folgenden Verfahrensbewertung zugrundegelegte Anforderungsprofil und seine Herleitung nochmals zusammengefasst.

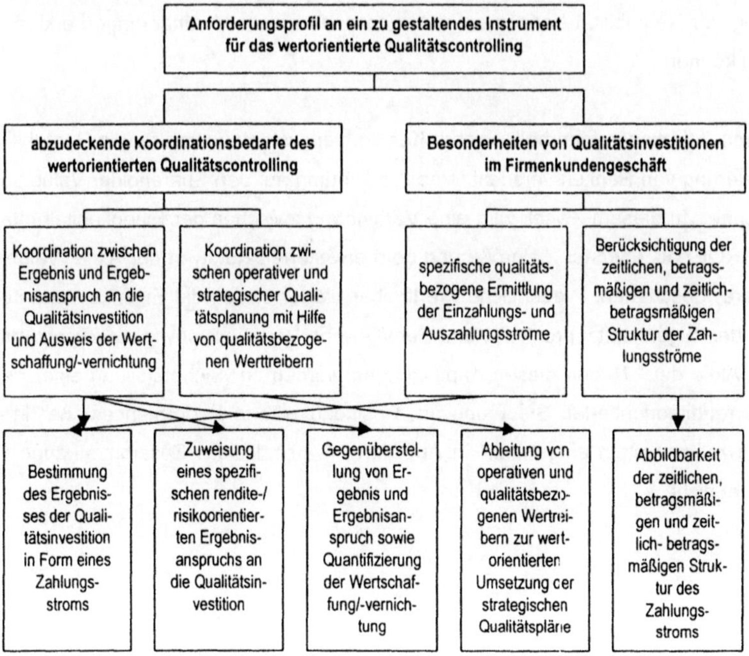

Quelle: Eigene Darstellung.

***Abbildung 4.1**: Anforderungsprofil für ein neu zu gestaltendes Instrument für das wertorientierte Qualitätscontrolling*

4.1.2 Evaluation der Messansätze

Entsprechend der obigen Verfahrensidentifizierung werden nun zunächst die traditionelle Rentabilitätsrechnung und ihre wertorientierten Erweiterungen analysiert (**Ka-**

pitel 4.1.2.1), um anschließend die qualitätsbezogenen Wirtschaftlichkeitsrechnungen näher zu betrachten (**Kapitel 4.1.2.2**) und schließlich die wertorientierten Verfahren einer Beurteilung zu unterziehen (**Kapitel 4.1.2.3**).

4.1.2.1 Rentabilitätsorientierte Steuerungsinstrumente

Ausgangspunkt für die Rentabilitätsmessung stellt zumeist eine Erfolgsgröße, wie z.B. der Gewinn, dar, die in Relation zu einer Kapitalgröße, wie z.B. dem Gesamt- oder Eigenkapital, gesetzt wird.[1] Erfolgs- wie auch Kapitalgröße können des Weiteren in ihre Komponenten aufgespaltet werden, so dass einerseits die Zusammensetzung der Rentabilität transparent wird und andererseits Veränderungen erklärt werden können.[2]

Durch Adaptionen innerhalb solcher Kennzahlensysteme wurde für die Rentabilitätssteuerung von Banken versucht, eine Ausrichtung auf den Shareholder Value zu erreichen. Zu diesem Zweck wird eine Verbindung zwischen der Eigenkapitalrentabilität (ROE) als oberster Zielgröße und dem erweiterten Kurswert der Aktie (Value per Share) geschaffen. Wesentliche Werttreiber hierfür stellen die Eigenkapitalrentabilität, das Eigenkapital pro Aktie, das Kurs/Gewinn-Verhältnis sowie die Zusatzerträge pro Aktie dar.[3] Neben diesen Anpassungen wurden zur Sicherstellung einer risiko- und renditeorientierten Steuerung auch risikoadjustierte Performancemaße[4] in das Kennzahlensystem eingebaut.[5] In Abbildung 4.2 sind diese Zusammenhänge kurz verdeutlicht.

---

1 Vgl. beispielsweise Bea, F. X., 1993, Sp. 1717; auch Bardy, R., 1984, S. 108 f.; Rommel, K., 1985, S. 16 f.; Hartmann-Wendels, T., 1987, S. 240; Hosterbach, E., 1989, S. 871.

2 Ein für Unternehmen sehr bekanntes Rentabilitäts-Kennzahlensystem stellt das Return on Investment-Schema der Firma Du Pont (vgl. Wehlau, S., 1983, S. 1722; auch McCrory, F. V./Gerstberger, P. G., 1992, S. 34; Ellinghorst, P., 1994, S. 189 ff.; Bausch, A./Kaufmann, L., 2000, S. 122 f.). Für Banken hat insbesondere das Return on Equity-Schema Bedeutung (vgl. Schierenbeck, H., 1998 S. 13 f.; Schierenbeck, H., 1999a, S. 444 f.).

3 Vgl. Schierenbeck, H., 1998, S. 14; und zu dessen Kritik Hörter, S., 1998, S. 97-101.

4 Siehe zu den sogenannten „Risk Adjusted Performance Measurement" (RAPM) auch Kapitel 4.1.2.3.4.

5 Vgl. Schierenbeck, H./Lister, M., 1997, S. 496 f.; auch Hörter, S., 1998, S. 97 ff.

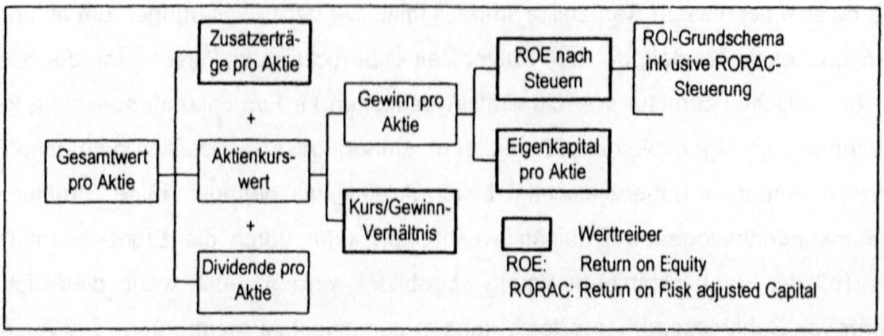

Quelle: Eigene Darstellung in Anlehnung an **Schierenbeck, H./Lister, M.**, 1997, S. 497; **Schierenbeck, H.**, 1998, S. 14.

***Abbildung 4.2**: Erweitertes ROE-Schema*

Diese sehr etablierte traditionelle Art der Rentabilitätsmessung, deren Übertragung auch auf einzelne Unternehmensbereiche und Investitionen möglich ist, weist jedoch im Hinblick auf den Einsatz im wertorientierten Qualitätscontrolling des Firmenkundengeschäfts einige wesentliche Probleme auf.[1] Zunächst ist zu kritisieren, dass bilanzielle Größen herangezogen werden, die eher Ausdruck von Ansatz- und Bewertungsspielräumen sind, als die Wertschöpfung für die Eigentümer aufzuzeigen.

Dies betrifft insofern die Rentabilitätssteuerung in Bezug auf die Qualität, als die Ermittlung des Qualitätsergebnisses aus der Rechnungslegung als unvollständig einzustufen ist, weil sich so einzelne Ergebnisbestandteile nur schwer dem Qualitätsergebnis zuordnen lassen bzw. durch die Rechnungslegung nicht explizit abgebildet werden.[2] Außerdem findet keine zahlungsstromorientierte Betrachtung des Qualitätsergebnisses statt. Damit ist an der Ergebnisermittlung für Qualitätsinvestitionen bereits erhebliche Kritik zu äußern. Jedoch könnte die generelle Vorgehensweise der Ergebnisermittlung, da sie für Kreditinstitute typisch ist, für qualitätsbezogene Adaptionen und Ergebnisbereinigungen einen Rahmen darstellen.

---

1 Vgl. hierzu ausführlich McCrory, F. V./Gerstberger, P. G., 1992, S. 34 f.; auch Günther, T., 1994, S. 41-50; Dubs, R./Spremann, K., 1995, S. 29 f.; Kirsten, D. W., 1995, S. 673; Amely, T., 1997, S. 277; Weber, J., 1997b, S. 24; Scott, C., 1998, S. 63; Anders, U., 2000, S. 314; Weber, M.-W., 2000, S. 465 f.

2 Beispielsweise würden Umsatzsteigerungen auf Grund eines Qualitätsengagements buchhalterisch nicht als solche ausgewiesen bzw. der Wert von Kundenbeziehungen ohne Ansatz bleiben.

Da es sich bei diesem Rentabilitätsmodell inklusive der Erweiterungen um einen statischen Ansatz handelt, der den Faktor Zeit unberücksichtigt lässt,[1] kann der besonderen zeitlichen Struktur von Qualitätsinvestitionen im Firmenkundengeschäft keine Rechnung getragen werden. Damit geht einher, dass die zeitlich-betragsmäßige Struktur ebenfalls unberücksichtigt bleibt. Alleinig die betragsmäßige Struktur von firmenkundenbezogenen Qualitätsinvestitionen kann durch die Ergebnisermittlung als Teil der Rentabilitätsberechnung abgebildet werden. Auch wenn dies nicht in Form von Zahlungsströmen erfolgt, können zumindest Aussagen über das Ausmaß der positiven im Verhältnis zu den negativen Wirkungen von Qualitätsinvestitionen getroffen werden.

Die Definition einer Zielrendite im Sinne eines Ergebnisanspruchs sollte, um einen Vergleich zu ermöglichen, nach der selben Berechnungssystematik ermittelt werden. Zumeist wird hierfür die bisherige Durchschnittsrentabilität herangezogen.[2] Die Ansprüche der Eigentümer bleiben damit ohne Ansatz und auch Risikobetrachtungen werden völlig ignoriert und unterschiedlichen Risikoniveaus innerhalb der Bank/des Firmenkundengeschäfts nicht Rechnung getragen. Eine Gegenüberstellung von Ergebnis und Ergebnisanspruch lässt deshalb in diesem Fall keine Aussagen über die Wertschaffung/-vernichtung zu.

In den aktuellen Erweiterungen werden Ziel-Eigenkapitalrentabilitäten definiert, die zur Umsetzung des Shareholder Value-Gedankens zu erreichen sind. Dazu wird vorgeschlagen, in einem ersten Schritt die existenzsichernde Gleichgewichtsrentabilität anzustreben. Gleichzeitig oder anschließend können die via Capital Asset Pricing Model (CAPM) aus dem Kapitalmarkt abgeleiteten Eigenkapitalkosten herangezogen werden, bevor schließlich die Eigenkapitalrentabilität der besten Banken der Welt als Ziel gesetzt werden.[3]

Während auch die intern ermittelte Gleichgewichtsrentabilität der Gesamtbank die Eigentümererwartungen unberücksichtigt lässt, findet diese in den Eigenkapitalkos-

---

1 Vgl. Wehlau, S., 1983, S. 1725.

2 Vgl. Wehlau, S., 1983, S. 1724 f.

3 Vgl. Schierenbeck, H., 1998, S. 16 f.

ten und den Benchmark-Renditen der besten Banken der Welt, wenn diese annahmegemäß über den Eigenkapitalkosten liegen, Eingang. Jedoch ist für eine einheitliche Berechnungsmethodik von Ergebnis und Ergebnisanspruch erforderlich, die so ermittelten Eigenkapitalkosten noch in interne Steuerungsgrößen zu überführen. Die durch Gegenüberstellung von Ergebnis und Ergebnisanspruch berechnete Wertschaffung ist entsprechend der diesbezüglich genannten Kritikpunkte zu interpretieren.

Eine Koordination zwischen strategischer und operativer Ebene ist insofern gegeben, als die aus der Rentabilität abgeleiteten Kennzahlensysteme es ermöglichen, auf operativer Ebene die Rentabilität zu steuern. Diese für die Entwicklung eines spezifischen Qualitätscontrollinginstruments relevanten Kritikpunkte sind in Abbildung 4.3 zusammenfassend dargestellt.

Kriterium	Konkrete Ausprägung rentabilitätsorientierter Steuerungsinstrumente	Kriteriums-bewertung
Bestimmung des Ergebnisses der Qualitätsinvestition in Form eines Zahlungsstroms	▪ Verwendung bilanzieller Größen, die Ansatz- und Bewertungsspielräume beinhalten, in Bezug auf das Qualitätsergebnis unvollständig sind und keine zahlungsorientierte Betrachtungsweise beinhalten.	-
Abbildbarkeit der zeitlichen, betragsmäßigen und zeitlich-betragsmäßigen Struktur des Qualitätsergebnisses	▪ Auf Grund des statischen Charakters keine Berücksichtigung der zeitlichen und zeitlich-betragsmäßigen Besonderheiten von Qualitätsinvestitionen. ▪ Betragsmäßige Struktur grundsätzlich aus der Ergebnisermittlung ablesbar.	- -
Zuweisung eines spezifischen sowie risiko-/ renditeorientierten Ergebnisanspruchs an die Qualitätsinvestition	▪ Festlegung einer Durchschnittsrentabilität der Gesamtbank, die weder den Eigenkapitalgeberanspruch noch unterschiedliche Risikoniveaus widerspiegelt. Außerdem fehlt der spezifische Bezug zur Qualitätsinvestition. ▪ Ermittlung der Gleichgewichtsrentabilität, die die Eigentümerinteressen vernachlässigt – auch hier ohne spezifischen Bezug zur Qualitätsinvestition ▪ Zugrundelegung der aus dem Kapitalmarkt abgeleiteten Eigenkapitalkosten bzw. der höheren Benchmarks der besten Banken bei Gesamtbankbezug, die noch in interne Steuerungsgrößen zu überführen sind.	+
Gegenüberstellung von Ergebnisanspruch und Ergebnis und damit Quantifizierung der Wertschaffung/-vernichtung	▪ In Abhängigkeit vom gewählten Ergebnisanspruch können durch Gegenüberstellung mit dem Ergebnis grundsätzlich Anhaltspunkte über die Wertschaffung gegeben werden, jedoch kann auf Grund der Defizite von Ergebnis und Ergebnisanspruch keine spezifisch auf Qualitätsinvestitionen abgestimmte Wertschaffung berechnet werden.	-
Ableitung von operativen und qualitätsbezogenen Werttreibern zur wertorientierten Umsetzung der strategischen Qualitätspläne	▪ Ein umfassendes Kennzahlensystem mit der Rentabilität als Spitzenkennzahl trägt dem allgemein Rechnung, jedoch ohne auf die Erfordernisse einer Qualitätssteuerung Bezug zu nehmen.	+
Legende ++ sehr gut; + gut; 0 mäßig; - schlecht; - - sehr schlecht		

Quelle: Eigene Darstellung.

Abbildung 4.3: *Bewertung rentabilitätsorientierte Steuerungsinstrumente in Bezug auf ihre Einsatzfähigkeit für das wertorientierte Qualitätscontrolling im Firmenkundengeschäft*

4.1.2.2 *Wirtschaftlichkeitsrechnungen in Bezug auf Qualität*

Im Zusammenhang mit der Wirtschaftlichkeit von Qualität werden zumeist zwei Ansätze, der Return on Quality-Ansatz nach *Rust et al.* (**Kapitel 4.1.2.2.1**) und der Qualitätsrendite-Ansatz nach *Bruhn/Georgi* (**Kapitel 4.1.2.2.2**) genannt, die im Folgenden auf ihre Fähigkeit, auch im wertorientierten Qualitätscontrolling für das Firmenkundengeschäft angemessen Rechnung zu tragen, untersucht werden.

4.1.2.2.1 Return on Quality-Ansatz nach Rust et al.

Grundlegende Annahme des Return on Quality-Ansatzes nach *Rust et al.*[1] stellt der kausale Zusammenhang zwischen Qualitätsverbesserung und Rentabilität dar, der sich im Wesentlichen aus drei Komponenten zusammensetzt:[2]

- Die Qualitätsverbesserung führt zu positiver Mund zu Mund Kommunikation bestehender Kunden, wodurch wiederum neue Kunden gewonnen werden können, was zu Marktanteils-/ Erlössteigerungen und damit auch zu Rentabilitätssteigerungen führt.
- Die gesteigerte Qualität hat auch eine Erhöhung der Kundenzufriedenheit zur Folge, so dass bestehende Kunden Wiederholungskäufe tätigen, was ebenfalls Marktanteils-/Erlössteigerungen und somit auch Rentabilitätssteigerungen mit sich bringt.
- Schließlich können mit Hilfe von Qualitätsverbesserungen Kosten reduziert werden, so dass auch hierüber eine Rentabilitätssteigerung möglich wird.

Der Rentabilitätseffekt auf Grund der positiven Mund zu Mund Kommunikation wird jedoch nicht in die Berechnung des Return on Quality einbezogen, da er schwierig zu messen ist. Der Rentabilitätseffekt, der auf die Wiederholungskäufe zurückzuführen ist, wird gemessen, indem der Einfluss einer einzelnen Qualitätsverbesserungsmaßnahme auf die Kundenzufriedenheit geschätzt oder getestet und über bi- bzw. multivariate Regressionen mit der Gesamtzufriedenheit verknüpft wird. Der Zusammenhang zwischen Kundenbindung und Gesamtzufriedenheit ist aus Befragungen bekannt[3], so dass auf den Effekt einer einzelnen Qualitätsverbesserungsmaßnahme auf die Kundenbindung geschlossen werden kann. Hieraus kann unter Hinzuziehung verschiedener anderer Faktoren (z.B. die Kundenbindungsrate der anderen Marktteilnehmer), die mittelfristig konstant gehalten werden, ein neuer Marktanteil kalkuliert werden.

Unter Berücksichtigung des zusätzlichen Marktanteils, des durchschnittlichen Gewinns, Marktgröße und -wachstum sowie der der Qualitätsverbesserungsmaßnahme zuzuordnenden Ausgaben wird für einen nicht näher spezifizierten Zeithorizont in der

---

1 Vgl. Rust, R. T./Zahorik, A., 1993; Rust, R. T. et al., 1994; Rust, R. T. et al., 1995; Rust, R. T. et al., 1998.

2 Vgl. auch folgend Rust, R. T. et al., 1995, S. 60 f.

3 Vgl. Rust, R. T. et al., 1994, S. 71 und S. 166 f.

Zukunft ein Barwert ermittelt, von dem der Barwert, berechnet ohne den Marktanteilseffekt der Qualitätsverbesserungsmaßnahme, saldiert wird. Der Quotient aus dieser Differenz und dem Barwert der für die Qualitätsverbesserungsmaßnahme erforderlichen Zusatzausgaben stellt den Return on Quality dar:[1]

$$NPV = \sum_{k=1}^{P} (1+I)^{-k} \cdot [Y \cdot M_{t+k} (1+G)^k N_t - X_{t+k}]$$

NPV: Barwert der Zahlungsüberschüsse mit Qualitätsinvestition
k=1,...,P: betrachteter Zeithorizont von P Perioden
I: Diskontierungszinssatz
Y: konstante Gewinnmarge
M: Marktanteil
G: konstante Wachstumsrate
N: Marktgröße
X: Auszahlungen

$$NPVAS = F' + \sum_{k=1}^{P} (F - F_0) \cdot (1+I)^{-k}$$

NPVAS: Barwert zusätzlicher Auszahlungen
F': Anfangsauszahlungen
F: Periodenauszahlungen
F_0: gegenwärtiges periodenbezogenes Auszahlungsniveau

$$ROQ = \frac{(NPV - NPV_0)}{NPVAS}$$

ROQ: Return on Quality
NPV_0: Barwert der Zahlungsüberschüsse ohne Qualitätsinvestition

Mit Hilfe dieses Modells wird der Versuch unternommen, die ökonomischen Konsequenzen von Qualitätsverbesserungsmaßnahmen umfassend abzubilden, wobei der Schwerpunkt auf dem Kundenbindungseffekt liegt. Die mit diesem Ansatz auf Grund des kausalanalytischen Bezugsrahmens verbundene und nicht zu vernachlässigende Komplexität kann mit einer eigens dafür erstellten Software überwunden werden. Jedoch basieren die Return on Quality-Ergebnisse teilweise auf Schätzungen bzw. werden für die Marktanteilsberechnungen zuverlässige Daten benötigt, die in der erforderlichen Datenqualität nicht immer verfügbar sind (z.B. Anzahl der den Markt verlassenden Kunden).

Für die Abbildung der Wertorientierung in diesem Ansatz kann die Quantifizierung der ökonomischen Konsequenzen von Qualitätsverbesserungsmaßnahmen als die Ergebnisermittlung betrachtet werden, die zumindest wichtige Ergebnisbestandteile

---

1 Vgl. Rust, R. T. et al., 1995, S. 61.

berücksichtigt. Dabei werden für jede Periode des betrachteten Zeitraums Cashflows als die für die Wertorientierung gebräuchliche Ergebnisgröße[1] kalkuliert.[2] Die Erfordernis einer weitergehenden Spezifizierung für das Firmenkundengeschäft bleibt noch anzumerken.

Der zeitlichen Struktur von Qualitätsinvestitionen im Firmenkundengeschäft kann grundsätzlich insofern Rechnung getragen werden, als die Ein- und Auszahlungen pro Periode berechnet werden. Fraglich scheint in diesem Zusammenhang aber der gleichzeitige Beginn der Ein- und Auszahlungen im Modell, obwohl die nutzenseitigen Wirkungen von Qualitätsinvestitionen häufig erst nach Ablauf der Time lag-Dauer einsetzen.

Die betragsmäßige Struktur der Qualitätsinvestition kann aus der Differenz von NPV und NPV_0 abgelesen werden. Dabei ist bereits der aus dem unterschiedlichen zeitlichen Anfall der Ein- und Auszahlungen resultierende Zinseffekt berücksichtigt. Auch die zeitlich-betragsmäßige Struktur der Qualitätsinvestition kann durch die separate Berechnung von Einzahlungen und Auszahlungen pro Periode mit dem Return on Quality-Ansatz abgebildet werden. Gerade hier wächst zumindest der aus dem Marktwachstum über den Marktanteil abgeleitete Einzahlungsstrom konstant. Ob dieses konstante Wachstum den Zahlungsstrom von Qualitätsinvestitionen realistisch darstellt, ist fraglich.

Ein für die Wertorientierung unerlässlicher Ergebnisanspruch wird jedoch hier nicht explizit berücksichtigt. Der finanzielle Diskontierungsfaktor, der für die Ermittlung der Barwerte eingesetzt wird, könnte als solch ein Ergebnisanspruch betrachtet werden. Allerdings wird dieser als gegeben angenommen. Es wird nicht dargelegt, ob es sich dabei um einen für die entsprechende Qualitätsverbesserungsmaßnahme spezifischen Diskontierungsfaktor handelt und inwieweit das mit der Qualitätsverbesserung eingegangene Risiko angemessen vergütet wird.

---

1 Vgl. hierzu Fickert, R., 1991, S. 57.

2 Vgl. hierzu Rust, R. T. et al., 1998, S. 886.

Auch die Gegenüberstellung von Ergebnis und Ergebnisanspruch könnte zwar durch die Diskontierung selbst gewährleistet sein und damit eine potentielle Wertschaffung/-vernichtung zum Ausdruck bringen, ist auf Grund des fehlenden risiko-/renditeorientierten Ergebnisanspruchs jedoch wertlos. Damit kann ein für die Wertorientierung unabkömmlicher Koordinationsmechanismus mit diesem Ansatz nicht erfüllt werden.

Darüber hinaus werden die zur Abstimmung der strategischen und operativen wertorientierten Qualitätsplanung benötigten qualitätsbezogenen Werttreiber in diesem Ansatz nicht abgeleitet. Beispielsweise werden die Kostenersparnisse nicht weiter detailliert. Jedoch werden die Variablen, die zum Return on Quality führen, grob systematisiert und darüber hinaus zusätzliche Faktoren, die einen Einfluss auf den Marktanteil und damit auch auf den Return on Quality haben, wie z.B. die Marktgröße, berücksichtigt. Eine Verknüpfung zwischen strategischem und operativem Qualitätsengagement ist so nur sehr eingeschränkt möglich.

In Abbildung 4.4 sind die Anforderungen an ein wertorientiertes Qualitätscontrollinginstrument für das Firmenkundengeschäft und die speziellen Ausprägungen im Return on Quality-Ansatz nochmals zusammenfassend gegenübergestellt.

Kriterium	Konkrete Ausprägung des Return on Quality-Ansatzes	Kriteriumsbewertung
Bestimmung des Ergebnisses der Qualitätsinvestition in Form eines Zahlungsstroms	▪ Kalkulation eines Zahlungsstroms durch Messung von 2 Nutzenkategorien: Wiederholungskäufe durch höhere Kundenzufriedenheit; Kostenreduzierungen; Erfassung der durch Initiierung der Qualitätsinvestition zusätzlich entstehenden Kosten. ▪ Problem: Datenqualität; Berechnung des Zahlungsstroms mit Hilfe von Konstanten/konstantem Wachstum; Neukundenakquisition auf Grund von positiver Mund zu Mund Kommunikation bleibt wegen Messschwierigkeiten ohne Ansatz.	+
Abbildbarkeit der zeitlichen, betragsmäßigen und zeitlich-betragsmäßigen Struktur des Ergebnisses	▪ Grundsätzlich auf Grund des zugrundeliegenden Barwertkalküls abbildbar. ▪ Fraglich: gleichzeitiger Beginn des Einzahlungs- und Auszahlungsstroms.	+
Zuweisung eines spezifischen sowie risiko-/rendite-orientierten Ergebnisanspruchs an die Qualitätsinvestition	▪ Explizit: Nicht vorhanden. ▪ Implizit: Finanzieller Diskontierungsfaktor könnte als Ergebnisanspruch betrachtet werden, aber es werden keine Aussagen darüber gemacht, ob es sich um einen für das Qualitätsengagement spezifischen Faktor handelt und das Risiko berücksichtigt wird.	- -
Gegenüberstellung von Ergebnisanspruch und Ergebnis und Quantifizierung der Wertschaffung/-vernichtung	▪ Explizit: Nicht vorhanden. ▪ Implizit: Anwendung des Barwertkonzepts, in dem die auf die Qualitätsverbesserungsmaßnahme zurückzuführenden Ein- und Auszahlungen abgezinst werden, könnte als Gegenüberstellung betrachtet werden, aber auf Grund des mangelnden Ergebnisanspruchs keine Quantifizierung der Wertschaffung /-vernichtung möglich.	-
Ableitung von operativen und qualitätsbezogenen Werttreibern zur wertorientierten Umsetzung der strategischen Qualitätspläne	▪ Keine Aufspaltung des Return on Quality in operative und qualitätsbezogene Werttreiber, aber Systematisierung der Zusammenhänge, die zum Return on Quality führen, und Berücksichtigung von darüber hinausgehenden Faktoren, die einen Einfluss auf den Marktanteil und damit auf den Return on Quality haben können.	0
Legende ++ sehr gut; + gut; 0 mäßig; - schlecht; - - sehr schlecht		

Quelle: Eigene Darstellung.

***Abbildung 4.4**: Bewertung des Return on Quality-Ansatzes nach Rust et al. in Bezug auf seine Einsatzfähigkeit für das wertorientierte Qualitätscontrolling im Firmenkundengeschäft*

4.1.2.2.2 Qualitätsrendite-Ansatz nach Bruhn/Georgi

Ausgangspunkt für den Ansatz nach *Bruhn/Georgi*[1] stellt die Identifizierung von Qualitätsinvestitionen und deren finanziellen Konsequenzen, die sich in Kosten und Nutzen kategorisieren lassen, dar.[2] Der mit einer Qualitätsinvestition verbundene Nutzen lässt sich wiederum einteilen in Erlössteigerungen, die aus einer gestiegenen Kundenbindung (Kundenbindungsnutzen) sowie einer positiven Mund zu Mund Kommu-

---

1 Vgl. auch folgend Bruhn, M./Georgi, D., 1999a; Bruhn, M./Georgi, D., 1999b; Bruhn, M./Georgi, D., 1998a; Bruhn, M./Georgi, D., 1998b; Bruhn, M., 1998.

2 Vgl. Bruhn, M., 1998, S. 141 ff.

nikation (Kommunikationsnutzen) resultieren, und Kostensenkungen, die auf Prozessverbesserungen und Fehlervermeidungen zurückzuführen sind. Die für die Qualitätsinvestition aufzuwendenden Zusatzkosten umfassen die kostenseitigen finanziellen Konsequenzen.[1]

Während die Ermittlung der Zusatzkosten über die Kostenstellenrechnung und/oder die Prozesskostenrechnung erfolgen kann, stellt sich die Nutzenbestimmung von Qualitätsinvestitionen defiziler dar. Kosteneinsparungen werden mit Hilfe von Prozesskosten- und Fehleranalysen identifiziert und schließlich als Differenz zwischen dem Zustand ohne und dem Zustand mit der Qualitätsinvestition berechnet. Basis für die Bestimmung der Erlössteigerungen können zum einen intentionale Messungen über Kundenbefragungen oder zum anderen tatsächliche Messungen mit Hilfe von Kundendatenbanken darstellen.[2] Aus diesen Messungen kann die Anzahl der Kunden ermittelt werden, die ohne und mit Qualitätsinvestition besteht. Unter Berücksichtigung eines durchschnittlichen Gewinns pro Kunde und der Differenzbildung zwischen dem Zustand ohne und dem Zustand mit Qualitätsinvestition kann ein zusätzlicher Kundenbindungs- und Kommunikationsgewinn, der der Qualitätsinvestition zugesprochen wird, berechnet werden.[3]

Zur letztendlichen Bestimmung der Qualitätsrendite stellen die Autoren eine Reihe von Methoden zur Wirtschaftlichkeitsanalyse zur Wahl.[4] Eine statische Qualitätsrendite ermitteln sie als Quotient aus dem Gewinn der Qualitätsinvestition, der sich aus der Differenz zwischen Nutzen und Kosten zusammensetzt, und den dazugehörigen Kosten.[5] Daneben wird auch die Berechnung einer dynamischen Qualitätsrendite vorgeschlagen, die sich aus dem Quotient aus Qualitätswert, der sich aus den abgezinsten Qualitätsüberschüssen (-fehlbeträgen) abzüglich der abgezinsten Implemen-

---

1 Vgl. Bruhn, M./Georgi, D., 1999b, S. 177.

2 Vgl. Bruhn, M./Georgi, D., 1999b, S. 184 f. und S. 186 f.

3 Vgl. Bruhn, M./Georgi, D., 1999b, S. 189.

4 Vgl. auch für einen Methodenüberblick Bruhn, M., 1998, S. 141 ff. und S. 282-305.

5 Es ist hinzuzufügen, das nach herrschender betriebswirtschaftlicher Meinung es sich hier nicht um ein Maß der Rentabilität, das sich als Quotient aus einer Erfolgs- und einer Kapitalgröße zusammensetzt (vgl. beispielsweise Kosiol, E., 1978, S. 291; auch Bea, F. X., 1993, Sp. 1717 f.), sondern um die Wirtschaftlichkeit, die sich als Quotient aus Leistung und Kosten bzw. Ertrag und Aufwand ergibt (vgl. Kosiol, E., 1978, S. 290), handelt.

tierungskosten errechnet, und den abgezinsten Kosten[1] zusammensetzt. Die Qualitätsinvestition ist dann rentabel, wenn die Qualitätsrendite größer als Null ist bzw. im Vergleich zu anderen Investitionsalternativen besser abschneidet:[2]

$$QR_s = \frac{QG}{K_{QM}} = \frac{N_{QM} - K_{QM}}{K_{QM}}$$

QR_s: statische Qualitätsrendite
QG: Qualitätsgewinn
K_{QM}: Kosten des Qualitätsmanagement
N_{QM}: Nutzen des Qualitätsmanagement

$$QR_d = \frac{QW}{BWK_{QM}} = \frac{BWQÜ - IK}{BWK_{QM}}$$

QR_d: dynamische Qualitätsrendite
QW: Qualitätswert
BWK_{QM}: Barwert der Kosten des Qualitätsmanagement
BWQÜ: Barwert der Qualitätsüberschüsse
IK: Implementierungskosten

Mit diesem Ansatz liefern *Bruhn/Georgi* eine Methodik, die eine umfassende Abbildung der Wirkungen von Qualitätsinvestitionen ermöglicht. Einschränkend muss jedoch angemerkt werden, dass der Zusammenhang zwischen den einzelnen Qualitätsinvestitionen und dem konkreten Kundenverhalten durch Messungen (intentional und/oder tatsächlich) zwar ermittelt werden kann, aber eindeutige Zurechnungen bzw. der Einfluss weiterer Faktoren zu Ungenauigkeiten führen können, so dass auch auf Schätzungen[3] zurückgegriffen wird.

Die Fähigkeit dieses Ansatzes, die Wertschaffung/-vernichtung durch Qualität angemessen abzubilden, beschränkt sich zunächst auf eine umfassende Ergebnisermittlung der Qualitätsinvestitionen, die jedoch auch mit Ungenauigkeiten behaftet ist. Da die Autoren dieses Ansatzes explizit von Kosten und Nutzen sprechen, ist anzunehmen, dass eine Zahlungsstromorientierung nicht angestrebt wird. Diese wird bei Einsatz statischer Wirtschaftlichkeitsrechnungen auch gar nicht benötigt. Kommen dynamische Wirtschaftlichkeitsrechnungsverfahren zur Anwendung, dann sollten je-

---

1 Angemerkt sei hierzu, dass Abzinsungen eigentlich mit Ein- bzw. Auszahlungen und nicht mit Kosten vorgenommen werden, auch wenn die Zahlungsgrößen zumeist auf Basis der Kosten- und Leistungsrechnung bestimmt werden. Zur Überwindung dieses Größenunterschieds siehe Kapitel 4.1.3.

2 Vgl. Bruhn, M./Georgi, D., 1999b, S. 183; auch Bruhn, M./Georgi, D., 1999a, S. 35; Bruhn, M./Georgi, D., 1998a, S. 106.

3 Vgl. hier beispielsweise Bruhn, M., 1998, S. 314 f.

doch Zahlungsgrößen herangezogen werden.[1] Darüber hinaus wäre auch bei dieser Art der Ergebnisermittlung den Spezifika des Firmenkundengeschäfts noch Rechnung zu tragen.

Die Abbildung der speziellen Zahlungsstromstruktur von Qualitätsinvestitionen im Firmenkundengeschäft ist ebenfalls davon abhängig, ob statische oder dynamische Verfahren angewendet werden. Während dynamische Verfahren auf Grund der differenzierten Periodenbetrachtung grundsätzlich in der Lage sind, die zeitliche und die zeitlich-betragsmäßige Struktur des Zahlungsstroms aufzuzeigen sowie die betragsmäßige Struktur im Ergebnis unter Berücksichtigung der Zinseffekte darzulegen, geht bei statischen Verfahren die zeitliche und zeitlich-betragsmäßige Struktur von Qualitätsinvestitionen in der Durchschnittsbetrachtung unter. Lediglich die betragsmäßige Struktur kann als Durchschnittsgröße aus dem berechneten Ergebnis abgelesen werden.

Die Bestimmung eines qualitätsspezifischen und risikoadäquaten Ergebnisanspruchs wird dagegen nicht vorgenommen. Die Bedingung, dass die Qualitätsrendite größer Null sein muss, ist insofern wertlos, als hiermit die von den Eigentümern geforderte und risikoadäquate Rendite (Kapitalkosten) unberücksichtigt bleibt. Erst wenn diese übererfüllt wird, kann von einer Wertschaffung gesprochen werden. Dies gilt ebenso für den Vergleich mit anderen Investitionen. Sollten Qualitäts- und Vergleichsinvestition beide negativ rentieren, wobei die Vergleichsinvestition negativere Renditen als die Qualitätsinvestition erzielt, dann müsste die Qualitätsinvestition durchgeführt werden, obwohl sie wertvernichtend wirkt. Darüber hinaus wird auch bei Anwendung der dynamischen Investitionskalküle der hierfür benötigte Zins nicht näher spezifiziert.

Eine Gegenüberstellung von Ergebnis und Ergebnisanspruch ist auf Grund des mangelnden Ergebnisanspruchs auch in diesem Modell nicht gegeben. Ansatzpunkte hierfür sind zwar in der Definition von Bedingungen für die Qualitätsrendite und in einer eventuell vorgenommenen Abzinsung erkennbar, können aber auch hier keine Wertschaffung/-vernichtung belegen. Der Koordinationsbedarf innerhalb der wertori-

1 Unter bestimmten Bedingungen ist es jedoch irrelevant, ob dynamische Wirtschaftlichkeitsrechnungen unter Zuhilfenahme von Zahlungs- oder Kostengrößen angestellt werden. Siehe hierzu auch Kapitel 4.1.3.

entierten Qualitätsplanung kann deshalb auch mit diesem Instrument nicht erfüllt werden.

Die Koordination zwischen operativer und strategischer wertorientierter Qualitätsplanung mit Hilfe von qualitätsbezogenen Werttreibern ist in diesem Ansatz zwar nicht explizit geregelt, aber es wird ein qualitätsbezogenes Kennzahlensystem entwickelt.[1] Daneben werden Kosten über Kostentreiber erfasst[2] und Erlössteigerungen über qualitätsbezogene Zielgrößen definiert[3], die auch als Wertreiber fungieren könnten. Darüber hinaus wird der Wirtschaftlichkeitsanalyse in Form der Qualitätsrentabilität von den Autoren auch die integrierende Aufgabe zwischen strategischem und operativem Qualitätsmanagement zugesprochen.[4] Unter Berücksichtigung einiger Modifikationen könnte deshalb der Ansatz nach *Bruhn/Georgi* diesem speziellen Koordinationsbedarf gerecht werden.

Die Gesamtbewertung des Qualitätsrendite-Ansatzes nach *Bruhn/Georgi* ist in Abbildung 4.5 nochmals zusammenfassend dargestellt.

---

1 Vgl. Bruhn, M./Georgi, D., 1999a, S. 140 ff.; auch Bruhn, M., 1998, S. 271.

2 Vgl. Bruhn, M./Georgi, D., 1999b, S. 185.

3 Vgl. Bruhn, M., 1998, S. 200.

4 Vgl. Bruhn, M./Georgi, D., 1999a, S. 31 f.

Kriterium für die Wertorientierung	Konkrete Ausprägung des Qualitätsrendite-Ansatzes	Kriteriums-bewertung
Bestimmung des Ergebnisses der Qualitätsinvestition in Form eines Zahlungsstroms	▪ Umfassende Messung des Nutzens von Qualitätsinvestitionen: Kundenbindungsnutzen; Kommunikationsnutzen; Kostenreduzierung. ▪ Detaillierte Erfassung der durch Durchführung der Qualitätsinvestition zusätzlich entstehenden Kosten. ▪ Problem: Zurechenbarkeit insbesondere des Nutzens zu einzelnen Qualitätsinvestitionen und damit verbundene Ungenauigkeiten, keine Zahlungsorientierung.	+
Abbildbarkeit der zeitlichen, betragsmäßigen und zeitlich-betragsmäßigen Struktur des Ergebnisses	▪ Bei Anwendung statischer Verfahren wird ausschließlich die betragsmäßige Struktur abgebildet. ▪ Dynamische Verfahren vermögen die spezielle Struktur von Qualitätsinvestitionen grundsätzlich abzubilden.	+
Zuweisung eines spezifischen sowie risiko-/renditeorientierten Ergebnisanspruchs an die Qualitätsinvestition	▪ Explizit: Nicht vorhanden. ▪ Implizit: Zum einen durch die Definition von Bedingungen, die an die Qualitätsrendite gestellt werden, aber hier unabhängig von Risiko und Rendite definiert werden. Zum anderen könnte bei Anwendung dynamischer Wirtschaftlichkeitsmethoden der Abzinsungsfaktor als Ergebnisanspruch betrachtet werden, aber es werden keine Aussagen darüber gemacht, ob es sich um einen für das Qualitätsengagement spezifischen Faktor handelt und das Risiko berücksichtigt wird.	- -
Gegenüberstellung von Ergebnisanspruch und Ergebnis und Quantifizierung der Wertschaffung/-vernichtung	▪ Explizit: Nicht vorhanden. ▪ Implizit: Einerseits durch Einhaltung der an die Qualitätsrendite gestellten Bedingungen und andererseits durch Anwendung des Barwertkonzepts, in dem die auf die Qualitätsinvestition zurückzuführenden Ein- und Auszahlungen abgezinst werden, könnte eine Gegenüberstellung erzielt werden, aber auf Grund des mangelnden Ergebnisanspruchs keine Quantifizierung der Wertschaffung /-vernichtung möglich.	-
Ableitung von operativen und qualitätsbezogenen Werttreibern zur wertorientierten Umsetzung der strategischen Qualitätspläne	▪ Keine explizite Definition von operativen und qualitätsbezogenen Werttreibern, aber Erfassung der Kosten mit Hilfe von Kostentreibern; Berücksichtigung qualitätsbezogener Zielgrößen zur Bestimmung der Erlössteigerung und Entwicklung eines qualitätsbezogenen Kennzahlensystems.	+
Legende ++ sehr gut; + gut; 0 mäßig; - schlecht; - - sehr schlecht		

Quelle: Eigene Darstellung.

***Abbildung 4.5**: Bewertung des Qualitätsrendite-Ansatzes nach Bruhn/Georgi in Bezug auf seine Einsatzfähigkeit für das wertorientierte Qualitätscontrolling im Firmenkundengeschäft*

4.1.2.3 Instrumente der Wertorientierung

Schließlich sollen als letzte Verfahrensgruppe noch die Instrumente, die im Zusammenhang mit dem Shareholder Value diskutiert werden, hier Berücksichtigung finden. Da diese Verfahren in Verbindung mit der Wertorientierung stehen, sollte angenommen werden, dass grundsätzlich eine Bestimmung der Wertschaffung/-vernichtung mit diesen Ansätzen erfolgen kann. Inwiefern damit auch die für das wertorientierte Qualitätscontrolling im Firmenkundengeschäft erforderlichen Koordinationsbedarfe und die Spezifika der in diesem Rahmen zu bewertenden Qualitätsinvestitionen erfüllt werden können, soll folgend erörtert werden.

In Verbindung mit dem Shareholder Value werden im Wesentlichen drei allgemeine Verfahren aus bankinterner Sichtweise[1] propagiert. Hierbei handelt es sich um die Discounted Cashflow-Verfahren (**Kapitel 4.1.2.3.1**), den Cashflow Return on Investment-Ansatz (**Kapitel 4.1.2.3.2**) und das Economic Value Added-Modell (**Kapitel 4.1.2.3.3**).[2] Darüber hinaus sind insbesondere im Zusammenhang mit dem Shareholder Value in Kreditinstituten sogenannte Risk Adjusted Performance Measurements (**Kapitel 4.1.2.3.4**) üblich.[3]

4.1.2.3.1 Discounted Cashflow-Verfahren

Basis der Discounted Cashflow-Verfahren stellt die Kapitalwertmethode dar. Nach Beendigung einer detaillierten Prognosephase, in der die freien Cashflows genau pro betrachteter Periode berechnet und diskontiert werden, schließt sich eine Berechnung des Fortführungswerts in Form einer ewigen Rente an. Grundsätzlich können zwei Verfahrensvarianten nach *Rappaport* und nach *Copeland et al.* unterschieden werden, die sich im Wesentlichen durch die Art der Cashflowermittlung, der definierten Werttreiber sowie der Fortführungswertberechnung mit und ohne Wachstumsrate

---

1 Neben den bankinternen Erfolgsmaßstäben zur Steuerung können auch bankexterne Größen, wie z.B. die Aktienrendite, herangezogen werden (vgl. Hörter, S., 1998, S. 111-127). Da hier ein Controllinginstrument zur internen Steuerung von Qualitätsinvestitionen, die nur einen Teil der gesamten Wertschaffung darstellen, entwickelt werden soll, werden die bankexternen Größen nicht explizit in die Betrachtung einbezogen.

2 Dabei handelt es sich um die am häufigsten diskutierten Verfahren (vgl. beispielsweise Ballwieser, W., 2000, S. 160 f.; Bausch, A./Kaufmann, L., 2000, S. 124; Becker, G. M., 2000, S. 53 ff.; Crasselt, N., et al., 2000a; Crasselt, N. et al., 2000b; Günther, T. et al., 2000a; Weber, M.-W., 2000, S. 466 ff.; Witt, F.-J., 1999, S. 484; Englert, J./Scholich, M., 1998, S. 685 f.; Hoffmann, W. H./Wüest, G., 1998; Schroeder, E. F., 1998, S. 81 ff.; Fechtel, A./Stelter, S., 1997, S. 32; Habermayer, W., 1997, S. 494 f.; Höhmann, K., 1998, S. 19; Lammerskitten, M. et al., 1997; Bühner, R., 1996; Kloock, J./Coenen, M., 1996, S. 1101 ff.). Darüber hinaus existieren weitere Verfahren, die zumeist Abwandlungen/Spezialisierungen der genannten Verfahren sind (vgl. beispielsweise Bacidore, J. M. et al., 1997; auch Hostettler, S., 1997).

3 Vgl. hierzu Brüning, J.-B./Hoffjan, A., 1997; auch Hörter, S., 1998, S. 221; Lehar, A. et al., 1998a; Lehar, A. et al., 1998b; Hille, C. T. et al., 2000.

unterscheiden.[1] Ihr vorrangiges Einsatzgebiet liegt in der Unternehmensbewertung und der Bewertung von strategischen Optionen:[2]

$$UW = \sum_{t=1}^{n} \frac{E(FCF_t)}{(1+k_{WACC})^t} + \frac{E(FCF_{n+1})}{(k_{WACC} - g) \cdot (1+k_{WACC})^n}$$

UW: Marktwert des Unternehmens
K_{WACC}: Diskontierungsrate (Kapitalkosten)
$E(FCF_t)$: Erwartungswert der freien Cashflow-Verteilung in der Periode t
t=1,...,n: Perioden der Prognosephase
g: erwartete ewige Wachstumsrate der freien Cashflows[3]

Beide Verfahren ziehen zur Beurteilung der Wertschaffung/-vernichtung freie Cashflows heran, die im Fall von *Rappaport* mit Hilfe von Werttreibern und bei Copeland aus dem Jahresabschluss ermittelt werden. Sämtliche Zahlungen in Verbindung mit dem Bewertungsobjekt werden so berücksichtigt und beinhalten keine „bilanziellen Manipulationen". Problematisch bleibt in diesem Zusammenhang die Zahlungsquantifizierung für alle wertbestimmenden Effekte gerade in Bezug auf die Qualität im Firmenkundengeschäft. Dies gilt insbesondere auch dann, wenn die Zahlungen mit Hilfe des Jahresabschlusses bestimmt werden, da dieser in Bezug auf die Ausweisung des Qualitätserfolges als unvollständig einzustufen ist.[4]

Die zeitliche und zeitlich-betragsmäßige Struktur des Ergebnisses der Qualitätsinvestition kann unproblematisch mit Hilfe des Discounted Cashflow-Verfahrens abgebildet werden, da dem Zeitaspekt durch eine differenzierte Zahlungsbetrachtung über mehrere Perioden Rechnung getragen wird. In diesem Zusammenhang muss auf Grund des späten Einsatz der Nutzenwirkungen von Qualitätsinvestitionen die Länge der Detailprognose, d.h. für wie viele Perioden ein Detailergebnis kalkuliert wird bevor ein Fortführungswert angesetzt wird, eventuell angepasst werden. Auch die betragsmäßige Struktur des Ergebnisses einer Qualitätsinvestition ist durch die konkrete Bestimmung des Discounted Cashflow erkennbar, der dabei nicht nur eine einfa-

---

1 Vgl. hierzu grundlegend auch folgend Copeland, T. et al., 1993 und Rappaport, A., 1995.

2 Vgl. hierzu Hoffmann, W. H./Wüest, G., 1998, S. 195. Zur formalen Abbildung siehe Copeland, T. et al., 1993, S. 124 f. und S. 225 ff.; auch Betsch, O. et al., 2000, S. 217.

3 Die Berücksichtigung einer Wachstumsrate in der Berechnung des Fortführungswertes wird von verschiedenen Autoren unterschiedlich gehandhabt (Vgl. z.B. Copeland, T. et al., 1993, S. 225-232).

4 Siehe auch Kapitel 4.1.2.1.

che Aufsummierung der Ein- und Auszahlungsbeträge aufzeigt, sondern auch den unterschiedlichen zeitlichen Anfall berücksichtigt.

Den freien Cashflows wird dann der gewichtete Kapitalkostensatz (Weighted Average Cost of Capital - WACC) in Form einer Diskontierung gegenübergestellt. Der gewichtete Kapitalkostensatz beinhaltet dabei das für die Eigenkapitalgeber mit der Aktienanlage eingegangene Risiko, das entweder mit Hilfe des Capital Asset Pricing Model oder der Arbitrage Pricing Theory bestimmt wird. Hiermit wird der Zusammenhang zwischen Risiko und erwartetem Ertrag gewährleistet, jedoch ausschließlich für die Gesamtbank. Der aus den freien Cashflows ermittelte Barwert gibt Auskunft über die Wertschaffung/-vernichtung.

Des Weiteren werden in beiden Verfahrensvarianten Werttreiber bestimmt, die einen wesentlichen Einfluss auf die zu erzielenden Cashflows besitzen und damit eine Koordination zwischen strategischen und operativen Bereichen ermöglichen. Bei *Rappaport* handelt es sich dabei um die Wachstumsrate des Umsatzes, die betriebliche Gewinnmarge, den Cash-Gewinnsteuersatz, sowie die Zusatzinvestitionsraten ins Anlage- und ins Umlaufvermögen.[1] *Copeland et al.* schreiben dagegen der Investitionsrate und der Kapitalrendite diese Bedeutung zu.[2]

In Abbildung 4.6 wird die Beurteilung diese Verfahren nochmals zusammenfassend dargestellt.

---

1 Vgl. Rappaport, A., 1995, S. 55 f.

2 Vgl. Copeland, T. et al., 1993, S. 143.

Kriterium	Konkrete Ausprägung des Discounted Cashflow-Verfahrens	Kriteriumsbewertung
Bestimmung des Ergebnisses der Qualitätsinvestition in Form eines Zahlungsstroms	▪ Berücksichtigung sämtlicher Zahlungen, die mit dem Bewertungsobjekt verbunden sind, zur Berechnung des Barwerts. Problematisch ist dabei jedoch die Zahlungsquantifizierung für das Qualitätsergebnisses (besonders, wenn der Jahresabschluss als Datenbasis dient).	0
Abbildbarkeit der zeitlichen, betragsmäßigen und zeitlich-betragsmäßigen Struktur des Ergebnisses	▪ Auf Grund der differenzierten Periodenbetrachtung auf Basis der Kapitalwertmethode kann die spezielle Struktur von Qualitätsinvestition ohne Weiteres abgebildet werden, wobei ausgehend von der „Grundform" eventuell Anpassungen in Bezug auf die zeitliche Struktur zu erfolgen haben.	+
Zuweisung eines spezifischen sowie risiko-/rendite-orientierten Ergebnisanspruchs an das Qualitätsengagement	▪ Bestimmung des gewichteten Kapitalkostensatzes für die Gesamtbank, der den risiko-/renditeorientierten Ergebnisanspruch der Eigenkapitalgeber beinhaltet. Die Risiko-Rendite-Relation wird dabei entweder mit Hilfe des CAPM oder der APT ermittelt.	+
Gegenüberstellung von Ergebnisanspruch und Ergebnis und Quantifizierung der Wertschaffung/-vernichtung	▪ Über die Diskontierung in der Prognosephase und der Berechnung der ewigen Rente für den Fortführungswert. Der so ermittelte Barwert zeigt schließlich die Wertschaffung/-vernichtung aber nicht bezogen auf die Qualitätsinvestition an.	+
Ableitung von operativen und qualitätsbezogenen Werttreibern zur wertorientierten Umsetzung der strategischen Qualitätspläne	▪ Festlegung von Werttreibern in Abhängigkeit von der Verfahrensvariante - jedoch nicht qualitätsbezogen.	+
Legende ++ sehr gut; + gut; 0 mäßig; - schlecht; - - sehr schlecht		

Quelle: Eigene Darstellung.

***Abbildung 4.6**: Bewertung des Discounted Cashflow-Verfahren in Bezug auf seine Einsatzfähigkeit für das wertorientierte Qualitätscontrolling im Firmenkundengeschäft*

4.1.2.3.2 Cashflow Return on Investment-Ansatz

Ausgangspunkt des Cashflow Return on Investment-Ansatzes stellt die Methode des Internen Zinsfußes dar.[1] Dabei wird die Bruttoinvestitionsbasis vor Zinsen und Steuern als Anschaffungsauszahlung und damit als das zu verzinsende Kapital betrachtet.[2] Die Brutto-Cashflows, die aus einem Jahresabschluss ermittelt und dann konstant gehalten werden,[3] stellen die abzudiskontierenden Zahlungen dar und die nicht abschreibbaren Aktiva werden wie ein Restwert behandelt. Die Nutzungsdauer ergibt

1 Vgl. grundlegend Lewis, T. G., 1994.

2 Vgl. Lewis, T. G./Lehmann, S., 1992, S. 9 f.; auch Kloock, J./Coenen, M., 1996, S. 1102; Lammerskitten, M. et al., 1997, S. 225; Hoffmann, W. H./Wüest, G., 1998, S. 187.

3 Vgl. Lammerskitten, M. et al., 1997, S. 226; auch Crasselt, N. et al., 2000b, S. 205.

sich aus der Nutzungsdauer des Sachanlagevermögens.[1] Der so ermittelte Interne Zinsfuß, der in Abbildung 4.7 zusammengefasst ist, stellt das Ergebnis der zu bewertenden Investition, wie z.B. die Gesamtbank oder einzelne Geschäftsbereiche, in Form einer dynamischen Rentabilität dar.

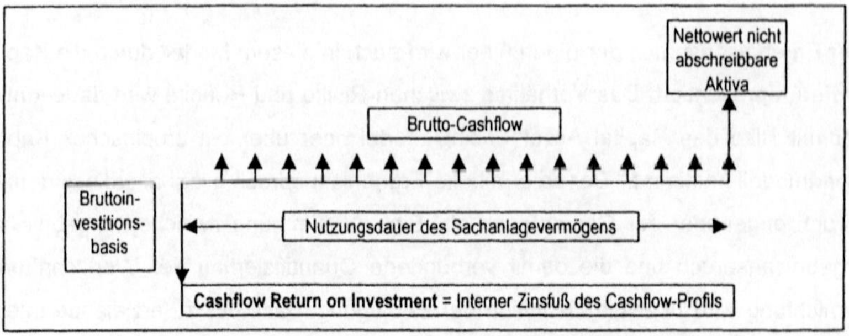

Quelle: Eigene Darstellung in Anlehnung an **Lewis, T. G./Lehmann, S.**, 1992, S. 9.

***Abbildung 4.7**: Grundstruktur des Cashflow Return on Investment*

Dabei ist wie bei dem vorherigen Verfahren mit Problemen bei der Ermittlung des jahresabschlussbasierten Qualitätszahlungsstroms zu rechnen.[2] Da auch im Rahmen dieses Ansatzes eine differenzierte Betrachtung der Ein- und Auszahlungen pro Periode grundsätzlich möglich ist, kann der zeitlichen Struktur des Zahlungsstroms von Qualitätsinvestitionen Rechnung getragen werden. Da aber die Brutto-Cashflows nur einmal berechnet und dann konstant gehalten werden, ist es fraglich, ob damit der späte Einsatz der Nutzenwirkung Berücksichtigung finden kann.

Die betragsmäßige Struktur des Zahlungsstroms von Qualitätsinvestitionen kann grundsätzlich dem berechneten Ergebnis entnommen werden, aber hier ergeben sich auf Grund der Anwendung der Methode des Internen Zinsfußes spezielle Probleme. Die Berechnung des Internen Zinsfußes führt nur dann zu einem eindeutigen Ergebnis, wenn die Qualitätsinvestition eine isoliert durchführbare Investition[3] ist.

---

1 Vgl. Lewis, T. G./Lehmann, S., 1992, S. 8 ff.; auch Hachmeister, D., 1997, S. 558.

2 Siehe zu dieser Problematik auch Kapitel 4.1.2.3.1.

3 Diese Investitionen sind dadurch gekennzeichnet, dass die Zahlungsreihe genau einen Vorzeichenwechsel aufweist. Vgl. zu den Prüfkriterien für isoliert durchführbare Investitionen auch Blohm, H./Lüder, K., 1995, S. 91.

Zusammengesetzte Investitionen[1] bieten dagegen mehrere Ergebnismöglichkeiten.[2] Grundsätzlich kann die zeitlich-betragsmäßige Struktur mit dem Cashflow Return on Investment-Ansatz dargelegt werden, aber auch diesbezüglich sind die vorangestellten Schwierigkeiten zu bedenken.

Der Ergebnisanspruch der Eigentümer wird auch in diesem Modell durch die Kapitalkosten repräsentiert. Das Verhältnis zwischen Risiko und Rendite wird dabei entweder mit Hilfe des Capital Asset Pricing Model oder über ein empirisches Kapitalmarktmodell bestimmt.[3] Der so ermittelte Ergebnisanspruch bildet allerdings den Anspruch gegenüber der Gesamtbank ab. Eine Abstimmung zwischen Ergebnis und Ergebnisanspruch und die damit verbundene Quantifizierung der Wertschaffung/-vernichtung wird über die Definition der Bedingung, dass der zu erzielende Interne Zinsfuß mindestens den Ergebnisanspruch erreichen muss, für die Gesamtbank realisiert.

Schließlich wird in dem Cashflow Return on Investment-Ansatz auch mit Werttreibern operiert, um das Ergebnis auf einzelne wertbestimmende Komponenten herunterzubrechen. Die Werttreiber setzen sich zusammen aus dem Umsatz (Nachfragewachstum, Marktanteil, Preisniveau, Produkt-Mix), den Kosten (Fixkosten, variable Kosten, Aufwendungen mit Investitionscharakter) und den Investitionen (Produktivität, Kapazitätsauslastung, Lagerumschlag, Technologie).[4]

In Abbildung 4.8 ist die Beurteilung des Cashflow Return on Investment-Ansatzes zusammenfassend dargestellt.

---

1 Zusammengesetzte Investitionen sind durch mehr als einen Vorzeichenwechsel in der Zahlungsreihe charakterisiert (vgl. Blohm, H./Lüder, K., 1995, S. 91).

2 Vgl. Blohm, H./Lüder, K., 1995, S. 95.

3 Vgl. hierzu beispielsweise Lewis, T. G./Lehmann, S., 1992, S. 13; auch Hoffmann, W. H./Wüest, G., 1998, S. 189.

4 Vgl. Lewis, T. G., 1994, S. 65.

Kriterium	Konkrete Ausprägung des Cashflow Return on Investment-Ansatzes	Kriteriums-bewertung
Bestimmung des Ergebnisses der Qualitätsinvestition in Form eines Zahlungsstroms	▪ Ermittlung des Internen Zinsfußes unter Berücksichtigung sämtlicher Zahlungen, die mit dem Bewertungsobjekt verbunden sind, dem gebundenen Kapital und einem Restwert. Problematisch ist dabei jedoch die Bestimmung der erforderlichen Ergebnisbestandteile in Bezug auf die Qualität im Firmenkundengeschäft.	0
Abbildbarkeit der zeitlichen, betragsmäßigen und zeitlich-betragsmäßigen Struktur des Ergebnisses	▪ Auf Grund der differenzierten Periodenbetrachtung auf Basis der Internen Zinsfuß-Methode kann die spezielle Struktur von Qualitätsinvestition grundsätzlich abgebildet werden, wobei jedoch einerseits die im Ansatz unterstellte Zahlungskonstanz und andererseits das Kriterium des Internen Zinsfußes selbst zu Schwierigkeiten führen kann.	0
Zuweisung eines spezifischen sowie risiko-/rendite-orientierten Ergebnisanspruchs an die Qualitätsinvestition	▪ Bestimmung des gewichteten Kapitalkostensatzes für die Gesamtbank, der den risiko-/renditeorientierten Ergebnisanspruch der Eigenkapitalgeber beinhaltet. Die Risiko-Rendite-Relation wird dabei entweder mit Hilfe des CAPM oder eines eigenen empirischen Ansatzes ermittelt.	+
Gegenüberstellung von Ergebnisanspruch und Ergebnis und Quantifizierung der Wertschaffung /-vernichtung	▪ Durch Formulierung der Bedingung, dass der ermittelte Interne Zinsfuß mindestens die Kapitalkosten erreichen muss, kann die Wertschaffung/-vernichtung bestimmt werden, jedoch hier nicht in Bezug auf die Qualitätsinvestition.	+
Ableitung von operativen und qualitätsbezogenen Werttreibern zur wertorientierten Umsetzung der strategischen Qualitätspläne	▪ Festlegung von Werttreibern in Bezug auf Umsatz, Kosten und Investitionen, jedoch ohne qualitätsspezifische Ausgestaltung.	+
Legende ++ sehr gut; + gut; 0 mäßig; - schlecht; - - sehr schlecht		

Quelle: Eigene Darstellung.

***Abbildung 4.8**: Bewertung des Cashflow Return on Investment-Ansatzes in Bezug auf seine Einsatzfähigkeit für das wertorientierte Qualitätscontrolling im Firmenkundengeschäft*

4.1.2.3.3 Economic Value Added-Ansatz

Im Gegensatz zu den zuvor besprochenen Shareholder Value-Instrumenten gehört der Economic Value Added-Ansatz[1] zu den Modellen des betrieblichen Übergewinns.[2] Dieser Art von Modell wird eine besondere Eignung für eine laufende Erfolgsbeurteilung und Leistungsmessung zur Wertbestimmung von Unternehmen und Unternehmensteilen zugesprochen.[3]

1 Vgl. grundlegend Stewart, B. G. III, 1991; Stewart, B. G. III, 1999.

2 Neben dem „Economic Value Added"-Ansatz existieren weitere betriebliche Übergewinnmodelle, die in den Zusammenhang mit dem Shareholder Value-Prinzip gebracht werden und fast identisch sind. Hierzu zählen der „Economic Profit"-Ansatz, der „Added Value"-Ansatz sowie der „Cash Value Added"-Ansatz (vgl. detailliert Hostettler, S., 1997, S. 47).

3 Vgl. Hoffmann, W. H./Wüest, G., 1998, S. 187.

Eine Ergebnisermittlung findet hier über die Berechnung der Vermögensrendite statt. Sie wird kalkuliert als Quotient aus operativem Ergebnis und dem dafür eingesetzten Kapital und weist damit eine gewisse Ähnlichkeit zu den traditionellen Rentabilitätssteuerungsinstrumenten auf. Obwohl zur Ermittlung der Größen jahresabschlussorientierte Daten herangezogen werden, können über eine entsprechende Ergebnisbereinigung zahlungsorientierte Größen bestimmt werden.[1] Auch in diesem Ansatz bleibt noch offen, wie das spezifische Qualitätsergebnis vollständig ermittelt werden könnte.[2]

Der Ergebnisanspruch der Eigentümer drückt sich auch hier in den gewichteten Kapitalkosten aus, deren Risiko-Rendite-Verhältnis über das Capital Asset Pricing Model oder ein eigens für nicht börsennotierte Unternehmen entwickeltes Verfahren für die Gesamtbank abgeleitet wird.[3] Eine Gegenüberstellung erfolgt in einem ersten Schritt statisch, indem die Differenz zwischen Vermögensrendite und Kapitalkosten gebildet wird. Durch Multiplikation mit dem eingesetzten Kapital wird die Wertschaffung/-vernichtung (Economic Value Added) für die betrachtete Periode ersichtlich.[4] Es sei in diesem Zusammenhang darauf hingewiesen, dass die Berechnungsmethodik der Vermögensrendite, der aus dem Kapitalmarkt abgeleiteten Kapitalkosten und der Vermögensgröße (Kapital) unbedingt aufeinander abgestimmt sein müssen.[5]

Dynamisiert wird dieses Verfahren durch eine Prognose der Economic Value Added über die Perioden des Planungszeitraums und deren Diskontierung mit den Kapitalkosten. Für den sich dann anschließenden Betrachtungszeitraum wird ein Fortführungswert angesetzt. Der so ermittelte Wert wird auch als Market Value Added bezeichnet:[6]

---

1 Vgl. Bühner, R., 1996, S. 395; auch Lammerskitten, M. et al., 1997, S. 227.

2 Hier spielen wieder die Probleme im Zusammenhang mit der jahresabschlussbezogenen Qualitätsergebnisermittlung eine wesentliche Rolle (siehe Kapitel 4.1.2.1).

3 Vgl. Stewart, B. G. III, 1991, S. 451 ff.; auch Hostettler, S., 1997, S. 53; Hoffmann, W. H./Wüest, G., 1998, S. 190.

4 Vgl. hierzu beispielsweise Hoffmann, W. H./Wüest, G., 1998, S. 189.

5 Vgl. zu dieser Problematik auch Hostettler, S., 1997, S. 95 f.

6 Vgl. Lammerskitten, M. et al., 1997, S. 227; auch Hostettler, S., 1997, S. 210 f.; Hoffmann, W. H./Wüest, G., 1998, S. 190; Crasselt, N. et al., 2000a, S. 74.

$$EVA_t = (r_{NBV} - k) \cdot NBV_{t-1}$$

EVA_t: Economic Value Added in Periode t
r_{NBV}: Rendite des Nettobetriebsvermögens
k: Kapitalkosten
NBV_{t-1}: Nettobetriebsvermögen zu Periodenbeginn

$$MVA = \sum_{t=1}^{n} \frac{EVA_t}{(1+k)^t} + \frac{EVA_{n+1}}{k \cdot (1+k)^n}$$

MVA: Market Value Added
t=1,...,n: Perioden der Detailprognose
EVA_{n+1}: normalisierter Economic Value Added

Die zeitliche und zeitlich-betragsmäßige Struktur des Qualitätszahlungsstroms kann dabei durch die periodische Ergebnisberechnung zur Kalkulation des Economic Value Added berücksichtigt werden. Eventuell ist es auf Grund des späten nutzenseitigen Einsatzes erforderlich, die Detailprognose über das sonst übliche Maß zu erweitern. Die betragsmäßige Struktur kann durch Addition der Periodenergebnisse auch unter Berücksichtigung des Zinseffekts ermittelt werden.

Die Werttreiber[1], die dem Economic Value Added-Ansatz zugrunde liegen, werden eingeteilt in Werttreiber, die durch das Management einer Bank bzw. des Geschäftsbereichs beeinflussbar sind (betrieblicher Gewinn abzüglich eines theoretischen Steueraufwands[1], Steuervorteile auf Grund von Fremdfinanzierungen, investiertes Kapital für Wachstum, erwartete Rendite nach Steuern des investierten Kapitals) sowie Werttreiber, die durch den Markt bestimmt werden (Kapitalkosten für das entsprechende Geschäftsrisiko, Dauer bis die erzielbare Rendite den Kapitalkosten entspricht).

In Abbildung 4.9 wird die Gesamtbeurteilung des Economic Value Added-Ansatzes abschließend zusammengefasst.

---

1 Vgl. Stewart, B. G. III, 1991, S. 299 f.; auch Müller, H., 2000, S. 352.

Kriterium	Konkrete Ausprägung des Economic Value Added-Ansatzes	Kriteriums-bewertung
Bestimmung des Ergebnisses der Qualitätsinvestition in Form eines Zahlungsstroms	▪ Ermittlung der Vermögensrendite unter Berücksichtigung sämtlicher Zahlungen, die mit dem Bewertungsobjekt verbunden sind, und dem gebundenen Kapital. Problematisch ist dabei jedoch die Bestimmung der erforderlichen Ergebnisbestandteile in Bezug auf die Qualität im Firmenkundengeschäft.	0
Abbildbarkeit der zeitlichen, betragsmäßigen und zeitlich-betragsmäßigen Struktur des Ergebnisses	▪ Auf Grund der differenzierten Periodenbetrachtung auf Basis der Kapitalwertmethode kann die spezielle Struktur von Qualitätsinvestition grundsätzlich abgebildet werden, wobei ausgehend von der „Grundform" eventuell Anpassungen in Bezug auf die zeitliche Struktur zu erfolgen haben	+
Zuweisung eines spezifischen sowie risiko-/rendite-orientierten Ergebnisanspruchs an die Qualitätsinvestition	▪ Bestimmung des gewichteten Kapitalkostensatzes für die Gesamtbank, der den risiko-/renditeorientierten Ergebnisanspruch der Eigenkapitalgeber beinhaltet. Die Risiko-Rendite-Relation wird dabei entweder mit Hilfe des CAPM oder eines eigenen Logarithmus für nicht börsennotierte Unternehmen ermittelt.	+
Gegenüberstellung von Ergebnisanspruch und Ergebnis und Quantifizierung der Wertschaffung/-vernichtung	▪ Durch Differenzbildung zwischen Vermögensrendite und gewichteten Kapitalkosten sowie anschließender Multiplikation mit dem eingesetzten Kapital wird die Wertschaffung/-vernichtung pro Periode aber nicht qualitätsspezifisch bestimmt. Eine Dynamisierung gelingt durch Diskontierung der Periodenwerte mit den Kapitalkosten unter Berücksichtigung eines Fortführungswerts.	+
Ableitung von operativen und qualitätsbezogenen Werttreibern zur wertorientierten Umsetzung der strategischen Qualitätspläne	▪ Identifikation und Kategorisierung von Werttreibern in vom Management beeinflussbare und vom Markt bestimmte Werttreiber ohne Qualitätsbezug.	+
Legende ++ sehr gut; + gut; 0 mäßig; - schlecht; - - sehr schlecht		

Quelle: Eigene Darstellung.

Abbildung 4.9: *Bewertung des Economic Value Added-Ansatzes in Bezug auf seine Einsatzfähigkeit für das wertorientierte Qualitätscontrolling im Firmenkundengeschäft*

4.1.2.3.4 Risk Adjusted Performance Measurement

Einer statischen Rentabilitätskennziffer ähnlich stellt sich auch das insbesondere von Banken entwickelte Risk Adjusted Performance Measurement dar. Hinter dieser Bezeichnung stehen eine Reihe von Begriffen und Definitionen, die sich letztendlich zumeist auf identische Verfahren beziehen.[2] Wesentliche Bedeutung haben in diesem Zusammenhang die Kennzahlen Return On Risk-Adjusted Capital (RORAC)

1 Net Operating Profit After Tax (NOPAT).

2 Vgl. Lehar, A. et al., 1998a, S. 861.

und Risk-Adjusted Return On Capital (RAROC) erlangt,[1] die zur Rentabilitätsmessung herangezogen werden.

Die Kennzahl RORAC berechnet sich dabei als Quotient aus dem Nettoergebnis und dem Economic Capital.[2] Das Nettoergebnis wird als Differenz aus Erlösen, Standard-Betriebskosten, Standard-Risikokosten und anteiligen Refinanzierungskosten berechnet.[3] Das Economic Capital steht für das Risikopotential, das eingegangen wurde, um das Ergebnis zu erzielen.[4] Mit Hilfe des RORAC wird also die Rendite auf das eingesetzte Risikokapital bestimmt.[5] Demgegenüber drückt der RAROC den Quotient risikoadjustiertes Ergebnis zu Economic Capital aus und entspricht damit einer Rendite, die risikobereinigt ist.[6] Das risikoadjustierte Ergebnis lässt sich dabei durch eine Bereinigung des Nettoergebnisses um eine (Ziel-) Risikoprämie berechnen:[7]

$$RORAC = \frac{NE}{EC}$$

RORAC: Return on Risk Adjusted Capital
NE: Nettoergebnis
EC: Economic Capital

$$RAROC = \frac{E_{ra}}{EC}$$

RAROC: Risk Adjusted Return on Capital
E_{ra}: risikoadjustiertes Ergebnis

---

1 Vgl. Lehar, A. et al., 1998a, S. 861 f.; auch Lehar, A. et al., 1998b, S. 949; Brühning, J.-B./Hoffjahn, A., 1997, S. 362 f.; Lister, M., 1997, S. 35 f.; Groß, H./Knippschild, M., 1995, S. 101 f. Neben diesen Kennzahlen, die dem „Return On Equity" ähnlich sind, existieren weitere Kennzahlen, die sich auf den „Return On Assets" zurückführen lassen. Hier sind vor allem der „Return On Risk Adjusted Assets" (RORAA) und der „Risk Adjusted Return On Assets" (RAROA) zu nennen (vgl. Hörter, S., 1998, S. 223 f.)

2 Vgl. Lehar, A. et al., 1998a, S. 861 f.

3 Vgl. Hörter, S., 1998, S. 222.

4 Vgl. Brühning, J.-B./Hoffjahn, A., 1997, S. 362.

5 Vgl. Lehar, A. et al., 1998a, S. 862.

6 Vgl. Brühning, J.-B./Hoffjahn, A., 1997, S. 363. Die hier vorgestellte RAROC-Kennziffer repräsentiert das gegenwärtig Entwicklungsstadium dieser Art von Kennzahlen, denn auf Grund von verschiedenen Entwicklungen wurde die verwendete Kapitalbasis vom Eigenkapital zum Economic Capital verändert. Korrekterweise müsste deshalb die Bezeichnung auch Risk-Adjusted Return On Risk-Adjusted Capital (RARORAC) lauten (vgl. Lehar, A. et al., 1998b, S. 949; auch Lister, M., 1997, S. 211).

7 Vgl. Hille, C. T. et al., 2000, S. 191; auch Hörter, S., 1998, S. 223; Lehar, A. et al., 1998a, S. 861; Lehar, A. et al., 1998b, S. 949; Brühning, J.-B./Hoffjahn, A., 1997, S. 363.

Das so berechnete Ergebnis bezieht sich auf eine Periode und weist keinen Zahlungscharakter und auch keinen Qualitätsbezug auf. Der Betrachtungszeitraum von einer Periode macht eine Abbildung der zeitlichen und zeitlich-betragsmäßigen Struktur des Qualitätsergebnisses unmöglich. Die betragsmäßige Struktur zeigt sich in der Ergebnisermittlung.

Der risiko-/renditeorientierte Ergebnisanspruch der Eigentümer drückt sich in diesem Ansatz für den RORAC in der Bestimmung eines Ziel-RORAC aus, der sich für die Gesamtbank oder einzelne Geschäftsbereiche berechnen lässt, aber auch bis auf die Produktebene heruntergebrochen werden kann.[1] Ausgangspunkt hierfür stellt die vom Kapitalmarkt geforderte Eigenkapitalrendite dar, die unter Berücksichtigung von Eigenkapital und Risikopotential zum Ziel-RORAC umgerechnet wird.[2] Auch hier werden die Zusammenhänge, die aus dem Capital Asset Pricing Model stammen, genutzt. Eine Gegenüberstellung von RORAC und Ziel-RORAC zeigt die Wertschaffung/-vernichtung an.[3]

Die so ermittelte Wertschaffung/-vernichtung auf Basis des RORAC entspricht gleichzeitig der Überrendite[4] in Form des RAROC, da bereits in der RAROC-Kalkulation die (Ziel-)Risikoprämie[5] im Rahmen der Risikoadjustierung des Nettoergebnisses berücksichtigt wurde.[6] Da beide Vorgehensweisen kompatibel sind, kann der geforderte Koordinationsbedarf zwischen Ergebnis und Ergebnisanspruch mit Hilfe von beiden Ansätzen erfüllt werden.

Die für die wertorientierte Qualitätssteuerung im Firmenkundengeschäft relevanten Werttreiber werden in dieser risikoorientierten Rentabilitätsrechnung nicht explizit abgeleitet. Es existieren aber Kennzahlensysteme, die eine Aufspaltung der Risiko-

---

1 Vgl. Hörter, S., 1998, S. 220 f.; auch Lehar, A. et al., 1998b, S. 949 f.; Groß, H./Knippschild, M., 1995, S. 106.

2 Vgl. Lehar, A. et al., 1998b, S. 951.

3 Vgl. beispielsweise Schierenbeck, H., 1999b, S. 496.

4 Vgl. Lehar, A. et. al., 1998b, S. 949.

5 Eine Ermittlung kann analog zur Bestimmung des Ziel-RORAC erfolgen (vgl. Groß, H./Knippschild, M., 1995, S. 102).

6 Zur Kompatibilität der RORAC- und RAROC-Wertschaffung siehe Lehar, A. et al., 1998b, S. 949; auch Lister, M., 1997, S. 211; Groß, H./Knippschild, M., 1995, S. 102.

Rendite-Kennzahlen in ihre Bestandteile ermöglichen.[1] Darüber hinaus liefern die vorgestellten Kennzahlen die Möglichkeit einer Verknüpfung von strategischen und operativen Steuerungsgrößen,[2] weil sie sich für die Gesamtbank über einzelne Geschäftsbereiche bis auf die operative Produktebene herunterbrechen lassen.

Allerdings bleibt dieser Ansatz bislang statisch. Es existieren jedoch verschiedene Versuche, ihn zu dynamisieren.[3] Diesbezüglich kann aber noch nicht von einer abgeschlossenen.Diskussion gesprochen werden. Kritiker merken dazu an, dass eine Steuerung wie dargelegt notwendig, aber nicht hinreichend für eine Maximierung des Shareholder Value ist. Insbesondere ist auch eine gute strategischen Positionierung erforderlich.[4] Dies unterstreicht die Notwendigkeit einer Dynamisierung dieses Ansatzes. Deshalb ist auch die Koordination zwischen strategischer und operativer Qualitätsplanung im Firmenkundengeschäft nur eingeschränkt mit diesem Ansatz möglich.

Insgesamt wird die Beurteilung des Risk Adjusted Performance Measurement in Abbildung 4.10 zusammengefasst. Daraus geht hervor, dass noch einige Entwicklungsarbeit in Bezug auf die Entwicklung eines Werttreibersystems sowie die Dynamisierung des Ansatzes geleistet werden muss.

---

1 Vgl. hierzu beispielsweise Schierenbeck, H., 1998, S. 14 ff.; auch Lister, M., 1997, S. 216 ff.

2 Vgl. Groß, H./Knippschild, M., 1995, S. 106.

3 Einerseits wird versucht, über das Marktwert-Buchwert-Verhältnis einen dynamischen Shareholder Value abzubilden (vgl. Brühning, J.-B./Hoffjahn, A., 1997, S. 367 f.), andererseits gibt es Bestrebungen, bestehende Shareholder Value-Modell, wie z.B. den Economic Value Added, mit den vorgestellten Kennzahlen zu kombinieren (vgl. Lehar, A. et al., 1998b, S. 952).

4 Vgl. Hörter, S., 1998, S. 243.

Kriterium	Konkrete Ausprägung des Risk Adjusted Performance Measurement	Kriteriums-bewertung
Bestimmung des Ergebnisses der Qualitätsinvestition in Form eines Zahlungsstroms	▪ Ermittlung einer risikoadäquaten bzw. risikobereinigten Rendite. Problematisch ist dabei jedoch die Bestimmung der erforderlichen Ergebnisbestandteile (insbesondere das Risiko) für die Qualität im Firmenkundengeschäft und der fehlende Zahlungscharakter.	-
Abbildbarkeit der zeitlichen, betragsmäßigen und zeitlich-betragsmäßigen Struktur des Qualitätsergebnisses	▪ Auf Grund des statischen Charakters keine Berücksichtigung der zeitlichen und zeitlich-betragsmäßigen Besonderheiten von Qualitätsinvestitionen. ▪ Betragsmäßige Struktur grundsätzlich aus der Ergebnisermittlung ablesbar.	- -
Zuweisung eines spezifischen sowie risiko-/ renditeorientierten Ergebnisanspruchs an das Qualitätsengagement	▪ Die Bestimmung einer risiko-/renditeorientierten Zielrendite (Ziel-RORAC) findet unter zu Hilfenahme des CAPM statt. Diese bezieht sich entweder auf die Gesamtbank, einzelne Geschäftsbereiche oder Produkte.	+
Gegenüberstellung von Ergebnisanspruch und Ergebnis und Quantifizierung der Wertschaffung/-vernichtung	▪ Durch Differenzbildung zwischen RORAC und Ziel-RORAC bzw. Ermittlung des RAROC wird die Wertschaffung/-vernichtung bestimmt, jedoch ausschließlich für eine Periode und nicht spezifisch für Qualitätsinvestitionen.	0
Ableitung von operativen und qualitätsbezogenen Werttreibern zur wertorientierten Umsetzung der strategischen Qualitätspläne	▪ Es wird keine explizite Ableitung von Werttreibern vorgenommen, jedoch Unterkennzahlen gebildet, die zwar nicht qualitätsbezogen sind, aber die generelle Zusammensetzung der Gesamtkennzahlen offen legen und sich bis auf die Produktebene herunterbrechen lassen.	0
Legende ++ sehr gut; + gut; 0 mäßig; - schlecht; - - sehr schlecht		

Quelle: Eigene Darstellung.

Abbildung 4.10: *Bewertung des Risk Adjusted Perfomance Measurement in Bezug auf seine Einsatzfähigkeit für das wertorientierte Qualitätscontrolling im Firmenkundengeschäft*

4.1.3 Synthese geeigneter Verfahren zur qualitätsbezogenen Wertschaffungsmessung im Firmenkundengeschäft

Der in Abbildung 4.11 dargelegte Vergleich der vorgenommenen Beurteilung der einzelnen Verfahren liefert ein eindeutiges Bild. Keines der vorgestellten Modelle vermag die Anforderungen, die zum einen aus der wertorientierten Qualitätscontrollingkonzeption und zum anderen aus dem spezifischen Betrachtungsobjekt der Qualität im Firmenkundengeschäft resultieren, vollständig zu erfüllen. Bis auf eine häufig zu bemängelnde Ausgestaltung in Bezug auf die Qualitätsinvestitionen im Firmenkundengeschäft treten die Defizite pro Verfahren für ganz unterschiedliche Kriterien auf.

Während sich der Discounted Cashflow-Ansatz, das Cashflow Return on Investment-Modell und der Economic Value Added-Ansatz insgesamt überwiegend gut für einen Einsatz im wertorientierten Qualitätscontrolling des Firmenkundengeschäfts eignen, können die anderen Verfahren lediglich einzelne Teile gut abbilden. Für die Ergebnisermittlung und die Berücksichtigung der Ergebnisstruktur von Qualitätsinvestitionen sind vor allem der Return on Quality-Ansatz und der Qualitätsrendite-Ansatz zu nennen. Der Ergebnisanspruch an die Qualitätsinvestition kann auch durch die Rentabilitätsmessung allgemein und insbesondere durch das Risk Adjusted Performance Measurement ermittelt werden. In Bezug auf die Werttreiber zur Koordination zwischen strategischer und operativer Qualitätsplanung liefern dagegen die Rentabilitätsmessung sowie der Qualitätsrendite-Ansatz gute Erkenntnisse.

Kriterien für die Wertorientierung	Bewertung der Verfahren zur Wertschaffung						
	Rentabilitätsmessung	Qualitätsbezogene Wirtschaftlichkeitsrechnung		Instrumente der Wertorientierung			
		ROQ[(a)]	Qualitätsrendite	DCF[(b)]	CFROI[(c)]	EVA[(d)]	RAPM[(e)]
Ergebnis	-	+	+	0	0	0	-
Ergebnisstruktur	--	+	+	+	0	+	--
Ergebnisanspruch	+	--	--	+	+	+	+
Wertschaffung	0	-	-	+	+	+	0
Werttreiber	+	0	+	+	+	+	0
Legende: ++ sehr gut; + gut; 0 mäßig; - schlecht; - - sehr schlecht							

(a) Return on Quality
(b) Discounted Cashflow
(c) Cashflow Return on Investment
(d) Economic Value Added
(e) Risk Adjusted Performance Measurement

Quelle: Eigene Darstellung.

***Abbildung 4.11**: Gegenüberstellung der Verfahren zur Wertschaffungsmessung in Bezug auf die Beurteilung ihrer Einsatzfähigkeit für das wertorientierte Qualitätscontrolling im Firmenkundengeschäft*

Da die Wertschaffungsverfahren Discounted Cashflow-Verfahren, Economic Value Added-Ansatz und Cashflow Return on Investment-Modell die grundsätzlichen Koordinationsbedarfe, die für einen Einsatz im wertorientierten Qualitätscontrolling des Firmenkundengeschäfts erforderlich sind, erfüllen, sollen die grundlegenden Mechanismen dieser Ansätze auch für die Wertschaffungsmessung durch Qualität im Firmenkundengeschäft herangezogen werden. Dabei stellt sich die Frage, wie diese Modelle verbunden werden können bzw. welchem der Vorzug zu geben ist.

In diesem Zusammenhang kann gezeigt werden, dass die dem Cashflow Return on Investment-Modell zugrundeliegende Interne Zinsfuß-Methode zu derselben Vorteilhaftigkeitsentscheidung führt wie die Kapitalwertmethode, die als Grundlage für den Discounted Cashflow-Ansatz und die Market Value Added-Berechnung im Economic Value Added-Ansatz dient. Voraussetzung hierfür ist die Betrachtung von isoliert durchführbaren Investitionen bzw. isoliert durchführbaren Differenzinvestitionen.[1] Die Bewertung zusammengesetzter Investitionen mit der Methode des Internen Zinsfußes kann zu Fehlentscheidungen führen und der Kapitalwertmethode ist der Vorrang zu geben.[2] Auf Grund dieser methodischen Überlegungen erscheinen die kapitalwertbasierten Modelle vorzugswürdig.

Darüber hinaus kann unter Zuhilfenahme des Lücke-Theorems[3] gezeigt werden, dass Bewertungen auf Basis von Cashflows (Discounted Cashflow-Ansatz) den Bewertungen auf Basis von Gewinnen (Economic Value Added-Ansatz) entsprechen, wenn eine gleiche Projektdauer gewählt wird und die Periodengewinne um die kalkulatorischen Zinsen auf das gebundene Kapital korrigiert werden. Unter Berücksichtigung dieser Bedingungen und Verwendung derselben Datenbasis führen der Discounted Cashflow-Ansatz und der Economic Value Added-Ansatz für mehrperiodige Bewertungen zu denselben Ergebnissen, auch wenn einzelne Periodenergebnisse nicht übereinstimmen müssen.[4]

Diese grundsätzlichen Überlegungen berücksichtigend soll folgend der Economic Value Added-Ansatz weiter verfolgt werden. Er geht nicht nur bezüglich des Ergebnisses für mehrperiodige Bewertungen konform mit dem Discounted Cashflow-Ansatz, sondern er ist darüber hinaus in der Lage, eine periodische Wertschaffung auszuweisen und neben der mehrperiodischen dynamischen Sichtweise auch eine

---

1 Vgl. Blohm, H./Lüder, K., 1995, S. 101.

2 Vgl. auch Blohm, H./Lüder, K., 1995, S. 100.

3 Vgl. Lücke, W., 1955.

4 Vgl. Hostettler, S., 1997, S. 191 ff.

eher operative periodenbezogene Perspektive einzunehmen.[1] Außerdem handelt es sich dabei um eine Methodik, die auch in Kreditinstituten zum Einsatz kommt.[2] Es sei aber erwähnt, dass keines der vorgestellten wertorientierten Performancemaße die am Kapitalmarkt erzielten Renditen vollständig erklären,[3] wobei dem Economic Value Added-Ansatz aber eine besonders hohe Korrelation mit den Kapitalmarktwerten zugeschrieben wird.[4]

Da die Bewertung von Qualitätsinvestitionen im Firmenkundengeschäft hier Gegenstand der Betrachtung ist, müssen deren Besonderheiten neben den grundlegend zu erfüllenden Koordinationsanforderungen ebenfalls Berücksichtigung finden, wofür die einzelnen Vorzüge der betrachteten Ansätze genutzt werden können.

Gerade zur Kalkulation des zu berechnenden periodenbezogenen Ergebnisses der Qualitätsinvestition und die für die Qualitätsinvestition zu berücksichtigende Ergebnisstruktur können die Möglichkeiten der Ergebnisbestimmung, die der Return on Quality-Ansatz und der Qualitätsrendite-Ansatz liefern, herangezogen, eventuell erweitert und auf das Firmenkundengeschäft angepasst werden. Aber auch die allgemeine Vorgehensweise der bankspezifischen Ergebnisermittlung, die beispielsweise in der Rentabilitätssteuerung dargestellt ist, kann im Rahmen der Qualitätsergebnisermittlung behilflich sein.

Der zu bestimmende Ergebnisanspruch mit einer spezifischen Risiko-Rendite-Orientierung für die firmenkundenbezogenen Qualitätsinvestitionen kann unter Zuhilfenahme der Risk Adjusted Performance Measurement, die sich nicht nur auf die Gesamtbank sondern auch auf verschiedene untergeordnete Ebenen beziehen lässt, gut abgebildet werden.

---

1 Vgl. hierzu auch Uyemura, D. G. et al., 1996, S. 103.

2 Vgl. beispielsweise Duetsche Bank AG (Hrsg.), 1999, S. 38; auch die Untersuchungen von Günther, T. et al., 2000a und Günther, T. et al., 2000b sowie Bausch, A./Kaufmann, L., 2000, S. 124. Die Ergebnisse der Experteninterviews zeigen ebenfalls die Bedeutung des Economic Value Added-Ansatzes für die Banksteuerung auf.

3 Vgl. Günther, T. et al., 2000b, S. 133.

4 Vgl. Uyemura, D. G. et al., 1996, S. 99; auch Müller, H., 2000, S. 348. Die Untersuchungen von *Günther et al.* zeigen diesbezüglich jedoch sehr gemischte Resultate (vgl. Günther, T. et al., 2000b, S. 133).

Die das Ergebnis und den Ergebnisanspruch beeinflussenden Faktoren in Form von Werttreibern können unter Berücksichtigung der Erkenntnisse, die allgemein die traditionelle Rentabilitätssteuerung sowie bezogen auf die Qualität der Qualitätsrendite-Ansatz liefern, hergeleitet werden. Ausgehend von dieser ersten Verfahrenssynthese, die insbesondere im Rahmen der Modellausgestaltung von Kapitel 5 noch konkretisiert wird, soll ein neues Modell entstehen, das folgend als Quality Added Value (QAV) bezeichnet wird. Damit soll ausgedrückt werden, dass es sich hierbei um ein qualitätsspezifisches Maß der Wertschaffung handelt. In Abbildung 4.12 sind diese Ansatzpunkte für eine Verfahrensintegration abschließend nochmals dargestellt.

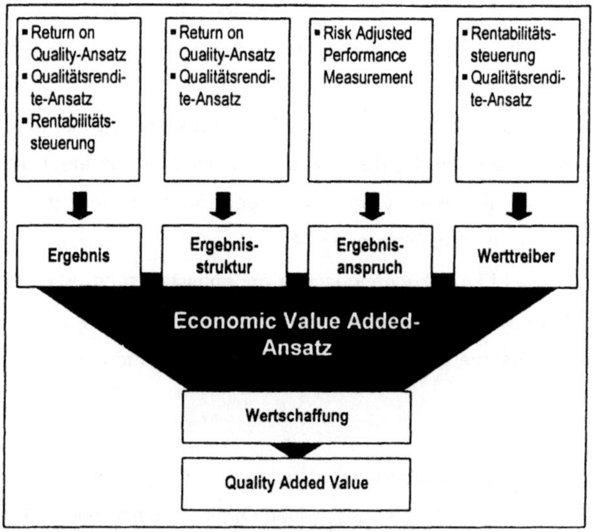

Quelle: Eigene Darstellung.

***Abbildung 4.12**: Synthese verschiedener Verfahren*

4.2 Quality Added Value als neues Maß für die Wertschaffung durch Qualität

Der soeben über eine Verfahrenssynthese hergeleitete Quality Added Value stellt ein neues Instrument dar, das die durch die erbrachte Qualität erzielte Wertschaffung misst. Die Wertschaffung kann dabei auf verschiedenen Ebenen betrachtet werden, wie in Abbildung 4.13 veranschaulicht.

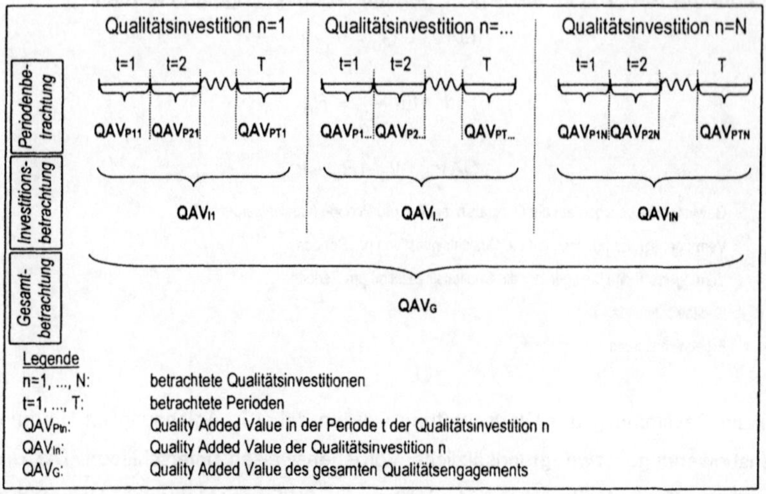

Quelle: Eigene Darstellung.

***Abbildung 4.13**: Ebenen des Quality Added Value*

Entsprechend ist es möglich, Aussagen über die in einer Periode erbrachte Wertschaffung durch Qualität zu treffen (**Kapitel 4.2.1**), die eingeht in eine investitionsbezogene Wertschaffungsbetrachtung (**Kapitel 4.2.2**) und diese wiederum Voraussetzung für die Ermittlung der Wertschaffung für das gesamte Qualitätsengagement ist (**Kapitel 4.2.3**). Die Ausführungen beschränken sich dabei zunächst auf die grundlegenden Größen und Zusammenhänge des QAV, die sich zum einen aus den Ansatzpunkten für eine Verfahrenssynthese und zum anderen aus den verschiedenen Berechnungsebenen ergeben.[1] Darüber hinaus soll bei der Betrachtung des QAV

1 Zur konkreten Ausgestaltung der einzelnen Teilgrößen siehe Kapitel 5.

der Planungscharakter[1] des Instrumentes im Vordergrund stehen, d.h. die Bewertung einer Qualitätsinvestition mit Hilfe des QAV wird vor der eigentlichen Initiierung durchgeführt.[2]

4.2.1 Quality Added Value bezogen auf eine Periode

Eine periodenbezogene Berechnung des Quality Added Value (QAV_P) kann entsprechend der Konzeption des betrieblichen Übergewinns, das auch dem Economic Value Added-Ansatz zu Grunde liegt, folgendermaßen durchgeführt werden:[3]

$$QAV_P = G_Q - V_Q \cdot k$$

$$\text{oder für } \frac{G_Q}{V_Q} = R_Q$$

$$QAV_P = V_Q \cdot (R_Q - k)$$

G_Q: Gewinngröße bezogen auf die Qualitätsinvestition pro Periode (Qualitätsergebnis)

V_Q: Vermögensgröße bezogen auf die Qualitätsinvestition pro Periode

R_Q: Vermögensrendite bezogen auf die Qualitätsinvestition pro Periode

k: Kapitalkostensatz

$V_Q \cdot k$: Ergebnisanspruch

Für die Bestimmung der Wertschaffung werden dabei in Anlehnung an Unternehmensbewertungen zwei grundsätzliche Vorgehensweisen unterschieden: Die Bruttomethode (Entity-Methode) und die Nettomethode (Equity-Methode).[4] Während mit der Entity-Methode[5] der Wert des Gesamtkapitals berechnet und davon der Wert des Fremdkapitals saldiert wird, um zum Wert des Eigenkapitals zu kommen, wird mit der Equity-Methode direkt der Wert des Eigenkapitals berechnet.[6] Für Anwen-

---

1 Dies entspricht auch den Anforderungen, die das wertorientierte Qualitätscontrolling an ein neu zu gestaltendes Instrument stellt, denn die durch dieses Instrument zu erfüllenden Koordinationsbedarfe beziehen sich auf die wertorientierte Qualitätsplanung.

2 Neben der wertorientierten Qualitätsplanung liefert der QAV natürlich auch Impulse für die restlichen Teilsysteme des wertorientierten Qualitätscontrolling (siehe Kapitel 2.3).

3 Vgl. allgemein Hostettler, S., 1997, S. 45 f.

4 Vgl. z.B. Henselmann, K., 1999, S. 80 f.

5 Als Verallgemeinerung der Entity-Methode wird in der Literatur auch die Adjusted Present Value-Methode diskutiert (vgl. Betsch, O. et al., 2000, S. 220 ff.).

6 Vgl. hierzu ausführlich, Betsch, O. et al., 2000, S. 217-223; auch Henselmann, K., 1999, S. 81; Hachmeister, D., 1998, S. 106-132.

dung des Übergewinnkonzeptes speziell in Banken und damit auch im Firmenkundengeschäft wird generell die Equity-Methode eingesetzt.[1]

Der QAV_P zeigt dabei den in einer Periode über die durch die Qualitätsinvestition verursachten Kosten für das beanspruchte Kapital hinausgehenden Gewinn, der als der pro Periode geschaffene Mehrwert durch die Qualitätsinvestition zu betrachten ist. Er beinhaltet damit bereits wesentliche Elemente, die für ein Modell zur Beurteilung der Wertschaffung durch Qualität als wichtig erachtet wurden.[2] Dies ist neben dem Qualitätsergebnis (**Kapitel 4.2.1.1**) auch der spezifische Ergebnisanspruch (**Kapitel 4.2.1.2**). Darüber hinaus werden Ergebnis und Ergebnisanspruch natürlich von den qualitätsbezogenen Werttreibern (**Kapitel 4.2.1.3**) bestimmt, die die Zusammensetzung dieser Größen visualisieren und damit die Verbindung zur operativen Ebene herstellen.

4.2.1.1 Das Qualitätsergebnis

Das in diesem Zusammenhang zu ermittelnde Qualitätsergebnis, wie es beispielsweise der Return on Quality-Ansatz und der Qualitätsrendite-Ansatz zeigen, wird als Gewinngröße bestimmt. Damit wird versucht, die Nettoeinnahmen der Eigentümer - die im Sinne des Shareholder Value theoretisch einzig richtige Größe[3] - annähernd abzubilden.[4] Dabei wird - wie bereits erwähnt[5] - gerade an dem Gewinn erhebliche Kritik geäußert.[6] In Verbindung mit den Konzepten des betrieblichen Übergewinns kann diese Kritik insofern ausgeräumt werden, als eine Ergebnisbereinigung vorgenommen wird,[7] die zu einem zahlungsähnlichen Charakter des Ergebnisses führt.

---

1 Vgl. beispielsweise Obrist, P., 2000, S. 171; auch Weber, M.-W., 2000, S. 468; Ehrbar, A., 1999, S. 132; Hörter, S., 1998, S. 102 f.

2 Siehe hierzu Kapitel 2.3.

3 Siehe hierzu Kapitel 2.2.

4 Vgl. hierzu Henselmann, K., 1999, S. 297; zur grundsätzlichen Diskussion auch Hostettler, S., 1997, S. 190; Fickert, R., 1991, S. 56 ff.

5 Siehe Kapitel 4.1.2.1.

6 Vgl. zu einer ausführlichen Diskussion über die Kritik an der Gewinngröße im Zusammenhang mit dem Shareholder Value und deren Fundierung Henselmann, K., 1999, S. 297-303.

7 Vgl. hierzu ausführlich Hostettler, S., 1997, S. 97-105; auch Ehrbar, A., 1999, S. 133 f.; Weber, M.-W., 2000, S. 468.

Auf Gesamtbankebene wird hierfür der Reingewinn nach Steuern herangezogen, der auch in die Berechnung der Eigenkapitalrentabilität einfließt,[1] weshalb die Erkenntnisse aus der bankbetrieblichen (Eigenkapital-)Rentabilitätssteuerung auch für die Ermittlung des Qualitätsergebnisses genutzt werden können. Wesentliche Ergebnisbereinigungen werden speziell für Banken dann in Bezug auf die Risikovorsorge, die Steuern, das außerordentliche Ergebnis und die Bewertungen, die Gewinne und die Verluste von Wertpapieren vorgenommen.[2]

Ausgehend vom Reingewinn nach Steuern der Gesamtbank, dessen Ermittlungsschema in Abbildung 4.14 dargestellt ist,[3] können die Ergebnisbestandteile abgeleitet werden, die für Qualitätsinvestitionen relevant sind. Entsprechend der Charakterisierung von Qualitätsinvestitionen sowie der Qualitätsergebnisberechnung im Return on Quality-Ansatz und Qualitätsrenditeansatz können Zinskonditionsbeiträge und Provisionserlöse sowie die dazugehörigen Standard-Betriebskosten durchaus von einer Qualitätsinvestition stammen, denn diese Ergebnisse resultieren aus Leistungen, die im Firmenkundengeschäft angeboten werden, und deshalb auch deren Qualität aus Kundensicht mit den jeweiligen Ergebniswirkungen durch Qualitätsinvestitionen gesteuert werden kann. Die Standard-Risikokosten, die eine Entschädigung für das Gläubigerrisiko darstellen,[4] dagegen sind von Qualitätsinvestitionen nicht betroffen. Diese von der Bonität der Firmenkunden abhängigen Kostenbestandteile repräsentieren Leistungserstellungskosten.

Risiko- und Produktivitätsergebnis entstehen dagegen dadurch, dass die ursprünglich angesetzten Standard-Risikokosten und Standard-Betriebskosten nicht den tatsächlichen Ist-Risikokosten und Ist-Betriebskosten entsprechen.[5] Da im Zusammenhang mit der Bewertung von Qualitätsinvestitionen im Sinne der Bankeigentümer der

---

1 Vgl. Schierenbeck, H., 1999a, S. 421 und S. 457; auch Uyemura, D. G. et al., 1996, S. 97 f.

2 Vgl. Uyemura, D. G. et al., 1996, S. 101.

3 Vgl. ähnlich für die Einzelgeschäftskalkulation Faßbender, H., 1995, S. 442 ff. bzw. die Bereichskalkulation Hörter, S., 1998, S. 154.

4 Vgl. Schierenbeck, H., 1999a, S. 293.

5 Vgl. Schierenbeck, H., 1999a, S. 373; auch Faßbender, H., 1995, S. 444 ff.

Planungscharakter des QAV im Vordergrund steht,[1] spielen diese Ergebnisbestandteile hier keine Rolle. Demgegenüber können dimensionsübergreifende Betriebskosten[2] des Kundengeschäfts durch Qualitätsinvestitionen, z.B. in Form von Kosten für Ausstattungen im Firmenkundenbereich, beeinflusst werden.

Das Handelsergebnis, das das Resultat des Eigenhandels[3] der Bank beinhaltet, wird nicht von Qualitätsinvestitionen im Firmenkundengeschäft tangiert. Das Treasury-Ergebnis umfasst im Wesentlichen Transformationserfolge. Hierunter können auch eigene Emissionen zu Refinanzierungszwecken fallen.[4] Entsprechend dem der Bewertung zugrundeliegenden Equity-Ansatz müssten diese Fremdkapitalkosten, sofern sie im Rahmen der Marktzinsmethode nicht berücksichtigt wurden, in die Ergebnisermittlung einfließen.[5] Die Verteilung dieser Kosten auf einzelne Qualitätsinvestitionen stellt sich aber als schwierig heraus, weil sie gesamtbankbezogen und nicht investitionsbezogen anfallen. Dies wird besonders für die Zinskosten für Bankobligationen ersichtlich. Aus diesem Grund sollen sie hier nicht explizit berücksichtigt werden.

Das Anlageergebnis setzt sich dann aus der Bewirtschaftung der Sachanlagen und dem Konditionsbeitrag auf das Eigenkapital zusammen.[6] Sie werden regelmäßig der Zentralabteilung Anlagen zugerechnet[7] und spielen somit für die Ermittlung des Qualitätsergebnisses keine Rolle.

Schließlich fließen in die Berechnung des Reingewinns auch Overheadkosten ein. Diese Betriebskosten können weder dem Kundengeschäft noch dem Nicht-Kundengeschäft eindeutig zugerechnet werden, wie z.B. das Gehalt eines Pfört-

---

1 Aus diesem Grund ist die „herkömmliche" Koordination mit den anderen Teilsystemen des wertorientierten Qualitätscontrolling ebenso von Bedeutung.

2 Dimensionsübergreifende Betriebskosten sind Kosten, die auf die (Ergebnis-)Auswertungsdimensionen Produktarten, Geschäftsstellen oder Kunden(-gruppen) nicht direkt zurechenbar sind, aber dennoch im Zusammenhang mit dem Kundengeschäftsergebnis entstehen (vgl. beispielsweise Schierenbeck, H., 1999a, S. 376 f.).

3 Vgl. Schierenbeck, H., 1999a, S. 414.

4 Vgl. Schierenbeck, H., 1999a, S. 408.

5 Vgl. ähnlich Hörter, S., 1998, S. 154.

6 Vgl. Schierenbeck, H., 1999a, S. 409.

7 Vgl. Schierenbeck, H., 1999a, S. 409.

ners.[1] Somit ist auch die Zurechnung auf einzelne Qualitätsinvestitionen nicht möglich, auch wenn im Zusammenhang mit der Durchführung der Qualitätsinvestition solche Ressourcen in Anspruch genommen würden.[2]

Demgegenüber bieten das außerordentliche Ergebnis, das allgemein auf Grund von Aufwendungen und Erträgen mit Ausnahmecharakter (wie z.B. Erträge im Zusammenhang mit der Veräußerung einer Beteiligung) zustande kommt, und die sonstigen betrieblichen Erträge (wie z.B. Erträge aus Gewinngemeinschaften)[3] wenig Verbindungen zu Qualitätsinvestitionen im Firmenkundengeschäft.

Die Gewinnsteuern aber sind natürlich auch auf Qualitätsgewinne zu entrichten. Jedoch entsteht hier für die Investition allgemein das Problem, dass zur Ermittlung der Gewinnsteuern eigentlich neben dem Gewinn der Investition auch die Periodenergebnisse der Gesamtbank ohne die Qualitätsinvestition bekannt sein müssten. Die zukünftigen Gesamtbankergebnisse werden jedoch nicht nur von einer Qualitätsinvestition beeinflusst, sondern von sämtlichen Investitionen einer Bank. Trotzdem wird die Einbeziehung von (Gewinn-)Steuern empfohlen, um deren Konsequenzen auf das Investitionskriterium zumindest größenmäßig zu erfassen.[4]

---

1 Vgl. Schierenbeck, H., 1999a, S. 410.

2 Die Overheadkosten spielen damit auch keine Rolle für die Entscheidung zwischen mehreren Qualitätsinvestitionen. Der mit einer Qualitätsinvestition zu erzielende Wertbeitrag muss allerdings dann auch zur Deckung der Overheadkosten zur Verfügung stehen.

3 Vgl. Schierenbeck, H., 1999a, S. 414 f.

4 Vgl. Blohm, H./Lüder, K., 1995, S. 120 f.; auch Hachmeister, D., 1998, S. 54 f.

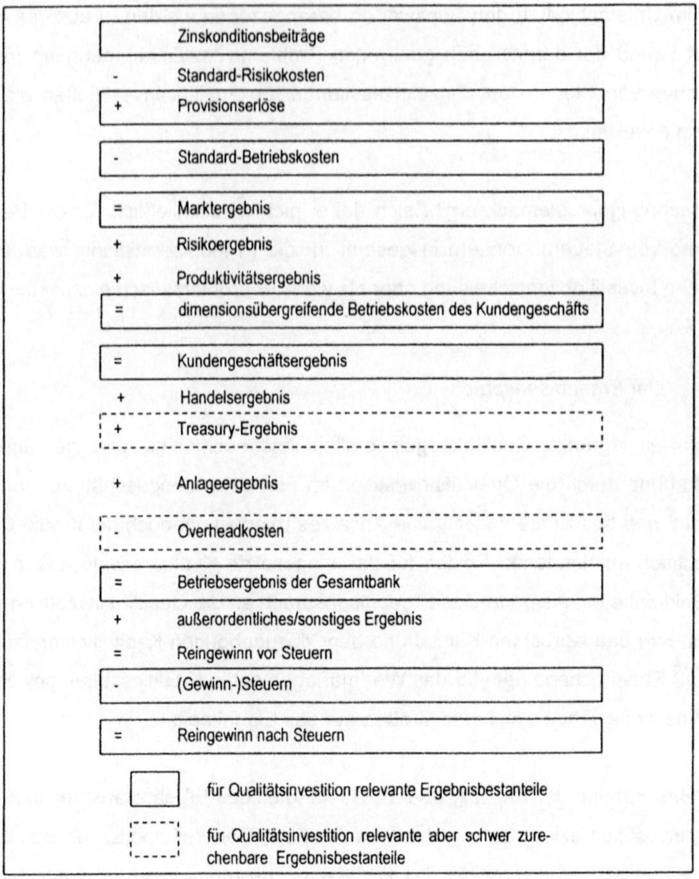

Quelle: Eigene Darstellung in Anlehnung an **Schierenbeck, H.**, 1999a, S. 376, 405, 411 und 421.

***Abbildung 4.14**: Qualitätsrelevante Ergebnisbestandteile im Rahmen der Ermittlung des Reingewinns nach Steuern*

Mit den eingegrenzten Ergebnisbestandteilen für die Qualitätsinvestition ergibt sich auch ein reduzierter Ergebnisbereinigungsbedarf. Während in Bezug auf das außerordentliche Ergebnis, die Bewertungen, die Gewinne und Verluste von Wertpapieren sowie die Risikovorsorge auf Grund des Nichteinbezugs dieser Positionen in das Qualitätsergebnis keine Bereinigung mehr zu erfolgen braucht, sollten die Steuerzahlungen angepasst werden. Für die Steuerzahlungen sollten die tatsächlichen Zahlungen im Unterschied zu den Buchwerten herangezogen werden.[1] Letzteres dürfte sich auf Grund der bereits oben genannten Probleme im Zusammenhang mit der Zurechnung von Steuern auf Einzelinvestitionen für Qualitätsinvestitionen als sehr schwierig erweisen.

Die Zurechnungsproblematik ergibt sich dabei nicht ausschließlich für die Berücksichtigung von Steuern, sondern insgesamt für die Ergebnisermittlung, was für die eigentliche Investitionsentscheidung aber als weniger problematisch einzustufen ist.[2]

4.2.1.2 Der Ergebnisanspruch

Das zuvor eingegrenzte Qualitätsergebnis allein lässt noch keine Aussagen über die Wertschaffung durch die Qualitätsinvestition im Firmenkundengeschäft zu, sondern muss im Sinne des Shareholder Value-Ansatzes mindestens noch die für die Qualitätsinvestition entstandenen Kosten für das eingesetzte Kapital erwirtschaften. Dieser in Geldeinheiten ausgedrückte Ergebnisanspruch an die Qualitätsinvestition setzt sich aus dem beanspruchten Kapital und dem dazugehörigen Kapitalkostensatz zusammen.[3] Entsprechend dem für das Wertmanagement in Kreditinstituten gewählten Equity-Ansatz beziehen sich beide Größen auf das Eigenkapital.

Für die Bestimmung der Kapitalgröße als Bestandteil des Ergebnisanspruchs an die Qualitätsinvestition existieren verschiedene Ansätze. Generell handelt es sich dabei um das eingesetzte Eigenkapital, das in diesem Zusammenhang für Kreditinstitute als durchschnittliches Reinvermögen (bilanzielles Eigenkapital inklusive der stillen Reserven) definiert ist, da die Eigenkapitalgeber auch einen Verzinsungsanspruch auf die stillen Reserven besitzen.[4]

Für die Zuordnung des Eigenkapitals zu einzelnen Bereichen, Investitionen und Geschäften können unterschiedliche Vorgehensweisen gewählt werden, wobei eine im

---

1 Vgl. Uyemura, D. G. et al., 1996, S. 102.

2 Vgl. Kruschwitz, L., 1995, S. 31.

3 Vgl. auch Weber, M.-W./Koch, M., 2000.

4 Vgl. Hörter, S., 1998, S. 105 f.

Sinne des Shareholder Value-Ansatzes optimale Lösung für die Eigenkapitalallokation bislang nicht existiert.[1] In der bankbetrieblichen Praxis wird deshalb auf ganz unterschiedliche Methoden der Eigenkapitalallokation zurückgegriffen. Hierzu zählen die Eigenkapitalzuordnung mit Hilfe von Benchmarks, des anteiligen Geschäftsvolumens als anteilige Aktiv- und Passivvolumina abzüglich des bilanziellen Eigenkapitals, der geltenden aufsichtsrechtlichen Normen oder eines Value- oder Earnings at Risk-Ansatzes.[2]

Während die ersten drei Ansätze zwar als in der Praxis gut handhabbar gelten, dabei aber kaum dem Verursachungsprinzip entsprechen, stellen letztere anspruchsvollere Verfahren auf Basis statistischer Verlustschätzungen der risikobehafteten Objekte dar[3], mit denen eine differenzierte Zurechnung der Eigenkapitalkosten ermöglicht wird.[4] Jedoch kann es bei ausschließlicher Anwendung dieser wiederum zu einer Missachtung der aufsichtsrechtlichen Eigenkapitalunterlegungsvorschriften kommen. Für eine Allokation der Eigenkapitalkosten auf einzelne Einheiten sind deshalb die gesetzlichen Eigenkapitalunterlegungsvorschriften in jedem Fall zu integrieren.[5]

Um das durch Qualitätsinvestitionen im Firmenkundengeschäft beanspruchte Eigenkapital zu ermitteln, sollte auf den in der Bank praktizierten Verteilungsmodus zurückgegriffen werden, um so eine einheitliche Wertsteuerung zu gewährleisten. Deshalb soll sich die Ermittlung des Ergebnisanspruchs im Rahmen des Quality Added Value-Ansatzes auf den Value at Risk-Ansatz unter Berücksichtigung der aufsichtsrechtlichen Normen konzentrieren, da sie den aktuellen Stand im wertorientierten Bankcontrolling widerspiegeln.[6] Für eine derartige Vorgehensweise können die Erkenntnisse aus den ebenfalls auf Value-/Earnings at Risk-Ansätze zurückgehenden Risk Adjusted Performance Measurement eine gute Basis liefern.

---

1 Vgl. hierzu ausführlich Schierenbeck, H., 1999b, S. 509 ff.

2 Vgl. Weber, M.-W., 2000, S. 468; auch Schierenbeck, H., 1999a, S. 483ff.; Hörter, S., 1998, S. 198 ff.

3 Vgl. hierzu grundlegend Wittrock, C./Jansen, S., 1996; auch Smithson, C., 1996a; Smithson, C., 1996b; Johanning, L., 1998; Stoughton, N./Zechner, J., 2000.

4 Vgl. Hörter, S., 1998, S. 199 f.; auch Hille, C. T. et al., 2000, S. 190 ff.

5 Zu einzelnen Vorgehensweise vgl. ausführlich Hörter, S., 1998, S. 229-233.

6 Laut Experteninterviews. Vgl. zu aktuellen Anwendungen des Value at Risk-Ansatzes auch Neubürger, M./Brockmann, M., 2000. Zur Kritik des Value at Risk-Ansatzes vgl. Franke, G., 2000.

Bei Anwendung des Value at Risk-Ansatzes zur Quantifizierung der Kapitalgröße des Ergebnisanspruchs an eine Qualitätsinvestition ist auf das in Abbildung 4.15 dargelegte Grundmodell zur standardisierten Risikoquantifizierung zurückzugreifen,[1] um das mit der jeweiligen Qualitätsinvestition verbundene Risikokapital zu berechnen. Das Grundmodell wird bislang vorrangig zur Quantifizierung von Marktrisiken, Preisrisiken und Gegenparteienrisiken eingesetzt, bietet aber auch die Möglichkeit der Quantifizierung nicht darunter zu subsumierender Risiken.[2] Dabei wird angenommen, dass zukünftige Veränderungen den bislang im Analysezeitraum beobachteten Veränderungen entsprechen, die Risikoparameter normalverteilt sind und der Zusammenhang zwischen Risikoparameter und Wertentwicklung der risikobehafteten Position linear ist.[3]

---

1 Zum Grundmodell vgl. ausführlich Lister, M., 1997, S. 113-157; auch Schierenbeck, H., 1999b, S. 18-27.

2 Vgl. Lister, M., 1997, S. 157.

3 Vgl. Schierenbeck, H., 1999b, S. 30; auch Lister, M., 1997, S. 115.

Quelle: Eigene Darstellung in Anlehnung an **Schierenbeck, H.**, 1999b, S. 19.

Abbildung 4.15: *Ansatzpunkte für eine standardisierte Risikoquantifizierung von Qualitätsinvestitionen im Grundmodell*

Entsprechend der in Abbildung 4.15 skizzierten Vorgehensweise sind zunächst die mit der Qualitätsinvestition verbundenen Risiken zu benennen und darauf aufbauend eventuell unterschiedliche Risikoarten abzugrenzen. Auf dieser Grundlage können dann die spezifischen Risikoparameter der Qualitätsinvestition (Stufe 1) abgeleitet werden.

Die Stufen 2, 3, 4 und 6 des Grundmodells erfolgen dann auch für die Qualitätsinvestition analog der vorgeschlagenen Methodik. Auf Grund der mangelnden Marktdaten über Qualitätsinvestitionen, wie sie für Marktrisiken beispielsweise in Form von Aktienkursen vorliegen, können jedoch besondere Anforderungen an die Datengenerierung, wie z.B. die Bestimmung der Standardabweichung, entstehen. Hierfür sind dann gesonderte Lösungen zu finden bzw. ist das Grundmodell zu erweitern. Stufe 5 bedarf dann wieder einer für die Risiken der Qualitätsinvestition gesonderten Bestimmung der Risikovolumina.

Dieses so ermittelte Risikokapital der Qualitätsinvestition dient als bestimmendes Maß für die Eigenkapitalallokation[1] und für die Wertschaffungsmessung im Rahmen des QAV. Darüber hinaus ist anhand der geltenden gesetzlichen Vorschriften zu überprüfen, inwiefern auf Grund der Durchführung einer Qualitätsinvestition gesetzliches Eigenkapital vorzuhalten ist, um diese dann im Rahmen der Eigenkapitalallokation berücksichtigen zu können.[2]

Der für die Kalkulation des Ergebnisanspruchs erforderliche Eigenkapitalkostensatz wird im Zusammenhang mit der Wertdiskussion regelmäßig als Renditeforderung der Kapitalgeber verstanden,[3] für deren Bestimmung eine Reihe von Möglichkeiten existiert. Grundlage hierfür stellt zumeist ein kapitalmarktorientiertes Kapitalkostenmodell, wie z.B. das Capital Asset Pricing Model (CAPM)[4], dar.[5] Der Eigenkapitalkostensatz setzt sich im CAPM beispielsweise aus einer risikolosen Verzinsung zuzüglich der Prämie für Risiko unter Berücksichtigung des bankspezifischen Beta-Faktors zusammen:

$$k_e = r_f + (r_M - r_f) \cdot \beta$$

k_e: Eigenkapitalkostensatz

r_f: risikolose Verzinsung

r_M: Verzinsung des Marktportfolios

β: Beta-Faktor

Hieraus wird ersichtlich, dass für die Nutzung der Zusammenhänge dieses Kapitalkostenmodells auf Kapitalmarktdaten bzw. -erwartungen zurückgegriffen werden

---

1 In diesem Zusammenhang ist zu berücksichtigen, dass im Rahmen der Eigenkapitalallokation einer Bank vom Bankmanagement ein gesamtes Risikokapital der Bank im Einklang mit deren Risikotragfähigkeit festgelegt wird, das dann wiederum mit Hilfe des Value at Risk-Ansatzes (z.B. Stand alone Value at Risk) auf Geschäftsbereiche, einzelne Geschäfte etc. verteilt wird (vgl. Hörter, S., 1998, S. 213-219; auch Schierenbeck, H., 1999b, S. 511 ff.).

2 Vgl. zu diversen Vorgehensweisen Hörter, S., 1998, S. 229 ff.

3 Vgl. beispielsweise Weber, M.-W., 2000, S. 467; auch Brüning, J.-B./Hoffjan, A., 1997, S. 367.

4 Neben dem CAPM kann auch die Arbitrage Pricing Theory (APT) zur Kapitalkostenbestimmung herangezogen werden (vgl. hierzu exemplarisch Lehar, A. et al., 1998a, S. 859 f.).

5 Vgl. hierzu u.a. Hörter, S., 1998, S. 70-75.

muss.[1] Sind aber die Kapitalmarktdaten über die spezielle Bank und/oder deren Teile – z.B. auf Grund einer mangelnden Börsennotierung – nicht verfügbar, dann können entweder Analogieansätze oder Analyseansätze angewendet werden, um dieses Defizit auszugleichen.[2]

Erstere versuchen den individuellen Risikofaktor, wie z.B. den Betafaktor, des zu bewertenden Objektes analog zu einem einzelnen Referenzunternehmen (Pure Play Beta), analog zur Branche (Industry Beta) oder analog zu einer ausgewählten Referenzgruppe (Peer Group) zu ermitteln.[3] Letztere basieren entweder auf statistischen Verfahren, die einen Zusammenhang zwischen Rechnungswesendaten und dem Marktrisiko versuchen herzustellen, oder ziehen Management-Befragungen heran, um (subjektive) Einschätzungen über das Geschäftsrisiko des Bewertungsobjektes zu erheben.[4]

Der direkt oder indirekt aus dem Kapitalmarkt über ein Kapitalkostenmodell abgeleitete Eigenkapitalkostensatz für die Gesamtbank kann dann bereits herangezogen werden, um den Ergebnisanspruch für die Qualitätsinvestitionen zu berechnen. Es ist aber noch eine weitergehende Differenzierung der Eigenkapitalkosten möglich, wenn mit Hilfe der dargelegten Verfahren ein spezifischer Eigenkapitalkostensatz für den Geschäftsbereich Firmenkunden ermittelt werden kann, womit dann auch die hier zu tätigenden Qualitätsinvestitionen zu bewerten sind.

Sollen dagegen für Qualitätsinvestitionen spezifische Eigenkapitalkostensätze berechnet werden, können die Analogieansätze auf Grund mangelnder börsennotierter Referenzunternehmen, die alleinig das Geschäftsrisiko der Qualitätsinvestition umfassen, kaum weiterführen. Hierfür ist eine spezifische Ausgestaltung der Analyseansätze erforderlich.

---

1 Vgl. Arbeitskreis „Finanzierung", 1996, S. 547 ff. Für das CAPM werden beispielsweise die risikolose Verzinsung langfristiger Bundesanleihen, die Marktrendite eines repräsentativen Aktienindexes und das bankspezifische Beta als Ausdruck für den Risikobeitrag des Einzelwertes zum Marktportfolio benötigt.

2 Vgl. Arbeitskreis „Finanzierung", 1996, S. 552.

3 Zu den damit verbundenen Voraussetzungen und Annahmen siehe Arbeitskreis „Finanzierung", 1996, S. 552 ff.

4 Vgl. Arbeitskreis „Finanzierung", 1996, S. 554-558.

Bei einer differenzierten Ermittlung der Kapitalgröße auf Basis eines Value at Risk-Ansatzes stellt sich dann jedoch die Frage, inwiefern noch eine differenzierte Eigenkapitalkostenermittlung für einzelne Bankteile/-bereiche überhaupt sinnvoll ist. Ausgehend von der Kapitalmarkttheorie ist eine differenzierte Eigenkapitalkostenbetrachtung unerlässlich, um das spezifische Risiko-Rendite-Verhältnis nicht zu vernachlässigen.

Dagegen wird in der bankbetrieblichen Praxis zumeist auf bankeinheitliche Eigenkapitalkostensätze (Hurdle Rates) zurückgegriffen und der Ergebnisanspruch ausschließlich über die unterschiedlichen Risikokapitalgrößen der einzelnen Bewertungsobjekte differenziert. Diese Vorgehensweise wird dadurch legitimiert, dass mit einer sich vervollständigenden Quantifizierung aller Risikoarten die Differenzen zu einer Bewertung mit spezifischen Eigenkapitalkostensätzen stets geringer werden.[1] In der vorliegenden Arbeit soll der vorrangig von der Bankpraxis gewählte Weg auch für den Ergebnisanspruch der QAV herangezogen und auf Alternativen nur am Rande verwiesen werden, denn die Verfolgung einer separaten – wenn auch theoretisch korrekteren – Vorgehensweise im Zusammenhang mit dem Ergebnisanspruch, würde wiederum zu erheblichen Akzeptanz- und Umsetzungsproblemen führen.[2]

Zur Berechnung des für die Qualitätsinvestition konkreten Ergebnisanspruchs sind die aus dem Kapitalmarkt abgeleiteten Eigenkapitalkosten mit Hilfe des zuvor bezifferten Risikokapitals in eine interne Steuerungsgröße für die Qualitätsinvestition zu überführen. Dabei wird in Anlehnung an die Erkenntnisse aus dem CAPM der Eigenkapitalkostensatz in einen risikounabhängigen und einen risikoabhängigen Teil untergliedert. Der risikounabhängige Eigenkapitalkostenteil drückt sich in der risikolosen Verzinsung aus,[3] während der risikoabhängige Teil aus dem CAPM für die Gesamtbank ermittelten Risikozuschlag entnommen und mit der Relation Marktwert des Eigenkapitals der Qualitätsinvestition zu Risikokapital der Qualitätsinvestition vervielfacht wird.

---

1 Vgl. hierzu ausführlich Lehar, A. et al, 1998b, S. 949-952.

2 Es scheint innerhalb der Bank nicht begründbar, warum lediglich für Qualitätsinvestitionen separate Eigenkapitalkostensätze zu ermitteln sind, während die restlichen Aktivitäten einheitlich wertorientiert gesteuert werden.

3 Beispielsweise in Form der Verzinsung von Bundesanleihen.

Die risikounabhängige Verzinsung wird dann mit dem der Qualitätsinvestition zuzurechnenden Marktwert des Eigenkapitals[1] und letzterer mit dem für die Qualitätsinvestition ermittelten Risikokapital (auf Limitbasis)[2] multipliziert. Der interne risikoadjustierte Ergebnisanspruch ergibt sich dann aus der Summe beider Verzinsungsansprüche:[3]

$$EA_{QI} = k_{rl} \cdot EK_{MWQI} + k_r \cdot RK_{QI}$$

$$k_r = RZ \cdot \frac{EK_{MWQI}}{RK_{QI}}$$

EA_{QI}: Ergebnisanspruch an die Qualitätsinvestition

k_{rl}: risikoloser Eigenkapitalkostensatz der Gesamtbank

EK_{MWQI}: Eigenkapital zu Marktwerten bezogen auf die Qualitätsinvestition

k_r: risikoabhängiger Eigenkapitalkostensatz der Gesamtbank

RK_{QI}: Risikokapital bezogen auf die Qualitätsinvestition

RZ: Risikozuschlag gemäß CAPM

Soll für interne Steuerungszwecke jedoch auf die Eigenkapitalrentabilität zurückgegriffen werden, dann kann der soeben berechnete Ergebnisanspruch problemlos umgerechnet werden:[4]

$$EA_{QI} = k_{rl} \cdot EK_{MWQI} + k_r \cdot RK_{QI} = k_{rl} \cdot EK_{MWQI} + RZ \cdot EK_{MWQI}$$

$$MWR = \frac{EA_{QI}}{EK_{MWQI}} = \frac{k_{rl} \cdot EK_{MWQI} + RZ \cdot EK_{MWQI}}{EK_{MWQI}} = k_{rl} + RZ$$

$$ROE = MWR \cdot \frac{EK_{MWQI}}{EK_{BWQI}} = (k_{rl} + RZ) \cdot \frac{EK_{MWQI}}{EK_{BWQI}}$$

$$EA_{QI} = ROE \cdot EK_{BWQI}$$

---

1 Dabei handelt es sich um den das Risikokapital übersteigenden Teil des auf die Qualitätsinvestition verteilten Eigenkapitals, das einen risikolosen Verzinsungsanspruch besitzt (vgl. exemplarisch Schierenbeck, H., 1999b, S. 72). Dies kann beispielsweise auch das gesetzlich vorzuhaltende Eigenkapital darstellen (vgl. Schmittmann, S. et al., 1996, S. 652).

2 Damit soll auch hier der Planungscharakter des QAV zum Ausdruck kommen. Der Ergebnisanspruch an die Qualitätsinvestition wird auf Basis des über die Eigenkapitalallokation verteilten Risikolimits ex ante berechnet. Erst im Rahmen von Kontrollrechnungen ist es möglich, das tatsächlich in Anspruch genommene Risikokapital zu verwenden (vgl. hierzu grundsätzlich Schierenbeck, H., 1999b, S. 62 ff.).

3 Vgl. ausführlich Schierenbeck, H., 1999b, S. 67 f.

4 Vgl. Schierenbeck, H., 1999b, S. 67 f.

MWR: Marktwertrendite

ROE: Eigenkapitalrentabilität

EK_{BWQI}: Eigenkapital zu Buchwerten bezogen auf die Qualitätsinvestition

Damit wird auch der von *Hörter*[1] vorgeschlagenen Marktwert-Buchwert-Adjustierung des Ergebnisanspruchs Rechnung getragen, um eventuelle Inkonsistenzen bezüglich der Gegenüberstellung eines intern gemessenen Qualitätsergebnisses mit einem aus dem Kapitalmarkt abgeleiteten Ergebnisanspruch zu vermeiden.

4.2.1.3 Die qualitätsbezogenen Werttreiber

Eng verbunden mit der Ermittlung von Qualitätsergebnis und Ergebnisanspruch an die Qualitätsinvestition ist die Festlegung der qualitätsbezogenen Werttreiber.[2] Sie dienen zum einen der Analyse der in der Vergangenheit erzielten Wertbeiträge sowie der Prognose und Plausibilitätskontrolle zukünftiger Wertschaffungen.[3] Zudem ermöglichen sie die Verbindung zwischen verschiedenen Managementebenen[4] und sind deshalb geeignet, z.B. die strategische Zielgröße Wertschaffung durch Qualität im Firmenkundengeschäft in operative Einheiten herunterzubrechen. Sie können in diesem Zusammenhang für jeden Verantwortungsbereich der Qualitätsinvestition definiert werden.[5]

Der QAV_P wird dabei als die monetäre Steuerungsgröße betrachtet, die zunächst in ihre Komponenten aufgespaltet wird. Diese einzelnen Komponenten können auch als Wertgeneratoren bezeichnet werden, die als Bindeglied zwischen dem QAV_P und den einzelnen Werttreibern fungieren. Als Werttreiber werden dann jene Größen bezeichnet, die einen wesentlichen Einfluss auf die einzelnen Komponenten des QAV_P und damit auch auf den QAV_P insgesamt besitzen.[6]

---

1 Hörter, S., 1998, S. 102 und 105.

2 Vgl. grundsätzlich Scott, M. C., 1998.

3 Vgl. Hachmeister, D., 1998, S. 54; auch Henselmann, K., 1999, S. 101 und S. 115.

4 Vgl. Weber, A., 1999, S. 31.

5 Vgl. Weber, A., 1999, S. 31.

6 Vgl. ähnlich Wiedmann, D. et al., 2000, S. 62; auch Donlon, J. D./Weber, A., 1999, S. 385.

Eine Verknüpfung der einzelnen Größen ist dabei rechnerisch wie auch sachlogisch möglich. So entsteht eine baumartige Struktur, die aufzeigt, inwieweit einzelne Größen auf den QAV_P wirken und welche davon einen besonders starken Einfluss besitzen.[1] Sie zeigen damit auch Beeinflussungsmöglichkeiten des QAV_P an. Da der QAV_P wiederum Teil des Unternehmenswertes ist, können die qualitätsbezogenen Werttreiber nicht nur als Einflussgröße des QAV_P betrachtet werden, sondern sind auch als „Stellhebel zur Steigerung des Unternehmenswertes"[2] zu verstehen.

In Bezug auf bestehende Werttreibermodelle können zwei wesentliche Ansätze unterschieden werden: Modelle basierend auf Umsatz und Umsatzrendite oder Kapitaleinsatz und Kapitalrendite.[3] Da beide Vorgehensweisen zu identischen Ergebnissen führen, können sie lediglich als unterschiedliche Vorgehensweisen verstanden werden.[4] In Anlehnung an die Parallelen, die zwischen Werttreibermodellen und Kennzahlensystemen bestehen,[5] besitzen gerade Systeme, die auf die Eigenkapitalrentabilität abstellen, in Banken eine herausragende Bedeutung,[6] aber auch qualitätsbasierte Kennzahlensysteme – wie im Qualitätsrendite-Ansatz dargelegt – können hier eine Rolle spielen. Beides steht mit dem Economic Value Added-Ansatz in Einklang.[7]

Ausgehend von der Berechnung des QAV_P als Differenz zwischen Qualitätsergebnis und Ergebnisanspruch können zunächst beide Größen – das Qualitätsergebnis entsprechend der vorgeschlagenen Ergebnisermittlung und der Ergebnisanspruch in Eigenkapitalkostensatz und Eigen-/Risikokapital – noch weiter in die relevanten Komponenten zerlegt werden, die die Wertgeneratoren des QAV_P darstellen. Sie liefern auch die Ansatzpunkte für die eigentlichen qualitätsbezogenen Werttreiber,

1 Vgl. Weber, A., 1999, S. 32.

2 Weber, A., 1999, S. 31.

3 Vgl. Hachmeister, D., 1998, S. 54 f.; auch Henselmann, K., 1999, S. 101.

4 Vgl. Henselmann, K., 1999, S. 109.

5 Vgl. hierzu Henselmann, K., 1999, S. 101; auch Müller, H., 2000, S. 352; Herter, R. N., 1994, S. 60.

6 Vgl. z.B. Schierenbeck, H., 1999a, S. 421.

7 Vgl. grundlegend Stewart, B. G. III, 1999, S. 87.

die mit Hilfe von Qualitätsinvestitionen beeinflusst werden.[1] Beispielsweise sei hier in Anlehnung an das Qualitätsrendite-Modell an den mit Qualitätsinvestitionen verbundenen Kommunikationsnutzen gedacht.[2]

In Abbildung 4.16 sind einerseits die Aufspaltung des QAV_P in Wertgeneratoren zusammenfassend dargelegt und andererseits Ansatzpunkte für die Berücksichtigung qualitätsbezogener Werttreiber aufgezeigt.

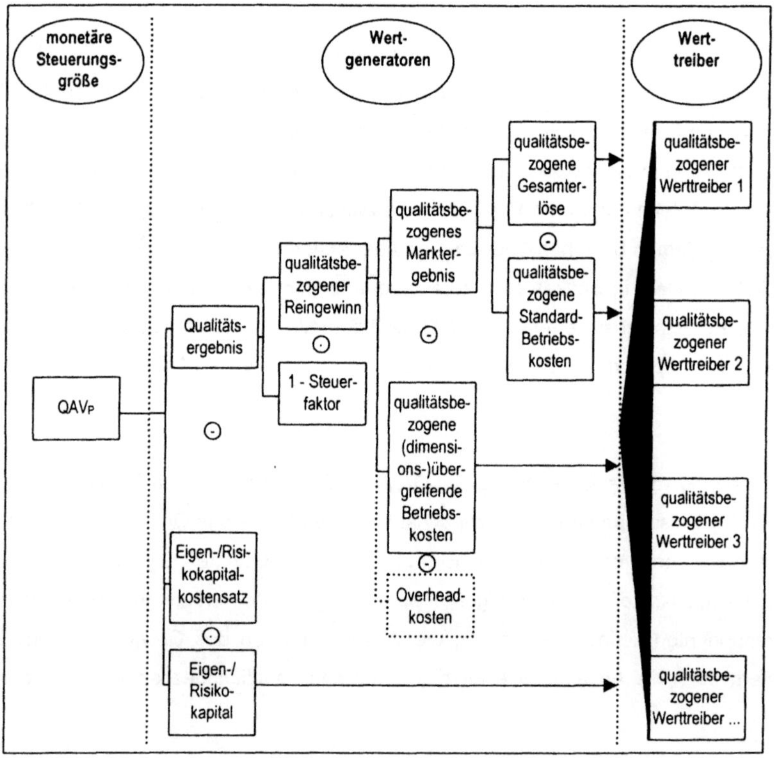

Quelle: Eigene Darstellung.

***Abbildung 4.16**: Ansatzpunkte für die Ermittlung qualitätsbezogener Werttreiber*

1 Vgl. ähnlich Herter, R. N., 1994, S. 62. Für eine konkrete Ausgestaltung der qualitätsbezogenen Werttreiber siehe Kapitel 5.2.

2 Siehe hierzu Kapitel 4.1.2.2.2.

Einflüsse der Branchen und Wettbewerbssituation[1] sind in solch grundlegendem Werttreibermodell lediglich implizit vorhanden. Ein expliziter Einbezug dieser Größen erfordert den Aufbau eines Netzwerkes von Einflussgrößen unter Berücksichtigung deren Wechselwirkungen, was zu hochgradig komplexen Modellen führt und deshalb häufig auch eine Reduktion auf wesentliche Größen – wie hier vorliegend – angestrebt wird.[2]

4.2.2 Quality Added Value bezogen auf eine Investition

Durch Ausdehnung des Betrachtungshorizontes des QAV_P von einer Periode auf die gesamte Laufzeit der Qualitätsinvestition kann der QAV_I bestimmt werden. Er gibt Auskunft über den Mehrwert, der durch die gesamte Qualitätsinvestition erzielt werden kann. Hierfür werden die Gegenwartswerte der einzelnen QAV_P unter Zugrundelegung des festgelegten Ergebnisanspruchs gebildet und aufsummiert:

$$QAV_I = \sum_{t=1}^{T} \frac{QAV_{Pt}}{(1+k)^{-t}}$$

QAV_I: investitionsbezogener Quality Added Value

QAV_{Pt}: periodenbezogener Quality Added Value der Periode t

k: Kapitalkostensatz

t=1, ..., T: Betrachtungshorizont

Der Einbezug mehrerer Perioden bringt jedoch ein Prognoseproblem mit sich, ermöglicht im Gegenzug aber die Berücksichtigung der besonderen zeitlichen Ergebnisstruktur von Qualitätsinvestitionen im Firmenkundengeschäft als eines der wichtigen Spezifika, was beispielsweise auch im Return on Quality-Ansatz gelöst wurde. Für die Planung und Prognose der QAV_P der zukünftigen Perioden bieten sich mehrere Möglichkeiten.[3] Zum einen kann eine einfache Trendfortschreibung der ermittelten Werte, z.B. der Werttreiber der Qualitätsinvestition, durchgeführt werden. Als problematisch erweist sich dabei jedoch, dass eine einfache Fortschreibung zumeist die Bewertung verfälscht.

---

1 Siehe hierzu Gomez, P., 1993.

2 Vgl. Henselmann, K., 1999, S. 111 f.

3 Vgl. hierzu auch folgend Henselmann, K., 1999, S. 114 ff.; auch Lammerskitten, M. et al., 1997, S. 228.

Aufwendiger und dafür genauer gestaltet sich zum anderen eine Trendfortschreibung unter Berücksichtigung bankinterner Veränderungen das Firmenkundengeschäft und dessen Qualität betreffend sowie bankexterner Einflüsse. Hierfür müssen die für die Qualitätsinvestition relevanten externen Einflüsse und internen Veränderungen aus der strategischen (Qualitäts-)Planung bestimmt werden.[1] Hier wäre beispielsweise an die Imitierdauer von Leistungen, die gesetzliche Festschreibung bereits erbrachter Qualitätsstandards (wie zusätzliche Informationspflichten im Zusammenhang mit dem Preis-/Leistungsverhältnis) oder die allgemeine Reduzierung von Qualitätsinvestitionen im Firmenkundengeschäft auf durchschnittliches Niveau zu denken.

Unter Zugrundelegung dieser Entwicklungen und der Planwerte für die erste Periode können die qualitätsbezogenen Werttreiber der einzelnen Perioden geplant und zum jeweiligen QAV_P verdichtet werden. Z.B könnte eine geplante Reduzierung von Ausgaben für Qualitätsinvestitionen für die initiierte Qualitätsinvestition bedeuten, dass die Wachstumsraten im Cross Selling grundsätzlich niedriger anzusetzen sind. Nichtsdestotrotz stellt die Planung der zukünftigen QAV_P ein wesentliches aber häufig noch vernachlässigtes Problem dar.

Neben dem Prognoseproblem stellt sich im Zusammenhang mit der Abbildung der zeitlichen Struktur von Qualitätsinvestitionen die Frage, wie viele Perioden in die Bewertung einbezogen werden sollen und ob der Einbezug eines Restwerts, der in der Unternehmensbewertung und im Economic Value Added-Ansatz Anwendung findet,[2] auch für die Bewertung von Qualitätsinvestitionen und damit für die Berechnung des QAV_I erfolgen soll.

Da für Qualitätsinvestitionen keine Nutzungsdauern, wie z.B. die technische Nutzungsdauer von Maschinenanlagen, existieren, sondern die Laufzeiten von Qualitätsinvestitionen von der Initiierung ausgehend sehr langfristig andauern können, ist es grundsätzlich möglich, die Berechnung des QAV_I auch in eine Prognosephase und einen Restwert zu unterteilen.

---

1 Vgl. hierzu auch Fassbender, H., 1995, S. 447-451.

2 Vgl. hierzu Hostettler, S., 1997, S. 207 ff.; auch Copeland, T. et al., 1993, S. 225 ff.

Der Übergangszeitpunkt von der Prognosephase auf den Restwert wird theoretisch mit dem Punkt gleichgesetzt, an dem zusätzliche Investitionen, die für das prognostizierte Umsatzwachstum erforderlich sind, keine Wertsteigerung mehr erzielen.[1] Damit ist dieser Zeitpunkt stark geprägt von den Charakteristika einer Branche, deren Wettbewerbskräfte und damit auch den Investitions- und Konjunkturzyklen.[2] So zeigt sich in der unternehmerischen Praxis, dass sich die Prognosephase in der Regel über drei bis fünf Perioden erstreckt.[3]

Für Banken und damit auch das Firmenkundengeschäft gilt allgemein wegen der hier vorhandenen Prognosekomplexität (z.B. durch die Abhängigkeit von den Kapitalmarktvorgaben), dass detaillierte Prognosen zumeist nur für einen Zeitraum von drei Jahren aussagekräftig erstellt werden können.[4] Die Prognosedauer speziell von Qualitätsinvestitionen im Firmenkundengeschäft wird darüber hinaus noch von der zeitlichen Ergebnisstruktur der Qualitätsinvestition (Time lag-Dauer und Wirkungsdauer[5]) bestimmt. Die Ausprägungen der spezifischen zeitlichen Ergebnisstruktur einer Qualitätsinvestition ist wiederum abhängig von den konkret mit der Qualitätsinvestition angesprochenen Ergebnispositionen und den dahinterstehenden qualitätsbezogenen Werttreibern.[6]

Trotz dieser Besonderheiten kann für die Bewertung von Qualitätsinvestitionen im Firmenkundengeschäft eine grundsätzliche Orientierung an den banküblichen drei Perioden für die Prognosephase vorgenommen werden, um die zeitliche Struktur des Ergebnisauftritts von Qualitätsinvestitionen zu berücksichtigen, wenn Time lag-Dauer und der für die Prognosephase relevante Teil der Wirkungsdauer in der Regel grob durch diese drei Jahresfrist abgedeckt werden.

---

1 Die Länge der Prognosephase wirkt sich aber nur auf die Wertverteilung zwischen Prognosephase und Restwert und nicht auf den Gesamtwert aus (vgl. Copeland, T. et al., 1993, S. 233).

2 Vgl. Hostettler, S., 1997, S. 201.

3 Vgl. beispielsweise Henselmann, K., 2000, S. 151; auch Obrist, P., 2000, S. 171; Henselmann, K., 1999, S. 118.

4 Vgl. Hörter, S., 1998, S. 156.

5 Vgl. hierzu auch den Qualitätsrendite-Ansatz nach Bruhn, M., 1998.

6 Siehe hierzu ausführlich Kapitel 5.5.

Für die sich anschließende Ermittlung des Restwerts stehen vom Liquidationswert bis zur Kapitalisierung normalisierter freier Cashflows mit Wachstum eine Reihe von Möglichkeiten zur Verfügung.[1] Entsprechend der Restwertbestimmung für den Economic Value Added[2] soll für Qualitätsinvestitionen der Restwert als ewige Rente aus den normalisierten QAV_P, der auf Basis des QAV_P der letzten Prognoseperiode bzw. als geglätteter mittlerer Wert bestimmt wird,[3] und der Zielverzinsung abdiskontiert auf die Gegenwart kalkuliert werden.

Auch eine Wachstumsrate soll dabei nicht berücksichtigt werden, weil nachgewiesen werden konnte, dass das Gesamtmodell sehr sensitiv auf Wachstumsraten reagiert und damit der zu berechnende Gesamtwert stark beeinflusst werden kann.[4] Entsprechend würde sich der QAV_I folgendermaßen berechnen:

$$QAV_I = \sum_{t=1}^{T} \frac{QAV_{Pt}}{(1+k)^{-t}} + \frac{QAV_{Pno}}{k \cdot (1+k)^T}$$

QAV_I:	investitionsbezogener Quality Added Value
QAV_{Pt}:	periodenbezogener Quality Added Value in Periode t
QAV_{Pno}:	periodenbezogener Quality Added Value normalisiert
k:	Kapitalkostensatz
t=1, ..., T:	Prognoseperioden

Das Gewicht des Restwerts am Gesamtwert ist dabei von der Länge des Prognosezeitraums[5], der zeitlichen Struktur der Ergebnisse[6] und dem Diskontierungszinssatz abhängig.[7] Letzterer wird durch die bankspezifische Zielverzinsung vorgegeben und die zeitliche Struktur der Ergebnisse ist durch die Qualitätsinvestition festgelegt. Die Dauer der Prognosephase kann dagegen (individuell) bestimmt werden.

1 Vgl. für einen Überblick Hostettler, S., 1997, S. 207; auch Henselmann, K., 1999, S. 125.

2 Vgl. dazu Hostettler, S., 1997, S. 210 f.

3 Vgl. ähnlich Hostettler, S., 1997, S. 210 f.; auch Henselmann, K., 1999, S. 118.

4 Vgl. Hostettler, S., 1997, S. 210; auch Copeland, T. et al., 1993, S. 239; Henselmann, K., 2000, S. 151.

5 Eine längere Prognosephase verringert das relative Gewicht des Restwertes (vgl. ähnlich Copeland, T. et al., 1992, S. 233).

6 Werden zunächst negative und erst später positive Ergebnisse erzielt, dann gewinnt der Restwert an Bedeutung. Es kann sogar der Extremfall auftreten, dass der Restwert mehr als 100 % des Gesamtwertes darstellt (vgl. Henselmann, K., 2000, S. 152). Insbesondere für die Bewertung von Qualitätsinvestitionen, bei denen in den ersten Perioden negative Wertbeiträge erzielt werden können, kann der Restwert den bestimmenden Wert im Gesamtwert ausmachen.

7 Vgl. Henselmann, K., 2000, S. 151.

Gegen den Einbezug eines Restwerts in den QAV_I spricht, dass die durch die Qualitätsinvestition initiierten Veränderungen auf Grund des Wettbewerbs gerade im Firmenkundengeschäft nicht unendlich bzw. bis zum Untergang der Bank existieren, sondern bereits viel früher – z.B. auf Grund neuer Qualitätsinvestitionen oder allgemeiner Umstrukturierungen - aufgegeben werden. Alternativ zum Restwert könnte dann der Prognosezeitraum bis zum voraussichtlichen Ende der Qualitätsinvestition ausgedehnt werden.[1]

Insgesamt muss deshalb in Bezug auf die Frage, ob ein Restwert berücksichtigt wird, auf situationsspezifische Entscheidungen basierend auf bisherigen Erfahrungswerten verwiesen werden. Dabei sollte die gewählte Vorgehensweise mit den darin unterstellten Annahmen die zu bewertende Qualitätsinvestition möglichst realitätsnah widerspiegeln. Dies sowie die Festlegung der einzelnen Größen stellt in der praktischen Anwendung jedoch ein erhebliches Problem dar.[2] Das im Zusammenhang mit der Bestimmung des QAV_P erwähnte Zurechnungsproblem stellt sich auch für die Ermittlung des QAV_I.

4.2.3 Quality Added Value bezogen auf das gesamte Qualitätsengagement

Nach den wichtigen Berechnungen der perioden- und investitionsbezogenen Wertschaffungen durch Qualität in Form des QAV_P und QAV_I können jetzt auch Aussagen über das gesamte Qualitätsengagement im Firmenkundengeschäft getroffen werden. Hierfür wird die folgende Vorgehensweise vorgeschlagen.[3]

Zunächst ist es möglich, die für jede Qualitätsinvestition pro Periode ermittelten QAV_P über die einzelnen Qualitätsinvestitionen hinweg periodenbezogen zu aggregieren. Dabei ist zu berücksichtigen, dass sich Qualitätsinvestitionen nicht unbedingt auf alle Firmenkunden beziehen müssen, sondern auch an einzelnen Firmenkunden

---

1 Diese Alternative kann auch im Rahmen der Unternehmensbewertung eingesetzt werden. Jedoch sind hierfür Prognosen über einen sehr langen Zeitraum (z.B. 75 Jahre) erforderlich, die dann aber zu identischen Ergebnissen wie bei der Berücksichtigung eines Restwerts führt (vgl. Copeland, T. et al., 1993, S. 225).

2 Vgl. Henselmann, K., 1999, S. 127.

3 Eine Zerlegung und Zusammenführung von Bewertungen ist nach dem Wertadditivitätstheorem (WAT) möglich (vgl. hierzu ausführlich Perridon, L./Steiner, M., 1999, S. 500; auch Schäfer, H., 1999a, S. 330 f.). Für eine exemplarische

bzw. eine abgegrenzte Firmenkundengruppe adressiert sein können. Aus diesem Grund sind zunächst die einzelkundenbezogenen Qualitätsinvestitionen zu betrachten, deren periodenbezogene Wertschaffung sich folgendermaßen berechnet:

$$QAV_{P_tFK} = \sum_{n=1}^{N} QAV_{P_tFK_n}$$

QAV_{PtFK}: Quality Added Value durch alle einzelkundenbezogene Qualitätsinvestitionen in Periode t

$n=1, ..., N$: Anzahl der Qualitätsinvestitionen bezogen auf Einzelkunden

QAV_{PtFKn}: Quality Added Value durch die Qualitätsinvestition n in Periode t

Daran kann sich eine Analyse der Wertbeiträge, die von Qualitätsinvestitionen bezogen auf einzelne Firmenkundengruppen stammen, anschließen:

$$QAV_{P_tFKG} = \sum_{m=1}^{M} QAV_{P_tFKG_m}$$

QAV_{PtFKG}: Quality Added Value durch alle firmenkundengruppenbezogene Qualitätsinvestitionen in Periode t

$m=1, ..., M$: Anzahl der Qualitätsinvestitionen bezogen auf Firmenkundengruppen

QAV_{PtFKGm}: Quality Added Value durch die Qualitätsinvestition m in Periode t

Schließlich sind auch die Qualitätsinvestitionen in die Betrachtung einzubeziehen, die für alle Firmenkunden initiiert wurden:

$$QAV_{P_tFKI} = \sum_{r=1}^{R} QAV_{P_tFKI_r}$$

QAV_{PtFKI}: Quality Added Value durch Qualitätsinvestitionen bezogen auf alle Firmenkunden in Periode t

$r=1, ..., R$: Anzahl der Qualitätsinvestitionen bezogen auf alle Firmenkunden

QAV_{PtFKIr}: Quality Added Value durch die Qualitätsinvestition n in Periode t

Aus den QAV_{PtFK}, QAV_{PtFKG} und QAV_{PtFKI} kann die gesamte Wertschaffung des Qualitätsengagements pro Periode ermittelt werden:

$$QAV_{P_tG} = QAV_{P_tFK} + QAV_{P_tFKG} + QAV_{P_tFKI}$$

QAV_{PtG}: Quality Added Value des gesamten Qualitätsengagements in Periode t

Anschließend ist es möglich, über die ermittelten investitionsbezogenen Wertbeiträge der Qualitätsinvestitionen bezogen auf Einzelkunden, Firmenkundengruppen und alle Firmenkunden den QAV für das gesamte Qualitätsengagement zu berechnen:

Anwendung diesbezüglich in Banken unter Zuhilfenahme des Economic Value Added-Ansatzes vgl. Uyemura, D. G. et al., 1996, S. 99.

$$QAV_G = QAV_{IFK} + QAV_{IFKG} + QAV_{IFKI}$$

wobei wiederum:

$$QAV_{IFK} = \sum_{n=1}^{N} QAV_{IFK_n}$$

$$QAV_{IFKG} = \sum_{m=1}^{M} QAV_{IFKG_m}$$

$$QAV_{IFKI} = \sum_{r=1}^{R} QAV_{IFKI_r}$$

QAV_G: Quality Added Value bezogen auf das gesamte Qualitätsengagement

QAV_{IFK}: Quality Added Value bezogen auf die Qualitätsinvestitionen für Einzelkunden

QAV_{IFKG}: Quality Added Value bezogen auf die Qualitätsinvestitionen für Firmenkundengruppen

QAV_{IFKI}: Quality Added Value bezogen auf die Qualitätsinvestitionen für alle Firmenkunden

QAV_{IFKn}: Quality Added Value bezogen auf die Qualitätsinvestitionen 1 bis N für Einzelkunden

QAV_{IFKGm}: Quality Added Value bezogen auf die Qualitätsinvestitionen 1 bis M für Firmenkundengruppen

QAV_{IFKIR}: Quality Added Value bezogen auf die Qualitätsinvestitionen 1 bis R für alle Firmenkunden

n=1, ..., N: Anzahl der Qualitätsinvestitionen bezogen auf Einzelkunden

m=1, ..., M: Anzahl der Qualitätsinvestitionen bezogen auf Firmenkundengruppen

r=1, ..., R: Anzahl der Qualitätsinvestitionen bezogen auf alle Firmenkunden

Abschließend wird in Abbildung 4.17 die Ermittlung des QAV_G zusammengefasst.

		Periodenbezug			Investitionsbezug[a]
		t=1	*t=...*	*t=T*	
	Qualitätsinvestition 1 (Einzelkunde)	QAV_{P1FK1}	QAV_{P2FK1}	QAV_{PTFK1}	QAV_{IFK1}
	Qualitätsinvestition ... (Einzelkunde)	$QAV_{P1FK...}$	$QAV_{P2FK...}$	$QAV_{PTFK...}$	QAV_{IFK}
	Qualitätsinvestition N (Einzelkunde)	QAV_{P1FKN}	QAV_{P2FKN}	QAV_{PTFKN}	QAV_{IFKN}
+	Summe der Wertbeiträge durch Qualitätsinvestitionen (Einzelkunden)	QAV_{P1FK}	QAV_{P2FK}	QAV_{PTFK}	QAV_{IFK}
	Qualitätsinvestition 1 (Firmenkundengruppe)	QAV_{P1FKG1}	QAV_{P2FKG1}	QAV_{PTFKG1}	QAV_{IFKG1}
	Qualitätsinvestition ... (Firmenkundengruppe)	$QAV_{P1FKG...}$	$QAV_{P2FKG...}$	$QAV_{PTFKG...}$	$QAV_{IFKG...}$
	Qualitätsinvestition M (Firmenkundengruppe)	QAV_{P1FKGM}	QAV_{P2FKGM}	QAV_{PTFKGM}	QAV_{IFKGM}
+	Summe der Wertbeiträge durch Qualitätsinvestitionen (Kundengruppe)	QAV_{P1FKG}	QAV_{P2FKG}	QAV_{PTFKG}	QAV_{IFKG}
	Qualitätsinvestition 1 (Firmenkunden insgesamt)	QAV_{P1FKI1}	QAV_{P2FKI1}	QAV_{PTFKI1}	QAV_{IFKI1}
	Qualitätsinvestition ... (Firmenkunden insgesamt)	$QAV_{P1FKI...}$	$QAV_{P2FKI...}$	$QAV_{PTFKI...}$	$QAV_{IFKI...}$
	Qualitätsinvestition R (Firmenkunden insgesamt)	QAV_{P1FKIR}	QAV_{P2FKIR}	QAV_{PTFKIR}	QAV_{IFKIR}
+	Summe der Wertbeiträge durch Qualitätsinvestitionen (alle Firmenkunden)	QAV_{P1FKI}	QAV_{P2FKI}	QAV_{PTFKI}	QAV_{IFKI}
=	**Wertschaffung durch gesamtes Qualitätsengagement**	QAV_{P1G}	$QAV_{P...G}$	QAV_{PTG}	QAV_{G}

a Eine Aufsummierung der Periodenwerte ist nicht möglich, sonder der QAV_I ist – wie in Kapitel 4.2.2 vorgestellt – jeweils zu kalkulieren.

Quelle: Eigene Darstellung.

***Abbildung 4.17**: Quality Added Value bezogen auf das gesamte Qualitätsengagement (QAV_G)*

4.3 Zwischenergebnisse Kapitel 4

Ziel des Kapitel 4 war die grundlegende Gestaltung eines Instruments, das für einen Einsatz im wertorientierten Qualitätscontrolling geeignet ist. Die Basis hierfür stellte eine umfassende Bewertung existierender Controllinginstrumente hinsichtlich deren Fähigkeit, die Anforderungen des wertorientierten Qualitätscontrolling einerseits und die Besonderheiten von Qualitätsinvestitionen im Firmenkundengeschäft andererseits angemessen abzubilden. Im einzelnen wurden die Rentabilitätssteuerung, Verfahren der qualitätsbezogenen Wirtschaftlichkeitsrechung sowie Verfahren der Wertschaffungsmessung einer Bewertung unterzogen.

Das Ergebnis dieser Bewertung zeigte, dass jeweils einzelne Anforderungen für einen Einsatz im wertorientierten Qualitätscontrolling von unterschiedlichen Verfahren (sehr) gut erfüllt werden können. Aus diesem Grund wurde eine Synthese verschiedener Verfahren vorgenommen. Zentrales Modell stellte dabei der Economic Value Added-Ansatz, der als am besten zur Erfüllung einer Reihe von Anforderungen eingestuft wurde, dar, der mit den übrigen Verfahren ergänzt wurde.

Das neu entstandene Modell wurde als Quality Added Value (QAV) bezeichnet und besteht im Wesentlichen aus dem Qualitätsergebnis, dem für eine Qualitätsinvestition spezifischen Ergebnisanspruch sowie den qualitätsbezogenen Werttreibern. Die Wertschaffung der Qualitätsinvestitionen im Firmenkundengeschäft kann mit Hilfe des QAV dabei für eine Periode, eine Investition und das gesamte Qualitätsengagement ausgewiesen werden.

Auf Grund der Verfahrenssynthese können mit dem QAV die an das Instrument eingangs gestellten Anforderungen zunächst grundlegend erfüllt werden. Jedoch ist es zu einer abschließenden Beurteilung diesbezüglich erforderlich, den QAV am Beispiel des Firmenkundengeschäfts konkret auszugestalten, was im folgenden Kapitel durchgeführt wird.

5 Ausgestaltung des Quality Added Value als Wertschaffungsmaß für das wertorientierte Qualitätscontrolling im Firmenkundengeschäft

Nachdem in den Kapiteln 2 und 3 gezeigt werden konnte, welche Anforderungen an ein neu zu gestaltendes Instrument des wertorientierten Qualitätscontrolling im Firmenkundengeschäft zu stellen sind, und in Kapitel 4 ein Instrument in Form des QAV, der diese Anforderungen grundlegend erfüllt, vorgestellt werden konnte, soll nun in Kapitel 5 eine konkrete inhaltlich Ausgestaltung des QAV am Beispiel des Firmenkundengeschäfts erfolgen. Eine Detaillierung des erarbeiteten Grundmodells des QAV ist dabei insbesondere für die Bestandteile Qualitätsergebnis und Ergebnisanspruch, die beide auf Einflussfaktoren, den qualitätsbezogenen Werttreibern, zurückgehen, erforderlich. Um darüber hinaus die zeitliche Ergebnisstruktur von Qualitätsinvestition angemessen berücksichtigen und damit gleichzeitig den Wertbeitrag der gesamten Qualitätsinvestition ermitteln zu können, ist auch der Planungshorizont mit seinen einzelnen Phasen zu konkretisieren.

Das Fundament für eine derartige Konkretisierung des QAV und seiner wesentlichen Bestandteile stellen die Wirkungen, die von einer verbesserten Qualität ausgehen, dar. Aus diesem Grund soll Kapitel 5 beginnen mit einer ausführlichen Herleitung eines Erklärungsmodells für ökonomische Wirkungen von Qualitätsinvestitionen (**Kapitel 5.1**). Aufbauend auf den Erkenntnissen des Erklärungsmodells können die Einflussfaktoren des QAV in Form von qualitätsbezogenen Werttreibern identifiziert werden (**Kapitel 5.2**). Auf Basis dieser Werttreiberidentifikation ist es möglich, Qualitätsergebnis (**Kapitel 5.3**) und den an die Qualitätsinvestition gestellten Ergebnisanspruch (**Kapitel 5.4**) zu kalkulieren.

Diese einperiodige Betrachtungsweise soll in **Kapitel 5.5** aufgehoben werden, indem der für die besondere zeitliche Ergebnisstruktur von Qualitätsinvestitionen relevante Planungshorizont operationalisiert und die periodenbezogenen QAV_P-Betrachtung in die Qualitätsinvestitionsperspektive überführt werden. Anschließend können die Ergebnisse des Kapitel 5 zusammengefasst werden (**Kapitel 5.6**). In Abbildung 5.1 ist die für Kapitel 5 gewählte Vorgehensweise nochmals skizziert.

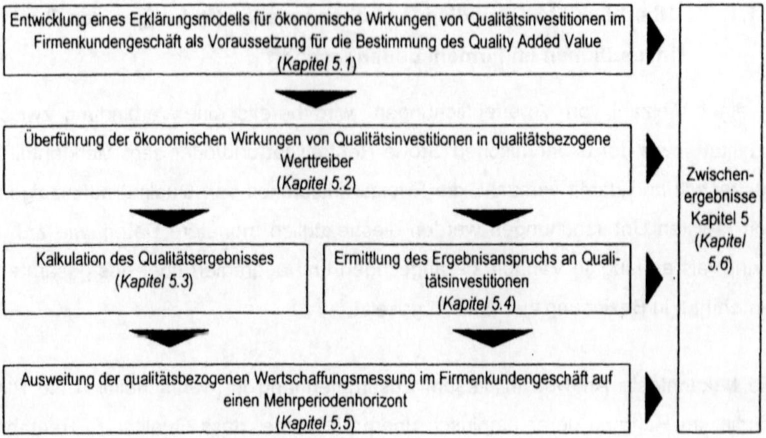

Quelle: Eigene Darstellung.

***Abbildung 5.1**: Vorgehensweise in Kapitel 5*

5.1 Entwicklung eines Erklärungsmodells für ökonomische Wirkungen von Qualitätsinvestitionen im Firmenkundengeschäft als Voraussetzung für die Bestimmung des Quality Added Value

Basis für die in Kapitel 5 vorzunehmende inhaltliche Ausgestaltung des QAV und seiner Bestandteile sind die mit der Qualität verbundenen ökonomischen Konsequenzen für das Firmenkundengeschäft und die Bank. Diese sollen mit Hilfe eines Erklärungsmodells umfassend hergeleitet und systematisiert werden. Zunächst wird dafür überblicksartig dargelegt, welche grundsätzlichen Wirkungen mit der Qualität im Firmenkundengeschäft verbunden sind (**Kapitel 5.1.1**), bevor auf den komplexen Zusammenhang der verhaltensbasierten ökonomischen Wirkungen näher eingegangen wird (**Kapitel 5.1.2**).

5.1.1 Überblick über grundlegende ökonomische Wirkungen von Qualitätsinvestitionen im Firmenkundengeschäft

In einer Vielzahl von Veröffentlichungen[1] wird bereits eine Verbindung zwischen Qualität sowie der ökonomischen Größe Rentabilität und/oder dem Marktanteil herausgestellt und damit versucht, die Erfolgswirksamkeit von Qualität aufzuzeigen. In den meisten Untersuchungen werden diesbezüglich monetäre Daten, wie z.B. Gewinne, als abhängige Variable herangezogen und aggregiert über das gesamte Unternehmen in Beziehung zur Qualität gesetzt.[2]

Die bekannteste Analyse in diesem Zusammenhang ist wahrscheinlich die PIMS-Studie, im Rahmen derer empirisch überprüft wurde, dass Qualität zu Rentabilität und Wachstum führt.[3] Unter Zugrundelegung der PIMS-Datenbank konnte später auch *Gale* nachweisen, dass höhere Qualität zu viel höheren Gewinnen und höheren Cashflows führt.[4] Der Vergleich des Return on Investment (ROI) der Baldrige Award-Gewinner und der S&P 500-Unternehmen ergab ebenfalls, dass die Baldrige Award-Gewinner mit einem ROI von 188 % eine wesentlich bessere Rentabilität erzielten als die Unternehmen im S&P 500 mit lediglich 28 %.[5] Darüber hinaus zeigt eine Untersuchung, dass der Market Value Added (MVA) mehr als doppelt so hoch ist für die ersten 50 % des American Customer Satisfaction Index (ACSI) verglichen mit den folgenden 50 %.[6]

Diese Untersuchungen können als Beleg dafür herangezogen werden, dass ein Zusammenhang zwischen der erbrachten Qualität und dem unternehmerischen Erfolg existiert. Jedoch können sie wenig darüber aussagen, wie es mit Hilfe einzelner Qualitätsinvestitionen zu ökonomischem Erfolg kommt, da Einzelwirkungen in der Ge-

---

1 Vgl. z.B. Arlt, G./Bachthaler, M., 1997, S. 410; Cleland, A./Bruno, A., 1997, S. 27; Porterfield, R./Westgard, C., 1995, S. 34; Anderson, E. W. et al., 1994, S. 60 ff.; Zahorik, A./Rust, R. T., 1992, S. 250 f.; Nelson, E. C. et al., 1992, S. 10 f. Verschiedene Beispiele hierfür finden sich bei Herrmann, A. et al., 2000, S. 45 f. und Mollenhauer, M./Ring, T., 1990, S. 120 f.

2 Vgl. Hennig-Thurau, T./Klee, A., 1997, S. 738.

3 Vgl. Buzzel, R./Gale, B., 1989, S. 92 ff.; auch Schmid, D. C., 1995, S. 35.

4 Vgl. Gale, B., 1994, S. 52 f.

5 Vgl. Compton, J., 1996, S. 10.

6 Vgl. Eklöf, J. A. et al., 1999, S. 517 f.

samtbetrachtung verloren gehen. Darüber hinaus muss bei solchen Studien hinterfragt werden, inwiefern neben der Qualität nicht auch andere Faktoren auf die monetären Größen einwirken bzw. diese eliminiert werden können.

Neben den auf Gesamtunternehmensebene stattfindenden Untersuchungen gibt es einige wenige Studien, die auf individueller Ebene entweder über die Wiederkaufabsichten der Kunden oder anhand von realen Kaufdaten den ökonomischen Erfolg von Qualität zu ermitteln versuchen.[1] Beispielsweise zeigen empirische Forschungsarbeiten auch hier einen positiven Zusammenhang zwischen Qualität, Kundenzufriedenheit und Rentabilität auf[2] oder belegen, dass eine steigende Kundenbindung mit einer vielfachen Steigerung des Gewinns einhergeht.[3] Speziell für Banken konnten *Nader et al.* nachweisen, dass eine hohe Kundenzufriedenheit zu einer geringeren Anzahl von Beschwerden und einer höheren Kundenloyalität führt, wodurch der wirtschaftliche Erfolg einer Bank gesteigert wird.[4]

Diese Studien führen zu spezifischeren Ergebnissen als die auf Gesamtunternehmensebene, wenn diese auch auf Einzelwirkungen abstellenden Untersuchungen mit Problemen verbunden sein können. Zunächst sei hier zu nennen, dass der Fokus der erwähnten Studien zumeist auf nur einem Teil der Wirkungskette von Qualität bis zum ökonomischen Erfolg liegt, wie z.B. der Zusammenhang zwischen Kundenbindung und Geschäftserfolg. Nur wenige Forschungsarbeiten bauen einen mehr oder weniger vollständigen modelltheoretischen Bezugsrahmen auf, um die komplette Wirkungskette abzubilden.[5]

Dabei werden jedoch für zentrale Größen der Wirkungskette unterschiedliche Definitionen und Operationalisierungen herangezogen, so dass verschiedene Untersu-

---

1 Vgl. Hennig-Thurau, T./Klee, A., 1997, S. 739.

2 Vgl. beispielsweise Anderson, E. W. et al., 1994, S. 53; Rust, R. T. et al., 1994, S. 7.

3 Vgl. Reichheld, F. F./Sasser, W. E., 1990, S. 106 ff. *Przasnyski* und *Tai* relativieren jedoch die Ergebnisse derartiger Studien und zeigen, dass die Baldrige Award-Gewinner zwar höhere Renditen als der S&P 500 erzielten, eine Investition in gleiche Unternehmen derselben Branche aber eine noch höhere Rendite gebracht hätte (vgl. Przasnyski, Z. H./Tai, L. S., 1999, S. 399).

4 Vgl. Nader, G. et al., 1996, S. 708.

5 Zu denken wäre hier beispielsweise an die Untersuchung von Rust, R. T. et al., 1994 oder auch Bolton, R. N./Drew, J. H., 1994 und 1991b sowie Anderson, E. W./Sullivan, M. W., 1990.

chungen auch unterschiedliche Ergebnisse hervorbringen.[1] Dies gilt insbesondere für die Existenz und die Richtung der Beziehungen zwischen den einzelnen Größen. Darüber hinaus finden die Untersuchungen anhand verschiedenster Leistungen (Sach- und Dienstleistung) sowie in unterschiedlichsten Branchen statt. Erste Forschungsergebnisse weisen darauf hin, dass die Zusammenhänge der Wirkungskette von Branche zu Branche variieren.[2] Gesicherte Resultate aber liegen weder für bestimmte Leistungsarten noch Branchen vor. Entsprechend existieren bislang auch keine Ergebnisse, die die Spezifika des Firmenkundengeschäfts einer Bank berücksichtigen.

Da aber für die Bestimmung der ökonomische Konsequenzen von Qualitätsinvestitionen im Firmenkundengeschäft eine differenzierte Betrachtung der Einzelwirkungen erforderlich ist, soll im Folgenden ein auf den bisherigen Forschungsergebnissen basierendes Erklärungsmodell für die Abbildung der Wirkungskette zwischen Qualität und ökonomischem Erfolg erarbeitet werden.[3] Gleichzeitig sollen auch die Spezifika des Firmenkundengeschäfts Berücksichtigung finden.

Entsprechend der bisher unterstellten Begriffsfassung für kundenorientierte Qualität[4] und der darauf aufbauenden Definition für Qualitätsinvestitionen[5], wird die Kundensicht in den Vordergrund gestellt. Aus diesem Grund sind die mit einer Qualitätsinvestition verbundenen Wirkungen vorrangig solche, an denen der Firmenkunde durch sein Verhalten beteiligt ist. In Anlehnung an die Qualitätsinvestitionsdiskussion resultieren derartige ökonomische Wirkungen einerseits aus Erlössteigerungen bzw. der Sicherstellung der Erlöse durch veränderte Absatzpreise und -mengen und andererseits können die Mengeneffekte wiederum Kosteneinsparungen im Sinne von Economies of Scale bewirken.

---

1 Vgl. hierzu auch Kaas, K. P./Runow, H., 1987, S. 82.

2 Vgl. diesbezüglich die Studie von Taylor, S. A./Baker, T. L., 1994, S. 173.

3 Da dieses Erklärungsmodell auf den Forschungsergebnissen basiert, die in unterschiedlichsten Branchen und für verschiedenen Leistungen mit verschiedenen Methoden erzielt wurden, kann es bei einer empirischen Überprüfung des Bezugsrahmens für das Firmenkundengeschäft zu einer Nichtbestätigung einzelner Modellfaktoren und Zusammenhänge kommen.

4 Siehe Kapitel 3.2.

5 Siehe Kapitel 3.3.2.2.

Neben diesen wichtigen kundenverhaltenbezogenen Wirkungen sind mit Qualitätsinvestitionen auch ökonomische Konsequenzen verbunden, die von der spezifischen Effizienz- und Kostensituation im Firmenkundengeschäft einer Bank abhängig sind. Unter letzteren sind vor allem die Kosten für die Initiierung der Qualitätsinvestitionen zu verstehen. Diese können Sach- und Personalkosten umfassen. Beispielsweise wäre hier an Kosten für eine bessere technische Ausstattung oder Schulungsmaßnahmen der Firmenkundenbetreuer zu denken.

Darüber hinaus können als Resultat der Qualitätsinvestition auch Kosteneinsparungen erzielt werden. Zum einen können diese Einsparungen aus effizienteren internen Abläufen im Back-Office erreicht werden. Als Beispiel wäre hier eine Verkürzung der Bearbeitungszeit für einen Kreditantrag anzuführen.[1] Eine Kostenreduzierung könnte dabei durch die Einstellung von Mehrfachbearbeitungen herbeigeführt werden.

Zum anderen können sich Kostensenkungen auch durch eine Verringerung bankinterner Fehler ergeben. Beispielsweise kann eine Verbesserung der Cash Management-Systeme für den Firmenkunden zu weniger fehlerbehafteten Buchungen führen, die dann auch eine gesunkene „Doppel"-Bearbeitung zur Folge haben. Überdies wird in der Literatur[2] auch von Kosteneinsparungen auf Grund einer abnehmenden Personalfluktuation gesprochen, die aus einer steigenden Motivation auf Grund der Qualitätsfähigkeit im Firmenkundengeschäft resultiert.

In Abbildung 5.2 sind die von Qualitätsinvestitionen ausgehenden ökonomischen Wirkungen zusammenfassend dargestellt. Dabei ist zu berücksichtigen, dass die wichtigen verhaltensbezogenen Wirkungen von Qualitätsinvestitionen wiederum einen Rückkopplungseffekt auf die Initiierungskosten und die Kosteneinsparungen besitzen können. Dies ist dann der Fall, wenn Initiierungskosten bzw. Kosteneinsparungen abhängig von der nachgefragten Menge sind, wie z.B. die zusätzliche Ausgabe von Softwareupdates an den Firmenkunden.

---

1 Vgl. Stauss, B., 1992, S. 113.

2 Vgl. Buzzell, R./Gale, B., 1989, S. 98; Stauss, B., 1992, S. 113 f.

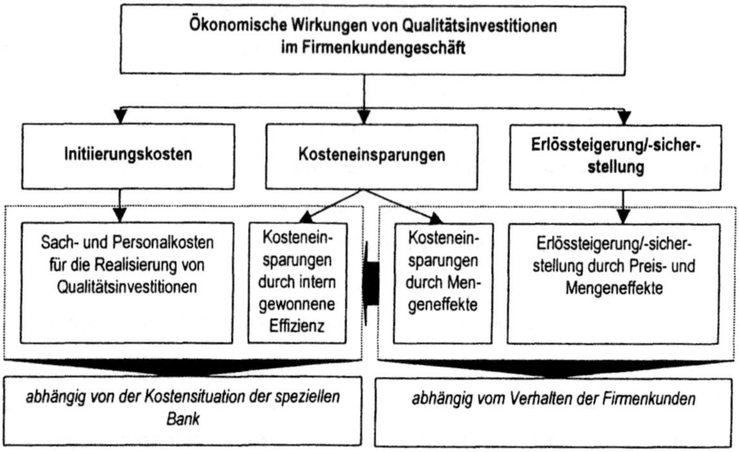

Quelle: Eigene Darstellung.

***Abbildung 5.2**: Grundlegende ökonomische Wirkungen von Qualitätsinvestitionen im Firmenkundengeschäft*

Eine Berechnung dieser ökonomischen Wirkungen von Qualitätsinvestitionen im Firmenkundengeschäft kann für die bankspezifischen Kostenwirkungen im Vergleich zu den wichtigen verhaltensbasierten Wirkungen relativ problemlos erfolgen. Für die Kalkulation von letzteren ist es erforderlich, den Zusammenhang zwischen der Qualität über das Kundenverhalten zum ökonomischen Erfolg zu analysieren, was Inhalt des folgenden Kapitels ist.

5.1.2 Ökonomische Wirkungen durch das Verhalten der Firmenkunden auf Grund gelieferter Qualität

Eine Strukturierung des Zusammenhangs zwischen Qualität und ökonomischen Wirkungen kann in Anlehnung an die Forschungen zum Konsumentenverhalten[1] in den Zwischenschritten Aufnahme von Qualitätsinformationen, deren Verarbeitung und Speicherung sowie das daraus resultierende Kundenverhalten vorgenommen werden. Dementsprechend wird die Qualitätswahrnehmung als Aufnahme und Verarbeitung der Qualitätsinformationen (**Kapitel 5.1.2.1**), anschließend die Speicherung des

[1] Vgl. hierzu Kroeber-Riel, W./Weinberg, P., 1999, S. 51 f., S. 224 und S. 588; ähnlich angewendet für das Qualitätserleben vgl. Hentschel, B., 1992, S. 61.

aus der Qualitätswahrnehmung resultierenden Urteils (**Kapitel 5.1.2.2**), das folgende Kundenverhalten (**Kapitel 5.1.2.3**) und die sich daraus ergebenen ökonomischen Konsequenzen (**Kapitel 5.1.2.4**) erörtert.

5.1.2.1 *Qualitätswahrnehmung als Ausgangspunkt der Wirkungskette*

In Anlehnung an die Begriffsfassung von Wahrnehmung allgemein[1] kann die Qualitätswahrnehmung im Firmenkundengeschäft als Prozess beschrieben werden, durch den der Firmenkunde Kenntnis über die Qualität der Firmenkundenleistung erlangt. Der Wahrnehmungsprozess ist dabei durch Subjektivität, Aktivität und Selektivität gekennzeichnet, d.h. Qualität wird entsprechend dem kundenorientierten Qualitätsbegriff subjektiv wahrgenommen, es handelt sich dabei um einen aktiven Vorgang der Informationsaufnahme und -verarbeitung und es werden auf Grund der erforderlichen Informationsbewältigung nur ausgewählte Qualitätsinformationen[2] aufgenommen.

Für die Erklärung des Qualitätswahrnehmungsprozesses und somit für die Entstehung eines Qualitätsurteils beim Kunden wird in der Literatur übereinstimmend von einem Vergleich zwischen Soll- und Ist-Leistung (Confirmation/ Disconfirmation-Paradigma[3]) ausgegangen.[4] In diesem Zusammenhang muss jedoch beachtet werden, dass auch das Konstrukt Kundenzufriedenheit zumeist mit Hilfe des Confirmation/Disconfirmation-Paradigmas erklärt wird,[5] wobei keine einheitliche Abgrenzung

---

1 Vgl. Kroeber-Riel, W./Weinberg, P., 1999, S. 265 f.

2 Aus diesem Grund spielt auch die richtige Wahl von Qualitätsmerkmalen eine wesentliche Rolle, wenn die Qualität im Firmenkundengeschäft aus Kundensicht zu ermitteln ist. Siehe zur Ableitung und Kategorisierung von Qualitätsmerkmalen im Firmenkundengeschäft Kapitel 3.2.2.2.

3 Zum Confirmation/Disconfirmation-Paradigma vgl. u.a. Groß-Engelmann, M., 1999, S. 17; Stauss, B., 1999, S. 6; Homburg, C./Rudolph, B., 1998, S. 38.

4 Vgl. hierzu beispielsweise Groß-Engelmann, M./Wiswede, G., 1999, S. 174; Quartapelle, A. Q./Larsen, G., 1996, S. 48 f.; Spreng, R. A./Mackoy, R. D., 1996, S. 202; Haller, S., 1998, S. 42 f.; Boulding, W. et al., 1993, S. 8; Oliver, R., 1993, S. 78; Cronin, J. J./Taylor, S. A., 1992, S. 56; Anderson, E. W./Sullivan, M. W., 1990, S. 126; Woodside, A. G. et al., 1989, S. 6. Dabei wird in den angegebenen Quellen entweder von der Qualität selbst oder der wahrgenommenen Leistung gesprochen.

5 Vgl. Herrmann, A./Seilheimer, C., 2000, S. 14; auch Stauss, B., 1999, S. 6; Homburg, C./Rudolph, B., 1998, S. 35; Scharnbacher, K./Kiefer, G., 1998, S. 7 und S. 10 ff.; Lingenfeld, M./Schneider, W., 1991, S. 110; Kaas, K. P./Runow, H., 1987, S. 81. Für einen Überblick über weitere Theorien vgl. Müller, W., 1998b; auch Matzler, K., 1997.

für die beiden Konstrukte Dienstleistungsqualität und Kundenzufriedenheit existiert.[1] Zumeist werden sie als unterschiedliche, aber ähnliche Konstrukte beschrieben.[2]

Da keine Übereinstimmung in Bezug auf die Konstruktabgrenzung besteht und eine empirische Studie mit Bankkunden belegt, dass die Konstrukte für eine Unterscheidung durch den Kunden zu ähnlich sind,[3] soll innerhalb der vorliegenden Arbeit in Anlehnung an die Mehrheit der durchgeführten Forschungsarbeiten[4] die kundenorientierte Qualitätssicht als ein der Kundenzufriedenheit innerhalb des Confirmation/ Disconfirmation-Paradigmas vorgelagertes Konstrukt behandelt werden. Demnach ist die durch den Firmenkunden wahrgenommene Qualität gleichzeitig auch als Quelle der (Un-)Zufriedenheit zu betrachten.[5]

Im Rahmen des Confirmation/Disconfirmation-Paradigmas wird die Soll-Leistung[6] dann im Wesentlichen mit Erwartungen, Erfahrungsnormen, Idealen und Wertvorstellungen umschrieben.[7] Erwartungen gehen auf die Erwartungstheorien zurück[8] und haben als Vergleichsstandards bisher die größte Bedeutung.[9] Sie drücken den Glaube des Kunden über das wahrscheinliche Ergebnisse einer Leistungserstellung

---

1 Vgl. beispielsweise Stauss, B., 1999, S. 12; Matzler, K., 1997, S. 112; Nader, G., 1995, S. 19 f.

2 Als Abgrenzungskriterien werden vorrangig die Notwendigkeit eigener Produkterfahrung, Produkteigenschaften und -dimensionen, Vergleichsstandards, der Anteil der affektiven Komponente sowie die zeitliche Stabilität herangezogen (vgl. Stauss, B., 1999, S. 12; auch Groß-Engelmann, M., 1999, S. 27; Oliver, R., 1996, S. 177 f.; Spreng, R. A./Mackoy, R. D., 1996, S. 202). Ein Übersicht zu verschiedenen Abgrenzungen zwischen Kundenzufriedenheit und Dienstleistungsqualität finden sich bei Nader, G., 1995, S. 21 und Matzler, K., 1997. S. 113.

3 Vgl. Nader, G., 1995, S. 22 und S. 27.

4 Hierbei wird entweder allgemein die wahrgenommene Leistung oder speziell die Dienstleistungsqualität angeführt (vgl. beispielsweise Mittal, B. et al.,1998, S. 33; Swan, J. E./Bowers, M. R., 1998, S. 67; Oliver, R., 1996, S. 179; Nader, G., 1995, S. 28; Rapp, R., 1995, S. 10; Gotlieb, J. B. et al., 1994, S. 881; Oliver, R. , 1993, S. 65; Cronin, J. J./Taylor, S. A., 1992, S. 64; Anderson, E. W./Sullivan, M. W., 1990, S. 126; Tse, D. K./Wilton, P. C., 1988, S. 207).

5 Damit kann die Qualität von Firmenkundenleistungen auch über die Kundenzufriedenheit erklärt/gemessen werden (vgl. Herrmann, A./Vetter, I., 1999, S. 336; Scharnbacher, K./Kiefer, G., 1998, S. 13; Swan, J. E./Bowers, M. R., 1998, S. 67; Nader, G., 1995, S. 28; Bühler, W., 1993, S. 519).

6 Für einen Überblick vgl. Schütze, R., 1992; Zeithaml, V. A., et al., 1993; Woodruff, R. B. et al., 1983.

7 Vgl. Homburg, C./Rudolph, B., 1998, S. 39. Eine andere, aber ähnliche Einteilung der Soll-Leistung im Zusammenhang mit der Bildung von Qualitätsurteilen nimmt *Haller* vor (vgl. Haller, S., 1998, S. 38 ff.). Überblicke zu verschiedenen Soll-Leistungen liefern beispielsweise Hentschel, B., 1992, S. 124; Schütze, R., 1992, S. 157 ff. und Kaas, K. P./Runow, H., 1987, S. 81.

8 Vgl. Tse, D. K./Wilton, P. C., 1988, S. 205.

9 Vgl. Zeithaml, V. A. et al., 1993, S. 1 ff.

aus,[1] und beinhalten das, was der Kunde auf Grund ihm bekannter Leistungen und der Bankkommunikation, z.B. über die Werbung, für möglich hält.[2]

Erwartungen liefern keine Erklärung für Qualitätsurteile über Leistungsmerkmale, denen sich der Kunde vor Leistungsinanspruchnahme nicht bewusst war.[3] Dies stellt aber insbesondere im Firmenkundengeschäft ein Problem dar, da stark individualisierte Leistungen angeboten werden, die nur einmal bzw. in großen zeitlichen Abständen nachgefragt werden, wie z.B. Börsengänge, und Qualitätsinvestitionen auch dazu führen können, dass Neuerungen eingeführt werden, über die explizit noch keine Erwartungen bestehen. Als Beispiel hierfür kann die Nutzung des Internets für die Leistungsabwicklung angeführt werden. Außerdem kann der Unternehmensvertreter, der den Firmenkunden repräsentiert,[4] wechseln. Damit erscheinen Erwartungen für die Qualitätswahrnehmung von Firmenkunden in Relation zur Qualitätswahrnehmung anderer Dienstleistungskunden weniger bedeutend.

Die Erfahrungsnormen[5] dagegen drücken aus, wie die Leistung aus Sicht des Kunden sein sollte,[6] was angemessen ist.[7] Zur Ableitung der Norm kann der Kunde Erfahrungen mit der gleichen Leistung, eine durchschnittliche Leistung, die der Kunde als typisch für eine Gruppe ähnlicher Leistungen erachtet,[8] die durch Mund-zu-Mund-Kommunikation weitergegebenen Erfahrungen anderer Kunden sowie die Bankkommunikation[9] zugrundelegen. Da Erfahrungsnormen eine breite Erfahrungsbasis reflektieren, können diese auch bei erstmaliger Inanspruchnahme einer Firmenkun-

---

1 Vgl. Spreng, R. A. et al., 1996, S. 16; Folkes, V. S., 1994, S. 109; Boulding, W. et al., 1993, S. 9.

2 Vgl. Tse, D. K./Wilton, P. C., 1988, S. 205; Cadotte, E. R. et al., 1987, S. 306.

3 Vgl. Homburg, C./Rudolph, B., 1998, S. 40.

4 Zur genaueren Analyse der verschiedenen Rollen, die auf der Seite des Firmenkunden im Zusammenhang mit der Qualitätsbeurteilung und dem daraus resultierenden Verhalten eingenommen werden können, siehe Kapitel 5.2.2.1.2.

5 Vgl. Spreng, R. A./Mackoy, R. D., 1996, S. 802; Folkes, V. S., 1994, S. 109; Boulding, W. et al., 1993, S. 8.

6 Vgl. Homburg, C./Rudolph, B., 1998, S. 40.

7 Vgl. Boulding, W. et al., 1993, S. 9.

8 Vgl. Cadotte, E. R. et al., 1987, S 306; auch Woodruff, R. B. et al., 1983, S. 298 f.

9 Vgl. Homburg, C./Rudolph, B., 1998, S. 41; Boulding, W. et al., 1993, S. 9.

denleistung auf die Qualitätswahrnehmung wirken.[1] Somit besitzen die Erfahrungsnormen auch für die Qualitätswahrnehmung von Firmenkundenleistungen Relevanz.

Ideale als Vergleichsstandards basieren auf dem Idealpunkt-Präferenzmodell.[2] Sie repräsentieren die optimale Produktperformance, die sich der Kunde idealerweise erhofft und reflektiert, wie die Leistungserstellung sein kann. Sie verkörpern dauerhafte Bedarfe des Kunden und sind deshalb im Zeitverlauf stabil.[3] Quellen der Bildung von Idealen sind außerdem die zuvor gemachten Leistungserfahrungen, die Mund-zu-Mund-Kommunikation und die Bankkommunikation.[4] Ideale können sich ebenfalls vor einer erstmaligen Leistungsinanspruchnahme bilden und deshalb auch für die Qualitätswahrnehmung von Firmenkundenleistungen Beachtung finden.

Wertvorstellungen als Vergleichsstandards gehen zurück auf unterschiedliche menschliche Bedürfnisse und beinhalten Wünsche, Lebensziele und grundlegende Bedürfnisse der Firmenkunden.[5] Sie sind relativ stabil[6] und stimmen in der Realität häufig mit den Kundenerwartungen überein.[7] Es ist davon auszugehen, dass individuelle Wertvorstellungen und damit menschliche Bedürfnisse der einzelnen Unternehmensvertreter wohl eine geringe Rolle bei der Qualitätswahrnehmung spielen, denn hier stehen Leistungsmerkmale im Vordergrund, die der Erfüllung der Unternehmensziele dienen.

Für die Qualitätswahrnehmung von Firmenkunden nehmen demnach die Erfahrungsnormen und die Ideale eine zentrale Rolle ein. In verschiedenen Forschungsarbeiten[8] konnte darüber hinaus nachgewiesen werden, dass in der Regel nicht nur

---

1 Vgl. Homburg, C./Rudolph, B., 1998, S. 41.

2 Vgl. Homburg, C./Rudolph, B., 1998, S. 41; Tse, D. K./Wilton, P. C., 1988, S. 205.

3 Vgl. Boulding, W. et al., 1993, S. 9.

4 Vgl. Tse, D. K./Wilton, P. C., 1988, S. 205.

5 Vgl. Homburg, C./Rudolph, B., 1998, S. 41; Spreng, R. A. et al., 1996, S. 16.

6 Vgl. Spreng, R. A. et al., 1996, S. 17.

7 Vgl. Homburg, C./Rudolph, B., 1998, S. 41.

8 Vgl. Spreng, R. A. et al., 1996, S. 15 ff.; Bolton, R. N./Drew, J. H., 1994, S. 178; Boulding, W. et al., 1993, S. 20; Zeithaml, V. A. et al., 1993, S. 2 f.; Tse, D. K./Wilton, P. C., 1988, S. 210; Cadotte, E. R. et al., 1987, S. 313 f.

ein einziger Vergleichsstandard im Rahmen der Qualitätswahrnehmung herangezogen wird, sondern ein Mix,[1] der Veränderungen unterliegt.[2]

Die der Soll-Leistung gegenüberzustellende Ist-Leistung, der in der wissenschaftlichen Auseinandersetzung wenig Beachtung zukommt,[3] wird überwiegend einheitlich als die wahrgenommene Leistung verstanden.[4] Für die vorliegende Problemstellung wird demnach die vom Firmenkunden in Anspruch genommene Firmenkundenleistung als Ist-Leistung betrachtet, wobei die Beschaffenheit der Firmenkundenleistung in Form von einzelnen Qualitätsmerkmalen die Informationen über die Qualität der Firmenkundenleistung liefert, die mit Hilfe der Qualitätsinvestitionen beeinflusst wird. Zudem konnte in verschiedenen Untersuchungen[5] ein Zusammenhang zwischen Soll- und Ist-Leistung festgestellt werden. Demnach wird die Leistungswahrnehmung der Ist-Leistung nicht von der in Anspruch genommenen Leistung allein bestimmt, sondern auch von der korrespondierenden Soll-Leistung. In Bezug auf die Richtung dieses Einflusses konnte mehrheitlich ein positiver Zusammenhang ermittelt werden.[6]

Nach Aufnahme der Qualitätsinformationen durch die in Anspruch genommene Firmenkundenleistung unter Einfluss des Vergleichsstandards, stellt der Firmenkunde die Beschaffenheit der Ist-Leistung dem Vergleichstandard gegenüber[7] und bildet so eine Differenz zwischen Ist- und Soll-Wert. Entsprechend dem Confirmation/Discon-

---

1 Die Zusammensetzung und die relative Bedeutung einzelner Vergleichsstandards sowie der Einfluss von Faktoren, wie z.B. die Einfachheit der Leistungsbeurteilung, auf den Vergleichsstandard bedürfen noch genauerer Forschungen (vgl. ähnlich Stauss, B., 1999, S. 7). Eine aktuelle Untersuchung zeigt dabei, dass der Vergleichsstandard als Verteilung und nicht als Punktwert betrachtet werden sollte (vgl. Rust, R. T. et al., 1999, S. 77).

2 Vgl. Herrmann, A./Seilheimer, C., 2000, S. 15; auch Schütze, R., 1992, S. 161. *Herrmann* und *Seilheimer* liefern darüber hinaus einen Überblick über Ansätze, mit deren Hilfe eine Abbildung dieser Dynamik möglich wird (vgl. Herrmann, A./Seilheimer, C., 2000).

3 Vgl. Schütze, R., 1992, S. 160; auch Kaas, K. P./Runow, H., 1987, S. 82.

4 Vgl. z.B. Stauss, B., 1999, S. 7; Haller, S., 1998, S. 42; Schütze, R., 1992, S. 160; Kaas, K. P./Runow, H., 1987, S. 82.

5 Vgl. Spreng, R. A./Mackoy, R. D., 1996, S. 210; Boulding, W. et al., 1993, S. 7; Anderson, E. W./Sullivan, M. W., 1990, S. 125. Für einen Überblick über verschiedene Verbindungen zwischen den einzelnen Faktoren vgl. auch Kristensen, K. et al., 1999, S. 604.

6 Vgl. Spreng, R. A. et al., 1996, S. 17; Boulding, W. et al., 1993, S. 20; Anderson, E. W./Sullivan, M. W., 1990, S. 127 und S. 136; Yi, Y., 1990, S. 81.

7 Dabei ist strittig, ob die hier dargestellte Separierung von Qualitätswahrnehmung und Soll-Ist-Vergleich beim Kunden so abläuft oder ob es gleich zu einem Soll-Ist-Vergleich kommt (vgl. Stauss, B., 1999, S. 7).

firmation-Paradigma resultiert aus der Übereinstimmung von Soll- und Ist-Wert eine Bestätigung (Confirmation) und aus der Nicht-Übereinstimmung die Nicht-Bestätigung (Disconfirmation) des Vergleichsstandards.[1] Dabei wird zumeist angenommen, dass der Vergleichsstandard negativ[2] und die Qualitätsinformationen positiv[3] auf die Confirmation/Disconfirmation wirken.

Die gebildete Differenz zwischen Ist- und Soll-Leistung bzw. die Confirmation/Disconfirmation aus Qualitätsinformation und Vergleichsstandard unterliegen anschließend einer subjektiven Bewertung durch den Firmenkunden. Spielten bislang vorrangig kognitive Elemente eine Rolle und bildeten so die Qualitätsbeurteilung ab,[4] fließen jetzt über die subjektive Bewertung auch affektive Komponenten in das Urteil ein und führen so zur subjektiven Confirmation/Disconfirmation.[5] Die subjektive Bewertung hängt dabei u.a. von Faktoren wie Alternativen, situativen Umständen und Emotionen ab.[1]

Im Firmenkundengeschäft kann der Einfluss des letztgenannten Faktors zumindest für die Großunternehmen als relativ gering eingeschätzt werden, da hier die Erfüllung der unternehmerischen Ziele und damit die kognitiven Elemente im Vordergrund stehen. Einen gewissen Einfluss können Emotionen jedoch auf die Eigentümer von Mittelunternehmen haben, da deren Vermögensposition unmittelbar betroffen ist. Letztendlich geht es aber auch hier vorrangig um die Erreichung der mit dem Unternehmen verfolgten Ziele. Alternativen können dagegen die subjektive Bewertung gerade auf Grund der Mehrfachbankverbindungen von Firmenkunden beeinflussen. Trotzdem kann auf Grund des vorrangig „kognitiven/rationalen Motivs“ der Leistungsinan-

---

1 Vgl. hierzu Stauss, B., 1999, S. 7; Homburg, C./Rudolph, B., 1998, S. 38 f.; Oliver, R., 1993, S. 74. In diesem Zusammenhang ist noch unerforscht, wie im Rahmen der Differenzermittlung die einzelnen Qualitätsmerkmale zu einem Gesamturteil aggregiert werden (vgl. hierzu auch Lingenfelder, M./Schneider, W., 1991, S. 114 ff.; auch Kaas, K. P./Runow, H., 1987, S. 82 ff.).

2 *Anderson/Sullivan* konnten in ihrer Studie, obwohl sie einen negativen Zusammenhang zwischen Vergleichsstandard und Confirmation/Disconfirmation unterstellten, einen positiven identifizieren (vgl. Anderson, E. W./Sullivan, M. W., 1990, S. 137). Dies muss für das Firmenkundengeschäft spezifisch überprüft werden.

3 Vgl. Anderson, E. W./Sullivan, M. W., 1990, S. 137.

4 Vgl. beispielsweise Stauss, B., 1999, S. 12; Oliver, R., 1996, S. 177.

5 Vgl. Tse, D. K./Wilton, P. C., 1988, S. 205.

spruchnahme für Firmenkunden vermutet werden, dass die kognitiven Elemente auch in der subjektiven Confirmation/Disconfirmation die dominierende Rolle einnehmen.

Aus der subjektiven Confirmation/Disconfirmation von Qualitätsinformation und Vergleichsstandard resultiert dann ein (Un-)Zufriedenheitsurteil,[2] wobei die Confirmation/Disconfirmation positiv mit der Kundenzufriedenheit verbunden[3] ist und auch der Vergleichsstandard[4] wie die Qualitätsinformationen[5] in direkter positiver Verbindung zur (Un-)Zufriedenheit stehen. Allerdings kann nicht immer von linearen Zusammenhängen ausgegangen werden, sondern es ist anzunehmen, dass die Kundenzufriedenheit in Abhängigkeit von den Qualitätsinformationen (Ist-Leistung) durch unterproportionales Wachstum gekennzeichnet ist. In Bezug auf die Disconfirmation ist im positiven Bereich ebenfalls mit einem unterproportionalen im negativen Bereich, jedoch mit einem überproportionalen Wachstum der (Un-)Zufriedenheit zu rechnen.[6]

Zwischen Zufriedenheit und Unzufriedenheit existiert dabei kein Punktwert[7] sondern eine Zone, die als Indifferenz-[8] oder Toleranzzone[9] bezeichnet wird. Eine Erklärung dieser Zone liegt darin, dass Kunden Wahrnehmungsgrenzen haben, die Ungenauigkeiten hervorrufen.[10] Die Existenz einer solchen Indifferenz-/Toleranzzone ist auch bei Firmenkunden anzunehmen. Ausgehend von diesem Indifferenz-/Toleranzzonen-

---

1 Die Rolle der Emotionen bleibt dabei ungeklärt. Sie sind entweder intervenierend oder unabhängige Variable (vgl. Stauss, B., 1999, S. 9). *Oevermann* spricht in diesem Zusammenhang auch von einer Bewertung anhand einer subjektiven Nutzenfunktion (vgl. Oevermann, D., 1996, S. 97).

2 Vgl. u.a. Stauss, B., 1999, S. 8; Oliver, R. et al., 1997, S. 319; Keiningham, T. et al., 1994, S. 8; Taylor, S. A./Baker, T. L., 1994, S. 164; Mano, H./Oliver, R., 1993, S. 464; Oliver, R., 1993, S. 65; Bolton, R. N./Drew, J. H., 1991a, S. 2; Bolton, R. N./Drew, J. H., 1991b, S. 375; Yi, Y., 1990, S. 79; Oliver, R., 1989, S. 2; Bearden, W. O./Teel, J. E., 1983, S. 26; Woodruff, R. B. et al., 1983, S. 299 f.; Churchill, G. A./Suprenant, C., 1982, S. 493.

3 Vgl. Tse, D. K./Wilton, P. C., 1988, S. 209.

4 Vgl. Spreng, R. A./Mackoy, R. D., 1996, S. 210; Tse, D. K./Wilton, P. C., 1988, S. 208. *Kristensen et al.* können dagegen für verschiedene Leistungskategorien keinen Zusammenhang speziell zwischen den Kundenerwartungen und der (Un-)Zufriedenheit feststellen (vgl. Kristensen, K. et al., 1999, S. 612).

5 Vgl. Anderson, E. W./Sullivan, M. W., 1990, S. 137.

6 Vgl. Anderson, E. W./Sullivan, M. W., 1990, S. 128; auch Mittal, B. et al., 1998, S. 34.

7 Vgl. Stauss, B., 1999, S. 8.

8 Vgl. Woodruff, R. B. et al., 1983, S. 299.

9 Vgl. Zeithaml, V. A. et al., 1993, S. 6 ff.

10 Vgl. zu weitergehenden Erläuterungen Schütze, R., 1992, S. 161 ff.

konzept führt eine aus subjektiver Sicht bewertete Übereinstimmung[1] von Qualitätsinformation und Vergleichsstandard zur Indifferenz, während ein Zufriedenheitsurteil aus einer positiven und ein Unzufriedenheitsurteil aus einer negativen Differenz zwischen Qualitätsinformation und Vergleichsstandard resultieren. Neben der Qualität existieren noch weitere Zufriedenheitsquellen, die dazu führen, dass ein (Un-)Zufriedenheitsurteil nicht vollständig mit Hilfe der Qualitätsmerkmale beschrieben werden kann.[2]

Insgesamt beinhaltet die Bewertung der aufgenommenen Qualitätsinformationen die Umwandlung des durch den kognitiven Soll-Ist-Vergleich ausgedrückten Qualitätsurteils über eine subjektive Bewertung in ein (Un-)Zufriedenheitsurteil. Abschließend ist in Abbildung 5.3 der gesamte Qualitätswahrnehmungsprozess dargestellt, bevor anschließend die Speicherung der Qualitätswahrnehmung erörtert wird.

1 Diese Übereinstimmung entspricht der Zonenbreite.

2 Vgl. Stauss, B., 1999, S. 12; auch Oliver, R., 1993, S. 80.

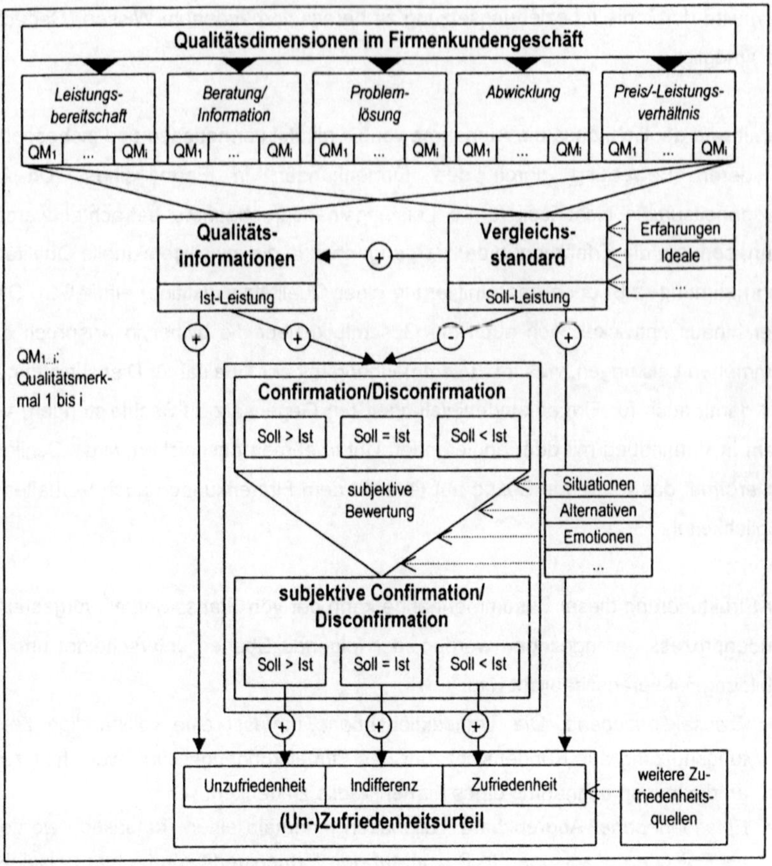

Quelle: Eigene Darstellung.

***Abbildung 5.3**: Qualitätswahrnehmung*

5.1.2.2 Speicherung der Qualitätswahrnehmung

Die Speicherung der Qualitätswahrnehmung befasst sich mit dem Lernen und den Gedächtnisprozessen in Bezug auf die Qualität.[1] Während das Lernen als eine Erweiterung des Verhaltensrepertoires auf Grund von Erfahrungen und damit primär als Wissenserwerb aufgefasst werden kann, umschreibt der Gedächtnisprozess die Speicherung und den Gebrauch des Wissens. Der Erwerb von neuem Wissen (Ler-

1 Vgl. allgemein Kroeber-Riel, W./Weinberg, P., 1999, S. 314.

nen) wird durch die Inbeziehungsetzung zu bereits vorhandenem Wissen (Gedächtnis[1]) möglich.[2]

Damit wird deutlich, dass die Aufnahme von Qualitätsinformationen und insbesondere deren Bewertung durch den Firmenkunden in Form eines (Un-)Zufriedenheitsurteils nicht isoliert pro Leistungsinanspruchnahme betrachtet werden kann, sondern die Erfahrungen der Vergangenheit in die jeweilige aktuelle Qualitätswahrnehmung (z.B. auch nach Initiierung einer Qualitätsinvestition) einfließen. Darüber hinaus entwickelt sich auch ein Gesamtbild über die bisher in Anspruch genommenen Leistungen, was im Zusammenhang mit der Qualität für Dienstleistungen und damit auch für Firmenkundenleistungen (im Gegensatz zu Sachleistungen) vor allem in Verbindung mit dem anbietenden Unternehmen gespeichert wird.[3] Schließlich eröffnet das Lernen in Bezug auf Qualität dem Firmenkunden auch Verhaltensmöglichkeiten.

Zur Strukturierung dieser Zusammenhänge kann der von *Stauss/Seidel*[4] vorgestellte Kundenprozess herangezogen werden, der folgende Ebenen unterscheidet und in Abbildung 5.4 veranschaulicht wird:[5]

- *Transaktionsebene*: Die Transaktionsebene umfasst eine vollständige Leistungsnutzung aus Kundensicht. Für das Firmenkundengeschäft wäre hier z.B. an die Inanspruchnahme eines Firmenkredits zu denken.
- *Episodenebene*: Abgrenzbare Teilphasen innerhalb einer Transaktion werden als Episoden bezeichnet. In Bezug auf den Firmenkredit könnte hier beispielsweise die Kreditwürdigkeitsprüfung als Episode benannt werde.

---

1 Das Gedächtnis kann dabei unterteilt werden in Ultrakurzzeit-, Kurzzeit- und Langzeitgedächtnis (vgl. Hentschel, B., 1992, S. 74; auch Straßburger, H., 1991, S. 123). Im Zusammenhang mit der Speicherung der Qualitätswahrnehmung steht das Langzeitgedächtnis im Vordergrund, da zum einen die Qualitätswahrnehmung durch den Firmenkunden je nach Umfang der Leistungsinanspruchnahme auch in größeren zeitlichen Abständen erfolgen kann und zum anderen gerade für das im Anschluss an dieses Kapitel zu betrachtende Kundenverhalten die langfristig über die Qualität gespeicherten Informationen von Relevanz sind.

2 Vgl. Kroeber-Riel, W./Weinberg, P., 1999, S. 316 und S. 333 ff.

3 Vgl. Hentschel, B., 1992, S. 75.

4 Vgl. Stauss, B./Seidel, W., 1998a. Eine ähnliche prozessuale Betrachtungsweise der Dienstleistungserstellung nehmen *Danaher/Mattsson* ein (vgl. Danaher, P. J./Mattsson, J., 1994, S. 5 f.).

5 Vgl. hierzu auch im Folgenden Stauss, B./Seidel, W., 1998a, S. 208 ff. *Liljander/Strandvik* dagegen unterscheiden zwischen Interaktionen, Episoden und Beziehung (vgl. Liljander, V./Strandvik, T., 1995, S. 142 f.) und *Oevermann* differenziert zwischen Interaktionen, Leistung und Beziehung (vgl. Oevermann, D., 1996, S. 99 ff.).

- *Kontaktebene*: Episoden wiederum lassen sich in Teile untergliedern, die als Kontakte oder Kontaktpunkte bezeichnet werden. Die Kontaktebene stellt die kleinste Ebene der Betrachtung dar. Im Rahmen der Kreditwürdigkeitsprüfung könnte ein Kontakt u.a. in einer Managementbefragung bestehen.
- *Beziehungsebene*: Neben der Untergliederung einer kompletten Leistungsnutzung als Transaktion wird auch die übergeordnete Ebene der Beziehung als Verdichtung der genutzten Transaktionen abgegrenzt. Hier wäre dann die Beziehung zwischen Firmenkunde und Bank angesprochen.

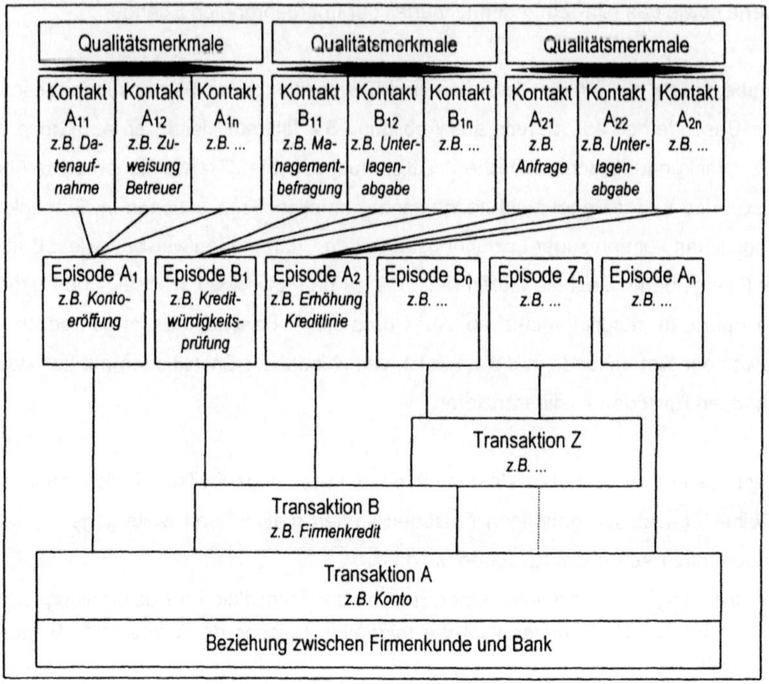

Quelle: Eigene Darstellung.

***Abbildung 5.4**: Kundenprozess im Firmenkundengeschäft*

Die Qualitätswahrnehmung, die in den einzelnen Kontakten stattfindet, führt zu einem (Un-)Zufriedenheitsurteil, das sich mit jedem folgenden Kontakt auch weiterentwickelt. Entsprechend den Erkenntnissen über Lernen und Gedächtnis kann die (Un-)Zufriedenheit wiederum Konsequenzen für die Wahrnehmung und/oder den Vergleichsstandard des oder der weiteren Kontakte zeitigen.

Kumuliert entwickelt sich mit jedem Kontakt das (Un-)Zufriedenheitsurteil über die Episode, die Transaktion und die Beziehung, wobei jederzeit Aussagen durch den Firmenkunden über den „aktuellen Stand" der (Un-)Zufriedenheit pro Ebene möglich sind, d.h. es müssen beispielsweise nicht erst alle Episoden für eine Transaktion abgelaufen sein, bevor der Firmenkunde ein (Un-)Zufriedenheitsurteil über die Transaktion bildet. Dabei beeinflusst auch hier auf jeder Ebene das bestehende (Un-)Zufriedenheitsurteil der Ebene das zukünftige (Un-)Zufriedenheitsurteil dieser Ebene sowie das (Un-)Zufriedenheitsurteil der übergeordneten Ebene.

Diesbezüglich tritt für die Episoden und Transaktionen im Firmenkundengeschäft eine Besonderheit auf. Bereits aus Abbildung 5.4 fällt auf, dass sich auf Grund der im Firmenkundengeschäft üblichen zeitlich ausgedehnten Transaktionen diese überlappen und in der Regel nicht nacheinander anfallen. Transaktionen im Firmenkundengeschäft können sogar beziehungsähnlichen Charakter aufweisen,[1] wie z.B. eine Kontoverbindung. Deshalb laufen auch die zu den jeweiligen Transaktionen gehörigen Episoden „durcheinander" ab. Auf Grund dieser Besonderheit ist es fraglich, inwieweit der Firmenkunde in der Lage ist, verschiedene Transaktionen mit den dazugehörigen Episoden zu differenzieren.

Es ist deshalb zu vermuten, dass auch das (Un-)Zufriedenheitsurteil nicht nach den zu einer Transaktion gehörigen Episoden sortiert gebildet und weitergegeben wird, sondern nach Auftritt der Episoden, so dass:

- die (Un-)Zufriedenheit mit einer Episode der Transaktion A Ausstrahlungseffekte auf die (Un-)Zufriedenheit der folgenden Episode der Transaktion B haben kann,
- das (Un-)Zufriedenheitsurteil über die Transaktion auch von Episoden beeinflusst werden kann, die nicht zu dieser bestimmten Transaktion gehören und
- die (Un-)Zufriedenheit mit einer Transaktion A zwar Einfluss auf die folgende Transaktion B hat, aber sich die (Un-)Zufriedenheit mit Transaktion A auf Grund der noch nicht erfolgten Beendigung weiterhin ändern kann und die beginnende Transaktion B ihrerseits Ausstrahlungseffekte auf die noch laufende Transaktion A zeitigt.

---

1 *Oevermann* spricht in diesem Zusammenhang sogar von mitgliedschaftsähnlichen Beziehungen (vgl. Oevermann, D., 1996, S. 33).

Die auf den einzelnen Ebenen entstehenden (Un-)Zufriedenheitsurteile weisen zudem unterschiedliche Stabilitäten auf. Sie nimmt von der Ebene des Kontakts über die Episode und die Transaktion zur Beziehung zu. Dies lässt sich damit begründen, dass auch die Anzahl der in das (Un-)Zufriedenheitsurteil einbezogenen Kontakte auf der jeweils übergeordneten Ebene steigt. Während auf der Kontaktebene der einzelne Kontakt unter Einfluss des oder der vorherigen Kontakte Gegenstand des (Un-)Zufriedenheitsurteils ist, spiegeln sich in der Beziehungszufriedenheit sämtliche bis dahin erlebten Kontakte wider. Dies bedeutet auch, dass zu Beginn einer Geschäftsbeziehung zwischen Firmenkunde und Bank bzw. nach Ablauf einiger weniger Kontakte/Episoden auch die Beziehungs(un-)zufriedenheit eine gewisse Variabilität aufweist, die sich im Laufe der Geschäftsbeziehung zu einem stabilen (Un-)Zufriedenheitswert entwickelt.[1]

Im Langzeitgedächtnis werden dabei vornehmlich die Kontakte gespeichert, die außergewöhnlich gut (Soll < Ist) oder schlecht (Soll > Ist) waren, wohingegen „reguläre" Kontakte (Soll = Ist) nur eine gewisse zeitliche Dauer dem Kunden als Erinnerung zur Verfügung stehen.[2] Demnach besitzen die außergewöhnlichen Kontakte auch einen wesentlicheren Einfluss als reguläre Kontakte auf die Beziehungs(un-)zufriedenheit.

Dies gilt auch für die Veränderung der Beziehungs(un-)zufriedenheit nach der Bildung eines stabilen Wertes.[3] Die dann erlebten regulären Kontakte geben keinen Veränderungsanlass. Auf Grund des über mehrere Ebenen stattfindenden Aggregationsprozesses der (Un-)Zufriedenheitsurteile ist die Beziehungs(un-)zufriedenheit relativ stabil gegenüber kurzfristigen Qualitätsschwankungen. Erst der Grad und die Häufigkeit der Außergewöhnlichkeit von Kontakten vermögen eine Veränderung herbeizuführen.[4]

---

1 Vgl. ähnlich Seidel, M., 1997, S. 72.

2 Vgl. Stauss, B., 1995, S. 385; auch Stauss, B., 2000, S. 326; Seidel, M., 1997, S. 68.

3 Vgl. Seidel, M., 1997, S. 72; auch Liljander, V./Strandvik, T., 1995, S. 146.

4 Vgl. Stauss, B./Seidel, W., 1998a, S. 213; auch Oevermann, D., 1996, S. 100.

Auch für Qualitätsinvestitionen im Firmenkundengeschäft bedeutet dies, dass sie sich erst dann über einen oder mehrere Kontakte in den entsprechenden (Un-)Zufriedenheitsurteilen insbesondere auf Beziehungsebene niederschlagen, wenn sie Änderungen in der Qualitätswahrnehmung des Firmenkunden herbeiführen, die außergewöhnlich sind. Z.B. hat der Firmenkunden nach einer Qualitätsinvestition, die dazu führte, dass die Vergabedauer von Firmenkrediten wesentlich verkürzt werden konnte, einzelne Kontakte und Episoden bis zur Kreditvergabe als außerordentlich schnell empfunden, so dass sich hierdurch positive Veränderungen der Beziehungs(un-)zufriedenheit einstellen können.

Problematisch ist bei Betrachtung dieser Abläufe im Firmenkundengeschäft jedoch, dass der Firmenkunde unter Umständen nicht ausschließlich von einem Vertreter repräsentiert wird, sondern mehrere Personen in den Kundenprozess involviert sein können, so dass der Lern- und Gedächtnisprozess auf mehrere Personen verteilt wird und deshalb zum einen Verzerrungen in Bezug auf die (Un-)Zufriedenheitsurteile entstehen können und zum anderen vor allem Messprobleme im Zusammenhang mit der Qualität auftreten.[1]

Bislang beschränkten sich die Ausführungen zur Speicherung der Qualitätswahrnehmung auf den Lern- und Gedächtnisprozess, ohne die sich dem Firmenkunden durch den Wissenserwerb eröffnenden Verhaltensmöglichkeiten zu berücksichtigen. Jede neue Qualitätswahrnehmung und damit jeder neue Kontakt als Wissenserwerb kann zu einer möglichen Verhaltensänderung des Firmenkunden führen. Da Lernen nicht ohne das vorhandene Wissen abläuft, kann auf Grund des vorgestellten Kundenprozesses angenommen werden, dass die Beziehungs(un-)zufriedenheit eine besondere Verhaltensrelevanz besitzt.

Demnach bestimmt ein neuer Kontakt und das über die Episoden- und Transaktionsebene kumulierte Wissen auf Beziehungsebene das Verhaltensrepertoire des Firmenkunden. Analog zu den Erkenntnissen über die Veränderung der stabilen Beziehungs(un-)zufriedenheit ist zu vermuten, dass auch hier der Grad der Außergewöhnlichkeit des Kontaktes und die bereits erreichte Stabilität der Beziehungs-

---

1 Siehe zu einer detaillierten Analyse dieses Problems im Zusammenhang mit der Qualitätsmessung Kapitel 5.2.2.1.

(un-)zufriedenheit die Relation zwischen den Verhaltensmöglichkeiten auf Grund des neuen Wissens und denen des vorhandenen Wissens ausmacht.[1] Die schnellere Kreditvergabe im Firmenkundengeschäft könnte beispielsweise hier dem Firmenkunden die Möglichkeit bewusst machen, weitere Kredite in diesem Institut nachzufragen. Auch hier könnte jedoch die Mehrpersonenproblematik im Firmenkundengeschäft eine Rolle spielen.[2]

Da gerade im Firmenkundengeschäft eine eindeutige Differenzierung zwischen einzelnen Transaktionen und den dazugehörigen Episoden aus Sicht des Firmenkunden schwierig ist und die anschließend konkreter zu erörternde Verhaltensrelevanz für die Abbildung der Wirkungskette zwischen wahrgenommener Qualität und ökonomischem Erfolg von Qualitätsinvestitionen ein wesentlicher Bestandteil ist, soll in den weitergehenden Ausführungen die Beziehungsebene in den Mittelpunkt der Betrachtung rücken.

---

1 Damit weist das Konstrukt Beziehungs(un-)zufriedenheit auch wesentliche Parallelen bezüglich der kognitiven und affektiven Komponente sowie der Verhaltensrelevanz zum Konstrukt Einstellung (vgl. Kroeber-Riel, W./Weinberg, P., 1999, S. 54) auf. Sie unterscheiden sich jedoch in Bezug auf die Leistungserfahrung, die für die (Un-)Zufriedenheit vorausgesetzt wird (vgl. Stauss, B., 1999, S. 12). Darüber hinaus wird dem Konstrukt Einstellung eine eher indirekte Verhaltensrelevanz zugeschrieben, wohingegen die (Un-)Zufriedenheit einen direkten Verhaltensbezug aufweist und damit als die relevante Größe zu betrachten ist (vgl. Straßburger, H., 1991, S. 165). Zu einer weiteren Abgrenzung vgl. Kaas, K. P./Runow, H., 1987, S. 85 f.

2 Vgl. hierzu ausführlich Kapitel 5.2.2.1.

5.1.2.3 Kundenverhalten auf Grund der Qualitätswahrnehmung

Wie durch eine Reihe von Untersuchungen mehrfach belegt,[1] führt das aus der Qualitätswahrnehmung resultierende (Un-)Zufriedenheitsurteil zu einer Verhaltensabsicht beim Kunden. Der Zusammenhang zwischen (Un-)Zufriedenheit und Verhaltensabsicht wird dabei häufig als linear beschrieben. In jüngsten Untersuchungen dieser Verbindung fällt aber auf, dass es sich eher um eine nichtlineare Beziehung handelt, wobei der genaue Zusammenhang auch hier noch nicht abschließend geklärt ist.[2] Es besteht jedoch Übereinstimmung darin, dass die Steigung der Funktion, die die Verhaltensabsicht abbildet, innerhalb und außerhalb der Indifferenzzone variieren.[3]

Das Vorhandensein einer Steigerung innerhalb der Indifferenzzone impliziert, dass auch indifferente Urteile eine Verhaltensrelevanz besitzen. Während *Coyne*[4] eine flache Kurve unterstellt, haben *Parasuraman et al.*[5] in ihren weitreichenden Untersuchungen eine steigende Funktion identifiziert. Mit der steigenden Funktion wird verdeutlicht, dass die Verhaltensabsichten des Kunden bei Indifferenz stark variieren.

Neben der positiven Verbindung zwischen (Un-)Zufriedenheit und Verhaltensabsicht wird in der Literatur außerdem diskutiert, ob auch die wahrgenommene Qualität einen direkten Verhaltenseinfluss besitzt.[6] Zumeist wird in diesem Zusammenhang herausgestellt, dass noch nicht ausreichend genug erforscht ist, welches der Kon-

---

1 Vgl. Müller, W., 1998a, S. 26; Hennig-Thurau, T./Klee, A., 1997, S. 738; Lohmann, F., 1997, S. 62; Oliver, R. et al., 1997, S. 319; Jones, T. O./Sasser, W. E. Jr., 1996, S. 145; Schmid, D. C., 1995, S. 38 f.; Anderson, E. W. et al., 1994, S. 62; Bolton, R. N./Drew, J. H., 1994, S. 176; Dick, A. S./Basu, K., 1994, S. 104; Gotlieb, J. B. et al., 1994, S. 877; Bloemer, J. M. M./Lemmink, J. G. A. M., 1992, S. 352; Cronin, J. Jr./Taylor, S. A., 1992, S. 63; Anderson, E. W./Sullivan, M. W., 1990, S. 137; Buchanan, R. W. T./Gillies, C. S., 1990, S. 523; Oliver, R., 1980, S. 461; Woodside, A. G. et al., 1989, S. 7; Bearden, W. O./Teel, J. E., 1983, S. 21; LaBarbera, P. A./Mazursky, D., 1983, S. 402; Woodruff, R. B. et al., 1983, S. 300; Churchill, G. A./Suprenant, C., 1982, S. 491.

2 Vgl. Hansen, U./Emmerich, A., 1998, S. 220 f.; Horstmann, R., 1998a, S. 90; Horstmann, R., 1998b, S. 20 f.; Mittal, B./Lassar, W. M., 1998, S. 183; Hennig-Thurau, T./Klee, A., 1997, S. 756; Oevermann, D., 1996, S. 103; Reichheld, F. F., 1996, S. 58; Zeithaml, V. A. et al., 1996, S. 35; Dick, A. S./Basu, K., 1994, S. 104; Stauss, B., 1997, S. 76 ff. Einige Beispiele, die die Nichtlinearität belegen, liefern Herrmann, A. et al., 2000, S. 46.

3 Vgl. Zeithaml, V. A. et al., 1996, S. 35.

4 Vgl. Coyne, K. P., 1989, S. 73.

5 Vgl. Parasuraman, A. et al., 1991, S: 47; auch Zeithaml, V. A. et al., 1996, S. 35.

6 Vgl. beispielsweise Mittal, B. et al., 1998, S. 44; Mittal, B./Lassar, W. M., 1998, S. 179; Bitner, M. J./Hubbert, A. R., 1994, S. 92; Bolton, R. N./Drew, J. H., 1994, S. 176 und S. 184 f.; Taylor, S. A./Baker, T. L., 1994, S. 163; Boulding, W. et al., 1993, S. 12.

strukte Verhaltensabsichten voraussagt,[1] obwohl die Verbindung zwischen Kundenzufriedenheit und Verhaltensabsicht durch eine Vielzahl von Studien belegt werden konnte[2] und kaum Arbeiten existieren, die einen Zusammenhang zwischen Qualität und Verhaltensabsicht herstellen[3] bzw. diesen empirisch als nicht signifikant nachweisen.[4] Aus diesem Grund soll dieser Zusammenhang hier nicht weiter berücksichtigt werden.

Die Verhaltensabsicht des Kunden liefert schließlich die Basis für die in der Zukunft tatsächlich vorgenommenen Kundenhandlungen. Bei der Umsetzung der Absicht in tatsächliches Verhalten können wiederum andere Faktoren[5] als die Qualität eine Rolle spielen, so dass nicht davon ausgegangen werden kann, dass die Verhaltensabsichten in jedem Fall vollständig in Handlungen umgesetzt werden können.[6] Eine empirische Untersuchung von *Sheppard et al.* zeigt, dass Verhaltensabsicht und Verhalten mit einem Faktor von 0,53 korreliert sind.[7]

Diese die Verhaltensabsicht zusätzlich beeinflussenden Faktoren entstehen zumeist im Zusammenhang mit spezifischen Kontexten und sind deshalb situationsbezogen zu ermitteln.[8] Für das Firmenkundengeschäft wäre beispielsweise denkbar, dass trotz der Absicht, ein bestimmtes Geschäft mit der bisherigen Bank zu tätigen, die mit einem besonderen Angebot bestückte aktive Kundenansprache einer anderen Bank aber dazu führt, dass der Geschäftsabschluss mit der neuen Bank erfolgt.[9]

---

1 Vgl. auch Ruyter, K. d. et al., 1999, S. 1132; Bitner, M. J./Hubbert, A. R., 1994, S. 92; Taylor, S. A./Baker, T. L., 1994, S. 163.

2 Vgl. beispielsweise Oliver, R. et al., 1997, S. 319; Buchanan, R. W. T./Gillies, C. S., 1990, S. 523; Woodside, A. G. et al., 1989, S. 7; LaBarbera, P. A./Mazursky, D., 1983, S. 402. Einen Überblick über verschiedene Studien bietet Krüger, S., 1997, S. 97 ff.

3 Vgl. Bolton, R. N./Drew, J. H., 1994, S. 184.

4 Vgl. Cronin, J. Jr./Taylor, S. A., 1992, S. 63.

5 Vgl. beispielsweise zu verschiedenen Faktoren, die den Wiederkaufentscheidungsprozess bestimmen können, Straßburger, H., 1991.

6 Vgl. hierzu beispielsweise Krüger, S., 1997, S. 36 und S. 101 f.; auch Hennig-Thurau, T./Klee, A., 1997, S. 756 f.; Oevermann, D., 1996, S 107.

7 Vgl. Sheppard, B. H. et al., 1988; auch Schmid, D. C., 1995, S. 37.

8 Vgl. Hennig-Thurau, T./Klee, A., 1997, S. 756 f.

9 Das im Zusammenhang mit möglichen Geschäftsalternativen häufig besprochene „Variety seeking"-Motiv, das auf Abwechslung, Neugier, Langeweile basiert, (vgl. Stauss, B., 1997, S. 80 f.) kann für das Firmenkundengeschäft ausgeschlossen werden.

Auch Wechselbarrieren sind in diesem Zusammenhang zu berücksichtigen. Sie können dazu führen, dass der Kunde trotz Wechselabsicht aus Kostenüberlegungen noch Kunde bleibt. Da gerade im Firmenkundengeschäft wegen des vertraglichen und teilweise langfristigen Charakters der Firmenkundenleistung, die bei vorzeitiger Kündigung zu Kosten führen kann (wie z.B. Vorfälligkeitsentschädigung) sowie den durch den Firmenkunden getätigten spezifischen Investitionen (wie z.B. Anpassung der Computersoftware des Firmenkunden an das Electronic Banking-System der Bank) von Wechselbarrieren auszugehen ist,[1] wird vor dem vollständigen Abbruch der Geschäftsbeziehung voraussichtlich eher Geschäftsvolumen verlagert,[2] was im Firmenkundengeschäft auf Grund der Mehrfachbankverbindungen völlig unproblematisch ist.

Neben den genannten Faktoren wird auch dem Vertrauen[3] des Firmenkunden zur Bank, das im Laufe einer Geschäftsbeziehung entsteht,[4] eine verhaltensdeterminierende Rolle zugesprochen werden.[5] Obwohl gerade Vertrauen für Firmenkundenleistungen auf Grund deren Vertrauensgutcharakter[6] von besonderer Bedeutung scheint, fehlen bislang hinreichende wissenschaftliche Auseinandersetzungen zu diesem Phänomen auch in Bezug auf dessen (ökonomische) Erklärungsfaktoren.[7] In seiner Untersuchung zur Bankloyalität konnte *Lohmann*[8] - allerdings für das Privatkundengeschäft - nachweisen, dass die Zufriedenheit im Vergleich zu Vertrauen und Wechselkosten die wesentliche Verhaltensdeterminante darstellt, weshalb der diese

---

1 Vgl. hierzu Schäfer, H., 1999b, S. 17; auch Wagner, A., 1999, S. 177; Lohmann, F., 1997, S. 84 f.; Nader, G., 1995, S. 102; Stauss, B., 1997, S. 83 f.

2 Vgl. ähnlich Nader, G., 1995, S. 102 f. Wechselkosten stellen damit keine Basis für dauerhafte Geschäftsbeziehungen dar (vgl. Schäfer, H., 1999b, S. 17).

3 „Vertrauen ist ein sozialer Vorgang. Er führt dazu, dass ein Mensch gesichert Verantwortung für seine wichtigen Interessen übertragen kann – und zwar an einen zweiten Menschen oder an eine Organisation." (Eschenbach, S., 1997, S. 26).

4 Vgl. Stahl, H. K., 1997, S. 26 f. Vgl. zum Vertrauen im lerntheoretischen Ansatz der Bankloyalität Süchting, J., 1972, S. 276 f.; auch Polan, R., 1995, S 95.

5 Vgl. allgemein beispielsweise Gierl, H., 1999b, S. 195; auch Lohmann, F., 1997, S. 53; Oevermann, D., 1996, S. 108.

6 Siehe hierzu ausführlich Kapitel 3.1.2.2.2.

7 Vgl. Wagner, A., 1999, S. 195.

8 Vgl. Lohmann, F., 1997, S. 155.

auch als „Garant von Bankloyalität" bezeichnet.[1] Mangels fundierter Studien im Firmenkundengeschäft können diese Ergebnisse zumindest als erste Hinweise auf die Bedeutung der neben der (Un-)Zufriedenheit das Kundenverhalten beeinflussenden Faktoren auch für das Firmenkundengeschäft betrachtet werden.

Neben der Wirkungskette Kundenzufriedenheit - Verhaltensabsicht - tatsächliches Verhalten, die vielfach belegt werden konnte,[2] existieren einige wenige Untersuchungen, die einen Einfluss der Kundenzufriedenheit auf das tatsächliche Kundenverhalten nachweisen.[3] Es ist zu schlussfolgern, dass die Rolle der Verhaltensabsichten in verschiedenen Situationen variiert,[4] deren Existenz auf Grund der erwähnten Forschungsergebnisse im Regelfall anzunehmen ist. Dies soll demnach auch für das Firmenkundengeschäft unterstellt werden.

Das tatsächliche Kundenverhalten lässt sich dann in ein für die Bank wünschenswertes und weniger wünschenswertes Verhalten unterteilen, wobei ersteres häufiger der Zufriedenheit zugeschrieben wird und sich in Lob, positiver Mund-zu-Mund-Kommunikation[5], Aufrechterhaltung und Ausweitung des Kaufvolumens, Steigerung der Kauffrequenz sowie die Bereitschaft, eine Preisprämie zu zahlen, manifestiert.[6] Letzteres wird mit der Unzufriedenheit verbunden und drücken sich in einer Absenkung des Kaufvolumens, der Kauffrequenz und der Beschränkung auf weniger verschiedene Leistungen, dem Abbruch der Geschäftsbeziehung, Beschwerden[7] ge-

---

1 *Eschenbach* dagegen postuliert, dass für Kundentreue in Banken nicht die Kundenzufriedenheit sondern das Vertrauen maßgeblich ist (vgl. Eschenbach, S., 1997). Dem ist entgegenzusetzen, dass die von ihm für das Vertrauen definierten kritischen Komponenten im Wesentlichen Qualitätsdimensionen/Qualitätsmerkmale betreffen, wie z.B. Zuverlässigkeit oder angemessene Konditionen, und damit in dieser Studie eine unklare Konstruktabgrenzung zwischen der Kundenzufriedenheit als subjektiver Qualität und dem Vertrauen vorgenommen wurde.

2 Vgl. beispielsweise Oliver, R. et al., 1997, S. 319; Cronin, J. Jr./Taylor, S. A., 1992, S. 63; Anderson, E. W./Sullivan, M. W., 1990, S. 137; Oliver, R., 1980, S., 461; LaBarbera, P. A./Mazursky, D., 1983, S. 402.

3 Vgl. auch Krüger, S., 1997, S. 102.

4 Vgl. Bagozzi, R./Yi, Y., 1989, S. 266.

5 Insbesondere die Mund-zu-Mund-Kommunikation hat für den Absatz von Dienstleistungen eine erhebliche Bedeutung (vgl. Gremler, D. D./Brown, S. W., 1999, S. 273).

6 Vgl. Zeithaml, V. A. et al., 1996, S. 34; auch Sobotka-Hirnthaler, G., 1994, S. 100; Herrmann, A./Vetter, J., 1999, S. 336. Vgl. zu einer diesbezüglichen empirischen Untersuchung im Firmenkundengeschäft Reddy, S. K./Czepiel, J. A., 1999.

7 Beschwerden können insbesondere dann als nicht wünschenswert beschrieben werden, wenn sie nicht gegenüber der Bank selbst, wie z.B. dem Ombudsmann, vorgetragen werden. Sie lassen sich aber auch positiv als Chance interpre-

genüber der Bank oder sogar einer rechtlichen Instanz sowie in negativer Mund-zu-Mund-Kommunikation aus. Darüber hinaus ist es auch möglich, dass Kunden mit Inaktivität reagieren,[1] d.h. zunächst die Geschäftsbeziehung wie bisher aufrecht erhalten.

Diese allgemein Kunden zugeschriebenen Verhaltensweisen finden sich auch im Firmenkundengeschäft wieder.[2] Gerade die Mund-zu-Mund-Kommunikation kann hier als wichtiges Kundenverhalten herausgestellt werden. Ursache hierfür ist eine relativ starke „Institutionalisierung der Mund-zu-Mund-Kommunikation", d.h. entsprechende Entscheidungsträger der Unternehmen, wie z.B. Finanzvorstände, Geschäftsführer, Treasurer, treffen sich regelmäßig auf Veranstaltungen, Seminaren und Workshops. Insbesondere in abgrenzbaren Regionen, wie z.B. der Region München, werden derartige Treffen auch auf private Initiative hin organisiert. Diese etablierten Zirkel ermöglichen einen intensiven Austausch auch über Bankverbindungen direkt an Firmenkunden, die auf Grund der Vielzahl der Bankverbindungen zumeist auch eine Beziehung zu der betroffenen Bank unterhalten.

Darüber hinaus können auch unternehmensexterne Berater, wie z.B. Unternehmensberater, Steuerberater und Wirtschaftsprüfer, dazu beitragen, dass Informationen über Banken weitergegeben werden. Auf Grund dieser Gegebenheiten im Firmenkundengeschäft kann davon ausgegangen werden, dass Empfehlungen auf Grund positiver Erfahrungen mit der Bank drei bis fünf mal durch den Firmenkunden ausgesprochen werden. Negative Erfahrungen dagegen werden vom Firmenkunden 18 bis 20 mal kommuniziert.

Daneben sprechen Vertreter des Firmenkunden auch Lob und Beschwerden gegenüber der Bank aus – zumeist auf derselben Hierarchieebene, wie z.B. Eigentümer/Finanzvorstand gegenüber Bankvorstand oder Prokurist/Abteilungsleiter Finanzen gegenüber Firmenkundenbetreuer/Abteilungsleiter Firmenkunden. Die vorge-

---

tieren, die Beschwerdeursache zu beseitigen und so die Qualität aus Kundensicht zu verbessern (vgl. auch Sobotka-Hirnthaler, G., 1994, S. 100).

1 Vgl. Stauss, B./Seidel, W., 1998b, S. 48; Zeithaml, V. A., et al., 1996, S. 34; Bearden, W. O./Teel, J. E., 1983, S. 22.

2 Die hier gemachten Aussagen über das Verhalten von Firmenkunden sind das Ergebnis verschiedener Experteninterviews.

brachten Beschwerden sind insbesondere bei großen Unternehmen ausschließlich sachbezogen und nicht emotional. Das Beschwerdeverhalten der Firmenkunden muss dabei jedoch in Bezug auf die Art des aufgetretenen Qualitätsdefizits differenziert betrachtet werden.

Im Firmenkundengeschäft können einerseits Qualitätsdefizite auftreten, die durch eine Beschwerde der Bank kommuniziert werden müssen, da ausschließlich diese das Defizit beseitigen kann und der Firmenkunde im Fall eines Nichtvorbringens der Beschwerde Nachteile erleiden kann. Beispiele hierfür lassen sich insbesondere in der Geschäftsabwicklung nach einem Geschäftsabschluss finden, wie z.B. eine falsche oder nicht zeitgemäße Zahlungsbuchung oder die Kreditauszahlung in falscher Währung. In diesen Fällen reagieren Firmenkunden bei Defizitwahrnehmung auch sehr zeitnah zum Auftritt des Qualitätsdefizits.

Andererseits können auch im Firmenkundengeschäft Qualitätsdefizite auftreten, wie z.B. mangelnde Problemlösungskompetenz, die vom Kunden wahrgenommen werden, aber nicht zu einer Beschwerde führen müssen, sondern durch anderes Verhalten bzw. vorläufige Inaktivität „bestraft" werden. Erfahrungsgemäß kann davon ausgegangen werden, dass in diesen Fällen nur die „Spitze des Eisbergs" (ca. 1/7 der Firmenkunden) die Probleme artikuliert.[1]

Auch die Aufrechterhaltung und Ausweitung bzw. die Absenkung des Geschäftsvolumens und der Kauffrequenz sogar bis zum Abbruch der Geschäftsbeziehung ist im Firmenkundengeschäft z.B. mit Hilfe der Kundenkalkulation oder der Produktrechnung, erkennbar. Zufriedene Firmenkunden werden zukünftige Geschäfte, die auch für die Bank ertragreich sind, wie z.B. strukturierte Finanzierungen im Gegensatz zum Kreditgeschäft, mit dieser Bank tätigen. Unzufriedenheit dagegen führt dazu, dass zukünftige Geschäfte an andere Banken vergeben werden und die Geschäftsbeziehung zumindest zeitweise von Kundenseite „stillgelegt" wird. Auch dieses Kundenverhalten ist auf Grund der Vielzahl von Bankverbindungen des Firmenkunden

---

1 Vgl. auch Brehm, B./Hurcks, K., 1998, S. 396.

und der ständigen aktiven Firmenkundenansprache durch verschiedene Banken[1] im Firmenkundengeschäft problemlos möglich.

Demgegenüber ist die Bereitschaft, eine Preisprämie zu zahlen, im Firmenkundengeschäft sehr gering ausgeprägt. Wenn der Firmenkunde bislang mit den Leistungen der Bank zufrieden war, wird er marginal höhere Preise bei Standardprodukten akzeptieren. Individuelle Leistungen dagegen, die in der Form nur von einer Bank erbracht werden (können), können auch individuell bepreist werden.

Mit Initiierung einer Qualitätsinvestition ist also das Ziel verbunden, das zukünftige Verhalten der Firmenkunden so zu beeinflussen, dass der aus dem Verhalten resultierende Überschuss zugunsten der Bank ausfällt. Es sei erwähnt, dass insbesondere für das wünschenswerte Kundenverhalten auch die Begriffe Loyalität, Kundenbindung und Wiederholungskauf verwendet werden. Die Kundenloyalität wird in der Literatur als ein Konstrukt beschrieben, das neben den erwähnten Verhaltensabsichten auch Einstellungsaspekte beinhaltet und sich so vom Kundenbindungskonzept, in dem der Anbieter die bindende Rolle in der Anbieter-Kunde-Beziehung übernimmt, und vom Wiederholungskaufkonzept, das ebenfalls verhaltensorientiert ist, aber die dem Verhalten (Wiederholungskauf) zugrundeliegenden Faktoren unberücksichtigt lässt, abgrenzt.[2]

Entsprechend kann gerade für die Kundenloyalität eine Verbindung zur Beziehungszufriedenheit hergestellt werden,[3] wohingegen weder die Bankseite im Kundenbindungskonzept noch das alleinige Wiederkaufverhalten im Mittelpunkt der Betrachtung der Wirkungskette zwischen Qualität und ökonomischem Erfolg stehen. Dabei muss für das Konstrukt Kundenloyalität festgestellt werden, dass eine einheitliche

---

1 Siehe hierzu ausführlich Kapitel 3.1.1.

2 Vgl. Hennig-Thurau, T./Klee, A., 1997, S. 741. Zu einer weiteren Abgrenzung der Kundenloyalität von ähnlichen Konstrukten vgl. auch Krüger, S., 1997, S. 19 ff.; Bergmann, K., 1998, S: 21 f. Zur Kundenbindung vgl. ausführlich Gerpott, T. J., 2000.

3 Vgl. beispielsweise die Aussagen zur Bankloyalität von Süchting, die auch Parallelen zur hier vorgestellten Beziehungszufriedenheit und deren Dynamik aufweisen (vgl. Süchting, J., 1972, S. 277 ff.; auch Polan, R., 1995, S. 71).

Erklärung der Loyalität bislang nicht erfolgt,[1] so dass aus Komplexitätsgründen weiterhin von Verhalten gesprochen werden soll.

In Abbildung 5.5 ist der Zusammenhang zwischen der Phase der Qualitätswahrnehmung und dem sich daran anschließenden Verhalten zusammenfassend dargestellt. Es ist erkennbar, dass gerade die Verbindung zwischen dem (Un-)Zufriedenheitsurteil und der Verhaltensabsicht auf Grund der Dreiteilung des (Un-)Zufriedenheitsurteils in Unzufriedenheit, Indifferenz und Zufriedenheit nicht befriedigen kann, da die Verhaltensabsichten den einzelnen Urteilen nicht problemlos zugeordnet werden können. Insbesondere das Indifferenzurteil wirft dabei Schwierigkeiten auf.

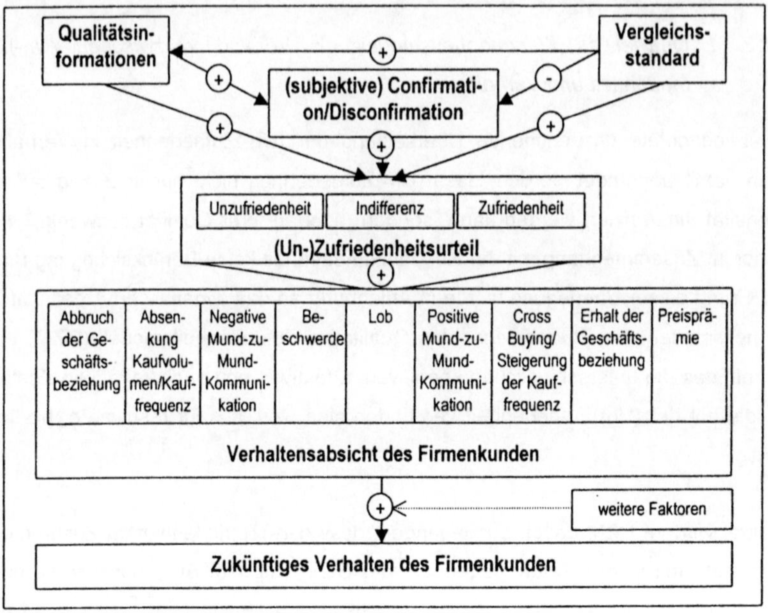

Quelle: Eigene Darstellung.

Abbildung 5.5: *Zusammenhang zwischen Qualitätswahrnehmung und Kundenverhalten*

Außerdem konnte neben der noch wenig erforschten Art der Beziehung zwischen (Un-)Zufriedenheit/Indifferenz und Verhaltensabsicht nachgewiesen werden, dass

---

1 Vgl exemplarisch Seidel, M., 1997, S. 62. Einen Überblick über verschiedene Begriffsauffassungen von Bankloyalität liefert beispielsweise Fest, A., 1999.

die vorhandene (Un-)Zufriedenheit nicht vollständig in die Verhaltensabsicht bzw. das tatsächliche Kundenverhalten übertragen wird,[1] was insbesondere auch für Banken herausgefunden wurde.[2] Aus diesem Grund muss gerade dieser Zusammenhang noch näher betrachtet werden. Eine diesbezüglich differenziertere Perspektive wird in dem von *Stauss/Neuhaus*[3] vorgestellten Qualitativen Zufriedenheitsmodell (QZM) eingenommen, das empirisch für die Geschäftsbeziehungen von Privatkunden zu einer Bank belegt werden konnte (**Kapitel 5.1.2.3.1**). Die Erkenntnisse aus diesem Modell sollen auch für die Abbildung der zu erstellenden Wirkungskette für das Firmenkundengeschäft herangezogen werden (**Kapitel 5.1.2.3.2**).

5.1.2.3.1 Qualitatives Zufriedenheitsmodell als Verbindung zwischen (Un-)Zufriedenheit und Verhalten

Die beobachtete unzureichende Übersetzung der (Un-)Zufriedenheit in Verhalten kann damit begründet werden, dass (Un-)Zufriedenheit nicht nur in Bezug auf die Intensität differenziert werden kann, sondern auch in ihrer Qualität schwankt,[4] was bisher im Zusammenhang mit der Kundenzufriedenheit keine Berücksichtigung fand. Auf Grund dieser Überlegung wurde in Anlehnung an das dynamische Arbeitszufriedenheitsmodell von *Bruggemann*[5] das Qualitative Zufriedenheitsmodell (QZM) entwickelt, das die unterschiedlichen kognitiven, affektiven und auch konativen Zustände, die mit der (Un-)Zufriedenheit verbunden sind bzw. aus ihr resultieren, berücksichtigt.

Konkret wird im QZM davon ausgegangen, dass (Un-)Zufriedenheit im Zusammenhang steht mit einem Gefühl gegenüber der Bank, mit dem Anspruchsniveau über die zukünftige Leistungsfähigkeit und mit einer Verhaltensintention.[6] Basierend auf

---

1 Vgl. beispielsweise Liljander, V. et al., 1998, S. 195; Mittal, B./Lassar, W. M., 1998, S. 183; Hennig-Thurau, T./Klee, A., 1997, S. 739; Stauss, B./Neuhaus, P., 1996, S. 129.

2 Vgl. Zollner, G., 1995, S. 140.

3 Vgl. Stauss, B./Neuhaus, P., 1995; Stauss, B./Neuhaus, P., 1996.

4 Vgl. Stauss, B./Neuhaus, P., 1996, S. 130; auch Stauss, B., 1997, S. 78; Hansen, U./Emmerich, A., 1998, S. 220 f.

5 Vgl. Bruggemann, A., 1974; Bruggemann, A. et al., 1975.

6 Vgl. Stauss, B./Neuhaus, P., 1996, S. 130.

diesen drei Komponenten identifizieren *Stauss/Neuhaus* fünf (Un-)Zufriedenheitstypen, die in Abbildung 5.6 zusammengefasst dargestellt sind.

	Der Fordernd Zufriedene	Der Stabil Zufriedene	Der Resignativ Zufriedene	Der Stabil Unzufriedene	Der Fordernd Unzufriedene
Gefühl	Optimismus/ Zuversicht	Beständigkeit/ Vertrauen	Gleichgültigkeit/ Anpassung	Enttäuschung/ Ratlosigkeit	Protest/Einflussnahme
Erwartung	... muss in Zukunft mit mir Schritt halten	... soll alles so bleiben wie bisher	... mehr kann man nicht erwarten	... erwarte eigentlich mehr, aber was soll man schon machen	... muss sich in einigen Punkten erheblich verbessern
Verhaltensintention (Wiederwahl?)	Ja, da bisher meinen ständig neuen Anforderungen gewachsen.	Ja, da bisher alles meinen Anforderungen entsprach.	Ja, denn andere sind auch nicht besser.	Nein, aber kann keinen konkreten Grund angeben.	Nein, denn trotz eigener Bemühungen wurde nicht auf mich eingegangen.

Quelle: **Stauss, B./Neuhaus, P.**, 1996, S. 131.

Abbildung 5.6: *Die (Un-)Zufriedenheitstypen im QZM*

Von besonderem Interesse ist in diesem Zusammenhang die Verhaltensebene. In ihrer Studie untersuchten die Autoren im Wesentlichen das Kundenverhalten in Bezug auf die Wiederwahl der Bank und die Weiterempfehlung.[1] Die in Abbildung 5.6 so eindeutig scheinenden Verhaltensintentionen der einzelnen (Un-)Zufriedenheitstypen stellen sich dabei viel differenzierter dar. Auch zufriedene Kunden haben bereits einen Anbieterwechsel in Erwägung gezogen. In besonderem Maße trifft dies auf fordernd und resignativ zufriedene Kunden zu. Dies kann ebenfalls für die Weiterempfehlung festgestellt werden. Hier sind es wiederum die fordernd und resignativ Zufriedenen, die weniger bereit sind, die Bank weiterzuempfehlen.[2]

Die dargestellten Zusammenhänge liefern nicht nur eine Erklärung für die erwähnte unvollständige Übersetzung der (Un-)Zufriedenheit in die entsprechende Verhaltensabsicht, sondern zeigen auch, dass verschiedene Verhaltensabsichten des Kunden[3] nicht nur vorhanden sind oder nicht, sondern auch verschiedene Intensitäten annehmen können.[1]

---

1 Vgl. Stauss, B./Neuhaus, P., 1996, S. 131.

2 Zu den Ergebnissen der empirischen Untersuchung vgl. Stauss, B./Neuhaus, P., 1996, S. 131.

3 Vgl. Zeithaml, V. A. et al., 1996, S. 34.

Was die konzeptionelle Gestaltung des QZM angeht, bleibt zu erwähnen, dass weder *Bruggemann*[2] noch *Stauss/Neuhaus*[3] explizit von einer Indifferenzzone als Zwischenform zwischen Unzufriedenheit und Zufriedenheit ausgehen, sondern ausschließlich (Un-)Zufriedenheit in Betracht ziehen. Im Originalmodell von *Bruggemann* wird diese indifferente Zone indirekt der Zufriedenheit zugesprochen, denn Zufriedenheit wird als mindestens die Erfüllung der Soll-Vorgabe gesehen.[4]

In diesem Zusammenhang ist es überhaupt fraglich, inwieweit das Indifferenzzonenkonzept von Relevanz ist, wenn die sonst übliche Dreiteilung Unzufriedenheit, Indifferenz, Zufriedenheit zugunsten der fünf (Un-)Zufriedenheitstypen verlassen wird. Die Verhaltensrelevanz der indifferenten Kunden, die durch den zuvor erwähnten steigenden funktionalen Zusammenhang zwischen (Un-)Zufriedenheit und Verhaltensabsicht auch innerhalb der Indifferenzzone belegt wird, wird jetzt über das Verhalten der fünf Typen erklärt, auch wenn die Indifferenz zwischen Unzufriedenheit und Zufriedenheit in den Modellen nicht explizit herausgestellt wurde.

Es muss zukünftig jedoch noch eingehender geprüft werden, welcher der (Un-)-Zufriedenheits-Ansätze - (Un-)Zufriedenheitstypen oder traditionelle Dreiteilung - das Kundenverhalten verlässlicher voraussagt. Dem gegenwärtigen Forschungsstand folgend, kann diese Rolle wohl dem QZM zugesprochen werden, jedoch bedarf es hierfür noch weitergehender Operationalisierungen und der Etablierung einer geeigneten Messmethodik.[5] Dennoch sollen die zentralen Erkenntnisse des QZM auch in die Wirkungskette zwischen Qualität und ökonomischem Erfolg für das Firmenkundengeschäft integriert werden.

---

1 Damit wird durch das QZM auch die von verschiedenen Autoren (vgl. hierzu beispielsweise Liljander, V. et al., 1998, S. 198; Dick, A. S./Basu, K., 1994, S. 109) empfohlene differenzierte Betrachtung der Verhaltensabsichten aufgegriffen.

2 Vgl. Bruggemann, A., 1974, S. 283 und Bruggemann, A. et al., 1975, S. 134 f.

3 Vgl. Stauss, B./Neuhaus, P., 1996, S. 130 ff.; Stauss, B./Neuhaus, P., 1995, S. 37.

4 Vgl. Bruggemann, A. et al., 1975, S. 134 f.; Schütze, R., 1992, S. 198.

5 Ungeklärt bleibt bisher, wie Kunden zu behandeln sind, die keinem der fünf (Un-)Zufriedenheitstypen eindeutig zugeordnet werden können. In der Untersuchung von *Stauss/Neuhaus* im Privatkundengeschäft einer Bank belief sich diese Zahl auf nicht zu vernachlässigende 17 % (vgl. Stauss, B./Neuhaus, P., 1995, S. 37). Da es sich bei der Untersuchung um einen ersten empirischen Nachweis des QZM handelt, kann angenommen werden, dass mit Hilfe einer auf Basis der gemachten Erfahrungen überarbeiteten Erhebungsmethodik eventuell eine bessere Zuordnung erzielt werden kann.

5.1.2.3.2 Berücksichtigung der Aussagen des Qualitativen Zufriedenheitsmodells in der Wirkungskette zwischen Qualität und ökonomischem Erfolg

Bei Übertragung der Gedanken des QZM auf das Firmenkundengeschäft und dessen Integration in das Gesamtmodell der Wirkungskette zwischen Qualität von Firmenkundenleistungen und ökonomischem Erfolg müssen die Firmenkundenspezifika und der in diesem Zusammenhang erforderliche Einbezug aller Verhaltensweisen neben der Wiederwahl und der Weiterempfehlung, die mit der (Un-)Zufriedenheit verbunden sind, berücksichtigt werden.

Der Versuch, die Besonderheiten des Firmenkundengeschäfts für die verschiedenen (Un-)Zufriedenheitsarten zu berücksichtigen, führt zunächst zu der Überlegung, dass - wie bereits erwähnt - die Inanspruchnahme von Bankleistungen dem Firmenkunden zur Erfüllung seiner betrieblichen Ziele dient. Auf Grund der Existenz objektiver ökonomischer Ziele kann vermutet werden, dass die affektive Komponente für die die (Un-)Zufriedenheit Beurteilenden und über das Verhalten Entscheidenden eine weniger bedeutende Rolle als sie beispielsweise im Privatkundengeschäft einnimmt.

Es muss darüber hinaus angenommen werden, dass der emotionale Einfluss auf die (Un-)Zufriedenheit von Firmenkunden sich in seiner Art nicht von anderen Kunden unterscheidet. Deshalb wird die ursprünglich für das QZM hergeleitete affektive Komponente ebenfalls für das Firmenkundengeschäft vorausgesetzt, auch wenn diese hier in Bezug auf das Ausmaß wahrscheinlich geringer ausfällt.

In Bezug auf die kognitive Komponente kann festgestellt werden, dass das Anspruchsniveau des Firmenkunden durch den Wettbewerb beeinflusst wird, in dem der Firmenkunden zu bestehen hat (z.B. in der entsprechenden Branche). Dies wird besonders deutlich, wird die Bank als „Zulieferer" von Leistungen für das Finanzmanagement betrachtet. Zudem haben auch die Mehrfachbankverbindungen, die im Firmenkundengeschäft üblich sind, einen Einfluss auf das Anspruchsniveau des Firmenkunden, da ihnen das Leistungsniveau der Konkurrenz nicht nur durch die entsprechende Kommunikation, wie z.B. Werbung, sondern auch durch eigene Erfahrungen bekannt ist. Ebenso trägt die aktive Kundenansprache ausgehend von einem Kreditinstitut zur Bildung des Anspruchsniveaus bei.

Die intentionale Komponente der (Un-)Zufriedenheit steht im Firmenkundengeschäft im Einfluss des kundenbezogenen Geschäftsvolumens und damit der Verhandlungsmacht. Dies kann sich insbesondere auf das Beschwerdeverhalten, aber auch auf die Mund-zu-Mund-Kommunikation, die zukünftige Kauffrequenz und die Inanspruchnahme zusätzlicher Leistungen (Cross Buying) und die Bereitschaft, eine Preisprämie zu zahlen, auswirken. Außerdem ermöglicht die Existenz mehrerer Geschäftsbeziehungen eine stillschweigende Änderung des Kaufverhaltens bei der betroffenen Bank.

Zusammenfassend lässt sich für die einzelnen (Un-)Zufriedenheitsarten im Firmenkundengeschäft Folgendes festhalten:

- Die *fordernde Zufriedenheit* ist durch Optimismus und Zuversicht gekennzeichnet.[1] Sie beinhaltet eine „schöpferische Unzufriedenheit",[2] die sich in einem steigenden Anspruchsniveau ausdrückt, das sich auch durch die Zwänge des Wettbewerbs, z.B. in einer sehr dynamischen Branche wie die Informationstechnologie (IT), und die genaue Kenntnis weiterer Banken bildet. Da die fordernde Zufriedenheit mit einem hohen Aktivitätsgrad verbunden ist, muss davon ausgegangen werden, dass bei Erfüllung der Ansprüche der Firmenkunde die Absicht besitzt, weiterhin die gewünschten Leistungen nachzufragen und u.U. diese Abnahme zu intensivieren und auch zusätzliche Leistungen in Anspruch zu nehmen bzw. Weiterempfehlungen auszusprechen. Jedoch kann diese Verhaltensabsicht nicht so stark ausgeprägt bzw. sicher sein wie bei anderen Zufriedenheitsarten (z.B. stabile Zufriedenheit), da die permanente Steigerung des Anspruchsniveaus auch für den Firmenkunden insofern eine Unsicherheit beinhaltet, als er nicht weiß, ob die Anspruchserfüllung auch in Zukunft gewährleistet werden kann. Auf Grund des aktiven Anforderungsverhaltens und der existierenden Wechselneigung bei Untererfüllung der Ansprüche kann nicht davon ausgegangen werden, dass der Firmenkunde bei fordernder Zufriedenheit bereit ist, eine Preisprämie zu zahlen. Durch den Wettbewerb, dem der Firmenkunde ausgesetzt ist, und die Bemühungen von Banken, stets neue Firmenkunden zu akquirieren, kann von der Existenz der fordernden Zufriedenheit im Firmenkundengeschäft ausgegangen werden. Die geschilderten Rahmenbedingungen geben sogar Anlass zu der Spekulation, dass die fordernde

---

1 Vgl. Stauss, B./Neuhaus, P., 1995, S. 20 f.

2 Vgl. Bruggemann, A., 1974, S. 283.

Zufriedenheit im Firmenkundengeschäft eine größere Rolle als im Mengengeschäft mit Privatkunden spielt.

- Die *stabile Zufriedenheit* ist mit dem Gefühl von Beständigkeit und Vertrauen verbunden.[1] Das Anspruchsniveau unterliegt in diesem Fall keinen starken Änderungen, sondern bleibt auf diesem Niveau. Auch der Wettbewerb, dem der Firmenkunde ausgesetzt ist, oder die Leistungen der Konkurrenz machen keine Anpassung der Ansprüche erforderlich. In Bezug auf die Verhaltensabsicht des Firmenkunden kann von einer geringen Wechselabsicht und einer positiven Mund-zu-Mund-Kommunikation ausgegangen werden.[2] Darüber hinaus kann vermutet werden, dass bei Vorhandensein von stabiler Zufriedenheit die Kauffrequenz ausgeweitet wird, zusätzliche Leistungen nachgefragt werden und u.U. auch die Bereitschaft zur Zahlung einer Preisprämie vorhanden ist. Die zukünftige Verhaltensabsicht des Firmenkunden, die aus der stabilen Zufriedenheit resultiert, kann im Vergleich zu den anderen zwei Zufriedenheitsarten als die sicherste eingestuft werden.[3] Auch das Vorhandensein der stabilen Zufriedenheit im Firmenkundengeschäft kann angenommen werden, was sich insbesondere auch in den langjährigen Geschäftsverbindungen zeigt.
- Die *resignative Zufriedenheit* kommt auf der emotionalen Seite in der Gleichgültigkeit zum Ausdruck.[4] Die vom Firmenkunden für erforderlich gehaltenen Ansprüche können nicht von der betroffenen und seiner Kenntnis nach auch nicht von konkurrierenden Banken erbracht werden, so dass der Firmenkunde seine Ansprüche senkt.[5] Aus Sicht der Bank verharrt der Firmenkunde in Inaktivität, weil dieser zunächst die Geschäftsbeziehung aufrecht erhält. Da der Firmenkunde die Ansprüche gesenkt hat, ist auch nicht davon auszugehen, dass er sich beschwert. Allerdings ist der resignativ zufriedene Firmenkunde bereit, den Anbieter zu wechseln bzw. zunächst Geschäftsvolumen zu verlagern,[6] sobald sich hierfür eine Gelegenheit bietet, die eine Verbesserung verspricht. Damit ist das Risiko der Abwanderung, das durch die Mehrfachbankverbindungen zusätzlich Unterstützung erfährt, relativ groß. Hinzu kommt, dass es insbesondere Großunternehmen mit einwandfreier Bonität häufig möglich ist, Finanzdienst-

---

1 Vgl. Stauss, B./Neuhaus, P., 1995, S. 21.

2 Vgl. Stauss, B./Neuhaus, P., 1995, S. 39 f. zu den empirischen Ergebnissen aus dem Privatkundengeschäft.

3 Vgl. Stauss, B./Neuhaus, P., 1996, S. 133.

4 Vgl. Stauss, B./Neuhaus, P., 1995, S. 21.

5 Vgl. Bruggemann, A., 1974, S. 283.

6 Vgl. Stauss, B./Neuhaus, P., 1995, S. 39.

leistungen selbst zu erbringen,[1] so dass neben den von der Bank fremdbezogenen Leistungen auch die Option der Eigenerstellung existiert. Auch die Mund-zu-Mund-Kommunikation im positiven und negativen Sinn wird der resignativ Zufriedene Firmenkunde auf Grund des Aktivitätsniveaus nicht aktiv betreiben. Die resignative Zufriedenheit und das damit verbundene Stadium der Inaktivität ist für Firmenkunden kaum vorstellbar, insbesondere dann, wenn mit den Bankdienstleistungen die Erfüllung wichtiger ökonomischer Ziele zusammenhängen. Aus diesem Grund kann der Anteil resignativ zufriedener Firmenkunden als gering eingeschätzt werden.

- Die *stabile Unzufriedenheit* resultiert aus einer Untererfüllung von Erwartungen, was auch für die Zukunft angenommen wird, und führt zu Enttäuschung und Ratlosigkeit.[2] Zunächst bleibt auch der stabil unzufriedene Firmenkunde inaktiv, da ihm der zur Problemlösung erforderliche Aufwand als kaum erbringbar erscheint.[3] Aus diesem geringen Aktivitätsgrad resultiert auch, dass der Firmenkunde seine Unzufriedenheit gegenüber der Bank nicht artikuliert. Bei einem entsprechenden Anstoß wird der Firmenkunde jedoch abwandern.[4] Dies könnte im Firmenkundengeschäft z.B. der Fall sein, wenn es um den erneuten Abschluss von Kreditverträgen geht. Dabei sind die Wechselhürden auch für inaktive Firmenkunden auf Grund der Mehrfachbankverbindungen relativ gering. Das geringe Aktivitätsniveau des stabil unzufriedenen Firmenkunden lässt darauf schließen, dass er keine aktive (negative) Mund-zu-Mund-Kommunikation betreibt. Auch der Fall der stabilen Unzufriedenheit wird im Firmenkundengeschäft eher selten anzutreffen sein, denn ein im Wettbewerb mit anderen Unternehmen stehender Firmenkunde kann sich ein Nicht-Aktiv-Werden bei Anspruchsuntererfüllung kaum leisten.
- Die *fordernde Unzufriedenheit* lässt sich in Bezug auf die affektive Komponente mit Protest und Einflussnahme beschreiben.[5] Da die Ansprüche des Firmenkunden nicht erfüllt werden, wird er auf Grund des hohen Aktivitätsniveaus versuchen, über entsprechende Beschwerden die Erfüllung seiner Ansprüche durchzusetzen. Kann trotz der Verhandlungsmacht des Firmenkunden kein entsprechendes Ergebnis erzielt werden, können Absichten für Konsequenzen folgen, die sich in der Absenkung der Kauffrequenz und der nachgefragten Leistungsvielfalt bis zum Abbruch der Geschäftsbeziehung, was auf Grund der

---

1 Vgl. ausführlich zur Selbsterstellung von Finanzdienstleistungen durch Nichtbanken Jacob, A., 1996.

2 Vgl. Stauss, B./Neuhaus, P., 1995, S. 22.

3 Vgl. Bruggemann, A., 1974, S. 284.

4 Vgl. Stauss, B./Neuhaus, P., 1995, S. 22.

5 Vgl. Stauss, B./Neuhaus, P., 1995, S. 22.

Mehrfachbankverbindungen ohne weiteres möglich ist, und negativer Mund-zu-Mund-Kommunikation ausdrücken. Es ist auf Grund der Spezifika des Firmenkundengeschäfts anzunehmen, dass die Mehrheit der unzufriedenen Firmenkunden als fordernd unzufrieden einzustufen sind.

Auf Basis des QZM lassen sich die Zusammenhänge zwischen der Qualitätswahrnehmung und Kundenverhalten, die in Abbildung 5.7 dargestellt sind, jetzt differenzierter abbilden. Sie bilden den Ausgangspunkt, wenn im nächsten Abschnitt zu erörtern ist, wie das Kundenverhalten sich ökonomisch in Form von Einzahlungen für die Bank niederschlägt.

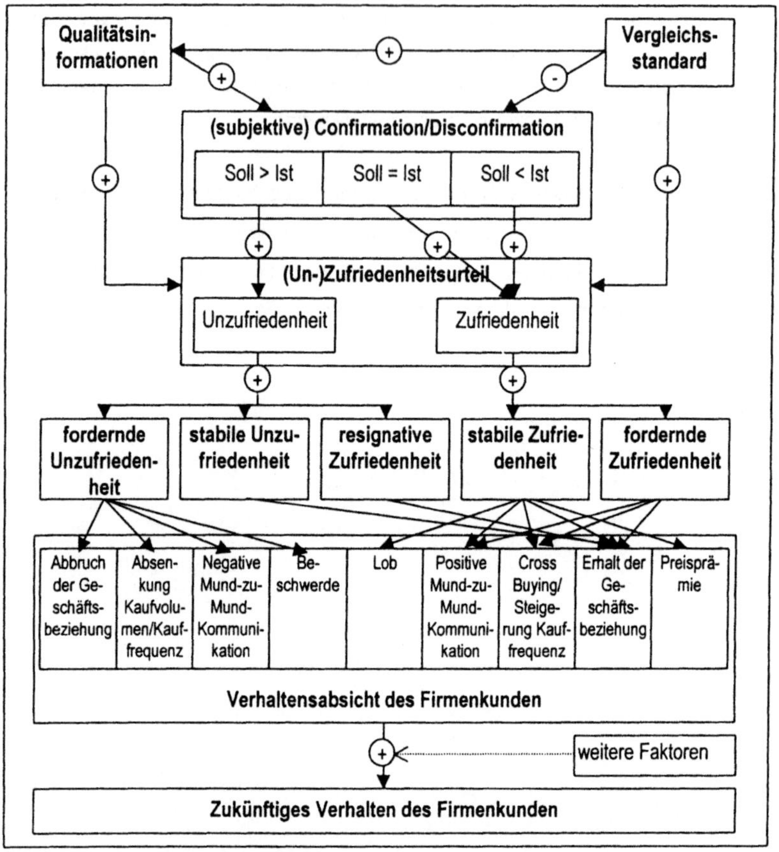

Quelle: Eigene Darstellung.

Abbildung 5.7: *Zusammenhang zwischen Qualitätswahrnehmung und Kundenverhalten unter Berücksichtigung des Qualitativen Zufriedenheitsmodells*

5.1.2.4 Durch das Kundenverhalten induzierte ökonomische Konsequenzen einer Qualitätsinvestition

Mit Initiierung einer Qualitätsinvestition im Firmenkundengeschäft kann sowohl eine positive Verhaltensänderung, die zu einer Sicherstellung und Erhöhung der bisherigen Überschüsse bzw. zu einer Kostenreduzierung beiträgt, beabsichtigt werden als auch einer Verhaltensstabilisierung dienen, die der Verringerung der bisherigen Überschüsse bzw. einer Steigerung des Kostenniveaus entgegenwirkt. Damit wird bereits deutlich, dass einer Qualitätsinvestition zusätzliche und aufrechterhaltene Überschüsse wie auch Kosteneinsparungen zuzurechnen sind.[1]

Die **positive Verhaltensänderung** beinhaltet eine Verstärkung der „positiven", d.h. zu zusätzlichen Überschüssen/verringerten Kosten führenden, Verhaltensweisen des Firmenkunden und eine Verringerung der „negativen" Verhaltensweisen, die die Überschüsse für die Bank reduzieren und die Kosten erhöhen. Überschüsse und Kosteneinsparungen entstehen also dann, wenn eine verbesserte Qualität das Kundenverhalten so beeinflusst, dass zukünftig einerseits die Geschäftsbeziehung aufrecht erhalten wird, eine Preisprämie durchgesetzt werden kann, die Kauffrequenz steigt, zusätzliche Leistungen in Anspruch genommen werden, sich die positive Mund-zu-Mund-Kommunikation verstärkt und andererseits weniger Geschäftsbeziehungen abgebrochen werden, die Kauffrequenz und das Cross Buying in geringerem Maße reduziert wird, sich die negative Mund-zu-Mund-Kommunikation und die Beschwerden einschränken.[2]

Sind Firmenkunden bereit auf Grund der gelieferten Qualität eine Preisprämie zu zahlen, dann führt diese Prämie zu zusätzlichen Überschüssen. Dabei sind preispolitische Spielräume so zu verstehen, dass die durch die Preiserhöhung erzielten zusätzlichen Überschüsse nicht durch Kundenabwanderungen aufgezehrt werden.[3] Neben diesem Preiseffekt[4] können eine längere Geschäftsbeziehungsdauer sowie eine erhöhte Kauffrequenz der bestehenden Firmenkunden, d.h. eine intensivierte Nachfrage der bisher in Anspruch genommenen Leistungen (z.B. verstärkte Nutzung des Kontokorrentkredits) oder ein erhöhtes Kaufvolumen in Form eines Cross-Buying (z.B. werden neben dem Kontokorrentkredit auch Wertpapierleistungen nachgefragt), zu einem Mengeneffekt[5] führen. Auch die positiven Erfahrungen, die die Firmenkunden weitergeben (positive Mund-zu-Mund-Kommunikation), tragen zum Mengeneffekt bei, da bisherige Nicht-Firmenkunden eine Geschäftsbeziehung

---

1 Vgl. hierzu exemplarisch auch Bergmann, K., 1998, S. 43 ff.; Matzler, K. et al., 1997a, S. 649.

2 Vgl. hierzu für das Firmenkundengeschäft auch Schürenkrämer, U., 1997, 153 ff.

3 Vgl. Süchting, J., 1991, S. 16.

4 Vgl. auch Stauss, B., 1992, S. 112 f.

5 Vgl. Stauss, B., 1992, S. 112 f.

anstreben[1] oder unzufriedene Firmenkunden zurückgewonnen werden können.[2] Dieser Mengeneffekt bringt zusätzliche Überschüsse in Form von Umsätzen abzüglich der für die Leistungserstellung erforderlichen Kosten.

Demgegenüber kann auch eine Reduzierung der Abwanderung der Firmenkunden zu Überschüssen führen. Da durch die Qualitätsinvestition jetzt mehr Geschäftsverhältnisse aufrecht erhalten werden, können die Überschüsse aus diesen Umsätzen, die die Kosten der Leistungserstellung übersteigen, der Qualitätsinvestition zugerechnet werden. Ebenso gilt dies für die Reduzierung der Kundenzahl, die durch Verlagerung von Leistungsinanspruchnahme zu anderen Kreditinstituten eine Absenkung des Kaufvolumens vornehmen.

Schließlich kann eine Verminderung der negativen Mund-zu-Mund-Kommunikation dazu beitragen, dass weniger Firmenkunden, die bisher keine Geschäftsbeziehung zu der betreffenden Bank unterhalten, davon abgehalten werden, eine Geschäftsbeziehung einzugehen. Die Überschüsse dieser Geschäftsbeziehung abzüglich der Kosten, die für die Leistungserbringung notwendig sind, können auch der Qualitätsinvestition zugesprochen werden.

Darüber hinaus können die genannten Wirkungen auch Konsequenzen für die Kostenseite der Bank mit sich bringen. Dies tritt vor allem dann auf, wenn von einer Leistung soviel mehr abgesetzt werden kann, dass Größenvorteile beispielsweise auf Grund von Lerneffekten (Economies of scale) entstehen,[3] die die Leistungserstellungskosten verringern.

Auch die durch die Qualitätsinvestition erreichte Verlängerung von Geschäftsbeziehungen führt zu sinkenden Betreuungskosten, denn die Betreuung eines im Firmenkundengeschäft bekannten Kunden ist weniger kostenintensiv als die eines neuen.[4] Beispielsweise seien hier nur die für eine Kreditbeziehung erforderlichen umfassen-

---

1 Vgl. beispielsweise Rust, R. T. et al., 1998, S. 869; Kordupleski, R. E. et al., 1993, S. 92.

2 Vgl. Bruhn, M., 1998, S. 232.

3 Vgl. Buzzell, R. D./Gale, B. T., 1989, S. 92; auch Gummesson, E., 1998, S. 848.

4 Vgl. Reichheld, F. F./Sasser, W. E., 1998, S. 138 f.; auch Möbus, M., 1998, S. 109; Quartapelle, A. Q./Larsen, G., 1996, S. 92 f.; Reichheld, F. F., 1996, S. 56 f.; Reichheld, F. F./Sasser, W. E., 1990, S. 106.

den Kundeninformationen genannt, die im Fall eines Neukunden erst aufgebaut, für den Bestandskunden lediglich aktualisiert werden müssen.

Außerdem können aus einer erhöhten positiven Mund-zu-Mund-Kommunikation bzw. einer reduzierten negativen Mund-zu-Mund-Kommunikation auch Kostenersparnisse für das Marketing resultieren,[1] weil z.B. der Absatz bestimmter Leistungen auf Grund der Kommunikation weniger Unterstützung durch das Marketing benötigt. Auf Grund der positiven Mund-zu-Mund-Kommunikation und auch der Bankkommunikation kann sich über das Firmenkundengeschäft ein positives (Qualitäts-)Image entwickeln, das wiederum bestehende Kunden binden und attraktiv für neue Kunden sein kann.

Neben den erwähnten Verhaltensweisen und ihren Verbindungen zur Erfolgswirksamkeit der Qualitätsinvestition können aus den verschiedenen (Un-)Zufriedenheitsarten auch Lob und Beschwerden resultieren. Lob führt nicht direkt zu erhöhten Überschüssen bzw. reduzierten Kosten. Beschwerden dagegen verursachen Bearbeitungskosten[2], die durch eine verbesserte Qualität auf Grund der Qualitätsinvestition gesenkt werden können, wenn beispielsweise ein Defizit aus Sicht des Firmenkunden, wie z.B. die verspätete Mitteilung von Preisänderungen, was zu mehrfachen Beschwerden durch verschiedene Firmenkunden führte, durch eine Qualitätsinvestition behoben werden konnte.[3]

Zusätzlich zur Verhaltensverbesserung können Qualitätsinvestitionen auch eine **Verhaltensstabilisierung** mit sich bringen.[4] Dies ist insbesondere dann der Fall, wenn das Unterlassen einer Qualitätsinvestition zu einer Verstärkung des weniger wünschenswerten Kundenverhaltens führt. Die Qualitätsinvestition soll dementsprechend die Reduzierung der Preise, der Geschäftsbeziehungsdauer, der Kauffre-

---

1 Vgl. Buzzell, R. D./Gale, B. T., 1989, S. 92; Stauss, B., 1992, S. 113 f.

2 Vgl. Stauss, B., 1992, S. 114.

3 Zum Beschwerdemanagement vgl. grundlegend Stauss, B./Seidel, W., 1998b; auch Tax, S. S./Brown, S. W., 2000; Matzler, K. et al., 1997b, S. 736; Fornell, C./Wernerfelt, B., 1987. Darüber hinaus kann eine Beschwerde auf Grund der möglichen Kompensation und den damit verbundenen Verhaltenswirkungen auch als eigene „kleine" Qualitätsinvestition betrachtet werden. Vgl. in diesem Zusammenhang zum Konstrukt Beschwerdezufriedenheit und dessen Verhaltenswirkungen Hennig-Thurau, T., 1999; auch Disney, J., 1999, S. 492.

4 Vgl. hierzu auch Licata, J. W. et al., 1998, S. 26.

quenz, der zusätzlichen Leistungsinanspruchnahme und der positiven Mund-zu-Mund-Kommunikation sowie auch eine Erhöhung der negativen Mund-zu-Mund-Kommunikation, eine Steigerung der Geschäftsabbrüche sowie eine zunehmende Absenkung der Kauffrequenz und des Cross Buying verhindern.

Die Verhaltenseffekte, die zu Überschüssen und Einsparungen aus der Verhaltensstabilisierung durch die Qualitätsinvestition führen, ergeben sich dabei spiegelbildlich zu denen der Verhaltensverbesserung. Der aus der verhinderten Absenkung der Steigerungsrate der Kauffrequenz, des Cross Buying und der positiven Mund-zu-Mund-Kommunikation zu kalkulierende Mengeneffekt kann über die dazugehörigen Umsatzzahlen abzüglich der Kosten für die Leistungserstellung Auskunft über die durch die Qualitätsinvestition „geretteten" Überschüsse geben.

Die verhinderte Mengenreduzierung hat für die Kostenseite zur Folge, dass eventuell auftretende Größenvorteile zumindest schneller realisiert werden können. Ebenso ist der Preiseffekt als verhinderte Preissenkung in den Überschüssen zu berücksichtigen. Auch für die verhinderte Mehrabwanderung, die aufgehaltene Ausweitung von negativer Mund-zu-Mund-Kommunikation und die Kaufvolumensenkung können die über den Kosten für die Leistungserstellung liegenden Umsätze als Überschuss ermittelt und der Qualitätsinvestition zugerechnet werden.

Kostenseitig können durch die „geretteten" Geschäftsbeziehungen im Firmenkundengeschäft erhöhte Betreuungskosten von neu zu akquirierenden Firmenkunden zunächst gespart werden. Es bedarf auch keiner zusätzlichen Marketing- und Beschwerdebearbeitungskosten, da positive wie negative Mund-zu-Mund-Kommunikation sowie Beschwerden mit der Qualitätsinvestition stabilisiert werden konnten.

In Abbildung 5.8 sind die wesentlichen ökonomischen Konsequenzen der Qualitätsinvestition aus positiver Verhaltensänderung und -stabilisierung zusammengefasst. Auf dieser Basis soll im folgenden Kapitel gezeigt werden, wie qualitätsbezogene Werttreiber bestimmt werden können, die wiederum zum Qualitätsergebnis und dem für die Qualitätsinvestition spezifisch zu bestimmenden Ergebnisanspruch führen.

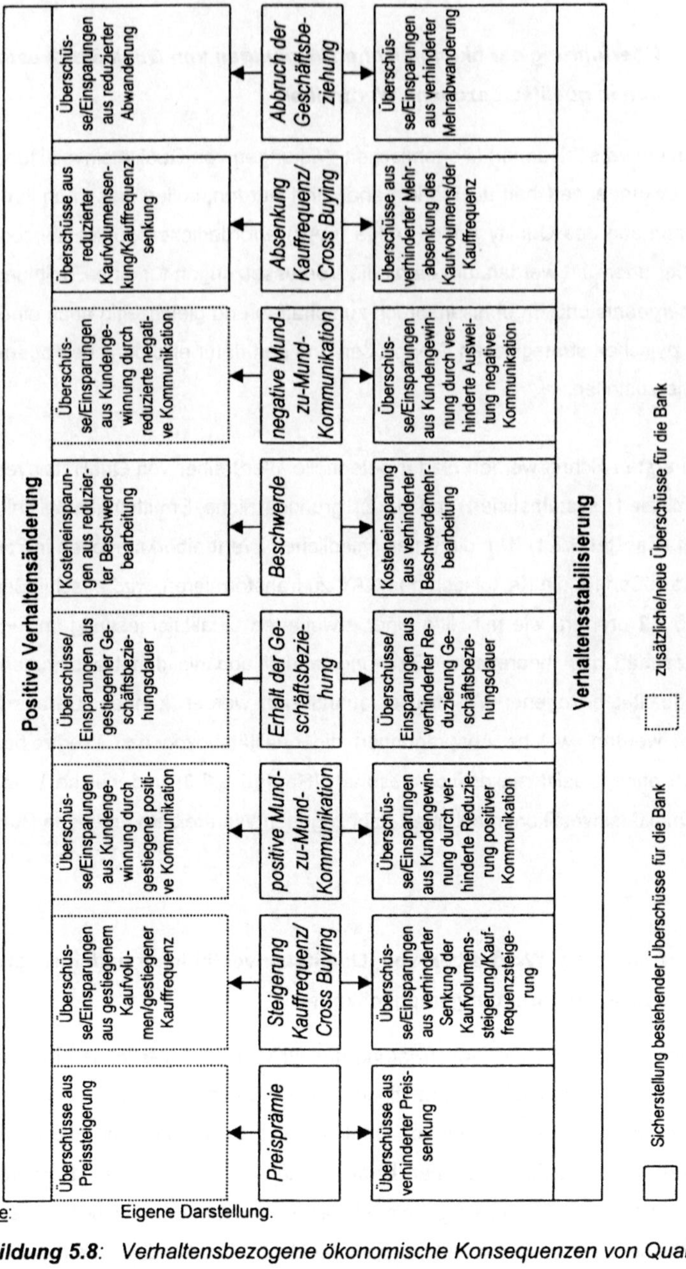

Quelle: Eigene Darstellung.

Abbildung 5.8: *Verhaltensbezogene ökonomische Konsequenzen von Qualitätsinvestitionen*

5.2 Überführung der ökonomischen Wirkungen von Qualitätsinvestitionen in qualitätsbezogene Werttreiber

Nachdem die verschiedenen ökonomischen Wirkungen von Qualitätsinvestitionen für das Firmenkundengeschäft ausführlich analysiert wurden, sollen diese nun in die für die Bestimmung des Quality Added Value (QAV) erforderlichen qualitätsbezogenen Werttreiber überführt werden, um damit die Voraussetzungen für eine Ermittlung von Qualitätsergebnis und Ergebnisanspruch zu schaffen und gleichzeitig auch eine Verbindung zwischen strategischen Wertgrößen und den dafür erforderlichen operativen Werten herzustellen.

In einem ersten Schritt werden hierfür potentielle Werttreiber von Qualitätsinvestitionen identifiziert, systematisiert und deren grundsätzliche Ermittlungsmöglichkeiten dargelegt (**Kapitel 5.2.1**). Um die unterschiedlichen Werttreiberkategorien in kompatible Wertgrößen für die Kalkulation des QAV zu transformieren, wird anschließend in **Kapitel 5.2.2** erörtert, wie mit Hilfe einer erweiterten Qualitätsmessung im Firmenkundengeschäft das theoretische Erklärungsmodell und die damit zusammenhängenden qualitätsbezogenen Werttreiber quantifiziert werden können. Daraus kann abgeleitet werden, welche Ausprägungen die qualitätsbezogenen Werttreiber ursprünglich ohne Qualitätsinvestition besaßen (**Kapitel 5.2.3**) und welche Veränderungen Qualitätsinvestitionen bei qualitätsbezogenen Werttreibern erzeugen (**Kapitel 5.2.4**).

5.2.1 Potentielle Werttreiber von Qualitätsinvestitionen und ihre grundsätzlichen Ermittlungsmöglichkeiten

Die Ausgangspunkte für die Identifizierung der für Qualitätsinvestitionen relevanten Werttreiber stellen einerseits die Ermittlung des QAV_P und andererseits die grundlegenden ökonomischen Wirkungen von Qualitätsinvestitionen dar. Über die Werttreiber kann eine Verknüpfung zwischen beiden erzielt werden. Beginnend mit den in Kapitel 4.2 als für das Qualitätsergebnis relevant erachteten Ergebnisbestandteilen - die qualitätsbezogenen Gesamterlöse bestehend aus Zinskonditionsbeiträgen und Provisionserlösen, die qualitätsbezogenen Standard-Betriebskosten sowie die dimensionsübergreifenden Betriebskosten - können unter Heranziehung der Ergebnisse des Kapitel 5.1 in Form des Erklärungsmodells für ökonomische Qualitätswirkungen nachfolgende Zusammenhänge hergestellt werden.

Die *qualitätsbezogenen Gesamterlöse* als Teil des Qualitätsergebnisses setzen sich zusammen aus den durch Qualitätsinvestitionen im Firmenkundengeschäft zu erzielenden Preisprämien, die in die Positionen Konditionsbeiträge im Zinsgeschäft sowie die Provisionserlöse einfließen. Darüber hinaus werden die Gesamterlöse der Qualitätsinvestition auch durch andere Verhaltensweisen des Firmenkunden auf Grund der gelieferten Qualität beeinflusst. Die Veränderungen in Bezug auf Kaufverhalten (Cross Buying, Kauffrequenz), Mund-zu-Mund-Kommunikation und Geschäftsbeziehungsdauer lassen einen sich auf die Erlösseite auswirkenden Mengeneffekt entstehen.

Die *qualitätsbezogenen Standard-Betriebskosten* dagegen werden zunächst durch die Initiierungskosten der Qualitätsinvestition dominiert. Die Initiierungskosten von Qualitätsinvestitionen können dabei auch von dem durch die Qualitätsinvestition zu erzielenden Mengeneffekt abhängen. Dies tritt insbesondere dann ein, wenn sich die Initiierungskosten mit der Anzahl der Kunden/Geschäftsabschlüsse ändern. Die Initiierungskosten im Standard-Betriebskostenblock lassen sich jedoch durch eventuell auftretende Kosteneinsparungen reduzieren. Die durch Qualitätsinvestitionen erzielbaren Kosteneinsparungen können in Form von reduzierten Bearbeitungs-, Betreuungs- und Fehlerkosten realisiert werden. Erstere können ebenfalls abhängig von den auf der Erlösseite zu erzielenden Mengeneffekten sein. Die Reduktion der Betreuungskosten wiederum geht auf ausgedehntere Geschäftsbeziehungen zurück.

Auch die *qualitätsbezogenen dimensionsübergreifenden Betriebskosten* werden von den Initiierungskosten einer Qualitätsinvestition bestimmt. Dagegen sind aber Reduzierungen der Beschwerdekosten, der Marketingkosten und der Personalkosten dimensionsübergreifend für das gesamte Firmenkundengeschäft gegen zu rechnen. Verringerte Beschwerdekosten entstehen dann, wenn die Qualitätsinvestition die zu den Beschwerden führenden Defizite behebt. Geringere Marketingkosten hängen von der verbesserten Mund-zu-Mund-Kommunikation ab.

Darüber hinaus besteht auch zwischen dem *Eigen-/Risikokapital einer Qualitätsinvestition* und den qualitätsbezogenen Werttreibern ein Zusammenhang, da ersteres spezifisch für die Qualitätsinvestition zu definieren ist und letztere wiederum die Qualitätsinvestition aus ökonomischer Sicht ausmachen. Die Höhe des von der jeweiligen Qualitätsinvestition beanspruchten Eigen-/Risikokapitals resultiert demnach nicht aus „eigenen" qualitätsbezogenen Werttreibern, sondern ist ebenfalls von den das Qualitätsergebnis bestimmenden qualitätsbezogenen Werttreibern abhängig.

In Abbildung 5.9 werden die ökonomischen Wirkungen von Qualitätsinvestitionen den einzelnen Qualitätsergebnisbestandteilen zugeordnet und damit die in Kapitel 4.2 vorgestellten Ansatzpunkte für qualitätsbezogene Werttreiber erweitert.

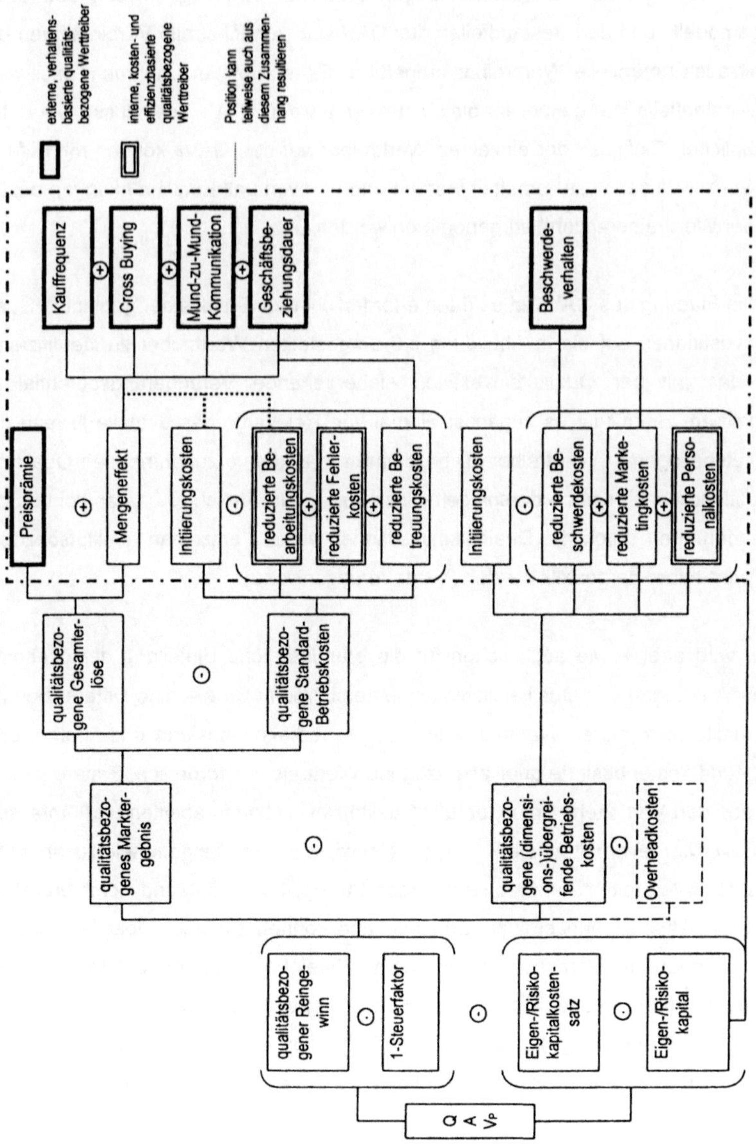

Quelle: Eigene Darstellung.

***Abbildung 5.9**: Potentielle Werttreiber von Qualitätsinvestitionen*

Mit den dargestellten Zusammenhängen zwischen den Ergebnissen des Erklärungsmodells und den Bestandteilen des QAV sind zunächst alle Verbindungen und damit auch potentielle Werttreiber aufgeführt. Es ist aber anzunehmen, dass nicht jeder potentielle Werttreiber im gleichen Ausmaß den QAV_P beeinflusst. Die unterschiedlichen Einflüsse der einzelnen Werttreiber auf den QAV_P können mit Hilfe einer Sensitivitätsanalyse[1] ermittelt werden und so eventuell Einschränkungen bezüglich der Werttreiberanzahl[2] vorgenommen werden.

Für die Planung des QAV_P ist es dann erforderlich, den Einfluss der geplanten Qualitätsinvestitionen auf die in Abbildung 5.9 dargestellten Werttreiber zu identifizieren und das mit der Qualitätsinvestition einhergehende Veränderungspotential zu bestimmen. Hierfür ist es zunächst einmal von Relevanz, das aktuelle Niveau der qualitätsbezogenen Werttreiber zu bestimmen, das die vorzunehmenden Qualitätsinvestitionen noch nicht widerspiegelt (Basisniveau). Im Anschluss daran können die Veränderungen durch die Qualitätsinvestitionen auf die einzelnen qualitätsbezogenen Werttreiber dargestellt werden (Veränderungsniveau).

Dafür wird aber – wie auch schon für die grundsätzliche Einteilung der ökonomischen Wirkungen von Qualitätsinvestitionen ersichtlich wurde – eine Differenzierung der qualitätsbezogenen Werttreiber in externe, verhaltensbasierte und interne, effizienz- und kostenbasierte qualitätsbezogene Werttreiber erforderlich. Erstere lassen sich aus den Verhaltenswirkungen der Qualitätsinvestitionen ableiten und umfassen das Beschwerdeverhalten, die Preisprämie sowie die zum Mengeneffekt zusammenfassbaren Werttreiber Kauffrequenz, Cross Buying, Mund-zu-Mund-Kommunikation und Geschäftsbeziehungsdauer. Entsprechend können sie auch über Verhaltensveränderungen und Verhaltensstabilisierungen beeinflusst werden. Letztere resultieren aus der internen Situation einer Bank in Bezug auf die Kosten zur Erstellung einer qualitativen Leistung und der damit verbundenen Effizienz. Sie beinhalten deshalb die Fehlerkosten, die Bearbeitungskosten sowie die Personalkosten.

1 Zur Sensitivitätsanalyse vgl. Perridon, L./Steiner, M., 1997, S. 100 ff.

2 Beispielsweise könnte vermutet werden, dass die Bedeutung der Personalkosten für die Kalkulation des QAV gering ist. Hier sollen aus Vollständigkeitsgründen zunächst noch alle externen qualitätsbezogenen Werttreiber weiterhin betrachtet werden.

Die Initiierungskosten einer Qualitätsinvestition sowie das Veränderungsniveau der internen qualitätsbezogenen Werttreiber können dabei auf Basis der Rechnungswesen- und Controllingdaten sofort kalkuliert und damit direkt in die Qualitätsergebnisberechnung[1] und die QAV_P-Kalkulation einfließen. Dagegen müssen die externen qualitätsbezogenen Werttreiber erst ihrer Größe nach bestimmt werden, um dann in Ergebniskategorien des Qualitätsergebnisses umgerechnet zu werden.

Als grundlegende Ermittlungsverfahren für eine derartige Werttreiberquantifizierung bieten sich die im Firmenkundengeschäft üblichen Qualitätsmessungen, die auch als Kundenzufriedenheitsmessungen ausgestaltet sein können,[2] an.[3] Um die Qualitätsmessverfahren auch für die Bestimmung der einzelnen Werttreiberniveaus (Basis- und Veränderungsniveau) nutzbar zu machen, müssen sie jedoch auf Grund einiger Besonderheiten, die aus der Herkunft der qualitätsbezogenen Werttreiber und deren Verwendungszweck resultieren, erweitert werden.

Dann ist es mit Hilfe dieser Messverfahren möglich, das Basisniveau der externen qualitätsbezogenen Werttreiber bei einem gegebenen Qualitätsniveau zu messen. Andererseits können die gemessenen Daten zur Qualität und den externen qualitätsbezogenen Werttreibern über eine Datenanalyse mit statistischen Verfahren so aufbereitet werden, dass eine Berechnung der durch Qualitätsinvestitionen induzierten Veränderungen der externen qualitätsbezogenen möglich wird. In Abbildung 5.10 ist die grundsätzliche Vorgehensweise zur Bestimmung von Basis- und Veränderungsniveau der qualitätsbezogenen Werttreiber nochmals zusammengefasst.

---

1 Siehe hierzu ausführlich Kapitel 5.3.3.

2 Auf Grund der Ähnlichkeit der Konstrukte ist es möglich, die Datenerhebung erst bei der (Un-)Zufriedenheit beginnen zu lassen. Siehe hierzu auch Kapitel 5.1.2.

3 Laut Experteninterviews.

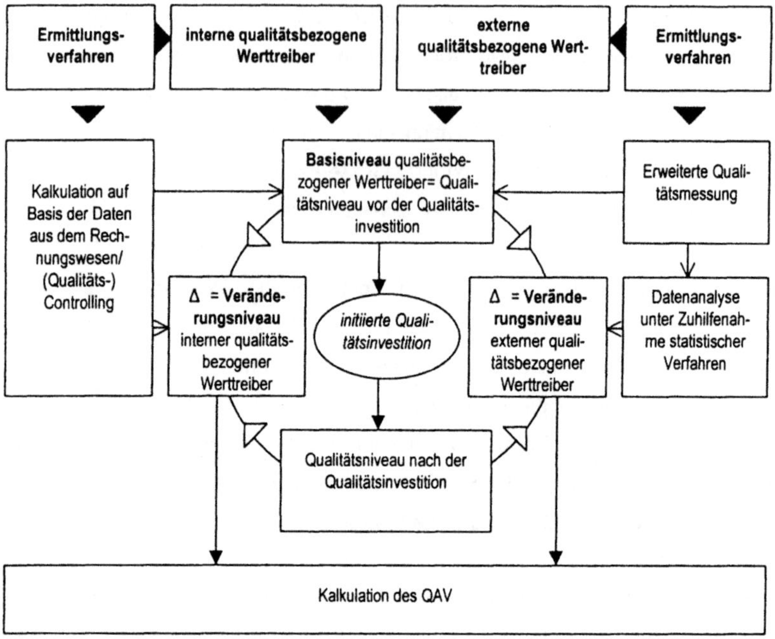

Quelle: Eigene Darstellung.

***Abbildung 5.10**: Vorgehensweise zur Bestimmung von Basis- und Veränderungsniveau qualitätsbezogener Werttreiber*

Da eine Bestimmung der externen qualitätsbezogenen Werttreiber nicht unmittelbar im Rahmen einer konkreten Qualitätsergebniskalkulation erfolgen kann, sondern zuvor einer separaten Ermittlung bedarf, soll folgend aufgezeigt werden, wie eine Bestimmung des Veränderungsniveaus externer qualitätsbezogener Werttreiber über eine erweiterte Qualitätsmessung und der Ableitung des Basisniveaus vorgenommen werden kann.

5.2.2 Erweiterte Qualitätsmessung im Firmenkundengeschäft als Grundlage zur Quantifizierung externer qualitätsbezogener Werttreiber

Entsprechend der oben dargelegten Vorgehensweise ist es für eine Bestimmung von Basis- und Veränderungsniveau der externen qualitätsbezogenen Werttreiber erforderlich, eine erweiterte Qualitätsmessung durchzuführen. Hierfür sollen zunächst die

Besonderheiten, die zu einer Erweiterung der Qualitätsmessung im Firmenkundengeschäft führen, näher betrachtet werden (**Kapitel 5.2.2.1**). Diese Besonderheiten stellen gleichzeitig Anforderungen an die Erhebung der externen qualitätsbezogenen Werttreiber dar, auf deren Erfüllung die gängigen Qualitätsmessverfahren anschließend zu untersuchen sind (**Kapitel 5.2.2.2**). Auf Basis dieser Bewertung ist es dann möglich, einen spezifischen Methodenmix zur Messung der externen qualitätsbezogenen Werttreiber vorzustellen (**Kapitel 5.2.2.3**).

5.2.2.1 Besonderheiten bei der Messung externer qualitätsbezogener Werttreiber im Firmenkundengeschäft

Entsprechend der obigen Herleitung der externen qualitätsbezogenen Werttreiber aus den ökonomischen Qualitätswirkungen, die auf dem Kundenverhalten basieren, erfordert die Messung der Werttreiber die im theoretischen Erklärungsmodell herausgearbeitete Verbindung zwischen Qualität und Kundenverhalten angemessen abzubilden. Aus den für die Abbildung dieses Zusammenhangs zu messenden Konstrukten ergeben sich einige messtechnische Besonderheiten, die in **Kapitel 5.2.2.1.1** erörtert werden. Außerdem stellt sich vor dem Hintergrund der Multipersonalität des Firmenkunden die Frage nach dem zu befragenden Unternehmensvertreter, der die Qualität und das darauf aufbauende Kundenverhalten bewerten soll, was in **Kapitel 5.2.2.1.2** diskutiert wird.

5.2.2.1.1 Besonderheiten in Bezug auf die Ausgestaltung der Messung

Um den im theoretischen Erklärungsmodell hergestellten Zusammenhang zwischen der im Firmenkundengeschäft erbrachten Qualität und deren ökonomischer Wirkungen messtechnisch abzubilden, ist es erforderlich, die Qualität der Firmenkundenleistung und gleichzeitig die damit verbundenen Verhaltensabsichten zu erfassen.

Die Erfassung der Qualität im Firmenkundengeschäft wirft dabei einige Besonderheiten auf, die aus den Charakteristika der Firmenkundenleistung und der darauf aufbauenden Geschäftsbeziehung zum Firmenkunden resultieren. Die Erfassung der Verhaltensabsichten dagegen rufen Besonderheiten auf Grund des zu kalkulierenden QAV, d.h. der zunächst zu ermittelnden externen qualitätsbezogenen Werttreiber, hervor. Da die Qualitätsmessung einerseits und die Erfassung der Verhaltensabsichten andererseits miteinander zu verknüpfen sind, müssen auch die aus beiden Teilen stammenden Besonderheiten in der messtechnischen Abbildung Berücksichtigung finden, d.h. sich in deren Inhalt, der Art sowie dem Zeitpunkt und der Frequenz der Messung widerspiegeln, um valide Ergebnisse zu erzielen.

Hinsichtlich der Qualitätsmessung bringt bereits der Dienstleistungscharakter der Firmenkundenleistungen[1] in Form der Intangibilität und der Kontaktnotwendigkeit einige Besonderheiten mit sich. Die *Intangibilität* der Firmenkundenleistung geht einher mit mangelnden Leistungseigenschaften, die unmittelbar beobachtbar sind. Dies hat zur Konsequenz, dass Qualität schwer zu beurteilen ist und deshalb häufig andere (subjektive) Maßstäbe zur Bewertung herangezogen werden.[2] Wie aus der Aufstellung von Qualitätsmerkmalen für die verschiedenen Leistungsarten im Firmenkundengeschäft ersichtlich ist,[3] werden für die Qualitätsbeurteilung häufig Surrogate und auch Umfeldmerkmale herangezogen. Hier sei beispielsweise auf die Ausstattung des Firmenkundenbetreuers mit moderner Technik oder den komfortablen Aufbau der Firmenkundeninternetseiten verwiesen.

Neben der spezifischen Ausgestaltung der Qualitätsmerkmale wird insbesondere bei Geschäftsbeziehungen von geringer Dauer oder auch bei der erstmaligen Nachfrage einer Leistungsart auf leistungsexterne Quellen[4], wie z.B. die Unternehmenskommunikation, Erfahrungen anderer Firmenkunden etc., und/oder die Bewertung anderer Leistungsarten für die Beurteilung der vorliegenden Leistungsqualität zurückgegriffen. Auch die *Kontaktnotwendigkeit* trägt dazu bei, dass eine objektive Qualitätsmessung nur bedingt möglich ist, da der Kunde in den Erstellungsprozess der Firmenkundenleistung integriert ist und deshalb das Qualitätsniveau der Firmenkundenleistung mitbestimmt.

---

1 Siehe hierzu auch Kapitel 3.1.2.2.1.

2 Vgl. Schuster, L., 1999, S. 86; auch Nader, G., 1993, S. 455.

3 Siehe hierzu Kapitel 3.2.2.2.

4 Vgl. beispielsweise Bitner, M. J./Hubbert, A. R., 1994, S. 76; auch Bolton, R. N./Drew, J. H., 1994, S. 177.

Darüber hinaus gehen mit Bankleistungen im Allgemeinen und Firmenkundenleistungen im Besonderen eine gewisse Grundkomplexität[1], die aus dem Kontraktgutcharakter von Firmenkundenleistungen sowie Geld, Kredit und Kapital als Leistungsgegenstand resultiert, ein Leistungsverbund sowie längere und intensive Absatzbeziehungen einher, die ebenfalls zu Besonderheiten bei der Qualitätsmessung führen.

Grundkomplexität und *Leistungsverbund* führen dazu, dass für die Qualitätsbeurteilung von Firmenkundenleistungen ein entsprechender ökonomischer Sachverstand erforderlich ist.[2] Da gerade sich die für diese Arbeit abgegrenzten Firmenkundengruppen (Mittel- und Großunternehmen) durch das Vorhandensein von kaufmännischen und finanzwirtschaftlichen Kenntnissen auszeichnen,[3] kann davon ausgegangen werden, dass die im Firmenkundengeschäft vorhandene Komplexität und der Leistungsverbund in der Regel für die Qualitätsbeurteilung durch den Kunden weniger problematisch sind.

Dennoch sollte für die Art der Qualitätsbestimmung eine für den Firmenkunden einfache Lösung gewählt werden. Eine Komplexitätsbewältigung kann beispielsweise mit Hilfe eines steigenden Detaillierungsgrades einzelner Leistungsparameter erreicht werden. Zur Auflösung des Leistungsverbunds wird empfohlen, eine Vorgehensweise zu wählen, die den Leistungsverbund zerlegt und mit Merkmalen bestückt, die anschließend beurteilt werden können.[4]

Die im Firmenkundengeschäft üblichen *längeren Absatzbeziehungen* führen zum einen dazu, dass insbesondere Leistungen, die eine längere Laufzeit – wie z.B. Kredit- und Anlageleistungen – besitzen, nicht bereits nach Abschluss der Verträge in ihrer Gesamtheit beurteilt werden können. Zum anderen können die im Firmenkundengeschäft üblichen *intensiven Kunde-Bank-Beziehungen* und die damit verbunde-

1 Vgl. Nader, G., 1993, S. 456.

2 Vgl. Nader, G., 1993, S. 456.

3 Siehe Kapitel 2.1.2.1.

4 Vgl. Homburg, C. et al., 1998, S. 329.

nen häufigen Kontakte Ausstrahlungseffekte zur Folge haben, die die Qualitätswahrnehmung durch kurzfristige Erlebnisse positiver oder negativer Art beeinflussen.[1]

Auf Grund der Langfristigkeit und der Intensität der Absatzbeziehungen ist es für die Qualitätsbestimmung im Firmenkundengeschäft schwierig, einen Zeitpunkt für die Qualitätserfassung zu wählen. Deshalb wird davon ausgegangen, dass kein „richtiger" Zeitpunkt existiert.[2] Es sollte aber versucht werden, durch Ausstrahlungen verursachte Verzerrungen, z.B. mit Hilfe einer Eingangsfrage nach besonders negativen/positiven Erlebnissen, zu eliminieren.[3]

Eine weitere Besonderheit im Firmenkundengeschäft kann darin gesehen werden, dass einige *Firmenkundenleistungen gemeinsam von verschiedenen Banken erbracht* werden. Dies trifft insbesondere für das Konsortialgeschäft (z.B. Wertpapieremissionen) zu. Eine differenzierte Qualitätsbeurteilung der Leistungserstellung eines einzelnen Anbieters stellt sich dann aus Sicht des Firmenkunden als äußerst schwierig dar. Eine Möglichkeit, dennoch aussagekräftige Qualitätsinformationen zu erhalten, könnte beispielsweise darin bestehen, mit Hilfe von nicht-standardisierten, persönlichen Methoden Erhebungen vorzunehmen.

Des Weitern kann die *Leistungs- und Kundenheterogenität* dazu führen, dass verschiedene Erhebungsmethoden und/oder unterschiedlich ausgerichtete Fragebögen zum Einsatz kommen müssen. Beispielsweise ist eine Differenzierung der Erhebungsinhalte für Firmenkunden mit und ohne direkten Kapitalmarktzugang denkbar.

Außerdem ergeben sich Besonderheiten für die Qualitätsbeurteilung im Firmenkundengeschäft aus der geografischen Marktausrichtung der Firmenkunden, die zumeist nicht auf ein regionales Gebiet beschränkt bleibt und damit u.U. unterschiedliche Kulturen und die sich daraus ergebenden Implikationen für die Qualitätswahrnehmung zu berücksichtigen sind. Obwohl die als Ausgangspunkt verwendete Qualitäts-

---

1 Vgl. Homburg, C. et al., 1998, S. 328. Siehe zur Speicherung von Qualitätswahrnehmungen auch Kapitel 5.1.2.2.

2 Vgl. hierzu auch Nader, G., 1993, S. 455.

3 Vgl. Homburg, C. et al., 1998, S. 328.

definition[1] auch international Gültigkeit besitzt,[2] muss der Operationalisierung der Qualität mit Hilfe von Qualitätsmerkmalen diese Eigenschaft abgesprochen werden.

Das Geschäft mit überwiegend national operierenden Firmenkunden und Firmenkunden, die Auslandsleistungen bei ihrer Bank nachfragen, bleibt davon unberührt. Auch die Qualität von Firmenkundenleistungen, die für multinationale Unternehmen von Deutschland aus erbracht werden, kann mit Hilfe der vorgestellten Dimensionen und Merkmalen spezifiziert werden.[3] Problematisch ist die Qualitätsbeurteilung durch Niederlassungen multinationaler Unternehmen im Ausland, die z.B. vor Ort mit einer Tochtergesellschaft der Großbank in Geschäftsbeziehung stehen, oder das Geschäft der ausländischen Tochtergesellschaft einer Großbank mit Firmenkunden der entsprechenden Nation.

In diesen Fällen ist eine Anpassung der Qualitätsoperationalisierung an nationale Gegebenheiten der jeweiligen Ländermärkte/Regionen vorzunehmen, um eine korrekte Qualitätsbestimmung zu gewährleisten,[4] d.h. auch hier sind unterschiedliche inhaltliche Ausgestaltungen der Erhebungsmethoden erforderlich. In Abhängigkeit der Organisationsstruktur der Bank kann dieses Problem aus Sicht des zentralen Firmenkundengeschäfts reduziert werden, wenn die entsprechenden Auslandsgesellschaften vor Ort, denen Kunden und Usancen vertraut sind, die inhaltliche Ausgestaltung der Qualitätsmessung vornehmen und ausschließlich die Ergebnisse weitergegeben werden.

Neben diesen Besonderheiten für die konkrete Qualitätsmessung, die aus den speziellen Firmenkundenleistungen resultieren, ergeben sich auch *Besonderheiten aus der QAV-Rechnung* bzw. der dafür benötigten Werttreiberquantifizierung. Hierfür ist es zunächst erforderlich, regelmäßige Qualitätsmessungen durchzuführen, damit die Planung des QAV auf jeweils aktuellen Daten basiert. Da die Qualität aus Kunden-

---

1 Siehe Kapitel 3.2.1.

2 Vgl. Deutsche Gesellschaft für Qualität (Hrsg.), 1993, S. 26.

3 Beispielsweise betreut die Dresdner Bank AG in Deutschland 50 multinationale Unternehmen über kundenspezifische Betreuungsteam (vgl. Dambmann, W., 2000, o. S.).

4 Eine Qualitätsoperationalisierung für verschiedene Ländermärkte ist im Rahmen dieser Arbeit nicht möglich. Der wesentliche Untersuchungsgegenstand, die Entwicklung eines geeigneten Wertschaffungsmaßes zur wertorientierten Qualitätssteuerung, bleibt von dieser Auslassung unberührt.

sicht als dynamisch[1] (z.B. auf Grund des Wettbewerbs) zu bezeichnen ist, wären Abstände von ein bis zwei Jahren[2] zwischen den Qualitätsmessungen als angemessen zu bezeichnen.

Darüber hinaus werden zur Quantifizierung der qualitätsbezogenen Werttreiber verschiedene Daten/Einschätzungen des Kunden benötigt, die bei der inhaltlichen Konzeptualisierung der Qualitätsmessung unbedingt einfließen müssen. Hierzu zählen nicht nur die im Rahmen der Qualitätsmessung erfassten Angaben über die Qualität (bzw. die (Un-)Zufriedenheit[3]) mit dem Firmenkundengeschäft und den darin erbrachten Leistungen, sondern es sind außerdem Angaben über das auf Grund der Qualitäts-/(Un-)Zufriedenheitsbeurteilung beabsichtigte Verhalten erforderlich, um einen Zusammenhang zwischen Qualität/(Un-)Zufriedenheit und Verhaltensabsicht herstellen zu können.

Die Angaben zum beabsichtigten Verhalten sollten dabei so strukturiert werden, dass eine eindeutige Zuordnung zu den einzelnen externen qualitätsbezogenen Werttreibern möglich ist. Darüber hinaus sind Angaben zur beabsichtigten Verhaltensintensität erforderlich, um später eine Kalkulation der einzelnen Qualitätsergebnisbestandteile auf Basis der Werttreiber zu ermöglichen.

Außerdem sollten Daten erfasst werden, die eine Einordnung des befragten Firmenkunden in eine entsprechende Kundengruppe zulassen, um kundengruppenspezifische Auswertungen anstellen zu können. Es sei denn, diese werden ohnehin spezifisch befragt. Überdies kann es für die Kalkulation des QAV sinnvoll sein, auch Informationen über die Intensität der Kunde-Bank-Beziehung in Form von Geschäftsbeziehungsarten, wie z.B. Haupt- und Nebenbankbeziehungen, zu erheben. In Abhängigkeit von der gewählten Abbildung des Zusammenhangs zwischen (Un-)Zufriedenheit und Verhaltensabsicht ist es darüber hinaus relevant, Informationen zur

---

1 Siehe hierzu ausführlich Kapitel 5.1.2.2.

2 Im Rahmen der Experteninterviews konnte bestätigt werden, dass Qualitäts-/Kundenzufriedenheitsmessungen im Firmenkundengeschäft in diesen zeitlichen Abständen bereits erfolgen.

3 Auf Grund der Ähnlichkeit der Konstrukte kundenorientierte Qualität und Zufriedenheit wird Qualität auch häufig als Zufriedenheit gemessen (siehe hierzu auch Kapitel 5.1.2.1). Außerdem wird Zufriedenheit als ein (Zwischen-)Ergebnis der Qualitätswahrnehmung betrachtet, so dass eine Messung auch erst hier einzusetzen bräuchte.

Bildung der (Un-)Zufriedenheitsarten im Sinne des Qualitativen Zufriedenheitsmodells zu erheben.[1]

Damit sind die wichtigen Besonderheiten, die bei der messtechnischen Abbildung des Zusammenhangs zwischen Qualität und Kundenverhalten zu berücksichtigen sind, erörtert und in Abbildung 5.11 nochmals zusammengefasst.

	Inhalt der Qualitätsmessung	**Art der Qualitätsmessung**	**Zeitpunkt/ Frequenz der Qualitätsmessung**
Intangibilität und Kontaktnotwendigkeit	▪ Operationalisierung der „richtigen" Qualität	▪ Möglichkeit der offenen Schilderung der Qualitätswahrnehmung	▪ ---
Komplexität und Leistungsverbund	▪ ---	▪ merkmalsorientierte Qualitätsmessung	▪ ---
Dauer und Intensität der Absatzbeziehung	▪ Eliminierung von Verzerrungen durch Eingangsfrage über besonders positive/negative Ereignisse	▪ ---	▪ kein „richtiger" Zeitpunkt vorhanden
Leistungserstellung durch mehrere Banken	▪ ---	▪ nicht-standardisierte, persönliche Methoden	▪ ---
Leistungs- und Kundenheterogenität	▪ evtl. firmenkundengruppenspezifische Erhebungsinhalte	▪ ---	▪ ---
Internationalität	▪ evtl. kulturspezifische Erhebungsinhalte	▪ ---	▪ ---
Kalkulation des QAV	▪ Angaben zur Qualität/Kunden(un-)zufriedenheit mit Leistungen ▪ Angaben über beabsichtigtes Verhalten/Verhaltensintensität ▪ Angaben zu Kundengruppe/ Geschäftsbeziehungsart ▪ Angaben zum Qualitativen Zufriedenheitsmodell	▪ ---	▪ in regelmäßigen Abständen

Quelle: Eigene Darstellung.

***Abbildung 5.11**: Besonderheiten für die Gestaltung der Werttreibermessung im Firmenkundengeschäft*

5.2.2.1.2 Besonderheiten in Bezug auf die zu befragenden Personen

Damit die im Erklärungsmodell für die ökonomischen Qualitätswirkungen herausgearbeitet Verbindung zwischen der wahrgenommenen Qualität und dem zukünftigen Kundenverhalten erfasst werden kann, ist für die Messung der externen qualitätsbezogenen Werttreiber derjenige Unternehmensvertreter zu identifizieren, der neben

[1] Siehe zur Abbildung des Zusammenhangs zwischen Kundenzufriedenheit und Kundenverhalten über das Qualitative Zufriedenheitsmodell auch Kapitel 5.1.2.3.1.

der Fähigkeit, die Leistungsqualität zu beurteilen, auch Entscheidungsbefugnis in Bezug auf das zukünftige Kundenverhalten gegenüber der Bank besitzt.

Der Entscheidungsträger in Bezug auf Firmenkundenleistungen (z.B. Leiter der Finanzabteilung oder der Eigentümer) kann sich aber von der Person, die am Leistungserstellungsprozess der Firmenkundenleistung beteiligt ist (z.B. Mitarbeiter der Finanzabteilung), unterscheiden. Auf industriellen Märkten ist hierfür der Begriff des Buying Center geprägt worden[1], der ausdrückt, dass eine „Vielzahl von Personen in unterschiedlichen Rollen am Kaufprozess mitwirkt“[2]. Die Rollen im Buying Center können folgendermaßen verteilt sein:[3]

- *User*: der die entsprechende Firmenkundenleistung der Bank nutzt (z.B. der für die Tagesdisposition der Bankkonten zuständige Mitarbeiter);
- *Buyer*: der den Anbieter der Firmenkundenleistung auswählt und mit ihm verhandelt (z.B. Leiter der Finanzabteilung);
- *Initiator*: der Impulsgeber für die Nachfrage der Firmenkundenleistung (z.B. Leiter der EDV für ein Cash Management-System);
- *Decider*: der die endgültige Kaufentscheidung trifft (z.B. für den Finanzbereich zuständiges Vorstandsmitglied);
- *Gatekeeper*: der den Informationsfluss in das Buying Center kontrolliert und filtert (z.B. Assistent des Vorstands);
- *Influencer*: der außerhalb vom Unternehmen stehend Einfluss auf den Kaufprozess hat (z.B. Unternehmensberater).

Die Zuordnung von Rollen zu Rollenträgern im Unternehmen stellt sich dabei als äußerst kompliziert dar, denn eine Rolle kann von mehreren Personen eingenommen werden bzw. eine Person kann mehrere Rollen (auch alle Rollen) innehaben.[4]

Zunächst muss bei der Übertragung des Buying Center-Ansatzes aus der Industrie auf das Firmenkundengeschäft der Banken festgestellt werden, dass der Kaufentscheidungsprozess in Bezug auf Firmenkundenleistungen sich im Wesentlichen (bis

---

1 Vgl. beispielsweise Webster, F. E./Wind, Y., 1972, S. 77 ff.; Homburg, C. et al., 1998, S. 324; Backhaus, K., 1997, S. 65.

2 Süchting, J./Paul, S., 1998, S. 652.

3 Vgl. Süchting, J./Paul, S., 1998, S. 652; auch Homburg, C. et al., 1998, S. 325.

4 Vgl. Homburg, C. et al., 1998, S. 326.

auf den Influencer und in Einzelfällen auch der Initiator) auf die Finanzabteilung und das dafür zuständige Vorstandsmitglied konzentriert,[1] wohingegen bei der Anschaffung einer Werkzeugmaschine vom Betriebsleiter und bis zum entsprechenden Vorstandsmitglied ein Querschnitt an Personen aus dem Unternehmen betroffen sein kann. Damit ist der Kreis der Rollenträger im Buying Center im Firmenkundengeschäft relativ eingeschränkt.

Außerdem ist ersichtlich, dass nicht alle Rollen im Buying Center für die Beurteilung der Qualität im Zusammenhang mit der Entscheidung über das zukünftige Kaufverhalten in Frage kommen. So liefert der Initiator lediglich die Idee für einen Kauf, ist aber nicht in den Entscheidungs- und Leistungserstellungsprozess integriert, so dass der über die Leistungsqualität keine Aussagen treffen und auch nicht die Kaufentscheidung beeinflussen kann.

Der Influencer ist nicht als Vertreter des Unternehmens zu betrachten und kann damit die Qualität der Firmenkundenleistungen aus Unternehmenssicht nicht beurteilen. Er kann auf Grund von Empfehlungen Einfluss auf die Kaufentscheidung haben, trifft sie letztendlich aber nicht. Auch der Gatekeeper kann auf Grund mangelnder Kenntnisse über den Leistungserstellungsprozess keine Qualitätsbeurteilung geben und trifft keine Kaufentscheidung, aber kann diese über eine entsprechende Steuerung von Informationen beeinflussen.

Insgesamt betrachtet haben Initiator, Influencer und Gatekeeper zwar Einflussmöglichkeiten auf den Kaufentscheidungsprozess, scheiden aber auf Grund mangelnder Fähigkeit zur Qualitätsbeurteilung und Entscheidungskompetenz als zu Befragende aus. Für eine Qualitätsbeurteilung und der damit zusammenhängenden Kaufentscheidung verbleiben so der eigentliche Leistungsnutzer, der Buyer und der Decider.

Im Gegensatz zu einer Werkzeugmaschine, für die der zuständige Arbeiter/Meister/Betriebsleiter als der mit der Anlage Arbeitende als Nutzer zu identifizieren wäre, stellt sich die Bestimmung des Users von Firmenkundenleistungen im Unternehmen als schwieriger heraus. Wird in diesem Zusammenhang der User als Un-

---

1 Auch laut Experteninterviews.

ternehmensvertreter betrachtet, der mit Hilfe der Firmenkundenleistungen seine Tätigkeit erfüllt, also mit den Firmenkundenleistungen arbeitet, dann können als User die Personen identifiziert werden, die nach Vertragabschluss über eine zu erbringende Leistung zum einen die aus dem Vertrag für das Unternehmen resultierende Verpflichtungen erfüllen und zum anderen die mit dem Vertrag verbundenen Rechte für das Unternehmen nutzen. Hier wäre beispielsweise an die Zahlungs- und Informationspflichten im Rahmen eines laufenden Kreditvertrages oder die Zurverfügungstellung entsprechender Unterlagen für eine Wertpapieremission, aber auch die Bedienung von Konten, Depots und Kreditlinien zu denken.

Diese Aufgaben werden in einem Mittelunternehmen entweder noch von den Eigentümern selbst und/oder Mitarbeitern der Verwaltung/Rechnungswesen/ Finanzierung übernommen. In Großunternehmen werden diese Tätigkeiten von verschiedenen Mitarbeitern der Finanzabteilung ausgeführt.[1]

Die User sind in der Lage, die Qualität der Firmenkundenleistung zu bewerten, die nach Vertragsabschluss von der Bank erbracht wurde. Die Qualitätsbeurteilung der Gesamtleistung ist aus alleiniger Sicht des Users nicht möglich. Darüber hinaus kann insbesondere im Fall des Großunternehmens ein User lediglich über eine Teilleistung ein Qualitätsurteil fällen. Außerdem können für den User Abgrenzungsprobleme auftreten, wenn er z.B. die Konten bei verschiedenen Banken bedient und den Zahlungsverkehr einer bestimmten Bank beurteilen soll.

Das zukünftige Kaufverhalten des Unternehmens, das Ergebnis des Qualitätsurteils ist, kann der User insofern beeinflussen, als er auf der einen Seite sein Qualitätsurteil an die Entscheidungsträger weitergibt und auf der anderen Seite im Rahmen seiner Tätigkeit bestimmte Verhaltensanpassungen vornimmt. Beispielsweise könnte er bei Existenz mehrerer Möglichkeiten zum Kauf/Verkauf von Wertpapieren/Derivaten die wählen, die aus seiner Sicht die qualitativ bessere ist. Jedoch sind diese Entscheidungsspielräume des Users als sehr gering einzustufen.

---

1 Auch laut Experteninterviews.

Der für die Nachfrage von Firmenkundenleistungen relevante Buyer lässt sich aus Sicht der Bank unproblematisch ermitteln, da dieser den Anbieter der Firmenkundenleistungen aussucht und mit ihm verhandelt, d.h. mit ihm in Kontakt tritt. In Mittelunternehmen übernimmt diese Rolle häufig der Eigentümer bzw. im Fall mehrerer Eigentümer entweder alle oder eine Auswahl, die der Bank bekannt sind. In Großunternehmen kommt diese Rolle in der Regel einem Vertreter – in der Regel der Leiter – der Finanzabteilung zu, der speziell für Bankbeziehungen zuständig ist.

Eine Qualitätsbeurteilung durch den Buyer ist möglich, aber auf Grund seiner Tätigkeit mit zwei Problembereichen verbunden. Zum einen verhandelt der Buyer mit verschiedenen Banken, was auch hier zu Abgrenzungsschwierigkeiten führen kann. Da es explizit Aufgabe des Buyer ist, verschiedene Anbieter zu kennen und zu differenzieren, wird dieses Problem jedoch als untergeordnet betrachtet. Zum anderen kann er entsprechend seiner Aufgaben die Qualität der Firmenkundenleistung lediglich bis zum Vertragabschluss bewerten. Der Buyer besitzt einen wesentlichen Einfluss auf das zukünftige Kaufverhalten des Unternehmens, kann aber u.U. in Abhängigkeit von der unternehmensspezifischen Ausgestaltung der formalen Kompetenzregelung, die im Regelfall auch der Bank z.B. über Handelsregistereintragungen bekannt ist, die letztendliche Entscheidung nicht selbst treffen, sondern benötigt hierfür eine Zustimmung. Er kann diesen Entscheidungsprozess aber maßgeblich steuern.[1]

Eine letztendliche Kaufentscheidung trifft dann unter Berücksichtigung der Verhandlungs- und Auswahlergebnisse des Buyer der Decider. In Mittelunternehmen liegt die Entscheidungskompetenz bei den Eigentümern. Die Rolle des Decider wird in Großunternehmen in Abhängigkeit von der Kompetenzregelung vom Leiter der Finanzabteilung und/oder vom zuständigen Vorstandsmitglied eingenommen. Der Decider hat zwar die Entscheidungskompetenz, kann aber – insbesondere im Fall des Großunternehmens – kaum Aussagen über die Qualität der Firmenkundenleistungen treffen, da er in das eigentliche Geschäft mit der Bank kaum involviert ist.

Unter Kenntnis der verschiedenen Rollen, deren Träger und Möglichkeiten zur Beurteilung der Qualität bzw. zur Beeinflussung des Kaufentscheidungsprozesses stellt

---

1 Auch laut Experteninterviews.

sich die Frage nach dem Unternehmensvertreter, der gegenüber der Bank das Qualitätsurteil artikulieren soll und gleichzeitig – zur Rechtfertigung des subjektiv auszulegenden kundenorientierten Qualitätsbegriffs – entsprechende Kaufentscheidungskompetenz besitzt, um repräsentativ Auskunft über das zukünftige Kaufverhalten in Verbindung mit dem Qualitätsurteil geben zu können.

Im Mittelunternehmen erscheint es durchaus vertretbar, alleinig den Eigentümer[1] zu befragen, denn er repräsentiert die Rolle des Buyer und des Decider, u.U. sogar des Users. Das versetzt ihn in die Lage, repräsentative Aussagen über das zukünftige Kaufverhalten zu machen und darüber hinaus die Qualität der Firmenkundenleistungen zu beurteilen. Wird die Rolle des Users nicht vom Eigentümer selbst, sondern von einem Mitarbeiter übernommen, dann kann davon ausgegangen werden, dass der Eigentümer über die Qualität der Firmenkundenleistungen nach Vertragabschluss informiert wird, insbesondere dann, wenn Qualitätsmängel auftreten. Deshalb kann auch in diesem Fall eine alleinige Befragung des oder der Eigentümer gerechtfertigt werden.

In Großunternehmen stellt sich die Situation etwas komplexer dar, weil User, Buyer und Decider regelmäßig durch verschiedene Personen dargestellt werden. Da im Gegensatz zum User und zum Decider in der Rolle des Buyer Qualitätsbeurteilungs- und Kaufentscheidungskompetenz verbunden werden, stellt er zunächst eine relevante Befragungsperson dar. Auch hier kann angenommen werden, dass die vom Buyer gemachten Qualitätserfahrungen durch die der verschiedenen User erweitert werden, da er zumindest bei aufkommenden Qualitätsproblemen informiert wird. Beispielsweise würde eine durch die Bank verursachte verspätete Überweisung über das Cash Management-System und die daraufhin folgende verspätete Lieferung von Rohstoffe für den Produktionsprozess auf jeden Fall zur Kenntnisnahme des Buyer führen.

Da der Buyer zwar Einfluss auf die Kaufentscheidung hat, sie aber letztendlich nicht trifft und gerade das Zusammenspiel von Qualität und Kaufentscheidung von Relevanz ist, sollte hier neben dem Buyer auch der Decider befragt werden, um die Aus-

---

1 Vgl. auch Ronzal, W., 1997, S. 215.

sagen bezüglich des zukünftigen Kaufverhaltens abzusichern[1]. Allerdings kann dabei eine Identität von Fragebögen respektive Meßmethoden nicht in jedem Fall möglich sein, da Buyer und Decider unterschiedliche Informationen weitergeben können.[1]

Die Außerachtlassung der direkten Qualitätskenntnisse und -erfahrungen des Users im Großunternehmen und teilweise im Mittelunternehmen liegen darin begründet, dass eine indirekte Erfassung dieser Informationen über den Buyer möglich ist. Auch wenn dabei mit Informationsverlusten zu rechnen ist, ist ersichtlich, dass die Zusatzkosten, die insbesondere im Großunternehmen durch die Befragung mehrerer User entstehen, in keiner vertretbaren Relation zum Nutzen der zusätzlichen Qualitätsinformationen stehen.

Unabhängig von diesen allgemein hergeleiteten Ergebnissen sollten im Rahmen der Durchführung einer Qualitätsmessung im Firmenkundengeschäft natürlich die Erfahrungen und das Wissen der Firmenkundenbetreuer einfließen, wenn es um die Identifizierung des zu befragenden Unternehmensvertreters geht. Auf Grund der individuellen Kundenbetreuung und der intensiven Kunde-Bank-Beziehung sind dem Kundenbetreuer die Besonderheiten der Kunden bekannt, so dass sich im Einzelfall eine andere als die vorgeschlagene Befragungskonstellation ergeben kann.

5.2.2.2 Bewertung gängiger Qualitätsmessverfahren für deren Einsatzmöglichkeit zur Messung externer qualitätsbezogener Werttreiber

Nachdem die für die Abbildung des Zusammenhangs zwischen Qualität und Kundenverhalten zu berücksichtigen Besonderheiten diskutiert und der/die zu befragen-

---

1 In diesem Zusammenhang sei auch auf Geschäftsabschlüsse verwiesen, die nicht Ergebnis eines regulären Entscheidungsprozesses sind, sondern auf Grund persönlicher Beziehungen getätigt werden. Während in Mittelunternehmen derartige Geschäfte mit dem Eigentümer abgeschlossen würden, wäre in Großunternehmen der Decider die relevante Person. Da diese Nachfragepraxis zu Verzerrungen im Rahmen von Kundenbefragungen führen kann, ist es von besonderer Relevanz, die Daten über die Kaufentscheidungen über die Befragung des Decider zu bestätigen. Im Zuge einer erstarkenden Shareholder Value-Praxis wird es aber zunehmend erforderlich, ausschließlich Geschäftsabschlüsse mit entsprechendem Nutzen zu tätigen. Dies lässt auch darauf schließen, dass bislang qualitativ schlechte Firmenkundenleistungen nicht weitergehend nachgefragt würden. Diesbezüglich lieferten auch die Experteninterviews ein eindeutiges Ergebnis. Derartige Geschäftsabschlüsse werden gegenwärtig kaum noch getätigt, sondern entscheidend ist die Fähigkeit, eine angemessene Leistung zu liefern. Sollte doch ein Geschäftsabschluss auf diese Art und Weise zustande kommen, dann wird in jedem Fall der Relationship Manager - wenn er nicht selbst beteiligt ist - über derartige Geschäftsabschlüsse in Kenntnis gesetzt (vgl. Kern, H., 1998, S. 669) und kann für die Kundenbefragung entsprechend reagieren.

de/n Unternehmensvertreter identifiziert wurden,[2] müssen geeignete Messverfahren gefunden werden, die diesen Spezifika gerecht werden. Dafür stehen eine Reihe von Verfahren, die üblicherweise zur Messung der Dienstleistungsqualität herangezogen werden, zur Verfügung.

Für eine Bewertung dieser Verfahren hinsichtlich deren Einsatzfähigkeit zur Messung der externen qualitätsbezogenen Werttreiber kann in Anlehnung an die zuvor erörterten Besonderheiten zunächst angenommen werden, dass die Frequenz der Qualitätsmessung sowie spezifische inhaltliche Ausrichtungen auf die zu befragende Firmenkundengruppe bzw. eine andere Kultur von allen Methoden erfüllt werden können. Daneben kann bereits jetzt festgestellt werden, dass eine Verknüpfung von merkmalsorientierten und nicht-standardisierten, offenen Fragen von keiner Methode geliefert wird, so dass zu deren Gewährleistung ohnehin ein Methodenmix zur Anwendung kommen muss.

Dagegen ist zur Berücksichtigung der übrigen Besonderheiten zu analysieren, was mit der jeweiligen Methode gemessen wird, ob ein umfassendes und gleichzeitig eindeutiges Qualitätsbild mit der entsprechenden Methode wiedergegeben werden kann. Es ist insbesondere für die Berechnung des QAV von Bedeutung, inwiefern mit den Methoden auch Prognosen über das zukünftige Kundenverhalten und der Verhaltensintensität geliefert sowie zusätzliche Angaben, z.B. zum Qualitativen Zufriedenheitsmodell und zur Firmenkundengruppe, erfasst werden können. Weiterhin spielt natürlich auch die Kosten-Nutzen-Relation eine gewisse Rolle für den Methodeneinsatz.

Die Beurteilung der Methoden soll deshalb anhand folgender Kriterien durchgeführt werden:[3]

- *Aussagegehalt*: Welche Qualitätsinformationen liefert die Methode für das Firmenkundengeschäft?

---

1 Vgl. Homburg, C. et al., 1998, S. 329.

2 Siehe insbesondere Kapitel 5.2.2.1.1.

3 Zu ähnlichen kriteriengeleiteten Bewertungen vgl. beispielsweise Stauss, B./Hentschel, B., 1990, S. 235 ff.; auch Hüttinger, S., 1995, S. 123 f.; Meyer, A./Hüttinger, S., 1996, S. 227.

- *Vollständigkeit*: Liefert die Methode vollständige Qualitätsinformationen für das Firmenkundengeschäft?
- *Eindeutigkeit*: Liefert die Methode eindeutige Qualitätsinformationen für das Firmenkundengeschäft?
- *Informationsvielfalt*: Kann die Methode Informationen über das zukünftige Verhalten der Kunden und sonstige zusätzliche Daten liefern?
- *Wirtschaftlichkeit*: Stehen die mit Hilfe der Methode erlangten Qualitätsinformationen in einem angemessenen Verhältnis zu den durch die Anwendung der Methode verursachten Kosten?

Die zur Qualitätsmessung zur Verfügung stehenden Verfahren lassen sich dabei in zwei grundlegende Verfahrensvarianten unterscheiden: attribut- und ereignisorientierte Verfahren.[1] Neben diesen Hauptvarianten existieren weitere alternative Messverfahren, die die Qualität aus subjektiver Kundensicht ermitteln. Hierzu zählen u.a. die Analyse des Globalurteils, die Frequenz-Relevanz-Analyse von Problemen (FRAP) und das Dekompositionsverfahren.[2] Diese alternativen Messansätze weisen jedoch im Vergleich zu den Hauptvarianten wesentliche Defizite auf (z.B. Unvollständigkeit, mangelnde Differenziertheit)[3], so dass von einer näheren Untersuchung dieser für die vorliegende spezielle Anwendung im Firmenkundengeschäft abgesehen wird.

Darüber hinaus soll auch auf eine ausführliche Methodendeskription der grundlegenden Methoden verzichtet werden, da diesbezüglich in der Literatur[4] bereits sehr ausführliche Abhandlungen existieren. Ziel ist es dagegen, anhand der Methodenbewertung auf die Einsatzmöglichkeiten der attributorientierten (**Kapitel 5.2.2.2.1**) und ereignisorientierten Verfahren (**Kapitel 5.2.2.2.2**) für die Bestimmung der externen qualitätsbezogenen Werttreiber im Firmenkundengeschäft zu schließen.

---

1 Vgl. beispielsweise Homburg, C./Werner, H., 1998, S. 132 f.; Bruhn, M., 1997b, S. 417; Homburg, C./Werner, H., 1996, S. 92; Meyer, A./Hüttinger, S., 1996, S. 225; Haller, S., 1998, S. 93; Hüttinger, S., 1995, S. 103; Bruhn, M./Hennig, K., 1993a, S. 219; Hentschel, B., 1992, S. 111 ff. und S. 155 ff.; Stauss, B./Hentschel, B., 1991, S. 240 f.

2 Vgl. Hentschel, B., 1992, S. 83 ff.

3 Vgl. zu einer genaueren Analyse dieser Verfahren Hentschel, B., 1992, S. 112 f.

4 Vgl. beispielsweise die Dissertationen von Hentschel, B., 1992 und Haller, S., 1998.

5.2.2.2.1 Attributorientierte Verfahren

Den attributorientierten Verfahren werden die Ratingskalenverfahren, die Penalty-Reward-Kontrast-Analyse und die Vignette-Methode zugerechnet.[1] Innerhalb der *Ratingskalenverfahren* als die am häufigsten zur Qualitätsmessung herangezogenen Verfahren werden Teilleistungen anhand von Merkmalen bewertet und zu einem Gesamturteil verknüpft.[2] Es existieren verschiedene Varianten von Ratingskalenverfahren, die sich in den Annahmen darüber, wie der Kunde die Dienstleistungsqualität bewertet, unterscheiden:[3]

- SERVQUAL: Servicequalität = (Beurteilungen - Erwartungen) bzw. Bedeutung * (Beurteilungen - Erwartungen),
- SERVPERF: Servicequalität = Beurteilungen,
- SERVIMPERF: Servicequalität = Bedeutungen * Beurteilungen.

Der wesentliche **Aussagegehalt** dieser Art von Verfahren liegt in differenzierten Informationen über das jeweilige Qualitätsniveau. Sie ergeben ein verlässliches Bild über die wahrgenommene Dienstleistungsqualität in Routinesituationen.[4] Das heterogene Leistungsspektrum im Firmenkundengeschäft und die damit verbundene Vielzahl von potenziellen Attributen haben insofern Konsequenzen für die **Vollständigkeit** der Qualitätsinformationen, als nur eine begrenzte Anzahl an Attributen vom Firmenkunden bewertet werden können und deshalb eine Attributverdichtung vorgenommen werden muss, die zu Informationsverlusten führen kann. Auf der anderen Seite werden die über die Routinequalität hinausgehenden Leistungsvorteile und -probleme nicht vollständig erfasst.[5] Auch die **Eindeutigkeit** der Ratingskalenverfahren ist problembehaftet, da das vorgegebene Antwortschema nicht immer die Fir-

---

1 Vgl. Haller, S., 1998, S. 93.

2 Vgl. Homburg, C./Werner, H., 1996, S. 94; Meyer, A./Hüttinger, S., 1996, S. 225; Haller, S., 1998, S. 93; Haller, S., 1993, S. 23; Hentschel, B., 1992, S. 112.

3 Vgl. Haller, S., 1998, S. 94; Cronin, J. J./Taylor, S. A., 1994, S. 125 ff.; Cronin, J. J./Taylor, S. A., 1992, S. 58 f. Siehe zu Anwendungsbeispielen in der Finanzdienstleistungsbranche beispielsweise Bruhn, M., 1999, S. 118 ff. Neben dieser Unterscheidung wird in der Literatur auch zwischen einstellungs- und zufriedenheitstheoretischen Verfahren unterschieden (vgl. Stauss, B./Hentschel, B., 1991, S. 240; Cronin, J. J./Taylor, S. A., 1992, S. 55; Hentschel, B., 1992, S. 115 ff.; Bruhn, M., 1997b, S. 425), jedoch scheint eine solche strikte Trennung dieser Ansätze nicht immer möglich (vgl. Hentschel, B., 1992, S. 8; Bruhn, M., 1997b, S. 425 f.).

4 Vgl. Stauss, B./Hentschel, B., 1990, S. 236; Stauss, B./Hentschel, B., 1992, S. 121.

5 Vgl. Stauss, B./Hentschel, B., 1991, S. 241; auch Meyer, A./Hüttinger, S., 1996, S. 228.

menkundensituation widerspiegelt und diese mangelnde Konkretheit[1] Interpretationsspielräume offen lässt.

Fragen zum **Qualitativen Zufriedenheitsmodell**, zur **Firmenkundengruppe** wie auch zum zukünftigen **Verhalten** können allerdings in diese Art der Befragung integriert werden[2], jedoch kommt *Hentschel*[3] auf Grund verschiedener Studien zu dem Schluss, dass der Zusammenhang zwischen Qualität und Verhalten zwar abgebildet werden kann, aber zusätzlicher Methoden bedarf.

In Bezug auf die **Wirtschaftlichkeit** lässt sich feststellen, dass sich das mit Hilfe der Ratingskalenverfahren ergebende umfassende Qualitätsbild in einem angemessenen Verhältnis zu dem erheblichen Aufwand[4] steht, der sich vorrangig aus den zu bestimmenden relevanten Attributen, der Datenerhebung und einer standardisierten multivariaten Auswertung zusammensetzt.[5]

Die *Penalty-Reward-Kontrast-Analyse* kann als besonderes Analyseverfahren[6] im Rahmen multiattributiver Verfahren betrachtet werden. Sie sagt im Wesentlichen aus, dass Attribute existieren, die den Wert der Firmenkundenleistung und die Qualitätswahrnehmung erhöhen (Ausnahmekomponente), und solche, mit denen eine schlechte Qualitätswahrnehmung vermeidbar ist (Routinekomponente), und identifiziert diese.[7]

Bezüglich der Beurteilungskriterien **Vollständigkeit**, **Eindeutigkeit** und **Wirtschaftlichkeit** gilt analog das zu den Ratingskalenverfahren Gesagte. Für das Kriterium der Wirtschaftlichkeit kann noch ergänzt werden, dass für die Identifizierung der einzelnen Attribute, die die Qualitätswahrnehmung steigern bzw. eine schlechte Quali-

---

1 Vgl. auch Stauss, B./Hentschel, B., 1990, S. 236.

2 Vgl. beispielsweise Stauss, B./Hentschel, B., 1992, S. 116.

3 Vgl. Hentschel, B., 1992, S. 150; auch Bruhn, M./Hennig, K., 1993a, S. 227.

4 Vgl. Meyer, A./Hüttinger, S., 1996, S. 228.

5 Vgl. Bruhn, M./Hennig, K., 1993a, S. 227.

6 Vgl. Stauss, B./Hentschel, B., 1991, S. 241.

7 Vgl. Haller, S., 1998, S. 110; auch Haller, S., 1993, S. 25 f.

tätswahrnehmung verhindern, multiple Regressionsanalysen mit dem Einsatz von Dummy-Variablen[1] erforderlich sind, dafür aber wichtige zusätzliche Qualitätsinformationen geliefert werden.

Die geforderten **Zusatzdaten** können ebenfalls erfasst werden. Die Fähigkeit der **Verhaltensprognose** stellt sich bei diesem Verfahren ähnlich wie bei den Ratingskalenverfahren dar, jedoch wird vermutet, dass der Zusammenhang zwischen Qualität und Verhalten jetzt deutlicher auf Grund der Attributdifferenzierung abgebildet werden kann.

Die *Vignette-Methode* stellt auf die ganzheitliche Beurteilung einer fiktiven Situation ab, die mit wenigen kritischen Qualitätscharakteristika beschrieben wird. Methodische Basis hierfür liefert die Conjoint-Analyse.[2] In diesem Rahmen zeigt die Vignette-Methode die Qualitätsurteile unter Berücksichtigung der wichtigsten Faktoren nach Rangfolge und Gewicht.[3] Sie liefert damit grundlegende **Aussagen** und Zusammenhänge über die Qualität im Firmenkundengeschäft.

Die **Vollständigkeit** der zu erhebenden Qualitätsinformationen ist eingeschränkt, da zum einen eher allgemeine Zusammenhänge als konkrete Qualitätserfahrungen des Firmenkunden erfasst werden und zum anderen wenige kritische Qualitätscharakteristika eine Qualitätssituation beschreiben und dieses damit auch für die Leistungsqualität ausschlaggebend sind, was wiederum mit einem Informationsverlust einhergeht.[4] Dies schlägt sich ebenfalls in der **Eindeutigkeit** dieses Verfahrens nieder, denn aus den wenigen kritischen Qualitätscharakteristika resultiert eine mangelnde Differenzierbarkeit, was zu nicht eindeutigen Ergebnissen führen kann.

Da aber die Vignette-Methode grundlegende Qualitätszusammenhänge abzubilden vermag, kann sie wichtige Informationen für eine **Verhaltensprognose** liefern, indem nämlich entsprechende Situationen im Hinblick auf das zukünftige Kaufverhal-

---

1 Vgl. hierzu auch Haller, S., 1998, S. 111.

2 Vgl. Haller, S., 1998, S. 113 ff.

3 Vgl. Haller, S., 1998, S. 116.

4 Vgl. Haller, S., 1998, S. 113 ff.; Haller, S., 1993, S. 30.

ten untersucht werden. Dies gilt auch für die zu erfassenden **Kunden-(un-)zufriedenheitstypen**, jedoch ausschließlich grundlegend. Die Erhebung aktueller Qualitätsinformationen verstanden als Abbildung des gegenwärtigen Qualitätsniveaus im Firmenkundengeschäft ist mit dieser Methode kaum realisierbar, da Leistungssituationen im individuell geprägten Firmenkundengeschäft nur sehr schwer darstellbar sind.

Insgesamt muss das Kriterium der **Wirtschaftlichkeit** negativ beurteilt werden, da die Durchführung der Untersuchung sehr aufwendig ist. Hier sei nur an die Identifizierung der kritischen Qualitätscharakteristika aus einer Vielzahl von Attributen gedacht, die mit verschiedenen Werten belegt zu Vignettes zusammengefasst eine Situation darstellen, die als Ganzes bewertet wird, um sie dann wieder in die entsprechende Qualitätsfaktoren zu zerlegen.[1] Darüber hinaus ist auf Grund des heterogenen Leistungsspektrums im Firmenkundengeschäft die Beurteilung einer Vielzahl von Situationen erforderlich, um die Leistungsqualität umfassend abzubilden, was einen sehr hohen Erfassungsaufwand darstellt. Es ist jedoch für den Einzelfall abzuwägen, inwiefern sich der Einsatz dieses Verfahrens für die Analyse ausgewählter Qualitätszusammenhänge trotzdem lohnt.

In Abbildung 5.12 wird die Bewertung der attributorientierten Qualitätsmessverfahren und deren Einsatzmöglichkeiten zur Messung der externen qualitätsbezogenen Werttreiber im Firmenkundengeschäft nochmals zusammenfassend dargestellt.

---

1 Vgl. Haller, S., 1998, S. 116.

	Ratingskalenverfahren	Penalty-Reward-Kontrast-Analyse	Vignette-Methode
Aussage-gehalt	▪ umfassende Beurteilung der wahrgenommenen Qualität aus Kundensicht in Routinesituationen	▪ ermöglicht Trennung der Qualitätsattribute in werterhöhende oder den Minimalanforderungen gerecht werdende	▪ ganzheitliche Qualitätsbeurteilung ausgehend vom Gesamturteil, das auf wenige kritische Qualitätskriterien basiert, deren Rangfolge und Gewicht ermittelt wird
Vollständigkeit	▪ Vollständigkeit für Routinesituationen gegeben, aber Gefahr des Informationsverlustes durch Attributauswahl ▪ Qualität in Ausnahmesituationen unzureichend erfasst	▪ Vollständigkeit für Routinesituationen gegeben, aber Gefahr des Informationsverlustes durch Attributauswahl ▪ Qualität in Ausnahmesituationen unzureichend erfasst	▪ weniger vollständig, da Qualitätssituation mit wenigen Kriterien beschrieben wird ▪ konkrete Qualitätserfahrung mit der spezifischen Bank werden unzureichend erfasst
Eindeutigkeit	▪ Eindeutigkeit mit Einschränkungen, da Interpretationsspielräume auf Grund wenig konkreter Vorgaben	▪ Eindeutigkeit mit Einschränkungen, da Interpretationsspielräume auf Grund wenig konkreter Vorgaben	▪ Uneindeutigkeiten auf Grund mangelnder Differenzierungsmöglichkeit
Informationsvielfalt	▪ Verhaltensprognose abbildbar ▪ Zusatzangaben integrierbar	▪ abbildbar; auf Grund Kriterientrennung Aussagekraft wahrscheinlich höher als bei Ratingskalenverfahren ▪ Zusatzangaben integrierbar	▪ grundsätzliche Zusammenhänge zwischen Qualität und Kundenverhalten erfassbar
Wirtschaftlichkeit	▪ umfassende Qualitätsinformationen im Vergleich zu angemessenem Aufwand	▪ umfassende Qualitätsinformationen im Vergleich zu angemessenem Aufwand	▪ sehr kostenaufwendig im Vergleich zu relativ wenigen Informationen

Quelle: Eigene Darstellung.

Abbildung 5.12: *Zusammenfassende Beurteilung attributorientierter Qualitätsmessverfahren*

5.2.2.2.2 Ereignisorientierte Verfahren

Nachdem die wesentlichen attributorientierten Verfahren bezüglich ihrer Einsatzmöglichkeiten untersucht wurden, sollen nun die ereignisorientierten Verfahren diesbezüglich näher betrachtet werden. Die ereignisorientierten Methoden umfassen im Wesentlichen die Methode der kritischen Ereignisse, die Beschwerdeanalyse und die Kontaktpunktanalyse.[1]

Wichtiges ereignisorientiertes Verfahren ist die *Methode der kritischen Ereignisse*, die mit Hilfe einer mündlichen Befragung außergewöhnlich positive/negative Kundenerlebnisse erhebt und kategorisiert.[2] Da die Kunden im Rahmen dieser Methode Situationen schildern, in denen ihre Erwartungen deutlich über- oder untererfüllt wur-

---

1 Vgl. Haller, S., 1998, S. 93.

2 Vgl. Stauss, B./Hentschel, B., 1991, S. 241; auch Stauss, B./Hentschel, B., 1992, S. 117; Haller, S., 1993, S. 31; Homburg, C./Werner, H., 1996, S. 96; Bruhn, M., 1997b, S. 422.

den, bildet die Methode der kritischen Ereignisse die Qualität in Ausnahmesituationen besser als die attributorientierten Verfahren ab.[1] Mit Hilfe der Problem Detection-Methode kann darüber hinaus auch die Bedeutung der einzelnen kritischen Ereignisse erfasst werden.[2]

Vollständigkeit im Rahmen der Qualitätserhebung kann jedoch nicht erreicht werden, da vorrangig außergewöhnliche Ereignisse erfasst und Routinesituationen nicht geschildert werden.[3] Mit Hilfe der Methode der kritischen Ereignisse kann jedoch ein hohes Maß an **Eindeutigkeit** erzielt werden, da die eigenen Kundenerfahrungen ohne Vorgabe eines Schemas konkret dargelegt werden[4] und damit kein Raum für Interpretationsspielräume entsteht.

Da die kritischen Ereignisse besondere Verhaltensrelevanz für den Kunden beinhalten[5], sollte versucht werden, auch hierzu Kundenaussagen während der Befragung zu erfassen. Auch Fragen zu den eventuell zu erfassenden **Zusatzangaben** können in die kritische Ereignismethode eingebaut werden. Die **Wirtschaftlichkeit** der Methode der kritischen Ereignisse ist negativ zu beurteilen, da sie insbesondere im Firmenkundengeschäft auf Grund des komplexen und verbundenen Leistungsangebots zeit- und kostenaufwendige Interviews und eine komplizierte und nicht-standardisierte Form der Datenaufbereitung und -analyse umfasst.[6]

Als weiteres ereignisorientiertes Verfahren soll die *Beschwerdeanalyse* diskutiert werden, die die systematische Auswertung aller mündlichen und schriftlichen Anliegen an die Bank erfasst. Sie zeigt dabei alle Kundenprobleme auf, die mit einer hohen subjektiven Gewichtung versehen sind. Dabei sollte berücksichtigt werden, dass hinter jeder Beschwerde eine Vielzahl nicht artikulierter Kundenprobleme derselben

---

1 Vgl. Stauss, B./Hentschel, B., 1992, S. 120 f.

2 Vgl. Stauss, B./Hentschel, B., 1991, S. 242; auch Bruhn, M./Hennig, K., 1993a, S. 225; Haller, S., 1998, S. 120; Bruhn, M., 1997b, S. 423.

3 Vgl. Stauss, B./Hentschel, B., 1992, S. 121; auch Homburg, C./Werner, H., 1996, S. 96.

4 Vgl. Stauss, B./Hentschel, B., 1990, S. 243; auch Bruhn, M./Hennig, K., 1993a, S. 224.

5 Vgl. auch Stauss, B./Hentschel, B., 1991, S. 241.

6 Vgl. Stauss, B./Hentschel, B., 1990, S. 244; auch Haller, S., 1993, S. 32.

Art stehen.[1] Da nur Probleme an die Bank herangetragen werden, die weit unter den Mindestanforderungen der Firmenkunden liegen, und die sonstige Leistungsqualität nicht erfasst wird, kann nicht von einer **Vollständigkeit** der Qualitätsinformationen ausgegangen werden.[2] Außerdem kann keine Repräsentativität in Bezug auf Beschwerdeführer und Kundenproblem angenommen werden. Ferner wird das Problem lediglich ausschnittsweise beschrieben.[3]

Dagegen ist die **Eindeutigkeit** der Qualitätsinformationen in hohem Maße gegeben, da der Beschwerdefall konkret dargelegt wird. Häufig gehen die Beschwerden auch mit Informationen über das **Verhalten** des einzelnen Kunden einher, da diesbezüglich aber keine Repräsentativität gegeben und ein systematische Erfassung nicht möglich ist, kann keine Übertragung auf alle Firmenkunden vorgenommen werden. Dies gilt ebenso für eventuelle **Aussagen zum Qualitativen Zufriedenheitsmodell**, die bestenfalls Anhaltspunkte darstellen. Unter **Wirtschaftlichkeitsgesichtspunkten** ist die Beschwerdeanalyse als die günstigste Methode einzustufen, da die Qualitätsinformationen auf Initiative und Kosten der Kunden erlangt werden.[4]

Neben kritischer Ereignismethode und Beschwerdeanalyse spielt auch die *Kontaktpunktanalyse (insbesondere die Sequentielle Ereignismethode)* als ereignisorientiertes Verfahren eine Rolle. Dabei wird auf Basis des Blueprinting[5] systematisch der Leistungsproduktions- und -konsumprozess analysiert und daraus entsprechende Kundenkontaktsituationen abgeleitet. Verknüpft mit anderen ereignisorientierten Ansätzen sollen Firmenkunden Ereignisse in den verschiedenen Kontaktsituationen schildern.[6] So werden nicht nur alle außergewöhnlichen, sondern auch die vom Firmenkunden als unangenehm wahrgenommenen, aber nicht als empörend einzustu-

---

1 Vgl. Stauss, B./Hentschel, B., 1990, S. 238 f.; auch Stauss, B./Hentschel, B., 1991, S. 241; Bruhn, M./Hennig, K., 1993a, S. 223.

2 Vgl. Bruhn, M./Hennig, K., 1993a, S. 223; auch Haller, S., 1998, S. 133.

3 Vgl. Stauss, B./Hentschel, B., 1990, S. 239.

4 Vgl. Stauss, B./Hentschel, B., 1990, S. 239.

5 Vgl. zum Blueprinting beispielsweise Shostack, G. L., 1984; auch Shostack, G. L., 1985; Dauben, S., 2001, S. 217 ff.

6 Bei Einsatz der kritischen Ereignismethode in den einzelnen Kontaktpunkten wird die Kontaktpunktanalyse zur Sequenziellen Ereignismethode. Vgl. hierzu auch Stauss, B./Hentschel, B.,1990, S. 245; Bruhn, M./Hennig, K., 1993a, S. 222; Haller, S., 1998, S. 126 ff.; Bruhn, M., 1997b, S. 422 f. Beispielhaft sei zum Einsatz der Kontaktpunktanalyse in Kreditinstituten (Privatkundengeschäft) auf die Untersuchung von Nader, G., 1993, S. 457 ff. verwiesen.

fenden Ereignisse, erfasst. D.h. es werden im Vergleich zur kritischen Ereignismethode zusätzliche und differenziertere Informationen über Probleme und deren Ursachen aufgezeigt.[1] Damit ist die sequentielle Ereignismethode auch vollständiger als die kritische Ereignismethode, aber nicht als **vollständig** zu klassifizieren, weil auch hier die durchschnittliche Routinequalität nicht erfasst wird.

In Bezug auf **Eindeutigkeit**, **Verhaltensprognose** und Erfassung von erforderlichen **Zusatzangaben** gelten die zur kritischen Ereignismethode gemachten Aussagen.[2] Für die **Wirtschaftlichkeit** bleibt festzustellen, dass es sich hier um ein sehr aufwendiges Verfahren handelt,[3] das auf Grund der verschiedenen Kontaktpunkte auch den Aufwand der kritischen Ereignismethode übersteigt.

In Abbildung 5.13 wird die Bewertung der ereignisorientierten Qualitätsmessverfahren und deren Einsatzmöglichkeiten zur Bestimmung der externen qualitätsbezogenen Werttreiber im Firmenkundengeschäft nochmals zusammenfassend dargestellt.

---

1 Vgl. Stauss, B./Hentschel, B., 1990, S. 246 f.; auch Nader, G., 1993, S. 462.

2 Vgl. Stauss, B./Hentschel, B., 1990, S. 246.

3 Vgl. Haller, S., 1998, S. 128; auch Homburg, C./Werner, H., 1996, S. 94; Meyer, A./Hüttinger, S., 1996, S. 228.

	Methode der kritischen Ereignisse	Beschwerdeanalyse	Kontaktpunktanalyse (Sequentielle Ereignismethode)
Aussagegehalt	▪ sehr gute Erfassung der Qualität in Ausnahmesituationen aus Sicht des Kunden	▪ Erfassung von Kundenproblemen mit subjektiv hoher Gewichtung	▪ sehr gute Möglichkeit neben außergewöhnlichen auch lediglich unangenehme Wahrnehmungen zu erfassen
Vollständigkeit	▪ Qualität in Routinesituationen wird nur unzureichend erfasst	▪ unvollständig ▪ Qualität in Routinesituationen wird nicht erfasst ▪ Probleme sind nicht repräsentativ	▪ vollständiger als kritische Ereignismethode ▪ Qualität in Routinesituationen wird nach wie vor unzureichend erfasst
Eindeutigkeit	▪ hohes Maß an Eindeutigkeit auf Grund der persönlichen Schilderung durch den Firmenkunden	▪ i.d.R. hohes Maß an Eindeutigkeit auf Grund der Schilderung durch den Firmenkunden	▪ hohes Maß an Eindeutigkeit auf Grund der persönlichen Schilderung durch den Firmenkunden
Informationsvielfalt	▪ Verhaltensabsicht abbildbar; Ereignisse besitzen hohe Verhaltensrelevanz ▪ Zusatzangaben integrierbar	▪ keine systematische und repräsentative Erfassung von Verhaltensabsicht und Zusatzangaben möglich	▪ Verhaltensabsicht abbildbar; Ereignisse besitzen hohe Verhaltensrelevanz ▪ Zusatzangaben integrierbar
Wirtschaftlichkeit	▪ sehr zeit- und kostenaufwendig	▪ sehr kostengünstig, da durch Initiative des Kunden erfasst	▪ sehr zeit- und kostenaufwendig

Quelle: Eigene Darstellung.

***Abbildung 5.13**: Zusammenfassende Bewertung ereignisorientierter Qualitätsmessverfahren*

5.2.2.3 Herleitung eines Methodenmixes zur Bestimmung der externen qualitätsbezogenen Werttreiber im Firmenkundengeschäft

Auf Basis der voranstehenden Methodenbewertung soll nun eine Systematik entwickelt werden, die eine spezifische, auf die vorliegende Problemstellung abgestimmte Werttreibermessung erlaubt. Da keine einzelne Methode existiert, die alle Anforderungen hinreichend erfüllt, ist der Einsatz eines Methodenmixes von Bedeutung[1]. Dieser soll zunächst in seiner Zusammensetzung definiert (**Kapitel 5.2.2.3.1**) und anschließend konkret ausgestaltet werden (**Kapitel 5.2.2.3.2**).

5.2.2.3.1 Zusammensetzung des Methodenmixes

Ausgehend von den vorgenommenen Methodenbewertungen können folgende Methoden herangezogen werden, mit deren Hilfe einerseits die Erhebung des Basisniveaus externer qualitätsbezogener Werttreiber bei gegebenem Qualitätsniveau er-

1 Vgl. hierzu auch Bruhn, M./Hennig, K., 1993a, S. 227; Homburg, C./Werner, H., 1996, S. 92 und S. 96 ff.; Bruhn, M., 1997c, S. 625 und speziell für das Firmenkundengeschäft Brehm, B./Hurchs, K., 1998, S. 398.

möglicht wird und zum anderen eine Erfassung der Qualitäts-/(Un-)Zufriedenheitsurteile[1] zur Ermittlung des Zusammenhangs zwischen Qualität/(Un-)Zufriedenheit und Werttreibern und darauf aufbauend zur Berechnung des Veränderungsniveaus der externen qualitätsbezogenen Werttreiber realisiert werden kann.

Da Ratingskalenverfahren gerade wegen der Komplexität und des Leistungsverbunds der Firmenkundenleistungen für die attributive Qualitätsbeurteilung vorteilhaft sind und außerdem eine Verfolgung der Qualitätsentwicklung ermöglichen, sind sie zur Qualitätserhebung und deren Überprüfung[2] im Firmenkundengeschäft und damit auch zur Erfassung der externen qualitätsbezogenen Werttreiber als grundsätzlich geeignet einzustufen. Allerdings können mit Ratingskalenverfahren nicht alle Leistungssituationen im Firmenkundengeschäft erfasst werden. Außerdem erfordert eine attributive Messung der Qualität für eine Firmenkundenleistung, die von mehreren Banken erbracht wurde, eine erhebliche Differenzierungsfähigkeit des Firmenkunden. Des weiteren erschweren natürlich die individuellen Problemlösungen im Firmenkundengeschäft diese Art der Qualitätsmessung.

Auch die Penalty-Reward-Kontrast-Analyse als Erweiterung der Ratingskalenverfahren kann insbesondere dann zur Werttreiberbestimmung im Firmenkundengeschäft eingesetzt werden, wenn es darum geht, das angebotene Leistungsspektrum zu optimieren, d.h. Leistungen zu reduzieren/erweitern bzw. neu zu gestalten. Darüber hinaus liefert diese Analysemethode im Vergleich zu den "reinen" Ratingskalenverfahren wertvolle Informationen über die Relevanz einzelner Qualitätskriterien und gibt damit gleichzeitig bedeutende Hinweise für eine effizienten Ressourcenallokation im Firmenkundengeschäft.[3]

Dagegen scheint die Vignette-Methode für einen dauerhaften Einsatz im Firmenkundengeschäft, was die Ermittlung der externen qualitätsbezogenen Werttreiber einschließt, nicht geeignet, da zu viele spezifische Situationen für eine umfassende Qualitätsabbildung erforderlich sind. Ein Einsatz im Firmenkundengeschäft wäre

---

1 Hier sei noch einmal darauf verwiesen, dass eine Messung der Qualität aus subjektiver Kundensicht auch als Kundenzufriedenheitsmessung ausgestaltet kann.

2 Vgl. hierzu auch Haller, S., 1998, S. 145.

3 Vgl. auch Haller, S., 1998, S. 112 und S. 145; Haller, S., 1993, S. 27.

sinnvoll, um Aussagen und/oder Zusammenhänge beispielsweise über neue Leistungskonzeptionen[1] zu erfassen.

Die kritische Ereignismethode sollte zur Erfassung der externen qualitätsbezogenen Werttreiber im Firmenkundengeschäft zum Einsatz kommen, um die für das Kundenverhalten maßgeblichen außergewöhnlichen Leistungen zu erfassen. Darüber hinaus können über positive Erlebnisse Leistungen mit werterhöhendem Charakter bzw. negative Ereignisse Ansatzpunkte zur Problemvermeidung liefern.[2]

Auch die Beschwerdeanalyse sollte im Firmenkundengeschäft zur Anwendung kommen, gerade weil die Informationen "frei" zur Verfügung stehen und im Firmenkundengeschäft auf Grund der hohen Geschäftsvolumina bei Problemen mit sofortiger Kundenreaktion zu rechnen ist, d.h. eine "vollständigere" Erfassung als beispielsweise im Privatkundengeschäft möglich ist.

Der Einsatz der sequentiellen Ereignismethode zur Messung der externen qualitätsbezogenen Werttreiber im Firmenkundengeschäft muss jedoch kritisch beurteilt werden, weil fraglich ist, inwieweit Firmenkunden bereit sind, an einer solchen Qualitätsmessung teilzunehmen. Außerdem ist der Firmenkundenleistungserstellungs- und -konsumprozess kundenspezifisch und damit sehr heterogen und komplex, so dass auch der Einsatz dieses Verfahrens sehr schnell komplex werden kann.

Diese Einsatzmöglichkeiten zeigen bereits erste Anhaltspunkte über einen sinnvollen Methodenmix zur Ermittlung der externen qualitätsbezogenen Werttreiber im Firmenkundengeschäft auf. Die geforderte regelmäßige Ermittlung von Qualität respektive Kundenzufriedenheit im Firmenkundengeschäft sollte grundsätzlich mit Hilfe eines Ratingskalenverfahren in Kombination mit der kritischen Ereignismethode erfolgen. So ist es möglich, das Leistungsspektrum im Firmenkundengeschäft merkmalsorientiert zu erfassen und gleichzeitig nicht-standardisierte, offene Fragen zu stellen.

---

1 Vgl. Haller, S., 1998, S. 146; auch Danaher, P. J., 1997, S. 235; Rolfes, B./Benna, R., 1998, S. 543 zeigen exemplarisch wie die Conjoint-Analyse zur Leistungsoptimierung/-konzeptualisierung im Privatkundengeschäft eingesetzt werden kann.

2 Vgl. Stauss, B./Hentschel, B., 1992, S. 121.

Damit wird ein umfassendes Qualitätsbild über Routine- und Ausnahmesituationen erhoben.

Dazu ist es für beide Methoden möglich, die wichtigen Verhaltensangaben in die Erhebung zu integrieren, so dass auch eine Verknüpfung von Qualität in Routine- und Ausnahmesituationen mit dem jeweiligen Verhalten realisierbar wird. Auch die wichtigen Zusatzangaben z.B. zum Qualitativen Zufriedenheitsmodell können mit Hilfe von beiden Methoden bestimmt werden. Eine spezifische Anpassung an Firmenkundengruppen und Kulturen kann mit diesen Methoden unproblematisch vorgenommen werden.

Unabkömmlich für die Ergänzung dieser Methoden ist die Beschwerdeanalyse. Da diese Informationen dem Firmenkundengeschäft „unaufgefordert" und permanent zukommen, können sie vorsichtig als erster wichtiger Indikator für die Entwicklung der Qualität/Kundenzufriedenheit zwischen den einzelnen umfassenden Messungen verstanden werden.

Der Einsatz eines Ratingskalenverfahrens in Kombination mit der kritischen Ereignismethode sowie die Berücksichtigung der Beschwerdeanalyse soll deshalb als Grundlagen-Methodenmix zur Messung des Basisniveaus der externen qualitätsbezogenen Werttreiber im Firmenkundengeschäft bezeichnet werden, der für das Qualitätsmanagement allgemein sowie für den QAV im Besonderen zum Einsatz kommen sollte.

Das eingesetzte Ratingskalenverfahren könnte dabei um die Penalty-Reward-Kontrast-Analyse erweitert werden, um die Aussagekraft der erhobenen Daten – insbesondere in Bezug auf die wichtige Verhaltensprognose – zu erhöhen. Darüber hinaus ist es denkbar, dass auch die speziellen Charakteristika der Vignette-Methode im Firmenkundengeschäft genutzt werden können. Dies kann insbesondere dann vorteilhaft sein, wenn ein Qualitätsmanagement-System, das auch ein (wertorientiertes) Qualitätscontrolling beinhaltet, grundsätzlich im Firmenkundengeschäft einzuführen ist und hierfür zunächst die wesentlichen Zusammenhänge von Qualität und Verhalten zu identifizieren sind.

Aber auch grundlegende Neuausrichtungen im Firmenkundengeschäft, wie z.B. die verstärkte Hinwendung vom vorrangig kreditbasierten Geschäft mit allen Kunden zum Investmentbanking mit ausschließlich kapitalmarktfähigen Firmenkunden, erfordert eine aktuelle Datenbasis für das Qualitätsmanagement und den QAV im Firmenkundengeschäft, so dass auch hierfür die Vignette-Methode zum Einsatz kommen kann.

Auf Grund ihres Einsatzes zur Erweiterung und Detaillierung der Datenbasis in speziellen Situationen sollen die Penalty-Reward-Kontrast-Analyse und die Vignette-Methode hier als Erweiterungs-Methodenmix bezeichnet werden. In Abbildung 5.14 ist der Methodenmix für die Qualitäts-/Kundenzufriedenheitsmessung als Grundlage für die Erfassung der externen qualitätsbezogenen Werttreiber im Firmenkundengeschäft nochmals zusammenfassend dargestellt.

Methode	Einsatzmöglichkeit im Firmenkundengeschäft	Methoden-Mix
Ratingskalenverfahren	▪ regelmäßiger Einsatz zur Qualitätsermittlung und -kontrolle ▪ universelle Qualitätserhebung	Grundlagen-Methodenmix
Methode der kritischen Ereignisse	▪ Optimierung des Leistungsspektrums ▪ Problemvermeidung ▪ Ressourcenallokation	
Beschwerdeanalyse	▪ auf Grund Vorteile und Besonderheiten des Firmenkundengeschäfts unbedingt durchzuführen	
Penalty-Reward-Kontrast-Analyse	▪ Optimierung des Leistungsspektrums ▪ effiziente Ressourcenallokation	Erweiterungs-Methodenmix
Vignette-Methode	▪ für eine umfassende Qualitätsbeurteilung nicht geeignet ▪ Einsatz zur Ermittlung spezieller Zusammenhänge/Informationen	
Kontaktpunktanalyse (Sequentielle Ereignismethode)	▪ zu komplex und aufwendig für das Firmenkundengeschäft	kein Einsatz

Quelle: Eigene Darstellung.

***Abbildung 5.14**: Einsatzmöglichkeiten von Qualitätsmessverfahren zur Messung der externen qualitätsbezogenen Werttreiber im Firmenkundengeschäft*

5.2.2.3.2 Ausgestaltung des Methodenmixes

Nachdem die Zusammensetzung eines Methodenmixes zur Werttreibermessung aufgezeigt wurde, kann nun ausgehend vom Grundlagen-Methodenmix eine inhaltliche Ausgestaltung dessen erfolgen. Dazu wird im Folgenden ein Vorschlag erarbeitet, der zeigt, wie eine erweiterte Qualitätsmessung zur Bestimmung der externen qualitätsbezogenen Werttreiber am Beispiel Firmenkundengeschäft vorgenommen werden kann.[1]

Entsprechend der Bewertung der verschiedenen Qualitätsmessverfahren in Bezug auf deren Einsatzfähigkeit zur Werttreibermessung im Firmenkundengeschäft und der darauf basierenden Abgrenzung des Methodenmixes kann für dessen inhaltlicher Ausgestaltung grundsätzlich zwischen der Erfassung der Qualität in Ausnahmesituationen und der in Routinesituationen unterschieden werden. Diese Unterscheidung ist insofern von Relevanz, da Qualitätsinvestitionen beide Qualitätssituationen gleichermaßen betreffen können.

Zur konkreten Gestaltung des empfohlenen Grundlagen-Methodenmixes sollte, um eventuelle Verzerrungen zu vermeiden, zu Beginn der Qualitäts-/Kundenzufriedenheitsmessung im Firmenkundengeschäft kritische Ereignisse, die der Firmenkunde erlebt hat, abgefragt und damit die Qualität/(Un-)Zufriedenheit in Ausnahmesituationen erhoben werden. Zu der eigentlichen Schilderung des kritischen Ereignisses durch den Firmenkunden kommen außerdem noch einige Fragen, die das dargelegte Ereignis strukturieren bzw. ergänzen. Typischerweise zählen hierzu Angaben über den Zeitpunkt des Ereignisauftritts, die in Anspruch genommene Leistung und den betroffenen Firmenkundenbereich.

Darüber hinaus sind auch die im Zusammenhang mit der Qualität/(Un-)Zufriedenheit in Ausnahmesituationen verbundenen Verhaltensweisen des Firmenkunden bezüglich Zahlungsbereitschaft höherer Preise, wiederholtes/zusätzliches/reduziertes Kaufverhalten und Kauffrequenz, Mund-zu-Mund-Kommunikation, Bankwechsel und Geschäftsbeziehungsdauer sowie Beschwerde[2] und damit das Basisniveau der externen qualitätsbezogenen Werttreiber in Ausnahmesituationen zu erfassen. Eine Verbindung zwischen der Qualität/(Un-)Zufriedenheit und dem Basisniveau der ex-

---

1 In diesem Zusammenhang ist darauf hinzuweisen, dass eine Vielzahl von Ausgestaltungsmöglichkeiten existieren, hier aber im Wesentlichen nur eine inhaltliche Ausgestaltung exemplarisch gezeigt wird.

2 Vgl. hierzu exemplarisch für eine Autowerkstatt Hentschel, B., 1992, S. 229 ff.

ternen qualitätsbezogenen Werttreiber führt dann zum Veränderungsniveau der externen qualitätsbezogenen Werttreiber in Ausnahmesituationen.

Zur Messung der Qualität/(Un-)Zufriedenheit in Routinesituationen wird ein Ratingskalenverfahren herangezogen, im Rahmen dessen die für das Firmenkundengeschäft als wesentlich identifizierten Qualitätsdimensionen und die dazugehörigen Qualitätsmerkmale bewertet werden.[1] Eine umfassende Ermittlung der Firmenkundenurteile ist auch hier wieder erforderlich, um auf dieser Basis Zusammenhänge zum Kundenverhalten zu identifizieren, die Voraussetzung für die Berechnung des Veränderungsniveaus externer qualitätsbezogener Werttreiber in Routinesituationen sind.

Da für die Anwendung eines Ratingskalenverfahrens eine Orientierung am Leistungsspektrum des Firmenkundengeschäfts auf Grund der vorhandenen Komplexität und dem Leistungsverbund als sinnvoll erachtet wird, sollten im Rahmen einer Befragung zunächst die Qualität/Kundenzufriedenheit leistungsartenspezifisch[2], dann leistungsartenübergreifend und schließlich insgesamt erfasst werden.

Eine leistungsartenspezifische merkmalsorientierte Messung, z.B. für das Firmenkreditgeschäft oder den Firmenzahlungsverkehr, setzt - insbesondere für das Konstrukt Kundenzufriedenheit - eine konkrete Leistungserfahrung voraus.[3] Deshalb sollte vor der Befragung der Firmenkunden über den Firmenkunden-Betreuer/Relationship-Manager in Erfahrung gebracht werden, welche der Leistungen der Firmenkunde bisher nachgefragt hat, um die Urteile darüber zu erfragen.

Beispielsweise könnte dann für das Firmenkreditgeschäft entsprechend der Qualitätsdimensionen nach der Beurteilung einzelner Leistungsmerkmale, wie z.B. die aktive Beratung und Information über Kreditfinanzierungsalternativen (Beratungs- und Informationsqualität), die individuelle Problemlösung in Bezug auf Betrag, Laufzeit, Sicherheiten etc. (Problemlösungsqualität), die Dauer bis zur Kreditzusage (Ab-

---

1 Siehe hierzu ausführlich Kapitel 3.2.

2 Siehe zu den einzelnen Leistungsarten im Firmenkundengeschäft Kapitel 3.1.

3 Vgl. beispielsweise Rust, R. T. et al., 1994, S. 61.

wicklungsqualität) und die Angemessenheit der Abschlussgebühren (Qualität des Preis-/Leistungsverhältnisses), und nach der Gesamtbeurteilung der jeweiligen Leistungsart gefragt werden.[1]

Anschließend kann noch eine leistungsartenübergreifende Bewertung der Qualität/ Kundenzufriedenheit stattfinden. Hierfür werden für alle Leistungsarten gültige Qualitätsmerkmale der verschiedenen Qualitätsdimensionen abgefragt. Beispielsweise könnten Fragen zur Erreichbarkeit des Firmenkundenbetreuers (Leistungsbereitschaftsqualität), zur aktiven Kundeninformation (Beratungs- und Informationsqualität), zur Erstellung spezifischer Finanzierungslösungen (Problemlösungsqualität), zur Termintreue (Abwicklungsqualität) und zur Konditionentransparenz (Qualität des Preis-/Leistungsverhältnisses) einbezogen werden. Auch hier sollte für jede Qualitätsdimension ein Gesamturteil erfasst werden, bevor ein Gesamturteil über die Gesamtleistung erfragt wird.

Für die heranzuziehende Ratingskala stehen eine Reihe von Möglichkeiten – wie bereits die theoretische Erörterung der Ratingskalenverfahren gezeigt hat –zur Verfügung. Z.B. können die verschiedenen Qualitätsdimensionen und -merkmale mit Hilfe der SERVQUAL-Doppelskala, die Soll- und Ist-Leistungen mit Zustimmung (7) und Ablehnung (1) misst,[2] oder mit Hilfe einer direkten Zufriedenheitserhebung über eine fünf- oder siebenstufige Likert-Skala stattfinden, wobei die Gestaltung der Endpunkte der Likert-Skala in der Literatur unterschiedlich ist (absolut zufrieden bis absolut unzufrieden/viel besser als erwartet bis viel schlechter als erwartet/daran ist nichts auszusetzen bis sollte verbessert werden)[3], bewertet werden.[4] Zumeist wird bei der direkten Zufriedenheitserhebung auch nach der Bedeutung der einzelnen Qualitätsdimensionen und -merkmale gefragt, was bei umfangreichen Befragungen wie im Firmenkundengeschäft über das Gesamturteil[5] ermittelbar ist.[1]

---

1 Die Frage, welche der verschiedentlich möglichen Qualitätsmerkmale in die Befragung einbezogen werden sollen, kann im Rahmen von Voruntersuchungen oder Pretests geklärt werden.

2 Vgl. Spreng, R. A./Mackoy, R. D., 1996, S. 211; auch Hentschel, B., 1992, S. 131.

3 Vgl. Scharnbacher, K./Kiefer, G., 1998, S. 24 f.; auch Haller, S., 1993, S. 24 f.

4 Auf eine Diskussion verschiedener Skalen soll hier verzichtet werden, und es sei auf die einschlägige Literatur verwiesen (vgl. z.B. Scharnbacher, K./Kiefer, G., 1998, S. 67-70; Haller, S., 1993, S. 23 ff.; Hentschel, B., 1992, S. 115-142).

5 Zur Bedeutung des Gesamturteils siehe Kapitel 5.1.2.2.

Sind die Qualitätsdimensionen und -merkmale sowie das Gesamturteil erfasst, ist es zum einen zur Erfassung des Basisniveaus der externen qualitätsbezogenen Werttreiber in Routinesituationen und zum anderen zur Bestimmung der Zusammenhänge zwischen Qualität/(Un-)Zufriedenheit und Kundenverhalten in Routinesituationen erforderlich, die Verhaltensabsicht des Firmenkunden zu erfragen. Zunächst ist es relevant, ob die Firmenkunden die Bereitschaft zeigen, eine Preisprämie zu zahlen. Außerdem muss erfragt werden, inwiefern der Firmenkunde beabsichtigt, die bisher genutzten Leistungen zukünftig intensiver nachzufragen, um Anhaltspunkte über die Kauffrequenz zu erhalten. Darüber hinaus ist für die Ermittlung des Cross Buying entscheidend, ob sich der Firmenkunde zukünftig auch die Inanspruchnahme anderer Leistungen vorstellen kann. Zur Bestimmung der Stabilität der Geschäftsbeziehung ist dann eine Frage nach der wiederholten Inanspruchnahme der Leistungen, der bisherigen Dauer der Geschäftsbeziehung[2] und der Wechselneigung bzw. eine Reduzierung der Leistungsinanspruchnahme der Firmenkunden relevant.

Für die Kalkulation des Qualitätsergebnisses auf Basis der externen qualitätsbezogenen Werttreiber ist aber nicht nur relevant, mit welcher Wahrscheinlichkeit die Firmenkunden zusätzliche Leistungen planen in Anspruch zu nehmen, die Kauffrequenz zu erhöhen, bereit sind, höhere Preise zu akzeptieren, oder auch die Leistungsinanspruchnahme zu reduzieren, sondern für diese externen qualitätsbezogenen Werttreiber sind auch Kenntnisse über das jeweilige Ausmaß erforderlich, so dass diesbezüglich zusätzliche Informationen erhoben werden müssen.[3] Auf Grund des heterogenen Leistungsspektrums im Firmenkundengeschäft ist es dabei sinnvoll, auch die betroffenen Leistungsarten bzw. Einzelleistungen zu erheben.

Außerdem muss das Kommunikationsverhalten des Firmenkunden erhoben werden. Hierfür kann erfragt werden, inwieweit der Unternehmensvertreter anderen Unternehmensvertretern empfiehlt oder abrät, die Leistungen der Bank nachzufragen. In diesem Zusammenhang sollte auch erfasst werden, um wie viele Unternehmensvertreter es sich dabei im Durchschnitt handelt. Ebenso ist das Beschwerdeverhalten

---

1 Vgl. Haller, S., 1993, S. 24.

2 Diese kann eventuell auch aus den der Bank zur Verfügung stehenden Informationen entnommen werden.

3 Vgl. Bruhn, M., 1998, S. 258 f.

bei Unzufriedenheit als potentielle Verhaltensweise des Firmenkunden zu erfragen, um die Bereitschaft des Kunden, Probleme zu artikulieren, einschätzen zu können. Die zur Bestimmung des Basisniveaus der externen qualitätsbezogenen Werttreiber in Routinesituationen heranzuziehende Skala kann sich einerseits auf Ja-/Nein-Vorgaben konzentrieren[1] oder andererseits differenzierte Wahrscheinlichkeiten beinhalten.[2]

Um den Zusammenhang zwischen dem Firmenkundenurteil über Qualität/(Un-)Zufriedenheit und dem Verhalten des Firmenkunden zur Berechnung des Veränderungsniveaus in Routinesituationen herzustellen, kann einerseits das Gesamturteil[3] herangezogen werden. Andererseits ist es möglich, mit Hilfe der Erkenntnisse des Qualitativen Zufriedenheitsmodells[4] diesen Zusammenhang abzubilden. Für die Verwendung des Qualitativen Zufriedenheitsmodells ist es von Relevanz, eine affektive (Gefühl gegenüber der leistungserbringenden Bank), kognitive (Geschäftsbeziehung zur leistungserbringenden Bank) und intentionale (Verhalten gegenüber der leistungserbringenden Bank) Gesamteinschätzung – ausgestaltet entsprechend der Charakteristika der verschiedenen (Un-)Zufriedenheitsarten[5] – durch den Firmenkunden vornehmen zu lassen.[6] Als Letztes können noch Angaben zum Firmenkunden selbst bzw. der dazugehörigen Firmenkundengruppe erfasst werden, insofern sie der Bank nicht ohnehin schon bekannt sind.

Zu klären ist in diesem Zusammenhang auch, auf welche Art und Weise eine derartige Erhebung stattfinden soll. Eine schriftliche Befragung adressiert an den als relevant identifizierten Unternehmensvertreter[1] ist generell denkbar. Es ist aber fraglich, inwiefern eine solche Vorgehensweise im Firmenkundengeschäft erfolgreich ist, weil einerseits der Widerstand bei Firmenkunden, gerade nicht-standardisierte, offene Fragen schriftlich (ausführlich) zu beantworten, als groß einzuschätzen ist, so dass

---

1 Vgl. beispielsweise Stauss, B./Seidel, W., 1998b, S. 257.

2 Vgl. beispielsweise Rust, R. T. et al., 1994, S. 64.

3 Siehe Kapitel 5.1.2.3.

4 Siehe Kapitel 5.1.2.3.2.

5 Siehe hierzu ausführlich Kapitel 5.1.2.3.

6 Vgl. exemplarisch für das Privatkundengeschäft einer Bank o.V., 1995, o. S.

deshalb eine mangelnde Rücklaufquote sowie Ungenauigkeiten in den gemachten Angaben zu erwarten sind.

Andererseits ist das Firmenkundengeschäft geprägt von vielen verschiedenen Bankverbindungen. Beispielsweise ist es im Großkundengeschäft üblich, 80 Bankverbindungen – darunter fünf bis sechs Kernbanken – zu unterhalten. Darüber hinaus bieten ca. 400 bis 500 Banken insbesondere multinationalen Großunternehmen jährlich ihre Leistungen an.[2] Eine schriftliche Befragung verspricht in diesem Umfeld deshalb wenig Aussicht auf Erfolg.

Auch telefonische Interviews, die auf Grund des zu erhebenden Datenumfangs zeitlich ausgedehnt stattfinden müssten, scheinen für die besondere Situation im Firmenkundengeschäft wenig angemessen, obwohl ein telefonischer Kontakt zwischen Firmenkunde und Bank u.U. täglich erfolgt,[3] aber deshalb auch vom täglichen Geschäft dominiert ist.

Dagegen könnten im Firmenkundengeschäft sehr gut persönliche Interviews durchgeführt werden, denn mindestens zweimal jährlich[4] finden ausgedehnte persönliche Besuche[5] der Bank beim Firmenkunden statt, die genutzt werden könnten, um ein derartiges persönliches Interview durchzuführen. Des Weiteren kann es von Vorteil sein, dass nicht der betreuende Relationship-Manager von Bankseite das Interview durchführt, sondern entweder ein nicht in die Geschäftsbeziehung involvierter Firmenkundenbetreuer oder ein externes Marktforschungsinstitut.[6] Auch diese Vorgehensweise könnte in die regulären Bankbesuche beim Firmenkunden eingebettet sein.

---

1 Siehe hierzu Kapitel 5.2.2.1.2.

2 Laut Experteninterviews.

3 Laut Experteninterviews.

4 Diese Angabe ist als untere Grenze zu verstehen, die im Fall besonderer Leistungsinanspruchnahmen weit darüber hinaus gehen kann (laut Experteninterviews).

5 Diese Besuche dienen in der Regel einer Bestandsaufnahme wichtiger aktueller Informationen sowie der Besichtigung der Produktionsstätte.

6 Laut Experteninterviews.

In den Abbildungen 5.15 und 5.16 ist abschließend zur Kombination von Ratingskalenverfahren und kritischer Ereignismethode ein Ausschnitt für einen Fragebogen exemplarisch dargestellt. Mit Hilfe einer derartig ausgestalteten erweiterten Qualitätsmessung ist es zum einen möglich, die Ausprägungen des Basisniveaus der externen qualitätsbezogenen Werttreiber in Ausnahme- und Routinesituationen für das aktuelle Qualitätsniveau zu erfassen. Zum anderen liefern die erfassten Daten zur Beurteilung der Qualität/(Un-)Zufriedenheit, zum Kundenverhalten in Form des Basisniveaus externen qualitätsbezogener Werttreiber und zum Qualitativen Zufriedenheitsmodell die Basis für die Ermittlung der Zusammenhänge zwischen Qualität und Kundenverhalten und somit auch für die Berechnung des Veränderungsniveaus der externen qualitätsbezogenen Werttreiber in Routine- und Ausnahmesituationen.

Fragebogenausschnitt (Teil 1)

kritische Ereignisse

Kritische Ereignisse

Wenn Sie an Ihre Erfahrungen mit unserer Bank denken, können Sie sich dann an ein besonders positives oder negatives Ereignis erinnert? Können Sie dieses Ereignis kurz schildern?

____

Wann ist das Ereignis aufgetreten? ________________

Welchen Firmenkundenbereich betrifft das Ereignis? ________________

...

leistungsartspezifisch

Firmenkreditgeschäft	viel besser als erwartet				viel schlechter als erwartet
Wie beurteilen Sie die Information/Beratung über alternative Kreditfinanzierungskonzepte?	1	2	3	4	5
...	1	2	3	4	5
Wie beurteilen Sie die individuelle Ausgestaltung Ihrer Kreditfinanzierung in Bezug auf					
Laufzeit?	1	2	3	4	5
Sicherheiten?	1	2	3	4	5
...					
...	1	2	3	4	5
Wie beurteilen Sie die Dauer von Kreditantrag bis Kreditzusage?	1	2	3	4	5
...	1	2	3	4	5
Wie beurteilen Sie die das Firmenkreditgeschäft unserer Bank insgesamt?	1	2	3	4	5
...	1	2	3	4	5

gesamt/leistungsartenübergreifend

Leistungsbereitschaftsqualität	viel besser als erwartet				viel schlechter als erwartet
Wie beurteilen Sie die Erreichbarkeit Ihres Firmenkundenbetreuers?	1	2	3	4	5
...	1	2	3	4	5
Wie beurteilen Sie insgesamt die Bereitschaft unserer Bank, jederzeit zuverlässig für Sie Leistungen zu erbringen?	1	2	3	4	5
...	1	2	3	4	5

Gesamturteil	viel besser als erwartet				viel schlechter als erwartet
Wie beurteilen Sie insgesamt die Erbringung von Firmenkundenleistungen durch unsere Bank?	1	2	3	4	5

Quelle: Eigene Darstellung.

***Abbildung 5.15**: Beispiel für einen Fragebogenausschnitt zur Qualitäts-/(Un-) zufriedenheitsmessung im Firmenkundengeschäft[1] (Teil 1)*

1 Dieser Ausschnitt eines möglichen Fragebogens stellt lediglich ein fiktives Beispiel dar. Er wurde nicht für empirische Forschungen eingesetzt und deshalb empirisch auch nicht überprüft.

Fragebogenausschnitt (Teil 2)

...

Verhalten (externe qualitätsbezogene Werttreiber)

100% – 0%

Mit welcher Wahrscheinlichkeit werden Sie die bisher von unserer Bank in Anspruch genommenen Leistungen auch zukünftig nachfragen? □ □ □ □ □ □

Mit welcher Wahrscheinlichkeit werden Sie das bisher genutzte Leistungsspektrum unserer Bank zukünftig häufiger nachfragen? □ □ □ □ □ □

Welche Leistungen sind dies? ______________________

In welchem Umfang wird sich Ihr zukünftiger Leistungsbedarf diesbezüglich ca. erhöhen? ______________________

Mit welcher Wahrscheinlichkeit werden Sie zukünftig auch andere Leistungen nachfragen? □ □ □ □ □ □

Welche sind dies? ______________________

Welchen Anteil Ihres Leistungsbedarfs würden Sie ca. nachfragen? ______________________

Mit welcher Wahrscheinlichkeit würden Sie für die von unserer Bank in Anspruch genommene Leistungen höhere Preise akzeptieren? □ □ □ □ □ □

Für welche Leistung(-sart) wäre welche Preissteigerung akzeptabel? ______________________

Mit welcher Wahrscheinlichkeit werden Sie die Leistungen unserer Bank an andere Unternehmensvertreter weiterempfehlen? □ □ □ □ □ □

Wie viele Unternehmensvertreter betrifft das durchschnittlich? ______________________

Mit welcher Wahrscheinlichkeit artikulieren Sie aufgetretene Probleme gegenüber unserer Bank? □ □ □ □ □ □

...

Zusatzangaben (u.a. Qualitatives Zufriedenheitsmodell)

Zusätzliche Angaben

stimme absolut zu – stimme absolut nicht zu

Welche der Aussagen beschreibt am treffendsten Ihr Gefühl gegenüber unserer Bank?

Ich verbinde mit der Bank X Beständigkeit und Vertrauen. □ □ □ □ □ □

... □ □ □ □ □ □

Welche der Aussagen beschreibt am treffendsten Ihre Geschäftsbeziehung zu unserer Bank?

Die Bank X muss sich erheblich verbessern. □ □ □ □ □ □

... □ □ □ □ □ □

Würden Sie auf Grund Ihrer Erfahrungen wieder unsere Bank wählen?

Ja, da die Anforderungen unserer Unternehmens bisher erfüllt worden sind. □ □ □ □ □ □

... □ □ □ □ □ □

Mit wie vielen weiteren Banken unterhalten Sie Geschäftsverbindungen? ______________________

Wie viele Banken können davon als Kernbanken bezeichnet werden ? ______________________

Kundengruppe: ______________________

Befragungen am: ______________________ Befragung durch: ______________________

Quelle: Eigene Darstellung.

***Abbildung 5.16**: Beispiel für einen Fragebogenausschnitt zur Qualitäts-/(Un-) zufriedenheitsmessung im Firmenkundengeschäft (Teil 2)*

Eine darüber hinaus durchzuführende Beschwerdeanalyse sollte in Anlehnung an die durch das Ratingskalenverfahren vorgegebene Struktur vorgenommen werden, um vergleichende Auswertungen der Verfahren des Grundlagen-Methodenmixes zu erleichtern. Über den Einsatz des Grundlagen-Methodenmixes im Firmenkundengeschäft kann jetzt das gegenwärtige Basisniveau und darauf aufbauend das Veränderungsniveau der externen qualitätsbezogenen Werttreiber bestimmt werden.

5.2.3 Ermittlung des Basisniveaus externer qualitätsbezogener Werttreiber

Kommen die verschiedenen Methoden des vorgeschlagenen Grundlagen-Methodenmixes zum Einsatz, dann können für das Qualitätsmanagement im Allgemeinen und das wertorientierte Qualitätscontrolling im Besonderen verschiedenste Informationen gewonnen werden. Zunächst wird aus dem oben im Rahmen einer Befragung verwendeten Ratingskalenverfahren für alle leistungsartenspezifischen und leistungsartenübergreifenden Qualitätsmerkmale, die Qualitätsdimensionen, die Leistungsarten sowie das Gesamturteil ersichtlich, wie viele der Firmenkunden diese jeweils wie beurteilt haben (Qualität in Routinesituationen). Des Weiteren wird über die Befragung bekannt, wie viele der Firmenkunden sich wie beabsichtigen zu verhalten, wobei dieses auch entsprechend dem abgegebenen Gesamturteil ausgewertet bzw. über die erfassten Angaben zum Qualitativen Zufriedenheitsmodell ermittelt werden kann.

Diese Ergebnisse des Grundlagen-Methodenmixes heranziehend können für die **externen qualitätsbezogenen Werttreiber in Bezug auf die Qualität in Routinesituationen** folgende Ausgangswerte (Basisniveau) bestimmt werden:

- Die Bereitschaft, eine **Preisprämie** zu zahlen, ist prozentual und firmenkundenanteilig in Abhängigkeit vom geäußerten Gesamturteil bekannt. Dabei steht jeweilig fest, in welchem Ausmaß eine Preissteigerung für welche Leistung akzeptiert würde.
- Es ist darüber hinaus zur **Stabilität der Geschäftsbeziehung** erkennbar, wie viele Firmenkunden bei welchem Gesamturteil mit welcher Wahrscheinlichkeit die gleiche Leistung wieder nachfragen bzw. eine Neigung zum Bankwechsel besitzen und wie lange diese Firmenkunden bereits eine Geschäftsbeziehung zu dieser Bank unterhalten. Überdies ergibt sich aus der Frage nach der reduzierten Leistungsinanspruchnahme, wie viele Firmenkunden bei welchem Ge-

samturteil die Leistungsinanspruchnahme mit welcher Wahrscheinlichkeit und in welchem Umfang reduzieren.

- Überdies wird offensichtlich, wie viele Firmenkunden mit welcher Wahrscheinlichkeit – ausgewertet nach dem Gesamturteil – die Intensität der bisherigen Leistungsabnahme steigern und so die **Kauffrequenz** erhöhen. Auch der Umfang der Intensitätssteigerung ist jeweils für die entsprechende Leistung(-sart) bekannt.
- Es liegt auch fest, wie viele Firmenkunden mit welcher Wahrscheinlichkeit zukünftig planen, zusätzliche Leistungen der Bank in Anspruch zu nehmen. Das so ausgedrückte **Cross Buying** liegt ebenfalls nach dem Gesamturteil sortiert vor und kann dem Ausmaß nach für die verschieden möglichen Leistung(-sart)en beziffert werden.
- Ebenso ist ersichtlich, wie viele Firmenkunden und – entsprechend ihrem Gesamturteil – wie wahrscheinlich mit wie vielen anderen Unternehmensvertretern über die betroffene Bank kommunizieren. Dabei sind die Daten sowohl für die **Weiterempfehlung der Firmenkunden** als auch für das **Abraten der Firmenkundenleistungen** bekannt.
- Des Weiteren zeigt sich, welche Neigung die Firmenkunden mit den jeweils verschiedenen Gesamturteilen zur **Artikulation von Beschwerden** besitzen.

Wird das angegebene Gesamturteil der fünfer Skala differenziert in Unzufriedenheit (5-4 viel schlechter als erwartet), Indifferenz (3) und Zufriedenheit (2-1 viel besser als erwartet), dann lassen sich exemplarisch die in Abbildung 5.17 aufgelisteten externen qualitätsbezogenen Werttreiber quantifizieren.

Werttreiber	**Basisniveau der Routinequalität**							
	Unzufriedenheit 100 Firmenkunden		*Indifferenz* 200 Firmenkunden		*Zufriedenheit* 150 Firmenkunden		*Gesamtzahl* 450 Firmenkunden	
	Wahrscheinlichkeit	Kundenzahl bei Wahrscheinlichkeit	Wahrscheinlichkeit	Kundenzahl bei Wahrscheinlichkeit	Wahrscheinlichkeit	Kundenzahl bei Wahrscheinlichkeit	absolute Kundenzahl bei Wahrscheinlichkeit	relative Kundenzahl bei Wahrscheinlichkeit
Preisprämie	0 %	0	0 %	0	10 %	15	15	3 %
zusätzliche Leistungsinanspruchnahme	10 %	10	50 %	100	80 %	120	230	51 %
qestiegene Kauffrequenz	0 %	0	40 %	80	60 %	90	170	38 %
positive Mund-zu-Mund-Kommunikation	0 %	0	20 %	40	60 %	90	130	29 %
negative Mund-zu-Mund-Kommunikation	80 %	80	20 %	40	0 %	0	120	27 %
Beschwerdeneigung	80 %	80	70 %	140	60 %	90	310	69 %
wiederholte Leistungsinanspruchnahme	30 %	30	60 %	120	90 %	135	285	63 %
reduzierte Leistungsinanspruchnahme	10 %	10	20 %	40	5 %	7,5	57,5	13 %
Wechselneigung	60 %	60	20 %	40	5 %	7,5	107,5	24 %

Quelle: Eigene Darstellung.

***Abbildung 5.17**: Beispiele für das Basisniveau externer qualitätsbezogener Werttreiber in Routinesituationen im Firmenkundengeschäft*

Neben der Ermittlung der externen qualitätsbezogenen Werttreiber in Abhängigkeit vom artikulierten Gesamturteil kann auch eine Differenzierung dieser Werttreiber anhand der verschiedenen (Un-)Zufriedenheitsarten im Qualitativen Zufriedenheitsmodell vorgenommen werden. Hierfür sind zunächst aus den zur Unterscheidung der (Un-)Zufriedenheitsarten gemachten Angaben mit Hilfe einer Clusteranalyse, die es ermöglicht, aus den angegebenen Daten homogene Gruppen zu formulieren, die Firmenkunden der jeweiligen (Un-)Zufriedenheitsart zuzuordnen. Anschließend können analog der obigen Vorgehensweise das Basisniveau der einzelnen externen qualitätsbezogenen Werttreiber sortiert nach den einzelnen (Un-)Zufriedenheitsarten ermittelt werden.

Da bereits bei der Herleitung des theoretischen Erklärungsmodells auf die sich im Gesamturteil widerspiegelnden Fehlerpotentiale in Bezug auf das (Un-)Zufriedenheitsurteil und das darauf folgende Kundenverhalten hingewiesen wurde, ist es an dieser Stelle sinnvoll, eine Verbindung zwischen dem geäußerten Gesamturteil und den (Un-)Zufriedenheitsarten des Qualitativen Zufriedenheitsmodells herzustellen.

Die verschiedenen (Un-)Zufriedenheitsarten können dabei als „Korrekturkonstrukt" fungieren, um die im Zusammenhang mit dem Gesamturteil gemachten Durchschnittsaussagen über die Verhaltensabsichten zu überprüfen und gegebenenfalls zu korrigieren. Insbesondere sind dabei die Firmenkunden zu identifizieren, die zwar die Gesamtleistung der Bank als indifferent oder zufrieden beurteilen, aber eigentlich als unzufrieden einzustufen sind und deshalb auch die durchschnittlichen Verhaltensabsichten verzerren. Dies ist insbesondere bei den Firmenkunden der Fall, die als resignativ zufrieden zu bezeichnen sind.[1]

Eine Verbindung der verschiedenen (Un-)Zufriedenheitsarten zum Gesamturteil kann durch eine Rückverfolgung der einzelnen Gesamturteile in den unterschiedlichen (Un-)Zufriedenheitsclustern erreicht werden, d.h. die einzelnen (Un-)Zufriedenheitsarten werden auf ihre Zusammensetzung bezüglich des Gesamturteils untersucht. Es kann damit insgesamt festgestellt werden, wie sich die (Un-)Zufriedenheitsarten über das Gesamturteil verteilen.

Jetzt ist es möglich, die Aussagen von Gesamturteil und (Un-)Zufriedenheitsarten gegenüberzustellen und eventuell erforderlich werdende Bereinigungen vorzunehmen. Dabei ist vorrangig an die Separierung der resignativ zufriedenen Firmenkun-

---

1 Siehe hierzu ausführlich Kapitel 5.1.2.3.2.

den als eigenständige Analysegruppe zu denken, um so die Verhaltensabsichten insgesamt zufriedener und indifferenter Firmenkunden in ihrem Aussagegehalt zu verbessern. Das in Abbildung 5.17 dargestellte Basisniveau externer qualitätsbezogener Werttreiber würde dann um die Kategorie resignative Zufriedenheit zu erweitern sein, für die ebenfalls die durchschnittlichen Wahrscheinlichkeiten und die jeweilige Umrechnung auf Firmenkundenzahlen für die einzelnen Verhaltensabsichten vorliegen. Da aber bereits im Rahmen der Herleitung des theoretischen Erklärungsmodells vermutet wurde, dass die Gruppe der resignativ zufriedenen Firmenkunden wohl kaum vorzufinden ist, muss für jede Qualitätsmessung situativ entschieden werden, inwiefern eine derartige Differenzierung die Aussagefähigkeit der Ergebnisse der Qualitätsmessung weiter erhöht.

Die Bestimmung des Basisniveaus externer qualitätsbezogener Werttreiber in Routinesituationen kann überdies noch weitergehend differenziert werden, indem diese Auswertungen spezifisch auf die einzelnen Kundengruppen (mittlere und große Unternehmen) sowie die Geschäftsbeziehungsart (Haupt- und Nebenbankverbindung) bezogen durchgeführt werden.

Neben der Bestimmung des Basisniveaus der externen qualitätsbezogenen Werttreiber in Routinesituationen kann aus der Erhebung der kritischen Ereignisse überdies entnommen werden, in welchen Bereichen des Firmenkundengeschäfts **Qualität mit Ausnahmecharakter** im positiven und negativen Sinn geliefert wird. Dabei ist es von Vorteil, die Art der aufgetretenen Ereignisse entsprechend der durch das Ratingskalenverfahren vorgegebenen Struktur auszuwerten, um hier eventuell Parallelen aufdecken zu können, und mit der jeweiligen Anzahl zu versehen, um einen Eindruck über die Häufigkeit zu erhalten. Darüber hinaus zeigt die Schilderung der einzelnen Ereignisse auch auf, wie sich die Firmenkunden auf Grund dessen verhalten haben, weshalb neben der Art und der Anzahl der Ereignisse diese auch mit der Häufigkeit des sich anschließenden Verhaltens versehen werden können.

Die Daten der kritischen Ereignismethode können dann folgendermaßen für die Bestimmung des Basisniveaus der externen qualitätsbezogenen Werttreiber genutzt werden. Für positive wie auch negative kritische Ereignisse können jeweils die genannten Verhaltensausprägungen in Bezug auf die wiederholte und zusätzliche Leistungsinanspruchnahme, den Bankwechsel, die positive und negative Mund-zu-Mund-Kommunikation sowie die Beschwerdeartikulation in ihrer Anzahl quantifiziert werden. In Abbildung 5.18 ist beispielhaft das Basisniveau von Ausnahmesituationen dargestellt.

Werttreiber	positive kritische Ereignisse (Gesamtzahl 20)					negative kritische Ereignisse (Gesamtzahl 40)				
	Ereignisart 1 (Anzahl 5)	Ereignisart ... (Anzahl 8)	Ereignisart n (Anzahl 7)	Gesamtzahl/Verhaltensart absolut	Gesamtzahl/Verhaltensart relativ[a]	Ereignisart 1 (Anzahl 10)	Ereignisart ... (Anzahl 12)	Ereignisart n (Anzahl 18)	Gesamtzahl/Verhaltensart absolut	Gesamtzahl/Verhaltensart relativ[a]
Preisprämie	2	3	2	7	35 %					
zusätzliche Leistungsinanspruchnahme	5	6	5	16	80 %					
Kauffrequenzsteigerung	4	7	7	18	90 %					
positive Mund-zu-Mund-Kommunikation	4	4	4	12	60 %					
negative Mund-zu-Mund-Kommunikation						8	11	12	31	78 %
reduzierte Leistungsinanspruchnahme						8	9	16	33	83 %
Beschwerde						9	11	16	36	90 %
wiederholte Leistungsinanspruchnahme[b]	5	8	7	20	100 %	1	2	1	4	10 %
Abbruch der Geschäftsbeziehung						1	1	1	3	8 %

[a] relativ zur Anzahl der Ereignisse

[b] Die wiederholte Leistungsinanspruchnahme ist hier als Spiegelbild zur reduzierten Leistungsinanspruchnahme und zum Bankwechsel zu betrachten. Sie ist der Vollständigkeit halber aufgeführt, auch wenn eine Reduzierung der erneuten Leistungsnachfrage durch eine Qualitätsinvestition nicht erstrebenswert ist.

Quelle: Eigene Darstellung.

***Abbildung 5.18**: Beispiele für das Basisniveau externer qualitätsbezogener Werttreiber in Ausnahmesituationen im Firmenkundengeschäft*

Es ist auch möglich, eine Verknüpfung zwischen den Werttreibern bestimmt in Routinesituationen und denen für Ausnahmesituationen herzustellen. Hierfür werden die Angaben der Firmenkunden zur Qualität in Routinesituationen jeweils ergänzt um die erlebten kritischen Ereignisse – sortiert nach der Ereignisart pro Firmenkunde. So können zusätzlich zu den externen qualitätsbezogenen Werttreibern in Routinesituationen für unzufriedene, indifferente und zufriedene Firmenkunden Art und Anzahl der aufgetretenen kritischen Ereignisse und der damit verbundenen Verhaltensweisen ausgewiesen werden.

Dabei ist jedoch zu berücksichtigen, dass es sich bei den angegebenen Verhaltensweisen, die aus der Qualität in Routinesituationen resultieren, um zukünftige Verhaltensabsichten, die mit einem Korrelationswert zwischen Verhaltensabsicht und tatsächlichem Verhalten korrigiert werden, handelt. Während die mit den kritischen Ereignissen zusammenhängenden Verhaltensweisen das Verhalten des Firmenkunden in der Vergangenheit reflektieren, das jetzt auch für die zukünftigen kritischen Ereignisse unterstellt wird.

Neben den Ergebnissen aus der Befragung können mit Hilfe der Beschwerdeanalyse aufgetretene Problemfälle identifiziert sowie nach Art und Häufigkeit ausgewertet werden. Auch ist aus dem bereits genannten Grund eine Anlehnung an die durch das Ratingskalenverfahren vorgegebene Struktur empfehlenswert. Bei der Auswertung der Beschwerden ist allerdings darauf zu achten, dass sie kein komplettes Bild über die Problemfälle abgeben und dabei gleichzeitig Routine- und Ausnahmesituationen widerspiegeln, wofür das jeweilige (Beschwerde-)Verhalten bereits separat erfasst wurde.

Das insgesamt mit Hilfe des Grundlagen-Methodenmixes hergeleitete Basisniveau der externen qualitätsbezogenen Werttreiber dient folgend wiederum als Grundlage für die Bestimmung des Veränderungsniveaus derselben.

5.2.4 Wertmäßige Bestimmung des Veränderungsniveaus externer qualitätsbezogener Werttreiber

Ist mit Hilfe des Basisniveaus der externen qualitätsbezogenen Werttreiber und der über den Grundlagen-Methodenmix erhältlichen Informationen zur Qualität bzw. Kunden(un-)zufriedenheit im Firmenkundengeschäft eine Datenbasis geschaffen, dann können die im Erklärungsmodell abgebildeten grundlegenden Zusammenhänge quantifiziert werden (**Kapitel 5.2.4.1**). Erst dann ist es möglich, die Veränderungen der qualitätsbezogenen Werttreiber (Veränderungsniveau) durch verschiedene Qualitätsinvestitionen abzuleiten (**Kapitel 5.2.4.2**).

Wesentlich ist in diesem Zusammenhang, dass diese Vorgehensweise unabhängig von spezifischen inhaltlichen Ausgestaltungen der Qualitätsmessung ist, d.h. wenn beispielsweise inhaltlich unterschiedlich ausgerichtete Fragebögen für Mittel- und Großunternehmen erstellt wurden, dann ist auch eine jeweilige Auswertung entsprechend dem vorzustellenden Muster möglich. Außerdem ist auch hier eine differenzierte Analyse in Bezug auf die Geschäftsbeziehungsart denkbar.

5.2.4.1 Darstellung grundlegender Zusammenhänge

Um Aussagen über das Veränderungspotential einzelner externer qualitätsbezogener Werttreiber treffen zu können, müssen zunächst einmal die grundlegenden Zusammenhänge, die im Erklärungsmodell der Verhaltenswirkungen für das Firmenkundengeschäft identifiziert wurden, quantifiziert werden. Dazu zählen die Zusammensetzung des Qualitäts-/(Un-)Zufriedenheitsurteils bei Firmenkunden, die Verknüpfung zum beabsichtigten Verhalten der Firmenkunden sowie die Verbindung zum tatsächlichen Verhalten.

Ausgehend von der multiattributiven Befragung über **Routinesituationen** kann zunächst die Zusammensetzung des (Un-)Zufriedenheitsurteils näher untersucht werden, um hieraus Rückschlüsse über die Bedeutung einzelner Qualitätsmerkmale und -dimensionen und damit auch über die Beeinflussbarkeit des Gesamturteils schließen zu können. Für die Ermittlung dieser Zusammenhänge können einerseits bi- bzw. multivariate Regressionsanalysen und andererseits Kausalanalysen das methodische Fundament liefern.[1]

---

1 Vgl. hierzu beispielsweise Hildebrandt, L./Buzzell, R., 1998, S. 213 ff.; auch Rust, R. T. et al., 1994, S. 73 f.

Hierfür werden die Ergebnisse des Grundlagen-Methodenmixes unterstützt von gängigen Standard-Software-Paketen[1] weitergehend ausgewertet. Bei der Anwendung einer bivariaten Regressionsanalyse[2] wird der Zusammenhang zwischen einer abhängigen und einer unabhängigen Variablen untersucht, während mit Hilfe einer multivariaten Regressionsanalyse verschiedene unabhängige Variablen eine abhängige Variable voraussagen.[3] Z.B. kann auf diese Art und Weise bestimmt werden, wie stark die Leistungsbereitschaftsqualität allein (bivariat) bzw. alle fünf Qualitätsdimensionen des Firmenkundengeschäfts (multivariat) das Gesamturteil beeinflussen.

Die Anwendung von Regressionsanalysen ist jedoch an die Erfüllung gewisser statistischer Voraussetzungen gebunden. Hierzu zählt insbesondere, dass die unabhängigen Variablen, wie beispielsweise die verschiedenen Qualitätsdimensionen, nicht stark korreliert sein dürfen, um reliable Ergebnisse zu erzeugen. Dies wird zumeist von den Qualitäts-/Kunden(un-)zufriedenheitsdaten aber nicht erfüllt, so dass dann im Wesentlichen die Kausalanalyse als Auswertungsmethode verbleibt, in deren Rahmen Interdependenzen zwischen den erklärenden unabhängigen Variablen explizit berücksichtigt werden können.[4]

Mit Hilfe der Kausalanalyse können lineare Zusammenhänge zwischen erklärender und zu erklärender Variable quantifiziert und damit die Wichtigkeit der erklärenden für die zu erklärende Variable bestimmt werden. Diese linearen Zusammenhänge lassen sich dann nutzen, um eine Prognosefunktion für die zu erklärende Variable abzuleiten. Die bei Anwendung der Kausalanalyse quantifizierten Zusammenhänge zwischen der erklärenden Variable und der zu erklärenden Variable können dabei direkter und indirekter Natur sein, so dass die Gesamtwirkungen auf Basis der über die Kausalanalyse ermittelten Zusammenhänge zwischen den einzelnen Variablen zu berechnen ist.[5]

---

1 Zur Abbildung von Regressions- und Kausalanalysen stehen verschiedene Softwaren zur Verfügung, wie z.B. SPSS, LISREL etc. (vgl. auch Homburg, C./Hildebrandt, L., 1998, S. 17 f.).

2 Zu den statistischen Grundlagen der Regressionsanalyse vgl. Bleymüller, J. et al., 2000; auch Backhaus, K. et al., 2000.

3 Vgl. hierzu beispielsweise Rust, R. T. et al., 1994, S. 73.

4 Vgl. zur Kritik der Regressionsanalyse Hildebrandt, L./Buzzell, R., 1998, S. 213 f.; auch Rust, R. T. et al., 1994, S. 74.

5 Vgl. Hildebrandt, L./Buzzell, R., 1998, S. 216 und 230 f.

Aus dem obenstehenden Grundlagen-Methodenmix und den Ausführungen zur Zusammensetzung und Entwicklung des Gesamturteils[1] kann abgeleitet werden, dass sowohl die Urteile über die Qualitätsdimensionen als auch die Urteile über die einzelnen Leistungsarten im direkten Zusammenhang mit dem Gesamturteil stehen. Außerdem wirken die leistungsartenspezifischen Qualitätsmerkmale direkt auf das Leistungsartenurteil. Daneben sind die leistungsartenübergreifenden Qualitätsmerkmale direkt mit dem Urteil der Qualitätsdimension verknüpft. Leistungsartenspezifische und -übergreifende Qualitätsmerkmale beeinflussen damit das Gesamturteil indirekt über das Leistungsarten- bzw. das Qualitätsdimensionenurteil.

Überdies ist davon auszugehen, dass die leistungsartenspezifischen Qualitätsmerkmale natürlich auch einen Einfluss auf das Urteil über die Qualitätsdimensionen insgesamt besitzen,[2] so dass dieser Effekt ebenfalls in die Betrachtung der Zusammenhänge über die Kausalanalyse einfließen muss. Insgesamt sind diese grundlegenden kausalen Zusammenhänge in Abbildung 5.19 dargestellt.

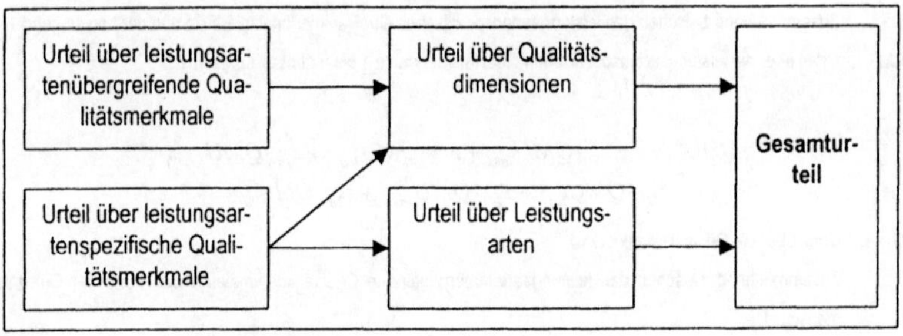

Quelle: Eigene Darstellung.

***Abbildung 5.19**: Grundlegende kausale Zusammenhänge der Routinequalität*

Darüber hinaus könnten mit Hilfe der Kausalanalyse noch weitere Ursache-Wirkungs-Zusammenhänge definiert und überprüft bzw. theoretisch hergeleitete kausale Zusammenhänge empirisch verworfen werden. Für die hier vorliegende Problemstellung sei angenommen, dass die aufgezeigten Verbindungen auch als die wesentlichen anzusehen sind und damit das Gesamturteil theoretisch zu 100 % er-

---

1 Siehe zur Zusammensetzung und Entwicklung des Gesamturteils auch Kapitel 5.1.2.2.

2 Ausnahme stellt dabei die Leistungsbereitschaftsqualität dar, da hier keine leistungsspezifischen Ausprägungen unterstellt wurden (siehe Kapitel 3.2.2.2).

klären.[1] Außerdem wird für die weitergehenden Ausführungen zur Ausgestaltung des QAV unterstellt, dass sämtliche Verbindungen positiv sind, d.h. mit einer Erhöhung der erklärenden Variablen geht auch eine Steigerung der zu erklärenden Variablen einher. So lässt sich die Zusammensetzung des Gesamturteils folgendermaßen bestimmen:[2]

$$GU = k + x_{11} \cdot QDU_1 + x_{1\ldots} \cdot QDU_{\ldots} + x_{15} \cdot QDU_5$$
$$+ x_{21} \cdot LAU_{21} + x_{2\ldots} \cdot LAU_{\ldots} + x_{2n} \cdot LAU_n$$

GU: Gesamturteil

k: Konstante

$x_{11..5}$: Zusammenhang zwischen den Qualitätsdimensionen 1 bis 5 und dem Gesamturteil

$QDU_{1..5}$: Urteil über die Qualitätsdimensionen 1 bis 5

$x_{21..n}$: Zusammenhang zwischen den Leistungsarten 1 bis n und dem Gesamturteil

LAU: Urteil über die Leistungsarten 1 bis n

$$LAU_1 = k + y_{11} \cdot QMU_{las1} + y_{1\ldots} \cdot QMU_{las\ldots} + y_{1n} \cdot QMU_{lasn}$$ [3]

LAU_1: Urteil über die Leistungsart 1

$y_{11..n}$: Zusammenhang zwischen den leistungsartenspezifischen Qualitätsmerkmalen 1 bis n und der Leistungsart 1

$QMU_{las1..n}$: Urteil über die leistungsartenspezifischen Qualitätsmerkmale 1 bis n der Leistungsart 1

$$QDU_1 = k + z_{11} \cdot QMU_{laü1} + z_{1\ldots} \cdot QMU_{laü\ldots} + z_{1n} \cdot QMU_{laün} \; 1$$
$$+ z_{21} \cdot QMU_{las1} + z_{2\ldots} \cdot QMU_{las\ldots} + z_{2n} \cdot QMU_{lasn}$$

QDU_1: Urteil über die Qualitätsdimension 1

$z_{1...n}$: Zusammenhang zwischen den leistungsartenübergreifenden Qualitätsmerkmalen 1 bis n und der Qualitätsdimension 1

$QMU_{laü1...n}$: Urteil über die leistungsartenübergreifenden Qualitätsmerkmale 1 bis n der Qualitätsdimension 1

$z_{21..n}$: Zusammenhang zwischen den leistungsartenspezifischen Qualitätsmerkmalen 1 bis n und der Qualitätsdimension 1

$QMU_{las1...n}$: Urteil über die leistungsartenspezifischen Qualitätsmerkmale 1 bis n der Leistungsart 1

---

1 Damit wird hier theoretisch unterstellt, dass das Bestimmtheitsmaß R^2 100 % entspricht, was in empirischen Untersuchungen in der Regel nicht erzielt wird.

2 Da eine hundertprozentige Erklärung des Gesamturteils durch die Urteile über Qualitätsdimensionen und Leistungsarten angenommen wird, bleibt ein Wert für das Residuum ohne Berücksichtigung. Auch der konstante Wert soll hier weiter keine Beachtung finden.

3 Diese Gleichung steht exemplarisch für die Ermittlung des Leistungsartenurteils 1 und kann analog auch für die Bestimmung der Leistungsartenurteile 2 bis n angewendet werden.

Soll der Einfluss der einzelnen Qualitätsmerkmale auf Dimensionen/Leistungsarten und Gesamturteil – analog der in Abbildung 5.20 dargestellten Struktur – ermittelt werden, müssen die Zusammenhänge zwischen den Variablen mit Hilfe der Kausalanalyse quantifiziert und die Einzeleinflüsse berechnet werden.

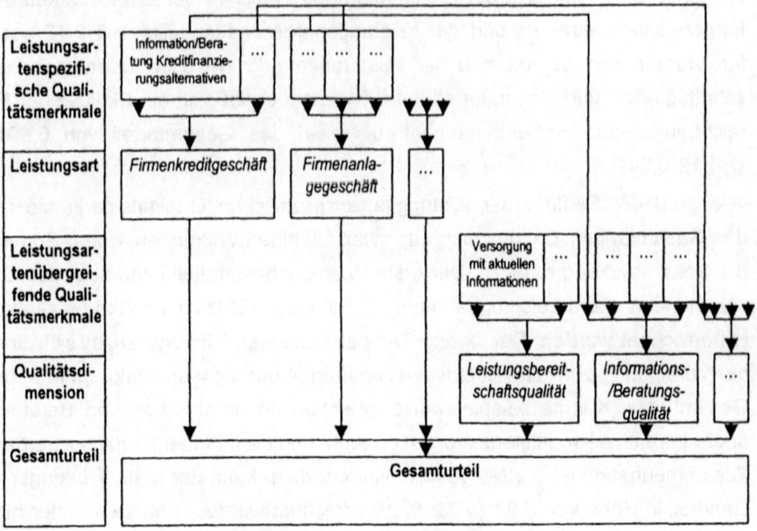

Quelle: Eigene Darstellung.

***Abbildung 5.20**: Struktur der multiattributiven Messung für eine Auswertung mit Hilfe der Kausalanalyse*

Die Wirkungen einzelner Variablen auf das Gesamturteil lassen sich dann folgendermaßen errechnen:

- Zwischen Leistungsartenurteil und Gesamturteil sowie Qualitätsdimensionenurteil und Gesamturteil entsprechen die Wirkungen den in der Kausalanalyse ausgewiesenen direkten Effekten. Z.B. kann das Firmenkreditgeschäft einen Einfluss von 0,15 und die Leistungsbereitschaftsqualität einen von 0,04 auf das Gesamturteil besitzen, d.h. dass sich das Gesamturteil um 0,15 (0,04) verändert, wenn sich das Urteil über das Firmenkreditgeschäft (die Leistungsbereitschaftsqualität) um 1 verändert.[2]

---

1 Diese Gleichung steht exemplarisch für die Ermittlung des Qualitätsdimensionenurteils 1 und kann analog auch für die Bestimmung der Qualitätsdimensionenurteile 2 bis 5 angewendet werden.

2 Es handelt sich hier und im Folgenden nicht um empirisch ermittelte Zusammenhänge, sondern rein fiktive Beispielzahlen.

- Die Wirkung der leistungsartenübergreifenden Qualitätsmerkmale ergibt sich aus der Multiplikation des Zusammenhangs zwischen dem leistungsartenübergreifenden Qualitätsmerkmal und dem Qualitätsdimensionenurteil sowie dem Zusammenhang zwischen dem Qualitätsdimensionenurteil und dem Gesamturteil. Kann beispielsweise der Zusammenhang zwischen der Erreichbarkeit des Firmenkundenbetreuers und der Leistungsbereitschaftsqualität mit 0,12 beziffert werden und beläuft sich der Zusammenhang zwischen Leistungsbereitschaftsqualität und Gesamturteil auf 0,04, dann ergibt sich ein Einfluss der Erreichbarkeit des Firmenkundenbetreuers auf das Gesamturteil von 0,0048 $(=0{,}12 \cdot 0{,}04)$.
- Wie groß der Einfluss der leistungsartenspezifischen Qualitätsmerkmale auf das Gesamturteil ist, ergibt sich aus zwei indirekten Wirkungen, deren Summe die Gesamtwirkung darstellt. Der erste Wirkungsbestandteil kann über den Zusammenhang zum Leistungsartenurteil und dessen Beziehung zum Gesamturteil errechnet werden. Der zweite Teil der indirekten Wirkung ergibt sich über die Verbindung zum Qualitätsdimensionenurteil und dessen Verknüpfung zum Gesamturteil. Konnte beispielsweise zwischen der Information und Beratung über alternative Kreditfinanzierungskonzepte und dem Firmenkreditgeschäft ein Zusammenhang von 0,2 festgestellt werden, dann kann der erste Wirkungsbestandteil in Höhe von 0,03 $(=0{,}2 \cdot 0{,}15)$ errechnet werden. Konnte darüber hinaus ein Effekt der Information und Beratung über alternative Kreditfinanzierungskonzepte auf die Informations-/Beratungsqualität von 0,18 identifiziert werden, wobei zwischen der Informations-/Beratungsqualität und dem Gesamturteil ein Zusammenhang von 0,22 besteht, dann kann ein zweiter Wirkungsbestandteil von 0,0396 $(=0{,}18 \cdot 0{,}22)$ kalkuliert werden. Insgesamt kann über die Information und Beratung über alternative Kreditfinanzierungskonzepte dann ein Einfluss auf das Gesamturteil in Höhe von 0,0696 $(=0{,}03+0{,}0396)$ ausgeübt werden.

Über die soeben dargestellte Kausalstruktur der Routinequalität kann dann auch eine Verbindung zu den erfassten Verhaltensabsichten des Firmenkunden hergestellt werden. Für die drei (Un-)Zufriedenheitskategorien gemessen am Gesamturteil (Unzufriedenheit, Indifferenz und Zufriedenheit) sowie die eventuell zusätzlich gebildete Gruppe der resignativ zufriedenen Firmenkunden[1] können separate Kausalanalysen durchgeführt werden, so dass für jede (Un-)Zufriedenheitskategorie die spezifischen

1 Siehe zu dieser Vorgehensweise im Zusammenhang mit der Bestimmung des Basisniveaus der externen qualitätsbezogenen Werttreiber in Routinesituationen Kapitel 5.2.3.

Zusammenhänge zwischen den verschiedenen Variablen (Qualitätsmerkmale, Qualitätsdimensionen, Leistungsarten, Gesamturteil) bestimmbar sind. Darüber hinaus ist über die Bestimmung des Basisniveaus bekannt, welche durchschnittlichen Verhaltensabsichten die Firmenkunden besitzen, die unzufrieden, indifferent, zufrieden bzw. resignativ zufrieden sind.[1] Mit dieser Verbindung können bereits Aussagen über die Wirkung der Qualität/(Un-)Zufriedenheit auf die Verhaltensabsicht getroffen werden.[2]

Die Verknüpfung zum zukünftigen Verhalten der Firmenkunden drücken allerdings nur Absichten aus, die nicht dem tatsächlichen Verhalten entsprechen müssen. Aus diesem Grund ist eventuell eine Korrektur dieser Werte erforderlich. Dies kann beispielsweise mit Hilfe von Erfahrungswerten vorgenommen werden. Ist aus der Vergangenheit bekannt, dass beispielsweise im Durchschnitt 80 % der Verhaltensabsichten in Verhalten umgesetzt werden, dann können die für die Verhaltensabsichten erzielten Werte mit 0,8 multipliziert werden, um an die Werte für tatsächliches Kundenverhalten zu gelangen.[3]

Gerade die besonderen Gegebenheiten im Firmenkundengeschäft ermöglichen es, bei Nichtvorhandensein spezifischer Erfahrungswerte bezüglich der Verbindung zwischen Verhaltensabsichten und Verhalten der Firmenkunden eine derartige Datenbasis zu schaffen. Zum einen ist es denkbar, die diesbezüglichen Erfahrungen verschiedener langjähriger Firmenkundenbetreuer zu erheben, um zunächst grundlegende Aussagen über diesen Zusammenhang treffen zu können. In einem weiteren Schritt kann – in Analogie zum vorgeschlagenen Grundlagen-Methodenmix – für jeden Firmenkunden ein Qualitätsprofil datentechnisch erfasst werden, das die Verfolgung der Qualitätsentwicklungen aus der individuellen Kundensicht und dabei insbe-

---

1 Vgl. zu einer ähnlichen Vorgehensweise Rust, R. T. et al., 1994, S. 70 f.

2 Auch hier kann eine Verbindung zu den (Un-)Zufriedenheitsarten des Qualitativen Zufriedenheitsmodells mit Hilfe der Clusteranalyse hergestellt werden. Jedoch ist es auf diese Art und Weise nicht möglich, den Einfluss einer verbesserten Qualität beispielsweise auf Qualitätsmerkmalsebene auf die (Un-) Zufriedenheitsarten zu projizieren. Demnach können die durch die Qualitätsinvestition initiierten Veränderungseffekte nicht über eine Veränderung der mengenmäßigen Zusammensetzung der (Un-)Zufriedenheitsarten, sondern nur über die Änderung des Gesamturteils gezeigt werden. Erst mit Hilfe der darauffolgenden (Un-)Zufriedenheitsbefragung kann ex post belegt werden, wie sich die (Un-)Zufriedenheitsarten entwickelt haben. Dies betrifft insbesondere die u.U. gebildete Kategorie der resignativ zufriedenen Firmenkunden, da die hier entstehenden Verhaltenswirkungen nicht mit Hilfe der vorgestellten Methodik fundiert ermittelt werden können.

3 Vgl. beispielsweise Rust, R. T. et al., 1994, S. 70.

sondere die Verhaltensabsicht und deren Umsetzung ermöglicht. In Abbildung 5.21 ist diese Vorgehensweise zur Ermittlung der Zusammenhänge zwischen Qualität/(Un-)Zufriedenheit in Routinesituationen und dem daraus folgenden Verhalten der Firmenkunden nochmals zusammengefasst.

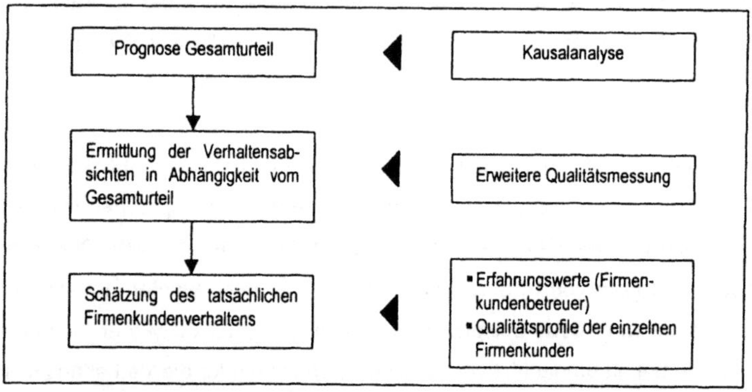

Quelle: Eigene Darstellung.

***Abbildung 5.21**: Ermittlung des Zusammenhangs zwischen Qualität/(Un-)Zufriedenheit in Routinesituationen und dem Kundenverhalten*

Neben dieser differenzierten Vorgehensweise zur Bestimmung des Zusammenhangs zwischen Qualitätsmerkmalen und dem tatsächlichen Kundenverhalten ist es durchaus auch möglich, globale Schätzungen dieses Zusammenhangs[1] der Routinequalität vorzunehmen. Eine ähnliche globale Vorgehensweise ist zu wählen, wenn es darum geht, mit Hilfe der Ergebnisse der kritischen Ereignismethode eine Verbindung zwischen der Qualität in **Ausnahmesituationen** und dem Firmenkundenverhalten zu schaffen. Für die aufgeführten kritischen Ereignisse werden dabei die als Basisniveau der externen qualitätsbezogenen Werttreiber ausgewiesenen Verhaltensweisen des Firmenkunden anteilig bestimmt. Diese Werte über die Verhaltensweisen der Firmenkunden in Ausnahmesituationen können dann herangezogen werden, um über den Wegfall negativer kritischer Ereignisse das Veränderungsniveau der qualitätsbezogenen Werttreiber zu bestimmen.

1 Vgl. beispielsweise Bruhn, M., 1998, S. 314 ff.

5.2.4.2 Ableitung des Veränderungsniveaus der externen qualitätsbezogenen Werttreiber

Auf Basis der obenstehenden Zusammenhänge kann nun das Veränderungsniveau der qualitätsbezogenen Werttreiber abgeleitet werden. Ausgangspunkt hierfür ist die durchzuführende Qualitätsinvestition, die im Rahmen der Qualitätsplanung im Firmenkundengeschäft identifiziert wurde. Diesbezüglich ist zunächst zu bestimmen, welches Ziel mit der Qualitätsinvestition verfolgt wird, d.h. ob sie vornehmlich der Veränderung der Qualität in Routine- oder Ausnahmesituationen dient, da diese unterschiedliche Konsequenzen auf die qualitätsbezogenen Werttreiber zeitigen. Anhaltspunkte hierfür bietet die in Kapitel 3.3 vorgeschlagene Systematisierung von Qualitätsaktivitäten im Firmenkundengeschäft.

Investitionen in die Sicherstellung des vorhandenen Qualitätsniveaus im Firmenkundengeschäft werden dabei vorrangig Ausnahmesituationen betreffen. Führen beispielsweise die Ergebnisse der kritischen Ereignismethode und der Beschwerdeanalyse zu einer für die Sicherstellung der Kreditabwicklungsdauer erforderlichen Qualitätsinvestition, dann sollte für die Ermittlung des Veränderungsniveaus der qualitätsbezogenen Werttreiber die Zusammenhänge, die aus der Analyse der Qualität in Ausnahmesituationen bekannt sind, genutzt werden.

Sind dagegen hauptsächlich mit der Qualitätsinvestition Aktivitäten verbunden, die zu einer Verbesserung des Qualitätsniveaus im Firmenkundengeschäft führen, wie z.B. die Verbesserung der Beratungs- und Informationsqualität über die Einführung eines umfassenden Kundeninformationssystems, dann können die für die Routinequalität identifizierten Zusammenhänge herangezogen werden. Für die Nutzung der Zusammenhänge über die Qualität in Routinesituationen ist darüber hinaus eine nähere Spezifizierung der betroffenen Qualitätsmerkmale und -dimensionen/Leistungsarten erforderlich, um die detailliert errechneten Einzelzusammenhänge anwenden zu können.

Diese Zuordnung der Qualitätssicherstellung zu Ausnahmesituationen und der Qualitätsverbesserungen zu Routinesituationen kann nur als „Daumenregel" verstanden werden. Es ist spezifisch für jede Qualitätsinvestition zu überprüfen, welcher der Zusammenhänge eher betroffen ist. Für die meisten Qualitätsinvestitionen ist es vorstellbar, dass sowohl Ausnahme- als auch Routinesituationen von der Qualitätsinvestition berührt werden. In diesen Fällen muss die Verknüpfung der beiden Mechanismen, die die Zusammenhänge zwischen Qualität und Verhalten abbilden, zur Anwendung kommen.

Liegt fest, welche der Qualitätssituationen betroffen ist, kann das mit der Qualitätsinvestition verbundene Veränderungspotential geplant werden. Hierzu sind für die verschiedenen Qualitätssituationen auch unterschiedliche Vorgehensweisen zur Bestimmung des Veränderungsniveaus der externen qualitätsbezogenen Werttreiber erforderlich, weshalb zunächst die Ermittlung des Veränderungsniveaus dieser für Qualitätsinvestitionen in Routinesituationen (**Kapitel 5.2.4.2.1**) und anschließend in Ausnahmesituationen mit einer Verknüpfung zur Routinesituation (**Kapitel 5.2.4.2.2**) aufgezeigt wird.

5.2.4.2.1 Berechnung des Veränderungsniveaus für Qualitätsinvestitionen in Routinesituationen

Für die Qualität in Routinesituationen muss festgelegt werden, inwiefern mit der Qualitätsinvestition bei den durch sie betroffenen Qualitätsmerkmalen/Qualitätsdimensionen/Leistungsarten Änderungen in Bezug auf das abzugebene Urteil herbeigeführt werden können. Es muss also ermittelt werden, inwieweit die Qualitätsinvestition eine Verhaltensänderung und/oder eine Verhaltensstabilisierung erzeugt.

Grundlage für eine derartige Vorgehensweise stellt eine fundierte Wettbewerbsanalyse/Marktbeobachtung[1] dar, die eine Einschätzung des Qualitätsengagements der Konkurrenz erlaubt. Hierfür können auch die Mehrfachbankverbindungen der Firmenkunden eine gute Basis liefern. Dann ist einzuschätzen, inwiefern die Qualitätsinvestition vorrangig eine grundlegende Qualitätsverbesserung/-sicherstellung beinhaltet, die unabhängig vom Qualitätsengagement der Wettbewerber durchgeführt wird, oder ob eine Qualitätsinvestition geplant wird, weil Wettbewerber ein derartiges Qualitätsniveau bereits liefern.

---

1 Vgl. zu den diesbezüglichen Methoden beispielsweise Porter, M., 1999.

Im ersten Fall wäre eine Konzentration auf den Verhaltensveränderungseffekt und ein Weglassen der Verhaltensstabilisierung vertretbar, weil die Qualitätsinvestition innovative Veränderungen im Vergleich zur Konkurrenz darstellt, die bei Nichtdurchführung der Qualitätsinvestition in der Regel nicht mit einer Verhaltensverschlechterung der Firmenkunden verbunden ist. Im zweiten Fall dagegen, wenn die Qualitätsinvestition als Reaktion auf das Qualitätsengagement der Wettbewerber zu verstehen ist, sollten sowohl die Wirkungen der Verhaltensänderung als auch die der Verhaltensstabilisierung quantifiziert werden.

Eine derartige Planung der Veränderung des (Un-)Zufriedenheitsurteils sollte solide und realistisch durchgeführt werden, denn unrealistische Annahmen über die Verbesserung der (Un-)Zufriedenheit führen zu falschen Berechnungen im Rahmen des QAV und damit auch zu einer falschen Ressourcenallokation im Firmenkundengeschäft. Als Hilfsmittel stehen dafür neben fundierten Schätzungen auf Basis interner Experteninterviews von Firmenkundenbetreuern auch Tests oder erneute Befragungen[1] zur Verfügung. Es ist beispielsweise denkbar, dass die durch eine Qualitätsinvestition herbeizuführende Veränderung zunächst lediglich an einem ausgewählten Kreis von Firmenkunden getestet[2] oder dass über die Einrichtung von Kundenbeiräten im Firmenkundengeschäft[3] derartige Veränderungsschätzungen fundiert werden können.

Für die Bestimmung der Verhaltensänderung[4] müssen zunächst die Qualitätsmerkmale/Qualitätsdimensionen/Leistungsarten identifiziert werden, die mit Hilfe der Qualitätsinvestition verbessert werden sollen. Für jede dieser Qualitätsmerkmale/Qualitätsdimensionen/Leistungsarten ist aus der Auswertung des Grundlagen-Methodenmixes bekannt, wie viele Firmenkunden unzufrieden, indifferent, zufrieden respektive resignativ zufrieden sind.

---

1 Beispielsweise werden derartige Kundenbefragungen im Rahmen des Target Costing eingesetzt, um einzelne Leistungsbestandteile zu planen (vgl. hierzu u.a. Djanani, C./Schöb, O., 1997, S. 343 f.).

2 Vgl. Rust, R. T. et al., 1994, S. 152 f.

3 Laut Experteninterview.

4 Es wird für die folgenden Ausführungen zum Veränderungsniveau unterstellt, dass die Verhaltensabsicht komplett in tatsächliches Verhalten umgesetzt werden. Siehe zu dieser Problematik Kapitel 5.1.2.3.

Wird jetzt geplant, dass durch die Qualitätsinvestition die Firmenkunden, die mit diesem Qualitätsmerkmal, dieser Qualitätsdimension oder dieser Leistungsart unzufrieden waren, nun zumindest indifferent werden und die indifferenten Firmenkunden zu zufriedenen Firmenkunden mit dem speziellen Qualitätsmerkmal, der Qualitätsdimension bzw. der Leistungsart gemacht werden können, dann lässt sich der Effekt dieser (Un-)Zufriedenheitsänderung über die kausalen Zusammenhänge auf das Gesamturteil ermitteln. Da differenzierte Kausalanalysen für insgesamt unzufriedene, indifferente, zufriedene und resignativ zufriedene Firmenkunden durchgeführt wurden, kann aus dem veränderten Gesamturteil auch abgelesen werden, wie sich dieses separat für die Kunden dieser (Un-)Zufriedenheitskategorie ändert.

Die mit der Veränderung des Gesamturteils einhergehende Veränderung der externen qualitätsbezogenen Werttreiber kann aber erst dann ermittelt werden, wenn bekannt ist, für wie viele Firmenkunden sich das Gesamturteil verändert hat. Die Bestimmung dieser Firmenkundenanzahl ist dann relativ unproblematisch, wenn sich mit der Qualitätsinvestition lediglich das Urteil über ein Qualitätsmerkmal oder eine Qualitätsdimension oder eine Leistungsart ändert. Dann ist es nämlich möglich, die bekannte Anzahl der mit diesem einen Qualitätsmerkmal, dieser einen Qualitätsdimension oder Leistungsart unzufriedenen Firmenkunden auch für die Gesamturteilsänderung heranzuziehen. Unter diesen Voraussetzungen ist dies ebenso für die Anzahl der indifferenten Firmenkunden möglich, die durch die Qualitätsinvestition zu zufriedenen Firmenkunden werden.

Die Bestimmung der Firmenkundenanzahl stellt sich komplexer dar, wenn mehr als ein Qualitätsmerkmal, eine Qualitätsdimension bzw. eine Leistungsart von der Qualitätsinvestition betroffen sind. Es ist zwar für jedes Qualitätsmerkmal, jede Qualitätsdimension und jede Leistungsart bekannt, wie viele Firmenkunden unzufrieden, indifferent und zufrieden sind, jedoch dürfen diese auf Grund von Mehrfachzählungen und unterschiedlichen Gesamturteilsänderungen nicht einfach aufaddiert werden. In diesem Fall ist es erforderlich, die Firmenkundenüberschneidungen zu ermitteln. Dafür wird mit Hilfe der Auswertungssoftware bestimmt, welche der Firmenkunden für die betroffenen Qualitätsmerkmale, Qualitätsdimensionen, Leistungsarten identische bzw. unterschiedliche Urteile getroffen haben. Außerdem wird für jede der möglichen Kombinationen die Anzahl der Firmenkunden ermittelt, so dass darüber dann die verschiedenen Änderungsmöglichkeiten auf das Gesamturteil versehen mit der dazugehörigen Firmenkundenanzahl aufgezeigt werden kann.

In Abbildung 5.22 ist exemplarisch für zwei Qualitätsmerkmale, die durch die Qualitätsinvestition verbessert werden, dargelegt, wie sich die Änderung des Gesamturteils bisher unzufriedener Firmenkunden für jeweils wie viele Firmenkunden zusammensetzt. Mit Hilfe einer entsprechenden EDV-Ausstattung können unproblematisch auch mehr als zwei betroffene Qualitätsmerkmale durchgerechnet werden. Eine derart differenzierte Vorgehensweise ist insbesondere deshalb erforderlich, weil die Konstellation eintreten könnte, dass wenig übereinstimmende Urteile abgegeben werden, so dass insgesamt wenig Verhaltensänderungen auf Grund einzelner schwacher Einflüsse auf das Gesamturteil zu erwarten sind.

Gruppe der auf Gesamturteilsebene unzufriedenen Kunden (n = 100)			
	Anzahl unzufriedener Firmenkunden	**Anzahl indifferenter Firmenkunden**	**Anzahl zufriedener Firmenkunden**
Qualitätsmerkmal 1	50	30	20
Qualitätsmerkmal 2	60	30	10
Firmenkunden mit übereinstimmenden Urteilen über Qualitätsmerkmal 1 und Qualitätsmerkmal 2	40	20	5
verbleibende Firmenkunden mit Urteil zu Qualitätsmerkmal 1	10	10	15
verbleibende Firmenkunden mit Urteil zu Qualitätsmerkmal 2	20	10	5

Änderung des Gesamturteils durch	**Anzahl Firmenkunden**[1]
Änderung von Unzufriedenheit auf Indifferenz bei Qualitätsmerkmal 1 und Qualitätsmerkmal 2	40
Änderung von Indifferenz auf Zufriedenheit bei Qualitätsmerkmal 1 und Qualitätsmerkmal 2	20
Änderung von Unzufriedenheit auf Indifferenz bei Qualitätsmerkmal 1 und von Indifferenz auf Zufriedenheit bei Qualitätsmerkmal 2	5
Änderung von Indifferenz auf Zufriedenheit bei Qualitätsmerkmal 1 und von Unzufriedenheit auf Indifferenz bei Qualitätsmerkmal 2	10
Änderung von Unzufriedenheit auf Indifferenz bei Qualitätsmerkmal 1	5
Änderung von Unzufriedenheit auf Indifferenz bei Qualitätsmerkmal 2	10
Änderung von Indifferenz auf Zufriedenheit bei Qualitätsmerkmal 2	5

Quelle: Eigene Darstellung.

***Abbildung 5.22**: Beispiel zur Ermittlung der Firmenkundenanzahl bei der Urteilsänderung von zwei Qualitätsmerkmalen*

Wurde eine derartige Berechnung der Firmenkundenanzahl beispielsweise für die bisher insgesamt unzufriedenen Firmenkunden vorgenommen, dann gilt es, auch die übrigen Firmenkunden mit indifferentem und zufriedenem Gesamturteil bzw. die resignativ zufriedenen Firmenkunden in analoger Vorgehensweise einzubeziehen, um die Gesamtzahl der durch die Qualitätsinvestition beeinflussten Firmenkunden zu identifizieren.

Ist die Gesamtzahl der Firmenkunden, für die sich das Gesamturteil in welchem Ausmaß ändert, bekannt, dann ist darüber das Veränderungsniveau der externen qualitätsbezogenen Werttreiber zu bestimmen. Für die unzufriedenen und indifferenten Firmenkunden können über die Änderung des Gesamturteils in die nächsthöhere Zufriedenheitskategorie (insgesamt unzufriedene werden zu insgesamt indifferenten oder insgesamt indifferente zu insgesamt zufriedenen Firmenkunden) die mit der jeweiligen Kategorie verbundenen Verhaltenseffekte unproblematisch ermittelt werden.

Können beispielsweise mit einer Qualitätsinvestition zwei wesentliche Qualitätsmerkmale verbessert werden – wie in Abbildung 5.22 dargestellt –, und konnte dabei über die Kausalzusammenhänge der Routinequalität bestimmt werden, dass alle Firmenkunden mit einem unzufriedenem Gesamturteil, für die sich beide Qualitätsmerkmale von Unzufriedenheit auf Indifferenz und/oder Indifferenz auf Zufriedenheit ändern, jetzt insgesamt indifferent sind, dann ist auch ersichtlich, wie viele Firmenkunden sich als indifferente und nicht mehr als unzufriedene Firmenkunden beabsichtigen zu verhalten.

Analog kann dieser Effekt für die Gruppe der insgesamt indifferenten Firmenkunden, die zu zufriedenen Firmenkunden werden, vorgenommen werden. Die Differenz zwischen der auf Grund der Qualitätsinvestition neu berechneten Verhaltensabsichten und der als Basisniveau ausgegebenen Werttreibergröße externer qualitätsbezogener Werttreiber stellen das Veränderungsniveau derselben dar. In Abbildung 5.23 ist hierzu ein Beispiel kalkuliert.

---

[1] Insgesamt ergeben sich durch die Qualitätsinvestition Änderungen im Gesamturteil bei 95 Firmenkunden, da fünf Firmenkunden mit beiden Qualitätsmerkmalen bereits zufrieden waren.

Werttreiber	Verhaltensverschiebung nach der Qualitätsinvestition (Basisniveau der Routinequalität)[a]								Veränderungsniveau	
	Unzufriedenheit 25 (100) Firmenkunden[b]		*Indifferenz* 225 (200) Firmenkunden[c]		*Zufriedenheit* 200 (150) Firmenkunden[d]		*Gesamtzahl* 450 Firmenkunden		*Gesamtzahl* 450 Firmenkunden	
	Wahrscheinlichkeit	Kundenzahl bei Wahrscheinlichkeit	Wahrscheinlichkeit	Kundenzahl bei Wahrscheinlichkeit	Wahrscheinlichkeit	Kundenzahl bei Wahrscheinlichkeit	absolute Kundenzahl bei Wahrscheinlichkeit	relative Kundenzahl bei Wahrscheinlichkeit	absolute Kundenzahl bei Wahrscheinlichkeit	relative Kundenzahl bei Wahrscheinlichkeit
Preisprämie	0 %	0 (0)	0 %	0 (0)	10 %	20 (15)	20 (15)	4 % (3 %)	5	1 %
zusätzliche Leistungsinanspruchnahme	10 %	2,5 (10)	50 %	112,5 (100)	80 %	160 (120)	275 (230)	61 % (51 %)	45	10 %
Kauffrequenzsteigerung	0 %	0 (0)	40 %	90 (80)	60 %	120 (90)	210 (170)	47 % (38 %)	40	9 %
positive Mund-zu-Mund-Kommunikation	0 %	0 (0)	20 %	45 (40)	60 %	120 (90)	165 (130)	37 % (29 %)	35	8 %
negative Mund-zu-Mund-Kommunikation	80 %	20 (80)	20 %	45 (40)	0 %	0 (0)	65 (120)	14 % (27 %)	-55	-13 %
Beschwerdeneigung	80 %	20 (80)	70 %	157,5 (140)	60 %	120 (90)	297,5 (310)	66 % (69 %)	-12,5	- 3 %
wiederholte Leistungsinanspruchnahme	30 %	7,5 (30)	60 %	135 (120)	90 %	180 (135)	322,5 (285)	72 % (63 %)	37,5	9 %
reduzierte Leistungsinanspruchnahme	10 %	2,5 (10)	20 %	45 (40)	5 %	10 (7,5)	57,5 (57,5)	13 % (13 %)	0	0 %
Wechselneigung	60 %	15 (60)	20 %	45 (40)	5 %	10 (7,5)	70 (107,5)	16 % (24 %)	-37,5	-8 %

a Angaben in Klammern stehen für das ursprüngliche Basisniveau.

b Auf Basis des in Abbildung 5.20 kalkulierten Beispiels wurde angenommen, dass die unzufriedenen Firmenkunden, für die sich jeweils beide Qualitätsmerkmale von Unzufriedenheit/Indifferenz auf Indifferenz/Zufriedenheit ändern, jetzt indifferent werden, so dass 25 unzufriedene Firmenkunden verbleiben.

c Diese Anzahl der Firmenkunden setzt sich zusammen aus den 200 Firmenkunden, die bei der Ermittlung des Basisniveaus indifferent waren, zuzüglich der 75 Firmenkunden, die jetzt indifferent sind, abzüglich 50 Firmenkunden, für die angenommen wurde, dass sich ihr Gesamturteil durch die Qualitätsinvestition von indifferent auf zufrieden verbessert.

d Die 200 Firmenkunden resultieren aus den 150 Firmenkunden des Basisniveaus zuzüglich der 50 Firmenkunden, die zuvor ein indifferentes Gesamturteil abgaben.

Quelle: Eigene Darstellung.

***Abbildung 5.23**: Beispiel zur Bestimmung des Veränderungsniveaus externer qualitätsbezogener Werttreiber in Routinesituationen*

Neben der Verhaltensänderung unzufriedener und indifferenter Firmenkunden treten auch Verhaltenswirkungen bei resignativ zufriedenen und zufriedenen Firmenkunden auf. Zwar kann auch für die Gruppe der resignativ zufriedenen Firmenkunden eine Änderung des Gesamturteils versehen mit der entsprechenden Firmenkundenanzahl berechnet werden, jedoch ist es nicht möglich, diese Veränderung des Gesamturteils auch in eine Verhaltensänderung zu übersetzen, ohne wesentliche Annahmen darüber zu treffen, weil das bereits im Zufriedenheitsbereich liegende Gesamturteil keine Rückschlüsse mehr auf Verhaltensänderungen zulässt. Dies gilt ebenso für bereits zufriedene Firmenkunden.

Da die Verhaltensabsichten der resignativ zufriedenen Firmenkunden im Gegensatz zu den zufriedenen Firmenkunden aber aus Sicht der Bank Verbesserungspotential aufweisen, ist situativ zu entscheiden, inwiefern trotzdem eine Verhaltenänderung durch Qualitätsinvestitionen bei resignativ zufriedenen Firmenkunden in die Betrachtung einzubeziehen ist. Stellt sich die Gruppe der resignativ zufriedenen Firmenkunden – wie theoretisch vermutet[1] – als vernachlässigbar klein dar, dann ist es zu rechtfertigen, keine Betrachtung dieser Kunden durchzuführen bzw. die hier auftretenden Verhaltensänderungen zu ignorieren.

Diese Vorgehensweise stellte sich im Sinne des vertretenen Shareholder Value-Ansatz dann als problematisch dar, wenn durch diese Ignoranz wesentliche Verhalteneffekte verloren gehen und damit auch wichtige Teile des Qualitätsergebnisses wegfallen, was im Fall eines großen Anteils resignativ zufriedener Firmenkunden eintreten kann. Dann können beispielsweise über konservative Schätzung durch Experten (Firmenkundenbetreuer) Verhaltenänderungen ermittelt werden. Überdies kann die Gruppe der resignativ zufriedenen Firmenkunden nochmals separat näher empirisch untersucht werden. Beispielsweise könnten mit Hilfe der Vignette-Methode auf Basis der Conjoint-Analyse grundlegende Verhaltenspfade in Kombination mit der zu verbessernden Qualität identifiziert werden. Die Berechnung des Veränderungsniveaus externer qualitätsbezogener Werttreiber ist dann um die Verhaltensänderung resignativ zufriedener Firmenkunden analog der vorgestellten Vorgehensweise zu erweitern.

---

1 Siehe Kapitel 5.1.2.3.2.

Da eine Verhaltensverbesserung zufriedener Firmenkunden nicht mehr erzielbar ist, können Qualitätsinvestitionen vorrangig einer Verhaltensstabilisierung dieser Firmenkunden dienen. Der Effekt der Verhaltensstabilisierung tritt dabei notwendigerweise nicht ausschließlich bei zufriedenen Firmenkunden auf, sondern kann alle Firmenkunden betreffen. Eine Berechnung der Wirkungen aus einer Verhaltensstabilisierung kann dabei spiegelbildlich zur Berechnung der Verhaltensänderung erfolgen. Zunächst ist zu bestimmen, für welche der Qualitätsmerkmale/Qualitätsdimensionen/Leistungsarten eine Verschlechterung des Urteils bei Nichtdurchführung einer Qualitätsinvestition eintritt. Dies ist zugleich auch der problematischste Teil der Berechnung, da die Qualitäts-/Kundenzufriedenheitsmessung keine Anhaltspunkte darüber liefert. Aus diesem Grund müssen auch hier Annahmen über die Verhaltensverschlechterung bei Nichtinvestition getroffen werden.

Auf Basis der durchgeführten Wettbewerbsanalyse/Marktbeobachtung zur Festlegung, ob eine Qualitätsinvestition vorrangig einer Verhaltensverbesserung oder einer Verhaltensstabilisierung dient, muss die dafür am Markt erhältliche bessere Qualität zunächst in das Qualitätsmerkmals-, Qualitätsdimensionen- und Leistungsartenschema der Routinequalität übersetzt werden, um herauszufinden, welche der Qualitätsmerkmale, Qualitätsdimensionen und Leistungsarten für eine Verhaltensverschlechterung verantwortlich sein könnten. Dann ist unter Zuhilfenahme von Experten (Firmenkundenbetreuer) zu prognostizieren, mit welcher Verschlechterung in der Beurteilung dieser Qualitätsmerkmale/Qualitätsdimensionen/Leistungsarten auf Grund der am Markt erhältlichen qualitativ besseren Leistung zu rechnen ist.

Beispielsweise könnte hier angenommen werden, dass aus auf dieser Ebene indifferenten Firmenkunden zukünftig unzufriedene Firmenkunden werden. Verbunden mit den Bedeutungsgewichten der Kausalanalyse kann dann auch die Verschlechterung des Gesamturteils für die betroffenen Firmenkunden berechnet werden, die wiederum mit den Verhaltensabsichten gekoppelt ist.

Das Veränderungsniveau der externen qualitätsbezogenen Werttreiber ergibt sich dann auch aus der Differenz zwischen dem als Basisniveau ausgewiesenen qualitätsbezogenen Werttreibern und der nach der angenommenen Verschlechterung des Gesamturteils auftretenden Verhaltensabsichten. Obwohl eine tatsächliche Verschlechterung des Gesamturteils bei Durchführung der Qualitätsinvestition nicht eintreten würde, können die Effekte daraus dieser zugerechnet werden.

5.2.4.2.2 Berechnung des Veränderungsniveaus für Qualitätsinvestitionen in Ausnahmesituationen und dessen Verknüpfung mit Routinesituationen

Im Fall von Ausnahmesituationen wird es regelmäßig das Ziel sein, die negativen kritischen Ereignisse so grundlegend zu beseitigen, dass sie mit hoher Wahrscheinlichkeit so nicht mehr auftreten. Die damit verbundene Veränderung der externen qualitätsbezogenen Werttreiber liegt im Wegfall des sonst mit dem kritischen Ereignis einhergehende, häufig das Firmenkundengeschäft schädigende Verhalten des Firmenkunden. In Abbildung 5.24 ist hierzu ein Beispiel dargestellt. Dafür wird unterstellt, dass mit der Qualitätsinvestition, wie z.B. einer Investition in die Verbesserung des Kreditabwicklungsprozess, eine oder mehrere negative kritische Ereignisarten, wie z.B. zur Abwicklungsdauer und/oder zur Korrektheit der Kreditverträge, beseitigt werden können und sich daraufhin der Anteil des für die Bank schädlichen Verhaltens entsprechend reduziert.

Werttreiber	Basisniveau negativer kritischer Ereignisse (Gesamtzahl 40)					Verhaltensverschiebung nach der Qualitätsinvestition					Veränderungsniveau	
	Ereignisart 1 (Anzahl 10)	Ereignisart ... (Anzahl 12)	Ereignisart n (Anzahl 18)	Gesamtzahl absolut	Gesamtzahl relativ[a]	Ereignisart 1 (Anzahl 0)	Ereignisart ... (Anzahl 12)	Ereignisart n (Anzahl 18)	Gesamtzahl absolut	Gesamtzahl relativ[a]	absolut	relativ[a]
Preisprämie												
zusätzliche Leistungsinanspruchnahme												
Kauffrequenzsteigerung												
positive Mund-zu-Mund-Kommunikation												
negative Mund-zu-Mund-Kommunikation	8	11	12	31	78 %	0	11	12	23	77 %	-8	-1 %
reduzierte Leistungsinanspruchnahme	8	9	16	33	83 %	0	9	16	25	83 %	-8	0 %
Beschwerde	9	11	16	36	90 %	0	11	16	27	90 %	-9	0 %
wiederholte Leistungsinanspruchnahme[b]	1	2	1	4	10 %	—	2	1	3	10 %	—	—
Abbruch der Geschäftsbeziehung	1	1	1	3	8 %	0	1	1	2	7 %	-1	-1 %

a relativ zur Anzahl der Ereignisse

b Die wiederholte Leistungsinanspruchnahme ist hier als Spiegelbild zur reduzierten Leistungsinanspruchnahme und zum Bankwechsel zu betrachten. Sie ist der Vollständigkeit halber aufgeführt, auch wenn eine Reduzierung der erneuten Leistungsnachfrage durch eine Qualitätsinvestition nicht erstrebenswert ist.

Quelle: Eigene Darstellung.

***Abbildung 5.24**: Beispiele für das Veränderungsniveau externer qualitätsbezogener Werttreiber in Ausnahmesituationen im Firmenkundengeschäft*

Erfordert die zu bewertende Qualitätsinvestition eine Verknüpfung zwischen den Verhaltensweisen auf Grund der Qualität in Routinesituationen und der in Ausnahmesituationen, dann sind für die Bestimmung der externen qualitätsbezogenen Werttreiber folgende Überlegungen zu Grunde zu legen. Es ist aber zu beachten, dass keine Doppelzählungen in die Berechnung einfließen, da ein Firmenkunde, der eine positive Verhaltensänderung auf Grund einer verbesserten Qualität in Routinesituationen vornimmt, nicht gleichzeitig auch das Verhalten durch den zukünftigen Wegfall negativer kritischer Ereignisse ändern kann. Aus diesem Grund sind auf Basis des

Grundlagen-Methodenmixes die Firmenkunden zu bestimmen, die von der Qualitätsinvestition sowohl in Routinesituationen als auch in Ausnahmesituationen betroffen sind. Mit Hilfe der ermittelten Schnittmenge ist es möglich, das gesamte Veränderungsniveau der externen qualitätsbezogenen Werttreiber zu bestimmen:

- Die oben dargestellte Vorgehensweise zur Bestimmung des Veränderungsniveaus durch Qualitätsinvestitionen in die Qualität von Routinesituationen wird durchgeführt.
- Diese Ergebnisse werden addiert mit den durch diese Qualitätsinvestition wegfallenden Verhaltensweisen auf Grund der zukünftig nicht mehr auftretenden negativen kritischen Ereignisse der betroffenen Ereignisart, so dass die Gesamtzahl der Firmenkunden, für die sich Verhaltensweisen ändern, feststeht, wobei darin Doppelzählungen in Form der zuvor ermittelten Schnittmenge enthalten sind.
- Aus diesem Grund wird von dieser Summe die die Doppelzählungen verursachende Schnittmenge saldiert und so die eigentliche Anzahl Firmenkunden ermittelt, für die sich die einzelnen Verhaltensweisen und darüber die externen qualitätsbezogenen Werttreiber verändern.

Mit dieser Vorgehensweise wird nicht nur unterstellt, dass der Auftritt zukünftiger negativer kritischer Ereignisse sich aus der Vergangenheit fortsetzt, sondern dass er auch verteilungsmäßig fortgeschrieben werden kann.[1] Sind auf Grund der im Firmenkundengeschäft mit negativen kritischen Ereignissen gemachten Erfahrungen derartige Annahmen nicht zu rechtfertigen, d.h. es muss vorausgesetzt werden, dass eine aus der Vergangenheit abgeleitete Verteilung des Auftritts negativer kritischer Ereignisse nicht herangezogen werden kann, dann ist die Ermittlung der angesetzten Schnittmenge nicht möglich, weshalb die Summe der Veränderungsniveaus aus Routine- und Ausnahmesituationen anzusetzen ist.

Das gesamte Veränderungsniveau der externen qualitätsbezogenen Werttreiber ergibt sich dementsprechend aus der Summe des Veränderungsniveaus der externen

---

1 Bei Gültigkeit dieser Annahmen ist zu überlegen, inwiefern in die Berechnung der externen qualitätsbezogenen Werttreiber auch die „Verhaltensgefahr" durch die negativen kritischen Ereignisse, die nicht durch die Qualitätsinvestition behoben werden, berücksichtigt werden sollen. Dazu ist der Anteil der Firmenkunden zu bestimmen, dessen Verhalten sich durch die Qualitätsinvestition in Routinesituationen verbessert, gleichzeitig auch negativen kritischen Ereignisse ausgesetzt war, die nicht durch die Qualitätsinvestition behoben werden. Auf Grund der gemachten Annahme würden diese negativen kritischen Ereignisse nach wie vor auftreten und die positive Verhaltensänderung dieser Firmenkunden zunichte machen, weshalb auch dieser Anteil Firmenkunden von der für das Veränderungsniveau der externen qualitätsbezogenen Werttreiber ermittelten Kundenzahl subtrahiert werden muss.

qualitätsbezogenen Werttreiber in Routinesituationen, dass sich zum einen aus einer positiven Verhaltensänderung unzufriedener und indifferenter Firmenkunden und zum anderen einer Verhaltensstabilisierung der Firmenkunden zusammensetzen kann, und des Veränderungsniveaus der externen qualitätsbezogenen Werttreiber in Ausnahmesituationen.

Mit der Bestimmung des Veränderungsniveaus der externen qualitätsbezogenen Werttreiber sind bereits wesentliche Voraussetzungen für die letztendliche Überführung der ökonomischen Wirkungen von Qualitätsinvestitionen in das Qualitätsergebnis des QAV geschaffen worden. Wie auf dieser Basis und zusammen mit den internen qualitätsbezogenen Werttreibern das Qualitätsergebnis kalkuliert werden kann, wird im folgenden Kapitel aufgezeigt.

5.3 Kalkulation des Qualitätsergebnisses

Nachdem die verschiedenen externen qualitätsbezogenen Werttreiber ihrer Größe nach bestimmt wurden, können diese gemeinsam mit den internen qualitätsbezogenen Werttreibern und den entstehenden Initiierungskosten zum Qualitätsergebnis des QAV zusammengeführt werden. Mit der Kalkulation des Qualitätsergebnisses kann ein erster Schritt zur Erfüllung des wichtigen Koordinationsbedarfs zwischen Qualitätsergebnis und Ergebnisanspruch innerhalb des wertorientierten Qualitätscontrolling im Firmenkundengeschäft realisiert werden.

Um dabei den Charakteristika der unterschiedlichen Qualitätsergebnisbestandteile Rechnung zu tragen, werden diese in Kategorien des Qualitätsergebnisses zusammengefasst. Hierfür wird zum einen die grundlegende Einteilung der Qualitätswirkungen in Initiierungskosten, Kosteneinsparungen durch die Bank und durch das Kundenverhalten sowie Erlössteigerung/-sicherstellung aufgegriffen[1] und zum anderen die Verbindungen zwischen den qualitätsbezogenen Werttreibern[2] und den Bestandteilen des Qualitätsergebnisses[3] herangezogen.

So können zunächst die Initiierungskosten einer Qualitätsinvestition als eine das Qualitätsergebnis negativ beeinflussende Kategorie abgegrenzt werden. Diese Ergebniskategorie beinhaltet sowohl Standard-Betriebskosten als auch dimensionsübergreifende Betriebskosten. Daneben kann als weitere Qualitätsergebniskategorie das kostenbezogene Qualitätsergebnis separiert werden, das im Gegensatz zu den Initiierungskosten einen positiven Beitrag einzeln und dimensionsübergreifend zum Qualitätsergebnis liefert. Schließlich ist noch das erlösbezogene Qualitätsergebnis zu ermitteln. Werden diese drei Qualitätsergebniskategorien verrechnet und darüber hinaus (Gewinn-)Steuern berücksichtigt, dann kann das Qualitätsergebnis von Qualitätsinvestitionen im Firmenkundengeschäft bestimmt werden. In Abbildung 5.25 sind die Qualitätsergebniskategorien nochmals visualisiert.

---

1 Siehe hierzu Kapitel 5.1.1.

2 Siehe hierzu Kapitel 5.2.1.

3 Siehe hierzu Kapitel 4.2.1.1.

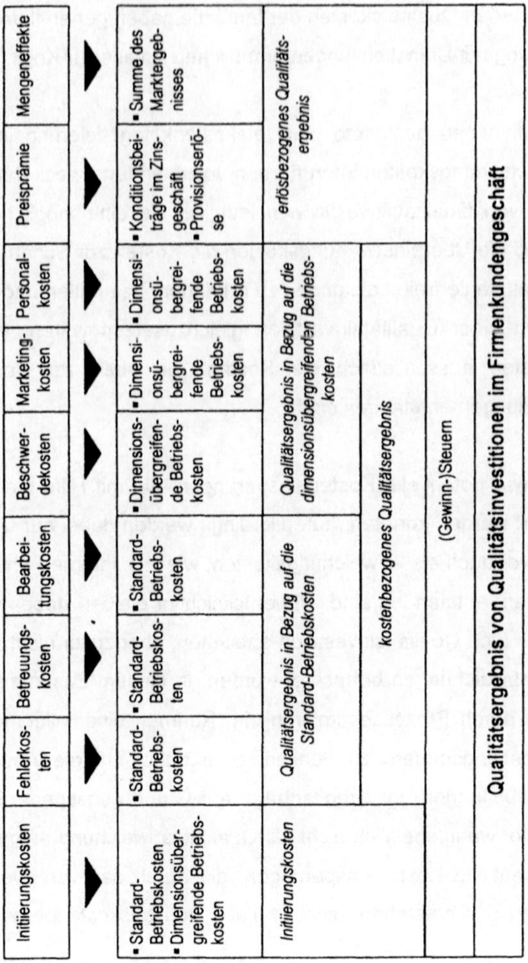

Quelle: Eigene Darstellung.

***Abbildung 5.25**: Bildung von Qualitätsergebniskategorien*

Mit dieser Ergebnisgliederung wird – auch bei alleiniger Betrachtung der Kostenseite – nicht der im Zusammenhang mit dem Qualitätscontrolling üblichen Qualitätskosteneinteilung entsprochen. Diese traditionell in Fehlerverhütungs-, Prüf- und Fehlerkosten untergliederten Qualitätskosten der Industrie gaben generell und gerade auch im Zusammenhang mit Dienstleistungen erheblichen Anlass zur Kritik.[1]

Auch die daraufhin neu gestaltete Qualitätskostenkategorisierung in Übereinstimmungs- und Abweichungskosten kann für den vorliegenden Zweck der wertorientierten Beurteilung von Qualitätsinvestitionen lediglich als eine mögliche Datenquelle dienen. Während die Übereinstimmungskosten die Kosten zur Schaffung und Erhaltung der Fähigkeit, fehlerfreie Leistungen zu erbringen, beinhalten und damit mit den Initiierungskosten einer Qualitätsinvestition gleichzusetzen wären, verkörpern die Abweichungskosten ausschließlich die Kosten, die auch zur Beseitigung von Qualitätsabweichungen entstanden sind.

Sie zeigen so zwar potentielle Kosteneinsparungen, die mit Hilfe einer Qualitätsinvestition realisiert werden könnten, auf, allerdings werden dabei nur die Kosten einbezogen, die zuvor auch als Abweichungskosten, wie z.B. interne Fehlerkosten oder Beschwerdekosten, entstanden sind. Unberücksichtigt bleiben dabei Kosteneinsparungen, die durch eine Qualitätsinvestition entstehen, aber zuvor nicht als zu beseitigende Qualitätsabweichungen betrachtet wurden. In diesem Zusammenhang ist an Effizienzgewinne durch Prozessoptimierung im Rahmen einer allgemeinen Verkürzung von Bearbeitungsdauern zu denken. Eine dabei erfolgte Abschaffung von mehrfachen Bearbeitungen der Kreditanträge auf Grund günstigerer Bearbeitungsfolgen wurde zuvor wahrscheinlich nicht als Qualitätsabweichung aufgefasst. Außerdem werden potentielle Kosteneinsparungen, die durch das veränderte Verhalten der Firmenkunden erst entstehen, nicht in diese Qualitätskostenbetrachtung einbezogen.

Entsprechend der neu vorgestellten Systematisierung des Qualitätsergebnisbestandteile zur Kalkulation des QAV werden zunächst die Initiierungskosten von Qualitätsinvestitionen kalkuliert (**Kapitel 5.3.1**), anschließend die mit Qualitätsinvestitionen verbundenen Erlösänderungen berechnet (**Kapitel 5.3.2**) und das kostenbezogene

---

1 Vgl. zur traditionellen und neuen Qualitätskostengliederung beispielsweise Fischer, T., 2000; Bruhn, M., 1998, S. 129-138; Wildemann, H., 1997; Wildemann, H., 1995a; Wildemann, H., 1995b; Bröckelmann, J., 1995, S. 38-61; Kandaouroff, A., 1994; Fröhling, O., 1993; Deutsche Gesellschaft für Qualität e.V. (Hrsg.), 1985.

Qualitätsergebnis bestimmt (**Kapitel 5.3.3**), um schließlich ein Kalkulationsschema für das gesamte Qualitätsergebnis aufzustellen (**Kapitel 5.3.4**).

5.3.1 Bestimmung der Initiierungskosten von Qualitätsinvestitionen

Der Ausgangspunkt für die Berechnung des Qualitätsergebnisses liegt in der Quantifizierung der Initiierungskosten einer Qualitätsinvestition. Als Rahmen hierfür dient die durch das Grundmodell des QAV vorgegebene kostenrechnerische Perspektive. Damit ist die Ermittlung der Initiierungskosten für Qualitätsinvestitionen nicht gleichzusetzen mit der Bestimmung der Anschaffungsauszahlungen im Sinne einer zahlungsorientierten Investitionsbetrachtung, so dass in einem ersten Schritt festgelegt werden muss, aus welchen Bestandteilen sich die Initiierungskosten von Qualitätsinvestitionen zusammensetzen können und wie diese zu charakterisieren sind (**Kapitel 5.3.1.1**). Anschließend können darauf aufbauend die einzelnen Initiierungskostenbestandteile kalkuliert werden (**Kapitel 5.3.1.2**).

5.3.1.1 Festlegung und Charakterisierung relevanter Initiierungskostenbestandteile

Grundsätzlich können im Zusammenhang mit der Initiierung von Qualitätsinvestitionen, die verschiedenste Formen aufweisen können,[1] Kosten im Zusammenhang mit dem Verbrauch von materiellen Gütern (Sachkosten) sowie Kosten im Zusammenhang mit dem Verbrauch von immateriellen Gütern (Personal- und Dienstleistungskosten) entstehen.[2] Darüber hinaus fallen auf Grund des kostenrechnerischen Charakters auch kalkulatorische Kosten an.[3]

Auf Grund des immateriellen Charakters von Firmenkundenleistungen[4] stellen die **Personalkosten** einen wesentliche Kostenbestandteil dar.[5] Sie umfassen primär

---

1 Siehe hierzu ausführlich Kapitel 3.3.2.1.

2 Vgl. ähnlich Djanani, C./Schöb, O., 1997, S. 36; auch Haberstock, L., 1982, S. 69 ff.

3 Vgl. grundlegend zur Investitionsrechnung mit Auszahlungen/Ausgaben und Kosten Lücke, W., 1955.

4 Siehe hierzu Kapitel 3.1.2.2.1.

5 Sie werden im Betriebsbereich von Banken auf 60 bis 70 % geschätzt (vgl. Vikas, K., 1988, S. 70).

Gehaltskosten inklusive der gesetzlichen und freiwilligen Sozialabgaben. Darüber hinaus können auch Kosten des Mitarbeiterausfalls im Zusammenhang mit Schulungen/Aus- und Weiterbildungen auftreten. Nicht nur die Durchführung der Schulung/Aus- und Weiterbildung verursacht Kosten, sondern auch der Wegfall der teilnehmenden Mitarbeiter an ihrem Arbeitsplatz lässt Kosten entstehen. Diese werden sonst durch die Tätigkeit der Mitarbeiter (über-)kompensiert. Eine Teilnahme an der Schulung/Aus- und Weiterbildung verhindert jedoch diesen Prozess, ohne gleichzeitig auch die Kosten einzustellen, so dass ein Einbezug der Kosten des Mitarbeiterausfalls in die Initiierungskosten von Qualitätsinvestitionen im Firmenkundengeschäft erforderlich scheint, um eine entscheidungsrelevante Datenbasis zu schaffen.

Sachkosten für die Initiierung einer Qualitätsinvestition im Firmenkundengeschäft stellen vorrangig Kosten für Drucksachen und Büromaterial sowie Telefonkosten und Postgebühren dar. Letztere treten insbesondere dann auf, wenn beispielsweise eine Qualitätsverbesserung in der Erreichbarkeit der Firmenkundenbetreuer oder der Informationsversorgung der Firmenkunden erzielt werden soll. Es ist außerdem denkbar, dass für die Initiierung einer Qualitätsinvestition auch zusätzliche Energiekosten auftreten. Dies ist insbesondere dann der Fall, wenn die Qualitätsinvestition u.a. den Einsatz von Technik erfordert. Überdies kann es erforderlich werden, zusätzliche Räumlichkeiten oder Spezialausstattungen für die Initiierung einer Qualitätsinvestition anzumieten, so dass auch Mietkosten entstehen können.

Dienstleistungskosten verkörpern Kosten, die durch die Inanspruchnahme von Dienstleistungen Dritter (bankintern oder bankextern) entstehen, auch wenn während der Dienstleistungserstellung materielle Güter verbraucht werden. Damit ist eine Abgrenzung zwischen Sach- und Dienstleistungskosten – entsprechend den Definitionen von Sach- und Dienstleistungen – nicht immer eindeutig, findet aber trotzdem Anwendung. Gerade bei der Durchführung einer Qualitätsinvestition können Dienstleistungskosten im Zusammenhang mit Schulungen/Aus- und Weiterbildung auftreten. Außerdem ist es denkbar, dass bei der Inanspruchnahme von technischen Ausstattungen im Rahmen der Initiierung einer Qualitätsinvestition auch Dienstleistungskosten im Zusammenhang mit Instandhaltungen verursacht werden. Daneben sind auch Kosten für Werbungsmaßnahmen im Zusammenhang mit einer verbesserten Qualität denkbar.

Die **kalkulatorischen Kosten** setzen sich generell aus kalkulatorischen Abschreibungen, kalkulatorischen Wagnissen, kalkulatorischem Unternehmerlohn, kalkulatorischer Miete sowie kalkulatorischen Zinsen zusammen.[1] Letztere liefern einen zentralen Modellbestandteil des QAV. Sie werden deshalb auch separat als Ergebnisanspruch an die Qualitätsinvestition behandelt.[2] Der kalkulatorische Unternehmerlohn spielt für Banken keine Rolle, da diese in der Regel von (entlohnten) Führungskräften geleitet werden. Die kalkulatorischen Mieten im Sinne von Opportunitätskosten für genutzte bankeigene Grundstücke und Gebäude besitzen in Banken kaum noch Bedeutung,[3] können aber intern verrechnet werden.

Kalkulatorische Wagnisse zur Absicherung von Einzelrisiken im Zusammenhang mit der Leistungserstellung im Firmenkundengeschäft sind für die Initiierungskosten einer Qualitätsinvestition ebenfalls nicht von Relevanz. Sie fließen in die Leistungserstellungskosten, z.B. in Form der Risikokosten, ein. Schließlich verbleiben die kalkulatorischen Abschreibungen als Kostenbestandteil der kalkulatorischen Initiierungskosten. Die so erfasste Verringerung des Nutzungspotentials[4] von Betriebsmitteln kommt im Rahmen der Initiierungskosten dann zum Einsatz, wenn für die Realisierung der Qualitätsinvestition entsprechende Betriebsmittel angeschafft bzw. mitgenutzt werden. Auf Grund des geringen Anlagevermögens in Kreditinstituten im Vergleich zum produzierenden Gewerbe haben kalkulatorische Abschreibungen in Banken jedoch eine geringere Bedeutung als in der Industrie.[5]

In Abbildung 5.26 werden die verschiedenen Kostenbestandteile für die Initiierung von Qualitätsinvestitionen im Firmenkundengeschäft nochmals zusammenfassend dargestellt. Damit wurde versucht, eine möglichst umfassende Aufzählung potentieller Bestandteile von Initiierungskosten darzulegen. Auf Grund des heterogenen Charakters von Qualitätsaktivitäten im Firmenkundengeschäft ist es möglich, dass von einer zu initiierenden Qualitätsinvestition nicht alle Kostenpositionen tangiert werden.

---

1 Vgl. Djanani, C./Schöb, O., 1997, S. 53-77; auch Haberstock, L., 1982, S. 71-82.

2 Siehe hierzu Kapitel 5.4.

3 Vgl. Jacob, A.-F., 1990, S. 28.

4 Vgl. Djanani, C./Schöb, O., 1997, S. 53.

5 Vgl. Jacob, A.-F., 1990, S. 26 ff.

Des Weiteren ist es denkbar, dass Sonderkosten auftreten, denen über die Position „sonstige Kosten“ Rechnung getragen wird.

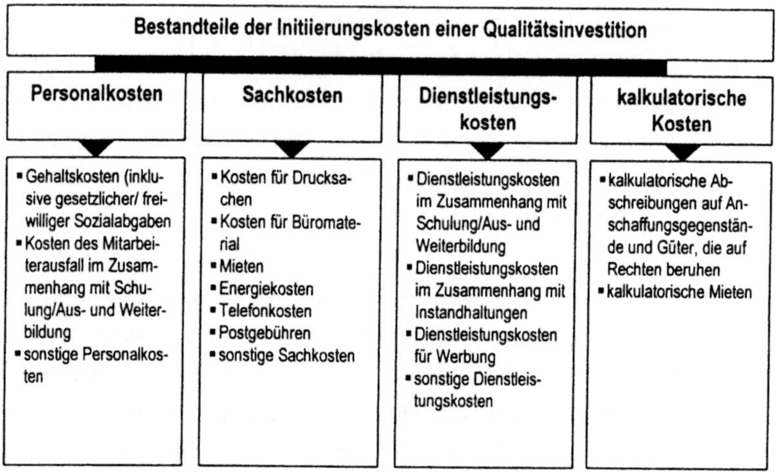

Quelle: Eigene Darstellung.

***Abbildung 5.26**: Bestandteile der Initiierungskosten einer Qualitätsinvestition im Firmenkundengeschäft*

Zur Charakterisierung der verschiedenen Bestandteile der Initiierungskosten einer Qualitätsinvestition werden – entlehnt aus der Kostenrechnung allgemein[1] - die Kriterien Kostenzurechenbarkeit und Abhängigkeit der Kosten von Kosteneinflussgrößen herangezogen. Ferner wird – gerade im Zusammenhang mit Investitionen – die Häufigkeit des Kostenanfalls als Charakteristikum genutzt.[1]

Das Kriterium der Kostenzurechenbarkeit drückt aus, inwiefern mit der Initiierung einer Qualitätsinvestition Kosten entstehen, die der Qualitätsinvestition direkt zugeordnet werden können (Einzelkostencharakter in Bezug auf die Qualitätsinvestition) oder die auch durch die Qualitätsinvestition entstehen und damit die Qualitätsinvestition nicht alleinig für die Kostenverursachung verantwortlich ist (Gemeinkostencharakter in Bezug auf die Qualitätsinvestition).

1 Vgl. hierzu Djanani, C./Schöb, O., 1997, S. 22 ff. und S. 33.

Beide Merkmale der Kostenzurechenbarkeit können im Zusammenhang mit den Initiierungskosten einer Qualitätsinvestition auftreten. Beispielsweise können komplett für die Initiierung der Qualitätsinvestition abgestellte Mitarbeiter der Qualitätsinvestition direkt zugerechnet werden, wohingegen die Kosten für teilweise in Anspruch genommene Personalressourcen entsprechend aufgeteilt werden müssen.

Die Abhängigkeit des Kostenanfalls von Kosteneinflussgrößen, d.h. vom qualitätsbezogenen Aktivitätsniveau,[2] bringt zum Ausdruck, ob es sich im Fall der Initiierungskosten um fixe (vom qualitätsbezogenen Aktivitätsniveau unabhängige) oder variable (vom qualitätsbezogenen Aktivitätsniveau abhängige) Kosten handelt. Da die mit einer Qualitätsinvestition verbundenen Initiierungskosten entstehen, weil damit das qualitätsbezogene Aktivitätsniveau erhöht wird und deshalb diese Initiierungskosten bei Nicht-Durchführung der Qualitätsinvestition auch nicht anfallen, handelt es sich hier um variable Kosten.

Allerdings ist dabei zu berücksichtigen, dass die durch die Qualitätsinvestition in Anspruch genommenen Ressourcen für die Bank bzw. das Firmenkundengeschäft bei Nicht-Durchführung der Qualitätsinvestition kostenmäßig nicht komplett wegfallen, wie z.B. ein nur zu einem bestimmten Teil durch die Qualitätsinvestition beanspruchter Mitarbeiter, der dem Firmenkundengeschäft nach wie vor kostenmäßig belastet wird.

Mit diesen beiden charakteristischen Kriterien Kostenzurechenbarkeit und Abhängigkeit der Kosten von Kosteneinflussgrößen wird auch der Problembereich der Entscheidungsrelevanz von Kostengrößen berührt. Gerade die in Banken traditionell übliche Vollkostenrechnung auf Ist- oder Normalkostenbasis[3] und der damit verbundenen Gemeinkostenschlüsselung und Fixkostenproportionalisierung wird (großes) Fehlentscheidungspotential zugesprochen.[4]

---

1 Vgl. zu diesen Kriterien auch Bruhn, M., 1998, S. 147.

2 Vgl. Bruhn, M., 1998, S. 147; auch Dauben, S., 2001, S. 296.

3 Vgl. Schierenbeck, H., 1999a, S. 346; auch Gerke, W./Pfeuer-Kinnel, G., 1997, S. 30.

4 Vgl. Schierenbeck, H., 1999a, S. 351 f.; auch Süchting, J./Paul, S., 1998, S. 396; Gerke, W./Pfeuer-Kinnel, G., 1997, S. 41 f.; Djanani, C./Schöb, O., 1997, S. 139 f.

Eine ausschließliche Betrachtung von zusätzlich verursachten und direkt zurechenbaren Kosten, was variablen Einzelkosten entspräche, stellt sich aber für Banken und das Firmenkundengeschäft als wenig sinnvoll dar, weil derartige Kosten im Bankbetrieb einen äußerste geringen Teil ausmachen. Beispielsweise könnten dann weder Personalkosten noch EDV-Kosten einem Kalkulationsobjekt zugerechnet werden, obwohl diese auf Grund der Charakteristika von Firmenkundenleistungen einen wesentlichen Bestandteil im Leistungsprozess und damit auch bei der Erbringung von Qualität ausmachen.[1]

Aus diesem Grund wird in Banken auch eine prozessorientierte Standard-Einzelkostenrechnung praktiziert[2] und in deren Rahmen eine Einzelkostenzurechnung in Kombination mit einer normierten Leistungsinanspruchnahme vorgenommen,[3] so dass eine Zurechnung von fixen Kosten und Gemeinkosten leistungsbezogen und nicht über eine pauschale Schlüsselung erfolgen kann. Außerdem wird über eine unterschiedliche hierarchische Kostenzuweisung – eine Zuweisung erfolgt auf der Ebene, auf der Einzelkostencharakter vorliegt[4] – eine Relativierung der Einzel-/Gemeinkostenproblematik erreicht. Darüber hinaus werden Kostenträgern – wie einer Qualitätsinvestition – nur Nutzkostenanteile zugeordnet, damit die verteilten Kosten unabhängig von der tatsächlichen Auslastung (beispielsweise eines Mitarbeiters) der Sicherstellung einer bestimmten Leistungskapazität entsprechen.[5]

In Bezug auf die Häufigkeit des Kostenanfalls können schließlich die im Zusammenhang mit der Initiierung einer Qualitätsinvestition auftretenden Kosten einmalig bzw. laufend anfallen.[6] Auf Grund der im Rahmen des QAV gewählten kostenrechnerischen Perspektive werden die typischerweise mit einer Investition verbundenen einmaligen Anfangsauszahlungen zumeist für Anschaffungsgegenstände bei Auftritt im

---

1 Vgl. hierzu auch Schierenbeck, H., 1999a, S. 352 f.; Kastner, K.-H./Bohnenkamp, P., 1993, S. 9, 11. Schierenbeck, H., 1992, S. 9.

2 Vgl. Süchting, J./Paul, S., 1998, S. 438-446; auch Gerke, W./Pfeuer-Kinnel, G., 1997, S. 52 ff.; Wimmer, K., 1996, S. 246-274; Kastner, K.-H./Bohnenkamp, P., 1993, S. 9.

3 Vgl. zu Bestimmung von Standard-Einzelkosten auch Schierenbeck, H., 1992, S. 9; Bechtel, E. W., 1988, S. 81 ff.; Vikas, K., 1988, S. 71.

4 Vgl. exemplarisch hierzu Kastner, K.-H./Bohnenkamp, P., 1993, S. 10 f.

5 Vgl. ausführlich Schierenbeck, H., 1999a, S. 346.

6 Vgl. auch Bruhn, M., 1998, S. 148.

Rahmen einer Qualitätsinvestition über die kalkulatorischen Abschreibungen berücksichtigt, so dass hier zumeist Kosten entstehen, die nicht nur einmalig auftreten.

Nachdem die Initiierungskosten einer Qualitätsinvestition in ihre Bestandteile zerlegt und charakterisiert wurden, soll anschließend aufgezeigt werden, wie sie konkret ermittelt werden können.

5.3.1.2 Kalkulation der einzelnen Initiierungskostenbestandteile

Die Basis für die Kostenermittlung stellt das Rechnungswesen für das Firmenkundengeschäft mit seinen verschiedenen Bereichen[1] – insbesondere aber die prozessorientierte Standard-Einzelkostenrechnung[2] – dar. Damit kann auch der kostenstellenübergreifenden Planung der Initiierungskostenbestandteile Rechnung getragen werden. In diesem Zusammenhang bleibt insgesamt für die Kalkulation der Initiierungskosten von Qualitätsinvestitionen festzuhalten, dass u.U. eine höhere Kostenerfassungsgenauigkeit die Kalkulationsgenauigkeit nicht verbessert, sondern nur zu einem höheren Kalkulationsaufwand führt. Aus diesem Grund muss für alle potentiellen Kostenbestandteile einer Qualitätsinvestition entschieden werden, inwiefern eine genaue Kostenerfassung auch zu einer verbesserten entscheidungsrelevanten Planung der Initiierungskosten beiträgt.

Entsprechend der obigen Gliederung der Initiierungskosten, soll dabei zunächst eine Kalkulation der Personal- und Sachkosten (**Kapitel 5.3.1.2.1**) und anschließend die der Dienstleistungs- und kalkulatorischen Kosten (**Kapitel 5.3.1.2.2**) vorgenommen werden.

5.3.1.2.1 Personal- und Sachkosten

Zur Bestimmung der **Gehaltskosten**, die mit der Initiierung einer Qualitätsinvestition einhergehen, ist es in einem ersten Schritt erforderlich, die benötigten Personalressourcen zusammenzustellen. Da in der Regel für die Initiierung einer Qualitätsinves-

---

1 Vgl. hierzu allgemein Djanani, C./Schöb, O., 1997, S. 13 ff.; auch Gerke, W./Pfeuer-Kinnel, G., 1997, S. 30.

2 Vgl. hierzu auch als Basis für die folgenden Ausführungen Schierenbeck, H., 1999a, S. 356-365.

tition keine separaten neuen Stellen geschaffen werden, sondern bestehende Personalressourcen genutzt werden, muss zunächst die gesamte Arbeitszeit des Personals für die Initiierung berechnet werden. Im Sinne der prozessorientierten Standard-Einzelkostenrechnung müssen dafür die für die Initiierung einer Qualitätsinvestition relevanten Aktivitäten geplant und mit einer entsprechenden Standard-Bearbeitungszeit versehen werden.

Im Falle von Aktivitäten, die die Leistungserstellung betreffen, wie z.B. die Erweiterung der Kreditbearbeitung um die Aktivität telefonischer Zwischenbescheid durch den Firmenkundenbetreuer, kann auf bereits vorhandene Daten der prozessorientierten Standard-Einzelkostenrechnung zurückgegriffen werden, innerhalb derer die Aktivitäten mit jeder einzelnen Leistungsart im Firmenkundengeschäft zeitmäßig hinterlegt sind.

Werden mit der Initiierung einer Qualitätsinvestition Personalressourcen gebunden, deren Aktivitäten keinen Wiederholungscharakter aufweisen bzw. nicht unmittelbar die einzelnen Leistungserstellungsprozesse betreffen, kann das zeitliche Ausmaß einzelner Aktivitäten entweder auch der prozessorientierten Standard-Einzelkostenrechnung für vergangene Investitionen oder Projekte entnommen[1] oder die zeitliche Inanspruchnahme dieser Aktivitäten muss separat bestimmt werden. Hierfür stehen Zeitmessverfahren konventioneller Art (direkte Zeitbestimmung, Zeitschätzung, Mitarbeiterzeitaufschreibung) und analytischer Art (REFA-Zeitmessverfahren, Multimoment-Verfahren, Master-Clerical-Data-Verfahren) zur Verfügung.[2]

Sind die erforderlichen Standard-Bearbeitungszeiten für die einzelnen Aktivitäten zur Initiierung einer Qualitätsinvestition im Firmenkundengeschäft bekannt, dann müssen diese noch mit Preisen in Form von Einzelkostenfaktoren versehen werden. Diese können ebenfalls der prozessorientierten Standard-Einzelkostenrechnung ent-

---

1 Im Rahmen der prozessorientierten Standard-Einzelkostenrechnung werden nicht nur die Abläufe mit den dazugehörigen Kosten für die Leistungserstellung am Markt abgebildet, sondern auch einmalig auftretende Projektkosten einbezogen (vgl. Schierenbeck, H., 1999a, S. 358 f.).

2 Eine Diskussion über deren Eignung für die prozessorientierte Standard-Einzelkostenrechnung führt Schierenbeck, H., 1999a, S. 361 f.; auch Gerke, W./Pfeuer-Kinnel, G., 1997, S. 83-89; teilweise auch Antensteiner, E./Feuerstein, D., 1989, S. 261.

nommen bzw. müssen für einzelne Aktivitäten noch kalkuliert werden, wofür zwei Möglichkeiten zur Verfügung stehen:[1]

- Zum einen kann über die Anzahl der Mitarbeiter die erwartete Kostenstellenkapazität ermittelt werden. Werden die Plankosten für Gehalt der Kostenstelle in Relation zur Kostenstellenkapazität gesetzt, können die gehaltsbezogenen Einzelkostenfaktoren pro Zeiteinheit bestimmt werden.
- Zum anderen ist es möglich, für jede Aktivität die erforderliche Mitarbeiterqualifikation festzustellen, worüber unter Zugrundelegung zukünftiger Gehaltsentwicklungen und der durchschnittlichen Anwesenheit Einzelkostenfaktoren je Zeiteinheit/je Prozess bestimmbar sind. Damit liefert dieses Verfahren eine stärkeren Norm-Charakter der Einzelkostenfaktoren, ist jedoch auch aufwendiger als ersteres Verfahren.

Um die gesamten Gehaltskosten zur Initiierung einer Qualitätsinvestition im Firmenkundengeschäft zu berechnen, werden die Standard-Bearbeitungszeiten mit den Einzelkostenfaktoren für Gehalt pro Aktivität multipliziert und anschließend entsprechend der erforderlichen Anzahl je Aktivitätsart vervielfacht. Die Summe der Kosten über alle Aktivitätsarten stellen dann die gesamten Gehaltskosten, die mit der Initiierung einer Qualitätsinvestition verbunden sind, dar.

Ähnlich können auch die **Kosten des Mitarbeiterausfalls**, z.B. für Schulungen, geplant werden. Die die Mitarbeiterqualifikation widerspiegelnden Einzelkostenfaktoren und die für die Schulung/Aus- und Weiterbildung beanspruchte Zeit werden multipliziert und als Kostenbestandteil angesetzt. Handelt es sich um ausgedehnte Schulungen/Aus- und Weiterbildungsmaßnahmen muss eventuell eine Vertretung für den betroffenen Mitarbeiter im Firmenkundengeschäft eingeplant werden. Die hierfür entstehenden Zusatzkosten in Form von Einzelkostenfaktoren multipliziert mit der in Anspruch genommenen Zeit müssen dann ebenfalls in die Initiierungskosten von Qualitätsinvestitionen einfließen.

Soll beispielsweise zur Verbesserung der Beratungs- und Informationsqualität im Firmenkundengeschäft ein Kundeninformationssystem eingeführt werden, das zum einen eine monatliche schriftliche Information der Firmenkunden (per Brief oder E-mail) in Bezug auf die Entwicklung der Werte, Konditionen etc. der spezifisch von

---

[1] Vgl. Schierenbeck, H., 1999a, S. 363.

ihnen in Anspruch genommenen Leistungen, der diesbezüglichen Marktentwicklungen und neue Angebote sowie zum anderen telefonische Benachrichtigungen der Firmenkunden bei kurzfristigen Veränderungen vorsieht,[1] dann lassen sich die Initiierungskosten einer solchen Qualitätsinvestition folgendermaßen für eine komplette Periode[2] berechnen.

Dabei entstehen Personalkosten, die durch die Erstellung des Informationsschreibens und deren Versendung sowie die zusätzlich zu führenden Telefonaten verursacht werden. Für die inhaltliche und formale Erstellung des Informationsschreibens wird eine neue Stelle geschaffen, wobei Einstellungskosten in Höhe von 20.000 DM und Gehaltskosten von 80.000 DM p.a. entstehen.

Darüber hinaus werden durch Verwaltungstätigkeiten das Kundeninformationssystem betreffend, wie z.B. Adressverwaltung, Schreibtätigkeiten, Personalkosten verursacht, die mit 960 min pro zu erstellendem Informationsschreiben und einem prozessorientierten Standard-Einzelkostensatz von 1,80 DM/min angesetzt werden, so dass insgesamt allgemeine Verwaltungskosten in Höhe von 20.736 DM $(= 960 \cdot 12 \cdot 1{,}80)$ pro Periode entstehen.

Die Personalkosten, die durch die Versendung der Informationen entstehen, werden entsprechend dem Ablauf in der zuständigen Kostenstelle bestimmt. Kann davon ausgegangen werden, dass 200 Briefe auf dem Postweg und 250 Briefe auf dem elektronischen Weg versandt werden sowie für ersteres eine Prozessdauer von 1 min pro Brief bei einem prozessorientierten Standard-Einzelkostensatz von 1,50 DM/min und für letzteres eine anzahlunabhängige Dauer von 15 min bei einem prozessorientierten Standard-Einzelkostensatz von 2,50 DM/min unterstellt werden kann, dann resultieren aus der traditionellen Versendung Kosten in Höhe von 3.600 DM $(= 200 \cdot 12 \cdot 1 \cdot 1{,}50)$ und aus der elektronischen Versendung 450 DM $(= 15 \cdot 12 \cdot 2{,}50)$ pro Periode.

---

1 Das einzuführende Kundeninformationssystem soll sich hier auf diese Bestandteile beschränken, da bereits mit diesen eine exemplarische Kalkulation dargelegt werden kann.

2 Eine Mehrperiodenbetrachtung erfolgt in Kapitel 5.5.

Schließlich muss auch die zusätzliche Telefonzeit der Firmenkundenbetreuer in die Initiierungskosten der Qualitätsinvestition einfließen. Kann davon ausgegangen werden, dass alle Firmenkunden zusätzlich einmal pro Monat angerufen werden, dann sind dies bei 450 Firmenkunden, einer durchschnittlichen Dauer von 5 min und einem prozessorientierten Standard-Einzelkostensatz des Firmenkundenbetreuers von 3,50 DM/min insgesamt 94.500 DM ($= 450 \cdot 12 \cdot 5 \cdot 3{,}50$).

Zusätzlich ist zu berücksichtigen, dass die Firmenkundenbetreuer im Rahmen einer einstündigen Einführungsveranstaltung über das Kundeninformationssystem geschult werden. Hierfür entstehen bei 30 Firmenkundenbetreuern und einem prozessorientierten Standard-Einzelkostensatz von 3,50 DM/min Kosten in Höhe von 6.300 DM. In Abbildung 5.27 ist die beispielhafte Kalkulation der Personalkosten nochmals zusammengefasst.

Personalkosten					
Kostenfaktoren		Anzahl der Aktivitäten (1)	Standard-Einzelkostensatz der Aktivität (2)	Dauer der Aktivität (3)	Personalkosten (4)=(1)*(2)*(3)
Einstellung		---	---	---	20.000,00 DM
zusätzliche Stelle		---	---	---	80.000,00 DM
allgemeine Verwaltung		12	1,80 DM/min	960 min	20.736,00 DM
Versand	postalisch	2.400	1,50 DM/min	1 min	3.600,00 DM
	elektronisch	12	2,50 DM/min	15 min	450,00 DM
Zusatztelefonate		5.400	3,50 DM/min	5 min	94.500,00 DM
Einführungsveranstaltung		30	3,50 DM/min	60 min	6.300,00 DM
Personalkosten insgesamt					**225.586,00 DM**

Quelle: Eigene Darstellung.

***Abbildung 5.27**: Beispielkalkulation von Personalkosten als Bestandteil der Initiierungskosten einer Qualitätsinvestition*

Die neben den Personalkosten im Zusammenhang mit Qualitätsinvestition entstehenden Sachkosten beinhalten zunächst allgemein **Kosten für Drucksachen**, z.B. neue Formulare für die Firmenkunden-Beratung, oder **Büromaterial**, z.B. Material für Schulungen, wofür in der Regel Preise in der Bank existieren bzw. können die am Markt üblichen Preise bei Inanspruchnahme eines externen Anbieters herangezogen werden. Schwieriger ist es, die benötigten Mengen für die Kalkulation zu planen. Hierfür können Durchschnittswerte der Vergangenheit als Ausgangspunkt dienen. Dies gilt insbesondere für den bankinternen Verbrauch. Ist der Verbrauch auch vom

Verhalten der Firmenkunden abhängig, dann ist es erforderlich, diesen überdurchschnittlichen Verbrauch einzuplanen.

Mit der Initiierung einer Qualitätsinvestition können auch Mehrkosten in Bezug auf **Telefon und/oder Postgebühren** einhergehen. Die Zusatzmenge an Telefonaten, die auch Online-Verbindungen beinhalten, können entsprechend der geplanten Veränderungen durch die Qualitätsinvestition bestimmt werden. Beispielsweise sollen die Firmenkunden jetzt nach der Kreditentscheidung umgehend telefonisch über das Ergebnis informiert werden, dann kann die Anzahl der zusätzlich zu führenden Telefonate über die durchschnittliche Anzahl der Kreditentscheidungen bestimmt werden. Unter Berücksichtigung der durchschnittlichen Gesprächsdauer pro Telefonat und den üblichen Preisen können die Mehrkosten für Telefon kalkuliert werden.

Ebenso können die zusätzlich entstehenden Postgebühren berechnet werden. In Abhängigkeit von der geplanten Qualitätsinvestition, z.B. monatlicher Versand aktueller Bankkonditionen an die Firmenkunden, kann das Mengengerüst für die zusätzlichen Postgebühren bestimmt werden. Unter Berücksichtigung der geltenden Postgebühren ist es möglich, diesen Kostenbestandteil zu quantifizieren.

Ist es für die Initiierung einer Qualitätsinvestition erforderlich, zusätzliche Räumlichkeiten oder andere Gegenstände, z.B. im Zusammenhang mit Einführungsveranstaltungen für Qualitätsinvestitionen, anzumieten, so sind auch diese **Mietkosten** in der Planung der Initiierungskosten zu berücksichtigen. Die für den Einbezug in die Initiierungskosten von Qualitätsinvestitionen erforderlichen Preise können über die gültigen Mietpreise und den dazugehörigen Mietdauern ermittelt werden.

Zusätzlich anfallende **Energiekosten** wären in Form von Einzelkosten erfassbar. Der Erfassungsaufwand ist in der Regel jedoch so groß, dass sie häufig wie Gemeinkosten (unechte Gemeinkosten)[1] behandelt und damit auch pauschalisiert verrechnet werden, was gegen eine entscheidungsrelevante Rechnung spricht. Dennoch ist es möglich, bei Fällen, in denen die Energiekosten als wesentlicher Bestandteil der Initiierungskosten zu betrachten sind, eine Planung dieser vorzunehmen. Hierfür werden

1 Vgl. Djanani, C./Schöb, O., 1997, S. 40.

der durchschnittliche Verbrauch pro Zeiteinheit, die Nutzungsdauer und der für die Kalkulationsperiode gültige Energiepreis herangezogen.

Wird das Beispiel zur Einführung eines umfassenden Kundeninformationssystems hier fortgesetzt, dann sind Sachkosten vorrangig für Druck, Büromaterial, Postgebühren und Telefon zu berechnen. Druckkosten entstehen einerseits durch die regelmäßige Erstellung der Informationsschreiben für den postalischen Versand und belaufen sich bei Annahmen von 3,20 DM Kosten pro Schreiben auf 7.680 DM (=200·12·3,20) innerhalb eines Jahres. Andererseits entstehen für die Anfertigung der Unterlagen für die Einführungsveranstaltung in der ersten Periode zusätzliche Druckkosten in Höhe von 100 DM.

Die Kosten für Büromaterial entstehen im Wesentlichen für das benötigte Versandmaterial, das 0,15 DM pro auf traditionellem Weg beförderten Informationsbrief beträgt und somit hierfür insgesamt 360 DM pro Periode anfallen. Die darüber hinaus entstehenden Kosten für Büromaterial, die insbesondere mit der zusätzlichen Stelle verbunden sind, werden erfahrungsgemäß auf 500 DM pro Periode festgesetzt.

Die Postgebühren belaufen sich für die regelmäßig zu versendenden Informationsschreiben auf 7.200 DM (= 200·12·3) pro Periode. Zusätzlich sind mit der neuen Stelle durchschnittlich 100 DM Postgebühren pro Periode verbunden. Für die zusätzlich zu führenden Telefonate ergeben sich bei 0,10 DM/min Gebühren Kosten in Höhe von 2.700 DM (= 450·12·5·0,10) pro Periode. Für die zusätzlich geschaffene Stelle entstehen durchschnittlich Telefonkosten in Höhe von 600 DM pro Periode. Die einzelnen Sachkostenbestandteile für die Initiierung des Kundeninformationssystems sind in Abbildung 5.28 nochmals dargestellt.

Sachkosten				
Kostenfaktoren		Standard-Einzelkostenssatz (1)	Anzahl (2)	Sachkosten (3)=(1)*(2)
Druck	Einführungsveranstaltung	---	---	100,00 DM
	Informationsschreiben	3,20 DM/Stück	2.400	7.680,00 DM
Büromaterial	zusätzliche Stelle	---	---	500,00 DM
	Versandmaterial	0,15 DM/Stück	2.400	360,00 DM
Postgebühren	zusätzliche Stelle	---	---	100,00 DM
	Informationsschreiben	3,00 DM/Stück	2.400	7.200,00 DM
Telefon	zusätzliche Stelle	---	---	600,00 DM
	Firmenkundenbetreuer	0,10 DM/min	27.000	2.700,00 DM
Sachkosten insgesamt				**19.240,00 DM**

Quelle: Eigene Darstellung.

***Abbildung 5.28**: Beispielkalkulation von Sachkosten als Bestandteil der Initiierungskosten einer Qualitätsinvestition*

5.3.1.2.2 Dienstleistungs- und kalkulatorische Kosten

Dienstleistungskosten können im Zusammenhang mit Qualitätsinvestitionen einerseits entstehen, wenn bankexterne Anbieter für die Umsetzung der Qualitätsinvestition Leistungen erbringen, wie z.B. Dozenten/Trainer, eine Wartungsfirma oder eine Werbeagentur. Üblicherweise existieren für derartige Leistungen Stundensätze bzw. Preise. Diese Stundensätze/Preise können auf Grund vergangener Erfahrungen mit dem Anbieter oder aktueller Angebote ermittelt werden. Unter Berücksichtigung der Dauer, die für eine Dienstleistungserstellung, wie z.B. Schulung, Instandhaltung, Werbung, erforderlich ist und die Häufigkeit der Dienstleistungserstellung pro Periode, können die externen Dienstleistungskosten geplant werden.

Darüber hinaus können hier eventuell auch Kosten für Material[1], wie z.B. Schulungsunterlagen, Ersatzteile oder Plakatdruck, anfallen. Sind diese nicht in den Stundensätzen enthalten, müssen sie separat für die Rechnung geplant werden. Um deren Höhe bereits in der Planung der Initiierungskosten berücksichtigen zu können, muss das benötigte Material mit den jeweiligen Preisen und Einsatzhäufigkeiten pro Periode, wie z.B. regelmäßig zu ersetzende Teile einer EDV-Anlage, ermittelt und als Teil der Dienstleistungskosten berechnet werden. Speziell für Instandhaltungsdienst-

1 Obwohl es sich dabei eigentlich um Sachkosten handelt, sollen sie auf Grund ihres Entstehens im Zusammenhang mit der Dienstleistung hier einbezogen werden.

leistungen können zwischen der Bank und dem externen Anbieter auch Verträge mit Gesamtkosten- und Häufigkeitsangaben bestehen, so dass eine Berechnung dieses Kostenbestandteils als unproblematisch einzustufen ist.

Überdies können für externe Dienstleistungsanbieter auch Reisekosten/Kosten für Übernachtungen auftreten, die dem Firmenkundengeschäft in Rechnung gestellt würden und deshalb in die Kostenplanung auf Basis von Erfahrungswerten/Angeboten einbezogen werden müssen.

Andererseits können die Dienstleistungskosten auch entstehen, wenn sie durch bankinterne Dienstleister, wie z.B. die Personalabteilung, das Rechenzentrum/EDV-Abteilung oder die Marketingabteilung, angeboten werden. Die zu planenden Dienstleistungskosten können sich dann zum einen analog zu der bereits vorgestellten Vorgehensweise zur Berechnung der Gehaltskosten aus der für die Dienstleistungserbringung erforderlichen Mitarbeiterqualifikation errechneten Einzelkostenfaktoren und der benötigen Dauer und Frequenz der Dienstleistung ergeben.

Für die im Zusammenhang mit der Dienstleistungserstellung anfallenden Sachkosten können analog der Sachkostenplanung Preise bestimmt und entsprechend der zu erbringenden Dienstleistungsart das Mengengerüst auf Basis von Durchschnittswerten geschätzt werden. Preise, Mengengerüst und Einsatzfrequenz führen gemeinsam mit den Gehaltskosten zu den internen Dienstleistungskosten.

Zum anderen ist es möglich, dass innerhalb der Bank bereits Preise für die Dienstleistungen der einzelnen internen Abteilungen existieren, die eine Kalkulation dieses Bestandteils der Initiierungskosten von Qualitätsinvestitionen noch vereinfacht.

Wird auch hier wiederum das Beispiel zur Einführung eines umfassenden Kundeninformationssystems betrachtet, dann sind als Dienstleistungskosten die Kosten für die Durchführung der einstündigen Einführungsveranstaltung für die Firmenkundenbetreuer zu berücksichtigen, die von einem Mitarbeiter des Qualitätsmanagement geleitet wird. Hierfür entstehen Dienstleistungskosten in der ersten Periode bei einem Standard-Einzelkostensatz von 3,50 DM/min und 60 Minuten Dauer zuzüglich 60 Minuten Vorbereitung in Höhe von 420 DM ($= 120 \cdot 3{,}50$).

Zu den Dienstleistungskosten gehören auch die für die Einführung des Kundeninformationssystems erforderliche Kommunikation gerichtet an den Firmenkunden. Geplant ist in diesem Zusammenhang die Erstellung einer Broschüre/eines Flyer für den Firmenkunden. Diese Tätigkeiten werden extern an eine Marketingagentur vergeben, wofür Dienstleistungskosten in Höhe von 10.000 DM entstehen.

Darüber hinaus bedarf es für die inhaltliche Gestaltung des Informationsschreibens regelmäßig auch der Leistungen der Researchabteilung, die für ihre monatlichen Dienste durchschnittlich 800 DM veranschlagt, so dass pro Periode 9.600 DM an sonstigen Dienstleistungskosten entstehen. In Abbildung 5.29 sind die in die vorliegende Kalkulation einzubeziehenden Dienstleistungskosten zusammengefasst.

Dienstleistungskosten				
Kostenfaktoren	**Anzahl der Aktivitäten** **(1)**	**Standard-Einzelkostensatz der Aktivität** **(2)**	**Dauer der Aktivität** **(3)**	**Dienstleistungskosten** **(4)=(1)*(2)*(3)**
Einführungsveranstaltung	1	3,50 DM/min	120 min	420,00 DM
Marketing	---	---	---	10.000,00 DM
Research	12	800 DM/Aktivität	---	9.600,00 DM
Dienstleistungskosten insgesamt				**20.020,00 DM**

Quelle: Eigene Darstellung.

***Abbildung 5.29**: Beispielkalkulation von Dienstleistungskosten als Bestandteil der Initiierungskosten einer Qualitätsinvestition*

Über die Dienstleistungskosten hinaus sind auch kalkulatorische Kosten in den Initiierungskosten von Qualitätsinvestitionen zu berücksichtigen. Mit dem Einbezug der **kalkulatorischen Abschreibungen** in die Initiierungskosten von Qualitätsinvestitionen wird der Verringerung des Nutzungspotentials von Betriebsmitteln Rechnung getragen, die für die Qualitätsinvestition angeschafft oder von dieser maßgeblich mitgenutzt werden. Die zur Bestimmung der kalkulatorischen Abschreibungen erforderlichen Größen werden in der Regel durch die kostenrechnerische Seite des Bank-Controlling festgelegt und werfen im Zusammenhang mit Qualitätsinvestitionen keine Besonderheiten auf, da auch hier - wie für in anderem Zusammenhang angeschaffte Betriebsmittel - die tatsächlich realisierbare Nutzungsdauer, ein geeignetes Abschreibungsverfahren sowie die geeignete Abschreibungsbasis festgelegt werden müssen.[1]

In der Bankkalkulation besitzt dabei insbesondere die Leistungsabschreibung Bedeutung. Beispielsweise werden Arbeitsplatzkosten (z.B. Kopierer, technische Kommunikationsmittel etc.) und EDV-Kosten mit Hilfe von Mitarbeiteranzahl und in Anspruch genommener Zeit – ähnlich den Gehaltskosten – leistungsbezogen kalkuliert. Dabei wird für die Arbeitsplatzkosten aus Kostenstellenkapazität und Gesamtarbeitsplatzkosten der Kostenstelle ein Preisfaktor je Zeiteinheit ermittelt. Die beanspruchte Zeit in der Kostenstelle führt unter Berücksichtigung dieser Preisfaktoren zu den Arbeitsplatzkosten. Ebenso kann aus den Kosten der EDV-Anlagen und dem geplanten Transaktionsvolumen der Preis je CPU-Einheit[2] ermittelt und multipliziert mit den genutzten CPU-Einheiten die EDV-Kosten dem Kostenträger zugeordnet werden. So können die kalkulatorischen Abschreibungen entsprechend der Nutzung durch das Kalkulationsobjekt wie die Qualitätsinvestition auch leistungsbezogen zugeordnet werden.

Bei der Wahl der geeigneten Abschreibungsbasis ist jedoch zu berücksichtigen, dass die im Rahmen des QAV – unter der Voraussetzung der Ergebnisidentität mit einer zahlungsorientierten Vorgehensweise – gewählten kostenrechnerischen Perspektive auch bedingt, dass Differenzen zwischen Ein- und Auszahlungen einerseits sowie Kosten und Erlösen andererseits lediglich auf Grund unterschiedlicher Periodisierungen auftreten. Aus diesem Grund ist eine sonst in der Kostenrechnung mögliche kalkulatorische Abschreibung auf Basis von Wiederbeschaffungspreisen hier nicht tragbar.[3]

Auch für die Nutzung bankeigener Räumlichkeiten, die allen Bereichen der Bank zur Verfügung stehen, können intern kalkulatorische Mietkosten verrechnet werden. In diesem Fall werden ebenfalls die intern in der Kostenrechnung üblicherweise ange-

---

1 Einen ausführlichen Überblick über mögliche Ausgestaltungen dieser Größen liefern Djanani, C./Schöb, O., 1997, S. 53-67.

2 Eine CPU-Einheit drückt die Zeit aus, die ein Rechner zur Bearbeitung eines Geschäftsvorgangs braucht (vgl. Schierenbeck, H., 1999a, S. 361).

3 Vgl. hierzu Ewert, R./Wagenhofer, A., 1997, S. 73.

setzten Preise mit der Miet- bzw. Nutzungsdauer multipliziert und in die Initiierungskosten einbezogen.

In Fortsetzung der Initiierungskostenkalkulation für die Einführung eines umfassenden Kundeninformationssystems entstehen kalkulatorischen Kosten zum einen für die Anschaffung einer Zusatzsoftware, die eine anspruchsvolle Gestaltung der Informationssendung ermöglicht. Für diese Lizenz sind insgesamt 9.000 DM zu zahlen, wobei bei einer Abschreibungsdauer von drei Jahren jährlich kalkulatorische Kosten in Höhe von 3.000 DM hierfür anfallen.

Zum anderen entstehen kalkulatorische Kosten für das Kundeninformationssystem auf Grund der EDV-Nutzung sowie der Arbeitsplatzkosten. Dies betrifft im Wesentlichen die Kosten für die im Rahmen der Initiierung neu geschaffenen Stelle sowie die Nutzkosten der allgemeinen Verwaltung, des Versands und der Firmenkundenbetreuung.

Die EDV-Ausstattung führt für die zusätzliche Stelle bei Anschaffungskosten von 7.500 DM und einer Abschreibungsdauer von drei Jahren zu jährlichen kalkulatorischen Kosten von 2.500 DM. Überdies belaufen sich die EDV-Kosten für die allgemeine Verwaltung bei einer durchschnittlichen monatlichen Nutzung von sechs Stunden bei einem Standard-Einzelkostensatz von 7,50 DM/Std. auf 540 DM ($= 12 \cdot 6 \cdot 7{,}50$) pro Periode. Die für den E-Mail-Versand entstehenden EDV-Kosten berechnen sich bei gleichem Kostensatz und monatlich 15 Minuten Dauer auf 22,50 DM ($= 12 \cdot 15 \cdot 0{,}125$).

Die über die Kostenstellenkapazität und den Gesamtarbeitsplatzkosten zu ermittelnden anteiligen Arbeitsplatzkosten der zusätzlich geschaffenen Stelle ergeben jährliche kalkulatorische Kosten in Höhe von 1.800 DM. Die Arbeitsplatzkosten, die durch die allgemeinen Verwaltungstätigkeiten entstehen, belaufen sich bei gleichen Kosten pro Periode und einer Inanspruchnahme von zwei Tagen im Monat auf 120,00 DM. Die Kosten für den Versand betragen bei 1.400 DM Arbeitsplatzkosten pro Periode 19,60 DM. Die für die zusätzlichen Telefonate in Anspruch genommenen Firmenkundenbetreuer errechnen sich die Arbeitsplatzkosten bei einem Kostensatz von 2.000 DM pro Periode auf 312,50 DM. In Abbildung 5.30 sind die kalkulatorischen

Kosten der hier betrachteten Beispielqualitätsinvestition nochmals zusammengefasst.

kalkulatorische Kosten					
Kostenfaktoren		Nutzungsdauer (1)	Standard-Einzelkostensatz (2)	Anzahl Nutzungen (3)	kalkulatorische Kosten (4)=(1)*(2)*(3)
Lizenz		---	---	---	3.000,00 DM
EDV	zusätzliche Stelle	---	---	---	2.500,00 DM
	allgemeine Verwaltung	6 Std.	7,50 DM/Std.	12	540,00 DM
	elektronischer Versand	15 min	7,50 DM/Std.	12	22,50 DM
Arbeitsplatz	zusätzliche Stelle	---	---	---	1.800,00 DM
	allgemeine Verwaltung	2 Tage	1.800 DM/Jahr	12	120,00 DM
	postalischer Versand	0,42 Tage	1.400 DM/Jahr	12	19,60 DM
	Firmenkundenbetreuer	4,6875 Tage	2.000 DM/Jahr	12	312,50 DM
kalkulatorische Kosten insgesamt					**8.314,60 DM**

Quelle: Eigene Darstellung.

***Abbildung 5.30**: Beispielkalkulation von kalkulatorischen Kosten als Bestandteil der Initiierungskosten einer Qualitätsinvestition*

Mit der Berechnung der kalkulatorischen Kosten können schließlich die Initiierungskosten der Qualitätsinvestition insgesamt bestimmt werden. Für das hier verfolgte Beispiels der Einführung eines umfassenden Kundeninformationssystems würden für die betrachtete Periode Initiierungskosten in Höhe von 273.160,60 DM entstehen. Um die Übernahme dieser Initiierungskosten begründen zu können, ist es anschließend erforderlich, den Nutzen aus der Initiierung der Qualitätsinvestition aufzuzeigen, d.h. die mit der Qualitätsinvestition zu erzielenden Erlöse und eingesparten Kosten zu berechnen.

5.3.2 Berechnung des erlösbezogenen Qualitätsergebnisses

Basis für die Ermittlung der mit der Qualitätsinvestition zusätzlich erzielten bzw. sichergestellten Erlöse stellen die verschiedenen Veränderungsniveaus der externen qualitätsbezogenen Werttreiber, die das erlösbezogene Qualitätsergebnis betreffen, dar. Sie müssen in ihrer Gesamtheit pro Werttreiberart bestimmt werden, um anschließend mit Hilfe einer monetären Größe in einzelne Qualitätsergebnisteile überführt werden zu können. Dabei sollte nach Möglichkeit die Differenzierung des Veränderungsniveaus, d.h. die Herkunft z.B. von der Umwandlung unzufriedener in indifferente Firmenkunden, aufrecht erhalten werden.[1] Für die konkrete Bewertung ist es dabei aber irrelevant, ob das Veränderungsniveau der Werttreiber aus der Qualität in Routinesituationen (Verhaltensänderung und/oder Verhaltensstabilisierung) resultiert und/oder der Qualität in Ausnahmesituationen zuzuschreiben ist. Sind alle Veränderungsniveaus mit der monetären Größe bewertet, dann stellt die Summe dessen das erlösbezogene Qualitätsergebnis dar.

Die Art der monetären Größe ist dabei abhängig vom zu betrachtenden Werttreiber. Die Grundlage hierfür stellt jedoch entgegen des im Rahmen der qualitätsbezogenen Wirtschaftlichkeitsanalyse eingesetzten Gewinns pro Firmenkunden der mit den Firmenkunden erzielbare Wertbeitrag dar.[2] Zu begründen ist dies damit, dass die Erlöse einer Qualitätsinvestition die Erlöse eines Firmenkunden abzüglich der dafür erforderlichen Leistungserstellungskosten darstellen.[3] Letztere sind aus Perspektive der Eigentümer dann erwirtschaftet, wenn eine Wertschaffung von Null erzielt wurde. Die darüber hinaus gehenden Wertschaffungen können der Qualitätsinvestition zugerechnet werden.

Die kundenbezogenen Wertbeiträge lassen sich aus der im Firmenkundengeschäft existierenden Kundenkalkulation[4] ableiten. Der gewählte Wertbeitrag sollte dabei die derzeitige Geschäftsbeziehung möglichst repräsentativ abbilden. Aus diesem Grund sollte ein aktueller periodenbezogener Wertbeitrag pro Firmenkunde angesetzt werden, der bei Existenz extremer Schwankungen zwischen einzelnen Perioden der Vergangenheit auch durchschnittlich ermittelt werden kann.[5]

Darüber hinaus sind für die Kalkulation der einzelnen Erlösbestandteile nicht nur Kenntnisse über den gesamten Wertbeitrag aus einer Kundenbeziehung erforderlich,

---

1 Somit kann auch einer Saldierung positiver und negativer Veränderungsniveaus entgegengewirkt werden, was dann Konsequenzen zeitigt, wenn unterschiedliche monetäre Bewertungsgrößen für diese einzelnen Veränderungsniveaus herangezogen werden.

2 Vgl. hierzu Bruhn, M., 1998, S. 255; auch Rust, R. T. et al., 1995, S. 62 ff.

3 Siehe hierzu Kapitel 3.3.2.2.

4 Vgl. beispielsweise Schierenbeck, H., 1999a, S. 392 ff.; auch Storbacka, K., 1994, S. 104.

5 Dabei kann häufig auch die Phase des Kundenlebenszyklus eine Rolle spielen. Dies gilt in Banken in besonderem Maße für Privatkunden (vgl. Sachenbacher, H.-U., 1991; auch Storbacka, K., 1994). Auch im Firmenkundengeschäft ist

sondern auch die Zusammensetzung dessen kann für die Kalkulation von Interesse sein. Aus diesem Grund sind zusätzlich der Wertbeitrag pro Leistungsart aus einer Kundenbeziehung sowie die Aufteilung des Wertbeitrags pro Kunde in Erlös- und Kostenbestandteile zu bestimmen, was ebenfalls aus dem System der in der Bank praktizierten Kundenkalkulation entnommen werden kann.

Die Ermittlung des Wertbeitrags pro Firmenkunde kann als Durchschnittswert bezogen auf die gesamte Firmenkundenanzahl, als exakte Wertbeitragsgröße für jeden Firmenkunden einzeln oder als Durchschnittswertbeitrag pro Firmenkundengruppe erfolgen.[1] Erstere Vorgehensweise scheint trotz der für diese Arbeit vorgenommenen Eingrenzung der Firmenkunden auf mittlere und große Unternehmen auf Grund der nach wie vor bestehenden Heterogenität bezüglich potentieller Geschäftsvolumina als viel zu ungenau.

Die Berücksichtigung einzelner Wertbeitragsdaten pro Firmenkunde ist aufwendig aber möglich. Eine derartige Berechnung erfordert jedoch bereits bei der Auswertung der Daten des Grundlagen-Methodenmixes die gleichzeitige Erfassung des spezifischen Wertbeitrags pro Firmenkunde und dessen mögliche Zusammensetzung.[2] Für die Bestimmung des als monetäre Größe benötigten Wertbeitrags pro Kunden werden dann nur die Wertbeitragsgrößen der Firmenkunden einbezogen, die von der Qualitätsinvestition auch berührt werden.

Den Erfassungsaufwand reduzierend kann auch letztgenannte Vorgehensweise zur Festlegung der grundlegenden monetären Größe herangezogen werden. Hierfür wird der Firmenkundenstamm in Firmenkundengruppen unterteilt.[3] Ziel ist es dabei, möglichst homogene Gruppen in Bezug auf den Gewinn pro Firmenkunde zu erhalten. Aus diesem Grund scheint eine grundsätzliche Einteilung in mittlere und große Unternehmen als sinnvoll. Darüber hinaus können die innerhalb dieser Firmenkunden-

---

es denkbar, dass Kunden verschiedene Phasen in der Geschäftsbeziehung durchlaufen, wie z.B. Sanierungen, Börsengänge, jedoch kann hier kein standardisierter Ablauf dafür festgelegt werden.

1 Vgl. ähnlich Bruhn, M., 1998, S. 255.

2 Diese Erfassung ist möglich, wenn – wie hier für den Grundlagen-Methodenmix vorgeschlagen – eine firmenkundenspezifische Befragung durchgeführt wird, d.h. der jeweilige Relationshipmanager die Firmenkundenbefragung auch entsprechend vorbereitet. Siehe hierzu Kapitel 5.2.2.3.

3 Zur Analyse des Kundenstamms von Banken vgl. auch Polan, R., 1995, S. 191 ff.; Storbacka, K., 1994.

gruppe auftretenden Unterschiede in den mit der Bank getätigten Umsätzen insofern Rechnung getragen werden, als die mittleren und großen Firmenkunden nochmals nach der Art ihrer Geschäftsbeziehung in Haupt- und Nebenbankkunden unterteilt werden.

Für jede dieser Kundengruppen wird dann der durchschnittliche Wertbeitrag bestimmt, der wiederum zur Bewertung herangezogen wird. Voraussetzung für diese Vorgehensweise ist auch eine kundengruppenspezifische Bestimmung der Veränderungsniveaus der benötigten externen qualitätsbezogenen Werttreiber, was mit Hilfe der vorgestellten Vorgehensweise unproblematisch möglich ist.[1]

Mit Hilfe dieser monetären Größe Wertbeitrag pro Firmenkunde und ihrer Zusammensetzung können nun die Veränderungsniveaus der relevanten externen qualitätsbezogenen Werttreiber (Preisprämie, Kauffrequenz, Cross Buying, Geschäftsbeziehungsdauer, Mund-zu-Mund-Kommunikation) in das erlösbezogene Qualitätsergebnis überführt werden. Um das erlösbezogene Qualitätsergebnis aus der Bereitschaft, zukünftig eine Preisprämie zu zahlen, zu berechnen, wird zunächst das Veränderungsniveau des Werttreibers Preisprämie in Firmenkundenzahlen, der im vorliegenden Beispiel ausschließlich aus der Zunahme zufriedener Firmenkunden resultiert, mit dem Umfang der zusätzlichen Zahlungsbereitschaft kombiniert.

Da auf Grund der Leistungsheterogenität im Firmenkundengeschäft eine leistungs (-arten-)spezifische Erhebung des Zahlungsbereitschaftsumfangs erforderlich war und nicht angenommen werden kann, dass alle Firmenkunden, die eine zusätzliche Zahlungsbereitschaft signalisieren, diese auch für alle Leistungen besitzen, muss das Veränderungsniveau zunächst für die zu betrachtende Leistung(-sart) mit dem dafür aus dem Grundlagen-Methodenmix resultierenden Anteil der Firmenkunden korrigiert werden, um so das Veränderungsniveau in Form von Firmenkundenzahlen bezogen auf die jeweilige Leistung(-sart) zu erhalten.[2]

---

1 Siehe hierzu Kapitel 5.2.

2 Ob einzelne Leistungen gewählt werden bzw. diese zu Leistungsarten zusammengefasst werden, ist abhängig vom Umfang und Komplexität der Kundenbefragung. In jedem Fall muss jedoch der spezifisch durchschnittliche Wertbeitrag pro Kunde bekannt sein.

Anschließend wird die Firmenkundenanzahl pro Leistung(-sart) multipliziert mit dem Umfang der für diese Leistung(-sart) angegebenen Preiserhöhung und dem durchschnittlichen Umsatz[1] pro Leistungsart (der Firmenkundengruppe). Die Summe der pro Leistung(-sart) berechneten Qualitätsergebnisteile ergibt dann das aus der Preisprämie resultierende erlösbezogene Qualitätsergebnis. In Abbildung 5.31 ist exemplarisch eine Kalkulation dieses Qualitätsergebnisbestandteils dargestellt.

Leistung (-sart)	Veränderungsniveau des Werttreibers Preisprämie[a] (1)	Anteil Firmenkunden mit Preiserhöhungsbereitschaft pro Leistung(-sart) (2)	Anzahl Firmenkunden mit Preiserhöhungsbereitschaft pro Leistung(-sart)[b] (1)*(2)=(3)	durchschnittlicher Kundenumsatz pro Leistung (-sart) und Periode (und Firmenkundengruppe) (4)	Umfang der Preiserhöhungsbereitschaft pro Leistung (-sart) (5)	erlösbezogenes Qualitätsergebnis in Bezug auf die Preisprämie pro Leistung (-sart) und Periode (3)*(4)*(5)=(6)
Firmenzahlungsverkehr	5	20 %	1	800.000 DM	0,5 %	4.000,00 DM
Firmenkreditgeschäft	5	50 %	3	2.000.000 DM	0,1 %	6.000,00 DM
Firmenanlagegeschäft	5	50 %	3	500.000 DM	0,05 %	750,00 DM
...	...	...	...	...	...	...
erlösbezogenes Qualitätsergebnis in Bezug auf die Preisprämie						**10.750,00 DM**

[a] Die Daten entsprechen dem Beispiel für das Veränderungsniveau in Routinesituationen.
[b] Die Anzahl der Firmenkunden wurde jeweils auf ganze Zahlen gerundet.

Quelle: Eigene Darstellung.

***Abbildung 5.31**: Beispiel zum erlösbezogenen Qualitätsergebnis in Bezug auf die Preisprämie*

In analoger Vorgehensweise kann auch das aus der erhöhten Kauffrequenz resultierende erlösbezogene Qualitätsergebnis bestimmt werden. Zunächst ist die Anzahl der Firmenkunden, die über die Bestimmung des Veränderungsniveau des Werttreibers Kauffrequenz ermittelt wurde, auf die einzelnen Leistungen (Leistungsarten) zu übertragen, um die Anzahl der Firmenkunden zu erhalten, die für die einzelnen Leistungen (Leistungsarten) die Kauffrequenz zu steigern beabsichtigen.

---

[1] Damit wird von der von *Bruhn* vorgeschlagenen Vorgehensweise zur Bewertung des Preisbereitschaftsnutzens mit Hilfe von Kundengewinnen (vgl. Bruhn, M., 1998, S. 259 f.) grundsätzlich abgewichen, weil bei Multiplikation des Umfangs der Preisbereitschaft mit dem Kundengewinn auch eine Veränderung der Kostenseite angenommen wird, obwohl sich lediglich die Erlösseite – genauer die Preise – ändern.

Diese differenzierte Firmenkundenanzahl wird mit dem periodenbezogenen durchschnittlichen Wertbeitrag pro Leistung(-sart) und Kundengruppe sowie dem Umfang der Kauffrequenzsteigerung pro Leistung(-sart) und Periode multipliziert, so dass das erlösbezogene Qualitätsergebnis aus der Kauffrequenzsteigerung pro Leistung(-sart) und insgesamt ermittelt werden kann. In Abbildung 5.32 ist auch hierzu ein Beispiel kalkuliert.

Leistung (-sart)	Veränderungsniveau des Werttreibers Kauffrequenz[a] (1)	Anteil Firmenkunden mit Kauffrequenzerhöhungsbereitschaft pro Leistung(-sart) (2)	Anzahl Firmenkunden mit Kauffrequenzerhöhungsbereitschaft pro Leistung(-sart) (1)*(2)=(3)	durchschnittlicher Kundenwertbeitrag pro Leistung(-sart) (und Firmenkundengruppe) (4)	Umfang der Kauffrequenzerhöhungsbereitschaft pro Leistung(-sart) (5)	erlösbezogenes Qualitätsergebnis in Bezug auf die Kauffrequenz pro Leistung(-sart) (3)*(4)*(5)=(6)
Firmenzahlungsverkehr	10[b]	40 %	4	80.000 DM	10 %	32.000,00 DM
	30[c]	60 %	18	80.000 DM	20 %	288.000,00 DM
Firmenkreditgeschäft	10[b]	50 %	5	60.000 DM	5 %	15.000,00 DM
	30[c]	50 %	15	60.000 DM	10 %	90.000,00 DM
Firmenanlagegeschäft	10[b]	50 %	5	15.000 DM	5 %	3.750,00 DM
	30[c]	60 %	18	15.000 DM	10 %	27.000,00 DM
...	...	...	...	...	...	...
erlösbezogenes Qualitätsergebnis in Bezug auf die Kauffrequenz						**455.750,00 DM**

[a] Die Daten entsprechen dem Beispiel für das Veränderungsniveau in Routinesituationen.
[b] Zunahme indifferenter Firmenkunden in Bezug auf die Kauffrequenz.
[c] Zunahme zufriedener Firmenkunden in Bezug auf die Kauffrequenz.

Quelle: Eigene Darstellung.

***Abbildung 5.32**: Beispiel zum erlösbezogenen Qualitätsergebnis in Bezug auf die Kauffrequenz*

Ebenso kann auch das erlösbezogene Qualitätsergebnis aus der Inanspruchnahme zusätzlicher Leistungen errechnet werden. Unterschiede zur vorhergehenden Kalkulation der Kauffrequenzerlöse liegen zum einen im Umfang des Cross Buying, der sich jetzt auf Grund der erstmaligen Leistungsinanspruchnahme nicht mehr auf das bisher in Anspruch genommene Leistungsniveau sondern auf den durchschnittlichen Leistungsbedarf des Firmenkunden für diese neue Leistung(-sart) bezieht, und zum anderen im durchschnittlichen Kundenwertbeitrag pro Leistung(-sart) (und Firmenkundengruppe), der für das Cross Buying um eventuell auftretende Zusatzkosten für die erstmalige Leistungsinanspruchnahme ergänzt werden sollte.

Auch hierzu wird in Abbildung 5.33 ein Beispiel vorgestellt. In dem vorliegenden Beispiel ist zu berücksichtigen, dass nicht nur zusätzliche Qualitätserlöse aus der sich im Veränderungsniveau ausdrückenden Verschiebung der (Un-)Zufriedenheit resultieren, sondern auch Qualitätserlösminderungen, die aus der Abnahme der unzufriedenen Firmenkunden, die ebenfalls zusätzliche Leistungen in Anspruch nehmen, entstehen.[1]

Leistung (-sart)	Veränderungsniveau des Werttreibers zusätzliche Leistungsinanspruchnahme[b] (1)	Anteil Firmenkunden mit zusätzlicher Leistungsinanspruchnahme pro Leistung (-sart) (2)	Anzahl Firmenkunden mit zusätzlicher Leistungsinanspruchnahme pro Leistung (-sart)[f] (1)*(2)=(3)	durchschnittlicher Kundenwertbeitrag pro Leistung (-sart) (und Firmenkundengruppe)[a] (4)	Umfang der zusätzlichen Leistungsinanspruchnahme pro Leistung (-sart) (5)	erlösbezogenes Qualitätsergebnis in Bezug auf das Cross Buying pro Leistung (-sart) (3)*(4)*(5)=(6)
Firmenzahlungsverkehr	-7,5[c]	10 %	-1	70.000 DM	5 %	-3.500,00 DM
	12,5[d]	20 %	3	70.000 DM	30 %	63.000,00 DM
	40[e]	30 %	12	70.000 DM	30 %	252.000,00 DM
Firmenkreditgeschäft	-7,5[c]	10 %	-1	55.000 DM	5 %	-2.750,00 DM
	12,5[d]	50 %	6	55.000 DM	10 %	33.000,00 DM
	40[e]	50 %	20	55.000 DM	20 %	220.000,00 DM
Firmenanlagegeschäft	-7,5[c]	10 %	-1	14.000 DM	5 %	-700,00 DM
	12,5[d]	40 %	5	14.000 DM	10 %	7.000,00 DM
	40[e]	50 %	20	14.000 DM	20 %	56.000,00 DM
...	...	...	...	...	...	... DM
erlösbezogenes Qualitätsergebnis in Bezug auf das Cross Buying						**624.050,00 DM**

a eventuell unter Berücksichtigung von Zusatzkosten auf Grund erstmaliger Leistungsinanspruchnahme
b Die Daten entsprechen dem Beispiel für das Veränderungsniveau in Routinesituationen.
c Abnahme unzufriedener Firmenkunden in Bezug auf Cross Buying.
d Zunahme indifferenter Firmenkunden in Bezug auf Cross Buying.
e Zunahme zufriedener Firmenkunden in Bezug auf Cross Buying.
f Die Anzahl der Firmenkunden wurde jeweils auf ganze Zahlen gerundet.

Quelle: Eigene Darstellung.

***Abbildung 5.33**: Beispiel zum erlösbezogenen Qualitätsergebnis in Bezug auf das Cross Buying*

Die Berechnung des erlösbezogenen Qualitätsergebnisses auf Grund einer aufrechterhaltenen Geschäftsbeziehung und damit der wiederholten Leistungsinanspruchnahme erfordert lediglich die Multiplikation des für diesen Werttreiber ermittelten Veränderungsniveaus mit dem durchschnittlichen Wertbeitrag pro Firmenkunde (der entsprechenden Firmenkundengruppe). Die Höhe des anzusetzenden Wertbei-

1 Eine Saldierung der Veränderungsniveaus würde dann ergebnisunschädlich bleiben, wenn identische Bewertungsgrößen, wie z.B. Kundenwertbeitrag und Umfang zusätzlicher Leistungsinanspruchnahme, verwendet würden.

trags pro Firmenkunde ist dabei abhängig von den ohne die Qualitätsinvestition vorgenommenen Verhaltensweisen, d.h. Reduzierung der Leistungsinanspruchnahme, kompletter Abbruch der Geschäftsbeziehung oder beides. Kann als das Veränderungsniveau für die wiederholte Leistungsinanspruchnahme beispielsweise –22,5 unzufriedene Firmenkunden, 15 indifferente Firmenkunden und 45 zufriedene Firmenkunden ermittelt werden und beträgt der firmenkundengruppenrelevante Durchschnittswertbeitrag 200.000 DM, dann beläuft sich dieser Teil des erlösbezogenen Qualitätsergebnisses auf 7.500.000 DM ($= -4.500.000 + 3.000.000 + 9.000.000$) pro Periode.[1]

Für die Kalkulation der Qualitätserlöse, die sich aus der Mund-zu-Mund-Kommunikation ergeben, muss differenziert werden in zusätzliche Erlöse aus positiver Mund-zu-Mund-Kommunikation und verhinderten Mindererlösen aus negativer Mund-zu-Mund-Kommunikation.[2] Auf Basis des hierfür ermittelten Veränderungsniveaus der entsprechenden Werttreiber[3] und der im Rahmen der Kundenbefragung erfassten Anzahl der durchschnittlichen Kommunikationspartner kann zunächst die Anzahl an Firmenvertretern bestimmt werden, denen die Bank empfohlen oder abgeraten wird.

Aus dieser Anzahl müssen die Unternehmen ermittelt werden, die auf Grund der Empfehlung/des Abratens die Bank zukünftig wählen bzw. meiden. Hierfür können einerseits unabhängige Studien herangezogen werden, die diesen Zusammenhang untersuchen.[4] Andererseits könnten gerade im Firmenkundengeschäft diesbezüglich auch Erfahrungswerte aufgebaut werden, indem die Gründe der Bankwahl für alle Neukunden erfasst werden. *Bruhn*[5] leitet beispielsweise für Banken eine Wahr-

1 In diesem Fall geht die Gesamtzahl des Veränderungsniveaus zurück auf verhinderte Geschäftsabbrüche (siehe Kapitel 5.2.4.2), so dass eine differenzierte Betrachtung von Bankwechslern und reduzierte Leistungsinanspruchnahme hier nicht erforderlich ist. Damit wird gleichzeitig unterstellt, dass das Ausmaß der Reduzierung der Leistungsinanspruchnahme für alle (Un-)Zufriedenheitsgruppen identisch ist.

2 Vgl. Bruhn, M., 1998, S. 260; auch Stauss, B./Seidel, W., 1998b, S.297.

3 Eine weitergehende Differenzierung des Veränderungsniveaus in Bezug auf dessen Ursprung ist hier nicht erforderlich, weil die Qualitätserlöse, die durch die neu gewonnenen Firmenkunden erzielt werden können, insgesamt über die Dauer einer durchschnittlichen Geschäftsbeziehung der Bank zufließen.

4 Vgl. z.B. Bruhn, M., 1998, S. 262 und Stauss, B./Seidel, W., 1998b, S. 294.

5 Vgl. Bruhn, M., 1998, S. 315.

scheinlichkeit des Kaufs aus positiver Mund-zu-Mund-Kommunikation von 1 % und der Vermeidung aus negativer Mund-zu-Mund-Kommunikation von 2 % ab.

Werden diese Zahlen zugrunde gelegt, dann kann durch Multiplikation dieser mit der zuvor ermittelten Anzahl Firmenvertreter, die von der positiven/negativen Kommunikation betroffen sind, die für die Erlöskalkulation erforderliche Anzahl potentieller Firmenkunden berechnet werden. Wird diese anschließend mit dem durchschnittlichen Wertbeitrag pro Firmenkunden (der entsprechenden Firmenkundengruppe) multipliziert, ergibt sich der zusätzliche Qualitätserlös aus positiver Mund-zu-Mund-Kommunikation und die verhinderten Mindererlöse aus abgeschwächter negativer Mund-zu-Mund-Kommunikation. In Abbildung 5.34 ist auch hierzu ein Beispiel gerechnet.

Werttreiber	Veränderungsniveau[a] (1)	Anzahl Kommunikationspartner (2)	Anzahl Firmenvertreter als Kommunikationsempfänger (1)*(2)=(3)	Kauf-/Vermeidungswahrscheinlichkeit (4)	Anzahl potentieller Firmenkunden (3)*(4)=(5)	durchschnittlicher Kundenwertbeitrag (pro Firmenkundengruppe) (6)	erlösbezogenes Qualitätsergebnis aus Mund-zu-Mund-Kommunikation (5)*(6)=(7)
positive Mund-zu-Mund-Kommunikation	35	5	175	1 %	1,75	200.000 DM	350.000,00 DM
negative Mund-zu-Mund-Kommunikation	55	15	825	2 %	16,5	200.000 DM	3.300.000,00 DM
erlösbezogenes Qualitätsergebnis in Bezug auf Mund-zu-Mund-Kommunikation							**3.650.000 DM**

[a] Die Daten entsprechen dem Beispiel für das Veränderungsniveau in Routinesituationen.

Quelle: Eigene Darstellung.

***Abbildung 5.34**: Beispiel zum erlösbezogenen Qualitätsergebnis in Bezug auf die Mund-zu-Mund-Kommunikation*

Sind sämtliche externen qualitätsbezogenen Werttreiber der Ergebniskategorie erlösbezogenes Qualitätsergebnis bewertet, dann kann hieraus das gesamte erlösbezogene Qualitätsergebnis berechnet werden. Werden die in diesem Zusammenhang erstellten Beispielkalkulationen addiert, ergäbe sich ein Qualitätserlös von 12.240.550 DM.

5.3.3 Ermittlung des kostenbezogenen Qualitätsergebnisses

Ausgehend von der Qualitätsergebniskategorisierung ergibt sich das kostenbezogene Qualitätsergebnis aus den Einsparungen, die auf der Ebene der Standard-Betriebskosten erzielt werden können, und denen, die dimensionsübergreifend entstehen.

Zu ersteren gehören die internen Fehlerkosten, die durch die initiierte Qualitätsinvestition reduziert werden können. Voraussetzung für eine Quantifizierung dieser Fehlerkosteneinsparungen ist eine umfassende Fehlererfassung im Firmenkundengeschäft. Die mit diesen Fehlern verbundenen Folgen können mit der dazugehörigen Kostengröße bewertet werden, so dass in Abhängigkeit von der Anzahl der mit Hilfe der Qualitätsinvestition zukünftig nicht mehr auftretenden Fehler die Einsparungen bestimmt werden können.

Eine Erfassung der internen Fehler ist jedoch gerade im Firmenkundengeschäft schwierig, da im Erstellungsprozess von Firmenkundenleistungen eine Reihe von Fehlern entstehen können, die unentdeckt bleiben bzw. nicht offen zu Tage treten[1] oder bis zum Firmenkunden eskalieren, was dann zu Beschwerdekosten auf Grund externer Fehler führt. Zu denken wäre hier beispielsweise an einen falschen Informationsfluss innerhalb der Kreditabteilung, der zu unvollständigen Kreditunterlagen führt und fehlerhafte Bonitätseinstufungen nach sich ziehen kann.

Um dennoch Anhaltspunkte über die intern auftretenden Fehler zu bekommen, können auch für Firmenkundenleistungen sogenannte Qualitätsfehlersammellisten eingesetzt werden.[2] Hierfür ist es erforderlich, alle möglichen Fehler systematisch aufzulisten[3] und als Formblättern den Mitarbeitern im Firmenkundengeschäft weiterzureichen. Diese sind aufgefordert, alle internen Qualitätsfehler der Art und Häufigkeit nach zu erfassen. Um die Akzeptanz eines derartigen Instrumentes zu gewährleisten, sollte sichergestellt sein, dass mit der Dokumentation der internen Fehler keine

---

1 Vgl. auch Schierenbeck, H., 1999a, S. 551. Hierin ist wohl auch der Grund dafür zu sehen, dass Banken und Sparkassen kaum Fehlerkosten erfassen (vgl. Krafczyk, M., 1998, S. 24).

2 *Schierenbeck* bezeichnet diese auch als Fehlerquellenhinweisaktion (vgl. Schierenbeck, H., 1999a, S. 554).

3 Die Struktur für die zu erfassenden Fehler können eventuell einer im Rahmen des Qualitätsmanagements durchgeführten Fehlermöglichkeits- und -einflussanalyse entnommen werden (vgl. Schierenbeck, H., 1999a, S. 551 f.).

negativen Konsequenzen für die Mitarbeiter einhergehen.[1] Beispielsweise könnte die Erfassung der internen Qualitätsfehler deshalb anonym erfolgen.[2]

Werden die internen Qualitätsfehler nach Art und Häufigkeit z.B. für die jeweiligen Leistungsarten erhoben, dann können diesen Fehlern auch die damit verbundenen Konsequenzen (Fehlerfolgen) zugeordnet werden. Typische Fehlerfolgen sind beispielsweise Nacharbeit, Wiederholungsprüfungen, Problemuntersuchungen, qualitätsbedingte Ausfallzeiten[3] und/oder Wertausgleiche. Um diese Fehlerfolgen bewerten zu können, müssen sie wiederum in einzelne Aktivitäten unterteilt werden. Diese sind bereits aus der prozessorientierten Standard-Einzelkostenrechnung in Banken für die verschiedenen Leistungserstellungsprozesse bekannt und können auch mit deren Hilfe kostenmäßig erfasst werden. In Abbildung 5.35 ist anhand verschiedener Beispiele dargelegt, wie eine Berechnung der Fehlerkosten erfolgen kann.

1 Vgl. zu der Gestaltung eines Anreizsystems innerhalb des Qualitätsfehlercontrolling exemplarisch für den Technischen Kundendienst Dauben, S., 2001, S. 324-356.

2 Vgl. hierzu auch Schierenbeck, H., 1999a, S. 554.

3 Vgl. z.B. Fischer, T., 2000, S. 558.

	Fehler	Fehlerfolge	Aktivitäten[a]	Anzahl Aktivitäten pro Fehler (1)	Zeit pro Aktivität (2)	Kosten pro Zeiteinheit der Aktivität (3)	Anzahl Fehler pro Periode (4)	Fehlerkosten pro Periode (1)*(2)*(3)*(4)=(5)
Firmenkreditgeschäft	▪ Verwendung nicht aktueller/ falscher Daten zur Kreditwürdigkeitsprüfung	▪ Wiederholungsprüfung	Erfassung aktueller/ richtiger Daten	1	30 min	2,20 DM pro min	15	990,00 DM
			Durchführung neuer Bonitätsberechnungen	1	15 min	2,50 DM pro min	15	562,50 DM
			...	...	...	...	...	...
	▪...	▪...	...	...	...	...	...	...
Firmenanlagegeschäft	▪ falsche/ mangelnde Ausführung Börsenorder	▪ Nacharbeit ▪ Wertausgleich ▪...	erneute Order-Aufgabe	1	2 min	1,80 DM pro min	20	
			Wertausgleich[b]	1	—	—	—	20.000,00 DM
			...	...	...	...	...	...
	▪...	▪...	...	...	...	...	...	...
Firmenzahlungsverkehr	▪ falsche Datensortierung belegloser/ elektronischer Überweisungen	▪ Nacharbeit ▪ Wiederholungsprüfung ▪...	erneute Datensortierung	1	10 min	2,50 DM pro min	30	750,00 DM
			...	...	...	...	...	...
	▪...	▪...	...	...	...	...	...	...
...	...	...	...	...	...	...	...	...
Gesamtsumme Fehlerkosten								**22.302,50 DM**

a Es ist hier möglich, eine weitere Differenzierung in Kostenarten, wie z.B. Personal- und Sachkosten etc., vorzunehmen.

b Für die Berechnung eines Wertausgleichs kann nicht das Schema der im Betriebsbereich angewendeten prozessorientierten Standard-Einzelkostenrechnung herangezogen werden, sondern es ist die Differenz aus dem Wert ohne internen Fehler und dem mit internen Fehler anzusetzen.

Quelle: Eigene Darstellung.

***Abbildung 5.35**: Beispiele für interne Qualitätsfehler im Firmenkundengeschäft, ihre Folgen und Bewertung*

Die so ermittelten Fehlerkosten stellen das Basisniveau dar. Um das Veränderungsniveau und damit die Einsparungen auf Grund reduzierter interner Fehler zu bestimmen, müssen die Fehler identifiziert werden, die durch die zu initiierende Qualitätsinvestition abgestellt werden können. Die Einsparungen, die mit der Qualitätsinvestition in Bezug auf die Fehlerkosten realisiert werden können, ergeben sich dann spiegelbildlich aus den für diese Fehler ausgewiesenen Kosten. Dabei muss berücksichtigt werden, inwiefern 100 % der bisherigen Fehlerart mit der Qualitätsinvestition beseitigt werden können oder lediglich die internen Fehler zukünftig reduziert werden.

Dieser reduzierte Fehlerteil muss dann in die Berechnung der Einsparungen von internen Fehlerkosten über die Anzahl der reduzierten Fehler einfließen.

Ebenso wie die Fehlerkosten können auf der Ebene der Standard-Betriebskosten auch Betreuungskosten eingespart werden. Ursache hierfür sind die längeren Geschäftsbeziehungsdauern, die aus der Verbesserung des (Un-)Zufriedenheitsurteils der Firmenkunden von Unzufriedenheit auf Indifferenz bzw. von Indifferenz auf Zufriedenheit resultieren. Auf Grund der bereits existierenden Geschäftsbeziehung entstehen keine Kosten, die typischerweise mit dem Aufbau einer neuen Kundenbeziehung einhergehen würden.

Zur Berechnung dieses Einsparungseffektes wird die Anzahl der Firmenkunden ermittelt, für die eine Geschäftsbeziehungsverlängerung eintritt. Diese ergibt sich aus dem Veränderungsniveau der im Rahmen des Grundlagen-Methodenmixes erfragten Wechselneigung. Darüber hinaus sind die Aktivitäten zu bestimmen, die bei Neukunden im Vergleich zu bestehenden Kunden durchgeführt werden müssen. Dabei wird eine durchschnittliche Geschäftsbeziehung unterstellt, d.h. die Aktivitäten der Leistungsarten herangezogen, die eine durchschnittliche Geschäftsbeziehung repräsentieren. Die so identifizierten Aktivitäten werden anschließend mit dem entsprechenden prozessbezogenen Standard-Einzelkostensatz bewertet, aus deren Summe dann die Einsparungen ersichtlich werden. In Abbildung 5.36 wird hierzu eine Beispielrechnung dargestellt.

	Anzahl Firmenkunden (1)[a]	Aktivitäten[b]	Anzahl Aktivitäten pro Neukunden (2)	Zeit pro Aktivität (3)	Kosten pro Zeiteinheit der Aktivität (4)	Betreuungskosten (1)*(2)*(3)*(4)= (5)
Firmenkreditgeschäft	38	Kontoeröffnung	1	12 min	2,30 DM pro min	1.048,80 DM
		Anlage Kundenkreditakte	1	15 min	2,30 DM pro min	1.311,00 DM
		...	...	...	...	...
Firmenanlagegeschäft	38	Depoteröffnung	1	12 min	2,30 DM pro min	1.048,80 DM
		Festlegung grundsätzlicher Anlagestrategie	1	25 min	3,50 DM pro min	3.325,00 DM
		...	...	...	...	...
Firmenzahlungsverkehr	38	Kontoeröffnung	1	12 min	2,30 DM pro min	1.048,80 DM
		Bestimmung grundsätzlicher Zahlungsmodelle	1	20 min	2,50 DM pro min	1.900,00 DM
		...	...	...	...	...
...	...	...	...	...	...	...
Gesamtsumme eingesparter Betreuungskosten						**9.682,40 DM**

[a] Es wurde auf ganze Firmenkunden gerundet.

[b] Es ist hier möglich, eine weitere Differenzierung in Kostenarten, wie z.B. Personal- und Sachkosten etc., vorzunehmen.

Quelle: Eigene Darstellung.

***Abbildung 5.36**: Beispiel zur Berechnung eingesparter Betreuungskosten durch eine Qualitätsinvestition*

Neben Fehler- und Betreuungskosten kann mit der Initiierung einer Qualitätsinvestition auch eine Reduzierung der Bearbeitungskosten einhergehen. Die Ursachen hierfür liegen zum einen in einer möglicherweise effizienteren Gestaltung innerbetrieblicher Abläufe und zum anderen im Auftritt von Betriebsgrößeneffekten auf Grund der zusätzlichen Leistungsmengen, die durch die verschiedenen Verhaltenseffekte der Qualität entstehen.

Erstere können durch eine Vorher-Nachher-Betrachtung der durch die Qualitätsinvestition betroffenen Prozesse bestimmt werden. Die so identifizierten geänderten Aktivitäten des neuen Prozesses werden anschließend mit den prozessbezogenen Standard-Einzelkostensätzen für die entsprechenden Aktivitäten bewertet und über eine Addition der Einzelwerte die gesamten Einsparungen ausgewiesen. Dabei ist zu berücksichtigen, dass mit den neuen Prozessen nicht ausschließlich eine Aktivitätsreduktion einhergeht, sondern auch zusätzliche Aktivitäten eingeführt werden können. Diese sind allerdings als Initiierungskosten zu behandeln. In Abbildung 5.37 wird auch hierzu ein Beispiel kalkuliert.

(Teil-) Prozess	Anzahl (Teil-)Prozesse pro Periode (1)	eingesparte Aktivitäten[a]	Anzahl Aktivitäten pro (Teil-) Prozess (2)	Zeit pro Aktivität (3)	Kosten pro Zeiteinheit der Aktivität (4)	Bearbeitungskosten pro Periode (1)*(2)*(3)*(4)=(5)
Kreditbearbeitung	3.000	Wegfall Datenaufbereitung durch Firmenkundenbetreuer	1	30 min	3,50 DM pro min	315.000,00 DM
		Wegfall Zwischenbearbeitung durch Firmenkundenbetreuer	2	10 min	3,50 DM pro min	210.000,00 DM
		...	...	...	...	...
...	...	...	...	...	...	...
Gesamtsumme eingesparter Bearbeitungskosten						525.000,00 DM

[a] Es ist hier möglich, eine weitere Differenzierung in Kostenarten, wie z.B. Personal- und Sachkosten etc., vorzunehmen.

Quelle: Eigene Darstellung.

***Abbildung 5.37**: Beispiel zu Berechnung eingesparten Bearbeitungskosten auf Grund effizienterer Abläufe*

Einsparungen in den Bearbeitungskosten können auch aus dem Betriebsgrößeneffekt, der wiederum auf den Mengeneffekt zurückzuführen ist, resultieren.[1] Die durch die Qualitätsinvestition verursachte steigende Betriebsgröße führt zu Fixkostendegression und Lernkurveneffekt, was zu einer theoretischen Kostensenkung von 20 bis 30 % bei Verdopplung der Ausbringungsmenge führt.[2] In Banken spielen derartige Effekte insbesondere im Mengengeschäft eine Rolle, um hier eine möglichst hohe Effizienz zu erzielen, wohingegen bei der Erstellung individueller Leistungen der Auftritt dieser Effekte auch vermutet werden kann – jedoch mit in Relation sehr viel geringerer Bedeutung.[3]

Da dieser Effekt jedoch vorrangig für standardisierte Leistungen, wie z.B. die Zahlungsverkehrsabwicklung, entsteht, diese aber lediglich einen Teil des stark individualisierten Firmenkundengeschäfts darstellen, reduziert sich auch die Bedeutung des Betriebsgrößeneffektes für das Firmenkundengeschäft. Darüber hinaus muss zur Bestimmung der durch diesen reduzierten Betriebsgrößeneffekt auftretenden Einsparungen zunächst der auf eine Qualitätsinvestition zurückgehende Mengeneffekt

---

1 Siehe Kapitel 5.1.2.4.

2 Vgl. Schierenbeck, H., 1999a, S. 576.

3 Vgl. auch Schierenbeck, H., 1999a, S. 575.

vom übrigen Wachstum[1] eliminiert werden. Gerade aus diesem Grund ist es aber problematisch, die hier mit einer Qualitätsinvestition zu realisierenden Kostensenkungen zu bestimmen, denn bei starkem übrigem Wachstum kann es bereits zu erheblichen Kostenreduzierungen gekommen sein, so dass der Mengeneffekt durch die Qualitätsinvestition – bei mit jeder zusätzlichen Menge abnehmender Kostenreduzierung – kaum spürbar wird. Auf Grund dieser Problematik sind keine realistischen Aussagen über Kosteneinsparungen durch den Mengeneffekt möglich und diese können deshalb auch nicht in die Kalkulation des Qualitätsergebnisses einfließen.

Die neben den dargestellten Standard-Betriebskosten auch durch die Qualitätsinvestition beeinflussten dimensionsübergreifenden Betriebskosten[2] betreffen vorrangig die Beschwerde-, Marketing- und Personalkosten. Eine Reduzierung der Beschwerdekosten ist dann möglich, wenn mit Hilfe der Qualitätsinvestition Kundenprobleme behoben werden, die zu vielzähligen Beschwerden geführt haben. Dabei ist zu berücksichtigen, dass hier lediglich die Kosten für die Beschwerdebearbeitung/-abwicklung betrachtet werden.[3]

Gingen in der Vergangenheit beispielsweise eine Reihe von Beschwerden über die Kreditbearbeitungsdauer ein und konnte diese durch eine Qualitätsinvestition maßgeblich verkürzt werden, dann ist anzunehmen, dass diese Beschwerden zukünftig wegfallen. Um die Einsparungen hieraus zu kalkulieren, werden die durchschnittlich pro Periode zu den betroffenen Problembereichen eingehenden Beschwerden, die aus der Beschwerdeanalyse des Grundlagen-Methodenmixes entnommen werden können, mit den pro Beschwerde durchschnittlich entstehenden Kosten bewertet. In Abbildung 5.38 ist auch hierzu ein Beispiel berechnet.

---

1 Z.B. durch eine Abwicklungskooperation im Zahlungsverkehr mit anderen Banken.

2 Siehe Kapitel 4.2.1.1.

3 Eine Beschwerde kann selbst auch als kleine Qualitätsinvestition mit entsprechenden Verhaltenswirkungen gesehen werden (siehe hierzu auch Kapitel 5.1.2.4), was hier nicht weiter verfolgt werden soll.

Beschwerdeinhalt	Beschwerdezahl pro Periode (1)	durchschnittliche Kosten pro Beschwerde[a] (2)	Beschwerdekosten pro Periode (1)*(2)=(3)
Kreditbearbeitungsdauer	30	90 DM	2.700,00 DM
Art des Kreditbescheids	20	90 DM	1.800,00 DM
...	...	...	...
Gesamtsumme eingesparter Beschwerdekosten			**4.500,00 DM**

[a] Es ist hier möglich, diese Kosten zum einen prozessbezogen für einzelne Aktivitäten und zum anderen nach Kostenarten differenziert auszuweisen.

Quelle: Eigene Darstellung.

***Abbildung 5.38**: Beispiel zur Berechnung eingesparter Beschwerdekosten*

Die ebenfalls zu den dimensionsübergreifenden Betriebskosten gehörenden Marketingkosten können auch mit Hilfe der Qualitätsinvestition – z.B. über die Mund-zu-Mund-Kommunikation oder ein hervorragendes Qualitätsimage – reduziert werden können. Um diese Einsparungen berechnen zu können, sind jedoch Kenntnisse über den Zusammenhang zwischen den Marketingkosten einerseits und der Mund-zu-Mund-Kommunikation bzw. dem Qualitätsimage andererseits erforderlich, die nicht vorliegen.

D.h. es ist nicht bekannt, wie viel weniger Marketingkosten bei gleicher Marketingwirkung notwendig sind, wenn bereits durch die Mund-zu-Mund-Kommunikation oder das Qualitätsimage eine bestimmte Anzahl Firmenkunden neu akquiriert werden konnte. Außerdem ist gerade in Bezug auf das Qualitätsimage, das sich nicht nur aus einer Qualitätsinvestition zusammensetzt, die Wirkung einer einzelnen Qualitätsinvestition kaum separierbar. Aus diesen Gründen können auch die durch die Qualitätsinvestition eventuell auftretenden Einsparungen von Marketingkosten nicht in das Qualitätsergebnis einbezogen werden.

Die der Qualitätsinvestition zugeschriebene Fähigkeit, die Personalfluktuation und damit die Personalkosten zu reduzieren, ist ebenfalls kaum quantifizierbar und damit für das Qualitätsergebnis nicht zugänglich. Zum einen liegt dies daran, dass die Qualitätsfähigkeit im Firmenkundengeschäft insgesamt zur Motivation des Personals und so auch zu Kostenreduzierungen beiträgt. Die Wirkungen einzelner Qualitätsinvestitionen auf die Qualitätsfähigkeit im Firmenkundengeschäft und die Mitarbeitermotivation sind kaum eliminierbar und deshalb die mit einer Qualitätsinvestition zu erzielenden Kosteneinsparungen nicht ermittelbar.[1]

Zum anderen ist eine hohe Bedeutung der Qualitätsfähigkeit im Firmenkundengeschäft für die Personalfluktuation im Vergleich zu anderen Faktoren, wie z.B. Vergütung der Arbeitsleistung, Sicherheit des Arbeitsplatzes, Karrierechancen bzw. Arbeitsbelastung, zu betrachten. Diesbezüglich ist anzunehmen, dass die Qualitätsfähigkeit im Firmenkundengeschäft die Personalfluktuation zwar beeinflussen kann, sie aber in Relation zu anderen wichtigen Faktoren im Personalbereich von untergeordneter Relevanz ist. Aus diesen Gründen sollen auch die mit Hilfe einer Qualitätsinvestition reduzierbaren Personalkosten nicht weiter als qualitätsbezogener Werttreiber in die Überführung der ökonomischen Wirkungen einer Qualitätsinvestition in das Qualitätsergebnis einbezogen werden.

Nachdem gezeigt wurde, wie das kostenbezogene Qualitätsergebnis als letztgenannte Qualitätsergebniskategorie zu ermitteln ist (für die hier dargestellten Beispiele würden sich Kostenersparnisse in Höhe von 561.484,90 DM ergeben[2]), kann folgend das Qualitätsergebnis in seiner Gesamtheit bestimmt werden.

5.3.4 Zusammenführung der Ergebniskategorien zu einem Kalkulationsschema für das Qualitätsergebnis

Ausgehend von den vorgestellten Kategorien des Qualitätsergebnisses können diese nach der erfolgten Operationalisierung nun zusammengeführt werden. Wird unterstellt, dass die bisher exemplarisch berechneten Qualitätsergebniskategorien einer Qualitätsinvestition jeweils in diesem Ausmaß zugerechnet werden können, dann könnte ein Qualitätsergebnis in Höhe von 12.528.874 DM (=12.240.550 DM + 561.484,90 DM - 273.160,60 DM) ausgewiesen werden. Dabei ist zu berücksichtigen, dass der über die Verrechnung von Initiierungskosten sowie erlös- und kosten-

---

1 *Bruhn* schlägt vor, über Mitarbeiterbefragungen die Mitarbeiterabwanderungsabsicht mit den entsprechenden Ursachen, wie z.B. mangelnde Qualitätsfähigkeit, zu erheben (vgl. Bruhn, M., 1998, S. 262 f.). Neben den hier entstehenden Zusatzkosten zur Ermittlung dieses Einsparungseffekts ist auch fraglich, wie die Verbindung zu einzelnen Qualitätsinvestitionen hergestellt werden kann.

2 Dabei wird exemplarisch angenommen, dass eine Qualitätsinvestition zu allen diesen Kosteneinsparungen führen würde.

bezogenem Qualitätsergebnis bestimmte Wert noch um (Gewinn-)Steuern zu bereinigen ist.

Die Bestimmung der (Gewinn-)Steuern erfolgt für Investitionsbewertungen üblicherweise anhand des Standardmodells für den Einbezug von Steuern[1] und wirft für die Berechnung der (Gewinn-)Steuern auf Grund erzielter Qualitätsgewinne keine Besonderheiten auf. Im Rahmen dieses Standardmodells werden von den periodenbezogenen Qualitätsgewinnen jeweils die Steuerzahlungen (Gewerbe-, Körperschaft-, Einkommensteuer) saldiert, deren Bemessungsgrundlage das periodenbezogene Qualitätsergebnis ist. Der hierfür erforderliche Steuersatz stellt eine Einheitsertragsteuer für alle Gewinn ausgestaltet als proportionaler Tarif ohne Freibeträge dar.[2] Wird für das exemplarisch ermittelte Qualitätsergebnis ein Steuersatz von 0,5 unterstellt, dann ist das Qualitätsergebnis um 6.264.437 DM zu korrigieren. Neben der Korrektur des Qualitätsergebnisses hat eine Berücksichtigung des Steuersatzes auch in den noch zu behandelnden Kapitalkosten zu erfolgen.[3]

Auf Basis der einzelnen Qualitätsergebniskategorien und der insgesamt zu berücksichtigenden (Gewinn-)Steuern kann ein Kalkulationsschema für das Qualitätsergebnis aufgestellt werden, das gleichzeitig auch einen Überblick über dessen (maximal mögliche) Zusammensetzung liefert (Abbildung 5.39).

---

1 Vgl. beispielsweise Kruschwitz, L., 2001, S. 30; auch Blohm, H./Lüder, K., 1995, S. 122 f.

2 Vgl. zu den Prämissen und auch zur Kritik dieses Standardmodells Kruschwitz, L., 2001, S. 30; auch Blohm, H./Lüder, K., 1995, S. 123 ff.

3 Im Rahmen der Bruttomethode zur Berücksichtigung von Steuern zur Investitionsbewertung werden sogar nur über den Kapitalkostensatz die Steuerwirkungen erfasst (vgl. hierzu Blohm, H./Lüder, K., 1995, S. 135 ff.)

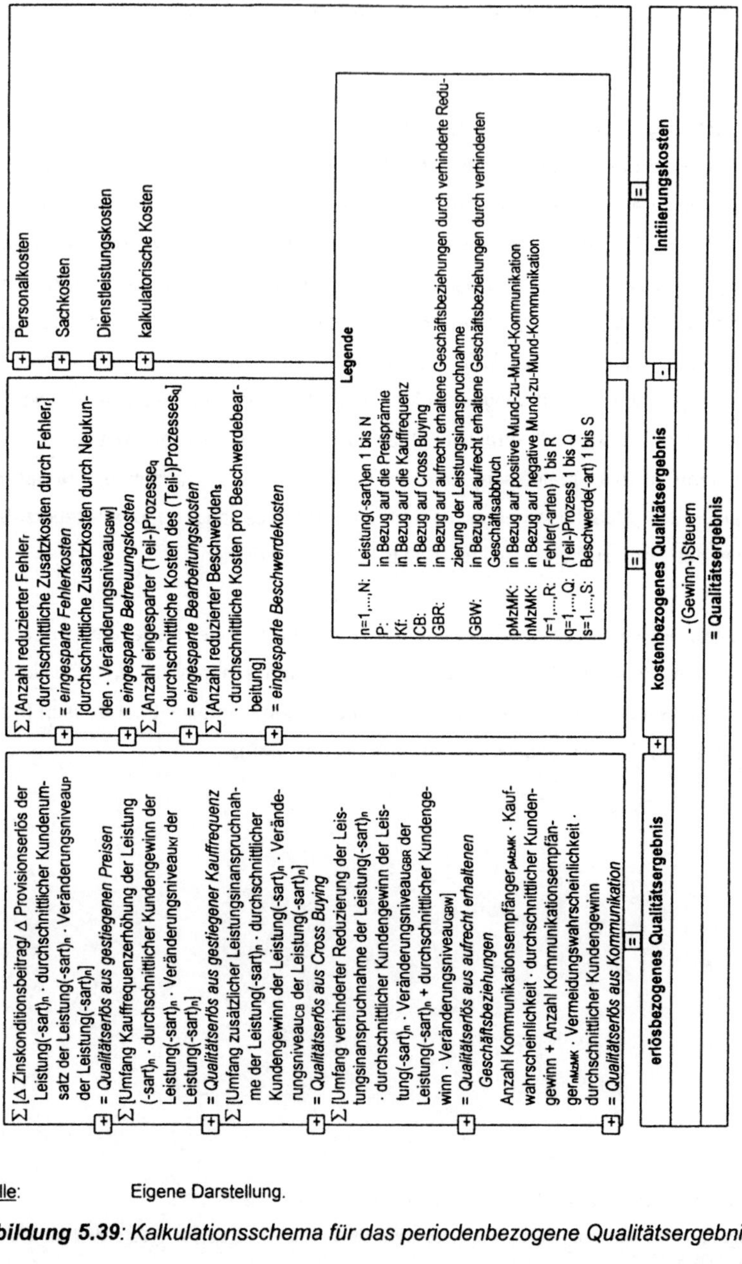

Quelle: Eigene Darstellung.

***Abbildung 5.39**: Kalkulationsschema für das periodenbezogene Qualitätsergebnis*

Mit der Zusammenführung der einzelnen Qualitätsergebniskategorien unter Berücksichtigung der (Gewinn-)Steuern zum Qualitätsergebnis konnte ein Großteil der im theoretischen Erklärungsmodell aufgezeigten ökonomischen Wirkungen von Qualitätsinvestitionen in die für die Berechnung des QAV relevanten Größe überführt werden. Jedoch mussten einige wenige positive ökonomische Wirkungen, die einer verbesserten Qualität zugesprochen werden, ohne Ansatz bleiben. Auch wenn die wesentlichsten Wirkungen quantifiziert werden konnten, kann sich eine Nichtquantifizierung von Wirkungen im Rahmen einer wertorientierten Banksteuerung für die Qualität im Firmenkundengeschäft dann unvorteilhaft auswirken, wenn gleiche oder unwesentlich höhere Ergebnisse mit anderen Investitionen realisiert werden können.

Bevor diesbezüglich eine Beurteilung vorgenommen werden kann, ist das erzielbare Qualitätsergebnis jedoch noch dem an die Qualitätsinvestition gestellten Ergebnisanspruch gegenüberzustellen. Letzterer soll deshalb anschließend spezifisch für Qualitätsinvestitionen im Firmenkundengeschäft ausgestaltet werden.

5.4 Ermittlung des Ergebnisanspruchs an Qualitätsinvestitionen

Nachdem mit Hilfe der qualitätsbezogenen Werttreiber aufgezeigt wurde, wie das Qualitätsergebnis für Qualitätsinvestitionen im Firmenkundengeschäft zu bestimmen ist, soll in diesem Kapitel analysiert werden, wie der zu dem Qualitätsergebnis gehörende Ergebnisanspruch ermittelt werden kann, um damit eine Gegenüberstellung von Qualitätsergebnis und Ergebnisanspruch zu ermöglichen, was einer Erfüllung des wichtigen Koordinationsbedarfs zwischen Qualitätsergebnis und Ergebnisanspruch gleichkommt.

Analog dem in Kapitel 4.2 vorgestellten Grundmodell des QAV ist es hierfür erforderlich, das mit der Qualitätsinvestition gebundene Eigen- und Risikokapital zu quantifizieren (**Kapitel 5.4.1**), wozu die qualitätsbezogenen Werttreiber als Grundlage dienen. Anschließend kann zusammen mit dem relevanten Eigenkapitalkostensatz der an die Qualitätsinvestition zu stellende Ergebnisanspruch gebildet werden (**Kapitel 5.4.2**).

5.4.1 Bestimmung des durch die Qualitätsinvestition gebundenen Eigen- und Risikokapitals

Das in der Qualitätsinvestition gebundene Kapital wird – wie erläutert[1] – mit Hilfe des Value at Risk-Ansatzes festgelegt. Dabei wird eine Differenzierung der Kapitalgröße in einen risikobehafteten Teil (Risikokapital) und einen über das Risikokapital hinausgehenden, risikolosen Teil vorgenommen. Entsprechend soll zunächst aufgezeigt werden, wie das Risikokapital einer Qualitätsinvestition zu quantifizieren ist (**Kapitel 5.4.1.1**), um anschließend die „Restgröße" als das mit einem risikolosen Verzinsungsanspruch belegten Eigenkapital auszuweisen. Gleichzeitig soll dabei die Anwendung aufsichtsrechtlicher Normen in Bezug auf Qualitätsinvestitionen und die sich daraus ergebende vorzuhaltende Eigenkapitalhöhe diskutiert werden (**Kapitel 5.4.1.2**).

---

1 Siehe hierzu Kapitel 4.2.1.2.

5.4.1.1 Quantifizierung des Risikokapitals von Qualitätsinvestitionen

Das mit Hilfe des Grundmodells des Value at Risk zu quantifizierende Risikokapital erfordert zunächst einmal die Erörterung der mit der Qualitätsinvestition verbundenen Risiken und der ausstehenden Risikovolumina (**Kapitel 5.4.1.1.1**). In einem nächsten Schritt sind dann die erforderlichen (statistischen) Verfahren auf die identifizierten Risiken anzuwenden (**Kapitel 5.4.1.1.2**), um daraus das Risikokapital berechnen zu können (**Kapitel 5.4.1.1.3**). In Abbildung 5.40 ist die Vorgehensweise anhand des Grundmodells zur standardisierten Risikoquantifizierung nochmals visualisiert.

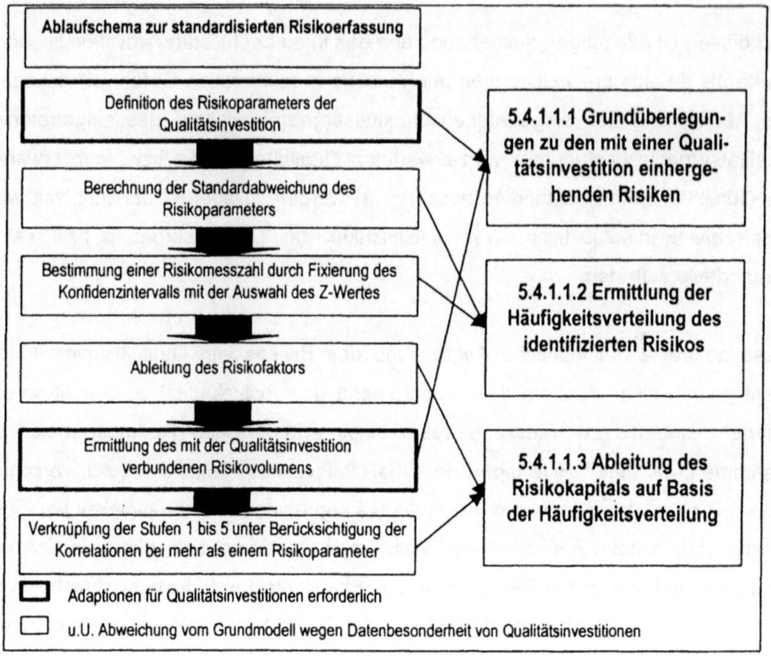

Quelle: Eigene Darstellung.

***Abbildung 5.40**: Vorgehensweise zur Bestimmung des Risikokapitals von Qualitätsinvestitionen*

5.4.1.1.1 Grundüberlegungen zu den mit einer Qualitätsinvestition einhergehenden Risiken

Unter Risiko wird allgemein „... die in einem unzureichenden Informationsstand begründete Gefahr einer negativen Abweichung des tatsächlichen Ergebniswertes vom erwarteten Ergebniswert“[1] verstanden. Im Gegensatz zur Situation der Ungewissheit, in der der Entscheider keine Vorstellung über den Eintritt unterschiedlicher Ergebniswerte besitzt, ist das Risiko durch das Vorhandensein objektiver oder subjektiver Wahrscheinlichkeiten[2] in Bezug auf den Eintritt verschiedener Ergebniswerte gekennzeichnet.[3]

Von diesen Überlegungen ausgehend kann das in einer Qualitätsinvestition liegende Risiko als die aus unzureichenden Informationen resultierende Gefahr einer negativen Abweichung des eingetretenen Qualitätsergebnisses bzw. des eingetretenen Qualitätsergebnisbestandteils vom erwarteten Qualitätsergebnis bzw. vom erwarteten Qualitätsergebnisbestandteil beschrieben werden.[4] Dabei ist bekannt, mit welcher (objektiven/subjektiven) Wahrscheinlichkeit das Qualitätsergebnis bzw. seine Bestandteile auftreten.

Diese abstrakte definitorische Abgrenzung des Risikos von Qualitätsinvestitionen reicht jedoch nicht aus, um davon ausgehend das Risikokapital zu quantifizieren. Vielmehr sind die zur Messung des Risikos erforderlichen Risikoparameter zu bestimmen, mit deren Hilfe die in der Qualitätsinvestition liegenden (u.U. verschiedenen) Risiken abgebildet werden. Da die Risikoparameter in Abhängigkeit von dem konkret vorliegenden Risiko unterschiedlich zu modellieren sind, bietet es sich zunächst an, anhand der in Banken üblichen Einteilung des Risikos in verschiedene Risikoarten eine Spezifizierung des Risikos von Qualitätsinvestitionen vorzunehmen.

---

1 Schierenbeck, H., 1999b, S. 16.

2 Vgl. beispielsweise zur Erfassung subjektiver Wahrscheinlichkeiten Pfohl, H.-C., 1977.

3 Vgl. Perridon, L./Steiner, M., 1997, S. 95 ff.

4 Vgl. zu einer ähnlichen Argumentation in Bezug auf das Investitionsrisiko Timm, E., 1976, S. 38.

In Anlehnung an die bankaufsichtsrechtlichen Vorschriften[1] lassen sich Markt- und Gegenparteienrisiken unterscheiden. Da damit aber nicht alle potentiell auftretenden Risiken abgedeckt sind, fügt *Lister*[2] dem noch die sonstigen Risiken hinzu. Die **Marktrisiken** umfassen dabei die Risiken, die eine Bank auf Grund negativer Marktveränderungen ausgesetzt ist. Hierzu gehören das Aktienkursrisiko, das Zinsänderungsrisiko sowie das Währungsrisiko.

Das **Gegenparteienrisiko** einer Bank resultiert aus der Möglichkeit, dass sich die Bonität des Geschäftspartners (Person oder Unternehmen) und damit auch das aus der Geschäftsverbindung erwartete Ergebnis verschlechtert. Entsprechend zählen zu dieser Risikokategorie das Adressenausfallrisiko sowie ebenfalls das Aktienkurs- und das Zinsänderungsrisiko. Letztere insbesondere dann, wenn mit der Bonitätsveränderung des Emittenten eines Underlyings Preisveränderungen einhergehen.

Die **sonstigen Risiken** beinhalten einerseits Liquiditätsrisiken, die sich als Fristigkeitsrisiko auf Grund asynchroner Kapitalzu- und -abflüsse beschreiben lassen, sowie Betriebsrisiken, die Abwicklungsrisiken als Verlustrisiko aus fehlerhaften Abläufen, Bestandsrisiken als das Verlustrisiko eingesetzter Produktionsmittel und Kostenrisiken als Risiko unplanmäßiger Kostenerhöhungen darstellen.

Während in Bezug auf die generelle Risikoeinteilung in Banken in der bankbetrieblichen Literatur eine relativ hohe Übereinstimmung besteht, kann dies für die Betriebsrisiken nicht festgestellt werden.[3] Häufig werden die Betriebsrisiken auch in Betriebsrisiken im engeren Sinn, die „... das Risiko von Verlusten durch menschliches Versagen, fehlerhafte Managementprozesse, Natur- und sonstige Katastrophen, Technologieversagen und Änderungen im externen Umfeld."[4] umfassen, sowie Geschäftsri-

---

1 Zu anderen möglichen Abgrenzungen des bankbetrieblichen Risikos vgl. Schierenbeck, H., 1999b, S. 9.

2 Vgl. zur generellen Risikoeinteilung auch folgend Lister, M., 1997, S. 6 ff.

3 Für die hier unter Betriebsrisiko zusammengefassten Risikoarten existiert bislang in der bankbetrieblichen Literatur keine einheitliche Begriffsverwendung. In diesem Zusammenhang werden auch die Begriffe operatives, operationales oder operationelles Risiko verwandt (vgl. z.B. Beeck, H./Kaiser, T., 2000, S. 636 f.; auch Buhr, R., 2000, S. 202; Kaufmann, M./Dröse, G., 2000, S. 788; Peter, A. et al., 2000, S. 657 f.).

4 Beeck, H./Kaiser, T., 2000, S. 637.

siken inklusive der strategischen Risiken, die Verluste durch „... Veränderungen des Geschäftsvolumens oder der Margen.“[1] beinhalten, unterteilt.

Um diese Risikoarten auch auf die Qualitätsinvestition zu beziehen, ist zu erörtern, worauf die negativen Abweichungen des Qualitätsergebnisses bzw. der Qualitätsergebnisbestandteile beruhen können. Werden hierzu die qualitätsbezogenen Werttreiber[2] betrachtet, dann resultieren die qualitätsbezogenen Gesamterlöse einerseits aus dem Preiseffekt, d.h. aus einer höheren Marge. Potentielle Verluste hieraus sind demnach dem Geschäftsrisiko als Teil des Betriebsrisikos zuzuordnen.

Andererseits entstehen die qualitätsbezogenen Gesamterlöse auch durch Mengeneffekte, die auf zusätzlicher oder gebundener Leistungsinanspruchnahme durch den Firmenkunden basieren. Diese nachgefragten Leistungen können das komplette Leistungsspektrum des Firmenkundengeschäfts[3] umfassen, d.h. beispielsweise Kredit- und Anlageleistungen umfassen, denen regelmäßig auch Gegenparteien- und Marktrisiken anhaften können. Darüber hinaus sind mit dem Mengeneffekt einer Qualitätsinvestition nach obiger Definition wiederum Geschäftsrisiken verbunden.

Jedoch sind die mit den einzelnen Leistungen im Firmenkundengeschäft verbundenen Risiken nicht der Qualitätsinvestition zuzurechnen, denn die qualitätsbezogenen Erlöse ergeben sich aus den mit diesen Leistungen erzielten Wertbeiträgen. Damit sind zum einen die im Zusammenhang mit der Leistungserstellung entstehenden Kosten bereits in der qualitätsbezogenen Erlösbetrachtung berücksichtigt und zum anderen im Sinne des Economic Value Added-Ansatzes auch der an die Leistungen zu stellende Ergebnisanspruch[4], der eine Verzinsung der durch die Leistung hereingenommenen Risiken beinhaltet. Gegenparteien- und Marktrisiken besitzen damit lediglich einen indirekten Bezug zur Qualitätsinvestition über die durch die Qualitätsinvestition initiierte Leistungsinanspruchnahme.

---

1 Beeck, H./Kaiser, T., 2000, S. 637 f.

2 Siehe hierzu Kapitel 5.2.1.

3 Siehe hierzu Kapitel 3.1.2.

4 Vgl. zu einer einzelgeschäftsbezogenen Kalkulation beispielsweise Schmittmann, S. et al., 1996, S. 652 f.

Die Kostenseite des Qualitätsergebnisses beinhaltet die Gefahr, dass die Initiierungskosten der Qualitätsinvestition höher als geplant ausfallen und die erwarteten Kosteneinsparungen nicht realisiert werden können. Auch dieses Kostenrisiko ist dem Geschäftsrisiko im Sinne nicht erzielbarer Margen zuzuordnen.

Insgesamt geht mit den qualitätsbezogenen Erlösen und Kosten natürlich auch das Betriebsrisiko im engeren Sinne einher, denn Qualitätsinvestition können ebenso von menschlichem Versagen, Katastrophen etc. betroffen sein. Jedoch wird in der bankbetrieblichen Literatur vorgeschlagen, diese Risiken über Produktgruppen zu verrechnen,[1] so dass die dafür entstehenden Kosten bereits in die Berechnung der Wertbeiträge der einzelnen Produktgruppen eingeflossen sind. Unabhängig von der Berücksichtigung des Betriebsrisikos im engeren Sinne auf Produktebene wäre es aber zusätzlich vorstellbar, dass beispielsweise betrügerische Machenschaften auch Kosten und Erlöse der Qualitätsinvestition berühren könnten.

Das nicht direkt erfolgswirksame Liquiditätsrisiko dagegen kann nicht alleinig Qualitätsinvestitionen zugeschrieben werden. In Abbildung 5.41 ist der Zusammenhang zwischen bankbetrieblichen Risiken allgemein und den Risiken von Qualitätsinvestitionen speziell nochmals graphisch verdeutlicht.

[1] Vgl. Schierenbeck, H., 1999b, S. 297.

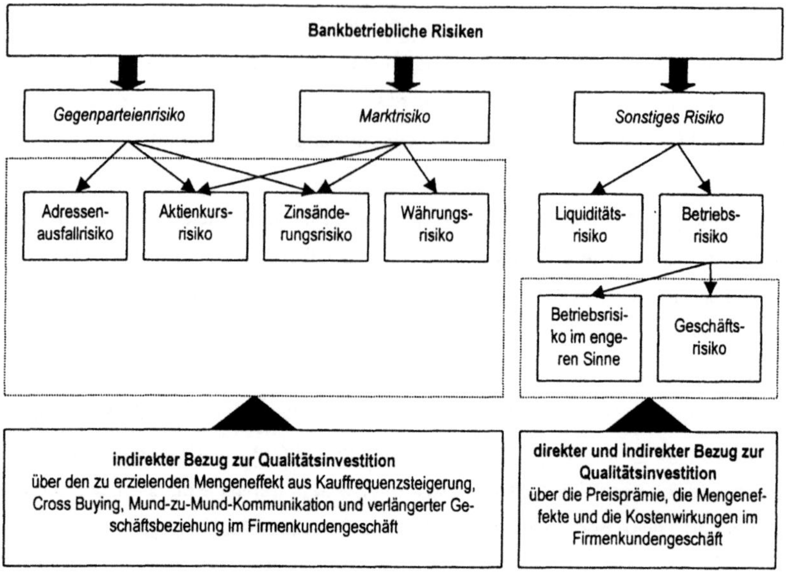

Quelle: Eigene Darstellung.

***Abbildung 5.41**: Einordnung des Risikos von Qualitätsinvestitionen in die bankbetriebliche Risikosystematik*

Für die Quantifizierung der mit Qualitätsinvestitionen einhergehenden Betriebsrisiken[1] bleibt noch anzumerken, dass es sich bei den Betriebsrisiken im engeren Sinne nicht um für Qualitätsinvestitionen spezifische Risiken handelt, sondern die gesamte Bank davon betroffen ist. Aus diesem Grund können die im Rahmen des Risikomanagements der Bank ermittelten Daten (Risikoparameter, Wahrscheinlichkeitsverteilungen etc.) der Betriebsrisiken im engeren Sinne hieraus entnommen und das diesbezüglich im Zusammenhang mit Qualitätsinvestitionen entstehende Risiko daraus berechnet werden.[2]

---

1 Der Erkenntnisprozess zur Quantifizierung von Betriebsrisiken allgemein steht jedoch im Vergleich zu den übrigen Risikoarten noch am Anfang. Aus qualitativen und quantitativen Messvorschlägen insbesondere für die Betriebsrisiken im engeren Sinne konnte sich noch keine standardisierte Vorgehensweise herausbilden. Sinnvoll wäre, eine mit dem Value at Risk-Ansatz kompatible Risikomessung durchzuführen (vgl. ausführlich Beeck, H./Kaiser, T., 2000, S. 640 ff.; auch Peter, A. et al., 2000, S. 670 f.; Schierenbeck, H., 1999b, S. 295 f.), wie sie generell für die vorliegende Arbeit vorgeschlagen wurde.

2 Vgl. zu einer ähnlichen Vorgehensweise im Zusammenhang mit der produktbezogenen Differenzierung des Betriebsrisikos im engeren Sinne Schierenbeck, H., 1999b, S. 297.

Die für die Risikoquantifizierung zu definierenden Risikoparameter beziehen sich damit für die Qualitätsinvestition ausschließlich auf das Geschäftsrisiko als Teil des Betriebsrisikos. Sie stellen die Größe dar, die das Risiko zum Ausdruck bringt und deshalb in Form von Veränderungs- oder Abweichungsraten bestimmt wird.[1] Für das Geschäftsrisiko von Qualitätsinvestitionen wären in diesem Zusammenhang verschiedene Varianten denkbar.

Da die mit Qualitätsinvestitionen einhergehende Verlustgefahr in der Unterschreitung des erwarteten Qualitätsergebniswertes liegt, sind absolute oder relative Veränderungen des Qualitätsergebnisses bzw. der Qualitätsergebnisbestandteile im Zeitverlauf nicht geeignet, als Risikoparameter zu fungieren. Zu begründen ist dies damit, dass diese Veränderungen die aus den qualitätsbezogenen Werttreibern resultierende Entwicklung des Qualitätsergebnisses ausdrücken und keinen Bezug zu unerwarteten Veränderungen desselben herstellen.

Vielmehr sind die Abweichungen zwischen geplantem und realisiertem Qualitätsergebnis zu untersuchen, da hierin die eigentliche Verlustgefahr liegt. Außerdem ist denkbar, dass nicht nur die Abweichungen des Qualitätsergebnisses in seiner Gesamtheit als ein Risikoparameter betrachtet werden, sondern an dessen Stelle mehrere Risikoparameter in Form der Veränderungen der einzelnen Qualitätsergebnisbestandteile treten. Bei der Aggregation der Einzelrisiken sind jedoch etwaige Zusammenhänge zwischen den Qualitätsergebnisbestandteilen, die zu Risikodiversifikationen führen könnten, in Form von Korrelationen zu beachten.[2]

Die Wahl der Vorgehensweise in Bezug auf die Risikoparameter ist einerseits davon abhängig, welche Daten über das Qualitätsergebnis und seine Bestandteile der jeweiligen Qualitätsinvestition zur Anwendung der statistischen Verfahren verfügbar sind. Darunter fällt beispielsweise die Frage, ob Vergangenheitswerte über die Entwicklung des Qualitätsergebnisses vorliegen, aus denen auch auf die zukünftige Qualitätsergebnisentwicklung geschlossen werden kann oder ob dagegen Verlustwahrscheinlichkeiten z.B. mit Hilfe von Expertenbefragungen erst noch zu ermitteln

---

1 Vgl. Schierenbeck, H., 1999b, S. 18; auch Lister, M., 1997, S. 115.

2 Vgl. hierzu grundlegend Schierenbeck, H., 1999b, auch Lister, M., 1997.

sind. Aussagen zu letzteren lassen sich wahrscheinlich einfacher für einzelne Qualitätsergebnisbestandteilen als für das gesamte Qualitätsergebnis treffen.

Andererseits liefern natürlich die im Rahmen des bankweiten Risikomanagement üblicherweise angewendeten Verfahren bereits einen Rahmen für die Vorgehensweise der Risikoermittlung, wie z.B. der Einsatz von Simulationstechniken mit deren Hilfe unproblematisch auch Daten über mehrere Risikoparameter erzeugt werden können.

Schließlich ist für eine Quantifizierung des mit der Qualitätsinvestition einhergehenden Risikos neben der Bestimmung der Risikoparameter relevant, in welcher Höhe finanzielle Werte einem Risiko ausgesetzt sind (Risikovolumen).[1] Für die Risikoermittlung einer Qualitätsinvestition sind dies entweder das geplante Qualitätsergebnis oder die geplanten Qualitätsergebnisbestandteile. Nachdem die für Qualitätsinvestitionen spezifischen Risikoparameter und das dazugehörige Risikovolumen erörtert wurden, können diese folgend herangezogen werden, um eine Risikoquantifizierung vorzunehmen.

5.4.1.1.2 Ermittlung der Häufigkeitsverteilung des identifizierten Risikos

Um das Risikokapital einer Qualitätsinvestition zu quantifizieren, wird der sogenannte Value at Risk berechnet. Er drückt den maximalen Wertverlust des Qualitätsergebnisses bzw. seiner Bestandteile, der unter den üblichen Bedingungen innerhalb eines festgelegten Zeitraumes mit einer bestimmten Wahrscheinlichkeit nicht überschritten wird, aus.[2] Grundlage für die Berechnung des Value at Risk stellt damit eine Häufigkeitsverteilung dar, mit deren Hilfe die maximalen Wertverluste bei einer gegebenen Wahrscheinlichkeit abgeleitet werden können.

Die Bestimmung der Häufigkeitsverteilung zur Berechnung des Value at Risk einer Qualitätsinvestition hängt dabei von der Frage ab, ob auf Vergangenheitsdaten über die Risikoparameter zurückgegriffen werden kann. Aus diesem Grund soll zunächst

---

1 Vgl. beispielsweise Schierenbeck, H., 1999b, S. 23.

2 Vgl. Schierenbeck, H., 1999b, S. 16 f.

von einer Situation ausgegangen werden, in der Vergangenheitswerte über das Qualitätsergebnis bzw. dessen Bestandteile verfügbar sind, um anschließend eine Vorgehensweise aufzuzeigen, die ohne Vergangenheitsdaten auskommt.

Liegen Daten über die vergangene Entwicklung des Qualitätsergebnisses bzw. der Qualitätsergebnisbestandteile vor, kann aus diesen mit Hilfe des Korrelationsansatzes eine Häufigkeitsverteilung der jeweiligen Abweichungsraten ermittelt werden. Hierzu ist in einem ersten Schritt festzulegen, welcher Beobachtungszeitraum der Vergangenheit herangezogen wird. Aus bankaufsichtsrechtlicher und statistischer Perspektive sind längere gegenüber kürzeren Beobachtungszeiträumen zu präferieren.[1] Jedoch kann die Wahl kürzerer Beobachtungszeiträume dann vorteilhaft sein, wenn aktuelle Werte die zukünftigen Entwicklungen am besten widerspiegeln.[2]

Da über die Ergebnisentwicklung von Qualitätsinvestitionen auf Grund der unterschiedlichen Arten[3] und nicht permanenten Durchführungen kaum kontinuierliche Daten verfügbar sind, ist die Wahl des Beobachtungszeitraums hier auch abhängig von der zugrundegelegten Dauer der herangezogenen Referenzinvestition, die in Bezug auf die Art und die betroffene Qualitätsdimension mit der durchzuführenden Qualitätsinvestition weitgehend übereinstimmen sollte. In diesem Zusammenhang ist es auch denkbar, dass die vorliegenden Vergangenheitswerte – auch bei Betrachtung dieser als Stichprobe – mengenmäßig nicht ausreichen, um entsprechende statistische Aussagen treffen zu können.[4] In diesen Fällen ist auf die später noch zu erläuternde Monte Carlo Simulation zurückzugreifen.

Die vorliegenden Daten der Risikoparameter sind dann für den gewählten Beobachtungszeitraum mit Hilfe des natürlichen Logarithmus in stetige Abweichungsraten zu überführen,[5] um die dem Grundmodell zugrundeliegenden Verteilungsannahmen[1] zu

---

1 Vgl. Schierenbeck, H., 1999b, S. 20.

2 Vgl. Jendruschewitz, B., 1997, S. 26.

3 Siehe hierzu Kapitel 3.3.2.1.

4 In der Regel werden zwischen 90 und 250 Beobachtungswerte herangezogen (vgl. Jendruschewitz, B., 1997, S. 26).

5 Dies ist nicht möglich, wenn zwischen geplantem und tatsächlichem Qualitätsergebnis ein Vorzeichenwechsel auftritt. Dann sind beispielsweise lineare Abweichungsraten heranzuziehen. Diskussionen über Vor- und Nachteile verschiedener Gestaltungsmöglichkeiten von Risikoparametern finden sich bei Lister, M., 1997, S. 44 ff.; auch Jendruschewitz, B., 1997, S. 34.

erfüllen.[2] In Abbildung 5.42 ist hierzu ein Beispiel vorgestellt, das auch für die folgenden Berechnungen herangezogen wird. In dem Beispiel werden acht Beobachtungswerte[3] über das Qualitätsergebnis einer gleichartigen vergangenen Qualitätsinvestition analog zum bislang untersuchten Beispiel in die Informations- und Beratungsqualität unterstellt.

Periode t	geplantes Qualitätsergebnis in Tsd. DM (1)	tatsächliches Qualitätsergebnis in Tsd. DM (2)	stetige Abweichungsrate des tatsächlichen vom geplanten Qualitätsergebnis (3)=ln[(2)÷(1)]
1	1.523	320	-1,5601164
2	1.870	560	-1,2057569
3	2.100	3.200	0,4212134
4	2.100	3.980	0,6393444
5	2.350	3.800	0,4805857
6	2.350	4.200	0,5806692
7	1.960	3.000	0,4256678
8	1.960	2.500	0,2433462

Quelle: Eigene Darstellung.

***Abbildung 5.42**: Beispiel zur Berechnung stetiger Abweichungsraten des tatsächlichen vom geplanten Qualitätsergebnis*

Ausgehend von den stetigen Abweichungsraten des Qualitätsergebnisses ist die Standardabweichung, d.h. die Schwankung der tatsächlichen Qualitätsergebniswerte um den erwarteten Wert, zu kalkulieren. Basis hierfür liefert der Erwartungswert der Abweichungsraten des Qualitätsergebnisses, der für die Abweichungsraten Null beträgt. Die Standardabweichung errechnet sich dann als die Quadratwurzel aus der durchschnittlichen quadrierten Abweichung der einzelnen Abweichungsraten von deren Erwartungswert:[4]

$$\delta = \sqrt{\delta^2} = \sqrt{\sum_{t=1}^{T}(AR_t - EW)^2 \cdot w_t}$$

σ: Standardabweichung der Abweichungsrate

σ^2: Varianz der Abweichungsrate

---

1 Siehe hierzu Kapitel 4.2.1.2.

2 Vgl. Schierenbeck, H., 1999b, S. 23.

3 Mit Hilfe dieses Beispiels soll die Vorgehensweise verdeutlicht werden ungeachtet eventuell auftretender statistischer Probleme auf Grund der Anzahl der Beobachtungswerte.

4 Zu den grundlegenden statistischen Kennziffern vgl. Bleymüller, J. et al., 2000.

t=1,..., T:	Beobachtungszeitraum
AR_t:	Abweichungsrate (des Qualitätsergebnisses)
EW:	Erwartungswert der Abweichungsrate
w_t:	Wahrscheinlichkeit

In dem vorliegenden Beispiel beträgt sie 0,8126 bzw. 81,26 %.

Die statistischen Kennziffern Erwartungswert und Standardabweichung, die aus den in der Vergangenheit beobachteten Werten berechnet wurden, charakterisieren gleichzeitig eine Häufigkeitsverteilung, mit deren Hilfe sich Aussagen über die Eintrittswahrscheinlichkeiten bestimmter Abweichungsraten des Qualitätsergebnisses treffen lassen. Dabei können verschiedene Arten von Häufigkeitsverteilungen unterschieden werden, jedoch liegt dem Grundmodell der Risikoquantifizierung annahmegemäß die Normalverteilung zugrunde.[1]

Über die Dichtefunktion der Normalverteilung, die auch als Gaußsche Glockenkurve bezeichnet wird, kann abgelesen werden, mit welcher Häufigkeit welche Ausprägung der Abweichungsrate des Qualitätsergebnisses eintritt.[2] Die Berechnung einzelner Funktionswerte insbesondere in Bezug auf kumulierte Häufigkeiten kann sich jedoch als komplex herausstellen. Aus diesem Grund wird die Normalverteilung in die einfachere Standardnormalverteilung überführt, die sich durch einen Erwartungswert von Null, eine Standardabweichung von eins und die standardnormalverteilte Zufallsvariable Z charakterisieren lässt.[3] Grundlage der Transformation stellt folgender Zusammenhang dar:[4]

$$Z = \frac{x - EW}{\delta}$$

Z:	standardnormalverteilte Zufallsvariable
x:	normalverteilte Zufallsvariable
EW:	Erwartungswert der Abweichungsrate
σ:	Standardabweichung der Abweichungsrate

---

1 Vgl. grundlegend Lister, M., 1997, S. 71 f.

2 Vgl. Schierenbeck, H., 1999b, S. 20; auch Lister, M., 1997, S. 72.

3 Vgl. Lister, M., 1997, S. 75.

4 Vgl. Schierenbeck, H., 1999b, S. 22.

In Abbildung 5.43 ist eine derartige Transformation der Normalverteilung in die Standardnormalverteilung dargelegt. Aus dem Verlauf der Dichtefunktion der Standardnormalverteilung wird ersichtlich, dass die Zufallsvariable Z mit einer Wahrscheinlichkeit von 99,73 % zwischen den Werten -3 und 3 liegt.[1]

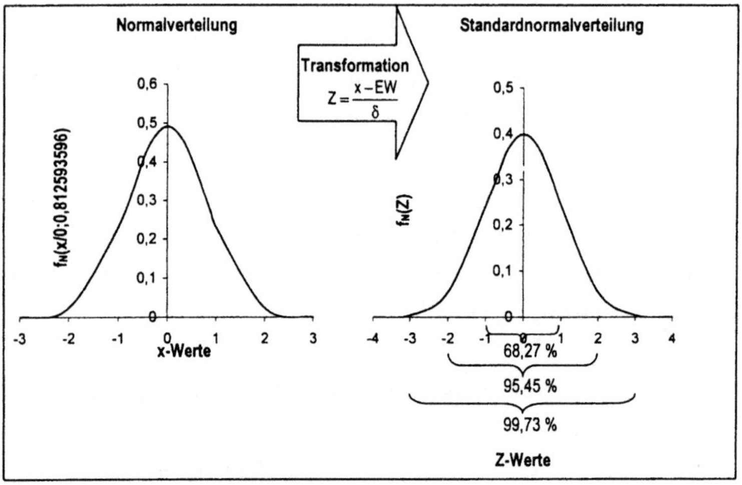

Quelle: Eigene Darstellung.[2]

***Abbildung 5.43**: Transformation der normalverteilten Häufigkeiten der Abweichungsraten des Qualitätsergebnisses in eine Standardnormalverteilung*

Für die Quantifizierung des mit einer Qualitätsinvestition einhergehenden Risikos bedeutet dies, dass über die Festlegung des Konfidenzintervalls mit Hilfe eines Z-Wertes ein Wahrscheinlichkeitsniveau vorgegeben wird, für dessen jeweilige Grenzen ermittelt werden kann, welche maximale Ausprägung der Abweichungsrate des Qualitätsergebnisses nicht überschritten wird. Das Wahrscheinlichkeitsniveau muss dabei nicht immer mit ganzzahligen Z-Werten einhergehen, sondern kann auch für gebrochene Z-Werte bestimmt werden.[3] Der Baseler Ausschuss für Bankenaufsicht empfiehlt ein Wahrscheinlichkeitsniveau für interne Risikomodell von 99 %.[4]

---

1 Vgl. Lister, M., 1997, S. 76 f.

2 Ungenauigkeiten in den Funktionsverläufen sind auf die Berechnungen im Programm Excel zurückzuführen.

3 Vgl. Lister, M., 1997, S. 77.

4 Vgl. Jendruschewitz, B., 1997, S. 28.

Bei der Ermittlung der maximalen Abweichungsrate bei gegebenem Wahrscheinlichkeitsniveau ist zu berücksichtigen, dass dem Firmenkundengeschäft nur dann ein Verlust entsteht, wenn das erwartete Qualitätsergebnis nicht erreicht wird, d.h. bei einem geplanten positiven Qualitätsergebnis negative Abweichungsraten bzw. bei einem geplanten negativen Qualitätsergebnis positive Abweichungsraten auftreten. Aus diesem Grund ist für die Berechnung der maximalen Abweichungsrate lediglich „eine Seite" der Wahrscheinlichkeitsverteilung einzubeziehen, und zwar für maximale negative Abweichungsraten negative und für maximale positive Abweichungsraten positive Z-Werte.[1]

Soll für das obenstehende Beispiel die maximale negative Abweichung des Qualitätsergebnisses ermittelt werden, die mit einer Wahrscheinlichkeit von 99,865 % nicht bzw. mit einer Wahrscheinlichkeit von 0,135 % überschritten wird, dann stellt entsprechend der Dichtefunktion der Standardnormalverteilung ein Z-Wert von -3 die maximale negative Abweichung dar, die mit einer Wahrscheinlichkeit von 0,135 % überschritten wird, so dass sich über die Transformationsregel für dieses Wahrscheinlichkeitsniveau folgender maximale positive Abweichungswert ergibt:

$$x = Z \cdot \delta + EW = -3 \cdot 81{,}26\% + 0 = -243{,}78\%.$$

Demnach wird eine negative Abweichungsrate des Qualitätsergebnisses mit einer Wahrscheinlichkeit von 99,865 % nicht höher als –243,78 % ausfallen. In dem hier vorliegenden Beispiel mit einem Erwartungswert von Null entspricht der so berechnete maximale Abweichungswert gleichzeitig auch der **Risikomesszahl**, die sich aus der Multiplikation von Standardabweichung und Z-Wert ergibt und damit die Differenz zwischen erwarteter Abweichung des geplanten vom tatsächlichen Qualitätsergebnis und der bei gegebener Wahrscheinlichkeit maximalen Abweichung zum Ausdruck bringt.

---

1 Ebenfalls wahrscheinliche positive Abweichungsraten bei geplanten positiven Qualitätsergebnissen bzw. negative Abweichungsraten bei geplanten negativen Qualitätsergebnissen sind zwar nicht geplant und stellen eine Abweichung vom erwarteten Wert dar, bringen aber auch keine negativen Konsequenzen für die Wertschaffung im Firmenkundengeschäft mit sich, so dass eine Überschreitung des positiven bzw. negativen Z-Wertes dann nicht betrachtet werden muss.

Kann – wie dargelegt – nicht auf Vergangenheitsdaten über aufgetretene Abweichungen vom Qualitätsergebnis bzw. dessen Bestandteile zurückgegriffen werden, was auf Grund der in der Vergangenheit nicht vorgenommenen Bewertung von Qualitätsinvestitionen im Sinne des Shareholder Value[1] und des Novitätsgrads jeder einzelnen Qualitätsinvestition die Regel sein dürfte, können auch die soeben erläuterten Zusammenhänge – jedoch in unterschiedlicher Reihenfolge – genutzt werden.

Da keine Daten vorliegen, werden in einem ersten Schritt mit Hilfe der Monte Carlo Simulation[2] Zufallswerte generiert, die wertmäßig zwischen Null und eins liegen und als Wahrscheinlichkeitswerte der Standardnormalverteilung gelten. Um später genaue Wahrscheinlichkeitsaussagen treffen zu können, ist eine sehr hohe Anzahl an Zufallswerten zu erzeugen.[3]

Diesen Zufallswerten kann der jeweils passende standardisierte Z-Wert der Standardnormalverteilung zugeordnet werden. Wurde beispielsweise der Zufallswert 0,511999 generiert, dann lässt sich hierfür über die Verteilungsfunktion der Standardnormalverteilung ein standardisierter Z-Wert von 0,030082 bestimmen.[4] Über die standardisierten Z-Werte wiederum lassen sich mit Hilfe der bereits oben genutzten Transformationsregel zwischen Normalverteilung und Standardnormalverteilung die stetigen Abweichungsraten des Qualitätsergebnisses bzw. der Ergebnisbestandteile berechnen:

$$Z = \frac{x - EW}{\delta} \rightarrow x = Z \cdot \delta + EW$$

Z:	standardnormalverteilte Zufallsvariable
EW:	Erwartungswert der Abweichungsraten
σ:	Standardabweichung der Abweichungsraten
x:	normalverteilte Zufallsvariable (hier: stetige Abweichungsrate)

1 Siehe hierzu Kapitel 1.1.

2 Vgl. hierzu auch folgend Schierenbeck, H., 1999b, S. 33 ff.; auch Jendruschewitz, B., 1997, S. 70-81; Lister, M., 1997, S. 179-183.

3 Die damit verbundene erhebliche Verarbeitung von Daten ist mit Hilfe entsprechender EDV mittlerweile als unproblematisch einzustufen.

4 Vgl. auch für andere Beispiele Schierenbeck, H., 1999b, S. 34.

Voraussetzung hierfür ist jedoch die Kenntnis von Erwartungswert und Standardabweichung der als normalverteilt angenommenen Abweichungsraten. Die Bestimmung des Erwartungswerts stellt sich dabei als unproblematisch heraus, denn die erwartete Abweichungsrate beträgt Null. Die Standardabweichung kann dagegen nicht wie oben berechnet werden, da ein Rückgriff auf Vergangenheitswerte in diesem Fall nicht möglich ist. Sie ist entweder zu schätzen oder wiederum selbst zu simulieren.[1]

Wird der soeben ermittelte Z-Wert herangezogen und die Standardabweichung auf 80 % geschätzt, dann lässt sich bei einem Erwartungswert von Null eine stetige Abweichungsrate in Höhe von 0,0240656 berechnen. Die so für die einzelnen Z-Werte kalkulierten stetigen Abweichungsraten können in eine Rangfolge gebracht werden, aus der unter Zuziehung eines zuvor festgelegten Wahrscheinlichkeitsniveaus die maximale stetige Abweichungsrate, die mit der Wahrscheinlichkeit nicht überschritten wird, ablesbar ist. Konnten beispielsweise 1.000 Werte für die stetige Abweichungsrate in eine Rangfolge gebracht werden, dann zeigt der 970. Rang an, dass die dort vorzufindende stetige Abweichungsrate mit einer Wahrscheinlichkeit von 97 % nicht überschritten wird.[2]

In Abbildung 5.44 sind die dargelegten Vorgehensweisen zur Bestimmung der Häufigkeitsverteilungen als Grundlage für die Value at Risk-Ermittlung nochmals zusammengefasst. Darüber hinaus ist es bei Anwendung einer historischen Simulation möglich, mit Hilfe von Vergangenheitsdaten aber ohne die sonst erforderlichen statistischen Parameter ebenfalls die maximale stetige Abweichungsrate bei gegebenem Wahrscheinlichkeitsniveau zu ermitteln. Auf Grund des mit der historischen Simulation verbundenen hohen Aufwands wird sie in der Regel nur dann eingesetzt, wenn der Korrelationsansatz zu keinem hinreichend genauen Ergebnis führt, wie es beispielsweise bei nicht-linearen Risiken der Fall ist.[3] Da zwischen Qualitätsergebnis und Abweichungsraten ein lineares Verhältnis besteht, soll die historische Simulation hier nicht weiter betrachtet werden.

---

1 Vgl. hierzu Schierenbeck, H., 1999b, S. 35 und 297; auch Jendruschewitz, B., 1997, S. 72.

2 Diese stetige Abweichungsrate kann auf Grund des Erwartungswertes von Null mit der im Rahmen des Korrelationsansatzes bestimmten Risikomesszahl verglichen werden.

3 Vgl. ausführlich Schierenbeck, H., 1999b, S. 31 f.

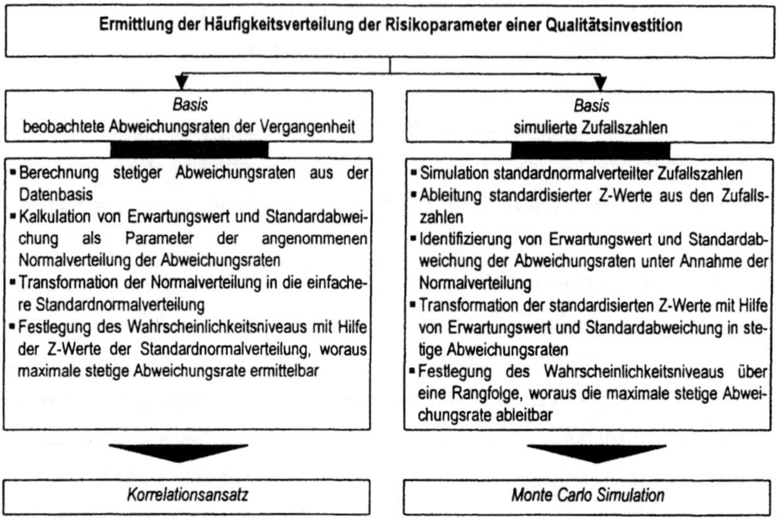

Quelle: Eigene Darstellung.

***Abbildung 5.44**: Ermittlung der Häufigkeitsverteilung zur Berechnung des Value at Risk von Qualitätsinvestitionen*

5.4.1.1.3 Ableitung des Risikokapitals auf Basis der Häufigkeitsverteilung

Aus der entweder über den Korrelationsansatz oder die Monte Carlo Simulation berechneten Risikomesszahl kann der Risikofaktor[1] bezogen auf die Abweichungsrate des Qualitätsergebnisses abgeleitet werden. Dieser ist erforderlich, um die logarithmische Verknüpfung der Abweichungsraten angemessen zu berücksichtigen, da sonst eine Risikoquantifizierung über eine einfache Multiplikation, z.B. der Risikomesszahl mit dem Risikovolumen, nicht möglich ist:[2]

$$\text{Risikofaktor}_{AR} = e^{\text{Risikomesszahl}} - 1$$

Risikofaktor_{AR}: Risikofaktor der Abweichungsrate

e: Eulersche Zahl (2,718281828)

---

1 Der Risikofaktor setzt einen Erwartungswert von Null voraus (vgl. Schierenbeck, H., 1999b, S. 23; auch Lister, M., 1997, S. 108 ff.), was von den für die Qualitätsinvestition definierten Risikoparametern erfüllt wird.

2 Vgl. Schierenbeck, H., 1999b, S. 23; auch Lister, M., 1997, S. 150.

Für das im Zusammenhang mit dem Korrelationsansatz gewählte Beispiel würde sich demnach für eine Risikomesszahl von -243,78 % ein Risikofaktor der Abweichungsraten von -0,9126 bzw. -91,26 % ergeben. Mit Hilfe dieses Risikofaktors und das für den Risikoparameter bestimmte Risikovolumen in Form des Qualitätsergebnisses bzw. des Qualitätsergebnisbestandteils kann der Value at Risk der Qualitätsinvestition durch einfache multiplikative Verknüpfung errechnet werden. Wird auf das in Kapitel 5.3.4 berechnete Beispiel für das Qualitätsergebnis in Höhe von 6.264.373,50 DM als Risikovolumen für das hier zu quantifizierende Risikokapital der Qualitätsinvestition zurückgegriffen, dann kann ein Value at Risk in Höhe von -5.717.162,80 DM ausgewiesen werden. Damit wird zum Ausdruck gebracht, dass innerhalb der betrachteten Periode bei einer Wahrscheinlichkeit von 97,73 % der maximal erwartete Wertverlust nicht höher als -5.717.162,80 DM ausfallen wird.

Wurden im Gegensatz zu dem hier vorgestellten Beispiel die einzelnen Qualitätsergebnisbestandteile als Risikoparameter verwendet, dann können die vorgestellten Berechnung analog erfolgen. Jedoch ist bei der letztendlichen Ermittlung des Value at Risk zu berücksichtigen, dass eventuell Risikodiversifikationseffekte auftreten.

Im Rahmen des Korrelationsansatzes können diese über eine Korrelationskoeffizientenmatrix einbezogen werden.[1] Hierfür sind zunächst die Korrelationskoeffizienten zwischen den einzelnen Risikoparametern zu bestimmen:[2]

$$Kor(AB_t^A, AB_t^B) = \frac{KOV(AB_t^A, AB_t^B)}{\delta(AB_t^A) \cdot \delta(AB_t^B)}$$

$$\text{mit: } KOV(AB_t^A, AB_t^B) = EW[(AB_t^A - EW(AB_t^A)) \cdot (AB_t^B - EW(AB_t^B))]$$

$Kor(AB_t^A, AB_t^B)$: Korrelationskoeffizient der stetigen Abweichungsraten zweier Qualitätsergebnisbestandteile A und B

$KOV(AB_t^A, AB_t^B)$: Kovarianz der stetigen Abweichungsraten zweier Qualitätsergebnisbestandteile A und B

AB_t^A: stetige Abweichungsrate des Qualitätsergebnisbestandteils A

AB_t^B: stetige Abweichungsrate des Qualitätsergebnisbestandteils B

---

1 Vgl. Schierenbeck, H., 1999b, S. 24. Darüber hinaus kann auch angenommen werden, dass die Korrelationen zwischen den verschiedenen Risikoparametern eins betragen, d.h. sie völlig gleichgerichtet sind. In diesem Fall ist eine Aufsummierung der für die verschiedenen Risikoparameter berechneten Value at Risk möglich. Andererseits kann unterstellt werden, dass die einzelnen Risiken der Qualitätsergebnisbestandteile unkorreliert sind. Das Gesamtrisiko ergäbe sich dann aus der Quadratwurzel der Summe der quadrierten Einzelrisiken (vgl. Jendruschewitz, B., 1997, S. 108).

2 Vgl. beispielsweise Lister, M., 1997, S. 102 f.; auch allgemein Bleymüller, J. et al., 2000.

σ: Standardabweichung

EW: Erwartungswert

Darauf aufbauend kann eine Verknüpfung der Einzelrisiken der Qualitätsergebnisbestandteile folgendermaßen vorgenommen werden:[1]

$$VaR_{QE} =$$

$$\sqrt{\begin{bmatrix} VaR(QEB_A) & \dots & VaR(QEB_n) \end{bmatrix} \cdot \begin{bmatrix} 1 & Kor(AB_{QEB_A}, AB_{QEB_B}) & \dots & Kor(AB_{QEB_A}, AB_{QEB_n}) \\ Kor(AB_{QEB_B}, AB_{QEB_A}) & 1 & \dots & Kor(AB_{QEB_B}, AB_{QEB_n}) \\ \dots & \dots & 1 & \dots \\ Kor(AB_{QEB_n}, AB_{QEB_A}) & Kor(AB_{QEB_n}, AB_{QEB_B} & \dots & 1 \end{bmatrix} \cdot \begin{bmatrix} VaR(QEB_A) \\ \dots \\ VaR(QEB_n) \end{bmatrix}}$$

VaR_{QE}: Value at Risk des Qualitätsergebnisses

$VaR(QEB_{A...n})$: Value at Rist des Qualitätsergebnisbestandteils A bis n

$AB_{QEBA...n}$: stetige Abweichungsrate des Qualitätsergebnisbestandteils A bis n

Kor: Korrelationskoeffizient

Mit Hilfe dieser Berechnungsmethodik wird ein pragmatischer Ansatz zur Kumulierung verschiedener Einzelrisiken verfolgt, der insbesondere auf Grund der Annahmen des Grundmodells, wie z.B. die Normalverteilung und die Verwendung stetiger Abweichungsraten, kein Ergebnis mit exakter Genauigkeit hervorbringt,[2] jedoch im Vergleich zu einer Risikoermittlung mit unterstellter konstanter Korrelation von eins bzw. ohne Korrelationsannahme auf Grund der Ignoranz von Risikoverbundeffekten als vorteilhafter einzuschätzen ist.

---

1 Vgl. zur Herleitung dieser Berechnungsmethode Lister, M., 1997, S. 99-108. In hier nicht zutreffenden Spezialfällen ist es empfehlenswert, in der Berechnung noch ein Standardrisiko zu berücksichtigen (vgl. Schierenbeck, H., 1999b, S. 24).

2 Vgl. ausführlich Lister, M., 1997, S. 111 ff.

Bei Anwendung der Monte Carlo Simulation ist es auf Grund des erheblichen Aufwands empfehlenswert, die Datensimulation und die Schätzung der statistischen Parameter sogleich auf die Abweichungsraten des gesamten Qualitätsergebnisses zu beziehen bzw. multivariate Verteilungsannahmen zu treffen, deren simulierte Zufallszahlen die Berücksichtigung von Korrelationen ermöglichen.[1] Die obenstehende Vorgehensweise ist dabei entsprechend anzuwenden.

Mit diesen Ausführungen konnte gezeigt werden, wie das Risikokapital bezogen auf eine Qualitätsinvestition als ein Bestandteil des an diese zu stellenden Ergebnisanspruchs berechnet werden kann.

5.4.1.2 *Bestimmung des risikolos zu verzinsenden und gesetzlich vorzuhaltenden Eigenkapitals einer Qualitätsinvestition*

Neben dem soeben quantifizierten Risikokapital ist noch zu erörtern, inwiefern auf eine Qualitätsinvestition noch über das Risikokapital hinausgehendes, risikolos zu verzinsendes Eigenkapital alloziiert wird und damit auch die risikolose Verzinsung im Rahmen der Ergebnisanspruchsermittlung zu berücksichtigen ist.

Dabei stellt sich zunächst die Frage, inwiefern einer einzelnen Qualitätsinvestition überhaupt zusätzliches Eigenkapital zugeordnet wird. Dies ist insbesondere dann der Fall, wenn auf Grund der gesetzlichen Eigenkapitalvorschriften mit der Qualitätsinvestition Eigenkapital gebunden wird.[2] Aus diesem Grund ist zu überprüfen, in welchem Umfang für Qualitätsinvestitionen jeweils gesetzliches Eigenkapital beansprucht wird.

Die gesetzlichen Regelungen das Bankeigenkapital betreffend sind im Grundsatz I Kreditwesengesetz (KWG) zusammengefasst. Er schreibt gegenwärtig vor, für Adressenausfallrisiken sowie für Marktrisiken entsprechendes Eigenkapital vorzuhal-

---

1 Vgl. zur Herleitung dessen ausführlich Jendruschewitz, B., 1997, S. 77-80.

2 Vgl. zu dieser Vorgehensweise beispielsweise Schmittmann, S. et al., 1996; auch Wickel-Kirsch, S. et al., 1998. Darüber hinaus liefert *Hörter* einen Überblick über die Verarbeitungsmöglichkeiten unterschiedlicher Verzinsungsansprüche auf das gesetzliche Eigenkapital und das Risikokapital (vgl. Hörter, S., 1998, S. 230 f.).

ten.[1] Zur Bemessung der Adressenausfallrisiken werden verschiedene Risikoaktiva (exklusive Handelsbuchpositionen) beispielsweise entsprechend der Besicherung und des Herkunftslandes gewichtet. Hierzu zählen Bilanzaktiva gem. § 7 Gr. I KWG (z.B. Schuldverschreibungen), außerbilanzielle Positionen gem. § 8 Gr. I KWG (z.B. Bürgschaften für Bilanzaktiva) und Finanzinnovationen gem. § 4 S. 2, Nr. 3, 4 Gr. I KWG (z.B. Swap-/ Termingeschäfte). Dabei darf der Quotient aus haftendem Eigenkapital zur Summe der gewichteten Risikoaktiva nicht größer/gleich als 8 % sein.

Die Marktrisiken umfassen dagegen Fremdwährungsrisiken gem. Abschnitt 3 Gr. I KWG (wie z.B. Positionen in Gold), Rohwarenpositionen gem. § 5 Abs. 2 Gr. I (z.B. Positionen in Silber), Handelsbuch-Risikopositionen gem. §§ 20-25, 27 Gr. I KWG (Zinsänderungsrisiken, Aktienkursrisiken, Adressenausfallrisiken) sowie Preisrisiken aus Optionsgeschäften. In Abbildung 5.45 sind die gesetzlich eigenkapitalunterlegungspflichtigen überblicksartig veranschaulicht.

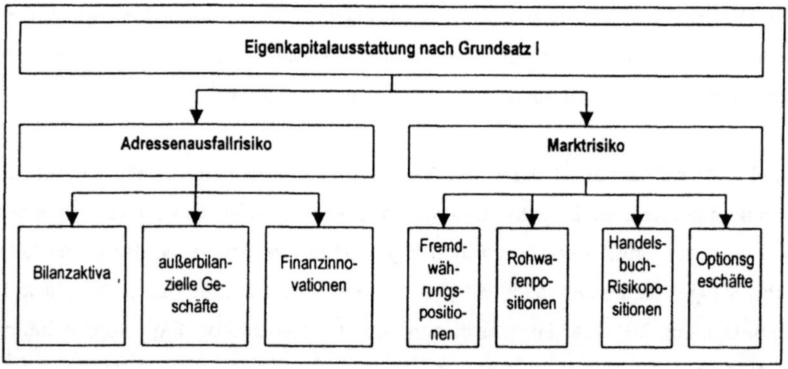

Quelle: Eigene Darstellung.

***Abbildung 5.45**: Eigenkapitalunterlegungspflichtige Bankpositionen /-geschäfte*

Bezogen auf Qualitätsinvestitionen kann damit festgestellt werden, dass keine der gesetzlich unterlegungspflichtigen Bankrisiken direkt mit Qualitätsinvestitionen einhergehen. Analog der obenstehenden Grundüberlegungen zu den Risiken einer

[1] Vgl. hierzu auch folgend Schierenbeck, H./Hölscher, R., 1998, S. 134-168.

Qualitätsinvestition[1] kann hier argumentiert werden, dass auf Grund der Durchführung einer Qualitätsinvestition zwar Leistungen im Firmenkundengeschäft, die derartige Risiken beinhalten, zusätzlich oder wiederholt nachgefragt werden können, aber diese Risiken und die damit verbundene gesetzliche Eigenkapitalunterlegungspflicht der einzelnen Leistung selbst zugerechnet werden.[2] Der Qualitätsinvestition werden ausschließlich die dann noch verbleibenden Wertbeiträge dieser durch sie zusätzlich oder wiederholt in Anspruch genommenen Leistungen zugeordnet.

Wie bereits erläutert wurde, handelt es sich bei den einer Qualitätsinvestition zuzuschreibenden Risiken um Betriebsrisiken, deren Quantifizierung bislang von den derzeit geltenden gesetzlichen Vorschriften nicht berührt werden. Jedoch wurde bereits auf die grundsätzliche Bedeutung der Betriebsrisiken durch den Baseler Ausschuss für Bankenaufsicht hingewiesen.[3]

Darüber hinaus wird im Rahmen des Novellierungsprozesses für die Kreditrisikomessung gegenwärtig auch die Quantifizierung von Betriebsrisiken diskutiert.[4] Demnach ist zukünftig mit dem Einbezug der Betriebsrisiken in die Eigenkapitalunterlegungspflicht durch den Basler Ausschuss für Bankenaufsicht zu rechnen, was dann auch in nationales (deutsches) Recht übernommen wird.

Für die Ermittlung des über das Risikokapital hinausgehende und auf die Qualitätsinvestition alloziierte Eigenkapital bleibt festzuhalten, dass die gültigen gesetzlich Vorschriften derzeit zwar keine zusätzliche Allokation von Eigenkapital auf Qualitätsinvestitionen erfordern, diesbezüglich aber zukünftig gesetzliche Änderungen anstehen. Inwiefern trotzdem zusätzliches Eigenkapital der Qualitätsinvestition zugeteilt wird, ist dann als spezifische Entscheidung des Bankenmanagement zu betrachten.

---

1 Siehe Kapitel 5.4.1.1.1.

2 Vgl. für ein ausführliches Beispiel Wickel-Kirsch, S. et al., 1998.

3 Ebenso stellt das Gesetz zur Kontrolle und Transparenz (KonTraG) für börsennotierte Aktiengesellschaften Anforderungen an die Abschätzung von Betriebsrisiken (vgl. Kaufmann, M./Dröse, G., 2000, S. 788; auch Peter, A. et al., 2000, S. 656).

4 Vgl. Beeck, H./Kaiser, T., 2000, S. 635; auch Peter, A. et al., 2000, S. 656.

5.4.2 Festlegung des Eigenkapitalkostensatzes und Berechnung des Ergebnisanspruchs für Qualitätsinvestitionen

Um den Ergebnisanspruch an eine Qualitätsinvestition letztendlich bestimmen zu können, ist es erforderlich, die zuvor berechneten Eigen-/Risikokapitalgrößen mit den dazugehörigen Eigen-/Risikokapitalkostensätzen zu bewerten. Wie bereits erörtert wurde,[1] wird hierfür zumeist ein bankweit einheitlicher Eigen-/Risikokapitalkostensatz verwendet, der über die für das Bewertungsobjekt spezifische Eigenkapitalgröße eine Differenzierung erfährt.

Für die Ermittlung des Eigenkapitalkostensatzes auf Gesamtbankebene stehen eine Reihe von Verfahren zur Verfügung,[2] wobei die Nutzung von Kapitalkostenmodellen, vor allem das CAPM, üblich sind. Erfahrungsgemäß liegen die mit Hilfe des CAPM berechneten Renditen für börsennotierte Banken zwischen 11 und 12 %.[3] Derartige Berechnungen dienen jedoch ausschließlich der Entscheidungsunterstützung für das Bankmanagement. Die eigentliche Festlegung der Zielrendite kann schließlich als „... normativer Akt ...“[4] der Bankleitung im Sinne der Eigentümer bezeichnet werden.[5] In diesem Zusammenhang wird häufig eine Ziel-Eigenkapitalrentabilität (Ziel-ROE) angegeben.[6] In Abbildung 5.46 sind hierfür exemplarisch einige erzielte Eigenkapitalrentabilitäten für deutsche Großbanken aufgeführt.

1 Siehe Kapitel 4.2.1.2.

2 Siehe Kapitel 4.2.1.2.

3 Vgl. Schmittmann, S. et al., 1996, S. 648.

4 Schmittmann, S. et al., 1996, S. 649.

5 In diesem Zusammenhang sei nochmals auf die bereits in Kapitel 1 erörterte Möglichkeit der Übertragung dieses Konzepts auch auf Banken, deren Ziele nicht primär an der Aktionärsrendite ausgerichtete sind, verwiesen.

6 Vgl. Hörter, S., 1998, S. 220-229.

	1999		2000	
	ROE v. St.[a]	ROE n. St.[b]	ROE v. St.[a]	ROE n. St.[b]
Commerzbank AG	---	9,3 %	---	12,4 %
Deutsche Bank AG	19,6 %	---	29,4 %	---
Dresdner Bank AG	19,3 %	9,8 %	22,1 %	19,8 %
HypoVereinsbank AG	---	3,6 %	---	8,5 %

a Eigenkapitalrentabilität vor Steuern
b Eigenkapitalrentabilität nach Steuern

Quelle: Eigene Darstellung in Anlehnung an die Ausführungen in **Commerzbank AG** (Hrsg.), 2001; **Deutsche Bank AG** (Hrsg.), 2001; **Dresdner Bank AG** (Hrsg.), 2001; **HypoVereinsbank AG** (Hrsg.), 2001.

Abbildung 5.46: *Eigenkapitalrentabilitäten deutscher Großbanken (1999, 2000)*

Der definierte Ziel-ROE dient dann als Ausgangspunkt für die Berechnung des Ergebnisanspruchs an die Qualitätsinvestition. Dabei ist auf Nach-Steuer-Größen zurückzugreifen,[1] um Konsistenz im Vergleich zum Qualitätsergebnis zu gewährleisten. Hierfür wird zunächst der Ziel-ROE in den Return On Risk Adjusted Capital (RORAC) überführt, mit dessen Hilfe der Verzinsungsanspruch auf das Risikokapital der Qualitätsinvestition kalkuliert werden kann.

Zurückgreifend auf den in Kapitel 4.2.1.2 dargelegten Zusammenhang setzt sich der Ziel-ROE aus einer risikounabhängigen und einer risikoabhängigen Komponente zusammen:

$$Ziel-ROE = k_{rl} \cdot \frac{EK_{MWGB}}{EK_{BWGB}} + k_r \cdot \frac{RK_{GB}}{EK_{BWGB}}$$

Ziel-ROE: Ziel-Eigenkapitalrentabilität

k_{rl}: risikoloser Eigenkapitalkostensatz der Gesamtbank

k_r: risikoabhängiger Eigenkapitalkostensatz der Gesamtbank

EK_{MWGB}: Marktwert des Eigenkapitals bezogen auf die Gesamtbank

EK_{BWGB}: Buchwert des Eigenkapitals bezogen auf die Gesamtbank

RK_{GB}: Risikokapital bezogen auf die Gesamtbank

Um die spezifischen risikoabhängigen Eigenkapitalkosten zu ermitteln, wird die risikolose Verzinsung des Eigenkapitals vom Ziel-ROE subtrahiert und unter Berück-

1 Bereits für den mit Hilfe des CAPM (Standardversion) aus dem Kapitalmarkt abgeleiteten Kapitalkostensatz wird in der Praxis unterstellt, dass dieser eine Größe nach Unternehmenssteuern verkörpert, obwohl dies nicht mit der Kapitalmarkttheorie vereinbar ist (vgl. zu dieser Problematik Schierenbeck, H., 1999b, S. 70 f.).

sichtigung des Buchwerts des Eigenkapitals auf Gesamtbankebene wird der mit dem Risikokapital der Gesamtbank zu erzielende Ergebnisanspruch ermittelt:

$$k_r \cdot RK = Ziel - ROE - \left(k_{rf} \cdot \frac{EK_{MWGB}}{EK_{BWGB}}\right) \cdot EK_{BWGB} = EA_{RKGB}$$

EA_{RKGB}: Ergebnisanspruch an das Risikokapital auf Gesamtbankebene

Wird dieser in Relation zum insgesamt vorhandenen Risikokapital gesetzt, ergibt sich die pro Einheit Risikokapital zu erzielende Verzinsung. Sie kann auch als Ziel-RORAC[1] bezeichnet werden:

$$k_r = \frac{EA_{RKGB}}{RK_{GB}} = Ziel - RORAC$$

Ziel-RORAC: Zielverzinsung pro eingesetzter Einheit Risikokapital (Return On Risk Adjusted Capital)

Beispielsweise kann für einen Ziel-ROE von 20 %, einer risikolosen Verzinsung von 6 %, einem Buchwert/Marktwert-Verhältnis des Eigenkapitals auf Gesamtbankebene in Höhe von 60 Mrd. DM/80 Mrd. DM und einem festgelegten Risikokapital in Höhe von 30 Mrd. DM ein Ziel-RORAC von 24 % errechnet werden.

Dieser wird herangezogen, um den spezifischen Ergebnisanspruch von Qualitätsinvestitionen zu ermitteln:

$$EA_{QI} = k_{rf} \cdot EK_{MWQI} + Ziel - RORAC \cdot RK_{QI}$$

EA_{QI}: Ergebnisanspruch an die Qualitätsinvestition

EK_{MWQI}: über das Risikokapital der Qualitätsinvestition hinausgehende Eigenkapital der Qualitätsinvestition zu Marktwerten

RK_{QI}: Risikokapital der Qualitätsinvestition

In Fortsetzung der oben dargestellten Beispiele und unter der Annahme, dass kein zusätzliches Eigenkapital der Qualitätsinvestition zugeordnet wurde, ergibt sich bei dem errechneten Ziel-RORAC und einem durch das Bankmanagement der Qualitätsinvestition zugeordneten Risikokapital[2] in Höhe von 6.500.000 DM ein Ergebnisanspruch an die Qualitätsinvestition in Höhe von 1.560.000 DM. Dieser ist anschlie-

---

1 Vgl. grundlegend Hille, C. T. et al., 2000.

2 Basis für die Risikokapitalallokation ist dabei der für die Qualitätsinvestition ermittelte Value at Risk. Entsprechend der Diskussion in Kapitel 5.4.1.1.1 ist darüber hinaus noch ein Teilbetrag für die Betriebsrisiken im engeren Sinne zu berücksichtigen.

ßend dem Qualitätsergebnis gegenüberzustellen. Aus der Differenz zwischen Qualitätsergebnis und Ergebnisanspruch kann die periodenbezogene Wertschaffung in Form des QAV_P abgelesen werden. In dem hier vorliegenden Beispiel würde sie 4.704.373,50 DM ausmachen.

Diese periodenbezogene Betrachtung allein kann jedoch nicht befriedigen, da davon auszugehen ist, dass die qualitätsbezogenen Werttreiber nicht nur eine Periode sondern längerfristig wirken. Deshalb soll anschließend die Periodenbetrachtung aufgehoben und in eine Betrachtung der Gesamtinvestition überführt werden.

5.5 Ausweitung der qualitätsbezogenen Wertschaffungsmessung im Firmenkundengeschäft auf einen Mehrperiodenhorizont

Nachdem in den vorangegangenen Kapiteln gezeigt wurde, wie die einzelnen Bestandteile zur Messung der Wertschaffung durch Qualität innerhalb einer Periode (qualitätsbezogene Werttreiber, Qualitätsergebnis und qualitätsspezifischer Ergebnisanspruch) ausgestaltet und zum QAV_P verdichtet werden können, soll nun dieser Periodenbezug zugunsten einer Mehrperiodenbetrachtung aufgehoben werden, um schließlich auch der besonderen zeitlichen, betragsmäßigen und zeitlich-betragsmäßigen Struktur von Qualitätsinvestitionen gerecht zu werden. Damit wird es möglich, eine Koordination zwischen Qualitätsergebnis und Ergebnisanspruch sowie den dahinterstehenden Werttreibern auch über mehrere Perioden sicherzustellen.

Hierfür ist es in einem ersten Schritt erforderlich, den Planungshorizont von Qualitätsinvestitionen zu operationalisieren (**Kapitel 5.5.1**), bevor anschließend der Quality Added Value für Investitionen und verbunden damit auch für das ganze Qualitätsengagement ausgewiesen werden kann (**Kapitel 5.5.2**).

5.5.1 Operationalisierung des Planungshorizontes von Qualitätsinvestitionen im Firmenkundengeschäft

Ausgehend von der grundlegenden Darlegung des QAV_I[1] ist die Operationalisierung des Planungshorizontes und die damit verbundene Frage nach der Länge der Prognosephase und der eventuellen Berücksichtigung eines Restwerts abhängig von der besonderen zeitlichen Ergebnisstruktur von Qualitätsinvestitionen im Firmenkundengeschäft.[2] Während die mit der Qualitätsinvestition verbundenen Kosten über den gesamten Planungshorizont der Qualitätsinvestition anfallen, treten jedoch die mit der Qualitätsinvestition verbundenen Erlöse zeitverzögert und überdies mit unterschiedlichem zeitlichen Beginn und Ende auf.

1 Siehe hierzu Kapitel 4.2.2.

2 Siehe hierzu Kapitel 3.3.2.2.

Für eine Abbildung dieser Besonderheiten der Qualitätsinvestition, wird der Planungshorizont von Qualitätsinvestitionen üblicher Weise in Time lag- und Wirkungsdauer differenziert[1] (Abbildung 5.47). Letztere sollen deshalb zunächst für Qualitätsinvestitionen im Firmenkundengeschäft konkretisiert werden (**Kapitel 5.5.1.1**), bevor anschließend die Konsequenzen daraus für die Gestaltung und die Festlegung des Planungshorizontes abgeleitet werden (**Kapitel 5.5.1.2**).

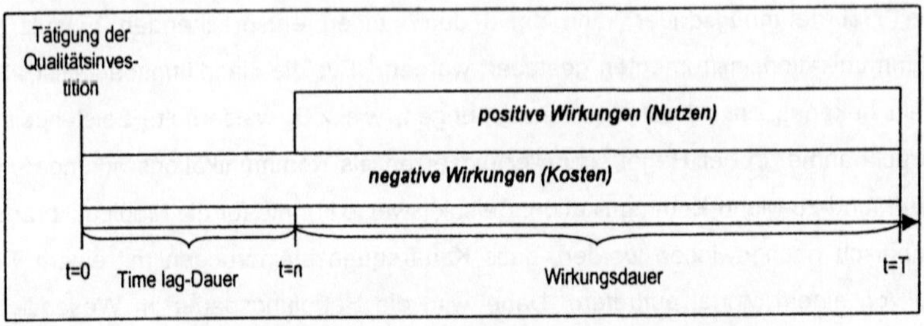

Quelle: Eigene Darstellung in Anlehnung an **Bruhn, M.**, 1998, S. 139.

***Abbildung 5.47**: Time lag- und Wirkungsdauern im Firmenkundengeschäft*

5.5.1.1 Time lag- und Wirkungsdauer von Qualitätsinvestitionen im Firmenkundengeschäft

Zur Spezifizierung der Time lag-Dauer einer Qualitätsinvestition im Firmenkundengeschäft also der Dauer, die von der Initiierung der Qualitätsinvestition bis zur ersten nutzenseitigen Wirkung für die Bank erforderlich ist, kann diese nochmals in zwei Teilphasen, der Initiierungs-/Implementierungsdauer und der Wahrnehmungs-/Handlungsdauer, untergliedert werden. Die Initiierungs-/Implementierungsdauer umfasst dabei den Zeitraum, der von der Planung bis zur Realisierung der Qualitätsinvestition erforderlich ist und dabei gleichzeitig auch Ressourcen in Form von Initiierungskosten verbraucht werden. Dieser Zeitraum kann in Abhängigkeit von der konkreten Qualitätsinvestition sehr unterschiedlich ausfallen.

Die Teilphase der Initiierung/Implementierung ist beendet, wenn die Veränderungen durch die Qualitätsinvestition so umgesetzt sind, dass entweder sofortige Einsparun-

1 Siehe hierzu Kapitel 4.2.2.

gen als Nutzenwirkungen ab diesem Zeitraum erzielt werden können und mit diesen ersten Nutzenwirkungen auch die Time lag-Dauer als abgeschlossen zu betrachten ist, oder der Firmenkunde die Qualitätsverbesserung erst wahrnimmt und daraufhin zugunsten der Bank handelt und so Nutzenwirkungen erzeugt. In diesem Fall erweitert sich die Time lag-Dauer um die Wahrnehmungs-/Handlungsdauer des Firmenkunden.

Die Wahrnehmungsdauer kann dabei durch einen entsprechenden Einsatz von Kommunikationsinstrumenten gesteuert werden.[1] Für die Handlungsdauer ist allgemein bekannt, dass Kaufverhaltenswirkungen, wie z.B. wiederholte Leistungsinanspruchnahme, in der Regel schneller einsetzen als Kommunikationswirkungen, wie z.B. Mund-zu-Mund-Kommunikation. Beispielsweise konnte für die Mobilfunkbranche empirisch nachgewiesen werden, dass Kauffrequenzsteigerungen mit einem Time lag von einem Monat auftreten.[2] Dabei wird die Handlungsdauer im Wesentlichen durch die Frequenz des Leistungsbedarfs des Firmenkunden bestimmt.

Neben der Time lag-Dauer muss auch die Wirkungsdauer einer Qualitätsinvestition, d.h. über welchen Zeitraum Kosteneinsparungen und Erlöse realisierbar sind, für die Bestimmung des Planungshorizontes operationalisiert werden. Auch die Wirkungsdauer einer Qualitätsinvestition kann dabei in zwei Teilphasen aufgespaltet werden. Eine erhebliche Rolle für die Wertschaffung spielt dabei der Übergewinnteil der Wirkungsdauer, innerhalb dessen mit den erforderlichen Neuinvestitionen Übergewinne[3] erzielt werden können. Bezogen auf die Qualitätsinvestition könnte diese Phase der Wirkungsdauer auch beschrieben werden als der Teil, in dem sich die qualitätsbezogenen Werttreiber zugunsten der Bank verändern. Im Sinne der Wertorientierung sollte diese Phase besonders ausgedehnt sein, kann sich für Qualitätsinvestitionen aber auf Grund der mangelnden Patentierbarkeit von Firmenkundenleistungen[4] verbunden mit dem starken Wettbewerb im Firmenkundengeschäft sehr unterschiedlich bemessen.

---

1 Laut den Ergebnissen der Experteninterviews.

2 Vgl. Bruhn, M., 1998, S. 248 f.

3 Siehe hierzu auch Kapitel 4.2.2.

4 Siehe hierzu ausführlich Kapitel 3.1.2.2.2.

Für den Übergewinnteil der Wirkungsdauer ist neben der zeitlichen Ausdehnung auch die zeitliche Struktur des Anfalls der Nutzenwirkungen von Relevanz. Kennzeichnend für diese Phase der Wirkungsdauer ist der zeitlich differenzierte Auftritt der einzelnen qualitätsbezogenen Werttreiber und damit auch der Kosteneinsparungen sowie der Erlössteigerungen/-sicherstellungen. Beispielsweise kann – wie oben dargestellt – eine wiederholte Leistungsinanspruchnahme vor der Neukundenakquisition durch Mund-zu-Mund-Kommunikation erfolgen.

Neben dem zeitlich unterschiedlichen Auftritt dieser ökonomischen Nutzenwirkungen muss davon ausgegangen werden, dass beim erstmaligen Auftritt nicht sofort das komplette Veränderungsniveau realisiert werden kann, sondern zunächst ein Teil, der sich erst im Zeitverlauf auf 100 % vervollständigt. Z.B. werden die kundenbezogenen Wertbeiträge eines über Mund-zu-Mund-Kommunikation neu akquirierten Firmenkunden sich nicht sofort in voller Höhe einstellen.

Beide Besonderheiten bringen Konsequenzen für die Periodenplanung der qualitätsbezogenen Werttreiber mit sich. Diese müssen nämlich zum einen der jeweiligen Auftrittsperiode zugeordnet werden und können nicht pauschal für die erste Periode der Wirkungsdauer angesetzt werden.[1] Um zum anderen auch den Prozess bis zur vollständigen Erzielung des Veränderungsniveaus in der Periodenplanung der qualitätsbezogenen Werttreiber zu berücksichtigen, kann entweder auf Basis von Erfahrungswerten versucht werden, diesen Verlauf exakt für jeden Werttreiber zu planen oder mit Hilfe von Diffusionsfaktoren[2] die gesamten Nutzenwirkungen der qualitätsbezogenen Werttreiber zu korrigieren. In diesem Zusammenhang könnte beispielsweise in der ersten Periode des Auftritts der Nutzenwirkungen lediglich die Hälfte des Veränderungsniveaus angesetzt und erst in der darauffolgenden Periode die volle Veränderung der Werttreiber einbezogen werden.[3]

---

1 Vereinfachend sei hierzu angemerkt, dass bei Verwendung der üblichen Planungsperioden von einem Jahr nicht mit komplexen Periodenverschiebungen in Bezug auf den Auftritt der einzelnen qualitätsbezogenen Werttreiber zu rechnen ist.

2 Vgl. beispielsweise Nicolai, M., 1998, S. 131; auch Dauben, S., 2001, S. 309.

3 Auch hier ist anzuführen, dass bei sehr kurzen Übergewinnphasen sich dieses Problem für die betrachtete Periode auflöst.

Die sich anschließende zweite Phase der Wirkungsdauer einer Qualitätsinvestition lässt sich dadurch charakterisieren, dass sich das Veränderungsniveau der qualitätsbezogenen Werttreiber eingestellt hat und daraus nun ein entsprechendes Qualitätsergebnis generiert wird. Dies bedeutet, dass auf Grund des geschilderten Wettbewerbs im Firmenkundengeschäft verbunden mit den Imitationen die initiierte Qualitätsinvestition in dieser Phase keine Preisprämie, keine Kauffrequenzsteigerung und kein Cross Buying mehr zusätzlich erzielen kann, sondern die im Übergewinnanteil der Wirkungsdauer erwirtschafteten Veränderungen dieser qualitätsbezogenen Werttreiber jetzt über die in Anspruch genommene Leistung das Qualitätsergebnis bestimmen.

Ebenso werden durch Einstellung der positiven Mund-zu-Mund-Kommunikation, die auf die Qualitätsinvestition zurückzuführen ist, keine neuen Kunden mehr akquiriert bzw. treten jetzt keine zusätzlichen Kosteneinsparungen mehr auf. Im Sinne der Wertorientierung könnte in diesem Zusammenhang auch von der Herausbildung normalisierter Werte in Bezug auf die einzelnen Qualitätsergebnisbestandteile gesprochen werden (normalisierter Teil der Wirkungsdauer).

Dabei ist für Qualitätsinvestitionen im Firmenkundengeschäft spezifisch, dass diese einzelnen normalisierten Werte des Qualitätsergebnisses unterschiedlich lang in der Zukunft anfallen. Diese einzelnen Wirkungsdauern sind abhängig von den Laufzeiten der aus den einzelnen qualitätsbezogenen Werttreibern resultierenden Kosteneinsparungen und Erlösen. Beispielsweise hängt die Dauer, in der Preisprämien realisiert werden können, von der Laufzeit der mit der Preisprämie versehenen Leistung ab. Dies gilt auch für die Kauffrequenzsteigerung und das Cross Buying. Über Mund-zu-Mund-Kommunikation akquirierte Kunden dagegen können über die Dauer einer durchschnittlichen Geschäftsbeziehung zum Qualitätsergebnis beitragen. Wiederholte Leistungsinanspruchnahmen finden über den Zeitraum der Geschäftsbeziehungsverlängerung statt ebenso wie die damit einhergehenden Kosteneinsparungen bezüglich der Kundenbetreuung. Bearbeitungskosten, Fehlerkosten und Beschwerdekosten sind in Bezug auf die betrachtete Qualitätsinvestition dagegen dauerhaft eingespart.

Insgesamt ist die zeitliche Abgrenzung von Time lag- und Wirkungsdauer stark abhängig von der konkret zu tätigenden Qualitätsinvestition im Firmenkundengeschäft. In Abbildung 5.48 ist die besondere zeitliche Ergebnisstruktur für Qualitätsinvestitionen im Firmenkundengeschäft nochmals abschließend dargestellt.

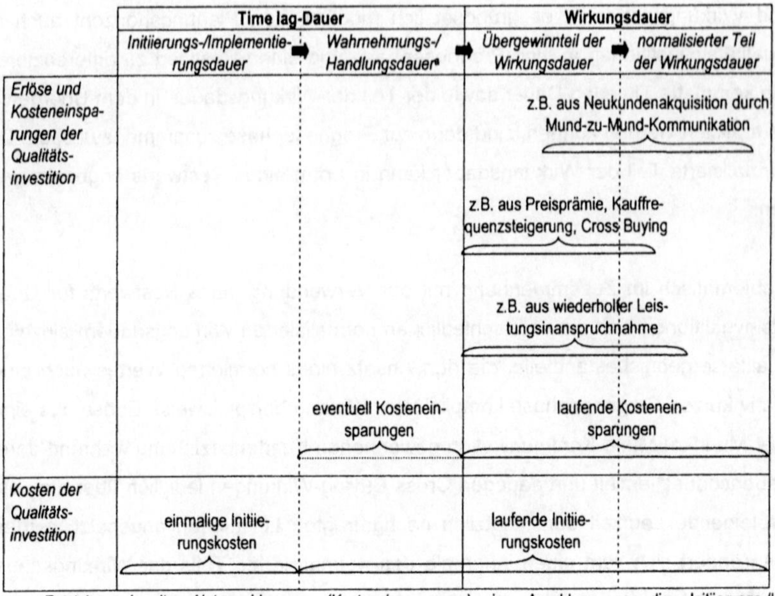

[a] Entstehen bereits Nutzenwirkungen (Kosteneinsparungen) im Anschluss an die Initiierungs-/Implementierungsdauer, dann gehört die Wahrnehmungs-/Handlungsdauer der Qualitätsinvestition bereits zur Wirkungsdauer.

Quelle: Eigene Darstellung.

Abbildung 5.48: *Spezifische Time lag- und Wirkungsdauer von Qualitätsinvestitionen im Firmenkundengeschäft*

5.5.1.2 Konsequenzen für die Abgrenzung und Gestaltung des Planungshorizontes von Qualitätsinvestitionen im Firmenkundengeschäft

Ausgehend von den Ausführungen zur Time lag- und Wirkungsdauer einer Qualitätsinvestition kann grundsätzlich festgestellt werden, dass der Planungshorizont einer Qualitätsinvestition einen langfristigen Charakter aufweist. Dabei sind verschiedene Gestaltungsmöglichkeiten dieses langfristigen Planungshorizontes denkbar. Es ist einerseits möglich, den Planungshorizont in Prognosephase und Restwert zu unterteilen, wobei für erstere ein (maximaler) zeitlicher Rahmen von drei Jahren durch die in Banken übliche Prognosedauer im Zusammenhang mit der Wertberechnung gegeben ist. Andererseits kann der Planungshorizont auch auf eine längere Prognosephase ohne Restwert hinauslaufen.

In Anlehnung an die Ausführungen über die verschiedenen Phasen der Time lag- und Wirkungsdauer ist es grundsätzlich möglich, den Planungshorizont auch für Qualitätsinvestitionen in eine Prognosephase und einen Restwert zu differenzieren. Die komplette Time lag-Dauer sowie der Teil der Wirkungsdauer, in dem Übergewinne realisiert werden können, sind dann zur Prognosephase zusammenzufassen. Der normalisierte Teil der Wirkungsdauer kann in Form eines Restwerts angesetzt werden.

Problematisch im Zusammenhang mit der Verwendung eines Restwerts für Qualitätsinvestitionen sind die unterschiedlichen normalisierten Wirkungsdauern einzelner Qualitätsergebnisbestandteile, die den Ansatz eines normierten Wertes nach einer relativ kurzen Prognosephase komplizieren. Können beispielsweise Erlöse aus einer über Mund-zu-Mund-Kommunikation gewonnenen Kundenbeziehung während deren „Lebensdauer" erzielt und dagegen Cross Buying-Wirkungen lediglich über die noch verbleibende Laufzeit der zusätzlich nachgefragten Leistungen angesetzt werden, dann ändert sich zum einen innerhalb des normalisierten Teils der Wirkungsdauer das Qualitätsergebnis und zum anderen können die einzelnen Qualitätsergebnisbestandteile auf Grund der begrenzten Laufzeit nicht als dauerhaft erzielbar bezeichnet werden.

Diese Wertveränderungen des Qualitätsergebnisses innerhalb des normalisierten Teils der Wirkungsdauer werden bei Ansatz eines Restwertes für diesen Teil der Qualitätsinvestition nicht berücksichtigt, sondern eine ewige Erzielung der ursprünglich als normalisierter Wert angesetzte Größe unterstellt. Aus diesem Grund ist die Differenzierung des Planungshorizontes einer Qualitätsinvestition in Prognosephase und Restwert nur dann sinnvoll, wenn sichergestellt werden kann, dass der im Restwert angesetzte normalisierte Wert auch in der Zukunft dauerhaft und ohne maßgebliche Veränderungen erzielt werden kann. Dies ist beispielsweise der Fall, wenn nur die dauerhaften Kosteneinsparungen im Restwert ausgedrückt werden. Sind die genannten Voraussetzungen nicht erfüllt, sollte eine langfristige Prognosephase als

Planungshorizont gewählt werden. Diese beinhaltet dann alle Teilphasen der Time lag- und Wirkungsdauer.

Neben der Art der Gestaltung des Planungshorizontes ist auch zu erörtern, wie eine Festlegung desselben für Qualitätsinvestitionen im Firmenkundengeschäft erfolgen kann. Ausgehend von den in Abbildung 5.48 vorgestellten Teilphasen der Time lag- und Wirkungsdauer kann zunächst für die Initiierungs- und Implementierungsphase der Time lag-Dauer festgestellt werden, dass die Zeitrahmen für Planung und Realisierung der Qualitätsinvestition durch das Qualitätsmanagement vorgegeben und damit unproblematisch zu bestimmen sind. Dabei sind sehr unterschiedliche Zeitdauern für die Initiierung und Implementierung einer Qualitätsinvestition denkbar. Sie können wenige Wochen über einige Monate bis zu einem Jahr und in Einzelfällen auch darüber hinaus andauern.[1]

Beispielsweise kann eine Verbesserung der Abwicklungsqualität im Zahlungsverkehr durch eine gehobene technische Ausstattung durch die Auswahl, den Kauf und die Einführung des neuen Systems innerhalb weniger Wochen realisiert werden. Dagegen erfordert eine Investition in die Problemlösungsqualität durch die Ausstattung sowie Aus- und Weiterbildung der Firmenkundenbetreuer einen erheblich längeren Zeitraum.

Die Wahrnehmungs- und Handlungsdauer als weiterer Teil der Time lag-Dauer ist zunächst abhängig von der Art und der Dauer der Kommunikation der Qualitätsinvestition an den Firmenkunden. Zumeist ist dieser Zeitraum auf wenige Wochen beschränkt.[2] Die Dauer bis zur anschließenden Handlung durch den Firmenkunden[3] ist – wie oben dargelegt – abhängig von der konkreten Verhaltensart und der damit zusammenhängenden Frequenz des Leistungsbedarfs des Firmenkunden, der für die einzelnen Kundengruppen und Leistungsarten bekannt ist.[4] Beispielsweise können

---

1 Laut den Ergebnissen der Experteninterviews.

2 Laut den Ergebnissen der Experteninterviews.

3 Siehe hierzu ausführlich Kapitel 5.1.2.3.

4 Laut Experteninterview.

große Firmenkunden in Bezug auf Kreditleistungen einen monatlichen Leistungsbedarf besitzen.[1]

Zur zeitlichen Abgrenzung des Übergewinnanteils der Wirkungsdauer einer Qualitätsinvestition können folgende Überlegungen herangezogen werden. Auf Grund des Wettbewerbs im Firmenkundenmarkt, der – wie der Bankenmarkt allgemein – bestimmt ist durch eine mangelnde Patentierfähigkeit und deshalb einer hohen und schnellen Nachahmung erfolgreicher Konzepte der Leistungserstellung, was durch die üblichen Mehrfachbankverbindungen im Firmenkundengeschäft noch verstärkt wird, ist die Länge des durch Übergewinne gekennzeichneten Teils der Wirkungsdauer im Wesentlichen von den Faktoren[2] Transparenz der Qualitätsinvestition für Wettbewerber und die Art der Nachahmungsmöglichkeit abhängig.

Die Transparenz der Qualitätsinvestition für Wettbewerber wird dabei maßgeblich über den Firmenkunden und seine Vielzahl an Geschäftsbeziehungen möglich. Dementsprechend ist eine hohe Transparenz für die Wettbewerber dann gegeben, wenn die Qualitätsverbesserung für den Firmenkunden vollkommen ersichtlich ist und deshalb auch an die Konkurrenz weitergegeben werden kann. Beispielsweise sind hier Verbesserungen im Preis-/Leistungs-Verhältnis durch effizientere Zahlungsabwicklung in Zusammenarbeit mit dem Firmenkunden anzuführen.

Eine geringe Transparenz liegt dagegen vor, wenn der Firmenkunde zwar eine verbesserte Qualität wahrnimmt, die dahinterstehende Qualitätsinvestition aber nicht erkennt. Ein Beispiel hierfür wären kürzere Kreditbearbeitungsdauern, die der Firmenkunde bemerkt, aber die dafür ursächliche Kreditprozessoptimierung nicht durchschaut. Der Firmenkunde stellt den wesentlichen „Transparenzfaktor“ für kundenorientierte Qualitätsinvestitionen dar. Darüber hinaus kann es auch möglich sein, dass beispielsweise Unternehmensberater oder Personalwechsel zu Transparenz zwischen den Wettbewerbern führen. Insgesamt führt eine hohe Transparenz zu einer kurzen Zeitspanne der relevanten Wirkungsdauer, wohingegen eine geringe Transparenz diese ausdehnt.

---

1 Laut Experteninterview.

2 Diese Faktoren mit den jeweiligen Zeitdauern sind das Ergebnis der verschiedenen Experteninterviews.

Eine Nachahmung durch Wettbewerber kann einerseits durch Zukäufe realisiert werden, wie beispielsweise der Kauf eines neuen Abwicklungssystems. Andererseits kann eine Nachahmung auch durch einen eigenen, internen Aufbau erfolgen, wie z.B. die Steigerung der Beratungskompetenz. In der Regel liegen diese Nachahmungsarten für Qualitätsinvestitionen nicht in „reiner" Form vor, sondern sind dominiert durch Zukauf bzw. Aufbau. Beispielsweise erfordert der Kauf eines neuen Abwicklungssystems auch eine Einführung der Mitarbeiter durch interne Schulungen oder verlangt der Aufbau der Beratungskompetenz auch eine modifizierte technische Ausstattung der Firmenkundenbetreuer. In Bezug auf die Länge der relevanten Wirkungsdauer führt ein Zukauf durch die Konkurrenz zu einer kurzen, der erforderliche interne Aufbau durch die Konkurrenz allerdings zu einer längeren Dauer für die die Qualitätsinvestition initiierende Bank.

Werden die Faktoren Transparenz und Nachahmungsart gemeinsam betrachtet, dann führt eine hohe Transparenz und eine Nachahmungsmöglichkeit durch Zukauf zu einem wenige Monate umfassenden Teil der Wirkungsdauer, in dem Neuinvestitionen Übergewinne erzielen. Beispielsweise ist hier ein für den Firmenkunden preisgünstigeres Cash Management-System zu nennen. Eine geringe Transparenz der Qualitätsinvestition für die Konkurrenz verbunden mit einer Nachahmung, die überwiegend einen internen Aufbau erfordert, führt zu einer ausgedehnten Zeitspanne, in der Übergewinne realisiert werden können. Dieser Zeitraum kann sich über einige Jahre erstrecken.

Bei hoher Transparenz und einer Nachahmung durch Aufbau, wie z.B. der Kompetenzverbesserung für bestimmte Leistungsarten im Firmenkundengeschäft, bzw. bei einer geringen Transparenz und einer Nachahmung durch Zukauf, wie z.B. ein internes System zur schnelleren Kreditbearbeitung, wird eine Wirkungsdauer zur Erzielung von Übergewinnen von einigen Monaten bis zu einem Jahr und eventuell noch darüber hinaus möglich.

In Abbildung 5.49 sind die Faktoren Transparenz und Nachahmung mit den dazugehörigen Zeitspannen für den Übergewinnteil der Wirkungsdauer nochmals zusammenfassend dargestellt.

Nachahmung \ Transparenz	gering	hoch
Zukauf	für Prognosedauer relevante Wirkungsdauer: **einige Monate bis ein(ige) Jahr(e)** z.B. Systeme zur schnelleren Kreditbearbeitung	für Prognosedauer relevante Wirkungsdauer: **wenige Monate** z.B. preisgünstigere Cash Management-Systeme
Aufbau	für Prognosedauer relevante Wirkungsdauer: **einige Jahre** z.B. individuelle Aus- und Weiterbildungsprogramme zur Steigerung der Beratungs-/Problemlösungskompetenz	für Prognosedauer relevante Wirkungsdauer: **einige Monate bis ein(ige) Jahr(e)** z.B. Kompetenz für bestimmte Leistungsarten im Firmenkundengeschäft

Quelle: Eigene Darstellung.

***Abbildung 5.49**: Bestimmung des Übergewinnteils der Wirkungsdauer für Qualitätsinvestitionen im Firmenkundengeschäft*

Schließlich kann der normalisierte Teil der Wirkungsdauer einer Qualitätsinvestition, der durch unterschiedliche Dauern in Bezug auf den Anfall der einzelnen Qualitätserlöse und Kosteneinsparungen gekennzeichnet ist, aus dem Maximum der einzelnen Laufzeiten der verschiedenen Qualitätsergebnisbestandteile errechnet werden. Da insbesondere Kosteneinsparungen auch dauerhaft anfallen können, ist abzuwägen, wie viele Perioden diese einzelne Position noch in die Berechnung einfließen soll.[1] Dies ist insbesondere im Zusammenhang mit den dann noch anfallenden Initiierungskosten[2] zu sehen.

In Abbildung 5.50 ist die zeitliche Ergebnisstruktur von Qualitätsinvestitionen und der sich daraus ergebende Planungshorizont nochmals zusammenfassend dargestellt.

---

1 Hier könnte dann beispielsweise wieder der Restwert in Form einer ewigen Rente Bedeutung erlangen.

2 Auf der Basis des QAV_I kann auch ein optimaler Planungshorizont in Anlehnung an Investitionen allgemein bestimmt werden (vgl. dazu Adam, D., 1996, S. 185-188).

<table>
<tr><td colspan="4">1. Variante des Planungshorizonts
langfristige Prognosephase</td></tr>
<tr><td colspan="3">2. Variante des Planungshorizonts
Prognosephase</td><td>⊕ Restwert</td></tr>
<tr><td colspan="2">Time lag-Dauer[a]</td><td colspan="2">Wirkungsdauer</td></tr>
<tr><td>Initiierungs-/Implementierungsdauer</td><td>Wahrnehmungs-/Handlungsdauer</td><td>Übergewinnteil der Wirkungsdauer</td><td>normalisierter Teil der Wirkungsdauer</td></tr>
<tr><td>▪ durchschnittliche Dauer des Ressourcenverbrauchs für Planung und Realisierung der Qualitätsinvestition (durch Qualitätsmanagement vorgegeben)</td><td>⊕ ▪ durchschnittliche Dauer der Kommunikation der Qualitätsverbesserung an den Firmenkunden
▪ durchschnittliche Dauer bis zum ersten Nutzeneinsatz (in der Regel Leistungsbedarfszyklus)</td><td>⊕ ▪ durchschnittliche Dauer in Abhängigkeit von Transparenz und Nachahmung</td><td>⊕ ▪ maximale Laufzeit aus den verschiedenen Laufzeiten der einzelnen Qualitätsergebnisbestandteile (z.B. durchschnittliche Geschäftsbeziehungsdauer, Laufzeit einzelner Leistung(-sarten)</td></tr>
</table>

a Entstehen bereits Nutzenwirkungen (Kosteneinsparungen) im Anschluss an die Initiierungs-/Implementierungsdauer, dann gehört die Wahrnehmungs-/Handlungsdauer der Qualitätsinvestition bereits zur Wirkungsdauer.

Quelle: Eigene Darstellung.

***Abbildung 5.50**: Ermittlung des Planungshorizonts für Qualitätsinvestitionen im Firmenkundengeschäft*

Auf Basis dieser Erkenntnisse zum Planungshorizont und zur zeitlichen Ergebnisstruktur kann nun unter Verwendung des zuvor ermittelten QAV_P jetzt der QAV_I kalkuliert werden.

5.5.2 Berechnung der Wertschaffung vollständiger Qualitätsinvestitionen

Nachdem gezeigt wurde, wie der Planungshorizont für Qualitätsinvestitionen festgelegt werden kann, ist es nun möglich, komplette Qualitätsinvestitionen und damit auch das gesamte Qualitätsengagement im Firmenkundengeschäft zu bewerten. Ausgangspunkt hierfür ist eine den Planungshorizont umfassende Planung der Qualitätsergebnisbestandteile[1] (**Kapitel 5.5.2.1**) und des Ergebnisanspruchs an die Qualitätsinvestition, die dann zum Quality Added Value der Qualitätsinvestition (QAV_I) führen (**Kapitel 5.5.2.2**).

1 Siehe zur mehrperiodigen Planung allgemein auch Kapitel 4.2.2.

5.5.2.1 *Mehrperiodige Planung des Qualitätsergebnisses einer Qualitätsinvestition*

Entsprechend den Ausführungen in Kapitel 5.3 setzt sich das Qualitätsergebnis einer Qualitätsinvestition im Firmenkundengeschäft einerseits aus den Initiierungskosten und andererseits aus den Qualitätserlösen (erlösbezogenes Qualitätsergebnis) und den Kosteneinsparungen (kostenbezogenes Qualitätsergebnis) zusammen, die nun jeweils auf einen Mehrperiodenhorizont zu übertragen sind.

Für die Initiierungskosten als dem kostenseitigen Ergebnisbestandteil einer Qualitätsinvestition muss dabei zunächst die Häufigkeit des Kostenanfalls[1] berücksichtigt werden. Zumeist sind mit der Initiierung einer Qualitätsinvestition neben laufenden Kosten, die in allen Perioden entstehen, auch einmalig anfallende Kosten verbunden. Beispielsweise fallen hierunter Marketingkosten zur Einführung der Qualitätsinvestition oder Einstellungskosten für einen Mitarbeiter, dessen Stelle durch die Qualitätsinvestition geschaffen wurde.

Darüber hinaus müssen in die Berechnung der Initiierungskosten für die erste(n) Periode(n) Abschläge insofern einkalkuliert werden, als die Kosten für die Initiierung der Qualitätsinvestition noch nicht in vollem Umfang entstehen. Schließlich ist für die Ermittlung der Initiierungskosten über den Planungshorizont der Qualitätsinvestition zu entscheiden, inwiefern Kostensteigerungen, z.B. in Form von Wachstumsraten, in die Kalkulation einfließen sollen.

Wird auf das bereits in Kapitel 5.3.1.2 herangezogene Beispiel der Einführung eines umfassenden Kundeninformationssystems zurückgegriffen und darüber hinaus unterstellt, dass die Implementierungsdauer desselben durch internen Aufbau die ersten neun Monate der Periode in Anspruch nimmt und erst nach Ablauf dieser Zeit die verbesserte Beratungs- und Informationsqualität auch dem Firmenkunden zuteil wird, dann können folgende Initiierungskosten für die einzelnen Perioden des Planungshorizontes ermittelt werden. Dabei sei außerdem angenommen, dass die Dauer des laufenden Kostenanfalls identisch ist mit der Dauer der Aufrechterhaltung des Kundeninformationssystems.

---

1 Siehe hierzu auch Kapitel 5.3.1.1.

Für die Personalkosten als wesentlichem Teil der Initiierungskosten wird grundsätzlich ein dreiprozentiges Wachstum angenommen. Des Weiteren fallen in der ersten Periode einmalige Initiierungskosten in Form der Einstellungskosten für die zusätzlich zu schaffende Mitarbeiterstelle und der Personalkosten für die Einführungsveranstaltung an. Außerdem entstehen nicht alle Personalkosten für die komplette erste Periode. Für die allgemeine Verwaltung sind in der ersten Periode insgesamt sechs Monate in der Kalkulation zu berücksichtigen, Personalkosten für Versand und die Zusatztelefonate entstehen erst mit Einführung des Kundeninformationssystems beim Firmenkunden und damit für drei Monate der ersten Periode.

In Bezug auf die Sachkosten im Zusammenhang mit der Einführung des umfassenden Kundeninformationssystems entstehen einmalige Druckkosten in der ersten Periode für die Einführungsveranstaltung. Darüber hinaus fallen die Kosten für die zusätzliche Stelle in Bezug auf Büromaterial, Postgebühren und Telefon bereits in der ersten Periode in voller Höhe an, wohingegen das Büromaterial für den Versand, die Postgebühren für die Informationsschreiben und die Telefonkosten der Firmenkundenbetreuer nur in den letzten drei Monaten der ersten Periode auftreten.

Die im Zusammenhang mit den Initiierungskosten für das Kundeninformationssystem entstehenden Dienstleistungskosten können in Bezug auf die Kosten der Einführungsveranstaltung und die Marketingkosten als alleinig der ersten Periode zuzurechnenden Kosten identifiziert werden. Dagegen sind die regelmäßig entstehenden Researchkosten in der ersten Periode nur für die drei relevanten Monate zu berechnen.

Schließlich sind in Bezug auf die kalkulatorischen Kosten Anpassungen in der ersten Periode bezüglich der EDV-Kosten der allgemeinen Verwaltung, die nur sechs Monate der ersten Periode beansprucht werden, und des E-Mail-Versands, der nur drei Monate der ersten Periode genutzt wird, vorzunehmen. Überdies sind auch die Arbeitsplatzkosten für einzelne Perioden auszuweisen, so dass die Arbeitsplatzkosten der allgemeinen Verwaltung, die der Firmenkundenbetreuer und die der Versandstelle jeweils nur für drei Monate in die Berechnung der kalkulatorischen Kosten für die erste Periode einfließen dürfen. In Abbildung 5.51 ist die Kalkulation der Initiierungskosten für die gesamte Qualitätsinvestition nochmals exemplarisch dargestellt.

	Kostenfaktoren	t=0	t=1	t=...
	Einstellung	20.000,00 DM	0,00 DM	... DM
	zusätzliche Stelle	80.000,00 DM	82.400,00 DM	... DM
	allgemeine Verwaltung	10.368,00 DM	21.358,08 DM	... DM
	Versand	1.012,50 DM	4.171,50 DM	... DM
	Zusatztelefonate	23.625,00 DM	97.335,00 DM	... DM
	Einführungsveranstaltung	6.300,00 DM	0,00 DM	...DM
+	**Personalkosten insgesamt**	**141.305,50 DM**	**205.264,58 DM**	**... DM**
	Druck	2.020,00 DM	7.680,00 DM	... DM
	Büromaterial	590,00 DM	860,00 DM	... DM
	Postgebühren	1.900,00 DM	7.300,00 DM	... DM
	Telefon	1.275,00 DM	3.300,00 DM	... DM
+	**Sachkosten insgesamt**	**5.785,00 DM**	**19.140,00 DM**	**...DM**
	Einführungsveranstaltung	420,00 DM	0,00 DM	... DM
	Marketing	10.000,00 DM	0,00 DM	... DM
	Research	2.400,00 DM	9.600,00 DM	... DM
+	**Dienstleistungskosten insgesamt**	**12.820,00 DM**	**9.600,00 DM**	**...DM**
	Lizenz	3.000,00 DM	3.000,00 DM	... DM
	EDV	2.775,63 DM	3.062,50 DM	... DM
	Arbeitsplatz	1.943,03 DM	2.252,10 DM	... DM
+	**kalkulatorische Kosten insgesamt**	**7.718,66 DM**	**8.314,60 DM**	**... DM**
=	**Initiierungskosten insgesamt**	**167.629,16 DM**	**242.319,18 DM**	**... DM**

Quelle: Eigene Darstellung.

***Abbildung 5.51**: Beispielkalkulation von Initiierungskosten einer Qualitätsinvestition*

Neben den Initiierungskosten sind auch die nutzenseitigen Wirkungen von Qualitätsinvestitionen in Form des erlös- und kostenbezogenen Qualitätsergebnisses zu berücksichtigen, um das gesamte Qualitätsergebnis für jede Periode des Planungshorizontes ausweisen zu können. In Bezug auf eine korrekte Periodisierung des erlösbezogenen Qualitätsergebnisses ist zu beachten, in welcher Periode die einzelnen Qualitätserlöse zum ersten Mal erzielt werden. Auch die unterschiedlichen zeitlichen Einsätze sowie Laufzeiten der verschiedenen qualitätsbezogenen Werttreiber, die die einzelnen Erlösbestandteile ausmachen, ist zu berücksichtigen.

Wird das Beispiel für die Einführung eines Kundeninformationssystems unter Annahme der Gültigkeit der in Kapitel 5.3.2 ermittelten Qualitätserlöse fortgesetzt und wird überdies angenommen, dass neben einer neunmonatigen Initiierungs-/Implementierungsdauer es auch einer dreimonatige Wahrnehmungs-/ Handlungsdauer bedarf, dann entstehen in der ersten betrachteten Periode (t=0) keine Qualitätserlöse. Darüber hinaus ist davon auszugehen, dass auf Grund einer hohen Transparenz in Bezug auf das Kundeninformationssystem und einer Nachahmungsmöglichkeit durch internen Aufbau Übergewinne lediglich in der gesamten zweiten Periode erzielt werden können.

Dementsprechend fallen die Qualitätserlöse aus der Preisprämie, der Kauffrequenz und dem Cross Buying ab Beginn der zweiten Periode des Planungshorizontes (t=1) an und können dieser entsprechend voll zugerechnet werden. Der Zeitraum, über den diese Qualitätserlöse erzielt werden können, ist abhängig von der konkret nachgefragten Leistungsart.

Wird hier davon ausgegangen, dass Leistungen des Firmenzahlungsverkehrs einen sehr kurzfristigen Charakter aufweisen, Leistungen des Firmenanlage- und -kreditgeschäfts dagegen mittel- bis langfristig abgeschlossen werden, dann entstehen Qualitätserlöse aus der Preisprämie, der Kauffrequenzsteigerung und dem Cross Buying in Bezug auf Leistungen des Firmenzahlungsverkehrs nur in der zweiten Periode (t=1) und in Bezug auf Leistungen des Firmenanlage- und -kreditgeschäfts neben der zweiten Periode (t=1) zusätzlich auch in den folgenden vier Perioden.

Ebenso sollen die Qualitätserlöse aus den verlängerten Geschäftsbeziehungsdauern von der zweiten Periode des Planungshorizontes (t=1) an in die Betrachtung einbezogen werden. Dabei wird hier ebenfalls die volle Höhe der Qualitätserlöse angesetzt, denn auf Grund der Existenz der Geschäftsbeziehung sind diese Erlöse bereits komplett vorhanden. Der Zeitraum, über den diese Qualitätserlöse erzielt werden können, ergibt sich aus der Verlängerung der durchschnittlichen Geschäftsbeziehungsdauer. Differenziert nach dem Gesamturteil der (Un-)Zufriedenheit würden unzufriedene Firmenkunden noch 2 Jahre, die indifferenten Firmenkunden noch 4 Jahre und die zufriedenen Firmenkunden noch 6 Jahre im Durchschnitt Kunden der Bank bleiben.

Auch die Qualitätserlöse, die aus der Mund-zu-Mund-Kommunikation resultieren, treten erstmals in der zweiten Periode des Planungshorizontes auf, jedoch nicht von Beginn an, sondern erst im Laufe der Periode, so dass es hier gerechtfertigt scheint, die Qualitätserlöse aus Mund-zu-Mund-Kommunikation in der zweiten Periode unter Berücksichtigung eines Diffusionsfaktors von 0,5 anzusetzen. Da diese Qualitätserlöse von neu gewonnenen Kunden stammen, werden sie über die gesamte Dauer einer Geschäftsbeziehung erzielt und sollen deshalb hier über ein Dauer von 10 Jahren angesetzt werden. In Abbildung 5.52 ist die Kalkulation des erlösbezogenen Qualitätsergebnis für die gesamte Qualitätsinvestition nochmals zusammengefasst.

Werttreiber (in Tsd. DM)		Planungshorizont									
		t=0	t=1	t=2	t=3	t=4	t=5	t=6	t=7	t=...	t=10
Preis-prämie	FZV	0	4	---	---	---	---	---	---	...	---
	FKG	0	6	6	6	6	6	---	---	...	---
	FAG	0	0,75	0,75	0,75	0,75	0,75	---	---	...	---
Kauf-fre-quenz	FZV	0	320	---	---	---	---	---	---	...	---
	FKG	0	105	105	105	105	105	---	---	...	---
	FAG	0	30,75	30,75	30,75	30,75	30,75	---	---	...	---
Cross Buying	FZV	0	311,5	---	---	---	---	---	---	...	---
	FKG	0	250,25	250,25	250,25	250,25	250,25	---	---	...	---
	FAG	0	62,3	62,3	62,3	62,3	62,3	---	---	...	---
Geschäftsbeziehungsdauer		0	7.500	7.500	12.000	12.000	9.000	9.000	---	...	---
positive Mund-zu-Mund-Kommunikation		0	175	350	350	350	350	350	350	...	350
negative Mund-zu-Mund-Kommunikation		0	1.650	3.300	3.300	3.300	3.300	3.300	3.300	...	3.300
erlösbezogenes Qualitätsergebnis		**0**	**10.416**	**11.605**	**16.105**	**16.105**	**13.105**	**12.650**	**3.650**	**...**	**3.650**

FZV: Firmenzahlungsverkehr
FKG: Firmenkreditgeschäft
FAG: Firmenanlagegeschäft

Quelle: Eigene Darstellung.

***Abbildung 5.52**: Beispiel zum erlösbezogenen Qualitätsergebnis einer Qualitätsinvestition*

Neben den Initiierungskosten und den Qualitätserlösen sind auch Kosteneinsparungen bei der Berechnung des Qualitätsergebnisses zu berücksichtigen, d.h. nach deren grundsätzlicher Quantifizierung in Kapitel 5.3.3 ist es erforderlich, diese über den Planungshorizont zu verteilen. Wie bereits im Zusammenhang mit der Wirkungsdauer festgestellt, treten eingesparte Fehlerkosten, reduzierte Bearbeitungskosten sowie gesunkene Beschwerdekosten mit Initiierung der Qualitätsinvestition fortlaufend auf bzw. Fehler-, Bearbeitungs- und Beschwerdekosten sind dauerhaft gemindert und können deshalb über die gesamte Laufzeit angesetzt werden. Die eingesparten Betreuungskosten auf Grund verlängerter Geschäftsbeziehungsdauern fallen nur einmal pro Geschäftsbeziehung an und sollten deshalb auch als einmalige Kosteneinsparungen in das Qualitätsergebnis einfließen.

In Bezug auf das bislang verfolgte Beispiel der Einführung eines Kundeninformationssystems ist anzunehmen, dass zum einen die Betreuungskosten als Kostenersparnis entstehen und zum anderen eventuell die Qualitätsdimension Beratung/Information betreffende Beschwerdekosten reduziert werden können. Während erstere auf Grund der Time lag-Dauer erst- und einmalig in t=1 in Höhe von 9.682,40 DM angesetzt werden, fallen letztere ab t=1 in jeder Periode des Planungshorizonts an. Sie sollen in die Beispielrechnung in Höhe von 3.000 DM einfließen.

In Abbildung 5.53 schließlich ist in Fortsetzung des Beispiels zur Einführung eines Kundeninformationssystems das Qualitätsergebnis zunächst über eine Laufzeit von 10 Jahren berechnet. Dabei wurde ein (Gewinn-)Steuersatz für die Bank von 0,5 angenommen. Soll das Kundeninformationssystem nach 10 Jahren nach wie vor in derselben Form betrieben werden, dann sind den laufenden Initiierungskosten lediglich die eingesparten Beschwerdekosten gegenüberzustellen, was dauerhaft ein negatives Qualitätsergebnis hervorrufen würde. Spätestens dann wäre das Kundeninformationssystem zu erneuern,[1] weshalb der Planungshorizont in Periode t=10 endet.[2]

---

1 Auf Basis der ausgewiesenen Wertschaffung für Qualitätsinvestitionen (QAV_P) kann auch hier– wie für Investitionen – allgemein eine optimale Nutzungsdauer bestimmt werden. Im Vergleich zu Investitionen allgemein ergeben sich diesbezüglich keine Besonderheiten für Qualitätsinvestitionen. Vgl. deshalb zu dieser Problematik beispielsweise Adam, D., 1996, S. 185-188; auch Drexl, A., 1990.

2 Sollten durch die (frühzeitige) Beendigung einer Qualitätsinvestition zusätzliche Kosten entstehen, müssen diese in die Berechnung der letzten Periode einfließen.

Werttreiber (in Tsd. DM)	Planungshorizont										
	t=0	t=1	t=2	t=3	t=4	t=5	t=6	t=7	t=8	t=9	t=10
erlösbezogenes Qualitätsergebnis	0	10.416	11.605	16.105	16.105	13.105	12.650	3.650	3.650	3.650	3.650
kostenbezogenes Qualitätsergebnis	0	12,682	3	3	3	3	3	3	3	3	3
Initiierungskosten	167,63	242,32	248,48	254,82	261,35	268,08	275,01	282,15	289,5	297,08	304,88
Qualitätsgewinn vor Steuern	-168	10.186	11.360	15.853	15.847	12.840	12.378	3.371	3.364	3.356	3.348
(Gewinn-) Steuern	-84	5.093	5.680	7.927	7.924	6.420	6.189	1.686	1.682	1.678	1.674
Qualitätsergebnis nach Steuern	**-84**	**5.093**	**5.680**	**7.927**	**7.924**	**6.420**	**6.189**	**1.686**	**1.682**	**1.678**	**1.674**

Quelle: Eigene Darstellung.

***Abbildung 5.53**: Beispiel zur Berechnung der investitionsbezogenen Qualitätsergebnisse*

5.5.2.2 Festlegung des Ergebnisanspruchs und Berechnung des investitionsbezogenen Quality Added Value

Neben der Berechnung der Qualitätsergebnisse für die einzelnen Perioden des Planungshorizontes ist es für die Kalkulation des QAV_I auch erforderlich, den Ergebnisanspruch für die einzelnen Perioden festzulegen. Basis hierfür liefern der in Kapitel 5.4. berechnete Value at Risk einer Qualitätsinvestition und das daraufhin den einzelnen Perioden durch das Bankmanagement alloziierte Risikokapital sowie der dazugehörige Kapitalkostensatz für Risikokapital. Wesentlich für die Festlegung des Risikokapitals ist dabei, dass zu Beginn der Qualitätsinvestition sämtliche Qualitätsergebnisse der einzelnen Perioden risikobehaftet sind, was auch in der Höhe des anzusetzenden Risikokapitals zum Ausdruck kommen muss. Im Verlauf des Planungshorizontes und mit Realisierung erster Qualitätsergebnisse nimmt dieses Risikovolumen ab.

Für die vorliegende Beispielinvestition in das Kundeninformationssystem kann zur Bestimmung des an sie gerichteten Ergebnisanspruchs zunächst der Betrag der in jeder Periode jeweils noch ausstehenden risikobehafteten Qualitätsergebnisse der Qualitätsinvestition, z.B. über eine Diskontierung der noch zu erzielenden Qualitätsergebnisse für jede Periode, ermittelt werden. Diese Risikovolumina werden dann unter Berücksichtigung des Risikofaktors[1] in den Value at Risk überführt.

Auf Basis des pro Periode ausgewiesenen Value at Risk der Qualitätsinvestition und des eventuell zur Abdeckung von Betriebsrisiken im engeren Sinne[2] noch zusätzlich zu verteilenden Risikokapitals kann der Qualitätsinvestition für jede Periode ein Risikokapitalbetrag zugewiesen werden. Wird darüber hinaus der Kostensatz pro eingesetzter Einheit Risikokapital in Form des Ziel-RORAC[1] mit dem Risikokapital multipliziert, kann der Ergebnisanspruch für jede Periode der Qualitätsinvestition berechnet werden. In Abbildung 5.54 sind eine exemplarische Allokation des Risikokapitals auf die Qualitätsinvestition zur Einführung eines umfassenden Kundeninformationssystems und der sich daraus ergebende Ergebnisanspruch an diese Qualitätsinvestition dargestellt.

	Planungshorizont										
(in Tsd. DM)	t=0	t=1	t=2	t=3	t=4	t=5	t=6	t=7	t=8	t=9	t=10
Risikokapital	20.000	19.000	19.000	18.000	15.000	11.000	8.000	4.000	3.000	2.500	2.000
Ziel-RORAC	24 %	24 %	24 %	24 %	24 %	24 %	24 %	24 %	24 %	24 %	24 %
Ergebnisanspruch	**4.800**	**4.560**	**4.560**	**4.320**	**3.600**	**2.640**	**1.920**	**960**	**720**	**600**	**480**

Quelle: Eigene Darstellung.

***Abbildung 5.54**: Beispielkalkulation des Ergebnisanspruchs an eine Qualitätsinvestition*

Dieser Ergebnisanspruch ist zur Messung der Wertschaffung einer Qualitätsinvestition dem berechneten Qualitätsergebnis gegenüberzustellen. Durch die Subtraktion des Ergebnisanspruchs vom Qualitätsergebnis kann die in jeder Periode erwirtschaftete Wertschaffung in Form des QAV_P ausgewiesen und gleichzeitig die zeitlich-betragsmäßige Ergebnisstruktur von Qualitätsinvestitionen verdeutlicht werden. Zur Berechnung der Wertschaffung für die gesamte Qualitätsinvestition werden diese QAV_P mit dem für die Berechnung des Ergebnisanspruchs verwendeten Kapitalkostensatz in die Gegenwart diskontiert. Für die Beispielinvestition des Kundeninforma-

---

1 Zur generellen Vorgehensweise der Value at Risk-Bestimmung für eine Qualitätsinvestition siehe Kapitel 5.4.1.

2 Siehe hierzu Kapitel 5.4.1.1.

tionssystems sind der QAV_P und der QAV_I in Abbildung 5.55 abschließend berechnet.

(in Tsd. DM)	Planungshorizont t=0	t=1	t=2	t=3	t=4	t=5	t=6	t=7	t=8	t=9	t=10
Qualitätsergebnis	-84	5.093	5.680	7.927	7.924	6.420	6.189	1.686	1.682	1.678	1.674
Ergebnisanspruch	4.800	4.560	4.560	4.320	3.600	2.640	1.920	960	720	600	480
QAV_P	**-4.884**	**533**	**1.120**	**3.607**	**4.324**	**3.780**	**4.269**	**726**	**962**	**1.078**	**1.194**
QAVI	**2.489,01**										

Quelle: Eigene Darstellung.

***Abbildung 5.55**: Beispielkalkulation des QAV_I einer Qualitätsinvestition*

Dieser QAV_I, in dem sich auch die betragsmäßige Ergebnisstruktur von Qualitätsinvestitionen ausdrückt, liefert wiederum die Basis zur Berechnung der Wertschaffung für das gesamte Qualitätsengagement ausgedrückt in Qualitätsinvestitionen,[2] indem die QAV_I der einzelnen Qualitätsinvestitionen kumuliert ausgewiesen werden.

Mit der konkreten Berechnung des QAV_I auf Basis des QAV_P ist die Ausgestaltung des Quality Added Value als Instrument des wertorientierten Qualitätscontrolling abgeschlossen. In der anschließenden Darlegung der Ergebnisse des Kapitel 5 soll der Quality Added Value und die an ihn gestellten Anforderungen nochmals kritisch reflektiert werden.

5.6 Zwischenergebnisse Kapitel 5

Ziel des Kapitel 5 war es, das in Kapitel 4 aus einer Verfahrenssynthese gewonnene Instrument Quality Added Value (QAV) konkret am Beispiel des Firmenkundengeschäfts der Banken auszugestalten. Grundlage dieser inhaltlichen Ausgestaltung stellte dabei ein in **Kapitel 5.1** abgeleitetes theoretisches Erklärungsmodell dar, das

1 Siehe hierzu Kapitel 5.4.1.2.

2 Siehe hierzu ausführlich Kapitel 4.2.3.

die Zusammenhänge zwischen der Qualität und den daraus resultierenden ökonomischen Konsequenzen für die Bank aufzeigte. Diese Konsequenzen ließen sich grundsätzlich in interne kostenbezogene und externe kundenverhaltensbezogene Wirkungen unterteilen.

Dabei konnte gerade für letztere belegt werden, dass das Qualitätsurteil Ergebnis eines Vergleichs zwischen erwarteter und wahrgenommener Leistung ist, das über eine subjektive Bewertung zur (Un-)Zufriedenheit führt, die wiederum Anlass für bestimmtes Kundenverhalten gibt. Dieses Kundenverhalten führt schließlich zu den ökonomischen Konsequenzen für die Bank, die zusammen mit den kostenbezogenen Wirkungen die Basis für die Wertschaffung durch Qualität darstellen.

Nachdem der Zusammenhang zwischen Qualität und deren ökonomischer Konsequenzen hergestellt werden konnte, wurde darauf aufbauend in **Kapitel 5.2** ein Werttreibermodell vorgestellt, in dem die ökonomischen Konsequenzen der Qualität mit der Ermittlung des QAV verknüpft wurden. Mit Hilfe dieses Werttreibermodells, das ebenfalls zwischen internen kostenbasierten und externen verhaltensbasierten Werttreibern differenziert, ist es möglich, eine Verbindung zwischen der strategischen Qualitätsplanung z.B. in Form von Qualitätsinvestitionen und operativen Größen der Qualitätsplanung in Form der Werttreiber herzustellen. Damit ist auch dem vom QAV zu erfüllenden Koordinationsbedarf zwischen den operativen und strategischen Qualitätsplänen Rechnung getragen.

Neben der Erfüllung dieses Koordinationsbedarfs dienen die einzelnen Werttreiber auch als Voraussetzung für die Kalkulation des Qualitätsergebnisses und des Ergebnisanspruchs an eine Qualitätsinvestition zur Messung der Wertschaffung mit dem QAV-Modell. Um die Werttreiber für die Bestimmung dieser Werte einsetzen zu können, war es erforderlich, sie ihrer Größe nach zu bestimmen. Dabei musste zwischen Situationen ohne und mit der Qualitätsinvestition differenziert werden, um die ökonomischen Wirkungen einer Qualitätsinvestition zu isolieren und darüber die mit dieser Qualitätsinvestition verbundene Wertschaffung zu berechnen.

Die internen kostenbezogenen Werttreiber warfen im Zusammenhang mit der Ermittlung der Veränderungen auf Grund einzelner Qualitätsinvestitionen keine weiteren

Probleme auf, da die Veränderungen durch die Qualitätsinvestition auf Basis von Daten des Rechnungswesens und des Controlling errechnet und somit direkt in die Kalkulation des Qualitätsergebnisses einfließen konnten.

Für die Bestimmung der Veränderung der externen qualitätsbezogenen Werttreiber durch die Qualitätsinvestition dagegen war es zuvor erforderlich, die einzelnen Werttreiber zu messen, so dass sie das aktuelle Qualitätsniveau widerspiegeln (Basisniveau). Darüber hinaus musste eine Methodik entwickelt werden, die zeigt, welche Veränderungen im Qualitätsniveau – initiiert durch Qualitätsinvestitionen – zu welchen Veränderungen des Basisniveaus der Werttreiber führen (Veränderungsniveau).

Um Basisniveau und darauf aufbauend das Veränderungsniveau der externen qualitätsbezogenen Werttreiber zu ermitteln, wurde eine erweiterte Qualitätsmessung in Form eines Methodenmixes vorgeschlagen, der mit Hilfe einer Bewertung verschiedener Qualitätsmessverfahren anhand der Besonderheiten der Qualitätsmessung im Firmenkundengeschäft und der QAV-Kalkulation hergeleitet und ausgestaltet werden konnte. Über diese erweiterte Qualitätsmessung war es zunächst möglich, das aktuelle Basisniveau der externen qualitätsbezogenen Werttreiber zu bestimmen, das auf Grund der unterschiedlichen Messansätze für Routine- und Ausnahmesituationen differenziert wurde.

In einem nächsten Schritt konnten die über die erweiterte Qualitätsmessung erfassten leistungsartenspezifischen und leistungsartenübergreifenden Kundenurteile in Bezug auf die Qualität bzw. die (Un-)Zufriedenheit in Routinesituationen kausalanalytisch mit der Beurteilung der Gesamtleistung verknüpft werden. Mit den in diesem Zusammenhang aufgestellten Prognosefunktionen war es möglich, die Anzahl der Firmenkunden zu bestimmen, für die Qualitätsurteilsänderungen in Bezug auf einzelne Leistungsarten oder leistungsartenübergreifend auch eine Veränderung des Gesamturteils mit sich bringen.

Damit die Veränderung des Gesamturteils einer Reihe von Firmenkunden auch im Kundenverhalten bzw. in den externen qualitätsbezogenen Werttreibern ersichtlich wird, wurde zunächst das Verhalten der Firmenkunden nach dem Gesamturteil in

Verhalten zufriedener, indifferenter und unzufriedener Kunden differenziert. Die mit der Veränderung des Gesamturteils einhergehende „Kundenwanderung" in Bezug auf das Gesamturteil von unzufriedenen zu indifferenten bzw. indifferenten zu zufriedenen Kunden führt dann gleichzeitig zu einer neuen anzahlmäßigen Zusammensetzung der Kundengruppen, die sich wie unzufriedene, indifferente bzw. zufriedene Kunden verhalten. Aus dieser veränderten Anzahl Firmenkunden, die sich nach einem bestimmten Muster verhalten, konnte das Veränderungsniveau der externen qualitätsbezogenen Werttreiber in Routinesituationen errechnet werden.

Das Veränderungsniveau der externen qualitätsbezogenen Werttreiber in Ausnahmesituationen konnte dann über den Wegfall der Verhaltensweisen, die mit dem Auftritt einer Art negativer kritischer Ereignisse verbunden sind, bestimmt werden, wenn ein erneuter Auftritt dieser kritischen Ereignisart mit Hilfe einer Qualitätsinvestition beseitigt werden konnte.

Die internen qualitätsbezogenen Werttreiber direkt sowie das ermittelte Veränderungsniveau der externen qualitätsbezogenen Werttreiber stellten die Grundlage für die in **Kapitel 5.3** aufgezeigte Kalkulation des Qualitätsergebnisses einer Qualitätsinvestition dar. Hierfür wurden zunächst verschiedene Qualitätsergebniskategorien gebildet. Während die internen qualitätsbezogenen Werttreiber im kostenbezogenen Qualitätsergebnis zusammengefasst wurden, beinhalten die externen qualitätsbezogenen Werttreiber das erlösbezogene Qualitätsergebnis. Darüber hinaus wurden neben diesen nutzenseitigen Qualitätsergebniskategorien auch die Initiierungskosten abgegrenzt.

Über die Darlegung der Kalkulation der einzelnen Qualitätsergebniskategorien und unter Berücksichtigung von (Gewinn-)Steuern konnte ein Kalkulationsschema für das Qualitätsergebnis nach Steuern vorgestellt werden. In dem so berechneten Qualitätsergebnis konnte ein Großteil der im theoretischen Erklärungsmodell aufgezeigten ökonomischen Wirkungen von Qualitätsinvestitionen berücksichtigt werden.

Jedoch mussten einige wenige positive ökonomische Wirkungen, die einer verbesserten Qualität zugesprochen werden, ohne Ansatz bleiben. Hierzu zählen die verringerten Personalkosten, die Betriebsgrößeneffekte und die reduzierten Marketingkosten auf Grund einer verbesserten Qualität. Auch wenn die wesentlichsten Wirkungen quantifiziert werden konnten, kann sich eine Nichtquantifizierung dieser Wirkungen im Rahmen einer wertorientierten Banksteuerung für die Qualität im Firmenkundengeschäft dann unvorteilhaft auswirken, wenn gleiche oder unwesentlich höhere Ergebnisse mit anderen Investitionen realisiert werden können.

Darüber hinaus kann auch die Art der Qualitätsergebnisermittlung auf Basis des Veränderungsniveaus der externen qualitätsbezogenen Werttreiber kritisch betrachtet werden, weil im Zusammenhang mit der Bestimmung des Veränderungsniveaus der externen qualitätsbezogenen Werttreiber einige Annahmen, wie z.B. über die Urteilsänderung der Firmenkunden bezüglich der Qualität/(Un-)Zufriedenheit nach Initiierung einer Qualitätsinvestition, getroffen werden mussten. In diesem Zusammenhang ist auch auf die schwierige Schätzung einer möglichen Urteilsänderung der Firmenkunden im Fall einer der Verhaltensstabilisierung dienenden Qualitätsinvestition hinzuweisen. Dennoch kann die vorgestellte Methodik zur Bestimmung des Qualitätsergebnisses einer Qualitätsinvestition als Verfahren zur umfassenden Quantifizierung der mit einer Qualitätsinvestition einhergehenden Ergebniswirkungen für die Bank betrachtet werden, womit eine weitere Anforderung an den QAV als Voraussetzung für die Koordination zwischen Qualitätsergebnis und Ergebnisanspruch erfüllt werden konnte.

Um diesen Koordinationsmechanismus zwischen Qualitätsergebnis und Ergebnisanspruch und damit auch eine Ausweisung der Wertschaffung durch den QAV zu ermöglichen, wurde im sich anschließenden **Kapitel 5.4** erörtert, welcher Ergebnisanspruch an Qualitätsinvestition zu stellen ist. Dafür war es erforderlich, das mit der Qualitätsinvestition gebundene Eigen- und Risikokapital zu bestimmen, das unter Berücksichtigung des entsprechenden Kapitalkostensatzes zum Ergebnisanspruch führt.

Zur Quantifizierung des Risikokapitals konnte der für die Kapitalallokation in Banken übliche Value at Risk-Ansatz auf die Besonderheiten der Qualitätsinvestition übertragen werden. In diesem Zusammenhang zeigte sich, dass die mit einer Qualitätsinvestition verbundenen Risiken ausschließlich Betriebsrisiken darstellen, die speziell für die Qualitätsinvestition durch die Abweichung der geplanten von den realisierten

Qualitätsergebnisbestandteilen bzw. des kompletten Qualitätsergebnisses entstehen und damit auch hier auf die qualitätsbezogenen Werttreiber zurückzuführen sind.

Obwohl zur Quantifizierung des Risikokapitals eine Reihe von Daten über die Qualitätsergebnisentwicklung in der Vergangenheit bzw. relativ aufwendige Simulationstechniken erforderlich sind, konnte mit dem für Qualitätsinvestitionen angepassten Ansatz ein Verfahren vorgestellt werden, das eine für Qualitätsinvestitionen spezifische Ausweisung des Risikokapitals ermöglicht, was gleichzeitig auch Voraussetzung für die Ermittlung eines spezifisch an die Qualitätsinvestition gerichteten Ergebnisanspruchs ist.

Für die Bestimmung des über das Risikokapital hinausgehenden Eigenkapitals, das zumeist auf Grund aufsichtsrechtlicher Normen Investitionsobjekten oder Leistungen zugeordnet wird, konnte für Qualitätsinvestitionen festgestellt werden, dass die derzeit geltenden Vorschriften keine zusätzliche Eigenkapitalallokation auf Qualitätsinvestitionen erfordern. Damit konnte für Qualitätsinvestitionen ein Ergebnisanspruch ermittelt werden, der sich aus dem der Qualitätsinvestition zugeteilten Risikokapital und der von den Eigentümern der Bank geforderten Rendite pro Einheit Risikokapital, die über den RORAC ermittelt werden konnte, errechnet.

Mit der Bestimmung eines spezifischen Ergebnisanspruchs an die Qualitätsinvestition konnte im Rahmen der Ausgestaltung des Quality Added Value eine weitere an ihn gestellte Anforderung erfüllt werden. Darüber hinaus ist durch die Gegenüberstellung von Qualitätsergebnis und Ergebnisanspruch und der damit verbundenen Berechnung des QAV_P auch eine Koordination zwischen Ergebnis und Ergebnisanspruch möglich.

Die Koordination zwischen Qualitätsergebnis und Ergebnisanspruch kann auf Basis der bisherigen Analyse jedoch ausschließlich für eine Periode durchgeführt werden. Um diesen Koordinationsmechanismus für komplette Qualitätsinvestitionen gewährleisten zu können, wurde in **Kapitel 5.5** schließlich der Planungshorizont für Qualitätsinvestitionen im Firmenkundengeschäft operationalisiert. Unter Berücksichtigung der besonderen zeitlichen Ergebnisstruktur von Qualitätsinvestitionen im Firmenkundengeschäft, die sich in Time lag- und Wirkungsdauer manifestiert, konnte ein Vorschlag zur Gestaltung und Festlegung des Planungshorizontes für Qualitätsinvestitionen im Firmenkundengeschäft erarbeitet werden.

Auf dieser Grundlage war es dann möglich, die bislang nur auf eine Periode bezogenen Größen Qualitätsergebnis und Ergebnisanspruch über eine gesamte Qualitätsinvestition zu bestimmen und damit auch die Wertschaffung durch Qualitätsinvestitionen in Form des QAV_I und darauf aufbauend die Wertschaffung des gesamten Qualitätsengagements in Form des QAV_G auszuweisen. Der bisher lediglich periodenbezogene Koordinationsmechanismus zwischen Qualitätsergebnis und Ergebnisanspruch kann damit auch für gesamte Qualitätsinvestitionen gewährleistet werden. Darüber hinaus wurde mit der Berechnung des QAV_I neben der besonderen zeitlichen Struktur auch der betragsmäßigen und der zeitlich-betragsmäßigen Struktur von Qualitätsinvestitionen von Qualitätsinvestitionen Rechnung getragen.

Mit dem QAV bezogen auf eine Periode, eine Qualitätsinvestition oder auch das gesamte Qualitätsengagement konnte ein Instrument entwickelt werden, das den Anforderungen des wertorientierten Qualitätscontrolling im Firmenkundengeschäft – trotz einiger genannter Einschränkungen – gerecht wird. Um diese Beurteilung zu untermauern, ist abschließend in Abbildung 5.56 die Erfüllung des in Kapitel 4.1 an die verschiedenen potentiellen Verfahren gestellte Anforderungsprofil auch für den QAV-Ansatz bewertet.

Kriterium	Konkrete Ausprägung rentabilitätsorientierte Steuerungsinstrumente	Kriteriums-bewertung
Bestimmung des Ergebnisses der Qualitätsinvestition in Form eines Zahlungsstroms	▪ Berechnung des Qualitätsergebnis auf Basis von Kosten und Erlösen, die über die Berücksichtigung des kalkulatorischen Zinses zum gleichen Ergebnis wie eine Zahlungsstrombetrachtung führen. ▪ Umfassende Kalkulation des Qualitätsergebnisses auf Grundlage der ökonomischen Wirkungen von Qualität. Jedoch konnten nicht alle theoretischen Wirkungen von Qualität kalkulatorisch abgebildet werden – insbesondere auf Grund einer nicht eindeutigen Zuweisung zur Qualitätsinvestition.	+
Abbildbarkeit der zeitlichen, betragsmäßigen und zeitlich-betragsmäßigen Struktur des Qualitätsergebnisses	▪ Durch die Operationalisierung des Planungshorizontes einer Qualitätsinvestition über Time lag- und Wirkungsdauer konnte die besondere zeitliche Ergebnisstruktur von Qualitätsinvestitionen abgebildet werden, woraus auch die zeitlich-betragsmäßige Ergebnisstruktur ablesbar ist. ▪ Die betragsmäßige Struktur ist grundsätzlich aus der Berechnung des QAV_I erkennbar.	++
Zuweisung eines spezifischen sowie risiko-/renditeorientierten Ergebnisanspruchs an die Qualitätsinvestition	▪ Über die Berechnung des mit einer Qualitätsinvestition einhergehenden Risikokapitals und unter der Berücksichtigung eines bankspezifischen Kapitalkostensatzes, in dem sich die Ansprüche der Eigentümer widerspiegeln und der mit Hilfe des RORAC in einen Kostensatz pro eingesetzter Einheit Risikokapital überführt werden kann, wird ein für die Qualitätsinvestition spezifischer und risiko-/renditeorientierter Ergebnisanspruch ausgewiesen.	++
Gegenüberstellung von Ergebnisanspruch und Ergebnis und damit Quantifizierung der Wertschaffung/-vernichtung	▪ Gegenüberstellung von Qualitätsergebnis und den spezifisch an die Qualitätsinvestition zu stellenden Ergebnisanspruch und damit Quantifizierung der Wertschaffung /-vernichtung durch Berechnung des QAV. ▪ Eine Gegenüberstellung von Qualitätsergebnis und Ergebnisanspruch sowie die Berechnung der Wertschaffung/-vernichtung ist für eine Periode, eine gesamte Qualitätsinvestition und das komplette Qualitätsengagement möglich.	++
Ableitung von operativen und qualitätsbezogenen Werttreibern zur wertorientierten Umsetzung der strategischen Qualitätspläne	▪ Auf Basis der ökonomischen Wirkungen von Qualität und der grundlegenden Kalkulation des QAV wird ein Werttreibermodell entwickelt, das eine Koordination zwischen strategischen und operativen Qualitätsplänen ermöglicht.	++
Legende: ++ sehr gut; + gut; 0 mäßig; - schlecht; - - sehr schlecht		

Quelle: Eigene Darstellung.

Abbildung 5.56: *Bewertung des Quality Added Value in Bezug auf seine Einsatzfähigkeit im wertorientierten Qualitätscontrolling im Firmenkundengeschäft*

6 Zusammenfassende Schlussbetrachtung

Ausgehend von der Problemstellung wurden mit der vorliegenden Arbeit folgende Forschungsziele verfolgt:

- Entwicklung eines theoretischen Bezugsrahmens zum wertorientierten Qualitätscontrolling durch Erweiterung des Qualitätscontrolling um die wertorientierte Perspektive,
- grundlegende Darstellung und Systematisierung der Charakteristika des Firmenkundengeschäfts und der hier zu erbringenden Qualität sowie
- instrumentelle Ausgestaltung des wertorientierten Qualitätscontrolling durch Entwicklung eines Instrumentariums zur wertorientierten Qualitätssteuerung und dessen Konkretisierung am Beispiel des Firmenkundengeschäfts der Banken.

Die dabei im Wesentlichen erzielten Erkenntnisse lassen sich thesenartig wie folgt zusammenfassen:

- Als theoretischer Bezugsrahmen für die vorliegende Arbeit wurde die gegenwärtig dominierenden koordinationsorientierte Controlling-Konzeption gewählt. Mit Hilfe dieser Controllingauffassung und unter Berücksichtigung der Anforderungen, die das wertorientierte Paradigma an ein Controlling der Qualität stellt, konnte das wertorientierte Qualitätscontrolling als integrativer Bestandteil des Qualitätscontrolling im Firmenkundengeschäft abgegrenzt werden.

- Die vom wertorientierten Qualitätscontrolling wahrzunehmenden Koordinationsfunktionen, die nicht mit Hilfe bereits bestehender Instrumente des Qualitätscontrolling oder des Controlling allgemein erfüllt werden können, stellen folgende Anforderungen an ein neu zu gestaltendes Instrument: (a) Bestimmung und Gegenüberstellung von Qualitätsergebnis und qualitätsbezogenem Ergebnisanspruch über einen Mehrperiodenhorizont und (b) Abstimmung zwischen strategischen und operativen wertorientierten Qualitätsplänen mit Hilfe eines Werttreibermodells.

- Das Firmenkundengeschäft der Bank als Erfahrungsobjekt konnte über eine Systematisierung und Charakterisierung potentieller Kunden auf das Geschäft mit Mittel- und Großunternehmen beschränkt werden. Das für die Firmenkunden von der Bank zu liefernde Leistungsspektrum abgegrenzt und systematisiert lässt sich allgemein mit Hilfe dienstleistungsspezifischer sowie speziell mit Hilfe bank- und firmenkundenspezifischer Merkmale charakterisieren.

- Die Qualität im Firmenkundengeschäft wurde aus Sicht der Firmenkunden definiert, wobei die produktorientierte Qualitätssicht im Firmenkundengeschäft als Nebenbedingung zu betrachten ist. Mit Hilfe der Charakteristika von Firmenkundenleistungen konnte eine Operationalisierung der Qualität im Firmenkundengeschäft über einen firmenkundenspezifischen Qualitätsdimensionenkatalog erreicht werden, der die Dimensionen Qualität der Abwicklung, Qualität der Leistungsbereitschaft, Qualität der Information und Beratung, Qualität der Problemlösung und Qualität des Preis-Leistungs-Verhältnisses umfasst. Diese Qualitätsdimensionen für Firmenkundenleistungen konnten mit Hilfe von leistungsartenspezifischen und leistungsartenübergreifenden Qualitätsmerkmalen näher spezifiziert werden.

- Die für die instrumentelle Gestaltung des wertorientierten Qualitätscontrolling auf Grund der mehrperiodigen Betrachtungsweise erforderliche Investitionsperspektive der Qualität zeigte zum einen, dass Investitionen in die Qualität im Firmenkundengeschäft vielfältige Formen annehmen können und zum anderen, dass für die Bewertung dieser Qualitätsinvestitionen Besonderheiten in Form der zeitlichen, betragsmäßigen und zeitlich-betragsmäßigen Ergebnisstruktur der Qualitätsinvestition zu berücksichtigen sind.

- Auf Basis der bislang instrumentell nicht abbildbaren Koordinationsbedarfe des wertorientierten Qualitätscontrolling und der Besonderheiten von Qualitätsinvestitionen konnte ein Anforderungsprofil an ein neu zu gestaltendes Instrument für das wertorientierte Qualitätscontrolling abgeleitet werden. Eine mit Hilfe des Anforderungsprofils vorgenommene Bewertung potentieller Verfahren zur Wertschaffungsmessung, zeigte, dass die einzelnen Anforderungen von jeweils unterschiedlichen Verfahren erfüllt werden können und deshalb mit Hilfe einer Verfahrenssynthese ein neues Instrument in Form des Quality Added Value (QAV) entwickelt werden konnte.

- Der QAV setzt sich aus Qualitätsergebnis und einen spezifisch an die Qualitätsinvestition zu stellenden Ergebnisanspruch zusammen, die einander gegenübergestellt werden und darüber die erzielte Wertschaffung /-vernichtung ausgewiesen wird. Beide Größen können über eine einzelne Periode betrachtet aber auch für eine gesamte Qualitätsinvestition bestimmt werden und damit der besonderen zeitlichen, betragsmäßigen und zeitlich-betragsmäßigen Struktur von Qualitätsinvestitionen gerecht werden. Außerdem ist es im Rahmen des QAV möglich, Qualitätsergebnis und Ergebnisanspruch über ein Werttreibermodell in operative Größen zu überführen.

- Das für die konkrete inhaltliche Ausgestaltung des QAV am Beispiel des Firmenkundengeschäfts aufgestellte theoretische Erklärungsmodell, das den Zusammenhang zwischen Qualität und deren ökonomischer Konsequenzen abbildet, zeigt auf, dass neben internen kosten- und effizienzbasierten Wirkungen mit Qualitätsinvestitionen vor allem externe verhaltensbasierte Wirkungen verbunden sind. Für letztere wird Qualität zunächst in ein subjektives (Un-)Zufriedenheitsurteil überführt, welches wiederum die Firmenkunden zu einem bestimmten Verhalten veranlasst, womit für die Bank ökonomische Konsequenzen verbunden sind.

- Über die Verbindung der einzelnen ökonomischen Konsequenzen der Qualität und der grundlegenden Berechnung des QAV konnte ein für Qualitätsinvestitionen spezifisches Werttreibermodell entwickelt werden, in dem analog zu den ökonomischen Konsequenzen zwischen internen kosten- und effizienzbasierten qualitätsbezogenen und externen verhaltensbasierten qualitätsbezogenen Werttreibern differenziert wird.

- Während die internen qualitätsbezogenen Werttreiber direkt in die für die Kalkulation des QAV erforderliche Qualitätsergebnisermittlung einfließen können, ist für die externen qualitätsbezogenen Werttreiber zunächst noch die aus einer Qualitätsinvestition resultierenden Veränderungen in den einzelnen Werttreibergrößen zu bestimmen. Auf Basis einer erweiterten Qualitätsmessung im Firmenkundengeschäft konnte eine Vorgehensweise vorgestellt werden, mit deren Hilfe die Veränderungen der externen qualitätsbezogenen Werttreiber auf Grund einer Änderung des Qualitätsniveaus bestimmbar sind.

- Interne und externe qualitätsbezogene Werttreiber stellen wiederum die Grundlage der Qualitätsergebniskalkulation dar. Im Rahmen der Qualitätsergebniskalkulation konnten jedoch nicht alle Werttreiber berücksichtigt werden. Insbesondere Werttreiberveränderungen, die nicht eindeutig auf die betrachtete Qualitätsinvestition zurückführbar sind, blieben ohne Ansatz.

- Im Rahmen der Bestimmung des spezifisch an eine Qualitätsinvestition zu richtenden Ergebnisanspruchs, der sich aus dem durch die Qualitätsinvestition beanspruchten Eigen-/Risikokapital und der zugehörige Kapitalkostengröße zusammensetzt, zeigte sich, dass das für eine Qualitätsinvestition eingesetzte Risikokapital mit Hilfe einer Übertragung des Value at Risk-Ansatzes auf Qualitätsinvestitionen ermittelbar ist. Eine eventuell über das Risikokapital hinausgehende Allokation von Eigenkapital auf Grundlage gesetzlicher Anforderungen ist für eine Qualitätsinvestition nicht erforderlich. Der Risikokapitalkostensatz konnte über die Ermittlung des RORAC (Return on Risk Adjusted Capital) aus der Zielrendite der Gesamtbank abgeleitet werden.

- Für eine Bewertung von Qualitätsergebnis und Ergebnisanspruch über einen mehrere Perioden umfassenden Planungshorizont konnte letzterer mit Hilfe von Time lag-Dauer, die sich in eine Initiierungs-/Implementierungsdauer sowie eine Handlungs-/Wahrnehmungsdauer unterteilt, und Wirkungsdauer bestehend aus Übergewinnteil und normalisiertem Teil operationalisiert werden.

- Über die Gegenüberstellung von Qualitätsergebnis und Ergebnisanspruch pro Periode kann die periodenbezogene Wertschaffung in Form des QAV_P berechnet werden. Eine Diskontierung der einzelnen QAV_P-Werte über den Planungshorizont führt schließlich zur Wertschaffung, die eine gesamte Qualitätsinvestition erzielt (QAV_I).

Mit diesen Ergebnissen konnte die eingangs gestellte Zielsetzung an die Arbeit erfüllt werden. Eine Umsetzung des im Rahmen dieser Arbeit vorgestellten QAV in die bankbetriebliche Praxis ist aufbauend auf das in Banken vorhandene Qualitätsmanagement problemlos möglich. Ideal wäre dabei eine systemtechnische Abbildung des QAV-Modells und der dahinterstehenden Zusammenhänge, um einerseits eine einfache Handhabung des Instruments zu gewährleisten und andererseits systematisch eine valide Datenbasis aufzubauen, mit deren Hilfe eine fundierte Bewertung von Qualitätsinvestitionen ermöglicht wird.

Literaturverzeichnis

Aaker, D. A./Jacobson, R. [1994]: The financial information content of perceived quality, in: Journal of Marketing Research, 31. Jg. (1994), Mai, S. 191 - 201.

Adam, D. [1996]: Investitionscontrolling, München-Wien 1996.

Adam, D./Meixner, L. [1990]: Total Quality Management in Bankdienstleistungsunternehmen, in: Sparkasse, 107. Jg. (1990), H. 5, S. 214 - 215.

Adams, R./Guthmann, H. A. [1999]: Die Bank fit für die Zukunft machen, in: Frankfurter Allgemeine Zeitung, Nr. 68 vom 22.03.1999, S. B13.

Altrogge, G. [1991]: Investition, 2. Aufl., München-Wien 1991.

Amely, T. [1997]: Shareholder-Value als strategisches Steuerungsinstrument?, in: Die Sparkasse, 114. Jg. (1997), H. 6, S. 277 - 281.

Anders, U. [2000]: RaRoC - ein Begriff, viel Verwirrung, in: Die Bank, o. Jg. (2000), H. 5, S. 314 - 317.

Anderson, E. W./Fornell, C./Lehmann, D. [1994]: Customer Satisfaction, Market Share, and Profitability: Findings from Sweden, in: Journal of Marketing, 58. Jg. (1994), Juli, S. 53 - 66.

Anderson, E. W./Sullivan, M. W. [1990]: The Antecedents and Consequences of Customer Satisfaction for Firms, in: Marketing Science, 12. Jg. (1990), H. 2, S. 125 - 143.

Ansell, T. [1993]: Managing for Quality in the Financial Services Industry, London u.a. 1993.

Antensteiner, E./Feuerstein, D. [1989]: Aufbau einer Stückkostenkalkulation für die Zukunft der Bank, in: Die Bank, o. Jg. (1989), H. 5, S. 259 - 265.

Arbeitskreis „Finanzierung“ der Schmalenbach-Gesellschaft Deutsche Gesellschaft für Betriebswirtschaft e.V. [1996]: Wertorientierte Unternehmenssteuerung mit differenzierten Kapitalkosten, in: Zeitschrift für betriebswirtschaftliche Forschung, 48. Jg. (1996), H. 6, S. 543 - 578.

Arlt, G./Bachthaler, M. [1997]: Qualitätsmanagement lohnt, Ergebnisse einer empirischen Untersuchung zu Zertifizierungskosten, Aufwand, Nutzen und erzielten Verbesserungen im industriellen Bereich, in: Qualität und Zuverlässigkeit, 42. Jg. (1997), H. 4, S. 410 - 414.

Bacidore, J. M./Boquist, J. A./Milbourn, T. T./Thakor, A. V. [1997]: The Search for the Best Financial Performance Measure, in: Financial Analysts' Journal, 53. Jg. (1997), Mai/Juni, S. 11 - 20.

Backhaus, K. [1997]: Industriegütermarketing, 5. Aufl., München 1997.

Backhaus, K./Erichson, B./Plinke, W./Weiber, R. [2000]: Multivariate Analysemethoden, Eine anwendungsorientierte Einführung, 9. Aufl., Berlin 2000.

Bagozzi, R./Yi, Y. [1989]: The Degree of Intention Formation as a Moderator of the Attitude-Behavior Relationship, in: Social Psychology Quaterly, 52. Jg. (1989), H. 4, S. 266 - 279.

Ballwieser, W. [2000]: Wertorientierte Unternehmensführung: Grundlagen, in: Zeitschrift für betriebswirtschaftliche Forschung, 52. Jg. (2000), H. 3, S. 160 - 166.

Bardy, R. [1984]: Rendite, Cash-Flow, Working Capital, Meßgrößen für das Zusammenwirken von Controlling und Treasury, in: Controller Magazin, 9. Jg. (1984), H. 3, S. 105 - 112.

Bausch, A./Kaufmann, L. [2000]: Innovationen im Controlling am Beispiel der Entwicklung monetärer Kennzahlensysteme, in: Controlling, 12. Jg. (2000), H. 3, S. 121 - 128.

Bayerische Hypotheken- und Wechsel-Bank AG (Hrsg.) [1998]: Geschäftsbericht 1997, München 1998.

Bea, F. X. [1993]: Stichwort Rentabilität, in: Handwörterbuch des Rechnungswesens, hrsg. v. K. Chmielewicz und M. Schweitzer, 3. Aufl., Stuttgart 1993, Sp.1717 - 1728.

Bearden, W. O./Teel, J. E. [1983]: Selected Determinants of Consumer Satisfaction and Complaint Reports, in: Journal of Marketing Research, 20. Jg. (1983), Februar, S. 21 - 28.

Bechtel, E. W. [1988]: Betriebskosten-Controlling auf der Basis von Standard-Einzelkosten in Genossenschaftsbanken, in: Bank-Controlling 1988, Beiträge zum Münsteraner Controlling-Workshop, hrsg. v. H. Schierenbeck, W. v. Schimmelmann und B. Rolfes, Frankfurt am Main 1988, S. 81 - 89.

Becker, G. M. [1997]: Implikationen des Shareholder Value Managements für das Kreditgeschäft, in: Die Bank, o. Jg. (1997), H. 2, S. 106 - 111.

Becker, G. M. [2000]: Marktwertorientiertes Rechnungswesen, Shareholder Value Management und Controlling, in: Das Wirtschaftsstudium, 29. Jg. (2000), H. 1, S. 53 - 55.

Beeck, H./Kaiser, T. [2000]: Quantifizierung von Operational Risk mit Value-at-Risk, in: Handbuch Risikomanagement, hrsg. v. L. Johanning und B. Rudolph, Bad Soden 2000, S. 633 - 653.

Bergmann, K. [1998]: Angewandtes Kundenbindungsmanagement, Diss., Frankfurt am Main u.a. 1998.

Bergmann, M. [1996]: Qualitätsmanagement in Kreditinstituten, Verfahren zur Messung und Steuerung der Dienstleistungs-Qualität und deren Implementierung, Diss., Frankfurt am Main 1996.

Berry, L. L. [1988]: Service-Qualität – eine Strategie zur Ertragssteigerung in Finanzinstituten, in: Sparkassen International, o. Jg. (1988), H. 4, S. 21 - 25.

Betsch, O./Groh, A. P./Lohmann, L. G. [2000]: Corporate Finance, Unternehmensbewertung, M&A und innovative Kapitalmarktfinanzierungen, 2. Aufl., München 2000.

Bieg, H. [1992]: Bankbetriebslehre in Übungen, München 1992.

Bieg, H. [1997]: Überblick über die Finanzierungstheorie, in: Der Steuerberater, o. Jg. (1997), H. 1, S. 27 - 31.

Bitner, M. J./Hubbert, A. R. [1994]: Encounter Satisfaction Versus Overall Satisfaction Versus Quality, in: Service quality: new directions in theory and practice, hrsg. v. R. T. Rust und R. L. Oliver, London u.a., S. 62 - 94.

Bleymüller, J./Gehlert, G./Gühlicher, H. [2000]: Statistik für Wirtschaftswissenschaftler, 12. Aufl., München 2000.

Bloemer, J. M. M./Lemmink, J. G. A. M. [1992]: The Importance of Customer Satisfaction in Explaining Brand and Dealer Loyalty, in: Journal of Marketing Management, 8. Jg. (1992), H. 8, S. 351 - 364.

Blohm, H./Lüder, K. [1995]: Investition, Schwachstellenanalyse des Investitionsbereichs und der Investitionsrechnung, 8. Aufl., München 1995.

Boehm-Bezing, C. L. v. [1999]: Mittelstand und Investment Banking – wie muß (kann sich) das vertragen?, in: Zeitschrift für das gesamte Kreditwesen, 52. Jg. (1999), H. 1, S. 28 - 29.

Bolton, R. N./Drew, J. H. [1991a]: A Longitudinal Analysis of the Impact of Service Changes on Customer Attitudes, in: Journal of Marketing, 55. Jg. (1991), Januar, S. 1 - 9.

Bolton, R. N./Drew, J. H. [1991b]: Multistage Model of Customers' Assessments of Service Quality and Value, in: Journal of Customer Research, 17. Jg. (1991), März, S. 375 - 384.

Bolton, R. N./Drew, J. H. [1994]: Linking Customer Satisfaction to Service Operations and Outcomes, in: Service qality: new directions in theory and practice, hrsg. v. R. T. Rust und R. L. Oliver, London u.a. 1994, S. 173 - 200.

Bongartz, U. [2000]: Konzepte statt Produkte, in: Bank Magazin, o. Jg. (2000), H. 2, S. 26 - 28.

Boulding, W./Kalra, A./Staelin, R./Zeithaml, V. [1993]: A Dynamic Process Model of Service Quality: From Expectations to Behavioral Intentions, in: Journal of Marketing Research, 30. Jg. (1993), Februar, S. 7 - 27.

Brehm, B./Hurcks, K. [1998]: Zufriedenheitsanalyse im Firmenkundengeschäft, in: Die Bank, o. Jg. (1998), H. 7, S. 396 - 401.

Breyer, M./Zinnagl, E. [1995]: Quality Banking in östereichischen Kreditinstituten, in: Österreichisches Bankarchiv, 43. Jg. (1995), H. 6, S. 403 - 412.

Brinkmann, T. [1999]: Wo bleibt der Service?, in: Frankfurter Allgemeine Zeitung, Nr. 68 vom 22.03.1999, S. B9.

Bröckelmann, J. [1995]: Entscheidungsorientiertes Qualitätscontrolling, Ein ganzheitliches Instrument der Qualitätssicherung, Diss., Wiesbaden 1995.

Bruggemann, A. [1974]: Zur Unterscheidung verschiedener Formen von „Arbeitszufriedenheit", in: Arbeit und Leistung, 28. Jg. (1974), Nr. 11, S. 281 - 284.

Bruggemann, A./Groskurth, P./Ulich, E. [1975]: Arbeitszufriedenheit, Bern 1975.

Bruhn, M. [1996]: Qualitätsmanagement für Dienstleistungen, Grundlagen, Konzepte, Methoden, Berlin u.a. 1996.

Bruhn, M. [1997a]: Qualitätsmanagement für Dienstleistungen, Grundlagen, Konzepte, Methoden, 2. Aufl., Berlin u.a. 1997.

Bruhn, M. [1997b]: Messung und Sicherstellung der Dienstleistungsqualität im Kreditgewerbe, Ansatzpunkte eines umfassenden Qualitätsmanagements im Finanzdienstleistungssektor (Teil I), in: Kredit und Kapital, 30. Jg. (1997), H. 3, S. 412 - 444.

Bruhn, M. [1997c]: Messung und Sicherstellung der Dienstleistungsqualität im Kreditgewerbe, Ansatzpunkte eines umfassenden Qualitätsmanagements im Finanzdienstleistungssektor (Teil II), in: Kredit und Kapital, 30. Jg. (1997), H. 4, S. 605 - 629.

Bruhn, M. [1998]: Wirtschaftlichkeit des Qualitätsmanagements, Qualitätscontrolling für Dienstleistungen, Berlin 1998.

Bruhn, M. [1999]: Messung der Dienstleistungsqualität für Versicherungsunternehmen - Modell und empirische Ergebnisse, in: Zeitschrift für die gesamte Versicherungswissenschaft, 88. Jg. (1999), H. 1, S. 111 - 148.

Bruhn, M. [2000]: Qualitätssicherung im Dienstleistungsmarketing – eine Einführung in die theoretischen und praktischen Probleme, in: Dienstleistungsqualität: Konzepte – Methoden – Erfahrungen, hrsg. v. M. Bruhn und B. Stauss, 3. Aufl., Wiesbaden 2000, S. 21 - 48.

Bruhn, M./Georgi, D. [1998a]: Kundenbezogene Wirtschaftlichkeitsanalyse des Qualitätsmanagements für Dienstleistungen, in: Marketing ZFP, 20. Jg. (1998), H. 2, S. 98 - 108.

Bruhn, M./Georgi, D. [1998b]: Wirtschaftlichkeit des Kundenbindungsmanagements, in: Handbuch Kundenbindungsmanagement: Grundlagen – Konzepte – Erfahrungen, hrsg. v. M. Bruhn und C. Homburg, Wiesbaden 1998, S. 411 - 439.

Bruhn, M./Georgi, D. [1999a]: Kosten und Nutzen des Qualitätsmanagements, Grundlagen - Methoden - Fallbeispiele, München-Wien 1999.

Bruhn, M./Georgi, D. [1999b]: Kosten und Nutzen des Qualitätsmanagements - Ansatzpunkte einer Wirtschaftlichkeitsanalyse des Qualitätsmanagements, in: Die Unternehmung, 53. Jg. (1999), H. 3, S. 177 - 191.

Bruhn, M./Hennig, K. [1993a]: Selektion und Strukturierung von Qualitätsmerkmalen, Auf dem Weg zu einem umfassenden Qualitätsmanagement für Kreditinstitute (Teil 1), in: Jahrbuch der Absatz- und Verbrauchsforschung, 39. Jg. (1993), H. 3, S. 214 - 237.

Bruhn, M./Hennig, K. [1993b]: Selektion und Strukturierung von Qualitätsmerkmalen, Auf dem Weg zu einem umfassenden Qualitätsmanagement für Kreditinstitute (Teil 2), in: Jahrbuch der Absatz- und Verbrauchsforschung, 39. Jg. (1993), H. 4, S. 314 - 337.

Brühning, J.-B./Hoffjahn, A. [1997]: Gesamtbanksteuerung mit Risk-Return-Kennzahlen, in: Die Bank, o. Jg. (1997), H. 6, S. 362 - 369.

Buchanan, R. W. T./Gillies, C. S. [1990]: Value Managed Relationships, The Key to Customer Retention and Profitability, in: European Management Journal, 8. Jg. (1990), H. 4, S. 523 - 526.

Bühler, W. [1993]: Kundenzufriedenheit im Privatkundengeschäft, in: Die Bank, o. Jg. (1993), H. 9, S. 511 - 519.

Bühler, W. [1997]: Service-Versionen als Marketing-Vision für Banken, in: Visionen im Bankmanagement, Zukünftige Anforderungen an die Führung von Banken, Festschrift für Leo Schuster, hrsg. v. S. Hörter und A. Wagner, München 1997, S. 249 - 259.

Bühner, R. [1996]: Kapitalmarktorientierte Unternehmenssteuerung, Grundidee und Varianten des Shareholder Value, in: Wirtschaftswissenschaftliches Studium, 25. Jg. (1996), H. 8, S. 392 - 396.

Bühner, R./Breitkopf, D./Stahl, P. [1996]: Qualitätsorientiertes Personalcontrolling mit Kennzahlen, in: Controlling im TQM, hrsg. v. H. Wildemann, Berlin u.a. 1996, S. 139 - 170.

Buhr, R. [2000]: Messung von Betriebsrisiken – ein methodischer Ansatz, in: Die Bank, o. Jg. (2000), H. 3, S. 202 - 206.

Büschgen, H. E. [1998]: Bankbetriebslehre, Bankgeschäfte und Bankmanagement, 5. Aufl., Wiesbaden 1998.

Busse von Colbe, W. [1997]: Was ist und bedeutet Shareholder Value aus betriebswirtschaftlicher Sicht?, in: Zeitschrift für Unternehmens- und Gesellschaftsrecht, 26. Jg. (1997), H. 2, S. 271 - 290.

Buzzel, R./Gale, B. [1989]: Das PIMS-Programm, Strategien und Unternehmenserfolg, Wiesbaden 1989.

Cadotte, E. R./Woodruff, R./Jenkins, R. [1987]: Expectations and Norms in Models of Consumer Satisfaction, in: Journal of Marketing Research, 24. Jg. (1987), August, S. 305 - 314.

Chmielewicz, K. [1994]: Forschungskonzeptionen der Wirtschaftswissenschaften, 3. Aufl., Stuttgart 1994.

Christians, U. [1998]: Planung des Firmenkundengeschäfts in Kreditinstituten: Nutzung empirischer Erkenntnisse im Rahmen einer branchenorientierten strategischen Geschäftsfeldplanung, Berlin 1998.

Churchill, G. A. [1979]: A Paradigm for Developing Better Measures of Marketing Constructs, in: Journal of Marketing Research, 15. Jg. (1979), Februar, 64 - 73.

Churchill, G. A./Suprenant, C. [1982]: An Investigation into the Determinants of Customer Satisfaction, in: Journal of Marketing Research, 19. Jg. (1982), November, S. 491 - 504.

Cleland, A./Bruno, A. [1997]: Building Customer and Shareholder Value, in: Strategie&Leadership, o. Jg. (1997), Mai/Juni, S. 22 - 28.

Commerzbank AG (Hrsg.) [1999]: Geschäftsbericht 1998, Frankfurt am Main 1998.

Commerzbank AG (Hrsg.) [2001]: Geschäftsbericht 2000, Frankfurt am Main 2001.

Compton, J. [1996]: Maximizing your return on quality, in: GATFWORLD, 8. Jg. (1996), H. 4, S. 9 - 13.

Consbruch, J./Bähre, I. L. [2000]: Kreditwesengesetz, München 2000.

Copeland, T./Koller, T./Murrin, J. [1992]: Valuation: measuring and managing the value of companies, New York u.a. 1992.

Copeland, T./Koller, T./Murrin, J. [1993]: Unternehmenswert, Methoden und Strategien für eine wertorientierte Unternehmensführung, Frankfurt am Main 1993.

Corsten, H. [1986]: Zur Diskussion der Dienstleistungsbesonderheiten und ihre ökonomischen Auswirkungen, in: Jahrbuch der Absatz- und Verbrauchsforschung, 32. Jg. (1986), H. 1, S. 16 - 41.

Corsten, H. [1998]: Ansatzpunkte für ein integratives Dienstleistungsmanagement, in: Handbuch Dienstleistungsmanagement: Von der strategischen Konzeption zur praktischen Umsetzung, hrsg. v. M. Bruhn und H. Meffert, Wiesbaden 1998, S. 73 - 92.

Coyne, K. P. [1989]: Beyond Service Fads: Meaningful Strategies for the Real World, in: Sloan Management Review, 42. Jg. (1989), Sommer, S. 69 - 76.

Crasselt, N./Pellens, B./Schremper, R. [2000a]: Konvergenz wertorientierter Erfolgskennzahlen (I), in: Das Wirtschaftsstudium, 29. Jg. (2000), H. 1, S. 72 - 78.

Crasselt, N./Pellens, B./Schremper, R. [2000b]: Konvergenz wertorientierter Erfolgskennzahlen (II), in: Das Wirtschaftsstudium, 29. Jg. (2000), H. 2, S. 205 - 208.

Cronin, J. Jr./Taylor, S. A. [1992]: Measuring Service Quality: A Reexamination and Extension, in: Journal of Marketing, 56. Jg. (1992), Juli, S. 55 - 68.

Cronin, J. Jr./Taylor, S. A. [1994]: SERVPERF versus SERQUAL: Reconciling Performance-Based and Perceptions-Minus-Expecations Measurement of Service Quality, in: Journal of Marketing, 58. Jg. (1994), Januar, S. 125 - 131.

Dambmann, W. [1998]: Firmenkundengeschäft im Wandel: auf der Suche nach neuen Strukturen, in: bank und markt, 27. Jg. (1998), H. 1, S. 41 - 46.

Dambmann, W. [1999]: Strukturwandel der Märkte erfordert Strukturwandel in der Kundenbetreuung, in: Die Bank, o. Jg. (1999), H. 5, S. 300 - 304.

Dambmann, W. [2000]: Neupositionierung der Dresdner Bank im Firmenkunden-Geschäft – Schaffung einer „Industrie-Plattform", Vortrag gehalten auf der 4. Handelsblatt-Jahrestagung am 17. /18.05.2000 in Frankfurt am Main, o. S.

Danaher, P. J. [1997]: Using Conjoint Analysis to Determine the Relative Importance of Service Attributes Measured in Customer Satisfaction Surveys, in: Journal of Retailing, 73. Jg. (1997), H. 2, S. 235 - 260.

Danaher, P. J./Mattsson, J. [1994]: Customer Satisfaction during the Service Delivery Process, in: European Journal of Marketing, 28. Jg. (1994), Mai, S. 5 - 16.

Dauben, S. [2001]: Qualitätsfehlercontrolling für Dienstleistungen im Investitionsgüterbereich, Das Beispiel Technischer Kundendienst, Diss., Wiesbaden 2001.

Däumler, K.-D. [1998]: Grundlagen der Investitions- und Wirtschaftlichkeitsrechnung, 9. Aufl., Herne-Berlin 1998.

Dellmann, K. [1992]: Eine Systematisierung der Grundlagen des Controlling, in: Controlling: Grundlagen - Informationssystem - Anwendungen, hrsg. v. K. Spremann und E. Zur, Wiesbaden 1992, S. 113 - 140.

DeSarbo, W./Huff, L./Rolandelli, M. M./Choi, J. [1994]: On the Measurement of Perceived Service Quality, A Conjoint Analysis Approach, in: Service Quality, New Directions in Theory and Practice, hrsg. v. R. T. Rust und R. L. Oliver, London u.a., S. 201 - 222.

Deutsche Bank AG (Hrsg.) [1999]: Geschäftsbericht 1998, Frankfurt am Main 1999.

Deutsche Bank AG (Hrsg.) [2001]: Geschäftsbericht 2000, Frankfurt am Main 2001.

Deutsche Gesellschaft für Qualität e.V. (Hrsg.) [1993]: Begriffe zum Qualitätsmanagement, 5. Aufl., Berlin 1993.

Deutsche Gesellschaft für Qualität e.V. (Hrsg.) [1985]: Qualitätskosten, Rahmenempfehlungen zu ihrer Definition, Erfassung, Beurteilung, 5. Aufl., Berlin 1985.

Dick, A. S./Basu, K. [1994]: Customer Loyalty, Toward an Integrated Conceptual Framework, in: Journal of the Academy of Marketing Science, 22. Jg. (1994), H. 2, S. 99 - 113.

Disney, J. [1999]: Customer satisfaction and loyalty: the critical elements of service quality, in: Total Quality Management, 10. Jg. (1999), Nr. 4/5, S. 491 - 497.

Djanani, C./Schöb, O. [1997]: Grundlagen der Kosten- und Erlösrechnung, Stuttgart-Berlin-Köln 1997.

Dolff, P./Tober, D. [1993]: Konditionen im Firmenkundengeschäft, in: Handbuch Firmenkundengeschäft, Das Firmenkundengeschäft auf dem Weg ins 21. Jahrhundert, hrsg. v. K. Juncker und E. Priewasser, Frankfurt am Main 1993, S. 653 - 681.

Donlon, J. D./Weber, A. [1999]: Wertorientierte Unternehmensführung im DaimlerChrysler-Konzern, in: Controlling, 11. Jg. (1999), H. 8/9, S. 381-388.

Dresdner Bank AG (Hrsg.) [2000]: Geschäftsbericht 1999, Frankfurt am Main 2000.

Dresdner Bank AG (Hrsg.) [2001]: Geschäftsbericht 2000, Frankfurt am Main 2001.

Drewes, W. [1992]: Qualitätsmanagement in Kreditinstituten, in: Zeitschrift für Betriebswirtschaft, 62. Jg. (1992), H. 9, S. 937 - 956.

Drewes, W. [1993]: Zur Qualität muß jeder beitragen, Qualitätsmanagement, in: Bank Magazin, o. Jg. (1993), H. 9, S. 8 - 13.

Drexl, A. [1990]: Nutzungsdauerentscheidungen bei Sicherheit und Risiko, in: Zeitschrift für betriebswirtschaftliche Forschung, 42. Jg. (1990), H. 1, S. 50 - 66.

Dubs, R./Spremann, K. [1995]: Weist der Return on Equity in die falsche Richtung?, in: Schweizer Bank, o. Jg. (1995), H. 9, S. 28 - 30.

Ehrbar, A. [1999]: EVA, Economic Value Added, Der Schlüssel zur wertsteigernden Unternehmensführung, Wiesbaden 1999.

Ehresmann, H.-J. [1996]: Qualität: Erfolgsfaktor im Firmenkundengeschäft, in: bank und markt, 25. Jg. (1996), H. 2, S. 29 - 31.

Ehresmann, H.-J. [1997]: Über Kundenorientierung zum Qualitätsmanagement im Firmenkundengeschäft der Vereinsbank, Qualitätsmanagement-Report der Banken, Erfahrungsberichte und Perspektiven, hrsg. v. S. A. Duvvuri und T. Schäfer, Wiesbaden 1997, S. 115 - 129.

Eilenberger, G. [1996]: Bankbetriebswirtschaftslehre, Grundlagen, internationale Bankleistungen, Bank-Management, 6. Aufl., München u.a. 1996.

Eilenberger, G. [1997]: Betriebliche Finanzwirtschaft, München-Wien 1997.

Eklöf, J. A./Hackl, R./Westlund, A. [1999]: On measuring interactions between customer satisfaction and financial results, in: Total Quality Management, 10. Jg. (1999), Nr. 4/5, S. 514 - 522.

Ellinghorst, P. [1994]: Der Return on Investment (ROI), in: Buchführung, Bilanz und Kostenrechnung, o. Jg. (1994), H. 4, S. 189 - 198.

Engelhardt, W. H./Kleinaltenkamp, M./Reckenfelderbäumer, M. [1993]: Leistungsbündel als Absatzobjekte, Ein Ansatz zur Überwindung der Dichotomie zwischen Sach- und Dienstleistungen, in: Zeitschrift für betriebswirtschaftliche Forschung, 45. Jg. (1993), H. 5, S. 395 426.

Englert, J./Scholich, M. [1998]: Unternehmensführung auf der Basis eines umfassenden Shareholder Value-Management-Konzepts, in: Betriebs-Berater, 33. Jg. (1998), H. 13, S. 684 - 689.

Eschenbach, S. [1997]: Wenn Kunden ihrer Bank vertrauen..., Das Vertrauen zwischen Banken und ihren Geschäftskunden - empirisch untersucht, Wien 1997.

Ewert, R./Wagenhofer, A. [1997]: Interne Unternehmensrechnung, 3. Aufl., Berlin 1997.

Faßbender, H. [1995]: Strategisches Bankcontrolling vor einem neuen Durchbruch? Heutiger Stand und Weiterentwicklung, in: Handbuch Bankcontrolling, hrsg. v. H. Schierenbeck und H. Moser, Wiesbaden 1995, S. 435 - 455.

Faust, M./Richard, J. [1998]: Shareholder-Value-Ansatz: Neue Aspekte zur Privatisierung von Öffentlich-Rechtlichen?, in: Zeitschrift für das gesamte Kreditwesen, 51. Jg. (1998), H. 7, S. 321 - 326.

Fechtel, A./Stelter, S. [1997]: Umsetzung wertorientierten Managements, in: Technologie&Management, 46. Jg. (1997), H. 2, S. 30 - 33.

Feldhaus, R./Renziehausen, D. [1998]: Unternehmerische Kompetenz im Firmenkundengeschäft, in: Die Bank, o. Jg. (1998), H. 5, S. 276 - 280.

Fest, A. [1999]: Motive der Bankloyalität von Privatkunden, in: Sparkasse, 116. Jg. (1999), H. 3, S. 106 - 115.

Fickert, R. [1991]: Shareholder Value-Ansatz zur Bewertung von Strategien, in: Strategie-Controlling in Theorie und Praxis, hrsg. v. P. Weilenmann und R. Fickert, Bern-Stuttgart-Wien 1992, S. 47 - 92.

Fischer, K. [1996]: Qualitätsmanagement in Banken, in: bank und markt, 25. Jg. (1996), H. 2, S. 24 - 28.

Fischer, T. [2000]: Qualitätskosten, in: Kosten-Controlling, Neue Methoden und Inhalte, hrsg. v. T. Fischer, Stuttgart 2000, S. 557 - 589.

Fischer, T. M./Schmitz, J. [1994]: Marktorientierte Kosten- und Qualitätsziele gleichzeitig erreichen, in: io Management Zeitschrift, 63. Jg. (1994), H. 10, S. 63 - 68.

Fischer, T. M./Schmitz, J. [1996]: Qualitätscontrolling, in: Die Betriebswirtschaft, 56. Jg. (1996), H. 6, S. 809 - 825.

Flesch, J. R./Gerdsmeier, S. [1998]: Entwicklungslinien im Bank-Controlling, in: Die Bank, o. Jg. (1998), H. 5, S. 294 - 301.

Folkes, V. S. [1994]: How Consumers Predict Service Quality, What do they expect?, in: Service quality: new directions in theory and practice, hrsg. v. R. T. Rust und R. L. Oliver, London u.a. 1994, S. 108 - 122.

Folmeg, U. [1996]: Qualitätscontrolling, Wirtschaftlich orientierte Qualitätskosten- und -leistungsrechnung ist die Basis für ein effizientes Qualitätscontrolling, in: Qualität und Zuverlässigkeit, 41. Jg. (1996), H. 6, S. 669 - 673.

Fornell, C./Wernerfelt, B. [1987]: Defensive Marketing Strategy by Customer Complaint: A Theoretical Analysis, in: Journal of Marketing Research, 24. Jg. (1987), H. 4, S. 337 - 346.

Franke, G. [2000]: Gefahren kurzsichtigen Risikomanagements durch Value-at-Risk, in: Handbuch Risikomanagement, hrsg. v. L. Johanning und B. Rudolph, Bad Soden 2000, S. 53 - 83.

Friedl, B. [1998]: Leistungscontrolling von Dienstleistungs-Anbietern, in: Handbuch Dienstleistungs-Marketing, hrsg. v. A. Meyer, Stuttgart 1998, S. 466 - 482.

Fröhling, O. [1993]: Zur Ermittlung von Folgekosten aufgrund von Qualitätsmängeln, in: Zeitschrift für Betriebswirtschaft, 63. Jg. (1993), H. 6, S. 543 - 568.

Gale, B. [1994]: Customer satisfaction - relative to competitors - is where it's at. (Strong evidence that superior quality drives the bottom line and shareholder value), in: Marketing and Research Today, o. Jg. (1994), Februar, S. 39 - 53.

Garvin, D. A. [1983]: Quality on the line, in: Harvard Business Review, 61. Jg. (1983), H. 9, S. 65 - 75.

Garvin, D. A. [1984]: What does "Product Quality" really mean?, in: Sloan Management Review, 25. Jg. (1984), Herbst, S. 25 - 44.

Geiger, W. [1996]: Qualität, Eine Begriffsentwicklung seit mehr als 2000 Jahren, in: Qualität und Zuverlässigkeit, 41. Jg. (1996), H. 10, S. 1142 - 1148.

Georgieff, A. [2000]: Erfahrungsbericht einer Investment Bank im Firmenkundengeschäft, Vortrag gehalten auf der 4. Handelsblatt-Jahrestagung am 17. /18.05.2000 in Frankfurt am Main, o. S.

Gerke, W./Pfeuer-Kinnel, G. [1997]: Kosten und Rentabilität des Privatgiroverkehrs, Stuttgart 1997.

Gerpott, T. J. [2000]: Kundenbindung – Konzepteinordnung und Bestandsaufnahme der neueren empirischen Forschung, in: Die Unternehmung, 54. Jg. (2000), H. 1, S. 23 - 41.

Gierl, H. [1999a]: Das Vertrauen der Kunden gewinnen, in: Die Bank, o. Jg. (1999), H. 6, S. 388 - 391.

Gierl, H. [1999b]: Vertrauen im Beratungsgeschäft, in: Jahrbuch der Absatz- und Verbrauchsforschung, 45. Jg. (1999), H. 2, S. 195 - 213.

Gomez, P. [1993]: Wertmanagement, Vernetzte Strategien für Unternehmen im Wandel, Düsseldorf u.a. 1993.

Gotlieb, J. B./Grewal, D./Brown, S. W. [1994]: Consumer Satisfaction and Perceived Quality: Complementary or Divergent Constructs?, in: Journal of Applied Psychology, 79. Jg. (1994), H. 6, S. 875 - 885.

Grebe, M. [1998]: Das elektronische Firmenkundengeschäft der Kreditinstitute mit dem industriellen Mittelstand, Ein strategisches Marketing-Konzept für die Bankpraxis, Diss., Heidelberg 1998.

Gremler, D. D./Brown, S. W. [1999]: The loyalty ripple effect, Appreciating the full value of customers, in: International Journal of Service Industry Management, 10. Jg. (1999), Nr. 3, S. 271 - 291.

Groß, H./Knippschild, M. [1995]: Risikocontrolling in der Deutsche Bank AG, in: Risikomanagement in Kreditinstituten, Beträge zum Münsteraner Top-Management-Seminar, hrsg. v. B. Rolfes, H. Schierenbeck und S. Schüller, Frankfurt am Main 1995, S. 69 - 109.

Groß-Engelmann, M. [1999]: Kundenzufriedenheit als psychologisches Konstrukt, Diss., Lohmar-Köln 1999.

Groß-Engelmann, M./Wiswede, G. [1999]: Attribution und Kundenverhalten, Perspektiven und aktuelle Anwendungsfelder einer einflussreichen Theorie, in: Jahrbuch der Absatz- und Verbrauchsforschung, 45. Jg. (1999), H. 2, S. 168 - 193.

Gummesson, E. [1998]: Productivity, Quality and Relationship Marketing in Service Operations, in: Handbuch Dienstleistungsmanagement: Von der strategischen Konzeption zur praktischen Umsetzung, hrsg. v. M. Bruhn und H. Meffert, Wiesbaden 1998, S. 843 - 864.

Günther, T. [1994]: Zur Notwendigkeit des Wertsteigerungsmanagements, in: Wertsteigerungs-Management: das Shareholder Value-Konzept: Methoden und erfolgreiche Beispiele, hrsg. v. K. Höfner und A. Pohl, Frankfurt-New York, S. 13 - 58.

Günther, T./Landrock, B./Muche, T. [2000a]: Gewinn- versus unternehmenswertbasierte Performancemaße, Teil I: Grundlagen und Design der Studie, in: Controlling, 12. Jg. (2000), H. 2, S. 69 - 76.

Günther, T./ Landrock, B./Muche, T. [2000b]: Gewinn- versus unternehmenswertbasierte Performancemaße, Teil II: Datenaufbereitung, Ergebnisse und Schlussfolgerungen, in: Controlling, 12. Jg. (2000), H. 3, S. 129 - 134.

Gupta, J. C./Haacke, U. v./Hannen, C./Lücke, O./Müller, M./Zenz, A.[1995]: Qualitätscontrolling, Ergebnisse einer Umfrage bei ausgewählten Unternehmen, in: ZG Zertifizierung, o. Jg. (1995), November, S. 78 - 84.

Haas, R./Keller, G. [1999]: Wege zu einer wertorientierten Institutssteuerung, in: Betriebswirtschaftliche Blätter, 48. Jg. (1999), H. 10, S. 484 - 488.

Habermayer, W. [1997]: Das Shareholder-Value-Prinzip zur Unternehmenssteuerung, in: Österreichisches Bankarchiv, 45. Jg. (1997), H. 7, S. 497 - 498.

Haberstock, L. [1982]: Grundzüge der Kosten- und Erfolgsrechnung, 3. Aufl., München 1982.

Hachmeister, D. [1997]: Der Cash Flow Return on Investment als Erfolgsgröße einer wertorientierten Unternehmensführung, in: Zeitschrift für betriebswirtschaftliche Forschung, 49. Jg. (1997), H. 6, S. 556 - 579.

Hachmeister, D. [1998]: Der Discounted Cash Flow als Maß der Unternehmenswertsteigerung, Diss., 2. Aufl., Frankfurt am Main 1998.

Hahn, D. [1991]: Strategische Führung und Strategisches Controlling, in: Controlling: Selbstverständnis - Instrumente - Perspektiven, hrsg. v. H. Albach und J. Weber, Wiesbaden 1991, S. 121 - 146.

Haller, S. [1993]: Methoden zur Beurteilung von Dienstleistungsqualität, Überblick zum State of the Art, in: Zeitschrift für betriebswirtschaftliche Forschung, 45. Jg. (1993), H. 1, S. 19 - 40.

Haller, S. [1998]: Beurteilung von Dienstleistungsqualität, Dynamische Betrachtung des Qualitätsurteils im Weiterbildungsbereich, Diss., 2. Aufl., Wiesbaden 1998.

Hamer, E. [1990]: Mittelständische Unternehmen, Gründung, Führung, Chancen, Risiken, Landsberg am Lech 1990.

Hannen, C. [1996]: Informationssystem zur Unterstützung des prozeßorientierten Qualitätscontrolling, Diss., Krefeld 1996.

Hannen, C./Schupp, F. [1996]: Einführung eines Qualitätscontrolling-Informationssystems in einem Unternehmen der Textilindustrie, in: krp - Kostenrechnungspraxis, 40. Jg. (1996), H. 6, S. 347 - 355.

Hansen, U./Emmerich, A. [1998]: Sind zufriedene Kunden wirklich zufrieden?, Eine Differenzierung des Kundenzufriedenheitskonstruktes auf der Grundlage organisationspsychologischer Erkenntnisse, in: Jahrbuch der Absatz- und Verbrauchsforschung, 44. Jg. (1998), H. 3, S. 220 - 238.

Hartmann-Wendels, T. [1987]: Rentabilität, in: Das Wirtschaftsstudium, 16. Jg. (1987), H. 5, S. 240.

Heitmüller, H.-M. [1998]: Die Effizienz des Sparkassenbetriebs – Reorganisation mit Mehrwert für den Kunden, in: bank und markt, 27. Jg. (1998), H. 1, S. 37 - 40.

Hennig-Thurau, T. [1999]: Beschwerdezufriedenheit: Empirische Analyse der Wirkungen und Determinanten einer Schlüsselgröße des Beziehungsmarketing, in: Jahrbuch der Absatz- und Verbrauchsforschung, 45. Jg. (1999), H. 2, S. 214 - 240.

Hennig-Thurau, T./Klee, A. [1997]: The Impact of Customer Satisfaction and Relationship Quality on Customer Retention, A Critical Reassessment and Model Development, in: Psychology and Marketing, 14. Jg. (1997), H. 8, S. 737 - 764.

Hensche, C. [1996]: Ansprüche an die Bank, in: Die Bank, o. Jg. (1996), H. 6, S. 368 - 372.

Henselmann, K. [1999]: Unternehmensrechnungen und Unternehmenswert, Ein situativer Ansatz, Aachen 1999.

Henselmann, K. [2000]: Der Restwert in der Unternehmensbewertung - eine "Kleinigkeit"?, in: Finanz Betrieb, 2. Jg. (2000), H. 3, S. 151 - 157.

Hentschel, B. [1992]: Dienstleistungsqualität aus Kundensicht, Vom merkmals- zum ereignisorientierten Ansatz, Diss., Wiesbaden 1992.

Herbeck, T./Krammer, C./Sinn, W. [2001]: Maximierung der Aktienrendite durch wertorientierte Gesamtbanksteuerung, in: Die Bank, o. Jg. (2001), H. 2, S. 128 - 132.

Herrmann, A./Huber, F./Brannstein, C. [2000]: Kundenzufriedenheit garantiert nicht immer mehr Gewinn, in: Harvard Business Manager, 12. Jg. (2000), H. 1, S. 45 - 55.

Herrmann, A./Seilheimer, C. [2000]: Erklärungsansätze zur Dynamik des Vergleichsmaßstabs im Rahmen des Lücken-Modells der Kundenzufriedenheit, in: Wirtschaftswissenschaftliches Studium, 29. Jg. (2000), S. 14 - 20.

Herrmann, A./Vetter, I. [1999]: Finanzdienstleistungen - die Präferenzen der Kunden, in: Die Bank, o. Jg. (1999), H. 5, S. 336 - 340.

Herrmann, J. [1997]: Qualitätsmanagement ist Management, Ein wichtiger Grundbegriff ist noch nicht einwandfrei geklärt, in: Qualität und Zuverlässigkeit, 42. Jg. (1997), H. 11, S. 1214 - 1216.

Herrmann, J./Kostka, C. [1998]: Entwicklung des Fachgebietes Qualitätswissenschaft, in: Zeitschrift für wirtschaftlichen Fabrikbetrieb, 93. Jg. (1998), H. 10, S. 524 - 527.

Herter, R. N. [1994]: Unternehmenswertorientiertes Management, München 1994.

Heydebreck, T. v. [1999]: Deutsche Bank 24: Aufbruch in eine neue Bankenwelt, in: Die Bank, o. Jg. (1999), H. 7, S. 444 - 446.

Hildebrandt, L./Buzzell, R. [1998]: Ein Kausalmodell zu den Bestimmungsgründen der Profitabilität, in: Die Kausalanalyse, Instrument der empirischen betriebswirtschaftlichen Forschung, hrsg. v. L. Hildebrandt und C. Homburg, Stuttgart 1998, S. 209 - 235.

Hille, C. T./Burmeister, C./Otto, M. [2000]: Modelle zur risikoadjustierten Kapitalallokation, in: Die Bank, o. Jg. (2000), H. 3, S. 190 - 195.

Hoffmann, W. H./Wüest, G. [1998]: Die Shareholder Value Analyse als Controlling-Instrument, Verfahrensvergleich und Anwendungsfelder, in: krp - Kostenrechnungspraxis, 42. Jg. (1998), H. 4, S. 187 - 195.

Höhmann, K. [1998]: Shareholder-Value von Banken, Diss. Wiesbaden 1998.

Homburg, C./Hildebrandt, L. [1998]: Die Kausalanalyse: Bestandsaufnahme, Entwicklungsrichtungen, Problemfelder, in: Die Kausalanalyse, Instrument der empirischen betriebswirtschaftlichen Forschung, hrsg. v. L. Hildebrandt und C. Homburg, Stuttgart 1998, S. 15 - 43.

Homburg, C./Rudolph, B. [1998]: Theoretische Perspektiven zur Kundenzufriedenheit, in: Kundenzufriedenheit: Konzepte - Methoden - Erfahrungen, hrsg. v. H. Simon und C. Homburg, 3. Aufl., Wiesbaden 1998, S. 33 - 55.

Homburg, C./Rudolph, B./Werner, H. [1998]: Messung und Management von Kundenzufriedenheit in Industriegüterunternehmen, in: Kundenzufriedenheit, Konzepte – Methoden – Erfahrungen, hrsg. v. H. Simon und C. Homburg, 3. Aufl., Wiesbaden 1998, S. 321 - 347.

Homburg, C./Werner, H. [1996]: Ein Meßsystem für Kundenzufriedenheit, in: absatzwirtschaft, 39. Jg. (1996), H. 11, S. 92 - 100.

Homburg, C./Werner, H. [1998]: Messung und Management von Kundenzufriedenheit, in: Marktforschung & Management, 42. Jg. (1998), H. 4, S. 131 - 135.

Höper, J. [2000]: Das Internet als Beratungsmedium - Stärken und Schwächen, in: Die Bank, o. Jg. (2000), H. 6, S. 396 - 400.

Horstmann, R. [1998a]: Führt Kundenzufriedenheit zur Kundenbindung?, in: absatzwirtschaft, 41. Jg. (1998), H. 9, S. 90 - 98.

Horstmann, R. [1998b]: Führt Kundenzufriedenheit automatisch zu Kundenbindung?, Ergebnisse einer empirischen Studie aus den USA, in: io Management, 67. Jg. (1998), H. 10, S. 20 - 23.

Hörter, S. [1996]: Das Shareholder-Value-Konzept: ein Steuerungsinstrumentarium für Banken?, in: Zeitschrift für das gesamte Kreditwesen, 49. Jg. (1996), H. 4, S. 146 - 148.

Hörter, S. [1998]: Shareholder Value-orientiertes Bank-Controlling, Diss., Berlin-Sternenfels 1998.

Hörter, S. [2000]: Shareholder Value: Changing the Face of the European Financial Industry, in: Shareholder Value Management in Banks, hrsg. v. L. Schuster, London 2000, S. 13 - 35.

Horváth, P. [1994]: Controlling, 5. Aufl., München 1994.

Horváth, P./Stark, H. [1982]: Controlling für das Marketingmanagement, in: Marketing ZFP, 4. Jg. (1982), H. 3, S. 183 - 194.

Horváth, P./Urban, G. [1990]: Qualitätscontrolling, Stuttgart 1990.

Hosterbach, E. [1989]: Rentabilität und Rendite – ein- und mehrperiodig gerechnet –, in: Zeitschrift für betriebswirtschaftliche Forschung, 41. Jg. (1989), H. 10, S. 871 - 882.

Hostettler, S. [1997]: Economic Value Added (EVA), Darstellung und Anwendung auf Schweizer Aktiengesellschaften, Diss., 2. Aufl., Bern-Stuttgart-Wien 1997.

Huch, B./Schimmelpfeng, K. [1994]: Controlling: Konzepte, Aufgaben und Instrumente, in: Informationssysteme für das Controlling, hrsg. v. J. Biethahn und B. Huch, Berlin u.a. 1994, S. 1 - 24.

Hühn, M. [2000]: Der Kunde als Consultant, in: Die Bank, o. Jg. (2000), H. 8, S. 532 - 535.

Hummel, D./Brüning, M. [2001]: Corporate Finance als europäische Option im mittelstandsorientierten Bankgeschäft, in: Handbuch Europäischer Kapitalmarkt, hrsg. v. D. Hummel und R.-E. Breuer, Wiesbaden 2001, S. 333 - 351.

Hüttinger, S. [1995]: Total Quality Management bei Kreditinstituten, Probleme, Konzepte, empirische Ergebnisse, Diss., München 1995.

HypoVereinsbank AG (Hrsg.) [1999]: Geschäftsbericht 1998, München 1999.

HypoVereinsbank AG (Hrsg.) [2000]: Geschäftsbericht 1999, München 2000.

HypoVereinsbank AG (Hrsg.) [2001]: Geschäftsbericht 2000, München 2001.

Jacob, A. [1996]: Corporate Banking, Selbsterstellung von Finanzdienstleistungen durch Nichtbankenunternehmen, Diss., Wiesbaden 1996.

Jacob, A.-F. [1990]: Kosten- und Erlösstrukturen im Zahlungsverkehr des Privatkundengeschäfts, Eine theoretische Studie auf empirischer Basis, Stuttgart 1990.

Jeker, R. A. [1993]: Servicequalität - eine Strategie, die sich bezahlt macht, in: Handbuch Firmenkundengeschäft, Das Firmenkundengeschäft auf dem Weg ins 21. Jahrhundert, hrsg. v. K. Juncker und E. Priewasser, Frankfurt am Main 1993, S. 401 - 411.

Jendruschewitz, B. [1997]: Value at Risk, Ein Ansatz zum Management von Marktrisiken in Banken, Frankfurt am Main 1997.

Johanning, L. [1998]: Value-at-Risk zur Marktrisikosteuerung und Eigenkapitalallokation, Diss., Bad Soden 1998.

Jones, T. O./Sasser, W. E. Jr. [1996]: Why Satisfied Customers Defect, in: The quest for loyalty: creating value through partnership, hrsg. v. F. F. Reichheld, Boston 1996, S. 143 - 165.

Kaas, K. P./Runow, H. [1987]: Wie befriedigend sind die Ergebnisse der Forschung zur Verbraucherzufriedenheit?, in: Verbraucherzufriedenheit und Beschwerdeverhalten, hrsg. v. U. Hansen und I. Schoenheit, Frankfurt am Main-New York 1987, S. 79 - 98.

Kailich, N. [1990]: Qualität der Bankberatung im Firmenkundengeschäft, theoretische Analyse der Beratungsqualität und empirische Untersuchung ihrer Beurteilung durch mittelständische Unternehmen, Diss., Bergisch Gladbach u.a. 1990.

Kamiske, G. [1994]: Die hohe Schule des Total-Quality-Management, Berlin u.a. 1994.

Kandaouroff, A. [1994]: Qualitätskosten, Eine theoretisch-empirische Analyse, in: Zeitschrift für Betriebswirtschaft, 64. Jg. (1994), H. 6, S. 765 - 786.

Kastner, K.-H./Bohnenkamp, P. [1993]: Mit Controlling zum Markterfolg, Relative Prozesskostenrechnung, in: Bank Magazin, o. Jg. (1993), H. 6, S. 8 - 12.

Kaufmann, M./Dröse, G. [2000]: Operational Risk Management: Risikotransfer durch Versicherung, in: Die Bank, o. Jg. (2000), H. 11, S. 788 - 791.

Kayser, G. [1999]: Der deutsche Mittelstand und seine Bedeutung in Euroland, in: Zeitschrift für das gesamte Kreditwesen, 52. Jg. (1999), H. 1, S. 39 - 40.

Keiningham, T./Zahorik, A. J./Rust, R. T. [1994]: Getting Return on Quality, in: Journal of Retail Banking, 16. Jg. (1994), Nr. 4, S. 7 - 12.

Keltner, B./Wagner, K./Mason, G. [1999]: Gewinn durch Segmentierung - ein deutsch-amerikanischer Vergleich, in: Die Bank, o. Jg. (1999), H. 11, S. 765 - 769.

Kennedy, C. [1999]: Shareholder Value in europäischen Banken, in: Die Bank, o. Jg. (1999), H. 4, S. 224 - 227.

Kern, H. [1998]: Relationship Management als Betreuungsansatz für multinationale Unternehmen, in: Die Bank, o. Jg. (1998), H. 11, S. 666 670.

Kirsten, D. W. [1995]: Value-Based-Management - Schlüssel zum strategischen Erfolg, in: Die Bank, o. Jg. (1995), H. 11, S. 672 - 675.

Kleinaltenkamp, M. [1998]: Begriffsabgrenzungen und Erscheinungsformen von Dienstleistungen, in: Handbuch Dienstleistungsmanagement: Von der strategischen Konzeption zur praktischen Umsetzung, hrsg. v. M. Bruhn und H. Meffert, Wiesbaden 1998, S. 29 - 52.

Klingebiel, N. [1997]: Controlling- und Leistungsverständnis innerhalb neuer Managementmethoden, in: Deutsches Steuerrecht, 36. Jg. (1997), H. 41, S. 1619 - 1624.

Kloock, J./Coenen, M. [1996]: Cash-Flow-Return on Investment als Rentabilitätskennzahl aus externer Sicht, in: Das Wirtschaftsstudium, 25. Jg. (1996), H. 12, S. 1101 - 1107.

Knorren, N./Weber, J. [1997]: Shareholder-Value - Eine Controlling-Perspektive -, in: Advanced Controlling, hrsg. v. RWE-Stiftungslehrstuhl der WHU, Koblenz Vallendar 1997.

Kommer, G. [1993]: Total Quality Management in Banken, in: Die Bank, o. Jg. (1993), H. 3, S. 140 - 143.

Kordupleski, R. E./Rust, R./Zahorik, A. [1993]: Why Improving Quality/Doesn't Improve Quality (Or Whatever Happened To Marketing?), in: California Management Review, 35. Jg. (1993), Frühjahr, S. 82 - 95.

Kosiol, E. [1978]: Wirtschaftlichkeit und Rentabilität (I), in: krp - Kostenrechnungspraxis, 22. Jg. (1978), H. 6, S. 287 - 291.

Kövesi-Gräfinger, E./Schmoll, A. [1998]: Wettbewerbsfaktor interne Servicequalität, in: Die Bank, o. Jg. (1998), H. 3, S. 132 - 136.

Krafczyk, M. [1998]: Qualitätsmanagement der Banken und Sparkassen, Eine empirische Untersuchung, Nr. 108 der Diskussionsbeiträge der Katholischen Universität Eichstätt, Wirtschaftswissenschaftlichen Fakultät Ingolstadt, Ingolstadt 1998.

Krafczyk, M. [1999]: Handlungsbedarf in Sachen Qualität, in: Betriebswirtschaftliche Blätter, 48. Jg. (1999), H. 7, S. 323 - 326.

Krafczyk, M. [2000]: Shareholder Value-Orientated Quality Management in Banks, in: Shareholder Value Management in Banks, hrsg. v. L. Schuster, London 2000, S. 55 - 81.

Krauss, M. [1996]: Computerunterstütztes Qualitätscontrolling (CQC) - Entwurf eines Vorgehenskonzeptes zur Implementierung von CQC-Systemen, Diss., Bamberg 1996.

Kristensen, K./Martensen, A./Gronholdt, L. [1999]: Measuring the impact of buying behaviour on customer satisfaction, in: Total Quality Management, 10. Jg. (1999), Nr. 4/5, S. 602 - 614.

Kroeber-Riel, W./Weinberg, P. [1999]: Konsumentenverhalten, 7. Aufl., München 1999.

Krüger, S. [1997]: Profitabilitätsorientierte Kundenbindung durch Zufriedenheitsmanagement, Kundenzufriedenheit und Kundenwert als Steuerungsgröße für die Kundenbindung in marktorientierten Dienstleistungsunternehmen, Diss., München 1997.

Krumnow, J. [1993]: Controlling - die Geschäftsbereichsrechnung als Steuerungsinstrument, in: Handbuch Firmenkundengeschäft, Das Firmenkundengeschäft auf dem Weg ins 21. Jahrhundert, hrsg. v. K. Juncker, und E. Priewasser, Frankfurt am Main, 1993, S. 132 - 145.

Kruschwitz, L. [1995]: Investitionsrechnung, 6. Aufl., Berlin-New York 1995.

Kruschwitz, L. [2001]: Die Steuer spielt bei der Investitionsrechnung eine wichtige Rolle, in: Frankfurter Allgemeine Zeitung, Nr. 84 vom 30.04.01, S. 30.

Küpper, H.-U. [1991]: Gegenstand, theoretische Fundierung und Instrumente des Investitions-Controlling, in: Controlling: Selbstverständnis - Instrumente - Perspektiven, hrsg. v. H. Albach und J. Weber, Wiesbaden 1991, S. 167 - 191.

Küpper, H.-U. [1995]: Controlling, Konzeption, Aufgaben und Instrumente, Stuttgart 1995.

Küpper, H.-U. [1997]: Controlling, Konzeption, Aufgaben und Instrumente, 2. Aufl., Stuttgart 1997.

Küpper, H.-U. [1998]: Erfolgs- und finanzwirtschaftliches Controlling, in: Handbuch Dienstleistungs-Marketing, hrsg. v. A. Meyer, Stuttgart 1998, S. 376 - 393.

Küpper, H.-U./Weber, J./Zünd, A. [1990]: Zum Verständnis und Selbstverständnis des Controlling, Thesen zur Konsensbildung, in: Zeitschrift für Betriebswirtschaft, 60. Jg. (1990), H. 3, S. 281 - 293.

LaBarbera, P. A./Mazursky, D. [1983]: A Longitudinal Assessment of Consumer Satisfaction/Dissatisfaction: The Dynamic Aspect of the Cognitive Process, in: Journal of Marketing Research, 20. Jg. (1983), November, S. 393 - 404.

Lamberti, H.-J./Volland, T. [2000]: Entwicklung einer E-Commerce-Strategie am Beispiel einer Großbank, in: Die Bank, o. Jg. (2000), H. 7, S. 444 - 449.

Lammerskitten, M./Langenbach, W./Wertz, B. [1997]: Operationalisierungsprobleme des Shareholder Value-Ansatzes, in: Zeitschrift für Planung, 8. Jg. (1997), H. 8, S. 221 - 242.

Lauer, P. [1965]: Leistungskoppelung im Bankbetrieb, Diss., Hamburg 1965.

Lehar, A./Welt, F./Wiesmayr, C./Zechner, J. [1998a]: Risikoadjustierte Performancemessung in Banken, Konzepte zur Risiko-Ertragssteuerung (Teil 1), in: Österreichisches Bankarchiv, 46. Jg., (1998), H. 11, S. 857 - 862.

Lehar, A./Welt, F./Wiesmayr, C./Zechner, J. [1998b]: Risikoadjustierte Performancemessung in Banken, Konzepte zur Risiko-Ertragssteuerung (Teil 2), in: Österreichisches Bankarchiv, 46. Jg. (1998), H. 12, S. 949 - 955.

Lehmann, F.-O. [1992]: Zur Entwicklung eines koordinationsorientierten Controlling-Paradigmas, in: Zeitschrift für betriebswirtschaftliche Forschung, 44. Jg. (1992), H. 1, S. 45 - 61.

Lewis, T. G. [1994]: Steigerung des Unternehmenswertes, Total-Value-Management, Landsberg am Lech 1994.

Lewis, T. G./Lehmann, S. [1992]: Überlegene Investitionsentscheidung durch CFROI, Betriebliche Forschung und Praxis, 44. Jg. (1992), H. 1, 1 - 13.

Licata, J. W./Weber, J. M./Reed, P. F. [1998]: Satisfaction Surveys: Staying on the right side of the tracking, in: Bank Marketing, 30. Jg. (1998), H. 12, S. 26 - 31.

Liljander, V./Strandvik, T. [1995]: The nature of customer relationships in services, in: Advances in Services Marketing and Management, Bd. 4, hrsg. v. T. A. Swartz, D. E. Bowen und S. W. Brown, Greenwich 1995, S. 141 - 167.

Lingenfelder, M./Schneider, W. [1991]: Die Kundenzufriedenheit, Bedeutung, Meßkonzept und empirische Befunde, in: Marketing ZFP, 13. Jg. (1991), H. 2, S. 109-119.

Lister, M. [1997]: Risikoadjustierte Ergebnismessung und Risikokapitalallokation, Diss., Frankfurt am Main 1997.

Lohmann, F. [1997]: Loyalität von Bankkunden, Bestimmungsgrößen und Gestaltungsmöglichkeiten, Diss., Wiesbaden 1997.

Lohneiß, H. [2000]: Zukunftskonzepte für einen industrienahen Dienstleister im Finanzmarkt, in: Die Bank, o. Jg. (2000), H. 4, S. 230 - 234.

Lücke, W. [1955]: Investitionsrechnungen auf der Grundlage von Ausgaben oder Kosten?, in: Zeitschrift für betriebswirtschaftliche Forschung, 7. Jg. (1955), H. 7, S. 310 - 324.

Ludwig, W. F. [1993]: Die Bank als Partner des Mittelstands, in: Handbuch Firmenkundengeschäft, Das Firmenkundengeschäft auf dem Weg ins 21. Jahrhundert, hrsg. v. K. Juncker und E. Priewasser, Frankfurt am Main 1993, S. 17 - 31.

Maier, R. [1998]: Finanz-Dienstleistungen im Privatkundengeschäft: Dynamik im Markt und Marketing, in: Handbuch Dienstleistungs-Marketing, hrsg. v. A. Meyer, Stuttgart 1998, S. 1667 - 1685.

Maleri, R. [1997]: Grundlagen der Dienstleistungsproduktion, 4. Aufl., Berlin u.a. 1997.

Männel, W./Schmidt, R. [1988]: Controlling-Konzeption, in: Controlling, 1. Jg. (1988), H. 1, S. 39 - 41.

Mano, H./Oliver, R. [1993]: Assessing the Dimensionality and Structure of the Consumption Experience: Evaluation, Feeling, and Satisfaction, in: Journal of Consumer Research, 20. Jg. (1993), Dezember, S. 451 - 466.

Matzler, K. [1997]: Kundenzufriedenheit und Involvement, Diss., Wiesbaden 1997.

Matzler, K./Hinterhuber, H. H./Handlbauer, G. [1997a]: Erfolgspotential Kundenzufriedenheit (I), Das Wirtschaftsstudium, 26. Jg. (1997), H. 7, S. 645 - 651.

Matzler, K./Hinterhuber, H. H./Handlbauer, G. [1997b]: Erfolgspotential Kundenzufriedenheit (II), in: Das Wirtschaftsstudium, 26. Jg. (1997), H. 8/9, S. 733 - 739.

McCrory, F. V./Gerstberger, P. G. [1992]: The New Math of Performance Measurement, in: The Journal of Business Strategy, 13. Jg. (1992), März/April, S. 33 - 38.

Meyer, A./Blümelhuber, C./Pfeiffer, M. [2000]: Der Kunde als Co-Produzent und Co-Designer – oder: die Bedeutung der Kundenintegration für die Qualitätspolitik von Dienstleistungsanbietern, in: Dienstleistungsqualität: Konzepte – Methoden – Erfahrungen, hrsg. v. M. Bruhn und B. Stauss, 3. Aufl., Wiesbaden 2000, S. 49 - 70.

Meyer, A./Dornach, F. [1998]: Kundenorientierung – was die anderen besser machen, Vom Erfolgsfaktor zum strategischen Wettbewerbsvorteil, Das deutsche Kundenbarometer, in: Frankfurter Allgemeine Zeitung, Nr. 254 vom 02.11.1998, S. 35.

Meyer, A./Hüttinger, S. [1996]: Möglichkeiten und Grenzen der Implementierung eines Total Quality Managements in Kreditinstituten, Konzeptionelle Vorschläge und empirische Analyse, Jahrbuch der Absatz- und Verbrauchsforschung, 42. Jg. (1996), H. 3, S. 216 - 238.

Meyer, A./Mattmüller, R. [1987]: Qualität von Dienstleistungen, Entwurf eines praxisorientierten Qualitätsmodells, in: Marketing ZFP, 9. Jg. (1987), H. 3, S. 187 - 195.

Mintzberg, H. [1990]: Strategy Formation, Schools of Thought, in: Perspectives on Strategic Management, hrsg. v. J. W. Fredrickson, New York u.a. 1990, S. 105 - 235.

Mittal, B./Lassar, W.M. [1998]: Why do customers switch? The dynamics of satisfaction versus loyalty, in: The Journal of Services Marketing, 12. Jg. (1998), H. 3, S. 177 - 194.

Mittal, B./Ross, W. T. Jr./Baldasare, P. M. [1998]: The Asymmetric Impact of Negative and Positive Attribute-Level Performance on Overall Satisfaction and Repurchase Intentions, in: Journal of Marketing, 62. Jg. (1998), Januar, S. 33 - 47.

Möbus, M. [1998]: Kundenzufriedenheit als Marketingziel deutscher Bausparkassen, Eine kritische Analyse unter besonderer Berücksichtigung von Kundenclubkonzepten, Diss., München 1998.

Mollenhauer, M./Ring, T. [1990]: Management der Hochleistungsorganisation, Total Quality Management – das organisierte Bewußtsein, Wiesbaden 1990, S. 119 - 128.

Müller, H. [2000]: Managing Shareholder Value, Ein Praxisbeispiel zur Umsetzung, in: Controlling, 12. Jg. (2000), H. 7, S. 347 - 353.

Müller, W. [1997]: Firmenkunden erwarten umfassende Betreuung. Ausgangssituation, Anforderungen, Probleme und Lösungsansätze zur Kompetenzentwicklung von Firmenkundenbetreuern, in: Kundenbetreuung im Banken- und Finanzwesen, Praxisbeiträge zur Kompetenzentwicklung, hrsg. v. V. Heyse, Münster u.a. 1997, S. 259 - 277.

Müller, W. [1998a]: Zufriedenheit von Firmenkunden: Die Servicequalität entscheidet, in: bank und markt, 27. Jg. (1998), H. 2, S. 26 - 30.

Müller, W. [1998b]: Gerechtigkeitstheoretische Grundlagen der Kundenzufriedenheit, in: Jahrbuch der Absatz- und Verbrauchsforschung, 44. Jg. (1998), H. 3, S. 239 - 266.

Nader, G. [1993]: Die Qualität von Bankdienstleistungen, in: Österreichisches Bankarchiv, 41. Jg. (1993), H. 6, S. 454 - 463.

Nader, G. [1995]: Zufriedenheit mit Finanzdienstleistungen, Erfolgswirksamkeit, Messung und Modellierung, Diss., Wien 1995.

Nader, G./Johnson, M. /Bühler, W. [1996]: Kundenzufriedenheit und Unternehmenserfolg, Eine kausalanalytische Betrachtung am Beispiel des Privatkreditgeschäfts von Universalbanken, Österreichisches Bankarchiv, 44. Jg. (1996), H. 9, S. 702 - 710.

Nelson, E. C./Rust, R. T./Zahorik, A./Rose, R./Batalden, P./Siemanski, B. A. [1992]: Do Patient Perceptions of Quality Relate to Hospital Financial Performance?, in: Journal of Health Care Marketing, 13. Jg. (1992), Dezember, S. 6 - 13.

Neubürger, M./Brockmann, M. [2000]: Der Value at Risk-Ansatz für Immobilienprojekte, in: Die Bank, o. Jg. (2000), H. 7, S. 480 - 483.

Nicolai, M. [1998]: Optimale Prozeßqualität industrieller Dienstleistungen, Marketing komplexer Investitionsgüter unter Berücksichtigung des „Return on Quality" (ROQ)-Ansatzes, Diss., München 1998.

O.V. [1995]: Kundenzufriedenheitsbefragung 1995, unveröffentlichter Abschlussbericht des Lehrstuhls für Marketing der Wirtschaftswissenschaftlichen Fakultät Ingolstadt der Katholischen Universität Eichstätt, Ingolstadt 1995.

O.V. [1997]: Zwischen Zaudern und Zocken, in: Finanztest, o. Jg. (1997), H. 12, S. 14.

O.V. [1998]: Beratungsleistungen von Banken oft mangelhaft, in: Frankfurter Allgemeine Zeitung, Nr. 6 vom 08.01.1998, S. 17.

O.V. [1999]: Wem gehört der Mittelstand? – „Allen ein bisschen", in: Zeitschrift für das gesamte Kreditwesen, 52. Jg. (1999), H. 1, S. 10 - 11.

O.V. [2000]: Finanzdienstleister sind nicht kundenorientiert, in: Frankfurter Allgemeine Zeitung, Nr. 101 vom 02.05.2000, S. 29.

O.V. [2001a]: Online-Kreditvergabe kann Kosten deutlich senken, in: Frankfurter Allgemeine Zeitung, Nr. 122 vom 28.05.2001, S. 28.

O.V. [2001b]: Banken können Kosten für die Kreditvergabe im Netz senken, in: Frankfurter Allgemeine Zeitung, Nr. 108 vom 20.05.2001, S. 30.

Obrist, P. [2000]: Wertorientierte Führung im Private Banking, Tücken der Leistungsmessung, in: Der Schweizer Treuhänder, o. Jg. (2000), H. 3, S. 169 - 178.

Oehler, A. [1995]: Betreuung durch Relationship-Management, in: Die Bank, o. Jg. (1995), H. 3, S. 137 - 142.

Oevermann, D. [1996]: Kundenbindungsmanagement von Kreditinstituten, Diss., München 1996.

Oliver, R. [1980]: A cognitive model of the antecedents and consequences of satisfaction decisions, in: Journal of Marketing Research, 17. Jg. (1980), November, S. 460 - 469.

Oliver, R. [1989]: Processing of the Satisfaction Response in Consumption: A Suggested Framework and Research Propositions, in: Journal of Consumer Satisfaction/Dissatisfaction and Complaining Behaviour, o. Jg. (1989), H. 2, S. 1 - 16.

Oliver, R. [1993]: Conceptual Model of Service Quality and Service Satisfaction: Compatible Goals, Different Concepts, in: Advances in Services Marketing and Management, Bd. 2, hrsg. v. A. T. Swartz, D. E. Bowen und S. W. Brown, Greenwich 1993, S. 65 - 85.

Oliver, R. [1996]: Satisfaction, A behavioural perspective on the consumer, Boston u.a. 1996.

Oliver, R. L./Rust, R. T./Varki, S. [1997]: Customer Delight: Foundations, Findings and Managerial Insight, in: Journal of Retailing, 73. Jg. (1997), H. 3, S. 311 - 336.

Ossadnik, W. [1997]: Synergie-Controlling als Instrument des Shareholder Value-Konzepts, in: Deutsches Steuerrecht, 36. Jg. (1997), H. 46, S. 1822 - 1824.

Parasuraman, A./Berry, L./Zeithaml, V. [1991]: Understanding customer expectations of service, in: Sloan Management Review, 39. Jg. (1991), Frühjahr, S. 39 - 48.

Parasuraman, A./Zeithaml. V./Berry, L. [1985]: A Conceptual Model of Service Quality and Its Implications for Future Research, in: Journal of Marketing, 49. Jg. (1985), Herbst, S. 41 - 50.

Pepels, W. [1996]: Qualitätscontrolling für Dienstleistungen, München 1996.

Perridon, L./Steiner, M. [1997]: Finanzwirtschaft der Unternehmung, 8. Aufl., München 1997.

Perridon, L./Steiner, M. [1999]: Finanzwirtschaft der Unternehmung, 10. Aufl., München 1999.

Peter, A./Vogt, H.-J./Kraß, V. [2000]: Management operationeller Risiken bei Finanzdienstleistern, in: Handbuch Risikomanagement, hrsg. v. L. Johanning und B. Rudolph, Bad Soden 2000, S. 655 - 677.

Pfingsten, A. [2000]: Das Firmenkundengeschäft zwischen Marktdruck- und Steuerungsüberlegungen, Vortrag gehalten auf der 4. Handelsblatt-Jahrestagung am 17. /18.05.2000 in Frankfurt am Main, o. S.

Pfohl, H.-C. [1977]: Messung subjektiver Wahrscheinlichkeiten, in: Wirtschaftliche Meßprobleme, hrsg. v. H.-C. Pfohl und B. Rürup, Köln 1977, S. 23 - 35.

Polan, R. [1995]: Ein Meßkonzept für die Bankloyalität, Investitionen in Bank/Kunde-Beziehungen unter Risikoaspekten, Diss., Wiesbaden 1995.

Popp, S./Wilmes, J. [1998]: Auf dem Weg zum Shareholder Value, Welche Instrumente und Strategien setzen Banken ein?, in: Geldinstitute, o. Jg. (1998), H. 3, S. 16 - 18.

Porter, M. [1999]: Wettbewerbsstrategie, Methoden zur Analyse von Branchen und Konkurrenten, 10. Aufl., Frankfurt am Main 1999.

Porterfield, R./Westgard, C. [1995]: The return on investment from quality, in: Medical Device & Diagnostic Industry, o. Jg. (1995), September, S. 32 - 34.

Priewasser, E. [2000]: Die Priewasser-Prognose zum Firmenkundengeschäft, Frankfurt am Main 2000.

Przasnyski, Z. H./Tai, L. S. [1999]: Stock market reaction to Malcolm Baldridge National Quality Award announcements: does quality pay?, in: Total Quality Management, 10. Jg. (1999), Nr. 3, S. 391 - 400.

Quartapelle, A. Q./Larsen, G. [1996]: Kundenzufriedenheit, Wie Kundentreue im Dienstleistungsbereich die Rentabilität steigert, Berlin-Heidelberg-New York 1999.

Raffée, H. [1993]: Gegenstand, Methoden und Konzepte der Betriebswirtschaftslehre, in: Vahlens Kompendium der Betriebswirtschaftslehre, hrsg. v. M. Bitz, 3. Aufl., München 1993, S.1 - 46.

Rapp, R. [1995]: Kundenzufriedenheit durch Servicequalität, Konzeption – Messung – Umsetzung, Diss., Wiesbaden 1995.

Rappaport, A. [1995]: Shareholder Value, Wertsteigerung als Maßstab für die Unternehmensführung, Stuttgart 1995.

Reddy, S. K./Czepiel, J. A. [1999]: Measuring and Modelling the Effects of Long-Term Buyer-Seller Relationships in Corporate Financial Services Markets, in: Journal of Business Research, 46. Jg. (1999), S. 235 - 244.

Reichheld, F. F. [1996]: Learning from Customer Defections, in: Harvard Business Review, 74. Jg. 1 (996), März/April, S. 56 - 69.

Reichheld, F.F./Sasser, W. E. [1990]: Zero Defections: Quality comes to Services, To learn, how to keep customers, track the ones you lose, in: Harvard Business Review, 68. Jg. (1990), H. 4, S. 105 - 111.

Reichheld, F. F./Sasser, W. E. [1998]: Zero-Migration: Dienstleister im Sog der Qualitätsrevolution, in: Handbuch Kundenbindungsmanagement: Grundlagen – Konzepte – Erfahrungen, hrsg. v. M. Bruhn und Christian Homburg, Wiesbaden 1998, S. 136 - 150.

Reichmann, T. [1985]: Controlling mit Kennzahlen, Grundlagen einer systemgestützten Controlling-Konzeption, München 1985.

Reimund, G. [1998]: Strategien im Firmenkundengeschäft, in: Bankinformation und Genossenschaftsforum, 25. Jg. (1998), H. 5, S. 14 - 17.

Ringel, J. [1997]: Controllingorganisation in Banken, in: Handbuch Bankcontrolling, hrsg. v. H. Schierenbeck und H. Moser, Wiesbaden 1997, S. 33 - 49.

Rolfes, B. [1999]: Wertorientierung in der Gesamtbanksteuerung, in: Österreichisches Bankarchiv, 47. Jg. (1999), H. 9, S. 673 - 674.

Rolfes, B./Benna, R. [1998]: Beratung: Die Präferenzen der Kunden, in: Die Bank, o. Jg. (1998), H. 9, S. 543 - 547.

Rometsch, S. [1997]: Das Firmenkundengeschäft einer Privatbank: Herausforderungen im Zeitalter vernetzter Kommunikationssysteme, in: Banken in globalen und regionalen Umbruchsituationen, hrsg. v. D. Hummel, W. Bühler und L. Schuster, Stuttgart 1997, S. 639 - 656.

Rometsch, S. [1999]: Firmenkundengeschäft - Wertvernichter der Banken?, in: Die Bank, o. Jg. (1999), H. 12, S. 810 - 817.

Rommel, K. [1985]: Rentabilitätsmaximierung: Ein Anwendungsbeispiel der Quotientenoptimierung, Diss., Frankfurt am Main-Bern-New York 1985.

Ronzal, W. [1997]: Servicequalität im Firmenkundengeschäft, in: Bankmarketing im Firmenkundengeschäft: von der Strategie zum Kunden, hrsg. v. A. Schmoll, Wiesbaden 1997, S. 209 - 229.

Rust, R. T./Inman, J. J./Jia, J./Zahorik, A. [1999]: What you don't know about customer perceived quality: The role of Customer Expectation Distributions, in: Marketing Science, 18. Jg. (1999), Nr. 1, S. 77 - 92.

Rust, R. T./Zahorik, A. [1993]: Customer Satisfaction, Customer Retention, and Market Share, in: Journal of Retailing, 69. Jg. (1993), H. 2, S. 193 - 215.

Rust, R. T./Zahorik, A./Keiningham, T. [1994]: Return on Quality, Measuring the Financial Impact of Your Company's Quest for Quality, Chicago-Cambridge 1994.

Rust, R. T./Zahorik, A./Keiningham, T. [1995]: Return on Quality (ROQ): Making Service Quality Financially Accountable, in: Journal of Marketing, 59. Jg. (1995), April, 58 - 70.

Rust, R. T./Zahorik, A./Keiningham, T. [1998]: Determining the Return on Quality (ROQ), in: Handbuch Dienstleistungsmanagement: Von der strategischen Konzeption zur praktischen Umsetzung, hrsg. v. M. Bruhn und H. Meffert, Wiesbaden 1998, S. 865 - 890.

Ruyter, K. d./Wetzel, S. M./Birgeln, M. v. [1999]: How do customers react to critical service encounters?: a cross-sectional perspective, in: Total Quality Management, 10. Jg. (1999), Nr. 8, S. 1131 - 1145.

Sachenbacher, H.-U. [1991]: Prospektive Lebensdauerkalkulation von Kundenverbindungen in Kreditinstituten, Diss., München 1991.

Schäfer, H. [1999a]: Unternehmensinvestitionen, Grundzüge in Theorie und Management, Heidelberg u.a. 1999.

Schäfer, H. [1999b]: Dauerhafte Geschäftsbeziehungen, Finanzdienstleistungen und Kundenbindungsstrategien, in: Österreichisches Bankarchiv, 47. Jg. (1999), H. 1, S. 15 - 25.

Schäffer, U. [1996]: Controlling angesichts zunehmender Selbstabstimmung im Unternehmen?, in: krp - Kostenrechnungspraxis, 40. Jg. (1996), H. 6, S. 341 - 346.

Schanz, G. [1977]: Jenseits von Empirismus: Eine Perspektive für die betriebswirtschaftliche Forschung, in: Empirische und handlungstheoretische Forschungskonzeptionen in der Betriebswirtschaftslehre, hrsg. v. R. Köhler, Stuttgart 1977, S. 65 - 84.

Schanz, G. [1988]: Methodologie für Betriebswirte, 2. Aufl., Stuttgart 1988.

Schanz, G. [1992]: Wissenschaftsprogramme der Betriebswirtschaftslehre, in: Allgemeine Betriebswirtschaftslehre, Bd. 1: Grundfragen, hrsg. v. F. X. Bea, E. Dichtl und M. Schweitzer, 6. Aufl., Stuttgart-Jena 1992, S. 57 - 139.

Scharitzer, D. [1994]: Dienstleistungsqualität - Kundenzufriedenheit, Diss., Wien 1994.

Scharnbacher, K./Kiefer, G. [1998]: Kundenzufriedenheit, Analyse, Messbarkeit und Zertifizierung, 2. Aufl., München-Wien 1998.

Schierenbeck, H. [1992]: Kostenmanagement als zentrale bankstrategische Herausforderung, in: Produktivitätsmanagement für Finanzdienstleister, Beiträge zum Münsteraner Top-Management-Seminar, hrsg. v. B. Rolfes, H. Schierenbeck und S. Schüller, Frankfurt am Main 1992, S. 1 - 32.

Schierenbeck, H. [1993]: Controlling im Firmenkundengeschäft, in: Handbuch Firmenkundengeschäft, Das Firmenkundengeschäft auf dem Weg ins 21. Jahrhundert, hrsg. v. K. Juncker und E. Priewasser, Frankfurt am Main 1993, S. 112 - 131.

Schierenbeck, H. [1998]: Shareholder Value-Management im Konzept ertragsorientierter Banksteuerung, in: Die Bank, o. Jg. (1998), H. 1, S. 13 - 17.

Schierenbeck, H. [1999a]: Ertragsorientiertes Bankmanagement, Band 1: Grundlagen, Marktzinsmethode und Rentabilitäts-Controlling, 6. Aufl., Wiesbaden 1999.

Schierenbeck, H. [1999b]: Ertragsorientiertes Bankmanagement, Band 2: Risiko-Controlling und Bilanzstruktur-Management, 6. Aufl., Wiesbaden 1999.

Schierenbeck, H./Hölscher, R. [1998]: Bankassurance, 4. Aufl., Stuttgart 1998.

Schierenbeck, H./Lister, M. [1997]: Integrierte Risikomessung und Risikokapitalallokation, in: Die Bank, o. Jg. (1997), H. 8, S. 492 - 499.

Schildknecht, R. [1992]: Total Quality Management, Konzeption und State of the Art, Diss., Frankfurt am Main-New York 1992.

Schmid, D. C. [1995]: Qualitätsmanagement in Banken, Ansätze eines Managementsystems zur Erhöhung der Zufriedenheit von Bankkunden, Diss., Wien 1995.

Schmidt, R. [1977]: Finanztheorie zwischen empirischer Theorie, Gleichgewichtstheorie und Handlungstheorie, in: Empirische und handlungstheoretische Forschungskonzeptionen in der Betriebswirtschaftslehre, hrsg. v. R. Köhler, Stuttgart 1977, S. 249 - 266.

Schmittmann, S./Penzel, H-G./Gehrke, N. [1996]: Integration des Shareholder Value in die Gesamtbanksteuerung, in: Die Bank, o. Jg. (1996), H. 11, S. 648 - 653.

Schmoll, A. [1996]: Firmenkunden aktiv und erfolgreich betreuen, Wiesbaden 1996.

Schmoll, A. [1999]: Geschäftsbeziehungen erfolgreich intensivieren, in: Die Bank, o. Jg. (1999), H. 6, S. 378 - 382.

Schroeder, E. F. [1998]: Kennzahlen des Wertorientierten Controlling zur Steuerung von Geschäften, CFROI und Ergebnisberichte, in: Controller Magazin, 23. Jg. (1998), H. 2, S. 81 - 90.

Schumacher, U. [1995]: Höhere Servicequalität vor Ort, in: Betriebswirtschaftliche Blätter, 44. Jg. (1995), H. 8, S. 410 - 413.

Schürenkrämer, U. [1997]: Erfolgskomponenten im Firmenkundengeschäft der Banken, in: Kundenbetreuung im Banken- und Finanzwesen, Praxisbeiträge zur Kompetenzentwicklung, hrsg. v. V. Heyse, Münster u.a. 1997, S. 145 - 164.

Schuster, L. [1994a]: Die TQM-Philosophie, in: Schweizer Bank, o. Jg. (1994), H. 3, S. 32.

Schuster, L. [1994b]: Investment Banking, in: Bank- und Versicherungslexikon, hrsg. v. H. Schierenbeck, 2. Aufl., München 1994, S. 355 - 360.

Schuster, L. [1996a]: Qualitätsmanagement im Bankgewerbe, in: Theorie und Politik der Banken im Wandel, hrsg. v. L. Schuster, München 1996, S. 91 - 117.

Schuster, L. [1996b]: Zur Geschichte der Bankbetriebslehre, in: Theorie und Politik der Banken im Wandel, hrsg. v. L. Schuster, München 1996, S. 3 - 9.

Schuster, L. (Hrsg.) [1997]: Die gesellschaftliche Verantwortung der Banken, Berlin 1997.

Schuster, L. [1999]: Kundengerichtetes und marktgerechtes Qualitätsmanagement der Banken, in: Österreichisches Bankarchiv, 47. Jg. (1999), H. 2, S. 85 - 91.

Schuster, L. (Hrsg.) [2000]: Shareholder Value Management in Banks, London 2000.

Schuster, L. [2000a]: The Shareholder Value and Stakeholder Discussion: An International Overview, in: Shareholder Value Management in Banks, hrsg. v. L. Schuster, London 2000, S. 3 - 12.

Schuster, L. [2000b]: Politik der Geschäftsbanken, unveröffentlichtes Vorlesungsskript, Ingolstadt 2000, o.S.

Schütze, R. [1992]: Kundenzufriedenheit, After-Sales-Marketing auf industriellen Märkten, Diss., Wiesbaden 1992.

Schweitzer, M./Friedl, B. [1992]: Beitrag zu einer umfassenden Controlling-Konzeption, in: Controlling: Grundlagen - Informationssystem - Anwendungen, hrsg. v. K. Spremann und E. Zur, Wiesbaden 1992, S. 141 - 167.

Scott, C. [1998]: Von der Gewinnmaximierung zur Marktwertmaximierung, Shareholder Value Ansatz, in: bilanz&buchhaltung, 44. Jg. (1998), H. 2, S. 63 - 67.

Seidel, M. [1997]: Erfolgsfaktoren von Franchise-Nehmern unter besonderer Berücksichtigung der Kundenzufriedenheit, Diss., Frankfurt am Main u.a. 1997.

Seitz, G. [1997]: Hotelmanagement, Berlin u.a. 1997.

Sheppard, B. H./Hartwick, J./Warshaw, P. R. [1988]: The Theory of Reasoned Action: A Meta-Analysis of Past Research with Recommendations for Modifications and Future Research, in: Journal of Customer Research, 15. Jg. (1988), H. 12, S. 325 - 343.

Shostack, G. L. [1984]: Designing Services that Deliver, in: Harvard Business Review, 62. Jg. (1984), H. 1, S. 133 - 139.

Shostack, G. L. [1985]: Planning the Service Encounter, in: The Service Encounter, hrsg. v. J. A. Czepiel, M. R. Solomon und C. F. Suprenant, 2. Aufl., Lexington 1985, S. 243 - 254.

Siegert, T. [1995]: Shareholder-Value als Lenkungsinstrument, in: Zeitschrift für betriebswirtschaftliche Forschung, 47. Jg. (1995), H. 6, S. 580 - 607.

Smithson, C. [1996a]: Value-at-Risk: Understanding the various ways to calculate VAR, in: Risk, 9. Jg. (1996), Nr. 1, S. 25 - 27.

Smithson, C. [1996b]: Value-at-Risk: The debate on the use of VAR, in: Risk, 9. Jg. (1996), Nr. 2, S. 38 - 39.

Sobotka-Hirnthaler, G. [1994]: Qualitätssicherung und Qualitätsmanagement im Finanzdienstleistungsbereich, in: Österreichisches Bankarchiv, 42. Jg. (1994), H. 2, S. 97 - 102.

Spremann, K. [1998]: Finanzielle Führung und interner Kapitalmarkt, in: Die Unternehmung, 52. Jg. (1998), H. 5/6, S. 339 - 347.

Spreng, R. A./MacKenzie, S. B./Olshavsky, R. W. [1996]: A Reexamination of the Determinants of Consumer Satisfaction, in: Journal of Marketing, 60. Jg. (1996), Juli, S. 15 - 32.

Spreng, R. A./Mackoy, R. D. [1996]: An Empirical Examination of a Model of Perceived Service Quality and Satisfaction, in: Journal of Retailing, 72. Jg. (1996), H. 2, S. 201 - 214.

Stahl, H. K. [1997]: Macht und Vertrauen, Zentrale Faktoren dauerhafter Kundenbeziehungen im Zero-Migration-Konzept, in: Technologie&Management, 46. Jg. (1997), H. 2, S. 24 - 28.

Stark, M. [2000]: Revitalisierung des Firmenkundengeschäfts von Banken, Vortrag gehalten auf der 4. Handelsblatt-Jahrestagung am 17. /18.05.2000 in Frankfurt am Main, o. S.

Staroßom, H. [1999]: Investment Banking für den Mittelstand – gibt es das?, in: Zeitschrift für das gesamte Kreditwesen, 52. Jg. (1999), H. 1, S. 30 - 32.

Staub, S. [1994]: Qualität als strategischer Erfolgsfaktor, Bessere Wettbewerbsfähigkeit dank höherer Kundenzufriedenheit- oder wie ein Unternehmen durch Total Quality Management entscheidende Wettbewerbsvorteile und zufriedene Kunden gewinnen kann, in: Marketing und Kommunikation, o. Jg. (1994), H. 11, S. 12 - 15.

Stauss, B. [1992]: Dienstleistungsqualität contra Kostensenkung?, in: Betriebswirtschaftliche Blätter, 41. Jg. (1992), H. 2, S. 111 - 116.

Stauss, B. [1993]: Total Quality Management, customer orientation without marketing?, Nr. 43 der Diskussionsbeiträge der Katholischen Universität Eichstätt, Wirtschaftswissenschaftliche Fakultät Ingolstadt, Ingolstadt 1993.

Stauss, B. [1995]: „Augenblicke der Wahrheit" in der Dienstleistungserstellung – Ihre Relevanz und ihre Messung mit Hilfe der Kontaktpunkt-Analyse, in: Dienstleistungsqualität: Konzepte – Methoden – Erfahrungen, hrsg. v. M. Bruhn und B. Stauss, 2. Aufl., Wiesbaden 1995, S. 379 – 399.

Stauss, B. [1997]: Führt Kundenzufriedenheit zu Kundenbindung?, in: Marketingtransfer, Kompetenz für Marketing-Innovationen, Schrift 5, hrsg. v. C. Belz, St. Gallen 1997, S. 76 - 86.

Stauss, B. [1999]: Kundenzufriedenheit, in: Marketing ZFP, 21. Jg. (1999), H. 1, S. 5 - 24.

Stauss, B. [2000]: „Augenblicke der Wahrheit" in der Dienstleistungserstellung – Ihre Relevanz und ihre Messung mit Hilfe der Kontaktpunkt-Analyse, in: Dienstleistungsqualität: Konzepte – Methoden – Erfahrungen, hrsg. v. M. Bruhn und B. Stauss, 3. Aufl., Wiesbaden 2000, S. 321 - 340.

Stauss, B./Hentschel, B. [1990]: Verfahren der Problementdeckung und -analyse im Qualitätsmanagement von Dienstleistungsunternehmen, in: Jahrbuch der Absatz- und Verbrauchsforschung, 36. Jg. (1990), H. 3, S. 232 - 259.

Stauss, B./Hentschel, B. [1991]: Dienstleistungsqualität, in: Wirtschaftswissenschaftliches Studium, 20. Jg. (1991), H. 5, S. 238 - 244.

Stauss, B./Hentschel, B. [1992]: Messung von Kundenzufriedenheit, Merkmals- oder ereignisorientierte Beurteilung von Dienstleistungsqualität, in: Marktforschung & Management, 36. Jg. (1992), H. 3, S. 115 - 122.

Stauss, B./Neuhaus, P. [1995]: Das Qualitative Zufriedenheitsmodell (QZM), Nr. 66 der Diskussionsbeiträge der Katholischen Universität Eichstätt, Wirtschaftswissenschaftlichen Fakultät Ingolstadt, Ingolstadt 1995.

Stauss, B./Neuhaus, P. [1996]: Das Unzufriedenheitspotential zufriedener Kunden, in: Marktforschung & Management, 40. Jg. (1996), H. 4, S. 129 - 134.

Stauss, B./Seidel, W. [1998a]: Prozessuale Zufriedenheitsermittlung und Zufriedenheitsdynamik, in: Kundenzufriedenheit: Konzepte - Methoden - Erfahrungen, hrsg. v. H. Simon und Christian Homburg, 3. Aufl., Wiesbaden 1998, S. 201 - 224.

Stauss, B./Seidel, W. [1998b]: Beschwerdemanagement, Fehler vermeiden – Leistung verbessern – Kunden binden, 2. Aufl., München 1998.

Stehmann, A. [1999]: Das Firmenkundenkreditgeschäft als Wertfalle deutscher Banken, in: Frankfurter Allgemeine Zeitung, Nr. 182 vom 09.08.1999, S. 23.

Stein, J. H. v. [1993]: Arten und Wesensmerkmale von Bankleistungen, in: Geld-, Bank- und Börsenwesen, hrsg. v. N. Kloten und J. H. v. Stein, 39. Aufl., Stuttgart 1993, S. 357 - 359.

Stein, J. H. v./Gärtner, U. [1992]: Bankbetriebslehre, in: Galler-Wirtschafts-Lexikon, 13. Aufl., Wiesbaden 1992, S. 336 - 339.

Stein, S. [1998]: Strategische Planung von Geschäftbeziehungen als Basis eine firmenkundenbezogenen Beziehungsmanagements, in: Bankinformation und Genossenschaftsforum, 25. Jg. (1998), H. 5, S. 42 - 46.

Steiner, M./Kölsch, K. [1989]: Finanzierung, Zielsetzungen, zentrale Ergebnisse und Entwicklungsmöglichkeiten der Finanzierungsforschung, in: Die Betriebswirtschaft, 49. Jg. (1989), H. 4, S. 409 - 432.

Stewart, B. G. III [1991]: The Quest for Value, A Guide for Senior Managers, New York 1991.

Stewart, B. G. III [1999]: The Quest for Value, A Guide for Senior Managers, 2. Aufl., New York 1999.

Storbacka, K. [1994]: Customer Relationship Profitability in Retail Banking, Nr. 29 der Swedish School of Economics and Business Administration Research Reports, Helsingfors 1994.

Stoughton, N./Zechner, J. [2000]: Konzepte der Risiko-Ertragssteuerung in Kreditinstituten, in: Handbuch Risikomanagement, hrsg. v. L. Johanning und B. Rudolph, Bad Soden 2000, S. 879 - 902.

Straßburger, H. [1991]: Wiederkaufentscheidungsprozess bei Verbrauchsgütern, ein verhaltenswissenschaftliches Erklärungsmodell, Diss., Frankfurt am Main 1991.

Süchting, J. [1972]: Die Bankloyalität als Grundlage zum Verständnis der Absatzbeziehungen von Kreditinstituten, in: Kredit und Kapital, 5. Jg. (1972), H. 3, S. 269 - 300.

Süchting, J. [1991]: Wachsen die preispolitischen Spielräume? Anmerkungen zu Banktreue und Beziehungsmanagement, in: bank und markt, 20. Jg. (1991), H. 17, S. 16 - 20.

Süchting, J. [1996]: Unternehmenssteuerung in Aktienbanken nach dem Shareholder-Value Konzept, in: Die Banken auf dem Weg ins 21. Jahrhundert, Strategien und Konzepte, hrsg. v. International Bankers Forum e.V., Wiesbaden 1996, S. 407 - 418.

Süchting, J./ Paul, S. [1998]: Bankmanagement, 4. Aufl., Stuttgart 1998.

Swan, J. E./Bowers, M. R. [1998]: Services quality and satisfaction: the process of people doing things together, in: Journal of Services Marketing, 12. Jg. (1998), H. 1, S. 59 - 72.

Tax, S. S./Brown, S. W. [2000]: Kundenbeschwerden: Was Fairness bringt, in: Harvard Business Manager, 12. Jg. (2000), H. 1, S. 94 - 107.

Taylor, S. A./Baker, T. L. [1994]: An Assessment of the Relationship Between Service Quality and Customer Satisfaction in the Formation of Consumers' Purchase, in: Journal of Retailing, 70. Jg. (1994), H. 2, S. 163 - 178.

Teas, R. [1993]: Expectations, Performance, Evaluation and Consumers' Perceptions of Quality, in: Journal of Marketing, 57. Jg. (1993), Oktober, S. 18 - 34.

Timm, E. [1976]: Das Investitionsrisiko im investitionstheoretischen Ansatz, Diss., Berlin 1976.

Tse, D. K./Wilton, P. C. [1988]: Models of Consumer Satisfaction Formation: An Extension, in: Journal of Marketing Research, 25. Jg. (1988), Mai, S. 204 - 212.

Ulrich, P./Hill, W. [1976]: Wissenschaftstheoretische Grundlagen der Betriebswirtschaftslehre (Teil I), in: Wirtschaftswissenschaftliches Studium, 5. Jg. (1976), H. 7, S. 304 - 309.

Uyemura, D. G./Kantor, C. C./Pettit, J. M. [1996]: EVA for Banks: Value Creation, Risk Management, and Profitability Measurement, in: Journal of Applied Corporate Finance, 9. Jg. (1996), H. 2, S. 94 - 113.

Vikas, K. [1988]: Grenzplankostenrechnung als Steuerungsinstrument im Betriebsbereich der Banken, in: Bank-Controlling 1988, Beiträge zum Münsteraner Controlling-Workshop, hrsg. v. H. Schierenbeck, W. v. Schimmelmann und B. Rolfes, Frankfurt am Main 1988, S. 69 - 79.

Wagner, A. [1999]: Unternehmensethik in Banken, Diss., Wien 1999.

Weber, A. [1999]: Bestimmen Sie die Werttreiber in Ihrem Geschäft, Wertorientierte Unternehmensführung, in: eco, 1. Jg. (1999), H. 6, S. 30 - 33.

Weber, J. [1994]: Einführung in das Controlling, 5. Aufl., Stuttgart 1994.

Weber, J. [1997a]: Zur Abgrenzung von Führung und Controlling, Forschungspapier Nr. 45 des Lehrstuhls für Controlling und Telekommunikation der WHU, Koblenz Vallendar 1997.

Weber, J. [1997b]: Markorientiertes Controlling, in: Advanced Controlling, hrsg. v. RWE-Stiftungslehrstuhl der WHU, Koblenz Vallendar 1997.

Weber, J. [1998]: Controlling von Kundenzufriedenheit, in: Kundenzufriedenheit: Konzepte - Methoden - Erfahrungen, hrsg. v. H. Simon und C. Homburg, 3. Aufl., Wiesbaden 1998, S. 261 - 281.

Weber, J. [1999a]: Einführung in das Controlling, 8. Aufl., Stuttgart 1999.

Weber, J. [1999b]: Controlling - Entwicklungstendenzen und Zukunftsperspektiven, in: Die Unternehmung, 53. Jg. (1999), H. 6, S. 465 - 480.

Weber, J./Knorren, N. [1998]: Sicherung der Rationalität durch wertorientierte Planung, Forschungspapier Nr. 59 des Lehrstuhls für Controlling und Telekommunikation der WHU, Koblenz Vallendar 1998.

Weber, J./Schäfer, U. [1998]: Sicherstellung der Rationalität von Führung als Controlleraufgabe?, Forschungspapier Nr. 49 des Lehrstuhls für Controlling und Telekommunikation der WHU, Koblenz Vallendar 1998.

Weber, J./Schäffer, U. [1999]: Controlling als Koordinationsfunktion? - Zehn Jahre nach Küpper/Weber/Zünd, Forschungspapier Nr. 71 des Lehrstuhls für Controlling und Telekommunikation der WHU, Koblenz Vallendar 1999.

Weber, J./Schäffer, U./Langenbach, W. [1999]: Gedanken zur Rationalitätskonzeption des Controlling, Forschungspapier Nr. 70 des Lehrstuhls für Controlling und Telekommunikation der WHU, Koblenz Vallendar 1999.

Weber, M.-W. [2000]: EVA - Management- und Vergütungssystem für Banken, in: Die Bank, o. Jg. (2000), H. 7, S. 465 - 469.

Weber, M.-W./Koch, M. [2000]: Berücksichtigung von Risikoaspekten im EVA Management- und Vergütungssystem, in: Handbuch Risikomanagement, hrsg. v. L. Johanning und B. Rudolph, Bad Soden 2000, S. 1336 - 1351.

Webster, F. E./Wind, Y. [1972]: Organizational Buying Behaviour, Englewood Cliffs 1972.

Wehlau, S. [1983]: Aussagefähigkeit und Anwendung des Return on Investment, in: Der Betrieb, 36. Jg. (1983), H. 33, S. 1721 - 1725.

Weinkauf, W. [1993]: Zielgruppenidentifikation, in: Handbuch Firmenkundengeschäft, Das Firmenkundengeschäft auf dem Weg ins 21. Jahrhundert, hrsg. v. K. Juncker und E. Priewasser, Frankfurt am Main 1993, S. 391 - 400.

Werder, A. v. [1998]: Shareholder Value-Ansatz als (einzige) Richtschnur des Vorstandhandelns?, in: Zeitschrift für Unternehmens- und Gesellschaftsrecht, 27. Jg. (1998), H. 1, S. 69 - 91.

Wertschulte, J. F. [1993]: Liquidity- und Asset-Management für mittelständische Firmenkunden, in: Handbuch Firmenkundengeschäft, Das Firmenkundengeschäft auf dem Weg ins 21. Jahrhundert, hrsg. v. K. Juncker und E. Priewasser, Frankfurt am Main 1993, S. 490 - 512.

Westerbarkey, P. [1996]: Methoden zur Messung und Beeinflussung der Dienstleistungsqualität, Feedback- und Anreizsysteme in Beherbergungsunternehmen, Diss., Wiesbaden 1996.

Wickel-Kirsch, S./ /Mauerer, N. /Kaiser, A. [1998]: Investitionscontrolling und Shareholder Value – Methodik und Praxis, in: bank und markt, 27. Jg. (1998), H. 8, S. 30 - 33.

Wieandt, A./Miller, S. [2001]: Europäisches Firmenkundengeschäft – Strategien und Organisationsansätze, in: Die Bank, o. Jg. (2001), H. 1, S. 8 - 14.

Wiederin, E. [1994]: Financial Services aus europäischer Sicht, in: Thexis, Schrift 6, hrsg. v. C. Belz, St. Gallen 1994, S. 60 - 64.

Wiedmann, D./ Nicklas, M./Currle, M. [2000]: Identifikation und Evaluation wertrelevanter Geschäftsprozesse, in: Controlling, 12. Jg. (2000), H. 2, S. 61 - 68.

Wild, A./Middeler, K. [1999]: Firmenkundenbetreuer müssen umdenken, in: Bank Magazin, o. Jg. (1999), H. 7, S. 10 - 12.

Wildemann, H. [1995a]: Anforderungen an ein praxisgerechtes Qualitätscontrolling betrieblicher Leistungen, Qualitätscontrolling von Geschäftsprozessen, Tagungsbericht 1995, hrsg. v. F. Bliemel, R. Bühner, A. G. Coenenberg, G. F. Kamiske und H. Wildemann, München 1995, S. 40 - 62.

Wildemann, H. [1995b]: Qualitätskosten- und Leistungsmanagement, in: Controlling, 7. Jg. (1995), H. 5, S. 268 - 276.

Wildemann, H. [1997]: Qualitätskosten- und Leistungsrechnung, in: Qualität und Unternehmenserfolg - Neue Lösungen und Fallbeispiele, hrsg. v. H. Wildemann, München 1997, S. 41 - 56.

Wildemann, H./Keller, S. [1996]: Konzeption und Aufgabenfelder des Qualitätscontrolling, in: Controlling im TQM, hrsg. v. H. Wildemann, Berlin u.a. 1996.

Wimmer, K. [1996]: Moderne Bankkalkulation, Grundlagen und Anwendungsmöglichkeiten, Stuttgart 1996.

Witt, F.-J. [1999]: Controlling und Revision, in: ABWL: eine praxisorientierte Einführung in die moderne Betriebswirtschaftslehre, hrsg. v. W. Pepels, Köln 1999, S. 471 - 521.

Wittrock, C./Jansen, S. [1996]: Gesamtbankrisikosteuerung auf Basis von Value at Risk-Ansätzen, in: Österreichisches Bankarchiv, 44. Jg. (1996), H. 12, S. 909 - 918.

Woodruff, R. B./Cadotte, E. R./Jenkins, R. L. [1983]: Modelling Consumer Satisfaction Processes Using Experience-Based Norms, in: Journal of Marketing Research, 20. Jg. (1983), August, S. 296 - 304.

Woodside, A. G./Frey, L./Daly, R. [1989]: Linking Service Quality, Customer Satisfaction, and Behavioural Intention, in: Journal of Health Care Marketing, 9. Jg. (1989), H. 4, S. 5 - 17.

Yi, Y. [1990]: A Critical Review of Consumer Satisfaction, in: Review of Marketing, hrsg. v. V. Zeithaml, Chicago 1990, S. 68 - 123.

Zahorik, A./Rust, R. T. [1992]: Modelling the Impact of Service Quality on Profitability, in: Advances in Services Marketing and Management, Bd. 1, hrsg. v. T. A. Swartz, D. E. Bowen und S. W. Brown, Greenwich 1992, S. 247 - 276.

Zangemeister, A. W. [1996]: Prozeßorientiertes Qualitätscontrolling - Instrumentarium zur Bereitstellung gezielter Qualitäts- und Kosteninformationen, in: Zeitschrift für Unternehmensentwicklung und Industrial Engineering, 45. Jig. (1996), H. 2, S. 78 - 82.

Lethal, V. A./Berry, L.L./Paraguayan, A. [1993]: The Nature and Determinants of Customer Expectations of Service, in: Journal of the Academy of Marketing Science, 21. Jg. (1993), Winter, S. 1 - 12.

Lethal, V. A./Berry, L. L./Paraguayan, A. [1996]: The Behavioural Consequences of Service Quality, in: Journal of Marketing, 60. Jg. (1996), April, S. 31 - 46.

Zelewski, S. [1994]: Grundlagen, in: Betriebswirtschaftslehre, hrsg. v. H. Corsten und M. Reiß, München-Wien 1994, S. 1 - 140.

Zimmermann, G./Jöhnke, T. [1998]: Shareholder-Value- oder Stakeholder-Ansatz als Zielkonzeption für öffentlich-rechtliche Kreditinstitute?, in: Zeitschrift für das gesamte Kreditwesen, 51. Jg. (1998), H. 6, S. 277 - 280.

Zinn, E. [1997]: Corporate Finance – Wettbewerbsumfeld und Produktrisiken, in: Sparkasse, 114. Jg. (1997), H. 9, S. 410 - 416.

Zollner, G. [1995]: Kundennähe in Dienstleistungsunternehmen, Empirische Analyse von Banken, Diss., Wiesbaden 1995.

Zunk, D. [2000]: Optimierung des Finanzmanagement aus Sicht eines Großkunden – Erwartungen der Firmenkunden an ihre Bank, Vortrag gehalten auf der 4. Handelsblatt-Jahrestagung am 17. /18.05.2000 in Frankfurt am Main, o. S.

AUS DER REIHE **Gabler Edition Wissenschaft**

(Fortsetzung)

John-Christian Lührs
Strategische Unternehmensführung bei hoher Marktturbulenz
Entwicklung eines Systematisierungsmodells am Beispiel von Netzwerkbranchen
2001. XVIII, 292 S., 41 Abb., Br. € 59,00
ISBN 3-8244-7507-3

Birgit Kuhles
Interkulturelles Management westlicher Banken in Südostasien
Analyse und Konzept am Beispiel von Singapur, Malaysia und Vietnam
2002. XXXII, 532 S., 53 Abb., 39 Tab., Br. € 69,00
ISBN 3-8244-7568-5

Katrin Vernau
Effektive politisch-administrative Steuerung in Stadtverwaltungen
Möglichkeiten und Grenzen einer Reform
2002. XXII, 359 S., 70 Abb., Br. € 54,90
ISBN 3-8244-7606-1

Mandy Krafczyk
Quality Added Value
Wertorientiertes Qualitätscontrolling im Firmenkundengeschäft der Banken
2002. XXVII, 430 S., Br. € 59,90
ISBN 3-8244-7712-2

Yves Meinhardt
Veränderung von Geschäftsmodellen in dynamischen Industrien
Fallstudien aus der Biotech-/Pharmaindustrie und bei Business-to-Consumer-Portalen
2002. XVI, 400 S., 40 Abb., Br. € 59,90
ISBN 3-8244-7764-5

www.duv.de

Änderung vorbehalten.
Stand: September 2002.

Deutscher Universitäts-Verlag
Abraham-Lincoln-Str. 46
65189 Wiesbaden

GPSR Compliance

The European Union's (EU) General Product Safety Regulation (GPSR) is a set of rules that requires consumer products to be safe and our obligations to ensure this.

If you have any concerns about our products, you can contact us on ProductSafety@springernature.com

In case Publisher is established outside the EU, the EU authorized representative is:

Springer Nature Customer Service Center GmbH
Europaplatz 3
69115 Heidelberg, Germany

Batch number: 10815964

Printed by Printforce, the Netherlands